Agradeço a Deus pela graça imerecida; a Jesus Cristo pela salvação; e ao Espírito Santo pelo convívio diário.

Agradeço ao meu pai Silvio pelo exemplo de vida e por ser um porto seguro nos momentos de tormenta.

Agradeço à minha mãe Márcia pela alegria contagiante e por me fazer sentir sempre amado.

Agradeço ao meu irmão Leandro pelo companheirismo e por me fazer uma pessoa mais forte.

Agradeço aos meus amigos e demais familiares que sempre acreditaram em mim.

Agradeço aos irmãos da Igreja Evangélica Menonita do Jardim 1ª de Maio, que não se cansam de me fortalecer na fé.

DIREITO CIVIL

PARA OS CONCURSOS DE TÉCNICO E ANALISTA DO TRT E DO MPU

Coleção TRIBUNAIS e MPU

Coordenador HENRIQUE CORREIA

VITOR BONINI TONIELLO

DIREITO CIVIL

PARA OS CONCURSOS DE TÉCNICO E ANALISTA DO TRT E DO MPU

CONFORME novo CPC

5.ª edição

revista, atualizada e ampliada

2017

EDITORA JusPODIVM

www.editorajuspodivm.com.br

EDITORA
*Jus*PODIVM
www.editorajuspodivm.com.br

Rua Mato Grosso, 175 – Pituba, CEP: 41830-151 – Salvador – Bahia
Tel: (71) 3363-8617 / Fax: (71) 3363-5050
Contato: https://www.editorajuspodivm.com.br/sac

Capa: Marcelo S. Brandão (*santibrando@gmail.com)*

Diagramação: Linotec Fotocomposição e Fotolito Ltda. *(www.linotec.com.br)*

APRESENTAÇÃO DA COLEÇÃO

O objetivo da coleção é a preparação direcionada para os concursos de Técnico e Analista do TRT, TRE, TRF, Tribunais Superiores e MPU. Em todos os livros, o candidato irá encontrar teoria específica prevista nos editais, questões recentes comentadas e questões de concurso com gabarito fundamentado.

A ideia da coleção surgiu em virtude das reivindicações dos estudantes, que almejavam por obras direcionadas para os concursos de Técnico e Analista dos Tribunais e MPU. As apostilas específicas mostram-se, na maioria das vezes, insuficientes para o preparo adequado dos candidatos diante do alto grau de exigência das atuais provas, o que ocorre também com as obras clássicas do direito, por abordarem inúmeras matérias não exigidas no concurso.

Nesta coleção, o candidato encontrará desde as cinco matérias básicas exigidas em todos os concursos, como português, raciocínio lógico ou matemática, informática, direito constitucional e administrativo, até as matérias específicas de outras áreas (arquivologia e Administração Pública) e todas as matérias dos diferentes ramos do direito. Portanto, com os livros da coleção, o candidato conseguirá uma preparação direcionada e completa para os concursos de Técnico e Analista do TRT, TRE, TRF, Tribunais Superiores e MPU.

O livro de Direito Civil para Técnico e Analista é direcionado para a preparação dos candidatos para o cargo de Analista do TRT e do TST e, também, pode ser usado por todos os interessados nos diversos institutos do direito civil.

Além da linguagem clara utilizada, quadrinhos de resumo, esquemas e gráficos estão presentes em todos os livros da coleção, possibilitando ao leitor a memorização mais rápida da matéria. Temos certeza de que esta coleção irá ajudá-lo a alcançar o tão sonhado cargo público de Técnico ou Analista dos Tribunais e MPU.

Henrique Correia

Site: www.henriquecorreia.com.br
Twitter: @profcorreia
Instagram: Prof_correia
Periscope: @henrique_correia

SUMÁRIO

EDITAL SISTEMATIZADO

(Para facilitar a pesquisa e otimizar seu estudo)

▸ ITENS DO EDITAL	▸ TÓPICO DO LIVRO	▸ PÁGINAS
1. Conceito de Lei.	Cap. I, Item 1.6.1	26-27
2. Vigência e aplicação da Lei no tempo e no espaço.	Cap. I, Item 1.6.2	27-29
3. Integração e interpretação da Lei.	Cap. I, Item 2.3	31-33
4. Lei de Introdução às Normas do Direito Brasileiro.	Cap. I, Item 2	30-34
5. Das pessoas naturais: Da personalidade e da capacidade.	Cap. II, Item 2	46-69
6. Dos direitos da personalidade.	Cap. II, Item 1.3	45-46
7. Das pessoas jurídicas: Disposições gerais	Cap. II, Item 3	69-79
8. Do domicílio.	Cap. II, Item 2.5.3 e Item 3.5	56 e 75
9. Das diferentes classes de bens: Dos bens considerados em si mesmos.	Cap. III, Item 2.1	102-109
10. Dos bens móveis. Dos bens imóveis.	Cap. III, Item 2.1.2	102-104
11. Dos bens públicos.	Cap. III, Item 2.3	112 e 113
12. Dos fatos jurídicos: Requisitos de validade do fato jurídico.	Cap. IV, Item 2.3.2	129-131
13. Do negócio jurídico.	Cap. IV, Item 2	124-132
14. Dos atos jurídicos ilícitos.	Cap. X, Item 4	382-384
15. Ato nulo e ato anulável.	Cap. IV, Item 4	137-138
16. Da prescrição e decadência.	Cap. V	189-216
17. Das provas.	Cap. VI	217-228
18. Das modalidades das obrigações.	Cap. VII, Item 2	232-250
19. Das obrigações de dar.	Cap. VII, Item 2.2.1	232-237

▶ ITENS DO EDITAL	▶ TÓPICO DO LIVRO	▶ PÁGINAS
20. Das obrigações de fazer.	Cap. VII, Item 2.2.2	237-240
21. Das obrigações de não fazer.	Cap. VII, Item 2.2.3	240
22. Do adimplemento e extinção das obrigações.	Cap. VII, Item 3	251-262
23. Do pagamento.	Cap. VII, Item 3.1	251-252
24. Do Inadimplemento das Obrigações.	Cap. VII, Item 4	263-283
25. Dos contratos em geral.	Cap. VIII	311-323
26. Das várias espécies de contrato. Da compra e venda.	Cap. IX, Item 1	325-335
27. Da doação.	Cap. IX, Item 2	336-343
28. Da locação de coisas.	Cap. IX, item 7	359-362
29. Do empréstimo.	Cap. IX, Item 3	343-348
30. Da prestação de serviço.	Cap. IX, Item 4	348-352
31. Da empreitada.	Cap. IX, Item 5	352-355
32. Do seguro (disposições gerais).	Cap. IX, Item 6	355-359
33. Da responsabilidade civil.	Cap. X	379-412
34. Da posse.	Cap. XI, Item 3	419-437
35. Da propriedade.	Cap. XI, Item 4	437-445
36. Da aquisição da propriedade imóvel (aquisição pelo registro do título).	Cap. XI, Item 4.4	441-443
37. Da perda da propriedade.	Cap. XI, Item 4.5	443-445
38. Dos direitos reais de garantia sobre coisa alheia.	Cap. XI, Item 5	445-471
39. Do penhor.	Cap. XI, Item 5.1	454-459
40. Da hipoteca.	Cap. XI, Item 5.2	459-468
41. Da anticrese.	Cap. XI, Item 5.3	468-471

CAPÍTULO I

OBJETO E FINALIDADE DA TEORIA GERAL DO DIREITO CIVIL

1. CONCEITO E DIVISÃO DO DIREITO

1.1. Conceito de direito

Muitas discussões existem sobre o conceito de direito, de forma que, até os dias de hoje, não há um consenso sobre o tema.

O que realmente importa é não esquecer a ideia de que o homem é um ser social, por natureza. Há uma necessidade natural do homem se relacionar com o próximo, criando os mais diversos agrupamentos sociais.

Foi assim desde os primórdios.

O relacionamento social, a soma de forças e de energia sempre estiveram associados com a sobrevivência e com a reprodução, de modo a garantir a perpetuação da espécie.

Dessa forma, mesmo nos agrupamentos sociais mais simples e primitivos, sempre houve a necessidade de se criar um número de regras mínimas que pudessem garantir o convívio entre os homens. Assim ocorreu na família primitiva, nos grupos tribais e assim ocorre, atualmente, no estado moderno.

O direito surge, então, como um instrumento de satisfação da necessidade humana, tendo como origem o convívio social.

A esse conjunto de normas que disciplina, de maneira indistinta e coercitiva, o convívio social dá-se o nome de direito, cuja finalidade é impor limites às ações humanas para viabilizar a vida em sociedade.

A palavra direito é originária do latim *directum*, que significa o que é reto.

Essa origem deu à palavra direito inúmeras aplicações na língua portuguesa, podendo significar, por exemplo, norma, justiça, ou aquilo que é correto.

Assim, após essas breves considerações, podemos dizer, de forma bem simples, que o direito é um conjunto de normas que regula a vida em sociedade.

1.2. Fontes jurídicas

A palavra fonte é usada metaforicamente para indicar o nascedouro, ou seja, aquilo que cria as normas jurídicas.

A doutrina tradicional divide as fontes do direito em diretas ou imediatas e indiretas ou mediatas.

As chamadas diretas ou imediatas são as que, por si só, são capazes de gerar normas jurídicas. São a lei e o costume, os quais abordaremos especificamente adiante em tópicos próprios.

As fontes indiretas ou mediatas são as que, apesar de não terem força para criar normas jurídicas, auxiliam e influenciam a criação das normas, tendo grande relevância para a interpretação e aplicação do direito. São a doutrina e a jurisprudência.

A doutrina representa o direito científico, consubstanciado nos ensinamentos e reflexões dos estudiosos do direito que visam dar sentido ao texto frio da lei.

A doutrina tem importante papel no debate acerca da melhor interpretação da lei, bem como de sugerir modificações e aprimoramentos no direito positivo.

A jurisprudência representa o direito aplicado concretamente, de forma reiterada, pelos tribunais, quando da solução dos conflitos.

O Poder Judiciário, quando instado a dirimir conflitos, sempre se posiciona sobre a lide, distribuindo o direito. A jurisprudência, então, se forma com o tempo, quando os tribunais fixam um entendimento sobre o assunto e passam a decidir de forma uniforme para a mesma situação fática.

Nesse aspecto, é evidente a importância da doutrina e da jurisprudência como fontes do direito, pois demonstram ao legislador como os estudiosos "pensam" o direito e como os tribunais aplicam o direito, expondo relevante orientação e influência no momento de elaborar as leis.

Fontes
- Diretas
  - Lei
  - Costume
- Indiretas
  - Doutrina
  - Jurisprudência

1.3. Direito positivo e direito natural

Direito positivo é o "conjunto de princípios que pautam a vida social de determinado povo em determinada época"[1].

1. GONÇALVES, Carlos Roberto. *Direito Civil I*. 3ª ed. São Paulo: Saraiva, 2011, p. 22.

Não importa se esses princípios são escritos ou não, se possuem elaboração sistemática ou jurisprudencial, pois o conceito de direito positivo está relacionado ao conceito de vigência[2].

O direito natural, por sua vez, tem seu conceito ligado a um ideal de justiça. A fonte do direito natural evoluiu conforme o tempo, encontrando fundamento ora na natureza, ora em Deus e ora na razão humana.

Em outras palavras, o direito natural representa as "leis anteriores e inspiradoras do direito positivo, as quais, mesmo não escritas, encontram-se na consciência dos povos"[3].

Como é possível observar, não há qualquer antagonismo entre o direito positivo e o direito natural, pois este, como ideal de justiça superior, serve de inspiração àquele para que alcance a perfeição.

1.4. Direito objetivo e direito subjetivo

Direito objetivo é o conjunto de normas gerais, impostas pelo Estado, cuja observância os indivíduos podem ser compelidos mediante coerção.

Há, portanto, um conjunto de normas de observância obrigatória, a que garante uma proteção jurídica, como, por exemplo o direito de propriedade.

A existência dessas normas fornece ao indivíduo um campo de ação, no sentido de exigir que se cumpra a proteção conclamada. Assim, o indivíduo violado em sua propriedade pode utilizar-se da proteção legal e exigir que cesse a agressão ao seu direito.

A essa prerrogativa, ou direito de ação, damos o nome de direito subjetivo, que nada mais é do que o poder que alguém tem de, dentro do ordenamento jurídico, exigir de outrem um comportamento.

É importante observar que direito objetivo e subjetivo, na verdade, são faces de uma mesma realidade, que surgem dependendo do campo de visão que se admite. De fato, o direito objetivo revela o conjunto de normas gerais criadas para proteger o indivíduo, enquanto o direito subjetivo indica a vontade ou interesse do indivíduo de invocar tais normas para repelir uma ilegalidade.

1.5. Direito público e direito privado

O direito ainda pode ser dividido em público e privado.

O direito público é o que regula as relações em que o Estado é parte, seja em relação a si mesmo (direito constitucional), seja em relação a outros Estados (direito

---

2. GONÇALVES, Carlos Roberto. *Direito Civil I*. 3ª ed. São Paulo: Saraiva, 2011, p. 23.
3. GONÇALVES, Carlos Roberto. *Direito Civil I*. 3ª ed. São Paulo: Saraiva, 2011, p. 23.

internacional), ou, ainda, em relação com os particulares, quando revestido de soberania (direito administrativo e tributário)[4].

O direito privado, por sua vez, é o que regula as relações entre particulares.

Dessa forma, pertencem ao direito público interno: o direito constitucional, que regula a disciplina jurídica, política e econômica do Estado; o direito administrativo, que regula a atividade estatal na busca da consecução dos fins sociais; o direito tributário, que visa disciplinar a receita e a despesa do Estado, com a consequente imposição de tributos fundamentada no poder de império; o direito processual, que estabelece as regras pelas quais a Justiça é distribuída; e o direito penal, que define crimes e penas, pelos quais o Estado mantém a ordem jurídica.

Ao direito público externo pertence o direito internacional.

O direito privado engloba o direito civil, que regula os direitos e deveres de todas as pessoas, disciplinando normas sobre a capacidade das pessoas, e sobre as relações atinentes à família, às obrigações, às coisas e à sucessão; o direito empresarial, que regulamenta as normas relativas à atividade dos empresários e das empresas; e o direito do trabalho, que regula as relações entre empregados e empregadores, além de normas relativas à segurança e medicina do trabalho, bem como das organizações sindicais.

Cabe esclarecer que, atualmente, muitos doutrinadores têm defendido a ideia de publicização do direito privado, sustentando que há interesse do Estado em interferir no direito privado, estabelecendo normas cogentes, como ocorre, por exemplo, nas normas de direito de família e de direito do trabalho.

1.6. A lei

1.6.1. Conceito e principais características

O Direito Brasileiro é derivado do *Civil Law*, de origem romano-germânica, cuja fonte principal é a lei.

Etimologicamente, a palavra lei deriva do verbo latino *legere*, que significa ler.

Há inúmeros conceitos de lei, trazidos pela doutrina ao longo do tempo.

No entanto, o que mais importa são as características da lei, pois, sabendo-se as características, fica simples formular o conceito.

A primeira característica deriva do próprio nome. Como dito, a palavra lei tem origem no verbo ler, de maneira que a lei, necessariamente, deve ser **escrita**, onde repousa uma das diferenças entre nosso sistema e o direito costumeiro.

---

4. DINIZ, Maria Helena. *Curso de Direito Civil Brasileiro*. v. 1, 30ª ed. São Paulo: Saraiva, 2013, p. 31.

A lei deve ser **geral**, pois não se dirige a um caso particular, mas a um número indeterminado de pessoas, abrangendo todos os casos que se enquadrem em sua tipicidade.

É, ainda, **imperativa**, vez que impõe um dever. Como ensina Carlos Roberto Gonçalves, a "lei é uma ordem, um comando", pois quando exige uma ação, cria uma imposição, e quando exige uma abstenção, cria uma proibição[5].

Possui efeito **permanente**, haja vista que produzirá efeitos até ser revogada ou perder eficácia, disciplinando todos os casos aplicáveis indefinidamente[6].

A lei deve emanar de um poder **competente**, pois, para valer contra todos, sua criação deve respeitar o processo legal de elaboração e ser originária do poder estatal competente para elaborá-la, que, no direito brasileiro, é, em regra, o Poder Legislativo. Emanando do poder competente, a lei ganha legitimidade para imperar.

Por fim, a lei é **autorizante**, pois sempre traz uma permissão ou uma proibição de conduta, ou como esclarece Flávio Tartuce, um *autorizamento*, na medida em que autoriza ou não autoriza determinada conduta[7].

Após a análise das características, utilizaremos o conceito de lei trazido por Silvio de Salvo Venosa, para quem a "lei é uma regra geral de direito, abstrata e permanente, dotada de sanção, expressa pela vontade de uma autoridade competente, de cunho obrigatório e de forma escrita"[8].

1.6.2. *Vigência da lei*

Segundo o insigne Carlos Roberto Gonçalves, "vigência designa a existência específica da norma em determinada época, podendo ser invocada para produzir, concretamente, efeitos"[9].

A lei passa por três momentos fundamentais para que tenha validade: da *elaboração;* da *promulgação* e da *publicação*. Após, há o período de *vacância*, usualmente definido na própria norma, que é o período compreendido entre a data da publicação e a data em que a lei entra em vigor.

Nos termos do art. 1º da Lei de Introdução, "salvo disposição em contrário, a lei começa a vigorar em todo o país quarenta e cinco dias depois de oficialmente publicada".

Isso significa que, caso a lei não especifique o período da vacância, ela entrará em vigor quarenta e cinco dias depois de oficialmente publicada, segundo a norma geral trazida pela Lei de Introdução.

5. *Direito Civil I*. V. I. São Paulo: Saraiva: 2011, p. 53.
6. VENOSA, Silvio de Salvo. *Direito Civil*. V. I, 4ª ed. São Paulo: Atlas, 2004, p. 37.
7. *Direito Civil I*. 9ª ed. São Paulo: Método, 2013, p. 7.
8. *Direito Civil*. Vol. I, 4ª ed. São Paulo: Atlas, 2004, p. 37.
9. *Direito Civil I. V. I*. São Paulo: Saraiva: 2011, p. 59.

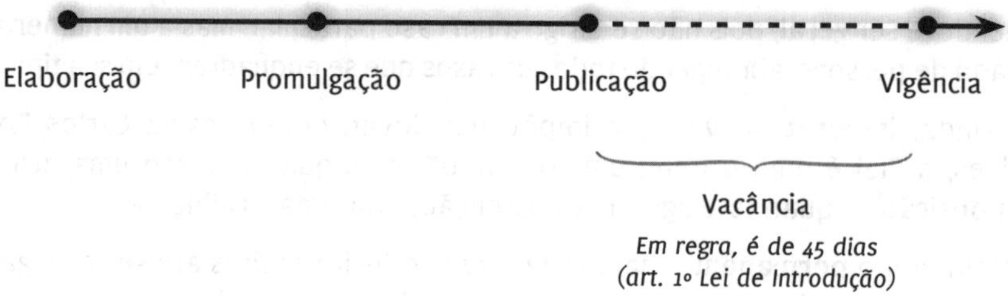

Quando a lei brasileira for admitida no exterior, o período de vacância será de três meses, tendo em vista o quanto preconizado no art. 1º, §1º da Lei de Introdução.

Em caso de existir, durante o período de vacância, nova publicação com o intuito de corrigir eventuais equívocos, o prazo da obrigatoriedade começará a correr da nova publicação, por força do art. 1º, §3º da Lei de Introdução.

Cumpre esclarecer, no entanto, que o novo prazo é aplicável apenas para os textos republicados, isto é, para a parte corrigida.

Vimos que a lei tem caráter permanente, ou seja, que se mantém em vigor até que seja revogada por outra lei. Isso é o que consagra o art. 2º da Lei de Introdução, que traz o princípio da continuidade da lei.

Dessa forma, revogar uma lei significa retirar sua obrigatoriedade, deixando-a sem eficácia. A ideia de revogação está associada à cessação de existência.

Segundo a extensão, a revogação pode ser classificada em: a) *revogação total (ab-rogação)*, que ocorre quando a lei anterior é totalmente suprimida, como se deu, por exemplo, com o Código Civil de 1916, revogado totalmente pelo Código Civil de 2002 (art. 2.045); ou b) *revogação parcial (derrogação)*, quando a revogação ocorre somente em parte da lei, permanecendo em vigor a parte inalterada, como tem acontecido, por exemplo, com o Código de Processo Civil, que tem sido alvo de várias modificações, sobretudo relacionadas com a execução e com o processo judicial eletrônico.

REVOGAÇÃO segundo a extensão

- **Total:** totalmente revogada
- **Parcial:** parcialmente revogada

Quanto à forma de sua execução, a revogação pode ser classificada em: a) *expressa*, quando a lei nova indica taxativamente que a lei anterior foi total ou parcialmente revogada; ou b) *tácita*, quando não há declaração expressa, mas sim uma incompatibilidade entre a lei antiga e a lei nova, eis que ambas passam a disciplinar mesma matéria de forma diferente. Nesse caso, diz-se que a revogação é indireta, prevalecendo a lei mais recente. Um exemplo de revogação tácita ocorreu com o art. 1.211-A do CPC de 1973, revogado tacitamente pelo art. 71 da Lei nº 10.741/03 (Estatuto do Idoso).

REVOGAÇÃO quanto à forma { Expressa / Tácita

É importante lembrar, por derradeiro, que a Lei de Introdução traz a proibição da repristinação como regra, que está consagrada no art. 2, §3º.

O efeito repristinatório ocorre quando a lei revogada volta a viger com a revogação da lei revogadora. Como dito, tal efeito, em regra, não ocorre por vedação expressa do art. 2, §3º da Lei de Introdução.

A repristinação, excepcionalmente, ocorre em duas hipóteses: a) quando a lei revogadora for declarada inconstitucional; e b) quando houver previsão expressa na lei.

Exemplificando, imagine que está em vigor a lei X. Depois, é publicada a lei Y, revogando a lei X. Uma eventual nova lei Z, que revogar a lei Y, não restabelecerá a vigência da lei X. Esse é o efeito repristinatório vedado pelo art. 2º, §3º da Lei de Introdução.

A lei X somente voltará a viger se a lei Y for declarada inconstitucional, ou se a lei Z consignar, expressamente quando da revogação da lei Y, que a lei X terá sua vigência restabelecida.

Lei X → em vigor
Lei Y → revoga a Lei X
Lei Z → revoga a Lei Y

Lei X volta a vigorar?
Resposta: Não

1.6.3. A obrigatoriedade das leis

Como visto, a lei tem observância obrigatória, sendo descabida qualquer alegação de ignorância ou desconhecimento da lei.

A lei representa a vontade do povo e, uma vez em vigor, torna-se obrigatória para todos.

Nesse sentido, o art. 3º da Lei de Introdução consagra expressamente o princípio da obrigatoriedade, quando dispõe *"Ninguém se escusa de cumprir a lei, alegando que não a conhece"*.

A previsão expressa é corolário da segurança jurídica e visa garantir a eficácia total do ordenamento jurídico.

Não obstante, o princípio da obrigatoriedade não afasta, em certos casos, o erro de direito, que pode ser invocado, atendido os requisitos legais, como causa de anulação de negócio jurídico. Sobre o erro, falaremos mais adiante quando tratarmos dos defeitos do negócio jurídico.

2. LEI DE INTRODUÇÃO ÀS NORMAS DO DIREITO BRASILEIRO

2.1. O conteúdo e a função da Lei de Introdução às Normas do Direito Brasileiro

A Lei de Introdução ao Código Civil é uma legislação anexa ao Código Civil de 1916.

Entretanto, trata-se de uma legislação autônoma, ainda em vigor, destinada a servir de norte à totalidade do ordenamento jurídico nacional.

Como bem esclarece Carlos Roberto Gonçalves, a Lei de Introdução ao Código Civil é "um conjunto de normas sobre normas". Ela traz disposições preliminares, que orientam o modo de aplicação e entendimento do direito, no tempo e no espaço.

Seus preceitos aplicam-se a todos os ramos do direito, exceto no que for tratado de forma diferente pelas legislações específicas.

Por força da Lei 12.376, de 30 de dezembro de 2010, a Lei de Introdução ao Código Civil teve o nome alterado para Lei de Introdução às Normas do Direito Brasileiro, motivo pelo qual utilizaremos essa designação.

2.2. A aplicação e interpretação das normas jurídicas

A norma jurídica é abstrata e geral, abrangendo todos os casos que se enquadrarem em sua tipicidade.

No entanto, para verificar qual a lei aplicável ao caso concreto, o juiz deve interpretá-la, extraindo o verdadeiro sentido da norma.

De se destacar que todas as normas são passíveis de interpretação, mesmo as normas claras e objetivas, pois para se afirmar que são claras é necessário um trabalho interpretativo.

Dessa forma, é possível dizer que a interpretação será mais simples ou complexa, conforme a norma for mais clara ou obscura.

Atualmente, as teorias de interpretação mais aceitas são a da *interpretação objetiva* e a da *livre pesquisa do direito*.

Para a primeira, o intérprete deve buscar o sentido da norma, que ganha vida própria após sua promulgação. Para a segunda, a norma deve ser analisada segundo os preceitos morais e sociais de cada época. Isso, evidentemente, concede um poder criador ao juiz quando da interpretação da norma.

A hermenêutica é a ciência de interpretação das leis.

2.3. A integração das normas jurídicas

A sociedade está em constante transformação. A complexidade das relações sociais e o aprimoramento tecnológico são verdadeiros catalisadores da evolução humana.

Dessa forma, as transformações sociais ocorrem numa velocidade muito maior do que as alterações legislativas, de maneira que o legislador não consegue prever todos os acontecimentos e fatos sociais, sobretudo os futuros.

A lei, nesse contexto, pode apresentar lacunas, eis que, em algum momento, pode não trazer a disciplina jurídica para determinado fato social.

Ainda que haja a citada lacuna, o juiz não pode se eximir de sentenciar e distribuir a justiça, sob a alegação de que não existe lei aplicável à lide instaurada. Isso é o que dispõe expressamente o art. 140 do novo CPC.

Quando isso ocorrer, o juiz deverá buscar a integração das normas jurídicas, utilizando-se da analogia, do costume e dos princípios gerais de direito. Esse é o preceito contido no art. 4º da Lei de Introdução.

Observe que a lei pode apresentar lacunas, mas o direito, como um sistema amplo e complexo, apresenta formas de suprir eventuais omissões, havendo indicação expressa do legislador orientando o juiz a como proceder em caso de lacuna.

Passaremos a analisar os mecanismos de integração.

2.3.1. A analogia

Inicialmente, cabe esclarecer que há uma hierarquia entre os mecanismos de integração previstos no art. 4º da Lei de Introdução, de maneira que a analogia deve ser empregada em primeiro lugar.

A analogia deve ser utilizada quando não há uma lei que discipline o fato em análise. Nesse caso, o julgador deve solucionar a questão aplicando uma lei que discipline um caso semelhante.

O ilustre Flávio Tartuce exemplifica utilizando o art. 499 do CC, que possibilita a compra e venda de bens entre *cônjuges* quanto aos bens excluídos da comunhão. Nesse caso, a compra e venda também é possível quanto aos *companheiros*. Observe que, não obstante a lei faça a previsão apenas entre pessoas casadas, eis que se referem a cônjuges, a analogia permite utilizar a mesma norma para as pessoas que vivem em união estável[10].

10. *Manual de Direito Civil*. 3ª ed. São Paulo: Método, 2013, p. 14/15.

A doutrina dominante tem dividido a analogia em duas categorias: a) a *analogia legal*, como a citada no exemplo acima, que ocorre quando o julgador busca apenas uma norma que se aplique a casos semelhantes; b) a *analogia jurídica*, que ocorre quando o julgador busca um complexo de normas próximas, que possam ser capazes de revelar um pensamento aplicável ao caso particular.

Vale lembrar, porque oportuno, que a analogia não tem utilização indiscriminada. Sua aplicação é vedada no direito penal, salvo para beneficiar o réu, e no direito tributário, eis que ambos os ramos são pautados pelo princípio da legalidade estrita, como forma de garantir a segurança jurídica.

2.3.2. *O costume*

Já vimos que o costume é fonte do direito. No entanto, tendo em vista que nosso sistema é originário do *Civil Law*, cuja fonte por excelência é a lei, o costume deve ser aplicado de forma supletiva.

Por tal razão, verifica-se uma hierarquia entre os mecanismos de integração a ponto de utilizar-se da analogia em primeiro lugar. Porque aplicar a analogia é, na verdade, aplicar a lei.

Pois bem. Diferentemente da lei, que tem origem certa, eis que surge mediante processo legislativo, o costume tem origem imprevista, haja vista que surge através de uma conduta reiterada.

A melhor doutrina identifica dois elementos essenciais do costume: a) o comportamento reiterado, também chamado de elemento externo; e b) a consciência de que tal comportamento é obrigatório, identificado como elemento interno.

Diante disso, o ilustre Flávio Tartuce o define como "sendo as práticas e usos reiterados com conteúdo lícito e relevância jurídica"[11].

Os costumes podem ser classificados da seguinte forma:

a) *Costumes segundo a lei*: quando a lei expressamente se refere aos costumes, dando a eles caráter legal, como ocorre, por exemplo, no art. 1297, §1º, do Código Civil.

b) *Costumes na ausência da lei:* quando destinados a suprir lacunas ou omissões da lei. É tratado no art. 4º da Lei de Introdução, que orienta o julgador a como proceder para corrigir eventual lacuna. Os autores mencionam a aplicação do costume integrativo a emissão de cheque pré-datado, afastando a ordem de pagamento à vista do título.

c) *Costumes contra a lei*: quando os costumes são contrários à lei. A doutrina tradicional não admite a aplicação do costume contra a lei, pois esta somente pode ser revogada por outra lei. Não, há nesse caso, também, integração.

11. *Direito Civil*. Vol. I., 9ª ed. São Paulo: Método, 2013, p. 27.

2.3.3. *Os princípios gerais de direito*

Não sendo possível suprir a lacuna da lei através da analogia e do costume, o julgador deverá utilizar-se dos princípios gerais de direito, que representam regras que encontram fundamento na consciência popular e são universalmente aceitas.

Muitos dos princípios gerais de direito acabam sendo incorporados pelo direito positivo, como, por exemplo, o princípio de que "ninguém pode lesar outrem", consagrado no art. 186 do Código Civil e o princípio que veda o enriquecimento sem causa, estampado no art. 876 do mesmo diploma.

Percebe-se, dessa forma, que os princípios possuem uma amplitude muito maior, estando, muitas vezes, implícitos no ordenamento jurídico.

2.3.4. *A equidade*

Tradicionalmente, a equidade é conhecida como a aplicação do bom senso ou a justiça no caso concreto.

Cabe esclarecer, no entanto, que o emprego da equidade não constitui mecanismo de integração do direito, sendo um simples recurso auxiliar e acessório na aplicação da lei.

Assim o é, tendo em vista o quanto preconizado pelo art. 127 do Código de Processo Civil, que estabelece, expressamente, que o "juiz só decidirá por equidade nos casos previstos em lei". Como exemplo, podemos citar o art. 1.740, II do Código Civil, que permite ao tutor reclamar do juiz que providencie, "como houver por bem", quando o menor tutelado haja mister correção[12].

Tal entendimento é corroborado pelo E. STJ, que abordou o tema no RSTJ 83/168.

2.4. Conflito das leis no tempo

A revogação de uma lei por outra pode ter influência significativa nas relações jurídicas estabelecidas sob o manto da lei revogada. Resta saber, então, se a lei nova retroagirá para abraçar as relações estabelecidas antes de sua vigência.

Nosso ordenamento jurídico adotou como regra o princípio da irretroatividade da lei, consagrado no art. 5º, XXXVI, da CF/88. A adoção desse princípio visa garantir a segurança e a estabilidade do ordenamento jurídico, como forma de preservar as situações consolidadas.

Por tal razão que, em regra, aplica-se a lei nova a situações pendentes, futuras e a situações pretéritas, desde que, neste último caso, não haja ofensa ao ato jurídico perfeito, ao direito adquirido e à coisa julgada.

É importante esclarecer, contudo, que o princípio da irretroatividade não é absoluto, uma vez que, como explica Carlos Roberto Gonçalves, razões de política

12. GONÇALVES, Carlos Roberto. *Direito Civil Brasileiro*. Vol. 1, 3ª ed. São Paulo: Saraiva: 2011, p. 77.

legislativa, motivadas pelo interesse social, o progresso ou a equidade, podem justificar a retroatividade da lei, fazendo com que atinja fatos ocorridos antes de sua vigência[13].

Para a solução dos conflitos da lei no tempo, há, ainda, o critério das disposições transitórias, que é a criação de um regramento temporário, previsto na própria norma, com o objetivo de evitar e solucionar conflitos que poderão surgir quando confrontada a lei nova e a lei antiga. Em outras palavras, o próprio legislador, quando da lei nova, estabelece uma série de orientações que disciplinarão provisoriamente a matéria, essencialmente quanto aos fatos ocorridos nesse período.

3. DIREITO CIVIL

3.1. Conceito

O direito civil é o direito comum do cidadão, que objetiva disciplinar as relações particulares, inerentes ao cotidiano, ou como explica Maria Helena Diniz "é o direito comum a todas as pessoas, por disciplinar o seu modo de ser e de agir, sem quaisquer referências às condições sociais e culturais".

3.2. O Código Civil de 2002

3.2.1. *Estrutura e conteúdo*

O Código Civil é composto por duas partes:

a) A primeira é chamada de *parte geral*, que contém normas relativas às pessoas, aos bens, aos fatos, atos e negócios jurídicos, bem como matéria que disciplina as nulidades, prescrição e decadência.

b) A segunda é a parte especial, que pode ser assim subdividida:

   b.1) Direito das obrigações, que regula o direito obrigacional, com vistas aos contratos e atos ilícitos;

   b.2) Direito de empresa, que traça a disciplina jurídica do empresário, da sociedade, o estabelecimento e temas afins;

   b.3) Direito das coisas, que rege, essencialmente, a posse, a propriedade e o direito real de garantia sobre coisas alheias;

   b.4) Direito de família, que traz normas relativas ao casamento, à união estável, às relações entre cônjuges e conviventes, às de parentesco, bem como à proteção de menores e incapazes;

   b.5) Direito das sucessões, que regula a transferência de bens em razão de herança, abordando, ainda, o inventário e partilha.

Há, ainda, um livro complementar que aborda as disposições finais e transitórias.

13. Direito Civil, v. 1, 3ª Ed., 2011, p. 83.

3.2.2. Princípios básicos

O Código Civil de 2002 consagra como princípios fundamentais os da eticidade, socialidade e operabilidade.

O princípio da *eticidade* reconhece a importância dos valores éticos no direito privado.

Não há, como havia no Código de 1916, a necessidade de efetuar o enquadramento específico entre fato e norma. No atual diploma, os juízes passam a ter maior discricionariedade na interpretação.

A boa-fé objetiva e a função social passam a ser os alicerces das relações contratuais, como forma de manter o equilíbrio.

O princípio da *sociabilidade*, por sua vez, não deixa dúvidas sobre a evidente prevalência dos valores coletivos sobre os individuais, ou, como esclarece Flávio Tartuce, "valorizando a palavra *nós*, em detrimento da palavra *eu*"[14].

Dessa forma, a propriedade, a posse, a empresa, a família e os contratos passam a ser vistos não mais como elementos que dizem respeito apenas às pessoas neles envolvidas, mas sim a toda a sociedade.

O princípio da *operabilidade*, por derradeiro, preconiza que o direito é visto como elemento de pacificação social e distribuição da justiça. Em outras palavras, a aplicação do direito traz equilíbrio social.

Com isso, afastam-se formalidades e exigências inócuas, como forma de garantir a efetivação do direito.

PRINCÍPIOS	
	Eticidade: presença de valores éticos no direito privado
	Socialidade: prevalência de valores coletivos sobre os individuais
	Operabilidade: afasta o tecnismo jurídico em prol da simplicidade

3.2.3. Direito civil constitucional

Há um forte movimento da doutrina moderna em interpretar o Direito Civil à luz dos princípios consagrados pela Constituição Federal.

Dessa forma, os interesses individuais, regidos pelo Código Civil, devem estar em sintonia com os princípios da dignidade da pessoa humana, da solidariedade social e da igualdade substancial, todos consolidados pela Carta Magna.

É importante observar que a Constituição optou por abordar diversos temas ínsitos ao direito privado, como, por exemplo, a família e a propriedade. Por tal razão é que se diz que há uma *constitucionalização* de temas.

14. *Direito Civil I*. Vol. 1, 9ª ed. São Paulo: Método, 2013, p. 81.

Como dito, muitos doutrinadores têm defendido a publicização do direito privado, tendo em vista, também, o princípio da sociabilidade trazido pelo Código Civil.

A essa nova perspectiva de interpretar o Código Civil sob a ótica da Constituição Federal tem-se dado o nome de direito civil constitucional, que proclama uma análise unitária e sistemática do ordenamento.

4. LEGISLAÇÃO RELACIONADA AO CAPÍTULO

» **DECRETO-LEI Nº 4.657, DE 4 DE SETEMBRO DE 1942.**

Lei de Introdução às normas do Direito Brasileiro.

O PRESIDENTE DA REPÚBLICA, usando da atribuição que lhe confere o artigo 180 da Constituição, decreta:

Art. 1º Salvo disposição contrária, a lei começa a vigorar em todo o país quarenta e cinco dias depois de oficialmente publicada.

§ 1º Nos Estados, estrangeiros, a obrigatoriedade da lei brasileira, quando admitida, se inicia três meses depois de oficialmente publicada.

§ 2º (Revogado pela Lei nº 12.036, de 2009).

§ 3º Se, antes de entrar a lei em vigor, ocorrer nova publicação de seu texto, destinada a correção, o prazo deste artigo e dos parágrafos anteriores começará a correr da nova publicação.

§ 4º As correções a texto de lei já em vigor consideram-se lei nova.

Art. 2º Não se destinando à vigência temporária, a lei terá vigor até que outra a modifique ou revogue.

§ 1º A lei posterior revoga a anterior quando expressamente o declare, quando seja com ela incompatível ou quando regule inteiramente a matéria de que tratava a lei anterior.

§ 2º A lei nova, que estabeleça disposições gerais ou especiais a par das já existentes, não revoga nem modifica a lei anterior.

§ 3º Salvo disposição em contrário, a lei revogada não se restaura por ter a lei revogadora perdido a vigência.

Art. 3º Ninguém se escusa de cumprir a lei, alegando que não a conhece.

Art. 4º Quando a lei for omissa, o juiz decidirá o caso de acordo com a analogia, os costumes e os princípios gerais de direito.

Art. 5º Na aplicação da lei, o juiz atenderá aos fins sociais a que ela se dirige e às exigências do bem comum.

Art. 6º A Lei em vigor terá efeito imediato e geral, respeitados o ato jurídico perfeito, o direito adquirido e a coisa julgada.

§ 1º Reputa-se ato jurídico perfeito o já consumado segundo a lei vigente ao tempo em que se efetuou.

§ 2º Consideram-se adquiridos assim os direitos que o seu titular, ou alguém por ele, possa exercer, como aqueles cujo começo do exercício tenha termo pré-fixo, ou condição pré-estabelecida inalterável, a arbítrio de outrem.

§ 3º Chama-se coisa julgada ou caso julgado a decisão judicial de que já não caiba recurso.

Art. 7º A lei do país em que domiciliada a pessoa determina as regras sobre o começo e o fim da personalidade, o nome, a capacidade e os direitos de família.

§ 1º Realizando-se o casamento no Brasil, será aplicada a lei brasileira quanto aos impedimentos dirimentes e às formalidades da celebração.

§ 2º O casamento de estrangeiros poderá celebrar-se perante autoridades diplomáticas ou consulares do país de ambos os nubentes.

§ 3º Tendo os nubentes domicílio diverso, regerá os casos de invalidade do matrimônio a lei do primeiro domicílio conjugal.

§ 4º O regime de bens, legal ou convencional, obedece à lei do país em que tiverem os nubentes domicílio, e, se este for diverso, a do primeiro domicílio conjugal.

§ 5º - O estrangeiro casado, que se naturalizar brasileiro, pode, mediante expressa anuência de seu cônjuge, requerer ao juiz, no ato de entrega do decreto de naturalização, se apostile ao mesmo a adoção do regime de comunhão parcial de bens, respeitados os direitos de terceiros e dada esta adoção ao competente registro.

§ 6º O divórcio realizado no estrangeiro, se um ou ambos os cônjuges forem brasileiros, só será reconhecido no Brasil depois de 1 (um) ano da data da sentença, salvo se houver sido antecedida de separação judicial por igual prazo, caso em que a homologação produzirá efeito imediato, obedecidas as condições estabelecidas para a eficácia das sentenças estrangeiras no país. O Superior Tribunal de Justiça, na forma de seu regimento interno, poderá reexaminar, a requerimento do interessado, decisões já proferidas em pedidos de homologação de sentenças estrangeiras de divórcio de brasileiros, a fim de que passem a produzir todos os efeitos legais.

§ 7º Salvo o caso de abandono, o domicílio do chefe da família estende-se ao outro cônjuge e aos filhos não emancipados, e o do tutor ou curador aos incapazes sob sua guarda.

§ 8º Quando a pessoa não tiver domicílio, considerar-se-á domiciliada no lugar de sua residência ou naquele em que se encontre.

Art. 8º Para qualificar os bens e regular as relações a eles concernentes, aplicar-se-á a lei do país em que estiverem situados.

§ 1º Aplicar-se-á a lei do país em que for domiciliado o proprietário, quanto aos bens moveis que ele trouxer ou se destinarem a transporte para outros lugares.

§ 2º O penhor regula-se pela lei do domicílio que tiver a pessoa, em cuja posse se encontre a coisa apenhada.

Art. 9º Para qualificar e reger as obrigações, aplicar-se-á a lei do país em que se constituírem.

§ 1º Destinando-se a obrigação a ser executada no Brasil e dependendo de forma essencial, será esta observada, admitidas as peculiaridades da lei estrangeira quanto aos requisitos extrínsecos do ato.

§ 2º A obrigação resultante do contrato reputa-se constituída no lugar em que residir o proponente.

Art. 10. A sucessão por morte ou por ausência obedece à lei do país em que domiciliado o defunto ou o desaparecido, qualquer que seja a natureza e a situação dos bens.

§ 1º A sucessão de bens de estrangeiros, situados no País, será regulada pela lei brasileira em benefício do cônjuge ou dos filhos brasileiros, ou de quem os represente, sempre que não lhes seja mais favorável a lei pessoal do de cujus.

§ 2º A lei do domicílio do herdeiro ou legatário regula a capacidade para suceder.

Art. 11. As organizações destinadas a fins de interesse coletivo, como as sociedades e as fundações, obedecem à lei do Estado em que se constituírem.

§ 1º Não poderão, entretanto, ter no Brasil filiais, agências ou estabelecimentos antes de serem os atos constitutivos aprovados pelo Governo brasileiro, ficando sujeitas à lei brasileira.

§ 2º Os Governos estrangeiros, bem como as organizações de qualquer natureza, que eles tenham constituído, dirijam ou hajam investido de funções públicas, não poderão adquirir no Brasil bens imóveis ou susceptíveis de desapropriação.

§ 3º Os Governos estrangeiros podem adquirir a propriedade dos prédios necessários à sede dos representantes diplomáticos ou dos agentes consulares.

Art. 12. É competente a autoridade judiciária brasileira, quando for o réu domiciliado no Brasil ou aqui tiver de ser cumprida a obrigação.

§1º Só à autoridade judiciária brasileira compete conhecer das ações relativas a imóveis situados no Brasil.

§ 2º A autoridade judiciária brasileira cumprirá, concedido o *exequatur* e segundo a forma estabelecida pele lei brasileira, as diligências deprecadas por autoridade estrangeira competente, observando a lei desta, quanto ao objeto das diligências.

Art. 13. A prova dos fatos ocorridos em país estrangeiro rege-se pela lei que nele vigorar, quanto ao ônus e aos meios de produzir-se, não admitindo os tribunais brasileiros provas que a lei brasileira desconheça.

Art. 14. Não conhecendo a lei estrangeira, poderá o juiz exigir de quem a invoca prova do texto e da vigência.

Art. 15. Será executada no Brasil a sentença proferida no estrangeiro, que reúna os seguintes requisitos:

a) haver sido proferida por juiz competente;

b) terem sido as partes citadas ou haver-se legalmente verificado à revelia;

c) ter passado em julgado e estar revestida das formalidades necessárias para a execução no lugar em que foi proferida;

d) estar traduzida por intérprete autorizado;

e) ter sido homologada pelo Supremo Tribunal Federal.

Parágrafo único. (Revogado pela Lei nº 12.036, de 2009).

Art. 16. Quando, nos termos dos artigos precedentes, se houver de aplicar a lei estrangeira, ter-se-á em vista a disposição desta, sem considerar-se qualquer remissão por ela feita a outra lei.

▸ LEGISLAÇÃO

Art. 17. As leis, atos e sentenças de outro país, bem como quaisquer declarações de vontade, não terão eficácia no Brasil, quando ofenderem a soberania nacional, a ordem pública e os bons costumes.

Art. 18. Tratando-se de brasileiros, são competentes as autoridades consulares brasileiras para lhes celebrar o casamento e os mais atos de Registro Civil e de tabelionato, inclusive o registro de nascimento e de óbito dos filhos de brasileiro ou brasileira nascido no país da sede do Consulado.

§ 1º As autoridades consulares brasileiras também poderão celebrar a separação consensual e o divórcio consensual de brasileiros, não havendo filhos menores ou incapazes do casal e observados os requisitos legais quanto aos prazos, devendo constar da respectiva escritura pública as disposições relativas à descrição e à partilha dos bens comuns e à pensão alimentícia e, ainda, ao acordo quanto à retomada pelo cônjuge de seu nome de solteiro ou à manutenção do nome adotado quando se deu o casamento.

§ 2º É indispensável a assistência de advogado, devidamente constituído, que se dará mediante a subscrição de petição, juntamente com ambas as partes, ou com apenas uma delas, caso a outra constitua advogado próprio, não se fazendo necessário que a assinatura do advogado conste da escritura pública.

Art. 19. Reputam-se válidos todos os atos indicados no artigo anterior e celebrados pelos cônsules brasileiros na vigência do Decreto-lei nº 4.657, de 4 de setembro de 1942, desde que satisfaçam todos os requisitos legais.

Parágrafo único. No caso em que a celebração desses atos tiver sido recusada pelas autoridades consulares, com fundamento no artigo 18 do mesmo Decreto-lei, ao interessado é facultado renovar o pedido dentro em 90 (noventa) dias contados da data da publicação desta lei.

QUESTÕES

CAPÍTULO I

01. (Analista Judiciário - Área Judiciária - TRT 6 / 2012 / FCC) Nos Estados estrangeiros, a obrigatoriedade da lei brasileira, quando admitida, se inicia, depois de oficialmente publicada, em

a) quarenta e cinco dias.
b) três meses.
c) noventa dias.
d) um mês.
e) trinta dias.

COMENTÁRIOS

Alternativa "b" - correta (responde todas as demais alternativas): de acordo com o art. 1º, § 1º da Lei de Introdução às Normas do Direito Brasileiro (LINDB), a obrigatoriedade da lei brasileira, nos Estados estrangeiros, se inicia três meses depois de oficialmente publicada. O candidato deve ter cuidado para não confundir três meses com noventa dias. Também deve se atentar para não confundir com o prazo para entrada em vigor da norma no país, que é de quarenta e cinco dias (art. 1º, *caput* da LINDB).

02. (Analista Judiciário - Área Judiciária - TRT 21 / 2010 / CESPE) Com base na Lei de Introdução ao Código Civil, julgue os itens que se seguem.

( ) Quando determinada lei, antes mesmo de entrar em vigor, tem seu texto corrigido, por meio de nova publicação oficial, considera-se que o prazo de *vacatio legis* começará a correr a partir da primeira publicação.

COMENTÁRIOS

Item errado: em conformidade com o art. 1º, § 3º da LINDB, se, antes de uma lei entrar em vigor, ocorrer nova publicação de seu texto para correção, o prazo de *vacatio legis* começará a correr da nova publicação.

( ) Diante de uma omissão legislativa, o juiz deve decidir o caso de acordo com a analogia, a equidade e os princípios gerais de direito, no entanto, ante a lacuna de lei, é dada ao magistrado a faculdade de se eximir do julgamento da lide.

COMENTÁRIOS

Item errado: o item tem dois erros. O primeiro é que, diante da omissão da lei, o juiz deve decidir o caso de acordo com a analogia, os costumes e os princípios gerais de direito (art. 4º da LINDB). Não deve decidir de acordo com a equidade. O segundo erro é que, ante a lacuna da lei, o juiz não tem a faculdade de se eximir do julgamento da lide (art. 140 do novo CPC).

03. (Analista Judiciário - Área Judiciária - TRT 23 / 2011 / FCC) João ajuizou ação de cobrança contra José, com base em lei vigente na época do negócio jurídico que gerou a correspondente obrigação, e obteve ganho de causa. A sentença transitou em julgado no dia 18 de maio de 2008. No dia 18 de abril de 2010, foi publicada outra lei, que expressamente revogou a lei vigente na época do negócio jurídico que gerou a obrigação. Nesse caso,

a) a lei nova não será aplicada à relação jurídica entre João e José, porque violaria o ato jurídico perfeito e a coisa julgada.
b) a lei nova será aplicada à relação jurídica entre João e José, porque não ocorreu a coisa julgada, nem o ato jurídico perfeito.
c) a lei nova não será aplicada à relação jurídica entre João e José, porque, embora não caracterizado o ato jurídico perfeito, ocorreu a coisa julgada.

d) a lei nova não será aplicada à relação jurídica entre João e José, porque, embora não tenha ocorrido a coisa julgada, ficou caracterizado o ato jurídico perfeito.
e) a lei nova será aplicada à relação jurídica entre João e José, porque a lei nova foi publicada antes do prazo de dois anos da data do trânsito em julgado da sentença que decidiu a relação jurídica.

COMENTÁRIOS

Alternativa "a" – correta (responde todas as demais alternativas): a nova lei em vigor tem efeito imediato e geral, devendo sempre respeitar o ato jurídico perfeito, o direito adquirido e a coisa julgada (arts. 6º, *caput* da LINDB e 5º, XXXVI da CF). O ato jurídico perfeito é o que já se consumou segundo a lei vigente ao tempo em que se efetuou (art. 6º, § 1º da LINDB). O direito adquirido é o que se incorporou definitivamente ao patrimônio e à personalidade de seu titular (art. 6º, § 2º da LINDB). E a coisa julgada é a decisão judiciária de que já não caiba mais recurso (art. 6º, § 3º da LINDB). Na hipótese da questão, a obrigação foi gerada com base em lei vigente na época do negócio jurídico, isto é, há ato jurídico perfeito. E a sentença transitou em julgado antes da vigência da nova lei, quer dizer, operou-se a coisa julgada. Assim sendo, a lei nova não será aplicada à relação jurídica entre João e José, em respeito ao ato jurídico perfeito e à coisa julgada.

04. (Técnico Judiciário - Área Administrativa - TRT 20 / 2011 / FCC) De acordo com a Lei de Introdução ao Código Civil brasileiro (Decreto-Lei nº 4.657, de 04/09/1942 e modificações posteriores):

a) o penhor regula-se pela lei do domicílio que tiver a pessoa em cuja posse se encontre a coisa apenhada.
b) o conhecimento da lei estrangeira é dever do magistrado sendo defeso ao juiz exigir de quem a invoca prova do texto e da vigência.
c) reputa-se ato jurídico perfeito o ato que estiver de acordo com as regras, costumes e princípios gerais de direito vigentes em uma comunidade.
d) chama-se coisa julgada a pretensão constante de ação judicial já julgada por sentença passível de recurso.
e) a lei do país em que a pessoa tiver nascido determina as regras sobre os direitos de família.

COMENTÁRIOS

Nota do autor: o Decreto-Lei 4.657/42 era denominado Lei de Introdução ao Código Civil Brasileiro (LICC). Mas a Lei 12.376/2010 alterou a ementa do Decreto-Lei, que passou a se chamar Lei de Introdução às Normas do Direito Brasileiro (LINDB).

Alternativa "a" – correta: a alternativa é a transcrição literal do art. 8º, § 2º da LINDB. Em regra, para regular as relações concernentes aos bens, aplica-se a lei do local em que os bens se encontram (art. 8º, *caput* da LINDB). Entretanto, no caso do penhor, aplica-se a lei do domicílio da pessoa em cuja posse se encontre a coisa apenhada.

Alternativa "b" – errada: não é dever do magistrado conhecer a lei estrangeira. Caso não conheça a lei estrangeira, poderá o magistrado exigir de quem a invoca prova do texto e da vigência (art. 14 da LINDB).

Alternativa "c" – errada: ato jurídico perfeito é o ato já consumado segundo a lei vigente ao tempo em que se efetuou (art. 6º, § 1º da LINDB).

Alternativa "d" – errada: coisa julgada é a decisão judiciária de que já não caiba mais recurso (art. 6º, § 3º da LINDB).

Alternativa "e" – errada: a lei do país em que domiciliada a pessoa é que determina as regras sobre os direitos de família (art. 7º, *caput* da LINDB).

05. (Técnico Judiciário - Área Administrativa - TRT 6 / 2012 / FCC) Dispõe a Lei de Introdução às Normas do Direito Brasileiro que *a obrigação resultante do contrato reputa-se constituída no lugar em que residir o proponente* (art. 9º, § 2º) e o Código Civil que *reputar-se-á celebrado o contrato no lugar em que for proposto* (art. 435). Neste caso,

a) tendo o juiz dúvida sobre qual das normas legais deve aplicar, possui a faculdade de considerar revogada qualquer das duas regras, aplicando a outra.

b) ambas as disposições legais se acham em vigor e não se contradizem.

c) o Código Civil foi revogado nessa disposição pela Lei de Introdução às Normas do Direito Brasileiro.

d) aquela regra estabelecida na Lei de Introdução às Normas do Direito Brasileiro foi revogada pelo Código Civil.

e) ambas as disposições se revogam reciprocamente.

COMENTÁRIOS

Alternativa "b" – correta (responde todas as demais alternativas): há uma aparente contradição entre o art. 9º, § 2º da Lei de Introdução às Normas do Direito Brasileiro (LINDB) e o art. 435 do Código Civil, mas esses dois artigos são aplicados para situações diferentes. O art. 9º, § 2º da LINDB é uma norma de direito internacional privado, que é o conjunto de normas que define a lei aplicável nas relações jurídicas internacionais. Ou seja, o art. 9º, § 2º da LINDB é aplicado nas situações em que os contratantes estão em Estados diferentes, com ordenamentos jurídicos diferentes. Já o art. 435 do Código Civil é uma norma interna do direito brasileiro, isto é, é aplicável nos casos em que os contratantes residem no Brasil. Logo, ambas as normas estão vigentes e, por se aplicarem em situações distintas, não se contradizem.

06. (Analista Judiciário – Execução de Mandados – TRF 2ª região / 2012 / FCC) Considere as seguintes assertivas a respeito da Lei de Introdução às Normas do Direito brasileiro:

I. As correções a texto de lei já em vigor consideram- se lei nova.

II. A lei nova, que estabeleça disposições gerais ou especiais a par das já existentes, revoga a lei anterior.

III. A lei do domicílio do herdeiro ou legatário regula a capacidade para suceder.

IV. Reputa-se ato jurídico perfeito o já consumado segundo a lei vigente ao tempo em que se efetuou.

Está correto o que consta APENAS em:

a) I e III.

b) I, III e IV.

c) III e IV.

d) II e IV.

e) I, II e IV.

COMENTÁRIOS

Alternativa correta: "b".

Item I – correto: O item é a transcrição literal do art. 1º, § 4º da Lei de Introdução às Normas do Direito Brasileiro (LINDB). As emendas ou correções da lei que já tenha entrado em vigor são consideradas lei nova, só produzindo efeitos depois da *vacatio legis*.

Item II – errado: A lei nova, que estabelece disposições gerais ou especiais a par das já existentes, não revoga nem modifica a lei anterior, mas harmoniza-se com ela (art. 2º, § 2º da LINDB).

Item III – correto: O item é a transcrição literal do art. 10, § 2º da LINDB. A legitimação ou capacidade para suceder, que é a aptidão para herdar os bens deixados pelo falecido, rege-se pela lei do domicílio do herdeiro ou legatário.

Item IV – correto: O item é a transcrição literal do art. 6º, § 1º da LINDB. O ato jurídico perfeito é o que já se consumou segundo a lei vigente ao tempo em que se efetuou.

07. (Analista Judiciário – Área Judiciária – TRE do Paraná /2012 / FCC) NÃO se destinando a vigência temporária, a lei:

a) terá vigor até que outra a modifique ou revogue.

b) vigorará enquanto não cair em desuso.

c) só poderá ser revogada pela superveniência de nova ordem constitucional.

d) somente vigorará, até que outra lei expressamente a revogue.

e) não poderá ser revogada.

COMENTÁRIOS

Alternativa "a" – correta (responde todas as demais alternativas): não sendo temporária a vigência, a lei terá vigor até que seja modificada ou revogada por outra da mesma hierarquia ou de hierarquia superior (art. 2º, *caput* da LINDB). Assim, a LINDB consagra o princípio da continuidade da lei.

08. (Analista Judiciário – Área Judiciária – TRE do Rio Grande do Norte / 2011 / FCC) A lei do país em que for domiciliada a

▶ QUESTÕES DE CONCURSOS

pessoa determina as regras sobre o começo e o fim da personalidade, o nome, a capacidade e os direitos de família. No caso de casamento, tendo os nubentes domicílio diverso, regerá os casos de invalidade do matrimônio a lei do

a) primeiro domicílio conjugal.
b) último domicílio conjugal.
c) qualquer domicílio conjugal estabelecido por mais de um ano.
d) domicílio da mulher anterior ao casamento.
e) qualquer domicílio conjugal estabelecido por mais de três anos.

COMENTÁRIOS

Nota do autor: nos termos do art. 7º, *caput* da LINDB, o estatuto pessoal (regras sobre nome, capacidade, personalidade e direitos de família) é regido pela lei do domicílio da pessoa.

Alternativa "a" – correta (responde todas as demais alternativas): a regra é a aplicação da lei do domicílio dos nubentes, se o tiverem em comum. Tendo domicílios diferentes, a invalidade matrimonial reger-se-á pela lei do primeiro domicílio conjugal, isto é, o estabelecido logo após o casamento (art. 7º, § 3º da LINDB).

09. **(Analista Judiciário - Área Judiciária - TRE da Bahia / 2010 / CESPE)** Considerando a Lei de Introdução ao Código Civil (LICC) — Decreto-Lei 4.657/1942 — e a vigência das leis no tempo e no espaço, julgue os itens a seguir.

( ) A LICC foi revogada pelo Código Civil de 2002.

COMENTÁRIOS

Nota do autor: o Decreto-Lei 4.657/42 era denominado Lei de Introdução ao Código Civil Brasileiro (LICC). Mas a Lei 12.376/10 alterou a ementa do Decreto-Lei, que passou a se chamar Lei de Introdução às Normas do Direito Brasileiro (LINDB).

Item errado: conforme a doutrina, a LINDB é uma lei ordinária autônoma, não se confundindo nem integrando o Código Civil. A LINDB é uma lei de introdução a todo o sistema legislativo brasileiro e não se limita ao âmbito do Código Civil. Apesar de ter sido publicada conjuntamente com o Código Civil de 1916, a LINDB não é parte integrante desse código, mas sim uma lei anexa, publicada com o objetivo de facilitar a interpretação e a aplicação de todo o ordenamento brasileiro, e não apenas do Código Civil. O Código Civil de 2002, em seu art. 2045, revogou o Código Civil de 1916, mas não revogou o Decreto-Lei 4.657/42. Portanto, a LINDB ainda está em vigor.

( ) A noção de coisa julgada prevista na LICC refere-se à imutabilidade da decisão judicial somente quando ultrapassado o prazo decadencial para a propositura da ação rescisória.

COMENTÁRIOS

Item errado: segundo o art. 6º, § 3º da LINDB, coisa julgada é a decisão judicial de que já não caiba mais recurso. A ação rescisória, como o próprio nome diz, não é um recurso, mas sim uma ação autônoma que pode ser proposta em até dois anos após o trânsito em julgado da decisão (art. 495 do Código de Processo Civil). Ou seja, a ação rescisória só pode ser proposta depois da formação da coisa julgada. Desta forma, a coisa julgada independe do prazo decadencial para a propositura da referida ação.

( ) A lei anterior, expressamente revogada pela edição de nova lei, tem sua vigência automaticamente restaurada em caso de revogação da lei que a revogou.

COMENTÁRIOS

Nota do autor: deve-se relembrar que o fenômeno no qual há a entrada novamente em vigor de uma lei expressamente revogada, pela revogação da lei que a revogou, é chamado de repristinação.

Item errado: exceto se houver disposição em contrário, a lei revogada não se restaura por ter a lei revogadora perdido a vigência (art. 2º, § 3º da LINDB). A lei brasileira, desta maneira, proíbe a repristinação.

10. **(Analista Judiciário - Área Judiciária - TRF 2ª região / 2007 / FCC)** De acordo com a Lei de Introdução ao Código Civil brasileiro, é correto afirmar que

a) a lei nova, que estabeleça disposições gerais ou especiais a par das já existentes, revoga ou modifica a lei anterior.
b) a lei começa a vigorar em todo o País, salvo disposição em contrário, na data da sua publicação.
c) nos estados estrangeiros, a obrigatoriedade da lei brasileira, quando admitida, se inicia três meses depois de oficialmente publicada.
d) a lei revogada sempre se restaura quando a lei revogadora tiver perdido a vigência.
e) as correções a texto de lei já em vigor não são consideradas lei nova.

COMENTÁRIOS

Alternativa "c" – correta: consoante o art. 1º, § 1º da LINDB, a obrigatoriedade da lei brasileira, nos Estados estrangeiros, se inicia três meses depois de oficialmente publicada.

Alternativa "a" – errada: a lei nova, que estabeleça disposições gerais ou especiais a par das já existentes, não revoga nem modifica a lei anterior, mas harmoniza-se com ela (art. 2º, § 2º da LINDB).

Alternativa "b" – errada: a lei começa a vigorar em todo o país, salvo disposição em contrário, quarenta e cinco dias depois de oficialmente publicada (art. 1º, *caput* da LINDB).

Alternativa "d" – errada: exceto se houver disposição em contrário, a lei revogada não se restaura por ter a lei revogadora perdido a vigência (art. 2º, § 3º da LINDB).

Alternativa "e" – errada: as emendas ou correções de lei que já tenha entrado em vigor são consideradas lei nova (art. 1º, § 4º da LINDB).

11. (Analista Judiciário – Execução de Mandados – TRF 2ª região / 2007 / FCC) Paulo é equatoriano, domiciliado no Peru e casou-se, no Uruguai, com Maria, Argentina, domiciliada no Uruguai.
Logo após a celebração do matrimônio, fixaram domicílio no Brasil. De acordo com a Lei de Introdução ao Código Civil brasileiro, o regime de bens entre os cônjuges obedecerá a lei:
a) equatoriana.
b) brasileira.
c) peruana.
d) argentina.
e) uruguaia.

COMENTÁRIOS

Alternativa "b" – correta (responde todas as demais alternativas): o regime de bens obedece à lei do país em que os nubentes tiverem domicílio, e, se este for diverso, a do primeiro domicílio conjugal (art. 7º, § 4º da LINDB). Neste caso, Paulo é domiciliado no Peru e Maria é domiciliada no Uruguai. Como os domicílios são diferentes, a lei aplicável é a do primeiro domicílio conjugal, qual seja o Brasil.

12. (FCC – Procurador do Estado – MT/2016) De acordo com a Lei de Introdução às Normas do Direito Brasileiro, a lei nova possui efeito
a) imediato, por isto atingindo os fatos pendentes, mas devendo respeitar a coisa julgada, o ato jurídico perfeito e o direito adquirido, incluindo o negócio jurídico sujeito a termo ou sob condição suspensiva.
b) retroativo, por isto atingindo os fatos pendentes, mas devendo respeitar a coisa julgada, o ato jurídico perfeito e o direito adquirido, ao qual não se equiparam, para fins de direito intertemporal, o negócio jurídico sujeito a termo ou sob condição suspensiva.
c) retroativo, por isto atingindo os fatos pendentes, mas devendo respeitar a coisa julgada, o ato jurídico perfeito e o direito adquirido, ao qual se equipara, para fins de direito intertemporal, o negócio jurídico sujeito a termo, porém não o negócio jurídico sob condição suspensiva.
d) imediato, por isto atingindo os fatos pendentes, ainda que se caracterizem como coisa julgada, ato jurídico perfeito ou direito adquirido.
e) imediato, por isto atingindo os fatos pendentes, mas devendo respeitar a coisa julgada, o ato jurídico perfeito e o direito adquirido, ao qual se equiparam as faculdades jurídicas e as expectativas de direito.

COMENTÁRIOS

Alternativa "a" - correta (responde todas as demais alternativas): a questão é disciplinada pelo art. 6º (caput e § 2º) da LINDB, que estabelece que a lei em vigor terá efeito imediato e geral, respeitados o ato jurídico perfeito, o direito adquirido e a coisa julgada. Ademais, segundo § 2º do mesmo dispositivo dispõe que consideram-se adquiridos assim os direitos que o seu titular, ou alguém por ele, possa exercer, como aqueles cujo começo do exercício tenha termo pré-fixo, ou condição preestabelecida inalterável, a arbítrio de outrem.

13. **(Cespe - Analista Judiciário - Área Judiciária - TRE - PI/2016)** O aplicador do direito, ao estender o preceito legal aos casos não compreendidos em seu dispositivo, vale-se da

a) interpretação teleológica.
b) socialidade da lei.
c) interpretação extensiva.
d) analogia.
e) interpretação sistemática.

COMENTÁRIOS

Alternativa "d" - correta (responde todas as demais alternativas: A analogia é uma forma de integração da norma jurídica, prevista no art. 4º da LINDB, e deve ser utilizada quando não há uma lei que discipline o fato em análise. Nesse caso, o julgador deve solucionar a questão aplicando uma lei que discipline um caso semelhante. Cabe esclarecer que há uma hierarquia entre os mecanismos de integração previstos no art. 4º da Lei de Introdução, de maneira que a analogia deve ser empregada em primeiro lugar.

CAPÍTULO II

DAS PESSOAS

1. PERSONALIDADE

1.1. Conceito de pessoa

Já vimos que o direito surge para disciplinar as relações pessoais e possibilitar o convívio social de forma ordeira.

Sob um outro prisma, pode-se dizer que a pessoa é o fundamento do direito, na medida em que é o centro ou destinatário da proteção jurídica.

O conceito de pessoa passa a ser mais importante do que qualquer outro conceito jurídico, como, por exemplo, o de obrigação, contrato, patrimônio etc. Tanto é que a Constituição Federal tem como alicerce o princípio da dignidade da pessoa humana, norteador do nosso ordenamento jurídico.

A pessoa passa a ser, então, o sujeito da relação jurídica, titular de direitos e deveres, eis que pode exigir algo de alguém ou ter algo exigido de si.

Nesse sentido, cabe destacar que o art. 1º do CC/02 substituiu a palavra "homem" por "pessoa". Tal alteração se mostra acertada porque, primeiro, a palavra "pessoa" traz a ideia de ser humano enquanto a palavra "homem" traz a ideia de indivíduo, e, segundo, porque, atualmente, reina o princípio da igualdade entre homens e mulheres.

1.2. Personalidade

O conceito de pessoa e de personalidade são inseparáveis.

A doutrina tradicional, liderada por Pontes de Miranda, entende que personalidade não é *direito*, mas *qualidade* da pessoa.

É um atributo que a pessoa tem pelo simples fato de ser pessoa, independentemente de qualquer fator diferenciador, como, por exemplo, sexo, crença, idade etc.

Em outras palavras, é uma aptidão, reconhecida pela lei, para ser titular de direitos e deveres. Isso, aliás, é o disposto no art. 1º do CC/02.

1.3. Direitos da personalidade

Os direitos da personalidade correspondem a uma categoria especial de direitos relacionados à pessoa humana, que lhe servem como primeira utilidade, como, por exemplo, a vida, a honra, o nome etc.

Cumpre observar que não se tratam de direitos pessoais ou reais, mas de direitos da personalidade, sendo, portanto, absolutos, irrenunciáveis, indisponíveis, imprescritíveis e impenhoráveis.

Segundo a professora Maria Helena Diniz, "o direito da personalidade é o direito da pessoa de defender o que lhe é próprio, como a vida, a identidade, a liberdade, a imagem, a privacidade, a honra etc."[1].

2. DA PESSOA NATURAL

2.1. Conceito de pessoa natural

Nosso Código Civil adotou a expressão "pessoa natural" para designar o ser humano tal como ele é, enquanto obra da natureza.

Também é utilizada a expressão "pessoa física", principalmente em questões tributárias, porque o ser humano ocupa um espaço físico, corporal, em contraposição à ideia de pessoa jurídica.

No entanto, a doutrina tradicional festeja a adoção da expressão pessoa natural, adotada pelo Código, porquanto revela as qualidades morais e espirituais do ser humano, intimamente ligadas ao conceito de personalidade.

2.2. Capacidade jurídica

A ideia de personalidade e capacidade se complementam.

Pode-se dizer que a capacidade é a extensão, ou melhor, a dimensão da personalidade, pois para alguns a capacidade é plena e, para outros, ela é limitada.

A personalidade traz a ideia de ser humano em um estado de existência; a capacidade conjuga a ideia de ser humano em um campo de ação.

O que todos adquirem ao nascer com vida é a capacidade de *direito* ou de *gozo*, que é a capacidade de *adquirir* direitos.

Dessa forma, independentemente de qualquer outro fator (etário ou mental), o ser humano está apto para adquirir direitos. Por ter capacidade de direito, um recém-nascido pode, por exemplo, suceder e receber herança.

Não pode o recém-nascido, contudo, praticar o ato pessoalmente, porque lhe falta a capacidade de *fato* ou de *ação*, que é a aptidão para o *exercício* pessoal dos atos da vida civil.

A capacidade de fato ou de exercício é conferida àqueles que preenchem determinados requisitos exigidos pela lei, que estão ligados, essencialmente, ao amadurecimento (idade) ou ao discernimento de vontade (desenvolvimento mental).

Com o intuito de proteger essas pessoas, a lei impõe que os atos da vida civil sejam praticados por outras pessoas, que as representa ou assiste.

---

1. *Curso de Direito Civil Brasileiro*. v. 1, 30ª ed. São Paulo: Saraiva, 2013, p. 135/136.

CAPACIDADE	
	De direito ou de gozo → Capacidade para adquirir direitos
	De exercício ou de fato → Capacidade para o exercício pessoal dos direitos

2.3. Incapacidade

2.3.1. *Incapacidade absoluta*

A capacidade é a regra, sendo a incapacidade, portanto, exceção.

Como visto, no ordenamento jurídico brasileiro não existe incapacidade de direito, ou melhor, incapacidade para adquirir direitos. Há a incapacidade apenas para o exercício pessoal dos direitos, que fica condicionada a certas exigências legais.

Essa incapacidade pode ser absoluta, quando há a proibição total do exercício pelo titular do direito.

Nesse caso, o titular é chamado de absolutamente incapaz, porquanto totalmente impedido de agir. Seus atos deverão ser exercidos por terceira pessoa, que o representa.

Os absolutamente incapazes estão indicados no art. 3º do Código Civil, que sofreu profundas alterações com a Lei nº. 13.146/15.

A referida lei, que foi publicada no dia 07 de julho de 2015 e entrou em vigor em janeiro de 2016, instituiu o Estatuto da Pessoa com Deficiência, tendo como fundamento, além do princípio da dignidade da pessoa humana consagrado no art. 1º, III da CF/88, a Convenção de Nova York, que é um tratado internacional do qual o Brasil é signatário, e que, nesta qualidade, possui status de Emenda Constitucional, segundo o art. 5º, §3º da CF/88 e o Decreto nº. 6.949/09.

O referido estatuto, norteado pela Convenção de Nova York, promove a inclusão das pessoas com deficiência, concedendo-lhes dignidade. Essa inclusão inaugurada pela novel legislação, evidentemente, trouxe grandes alterações em toda a doutrina das incapacidades.

O quadro abaixo, elaborado para fins de melhor compreensão, demonstra as alterações trazidas pelo Estatuto da Pessoa com Deficiência comparando o art. 3º do Código Civil antes e depois da Lei nº. 13.146/15.

▸ INCAPACIDADE ANTES DA ALTERAÇÃO LEGISLATIVA PROMOVIDA PELA LEI Nº. 13.146/15 (TEXTO REVOGADO)	
Absolutamente incapazes (art. 3º do CC)	**Relativamente incapazes (art. 4º do CC)**
I – Os menores de dezesseis anos (menores impúberes);	I – Os maiores de dezesseis e menores de dezoito anos (menores púberes);

▶ INCAPACIDADE ANTES DA ALTERAÇÃO LEGISLATIVA PROMOVIDA PELA LEI Nº. 13.146/15 (TEXTO REVOGADO)	
Absolutamente incapazes (art. 3º do CC)	**Relativamente incapazes (art. 4º do CC)**
II - Os que, por enfermidade ou deficiência mental, não tiverem o necessário discernimento para a prática desses atos; III - Os que, mesmo por causa transitória, não puderem exprimir sua vontade	II - Os ébrios habituais, os viciados em tóxicos, e os que, por deficiência mental, tenham o discernimento reduzido; III - Os excepcionais, sem desenvolvimento mental completo IV - Os pródigos

▶ INCAPACIDADE APÓS A ALTERAÇÃO LEGISLATIVA PROMOVIDA PELA LEI Nº. 13.146/15 (ATUALMENTE EM VIGOR)	
Absolutamente incapazes (art. 3º do CC)	**Relativamente incapazes (art. 4º do CC)**
Art. 3º. São absolutamente incapazes de exercer pessoalmente os atos da vida civil os menores de 16 (dezesseis) anos Revogados os incisos I, II e III	Art. 4º São incapazes, relativamente a certos atos, ou à maneira de os exercer: I - os maiores de dezesseis e menores de dezoito anos; II - os ébrios habituais e os viciados em tóxico; III - aqueles que, por causa transitória ou permanente, não puderem exprimir sua vontade; IV - os pródigos

Como se observa, os incisos constantes do art. 3º foram todos expressamente revogados pelo art. 114 da Lei nº. 13.146/15, de maneira que os absolutamente incapazes, agora, são apenas os menores de dezesseis anos.

Com as alterações trazidas pela lei nº. 13.146/15, as pessoas com deficiência mental, que constavam dos incisos II e III do art. 3º, agora são, em regra, plenamente capazes. Apenas eventualmente poderão ser reconhecidas como relativamente incapazes, se puderem ser enquadradas na previsão contida no art. 4º, III do Código Civil, como será visto adiante.

Há, como se verifica, a supressão das expressões "deficiência mental" e "excepcionais", que constavam, respectivamente, do art. 3º, II e art. 4º, III, ambos do CC/02.

Como dito, pela nova disciplina trazida pela Lei nº. 13.146/15, absolutamente incapazes são apenas os menores de dezesseis anos.

Agora, a idade passa a ser o único critério objetivo para delimitar a capacidade da pessoa.

Há uma presunção legal de que o menor de dezesseis anos não possui o adequado discernimento para administrar sua pessoa e seus bens.

Os fundamentos utilizados são a falta de maturidade, o incompleto desenvolvimento do intelecto, a inexperiência e a facilidade de ser influenciado por terceiros. Com base nisso, a lei desconsidera totalmente a vontade do incapaz.

Não obstante, em alguns casos a vontade dos menores de dezesseis anos passa a ser relevante.

É o que ocorre, por exemplo, nos casos de guarda e adoção desses adolescentes. Nessas hipóteses, os menores são chamados a dar sua opinião, pelo que consta expressamente, por exemplo, do art. 45, §2º do ECA (Lei nº. 8.069/1990), que exige a oitiva do adotando maior de doze anos para expressar sua opinião.

2.3.2. *Incapacidade relativa*

Além da incapacidade absoluta, na qual a lei, como dito, despreza a vontade do agente, há, também, a incapacidade relativa, consubstanciada no art. 4º do atual CC.

Os absolutamente incapazes são aqueles que não têm, em razão da tenra idade, o desenvolvimento pleno do intelecto. No entanto, em outras situações, o legislador relativiza essa incapacidade, permitindo que a vontade do agente seja considerada.

Os relativamente incapazes podem praticar certos atos da vida civil, desde que estejam acompanhados por seus representantes, eis que não gozam da plena independência.

Há, a toda evidência, uma grande alteração no sistema de incapacidades, em razão da promulgação do Estatuto da Pessoa com Deficiência (Lei nº. 13.146/15). Sobre o assunto, é importante destacar o ensinamento de Cristiano Chaves de Farias, Rogério Sanches Cunha e Ronaldo Batista Pinto:

"Alterando sobremaneira a teoria das incapacidades consagrada na redação primitiva do Código Civil de 2002, a Norma Estatutária desatrelou os conceitos de incapacidade e de pessoa com deficiência. Não mais há, efetivamente, uma relação implicacional entre a deficiência (física, mental ou intelectual) e a incapacidade para os atos da vida civil. Até porque uma pessoa com deficiência pode não sofrer qualquer restrição à possibilidade de expressar as suas vontades e preferências. E, a outro giro, uma pessoa sem qualquer deficiência pode não ser capaz de exprimir a sua vontade, como na hipóteses do menor de dezesseis anos de idade. Modifica-se, assim, a estruturação das incapacidades absoluta e relativa".

Serão analisados, a seguir, os incisos do art. 4º do CC/02, especificamente.

2.3.2.1. *Os maiores de 16 e menores de 18 anos (art. 4º, I)*

Os maiores de 16 e menores de 18 anos ainda não possuem a maturidade completa, mas o legislador confere certa autonomia à sua vontade, vez que dotados de certa compreensão das consequências dos atos da vida civil.

Como forma de protegê-los, a lei exige que seus atos sejam acompanhados por outra pessoa mais experiente e capaz, no caso, os pais ou tutores.

Como é possível observar, os atos praticados pelos maiores de 16 e menores de 18 anos necessitam da manifestação de duas vontades, ou seja, a do menor e a do representante legal. Na inexistência de uma, o negócio não pode ser celebrado.

Há, no entanto, alguns atos que o maior de 16 e menor de 18 anos pode praticar isoladamente, como, por exemplo, a) aceitar mandato (art. 666); b) ser testemunha (art. 228, I); c) fazer testamento (art. 1.860, parágrafo único).

2.3.2.2. *Os ébrios habituais e os viciados em tóxicos (art. 4º, II)*

Ébrio habitual é a pessoa que vive em constante estado de embriaguez. O vício deixa a pessoa escrava do álcool, que afeta todo o sistema psicomotor.

O álcool traz malefícios ao organismo como um todo, atacando principalmente a consciência e a vontade.

A experiência tem revelado que a pessoa mostra-se indiferente a tudo, inconsequente a diversas ações e valores, com dificuldades de relacionar-se, razão pela qual o legislador, com o objetivo de protegê-la, inseriu-a no rol dos relativamente incapazes.

Dessa forma, como ensina Raphael de Barros Monteiro "ébrio contumaz, tal como previsto no preceito em análise, é aquele que, por ingerir bebida alcoólica de forma imoderada, habitual ou diariamente, apresenta uma redução na sua faculdade de compreensão"[2].

De igual maneira ocorre com os *viciados em tóxicos*, que fazem uso imoderado de drogas, sem a devida prescrição médica.

Assim como o álcool, o vício em drogas traz prejuízos não apenas ao usuário, mas principalmente à família e à sociedade em geral.

O usuário, não raramente, predispõe-se a cometer crimes para viabilizar o consumo da droga, dentre as quais podem ser citadas a maconha, cocaína, ópio, LSD, heroína e *crack*.

Diante do grande prejuízo ao organismo, provocado pela droga, os viciados em tóxicos devem ser assistidos pelo curador, porquanto relativamente incapazes.

2.3.2.3. *Aqueles que, por causa transitória ou permanente, não puderem exprimir sua vontade (art. 4º, III).*

O dispositivo em análise possui redação quase idêntica com o revogado inciso II do art. 3º do CC/02. Na realidade, é como se o referido inciso II, que anteriormente disciplinava hipótese de incapacidade absoluta, tivesse sido deslocado para o art. 4º para disciplinar hipótese de incapacidade relativa.

A diferença na redação dos dispositivos está no acréscimo da palavra "permanente", de forma que o art. 4º, III estabelece a incapacidade relativa para aqueles

2. *Comentários ao Novo Código Civil*. Vol. I, 2ª ed. Rio de Janeiro: Forense, 2012, p. 71.

que não puderem expressar sua vontade, seja essa impossibilidade fundamentada em uma causa transitória ou permanente. O que fundamenta o reconhecimento da incapacidade absoluta não é a simples existência da deficiência, seja ela física, mental ou intelectual, mas a impossibilidade de exprimir a vontade, causa esta que pode recair sobre pessoa com deficiência ou não.

Nesse dispositivo podem ser incluídos, por exemplo, o surdo-mudo que não consegue exprimir sua vontade, bem como aqueles que estão em estado de coma ou que perderam a memória.

Como se verifica e já foi dito nesta obra, o art. 4º foi substancialmente alterado pelo art. 114 do Estatuto da Pessoa com Deficiência (Lei nº. 13.146/15), que trouxe o conceito de pessoa com deficiência em seu art. 2º. Veja:

> **Art. 2º** Considera-se pessoa com deficiência aquela que tem impedimento de longo prazo de natureza física, mental, intelectual ou sensorial, o qual, em interação com uma ou mais barreiras, pode obstruir sua participação plena e efetiva na sociedade em igualdade de condições com as demais pessoas.
>
> § 1º A avaliação da deficiência, quando necessária, será biopsicossocial, realizada por equipe multiprofissional e interdisciplinar e considerará:
>
> I – os impedimentos nas funções e nas estruturas do corpo;
>
> II – os fatores socioambientais, psicológicos e pessoais;
>
> III – a limitação no desempenho de atividades; e
>
> IV – a restrição de participação.
>
> § 2º O Poder Executivo criará instrumentos para avaliação da deficiência.

A finalidade da novel legislação, como dito, é de proporcionar plena inclusão às pessoas com deficiência mental, tendo como norte o princípio da dignidade da pessoa humana (CF/88, art. 1º, III). Tais pessoas deixam de ser consideradas vulneráveis e passam a gozar de maior liberdade na seara civil.

Isso é o que vem expressamente consignado no art. 4º da Lei nº. 13.146/15, que assim dispõe:

> **Art. 4º** Toda pessoa com deficiência tem direito à igualdade de oportunidades com as demais pessoas e não sofrerá nenhuma espécie de discriminação.
>
> § 1º Considera-se discriminação em razão da deficiência toda forma de distinção, restrição ou exclusão, por ação ou omissão, que tenha o propósito ou o efeito de prejudicar, impedir ou anular o reconhecimento ou o exercício dos direitos e das liberdades fundamentais de pessoa com deficiência, incluindo a recusa de adaptações razoáveis e de fornecimento de tecnologias assistivas.
>
> § 2º A pessoa com deficiência não está obrigada à fruição de benefícios decorrentes de ação afirmativa.

É importante destacar, para uma melhor compreensão, que o art. 6º da referida lei dispõe diversos direitos que poderão ser exercidos pelas pessoas com deficiência, que, somados à nova disciplina da incapacidade, visam garantir-lhes uma posição mais ativa na sociedade. Observe:

> **Art. 6º** A deficiência não afeta a plena capacidade civil da pessoa, inclusive para:
>
> I - casar-se e constituir união estável;
>
> II - exercer direitos sexuais e reprodutivos;
>
> III - exercer o direito de decidir sobre o número de filhos e de ter acesso a informações adequadas sobre reprodução e planejamento familiar;
>
> IV - conservar sua fertilidade, sendo vedada a esterilização compulsória;
>
> V - exercer o direito à guarda, à tutela, à curatela e à adoção, como adotante ou adotando, em igualdade de oportunidades com as demais pessoas.
>
> É evidente que a consagração desses direitos deve vir acompanhada do exercício desses, direitos, o que justifica a adoção da nova teoria das incapacidades.

2.3.2.4. *Os pródigos (art. 4º, IV)*

Os pródigos são os gastadores contumazes, que, de forma inconsequente, dilapidam o próprio patrimônio e colocam em risco a própria subsistência.

A previsão legal em análise encontra fundamento na proteção não só do pródigo, mas também de toda a família, uma vez que a dilapidação desenfreada pode trazer sérios riscos à unidade familiar.

Cabe esclarecer que pródigo, conforme contemplado no art. 4, IV, é aquele que não tem noção dos gastos efetuados, revelando-se inconsequente ao estado de penúria. Se o pródigo não tem discernimento algum, a incapacidade deve ser reconhecida nos moldes do art. 3º, II do CC/02.

2.3.3. *Proteção aos incapazes*

O Código Civil teve a especial cautela de criar dispositivos que visam proteger a pessoa do incapaz.

Há, portanto, regras sobre a representação e assistência e, ainda, disposições específicas acerca da prescrição contra os incapazes.

Dessa forma, os absolutamente incapazes estarão sujeitos à representação, situação em que o representante dirigirá a vida jurídica do representado tomando as decisões em nome dele.

Os filhos menores de dezesseis anos, quando submetidos ao poder familiar, serão representados pelos pais. Quando não estiverem submetidos ao poder familiar, serão representados pelo tutor.

Por sua vez, os relativamente incapazes estarão sujeitos à assistência, situação em que será necessária a manifestação de vontade do assistido e do assistente.

Os maiores de dezesseis e menores de dezoito serão assistidos pelos pais, quando submetidos ao poder familiar. Quando não, serão assistidos pelos tutores.

Os maiores de idade, quando enquadrados na hipótese prevista no art. 4º, III do CC/02 serão assistidos pelo curador, vez que, agora, se trata de incapacidade relativa.

A nomeação do curador se dá judicialmente, mediante o processo de interdição, que, segundo as alterações promovidas pelo Estatuto da Pessoa com Deficiência, passa a ser uma proteção extraordinária que durará o menor tempo possível e se limitará, apenas, às questões de natureza negocial e patrimonial (art. 85 da Lei nº. 13.146/15).

2.3.4. *Cessação da incapacidade*

A incapacidade cessa com o término da causa que a originou.

Assim, a incapacidade proveniente de deficiência físico-psíquica cessará com o término da enfermidade. A incapacidade originária da menoridade cessará com o advento da maioridade.

2.3.4.1. *Maioridade*

O art. 5º, *caput* do CC/02 é claro ao indicar que a menoridade cessa aos dezoito anos completos. A maioridade é adquirida, então, no primeiro minuto do dia em que o indivíduo perfaz dezoito anos.

O critério utilizado é simplesmente etário, de forma que não se leva em conta o estado de maturidade. A fixação da maioridade aos dezoito anos é uma opção do legislador, inexistindo qualquer critério científico.

Também não há qualquer elemento diferenciador, de forma que a menoridade cessa, igualmente, para homens e mulheres.

2.3.4.2. *Emancipação*

A doutrina tradicional define emancipação como sendo a aquisição da capacidade civil antes da idade legal. Em algumas situações específicas definidas pela lei, pode haver a cessação da incapacidade.

As causas estão disciplinadas no parágrafo único do art. 5º do Código Civil e serão vistas a seguir.

2.3.4.2.1. Emancipação voluntária (art. 5º, parágrafo único, I)

A emancipação voluntária é uma prerrogativa concedida aos pais de antecipar a maioridade dos filhos maiores de dezesseis anos.

Em outras palavras, entendendo os pais que o filho maior de dezesseis anos possui maturidade suficiente para gerir sua vida, podem conceder-lhe a emancipação, mediante escritura pública lavrada no Cartório de Notas, que, posteriormente, deverá ser levada a registro no Cartório de Registro Civil. Não há necessidade de homologação judicial.

Importante esclarecer que a emancipação voluntária representa um direito potestativo dos pais, não sendo possível ao filho exigir a outorga da emancipação.

Também cumpre dizer que a emancipação deve ser concedida por ambos os pais, ou por um deles na falta do outro. A recusa injustificada de um deles pode ser suprida judicialmente, cabendo ao juiz decidir a questão.

2.3.4.2.2. Emancipação judicial (art. 5º, parágrafo único, I)

A emancipação judicial é aquela concedida pelo juiz, segundo o procedimento previsto no art. 719 e seguintes do novo CPC.

É permitida apenas no caso do menor com mais de dezesseis anos sujeito à tutela.

Nesse caso, o legislador submete a emancipação à apreciação judicial para evitar que o tutor possa promover a emancipação motivado pelo desejo de ficar livre da tutela, o que poderia trazer prejuízos ao tutelado.

Provando o menor que tem capacidade suficiente para gerir sua vida, o juiz, ouvido o tutor e o representante do Ministério Público, concederá a emancipação se esta for do interesse do menor.

2.3.4.2.3. Emancipação legal

A emancipação legal decorre diretamente da lei, que prevê situações em que o menor, por realizá-las, alcançará a maioridade. Uma vez ocorrida a hipótese prevista, não se justifica que o menor continue incapaz, havendo uma presunção de maturidade e independência para os atos da vida civil.

O primeiro desses acontecimentos é o *casamento* (art. 5º, parágrafo único, II).

O casamento, como dito, tem o condão de emancipar o menor, pois não se justifica que a sociedade conjugal seja conduzida por um terceiro, ou seja, pai ou tutor porque um dos consortes é incapaz.

A idade mínima para o casamento, tanto do homem quanto da mulher, é de dezesseis anos, conforme preconiza o art. 1.517 do CC, podendo, ainda, excepcionalmente, haver o casamento de pessoas que não alcançaram os dezesseis anos, mediante o suprimento judicial da idade.

A dissolução da sociedade conjugal, pelo divórcio ou pela morte, não trará o menor novamente à condição de incapaz.

Como o casamento nulo não produz efeitos (art. 1.563 do CC), o menor, havendo a decretação de nulidade ou anulabilidade, retornará à condição de incapaz, exceto se o contraiu de boa-fé. Nesse caso, configurando-se o casamento putativo, o contraente de boa-fé terá em seu benefício todos os efeitos do casamento, como se válido fosse, inclusive os efeitos da emancipação.

O segundo caso de emancipação legal é o *exercício de emprego público efetivo* (art. 5º, parágrafo único, III).

A doutrina tradicional sustenta que o dispositivo não deve ser interpretado restritivamente e gramaticalmente. Nesse sentido, há, inclusive, decisões da jurisprudência relativizando o dispositivo, entendendo que o que realmente importa é a condição de servidor público, qualquer que seja a forma do serviço ou função ou mesmo de investidura.

Dessa forma, o fato de ter sido admitido no serviço público já denota maturidade e compreensão adequadas para a prática dos atos da vida civil, razão pela qual a lei concede a emancipação.

A terceira hipótese é *a colação de grau em curso de ensino superior* (art. 5º, parágrafo único, IV).

Raramente alguém conseguirá colar grau em curso de nível superior antes dos dezoito anos, com exceção dos gênios, assim considerados. No entanto, o legislador optou por manter o que dispunha o art. 9º, §1º, IV do CC/16.

A última previsão de emancipação legal é *pelo estabelecimento civil ou comercial*, ou pela *existência de relação de emprego*, desde que sejam desenvolvidos com economia própria.

A economia própria coloca o menor numa situação de independência, eis que passa a ter um patrimônio proveniente do seu trabalho.

São evidentes as dificuldades que isso poderia apresentar, pois a independência financeira adquirida pelo adolescente seria limitada pela atuação de um terceiro, no caso os pais ou tutores.

Cabe destacar, porque importante, que o atual Código Civil inovou ao prever a emancipação pela *existência de relação de emprego*.

Observe que não há a exigência de ser uma relação de emprego formal. Há exigência, no entanto, que seja uma relação de emprego firmada nos termos do art. 3º da CLT.

2.4. Começo da personalidade da pessoa natural (art. 2º)

Nos termos do art. 2º do CC/02, a personalidade jurídica da pessoa natural inicia-se com o nascimento com vida.

Considera-se nascimento a separação do corpo físico da criança e da mãe, sendo irrelevante a forma como é feita. O importante é que passem a constituir, cada um, pessoas individualizadas.

Para que tenha nascido com vida é necessário que a criança tenha respirado, ainda que brevemente. Se nasceu, respirou e morreu em seguida, lavram-se dois assentos, o de nascimento e o de óbito.

Tal questão é de elevada importância para o direito das sucessões, pois se a criança nasceu com vida, ainda que pereça em seguida, adquiriu a personalidade jurídica e estará apta a receber a herança, podendo mudar todo o destino do patrimônio do *de cujus*. Como o direito das sucessões não é objeto do estudo dessa obra, deixaremos de nos aprofundar no assunto.

Cabe ressaltar que o citado art. 2º preserva os direitos do nascituro.

Segundo De Plácido e Silva[3], *nascituro* é o ente que está gerado ou concebido, mas que ainda não nasceu.

Dessa forma, nos termos do art. 130 do Código Civil, o nascituro, representado pela mãe, poderá praticar atos destinados à conservação de seus direitos, como, por exemplo, requerer a suspensão do processo de inventário, em caso da morte do pai, para que tenha garantida sua herança.

2.5. Individualização da pessoa natural

2.5.1. *Nome*

Segundo Carlos Roberto Gonçalves, o "vocábulo nome, como elemento individualizador da pessoa natural, é empregado em sentido amplo, indicando o nome completo. Integra a personalidade, individualiza a pessoa não só durante a vida como também após a sua morte, e indica a sua procedência familiar"[4].

O nome possui um aspecto público e um individual.

O aspecto público está relacionado com o interesse do Estado em que todas as pessoas sejam corretamente individualizadas, razão pela qual regula o assunto na Lei dos Registros Públicos (Lei 6.015/73).

O individual está relacionado ao direito ao nome, ou seja, ao poder de ação conferido a seu titular de utilizá-lo e impedir abusos cometidos por terceiros, conforme preceituam os arts. 16 e 17 do atual Código Civil.

O nome completo é composto pelo prenome e pelo sobrenome.

3. *Vocabulário Jurídico Conciso*. 1ª ed. Rio de Janeiro: Forense, 2008, p. 516.
4. *Direito Civil I*. Vol. I, 3ª ed. São Paulo: Saraiva, 2011, p. 148.

O *prenome* é o nome próprio de cada pessoa escolhido livremente pelos pais, desde que os filhos não sejam expostos ao ridículo. Sua finalidade é distinguir e individualizar a pessoa, podendo ser simples ou composto.

O *sobrenome*, também chamado de *patronímico*, é o sinal que identifica a procedência familiar, sendo transmissível por sucessão, de geração em geração.

Diferentemente do prenome, que os pais podem escolher livremente, o sobrenome é herdado dos pais, eis que representa a família. Diante da isonomia consagrada pela ordem constitucional, deve ser lançado no assento o sobrenome dos dois genitores.

É muito comum, também, o uso do *agnome*, que é a designação acrescentada ao nome completo como forma de distinguir membros da mesma família, que possuem o mesmo nome, como, por exemplo, filho, neto, júnior e sobrinho.

2.5.2. *Estado de pessoa natural*

Segundo a professora Maria Helena Diniz, "o estado da pessoa é a soma de suas qualificações, permitindo sua apresentação na sociedade numa determinada situação jurídica, para que possa usufruir dos benefícios e vantagens dela decorrentes, e sofrer os ônus e obrigações que dela emanam"[5].

A doutrina tradicional, baseada no direito romano, divide o estado de pessoa em três frentes: a) *o estado individual*, que reúne as características relativas à idade, sexo, saúde etc.; b) *o estado familiar*, que revela sua posição na família, em relação ao matrimônio, como, por exemplo, solteiro, casado, viúvo etc.; e c) *o estado político*, que indica a qualidade jurídica proveniente da posição da pessoa na sociedade política, podendo ser nacional, naturalizada ou estrangeira.

O estado está intimamente ligado à pessoa e, como tal, funciona como um "espelho", na medida em que projeta a imagem jurídica da pessoa natural.

Por tal razão, possui algumas características importantes, a seguir indicadas:

a) *Indivisibilidade*: pois não é possível ter mais de um estado, sendo que ninguém pode ser, ao mesmo tempo, casado e solteiro, maior e menor. A aquisição de dupla nacionalidade é uma exceção.

b) *Indisponibilidade*: o estado da pessoa não pode ser objeto de comércio, sendo, portanto, inalienável e irrenunciável. Ninguém pode, por exemplo, alienar o estado de casado. É claro que o estado é mutável, pois o solteiro pode tornar-se casado e este, futuramente, viúvo, mas são indisponíveis.

c) *Imprescritibilidade*: o estado não se adquire ou se perde pela prescrição, eis que ligado ao conceito de personalidade. O estado de pessoa nasce e desaparece com a pessoa. Assim, não se pode perder o estado de pessoa pela prescrição, nem adquiri-lo pelo usucapião.

5. *Curso de Direito Civil Brasileiro*. Vol. 1, 30ª ed. São Paulo: Saraiva, 2013, p. 249.

ESTADO DE PESSOA NATURAL Características	
	Indivisibilidade
	Indisponibilidade
	Imprescritibilidade

2.5.3. *Domicílio*

As relações jurídicas são estabelecidas entre as pessoas, de forma que estas devem ter um local de estabelecimento, livremente escolhido ou determinado pela lei, para que exerçam seus direitos e respondam por suas obrigações.

Dessa forma, o conceito de domicílio é de elevada importância para o direito, essencialmente para a fixação de competência para a propositura de ações judiciais.

O art. 70 do Código Civil diz expressamente que o domicílio civil da pessoa natural é o lugar onde ela estabelece sua residência com ânimo definitivo.

Dessa forma, o domicílio é o local onde a pessoa habita, com intenção de permanecer, ainda que se ausente temporariamente.

O art. 71 consagra a pluralidade domiciliar, ao admitir que a pessoa natural que tenha várias residências, onde viva alternadamente, tenha considerado como seu domicílio qualquer delas.

O Código também prevê o domicílio profissional no art. 72, estabelecendo que, para as questões profissionais, considera-se domicílio o local onde a profissão é exercida.

O domicílio pode ser de duas espécies:

a) *Necessário* ou *legal*, que é o domicílio fixado pela lei, tendo em vista a condição de certas pessoas, como ocorre, por exemplo, com o recém-nascido, cujo domicílio é o dos pais (art. 76 do CC/02);

b) *Voluntário*, quando escolhido livremente, que, nesse caso, pode ainda ser *geral*, quando estabelecido pela própria vontade da pessoa, se capaz, e *especial*, quando fixado segundo os interesses das partes num contrato.

DOMICÍLIO	
	Necessário ou legal: fixado por Lei
	Voluntário: escolhido livremente pela pessoa

2.6. Extinção da personalidade da pessoa natural

A extinção da personalidade da pessoa natural é disciplinada pelos arts. 6º e seguintes do Código Civil, como será visto a seguir.

2.6.1. *Morte real*

Cessa a personalidade da pessoa natural com a morte real, que ocorre com o diagnóstico de paralisação da atividade encefálica, como preceitua o art. 3º da Lei 9.434/97.

A morte real, cuja prova é feita pelo atestado de óbito ou por ação declaratória de morte presumida, dissolve todos os direitos e obrigações, extinguindo-se, por exemplo, o poder familiar, o vínculo matrimonial e os contratos personalíssimos.

2.6.2. *Morte simultânea ou comoriência*

A morte simultânea é prevista no art. 8º do código e tem elevada importância para efeitos sucessórios.

Segundo o citado dispositivo, se dois ou mais indivíduos faleceram na mesma ocasião, não se podendo averiguar qual deles morreu primeiro, presumir-se-ão simultaneamente mortos. Trata-se de presunção *juris tantum*, que admite prova em contrário.

O que realmente importa para análise da questão é a possibilidade de se verificar a ordem cronológica do óbito, pois não há transmissão de herança entre comorientes.

Assim, considerando-se a presunção de que um casal, que não tenha descendentes e ascendentes, tenha morrido simultaneamente, um não herdará a herança do outro, que passará aos colaterais de cada um.

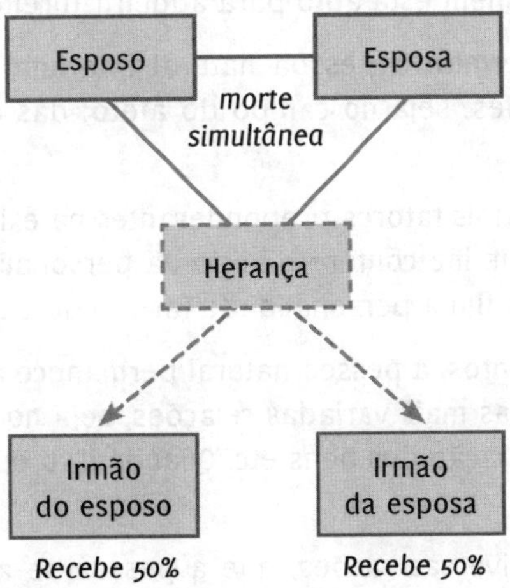

No entanto, se for possível determinar que o esposo tenha morrido antes da esposa, esta herdará a herança daquele, que, depois será transmitida aos colaterais.

Cumpre destacar, porque oportuno, que a lei utiliza a expressão "mesma ocasião", que não quer dizer "mesma localidade". O que se exige é que o falecimento ocorra em razão do mesmo evento e que não seja possível inferir qual morreu primeiro.

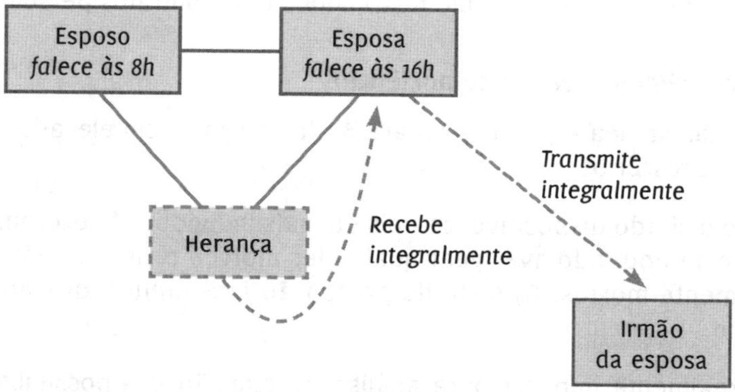

2.6.3. Da Ausência

2.6.3.1. Introdução e conceito

Já vimos que a personalidade jurídica da pessoa natural se inicia com a vida e se extingue com a morte. Por ter personalidade jurídica, cujo conceito se completa com a capacidade, o homem está apto para adquirir direitos e contrair deveres.

A personalidade permite à pessoa natural interagir no meio social e criar as mais variadas relações, seja no campo do afeto, das emoções, da moral, do direito etc.

Há, evidentemente, dois fatores preponderantes na existência do homem: a) o nascimento com vida, que lhe confere o início da personalidade (art. 2º do CC/02); e b) a morte, que coloca fim à personalidade (art. 6º do CC/02).

Entre esses dois eventos, a pessoa natural permanece ativa na sociedade, atuando presencialmente nas mais variadas relações, seja no convívio com parentes, no trabalho, na administração dos bens etc. Quando isso ocorre, há certeza de sua existência.

Pode ocorrer, por diversas razões, que a pessoa se afaste e desapareça do local onde suas atividades eram habitualmente exercidas. Nesse caso, a pessoa toma rumo ignorado e abandona bens que demandam cuidado, o que coloca uma dúvida acima do razoável sobre sua existência.

Além da questão material que envolve a ausência física da pessoa, há também outros fatores circunstanciais, como, por exemplo, o tempo transcorrido desde a última notícia e a natureza e volume dos bens deixados sem administração. Essas questões, embora circunstanciais, são muito relevantes para se definir se a pessoa está viva ou morta.

Por tudo o que foi exposto, o Código Civil deslocou o instituto da *ausência*, que no CC/16 situava-se no Direito de Família, para disciplinálo no seu devido lugar, eis que é causa de extinção da personalidade jurídica da pessoa física.

Nesse sentido, estabelece o art. 22 do CC/02:

> **Art. 22.** Desaparecendo uma pessoa do seu domicílio sem dela haver notícia, se não houver deixado representante ou procurador a quem caiba administrar-lhe os bens, o juiz, a requerimento de qualquer interessado ou do Ministério Público, declarará a ausência, e nomear-lhe-á curador.

Segundo Carlos Roberto Gonçalves, "*ausente* é a pessoa que desaparece de seu domicílio sem dar notícia de seu paradeiro e sem deixar um representante ou procurador para administrar-lhe os bens".[6]

Não obstante, não é o simples desaparecimento físico que enseja o reconhecimento da ausência. Não é essa a razão do art. 22.

Somente será considerada ausente a pessoa que desapareceu e que tal desaparecimento leve a uma **incerteza** sobre sua existência e de que retornará para cuidar de seus bens.

Nesse diapasão, o ilustre Raphael de Barros Monteiro traz importante lição:

> "A ausência de que trata o art. 22 do Código Civil, cuja declaração judicial ensejará a nomeação de um curador que administre os bens arrecadados, é o fato jurídico do desaparecimento qualificado pela dúvida quanto à existência. Cuida-se de fato situado entre dois outros fatos jurídicos, o do nascimento com vida e o da morte. São fatos que, em face dos bens da pessoa, geram os efeitos previstos na lei quanto à sua propriedade, quer dizer, quando ao seu uso, goze e disponibilidade"[7].

Dessa forma, os pressupostos para a declaração de ausência são: **a)** o desaparecimento da pessoa, que deve ser determinada, identificada ou identificável; **b)** a dúvida acima do razoável de que a pessoa está viva ou não; e **c)** a existência de bens que demandem administração e cuidado; **d)** a ausência de procurador constituído para cuidar dos negócios.

6. Direito Civil I, v. I, Saraiva, 3ª Ed., 2011, p. 206
7. Comentários ao novo código civil, v. I, 2ª Ed., 2012, Forense, p. 274.

Segundo as disposições do Código Civil, a disciplina do ausente passa por três fases. A primeira é a **curadoria do ausente**, que se dá logo após o desaparecimento e é destinada a **preservação dos bens** deixados, visando garanti-los para um eventual retorno. A segunda fase é a da **sucessão provisória**, que tem início com o prolongamento da ausência e é destinada a preservar os **interesses dos sucessores do ausente**. A terceira fase é a abertura da **sucessão definitiva**, que ocorre após o decurso de **longo período da ausência**.

FASES DA DECLARAÇÃO DE AUSÊNCIA	
	1ª Fase: Curadoria do ausente: visa preservar os bens do ausente
	2ª Fase: Sucessão provisória: visa preservar os interesses dos sucessores do ausente, diante da possibilidade de morte.
	3ª Fase: Sucessão definitiva: visa preservar os interesses dos sucessores do ausente, diante da presunção quase certa de morte.

2.6.3.2. *Da curadoria dos bens do ausente*

Havendo a incerteza, acima do razoável, de que a pessoa está viva ou não, a ordem jurídica, através de medidas acautelatórias, se preocupa, em um primeiro momento, em zelar pelo patrimônio do ausente, pois, caso esteja vivo ou morto, há o interesse social em preservar os bens para que não pereçam.

Havendo cada vez mais certeza do óbito, a ordem jurídica, em um segundo momento, estende a proteção aos herdeiros, tutelando os interesses destes.

A primeira medida acautelatória é a nomeação de curador pelo juiz, com a finalidade de administrar os bens do ausente, quando este não tiver deixado representante ou procurador (art. 22 do CC/02).

A nomeação de curador também é efetuada quando o ausente deixar procurador, mas este não quiser, não puder exercer o mandato ou os poderes conferidos forem insuficientes (art. 23 do CC/02). Quando da nomeação, o juiz fixará os poderes e deveres do curador, aplicando-se, no que for compatível, as disposições relativas ao tutor e curador (art. 24 do CC/02).

Sobre a preferência na nomeação do curador, o art. 25 do CC/02 assim dispõe:

> **Art. 25.** O cônjuge do ausente, sempre que não esteja separado judicialmente, ou de fato por mais de dois anos antes da declaração da ausência, será o seu legítimo curador.
>
> § 1º Em falta do cônjuge, a curadoria dos bens do ausente incumbe aos pais ou aos descendentes, nesta ordem, não havendo impedimento que os iniba de exercer o cargo.
>
> § 2º Entre os descendentes, os mais próximos precedem os mais remotos.

> § 3º Na falta das pessoas mencionadas, compete ao juiz a escolha do curador.

O dispositivo legal trata da curadoria legítima e da curadoria dativa.

A curadoria legítima é aquela em que o rol das pessoas legitimadas bem como a ordem de preferência são indicadas pelo legislador. É o que ocorre com o art. 25, *caput*, §§ 1º e 2º do CC/02.

A curadoria dativa, por sua vez, é aquela realizada pelo juiz, que escolhe livremente uma pessoa alheia ao vínculo familiar do ausente. É a disciplina do art. 25, §3º do CC/02.

DA CURADORIA DOS BENS DO AUSENTE

- **Curadoria legítima:** Nomeação recai sobre as pessoas indicadas na lei (Art. 25, caput, §§1 º e 2º do CC/02).
- **Curadoria Dativa:** Nomeação é feita livremente pelo juiz (Art. 25, §3 do CC/02)

A existência da curadoria legítima não impõe ao magistrado a obrigatoriedade de seguir a indicação. Isso porque o juiz pode afastar a ordem estabelecida havendo as hipóteses dos arts. 1735 e 1736, ambos do CC/02. Como visto, a exclusão pode ser feita através da disposição constante no art. 24, que prevê, expressamente, a aplicação das normas estabelecidas para os tutores e curadores.

Como se observa, a nomeação do curador recairá, inicialmente, sobre o cônjuge, que é o curador legítimo por excelência, tendo em vista: **a)** o dever de coabitação consagrado no art. 1.566, II do CC/02; e **b)** a possibilidade real de haver comunhão, dependendo do regime de bens e a forma de aquisição do patrimônio.

Comentando o dispositivo, Raphael de Barros Monteiro nos ensina:

> "Existindo o casamento, o que supõe a plena observância do dever de coabitação e, portanto, a proximidade física e espiritual entre os cônjuges, a presunção é de que um conheça os negócios do outro e possua real e legítimo interesse em levá-los a bom termo, até porque esse resultado também interfere na sua particular esfera de interesses"[8].

É pelos mesmos motivos elencados pelo ilustre doutrinador que o art. 25, *caput*, impõe a nomeação ao cônjuge, **desde que não esteja separado judicialmente, ou de fato por mais de dois anos antes da declaração da ausência**. Isso porque a separação judicial ou de fato pelo período de dois anos, embora não sejam aptas para colocar fim à sociedade conjugal, trazem consigo a presunção de que a comunhão de vida não mais existe, o que é suficiente para afastar a preferência atribuída ao cônjuge.

---

8. Comentários ao novo código civil, v. I, 2ª Ed., 2012, Forense, p. 322.

Ainda sobre o art. 25, *caput*, a doutrina é uníssona no sentido de defender que a ordem de preferência atribuída ao cônjuge também se aplica ao companheiro, segundo o disposto no art. 226, §3º da CF.

Nesse sentido, inclusive, a I Jornada de Direito Civil, realizada pelo Conselho da Justiça Federal, elaborou o Enunciado nº. 97, que assim dispõe:

> "**Enunciado 97** - No que tange à tutela especial da família, as regras do Código Civil que se referem apenas ao cônjuge devem ser estendidas à situação jurídica que envolve o companheirismo, como, por exemplo, na hipótese de nomeação de curador dos bens do ausente (art. 25 do CC)".

Ainda sobre a curadoria legítima, não havendo cônjuge, a escolha recairá, em ordem preferencial, sobre os pais ou sobre os descendentes do ausente (art. 25, §1º do CC/02). Caso a escolha recaia sobre os descendentes, os mais próximos precedem os mais remotos (art. 25, §2º do CC/02).

Na ausência do cônjuge, a curadoria recai sobre os parentes mais próximos. A *ratio legis* é evidente, haja vista que a pessoa solteira tende a manter maiores laços afetivos com os parentes consanguíneos, como ascendentes e descendentes. Há o fundamento, também, de que os ascendentes e descendentes são considerados herdeiros legítimos, o que lhes confere o devido interesse na conservação dos bens.

A preferência dos pais sobre os descendentes é uma opção do legislador, que considera os pais com mais experiência e aptidão para exercer os atos de conservação e administração. Essa ordem de preferência, inclusive, é repetida no art. 1.775, §1º do CC/02, que trata da ordem de nomeação do curador. Tal dispositivo, como se viu, é aplicável à disciplina jurídica do ausente, por força da parte final do art. 24 do CC/02.

Inexistindo as pessoas mencionadas, ocorrerá a curadoria dativa, com a nomeação, pelo juiz, de pessoa idônea, mas alheia ao círculo familiar do ausente. Embora o juiz tenha discricionariedade para nomear o curador dativo, tal decisão deve ser fundamentada em critérios objetivos, tendo por princípios a aptidão do candidato e o interesse patrimonial do ausente.

Nessa primeira fase (curadoria do ausente), os atos do curador ficam restritos à conservação e administração dos bens, não produzindo quaisquer efeitos no âmbito pessoal.

A curadoria cessa pelos seguintes motivos: **a)** pelo comparecimento do ausente; **b)** pela certeza de morte do ausente; e **c)** pela sucessão provisória. A abertura da sucessão provisória coloca fim à curadoria, eis que, a partir de então, se seguirá o disposto no art. 745, §2º, do novo CPC.

2.6.3.3. *Da sucessão provisória*

A sucessão provisória é a segunda fase que disciplina a situação do ausente.

Carlos Roberto Gonçalves nos ensina que a sucessão provisória "equipara-se à morte (é chamada de "morte presumida") somente para o fim de permitir a abertura da sucessão, mas a esposa do ausente não é considerada viúva"[9].

Como dito, na fase da sucessão provisória o legislador amplia o leque de proteção, passando a tutelar, além do patrimônio do ausente, os interesses de seus sucessores.

Por tal razão, o art. 26 do CC/02 estabelece um período razoável para a configuração da quase certeza de morte do ausente, ocasião em que os bens arrecadados serão entregues diretamente aos sucessores. Embora haja transferência da posse direta, tal transferência é efetuada de forma provisória, de maneira que compete aos herdeiros manter a integralidade do patrimônio.

Raphael de Barros Monteiro[10] esclarece que a sucessão provisória possui as seguintes características: **a)** a entrega da posse direta dos bens aos herdeiros do ausente; **b)** a provisoriedade dessa posse, que perdurará até o instante em que se defina o evento vida ou morte, ou ocorram os pressupostos da presunção de morte; **c)** o fim de assegurar a conservação dos bens, para restituí-los ao ausente, caso retorne, ou aos seus sucessores; e **d)** previsão de meios acautelatórios para conservação dos bens do ausente.

Os prazos para o requerimento de abertura da sucessão provisória estão disciplinados no art. 26 do CC/02, a seguir transcrito:

> **Art. 26.** Decorrido um ano da arrecadação dos bens do ausente, ou, se ele deixou representante ou procurador, em se passando três anos, poderão os interessados requerer que se declare a ausência e se abra provisoriamente a sucessão.

Como se observa, o citado dispositivo estabeleceu dois prazos para o requerimento.

Será de **um ano** o prazo para requerer a abertura da sucessão provisória, caso o ausente não tenha deixado representante ou procurador. A contagem desse prazo tem início com a arrecadação dos bens.

Contudo, caso o ausente tenha deixado representante ou procurador, o prazo será de **três anos**. Nesse caso, o art. 26 não estabelece o termo inicial para contagem do prazo, sendo que a doutrina moderna entende que, nesse caso, o prazo deve ter início na data das últimas notícias do ausente.

PRAZO PARA REQUER A ABERTURA DA SUCESSÃO PROVISÓRIA	
	1 Ano: Caso o ausente não tenha deixado representante.
	3 Anos: Caso o ausente tenha deixado representante.

9. Direito Civil I, v. I, Saraiva, 3ª Ed., 2011, p. 208.
10. Comentários ao novo código civil, v. I, 2ª Ed., 2012, Forense, p. 345.

A diferença nos prazos revela um acerto do legislador ao dar um tratamento diferenciado para duas situações diferentes. Com efeito, a lei não poderia tratar da mesma forma o ausente que simplesmente abandona seus bens e não deixa notícias e o ausente que desaparece, mas deixa procurador ou representante para cuidar de seus interesses. Nesse último caso, há a dispensa de arrecadação e nomeação de curador, porque o ausente, talvez prevendo sua possível morte ao se afastar de seu convívio, já o fez quando nomeou procurador ou representante.

A legitimação para requerer a abertura da sucessão provisória é conferida pelo art. 27 do CC/02, sendo: **a)** do cônjuge não separado judicialmente; **b)** dos herdeiros presumidos, legítimos ou testamentários; **c)** dos que tiverem sobre os bens do ausente direito dependente de sua morte; e **d)** dos credores de obrigações vencidas e não pagas. Malgrado o art. 27 se refira apenas ao cônjuge, a legitimidade para requerer a sucessão provisória também é conferida ao companheiro, segundo o disposto no art. 226, §3º da CF.

Sobre a sucessão provisória, o art. 28 traz importantes disposições. Observe:

> **Art. 28.** A sentença que determinar a abertura da sucessão provisória só produzirá efeito cento e oitenta dias depois de publicada pela imprensa; mas, logo que passe em julgado, proceder-se-á à abertura do testamento, se houver, e ao inventário e partilha dos bens, como se o ausente fosse falecido.
>
> §1º Findo o prazo a que se refere o art. 26, e não havendo interessados na sucessão provisória, cumpre ao Ministério Público requerê-la ao juízo competente.
>
> §2º Não comparecendo herdeiro ou interessado para requerer o inventário até trinta dias depois de passar em julgado a sentença que mandar abrir a sucessão provisória, proceder-se-á à arrecadação dos bens do ausente pela forma estabelecida nos arts. 1.819 a 1.823.

O *caput* do art. 28 nos indica o seguinte: **a)** a sucessão provisória será aberta por **sentença**; **b)** a sentença será publicada pela imprensa; **c)** os efeitos da sentença se iniciarão após o prazo de **cento e oitenta dias**, contados da publicação; **d)** após o trânsito em julgado da sentença será aberto o testamento, se houver, e proceder-se-á ao inventário e partilha dos bens; **e)** os procedimentos a serem seguidos são os mesmos da sucessão *causa mortis*.

Cabe a observação de que o prazo de cento e oitenta dias estabelecido pela norma, que é suplementar àqueles estabelecidos pelo art. 26 do CC/02, é conferido em favor do ausente, que, após ter ciência das consequências que o desaparecimento, possa mudar de ideia e retornar.

Transcorrido o prazo do art. 26 e não havendo pessoas legitimadas a requerer a sucessão provisória (art. 27 do CC/02), o requerimento será formulado pelo Ministério Público (art. 28, §1º do CC/02).

Aberta a sucessão, os bens serão entregues aos herdeiros, porém, como dito, em **caráter provisório e condicional**. Frise-se, novamente, que a sucessão é provisória, porque persiste relevante incerteza sobre a morte do ausente. A provisoriedade da sucessão impõe aos sucessores o dever de prestar **garantias** de restituição dos bens, que se dá ordinariamente pelo oferecimento de penhores ou hipotecas equivalentes aos respectivos quinhões. Nesse sentido é a disciplina do art. 30 do CC/02, abaixo transcrito:

> **Art. 30.** Os herdeiros, para se imitirem na posse dos bens do ausente, darão garantias da restituição deles, mediante penhores ou hipotecas equivalentes aos quinhões respectivos.
>
> §1º Aquele que tiver direito à posse provisória, mas não puder prestar a garantia exigida neste artigo, será excluído, mantendo-se os bens que lhe deviam caber sob a administração do curador, ou de outro herdeiro designado pelo juiz, e que preste essa garantia.
>
> §2º Os ascendentes, os descendentes e o cônjuge, uma vez provada a sua qualidade de herdeiros, poderão, independentemente de garantia, entrar na posse dos bens do ausente.

Como se observa, o oferecimento de garantias de restituição é pressuposto para a imissão na posse provisória dos bens. Caso não sejam oferecidas as garantias por aquele que tem direito à posse provisória, este não será imitido na posse dos bens que lhe caberia, os quais ficarão sob a administração do curador ou de outro herdeiro que preste a devida garantia (art. 30 §1º).

Contudo, os ascendentes, descendentes e o cônjuge poderão ficar **dispensados** de oferecer as garantias e ingressar na posse dos bens, desde que comprovem sua qualidade de herdeiros (art. 30, §2º do CC/02). Novamente, cabe a observação que tal disposição aplica-se também ao companheiro por força do art. 226, §3º da CF.

A exceção conferida a estas pessoas é justificada porque os ascendentes, descendentes, cônjuge e companheiro são herdeiros necessários, de forma que existe verdadeira relação de proximidade entre essas pessoas e o ausente. Com efeito, as pessoas indicadas no art. 30, §2º do CC/02 (com a adição do companheiro) possuem condição privilegiada na escala sucessória, afastando outros interessados, como, por exemplo, os herdeiros situados na linha colateral e os herdeiros testamentários.

Aquele que for excluído da posse provisória, segundo as disposições do citado art. 30, poderá requerer que lhe seja entregue metade dos rendimentos do quinhão que lhe caberia, caso **justifique** a falta de meios para o oferecimento das garantias (art. 34 do CC/02).

O conceito de **herdeiro excluído** trazido pelo art. 34 é daquele que tem direito à sucessão provisória, mas que não pode prestar as garantias de restituição estabelecidas pelo art. 30, *caput* do CC/02. Evidentemente, o conceito de herdeiro excluído só é aplicável aos colaterais e testamentários, tendo em vista o disposto no art. 30, §2, que dispensa os herdeiros necessários de oferecer as citadas garantias.

Dessa forma, o art. 34 permite que o herdeiro excluído requeira em juízo o recebimento de metade dos frutos e rendimentos dos bens componentes do seu quinhão, desde que prove que não tem condições de prestar as garantias de restituição por insuficiência de recursos. Se o referido herdeiro tem condições, mas não as presta, não poderá gozar da disposição conferida pelo art. 34.

É importante destacar que o art. 34 permite o recebimento de metade dos **frutos** e **rendimentos**, porque a posse conferida pela sucessão provisória se assemelha ao **usufruto**. Com a disciplina do art. 34 do CC/02, pretendeu o legislador reduzir as perdas do herdeiro excluído e diminuir o tamanho da desigualdade entre ele e os demais herdeiros que ofereceram as garantias e puderam ingressar na posse dos bens.

Cabe destacar, por derradeiro, que a disciplina do art. 34 não tem natureza alimentícia, ou seja, de fornecer alimentos ao herdeiro excluído. Nesse sentido, o ilustre Raphael de Barros Monteiro esclarece:

> "Repisando a fórmula do Código revogado, o legislador civil não teve a preocupação de fornecer *alimentos* ao herdeiro presumido que não possui o necessário à sua sobrevivência.
>
> Nesse particular, bem se vê que o dispositivo do art. 34 *não* condiciona a concessão do benefício legal *à prova da necessidade* do percebimento dos frutos e rendimentos para a sua própria manutenção"[11].

Ainda sobre o assunto, o art. 31 do CC/02 assim dispõe:

> **Art. 31.** Os imóveis do ausente só se poderão alienar, não sendo por desapropriação, ou hipotecar, quando o ordene o juiz, para lhes evitar a ruína.

Como visto, a segunda fase da disciplina jurídica do ausente (sucessão provisória) ainda se preocupa com a conservação do patrimônio do ausente. Dessa forma, os bens imóveis, em princípio, não poderão ser alienados pelos herdeiros provisórios ou curador. No conceito de "bens imóveis", indicado no dispositivo, estão compreendidos os imóveis eventualmente adquiridos com os rendimentos dos bens do ausente, bem como os imóveis futuramente incorporados ao patrimônio do ausente por sucessão, por exemplo.

A inalienabilidade dos imóveis consubstanciada no art. 31 só pode ser afastada em duas situações: **a) desapropriação**, porque, neste caso, trata-se de uma alienação forçada, imposta pelo poder público, na qual o proprietário não tem como se opor; **b) com autorização judicial**, que será concedida apenas se o imóvel estiver em estado de ruína. O magistrado, para conceder a autorização, deve-se valer dos meios necessários para apurar o preço real do imóvel.

O art. 35 do CC/02 traz importante disciplina ao estabelecer:

---

11. Comentários ao novo código civil, v. I, 2ª Ed., 2012, Forense, p. 432.

> **Art. 35.** Se durante a posse provisória se provar a época exata do falecimento do ausente, considerar-se-á, nessa data, aberta a sucessão em favor dos herdeiros, que o eram àquele tempo.

O dispositivo, como se nota, trata da prova do falecimento do ausente.

A principal observação é que, segundo o dispositivo, essa prova é definida "durante a posse provisória", o que significa que os herdeiros provisórios já foram imitidos na posse dos bens. Dessa forma, provado o falecimento do ausente será nessa data que a sucessão provisória cessará para dar início à sucessão definitiva.

O art. 36, por sua vez, disciplina o retorno do ausente durante a sucessão provisória. Estabelece o citado dispositivo:

> **Art. 36.** Se o ausente aparecer, ou se lhe provar a existência, depois de estabelecida a posse provisória, cessarão para logo as vantagens dos sucessores nela imitidos, ficando, todavia, obrigados a tomar as medidas assecuratórias precisas, até a entrega dos bens a seu dono.

O texto legal, como dito, disciplina os efeitos do retorno do ausente durante a sucessão provisória.

Retornando o ausente ou havendo prova incontestável de que esteja vivo, cessará o processo de sucessão provisória, porque o ausente assumirá, novamente, a propriedade plena e a administração de seus bens. Tal fato, consequentemente, colocará fim à posse exercida pelos herdeiros provisórios sobre os bens do ausente, inclusive, em relação aos frutos e rendimentos.

Contudo, ainda que cessada a posse, os herdeiros provisórios devem tomar as medidas assecuratórios para a conservação dos bens até a entrega definitiva ao legítimo proprietário, não mais ausente.

Por derradeiro, a sucessão provisória cessará com o retorno do agente e se converterá em sucessão definitiva nas seguintes situações: **a)** com a certeza de que o ausente está morto; **b)** após dez anos do trânsito em julgado da sentença que determinou a abertura da sucessão provisória; **c)** quando o ausente tiver oitenta anos de idade e quando houverem decorrido cinco anos das últimas notícias (art. 38 do CC/02).

2.6.3.4. *Da sucessão definitiva*

A sucessão definitiva representa a terceira fase da disciplina jurídica do ausente, que visa tutelar os interesses dos sucessores, diante da presunção quase certa de que o ausente está morto.

Nesse sentido, o art. 37 do CC/02 assim dispõe:

> **Art. 37.** Dez anos depois de passada em julgado a sentença que concede a abertura da sucessão provisória, poderão os interessados requerer a sucessão definitiva e o levantamento das cauções prestadas.

Da análise do dispositivo pode-se verificar que a sucessão definitiva tem início por iniciativa dos interessados, que podem ser os sucessores provisórios, herdeiros colaterais e testamentários, bem como o Ministério Público.

O requerimento dos interessados faz nascer um procedimento judicial, no qual deverão comprovar a condição indicada no art. 37, ou seja, de que se passaram dez anos do trânsito em julgado da sentença que determinou a abertura da sucessão provisória. Trata-se, evidentemente, de requisito objetivo, bastando verificar se foi transcorrido o lapso temporal indicado no art. 37.

O requerimento deverá ainda pleitear a liberação de eventuais garantias apresentadas, que foram exigidas por força do art. 30, já comentado.

O art. 38 do CC/02 também permite que seja requerido a abertura da sucessão definitiva, estabelecendo requisitos diversos e alternativos daquele prescrito pelo art. 37. Veja o citado dispositivo:

> **Art. 38.** Pode-se requerer a sucessão definitiva, também, provando-se que o ausente conta oitenta anos de idade, e que de cinco datam as últimas notícias dele.

Como dito, o art. 38 traz outros requisitos que conferem legitimidade à abertura da sucessão definitiva. Os requisitos do art. 38, embora sejam alternativos àquele estabelecido pelo art. 37 (decurso do prazo de dez anos), **são conjuntos.**

Assim, os interessados, nos termos do art. 38, podem requerer a abertura da sucessão definitiva quando o ausente contar com oitenta anos de idade **e** de que se passaram cinco anos das últimas notícias deste. Tratam-se, novamente, de requisitos objetivos, competindo ao interessado fazer a prova de ambos, concomitantemente.

As hipóteses previstas nos arts. 37 e 38 do CC/02 trazem uma presunção de morte do ausente. Tal presunção, evidentemente, é relativa, porque, em ambos os casos, não há prova plena de que o ausente tenha efetivamente morrido. Tais situações limitam a possibilidades remotas o retorno do ausente, que, ainda assim, pode retornar (art. 39 do CC/02).

PRAZO PARA REQUER A ABERTURA DA SUCESSÃO DEFINITIVA	**1º** Legitimidade e decurso do prazo de 10 anos do trânsito em julgado da sentença que deferiu a abertura da sucessão provisória.
	2º Legitimidade, prova de que o ausente conta com 80 anos de idade e de que se passam 5 anos sem notícias suas (Art. 36/ 02).

Como consequência do requerimento, haverá uma sentença que declarará a abertura da sucessão definitiva e que deverá ser levada a registro no Cartório de Registro Civil das Pessoas Naturais. A sentença ainda produzirá os seguintes efeitos: **a)** transmitirá o domínio dos bens do ausente a todos os sucessores, mediante condição resolutiva (art. 39 do CC/02); **b)** levantará eventuais garantias oferecidas quando da imissão na posse provisória (art. 30 do CC/02); e **c)** colocará fim à inalienabilidade de que trata o art. 31 do CC/02.

EFEITO DA SENTENÇA QUE DETERMINA A ABERTURA DA SUCESSÃO DEFINITIVA	**1.** Transmite a propriedade resolúvel dos bens do ausente aos sucessores (Art. 39 CC/02). **2.** Levanta eventuais garantias oferecidas quando da imissão na posse provisória (Art. 30 CC/02). **3.** Coloca fim à inalienabilidade dos imóveis (Art. 31, CC/02)

Finalmente, dispõe o 39, parágrafo único que "se, nos dez anos a que se refere este artigo, o ausente não regressar, e nenhum interessado promover a sucessão definitiva, os bens arrecadados passarão ao domínio do Município ou do Distrito Federal, se localizados nas respectivas circunscrições, incorporando-se ao domínio da União, quando situados em território federal".

2.6.3.5. *Do retorno do ausente*

Como visto, a abertura da sucessão definitiva tira a provisoriedade da sucessão, transmitindo aos herdeiros a propriedade dos bens do ausente. Essa propriedade, contudo, é resolúvel, porque o ausente ainda pode retornar.

Nesse sentido, o art. 39, *caput* do CC/02 dispõe:

> **Art. 39.** Regressando o ausente nos dez anos seguintes à abertura da sucessão definitiva, ou algum de seus descendentes ou ascendentes, aquele ou estes haverão só os bens existentes no estado em que se acharem, os sub-rogados em seu lugar, ou o preço que os herdeiros e demais interessados houverem recebido pelos bens alienados depois daquele tempo.

Como se nota, a lei prevê a possibilidade, ainda que remota, de o ausente retornar. Se este retornar nos dez anos seguintes à abertura da sucessão definitiva, assumirá somente os bens existentes e os receberá no estado em que se encontrarem. Também assumirá os bens que foram sub-rogados no lugar dos seus. Se os bens tiverem sido alienados, o "ausente" fará *jus* ao preço que por eles foi pago.

A disciplina do art. 39, *caput*, encontra fundamento no princípio da **segurança jurídica**.

De fato, durante a disciplina jurídica do instituto, o legislador se preocupou em preservar o patrimônio do ausente, sempre prevendo a possibilidade deste retornar. Ainda agora, durante a abertura da sucessão definitiva, o legislador contempla nova possibilidade de retorno. No entanto, o retorno e a preservação do direito de propriedade do ausente deve estar em consonância com a segurança jurídica e com a estabilidade das relações sociais. O retorno do ausente não pode alterar a situação pretérita dos herdeiros que o sucederam, porque a sucessão com a transferência da propriedade, ainda que resolúvel, se deu para consolidar uma situação fática, diante da presunção de morte.

Assim, retornando o ausente, não haverá a invalidade, nulidade ou anulabilidade dos negócios realizados pelos sucessores, relativos aos bens do ausente, por se tratarem de negócio jurídico perfeito. O único efeito pretérito consagrado pelo art. 39, *caput*, do CC/02 é o recebimento do preço auferido pelos herdeiros.

3. PESSOA JURÍDICA

3.1. Conceito de pessoa jurídica

Já foi dito exaustivamente que o homem é um ser social. A união em agrupamentos sempre foi importante para que homem somasse forças e alcançasse objetivos maiores, que não seriam possíveis de forma individual.

Com isso, essa unidade coletiva, que pode ser de pessoas ou de bens, passou a ter grande relevância social na consecução de certos fins, de forma que o direito passou a conferir-lhe personalidade jurídica própria, para agir na seara jurídica.

Diferentemente da pessoa natural, que é uma obra da natureza, essa unidade coletiva é uma obra do homem, ou melhor, do direito, razão pela qual é denominada no Brasil de *pessoa jurídica*.

Para o ilustre Carlos Roberto Gonçalves[12], a pessoa jurídica "consiste num conjunto de pessoas ou de bens, dotado de personalidade jurídica própria e constituído na forma da lei, para a consecução de fins comuns".

A professora Maria Helena Diniz[13] leciona que a pessoa jurídica deve ter três requisitos: a) organização de pessoas ou de bens; b) liceidade de propósitos ou fins; c) capacidade jurídica reconhecida por norma.

3.2. Classificação da pessoa jurídica

A pessoa jurídica pode ser classificada quanto à nacionalidade, quanto à estrutura interna e quanto à função.

a) Quanto à *nacionalidade*, a pessoa jurídica pode ser nacional ou estrangeira. A primeira é organizada segundo as leis brasileiras e tem a sede de sua administração no Brasil (art. 1.126 do CC/02). A estrangeira, independentemente do objeto, só pode funcionar no país com autorização do Poder Executivo, podendo apenas ser acionista de sociedade anônima brasileira (art. 1.134 do CC/02).

b) Quanto à *estrutura interna*, a pessoa jurídica pode ser corporação ou fundação.

   A corporação é formada por um grupo de pessoas que se reúnem para alcançar objetivos comuns, estabelecidos pelos sócios. Dividem-se em *associações* e *sociedades*, sendo que estas podem ser *simples* e *empresárias*, antigamente denominadas de *civis* e *comerciais*, respectivamente.

---

12. *Direito Civil I*. Vol. I, 3ª ed. São Paulo: Saraiva, 2011, p. 215.
13. *Curso de Direito Civil Brasileiro*, v. I, 30ª ed. São Paulo: Saraiva, 2013, p. 268.

As *associações* não têm fins lucrativos, mas religiosos, recreativos, morais, culturais, assistenciais ou desportivos. As sociedades têm fins lucrativos, devendo os lucros ser distribuídos aos sócios. Distinguem-se as sociedades simples das empresárias, porque estas têm por objeto o exercício de atividade própria de empresário, sujeito ao registro previsto no art. 967 do Código Civil.

As fundações, por sua vez, são compostas por um patrimônio destinado a um determinado fim, estabelecido pelo instituidor. Em outras palavras, esse acervo de bens recebe personalidade jurídica para alcançar o fim fixado pelo instituidor. Compõem-se, então, de dois elementos essenciais: o patrimônio e o fim.

c) Quanto à *função*, as pessoas jurídicas podem ser de direito público ou de direito privado.

As de direito público podem ser de direito público externo e interno.

Nos termos do art. 42 do Código Civil, são pessoas jurídicas de direito público externo os Estados estrangeiros e todas as pessoas que forem regidas pelo direito internacional público, como, por exemplo, a ONU e a Unesco.

As pessoas jurídicas de direito público interno são classificadas em: a) da *administração direta*, isto é, a União, Estados, Distrito Federal, Territórios e Municípios; e b) da *administração indireta*, ou seja, as autarquias, fundações públicas e demais entidades de caráter público criadas por lei, conforme preceitua o art. 41 do Código Civil.

3.3. Pessoas jurídicas de direito privado

As pessoas jurídicas de direito privado estão elencadas no art. 44 do Código Civil e serão estudadas a seguir.

3.3.1. *As associações*

O art. 53 do Código Civil define associação como sendo a união de pessoas que se organizam para fins não econômicos, o que deixa evidente o caráter pessoal da associação.

Dessa forma, não há, entre os associados, intenção de dividir os resultados, eis que os objetivos são altruísticos, beneficentes, culturais etc.

Não obstante o fato de que a associação não tenha finalidade lucrativa, nada impede que, eventualmente, realize negócios para aumentar seu patrimônio, como ocorre, comumente, com algumas associações que oferecem serviços de refeições aos seus associados, bem como agremiações que vendem materiais esportivos. O que a associação não pode proporcionar é ganho aos seus associados, pois, nesse caso, haverá a desnaturação de sua atividade.

Em caso de dissolução da associação, os bens remanescentes, por força do art. 61 do Código Civil, serão destinados à entidade de fins não econômicos designada no estatuto, ou, omisso este, por deliberação dos associados, a instituição municipal, estadual ou federal, de fins idênticos ou semelhantes. No entanto, é permitido aos associados, antes da destinação dos bens remanescentes, receber em restituição as contribuições efetuadas, devidamente atualizadas (art. 61, §1º do CC/02).

3.3.2. *As sociedades*

As sociedades são disciplinadas no Título II, do Livro II, relativo ao Direito de Empresa, cujo estudo é deveras longo e não corresponde ao objetivo desta obra, razão pela qual o tema será abordado de forma superficial.

O art. 981 do Código Civil dispõe que "celebram contrato de sociedade as pessoas que reciprocamente se obrigam a contribuir, com bens ou serviços para o exercício de atividade econômica e a partilha, entre si, dos resultados".

Como já foi dito, as sociedades podem ser simples e empresárias.

As simples, em regra, são constituídas por profissionais com identidade de atuação, como, por exemplo, clínicas médicas e escritórios de advocacia. Possuem finalidade econômica, havendo, inclusive, distribuição de lucros, mas o que as diferencia é que não desenvolvem atividade típica de empresário.

As sociedades empresárias, por sua vez, são aquelas que têm como objeto o exercício de atividade própria de empresário, sujeitas ao registro disposto no art. 967 do Código Civil. Segundo o art. 966 do mesmo diploma, para a configuração da sociedade como empresária, é necessário que possua as seguintes características: a) habitualidade; b) organização) e c) finalidade lucrativa.

As sociedades empresárias podem assumir as seguintes formas: a) sociedade em nome coletivo; b) sociedade em comandita simples; c) sociedade em comandita por ações; d) sociedade limitada; e e) sociedade anônima ou por ações.

Cabe ressaltar que as sociedades anônimas sempre serão sociedades empresárias e as sociedades cooperativas sempre serão sociedade simples, independentemente do objeto.

3.3.3. *As fundações*

Já vimos que as fundações são constituídas por um patrimônio, que recebe personalidade jurídica para agir no campo do direito e alcançar o fim estabelecido pelo instituidor.

As fundações podem ser particulares e públicas. Estas são instituídas pelo Estado, com seus bens pertencendo ao patrimônio público e são regidas pelo Direito Administrativo.

As particulares, por seu turno, são regidas pelo Código Civil, encontrando disciplina própria nos arts. 62 a 69.

Dois são os elementos essenciais da fundação: o patrimônio e o fim.

O patrimônio é o conjunto de bens livres de ônus ou encargos e legalmente disponíveis que o direito confere personalidade jurídica para agir, dentro da finalidade estabelecida pelo instituidor.

O fim é estipulado pelo instituidor, cabendo a ressalva de que a fundação não pode ter finalidade lucrativa, vez que sua constituição objetiva a consecução de interesse público.

Como ensina a professora Maria Helena Diniz[14], "a fundação deve almejar a consecução de fins nobres, para proporcionar a adaptação à vida social, a obtenção da cultura, do desenvolvimento intelectual e o respeito de valores espirituais, artísticos, materiais ou científicos".

Cumpre destacar, por derradeiro, que, por força do art. 63 do Código Civil, se os bens doados forem insuficientes para alcançar o fim almejado pelo instituidor, serão incorporados em outra fundação que busque fim igual ou semelhante, salvo se o instituidor tenha estipulado de forma diversa.

3.3.4. *As organizações religiosas*

O fato de as organizações religiosas constarem expressamente no rol do art. 44, revela o interesse do legislador em dar, a estas organizações, tratamento distinto das associações.

Segundo o ilustre Flávio Tartuce[15], esse interesse teria conotação política para dispensar as organizações religiosas de adaptarem-se às regras do Código Civil de 2002 relativas às associações, consideradas complexas e burocráticas.

Vê-se, então, que as organizações religiosas possuem caráter associativo, mas o fator que une as pessoas é a fé, cuja liberdade de crença e de culto representam direitos e garantias fundamentais consubstanciados no art. 5º, VI, da Constituição Federal.

Como o Estado adota o princípio republicano de total separação das confissões religiosas, resta evidente que cria, para si, o dever de garantir aos cidadãos a plena liberdade de crença, que se materializa, também, na liberdade de organização e desenvolvimento.

Nesse sentido, o ilustre Raphael de Barros Monteiro Filho[16] nos traz uma lição primorosa ao ensinar que "o Estado se obriga a assegurar às organizações religiosas o direito delas se personalizarem juridicamente, em conformidade com as regras

14. *Curso de Direito Civil Brasileiro*. 30ª ed., v. 1. São Paulo: Saraiva, 2013, p. 277.
15. *Direito Civil I*. 9ª ed. Rio de Janeiro: Forense, 2013, p. 235.
16. *Comentários ao Novo Código Civil*. Vol. I, 2ª ed. Rio de Janeiro: Forense, 2012, p. 527.

postas por elas próprias, *em todos os assuntos que sejam puramente espirituais e litúrgicos e também naqueles que se refiram aos meios pelos quais a espiritualidade e a liturgia se expressam*".

Por força do art. 44, §2º do Código Civil, aplicam-se subsidiariamente às organizações religiosas, as regras relativas às associações. Note-se que tal aplicação, por ser supletiva só pode ser utilizada naquilo em que houver compatibilidade.

Destaca-se, por derradeiro, que, não obstante possuírem liberdade de funcionamento, as organizações religiosas estão sujeitas ao controle do Judiciário, nos termos do Enunciado 143 da III Jornada de Direito Civil promovida pelo Centro de Estudos Judiciários do Conselho de Justiça Federal, que preconiza "A liberdade de funcionamento das organizações religiosas não afasta o controle da legalidade e legitimidade constitucional de seu registro, nem a possibilidade de reexame, pelo Judiciário, da compatibilidade de seus atos com a lei e com seis estatutos".

3.3.5. Partidos políticos

Os partidos políticos, igualmente, possuem natureza própria, haja vista que seus fins são estritamente políticos, sendo irrelevante, portanto, perquirir a existência de finalidade econômica, a exemplo do que ocorre entre as associações e sociedades.

De igual sorte, o Enunciado 142 da III Jornada de Direito Civil promovida pelo Centro de Estudos Judiciários do Conselho de Justiça Federal, assim estabelece: "Os partidos políticos, sindicatos e associações religiosas possuem natureza associativa, aplicando-se-lhes o Código Civil".

Cumpre observar que os partidos políticos serão regidos, também, pela Lei 9.096/95, que regulamenta os arts. 14, §3º, V, e 17 da Constituição Federal.

3.3.6. As empresas individuais de responsabilidade limitada – EIRELI

A Lei 12.441 de 11 de julho de 2011, acrescentou o inciso IV do art. 44 para constar, como nova categoria de pessoa jurídica de direito privado, a empresa individual de responsabilidade limitada (EIRELI). A estrutura da EIRELI passou a ser disciplinada pelo também acrescentado art. 980-A do Código Civil.

Não obstante a EIRELI configurar no rol do art. 44 como pessoa jurídica, é importante consignar que não configura sociedade, porque esta pressupõe pluralidade de pessoas, a teor do quanto preconizado pelo art. 981 do mesmo diploma.

O ilustre Flávio Tartuce[17] leciona que a nova categoria visa diminuir a burocracia na constituição de empresas no país e esclarece, ainda, que o tema possui maior relevância ao Direito Empresarial do que propriamente ao Direito Civil.

---

17. *Direito Civil*. Vol. 1, 9ª ed. São Paulo: Método, 2013, p. 238.

3.4. Começo da existência legal da pessoa jurídica

A existência da pessoa natural está associada a um evento biológico, que é o nascimento. Nascendo com vida, a pessoa natural adquire personalidade, estando apta para adquirir direitos e contrair deveres.

A existência da pessoa jurídica de direito privado, diferentemente, não está associada a um evento natural, pois, como criação do direito, surge pela vontade humana.

A criação da pessoa jurídica de direito privado passa por duas fases: a) a do ato constitutivo; e b) a do registro público.

A primeira fase é da formalização da vontade humana, que passa a ser consubstanciada em um *estatuto* ou *contrato social*, conforme a espécie de pessoa jurídica a ser criada.

O estatuto ou o contrato social contêm toda a estrutura da pessoa jurídica e, por tal razão, devem ser elaborados por escrito e observar os requisitos de validade dos negócios jurídicos, indicados no art. 104 do Código Civil.

A segunda fase é a do registro público, eis que os atos constitutivos devem ser arquivados no órgão competente. Os contratos sociais das sociedades empresárias devem ser registrados na Junta Comercial, enquanto os estatutos e atos constitutivos das demais pessoas jurídicas devem ser registrados nos Cartórios de Registro Civil das Pessoas Jurídicas.

É importante frisar que a aquisição da personalidade pela pessoa jurídica ocorre com o registro dos atos constitutivos, conforme dispõe expressamente o art. 45 do Código.

Dessa forma, o registro, além de provar a existência da pessoa jurídica, tem natureza constitutiva, na medida em que confere a personalidade jurídica à pessoa jurídica, cabendo a ressalva de que, em casos especiais, pode haver a necessidade de autorização do governo, situação em que o registro será efetivado após a concessão da autorização.

A aquisição da personalidade não tem reflexos apenas na esfera patrimonial, pois o art. 52 do Código Civil confere à pessoa jurídica a proteção aos direitos da personalidade.

A pessoa jurídica, então, passa a gozar, por exemplo, de proteção ao nome, bem como lhe é garantido o domicílio e a boa reputação, podendo, inclusive, sofrer dano moral, como preconiza a súmula 227 do C. STJ.

3.5. Domicílio da pessoa jurídica

O domicílio da pessoa jurídica é sua sede, ou seja, o local de suas atividades habituais, onde os credores poderão exigir o adimplemento das obrigações.

As pessoas jurídicas de direito público interno têm por domicílio a sede de seu governo, segundo o art. 75 e incisos do Código Civil.

As pessoas jurídicas de direito privado, por sua vez, têm por domicílio o local indicado nos atos constitutivos, sendo, comumente, o local de sua administração.

O art. 75, §1º prevê a possibilidade de as pessoas jurídicas terem domicílios múltiplos, desde que tenham vários estabelecimentos, a exemplo das instituições bancárias, ocasião em que poderão ser acionadas no foro em que tiverem praticado o ato.

Nesse sentido, cabe transcrever a súmula 363 do C. STF que estabelece que "a pessoa jurídica de direito privado pode ser demandada no domicílio da agência ou estabelecimento em que se praticou o ato".

Caso a sede da administração esteja localizada no estrangeiro, o domicílio será o lugar do estabelecimento situado no Brasil onde as obrigações foram contraídas (art. 75, §2º).

3.6. Extinção da pessoa jurídica

Semelhantemente às pessoas naturais, as pessoas jurídicas nascem, desenvolvem-se, modificam-se e extinguem-se.

A extinção das pessoas jurídicas pode ocorrer segundo quatro formas distintas:

a) *Convencional*: quando a extinção se dá pela vontade dos membros, segundo os atos constitutivos ou a lei. Dessa forma, a mesma vontade humana capaz de fazer nascer a pessoa jurídica é capaz de extingui-la. Enquadram-se na extinção convencional as hipóteses previstas no art. 1.033, I, II, III e IV do Código Civil.

b) *Legal*: quando a extinção ocorre por motivo determinante na lei, como no caso de falência (Lei 11.101 de 9.2.2005).

c) *Administrativa*: quando as pessoas jurídicas dependem de autorização do Poder Público e esta é cassada (art. 1.033, V).

d) *Judicial*: quando a sociedade é dissolvida por decisão do Poder Judiciário, mediante processo judicial movido por qualquer dos sócios. As causas mais comuns estão elencadas no art. 1.034 do Código, cujo rol é meramente exemplificativo, uma vez que o art. 1.035 do mesmo diploma dispõe que o contrato social pode prever outras causas de dissolução.

Vale frisar, finalmente, que a personalidade da pessoa jurídica em fase de liquidação permanece incólume até que a liquidação se conclua, eis que expressamente consignado no art. 51 do Código Civil.

EXTINÇÃO DA PESSOA JURÍDICA	
	Convencional: quando decorre da vontade dos membros
	Legal: quando decorre da lei
	Administrativa: quando a autorização é cassada
	Judicial: quando decorre de decisão judicial

3.7. Grupos despersonalizados

Há alguns agrupamentos constituídos com finalidade comum, possuindo características semelhantes às das pessoas jurídicas. Tais agrupamentos, no entanto, não possuem personalidade jurídica, garantindo-lhes o direito, muitas vezes, apenas a representação processual.

Dentre os citados agrupamentos despersonalizados podem ser indicados:

a) A *massa falida*: constituída pelo acervo de bens pertencentes ao falido, após a sentença de falência que decreta a perda do direito de administração do patrimônio. A massa falida não tem personalidade jurídica, mas exerce os direitos do falido, podendo, inclusive, agir contra ele. O administrador da massa falida era denominado de síndico (art. 12, III, do CPC de 1973) ou liquidante (art. 81, §2º, da Lei 11.101/05). O novo CPC, no entanto, alterou a denominação chamando-o de administrador judicial (art. 75, V, do novo CPC).

b) As heranças *jacente* e *vacante*: que constituem o acervo de bens deixados pelo *de cujus*, enquanto ainda não entregues ao sucessor. A herança será jacente quando for aberta a sucessão, sem que o *de cujus* tenha deixado testamento e herdeiros conhecidos (art. 1.819 CC/02). Esse acervo de bens, que não possui personalidade jurídica, possui, no entanto, legitimidade ativa e passiva para comparecer em juízo (art. 75, VI, do novo CPC).

Serão, ainda, declarados *vacantes* os bens da herança jacente se não surgirem herdeiros ou se todos renunciarem, depois de realizadas todas as exigências legais.

c) O *espólio*: é o conjunto de direitos e deveres do *de cujus*, que surge com a abertura da sucessão, é representada pelo inventariante (art. 75, VII, do novo CPC) e extingue-se com o julgamento da partilha, ocasião em que os quinhões hereditários serão transmitidos aos sucessores. Vê-se, então, que a legitimidade do espólio perdura da abertura da sucessão até o julgamento da partilha.

d) As *sociedades e associações sem personalidade jurídica*: também chamadas de *sociedades em comum, irregulares* ou *de fato*, são as entidades já em funcionamento, mas que não possuem personalidade jurídica por falta de registro dos atos constitutivos ou por falta da autorização governamental para funcionar, como visto anteriormente. Tais entidades serão representadas em juízo "pela pessoa a quem couber a administração dos seus bens" (art. 75, IX, do novo CPC).

e) O *condomínio*: que pode ser *geral* e *edilício*. O primeiro não tem personalidade jurídica, eis que cada condômino possui sua parte ou fração ideal.

Há, no entanto, severa divergência na doutrina acerca da natureza jurídica do condomínio em edificações. Expressiva parte da doutrina nega a condição de pessoa jurídica ao condomínio edilício, enquanto há renomados doutrinadores que lhe reconhecem a personalidade jurídica. Tendo em vista a complexidade do assunto, sugerimos a análise de bibliografia específica sobre o tema.

GRUPOS DESPERSONALIZADOS

- Massa falida
- Herança jacente e vacante
- Espólio
- Sociedades sem personalidade jurídica
- Condomínio

3.8. Desconsideração da personalidade jurídica

Já foi dito que a pessoa jurídica passa a gozar de personalidade para atuar no campo do direito. Essa personalidade é própria da pessoa jurídica, ou seja, distinta da personalidade de seus membros.

Tal diferenciação é de suma importância para se identificar que a pessoa jurídica possui vontade e patrimônio distintos das pessoas naturais que a compõem, atuando a personalidade jurídica como uma espécie de "cortina" que separa os interesses da pessoa jurídica dos interesses das pessoas naturais. Estas, em regra, não responderão pelas dívidas da pessoa jurídica, exceto nas hipóteses previstas na lei.

No entanto, a experiência mostra que, não raramente, essa "cortina" é usada de forma deturpada, com o intuito de lesar terceiros. Em outras palavras, pessoas jurídicas são criadas com a única finalidade de aproveitar-se da distinção de personalidade para cometer abusos. Assim, sociedades faliam enquanto seus sócios enriqueciam.

Nosso Código Civil trouxe importante disciplina sobre o assunto, ao prever a possibilidade de desconsideração da personalidade jurídica para que os bens particulares dos sócios respondam pelas dívidas da pessoa jurídica, quando houver desvio de finalidade ou confusão patrimonial. Tal disciplina está contida no art. 50 do Código:

> **Art. 50.** Em caso de abuso da personalidade jurídica, caracterizado pelo desvio de finalidade, ou pela confusão patrimonial, pode o juiz decidir, a requerimento da parte, ou do Ministério Público quando lhe couber intervir no processo, que os efeitos de certas e determinadas relações de obrigações sejam estendidos aos bens particulares dos administradores ou sócios da pessoa jurídica.

Não se trata de retirar a personalidade da pessoa jurídica, mas, tão somente, de desconsiderá-la ou afastá-la, momentaneamente, para penetrar no patrimônio dos sócios ou dos administradores.

Tal preceito encontra dispositivo semelhante no art. 28, §5º do Código de Defesa do Consumidor. Observe:

> **Art. 28** – O juiz poderá desconsiderar a personalidade jurídica da sociedade quando, em detrimento do consumidor, houver abuso de direito, excesso de poder, infração da lei, fato ou ato ilícito ou violação dos estatutos ou contrato social. A desconsideração também será efetivada quando houver falência, estado de insolvência, encerramento ou inatividade da pessoa jurídica provocados por má administração.
>
> (...)
>
> §5º. – Também poderá ser desconsiderada a pessoa jurídica sempre que sua personalidade for, de alguma forma, obstáculo ao ressarcimento de prejuízos causados aos consumidores.

Embora existam semelhanças, os dispositivos possuem diferenças substanciais.

Como é possível observar, o Código Civil permite a desconsideração da personalidade jurídica somente em caso de desvio de finalidade ou confusão patrimonial, o que demonstra que o legislador restringiu a aplicação do dispositivo a tais situações. Daí porque a doutrina diz que o Código Civil adotou a *teoria maior* da desconsideração da personalidade jurídica.

No caso do Código de Defesa do Consumidor, basta a simples lesão ao consumidor para que a desconsideração seja efetuada, razão pela diz-se que o Código de Defesa do Consumidor adotou a *teoria menor* da desconsideração da personalidade jurídica.

A desconsideração da personalidade jurídica tem grande aplicação no direito do trabalho, quando é utilizada para obter a satisfação dos créditos trabalhistas, que possuem natureza alimentícia.

Muito embora a aplicação da desconsideração da personalidade jurídica no direito do trabalho tenha como fundamento a aplicação subsidiária do direito civil, fato é que, na prática, a aplicação mais se assemelha àquela prevista no Código de Defesa do Consumidor. Em outras palavras, basta a lesão ao crédito do trabalhador para que a desconsideração seja deferida. Assim o é tendo em vista que o trabalho goza de proteção especial, na medida em que é através dele que o homem obtém o seu sustento.

O TST regulamentou os procedimentos quanto à desconsideração da personalidade jurídica por meio da Consolidação dos Provimentos da Corregedoria Geral da Justiça do Trabalho, cujo art. 68 contém a seguinte redação:

> **Art. 68.** Ao aplicar a teoria da desconsideração da personalidade jurídica, por meio de decisão fundamentada, cumpre ao juiz que preside a execução trabalhista adotar as seguintes providências:
>
> I – determinar a reautuação do processo, a fim de fazer constar dos registros informatizados e da capa dos autos o nome da pessoa física que responderá pelo débito trabalhista;

II – comunicar imediatamente ao setor responsável pela expedição de certidões no Judiciário do Trabalho a inclusão do sócio no polo passivo da execução, para inscrição no cadastro das pessoas com reclamações ou execuções trabalhistas em curso;

III – determinar a citação do sócio para que, no prazo de 48 (quarenta e oito) horas, indique bens da sociedade (artigo 596 do CPC) ou, não os havendo, garanta a execução, sob pena de penhora, com o fim de habilitá-lo à via dos embargos à execução para imprimir, inclusive, discussão sobre a existência ou não da sua responsabilidade executiva secundária.

A doutrina também aponta a possibilidade de, no caso de confusão patrimonial, responsabilizar a empresa por dívidas dos sócios, o que recebeu o nome de *desconsideração inversa* ou *invertida*.

O ilustre Flávio Tartuce[18] cita o exemplo de um sócio que, tendo conhecimento do divórcio, adquire bens com capital próprio em nome da sociedade, como forma de retirá-los de futura partilha. Pela desconsideração inversa, tais bens poderão ser objeto do divórcio, tendo em vista a confusão patrimonial, fazendo com que o instituto seja utilizado no Direito de Família.

4. LEGISLAÇÃO RELACIONADA AO CAPÍTULO

» **CÓDIGO CIVIL**

PARTE GERAL

LIVRO I
DAS PESSOAS

TÍTULO I
DAS PESSOAS NATURAIS

CAPÍTULO I
DA PERSONALIDADE E DA CAPACIDADE

Art. 1º Toda pessoa é capaz de direitos e deveres na ordem civil.

Art. 2º A personalidade civil da pessoa começa do nascimento com vida; mas a lei põe a salvo, desde a concepção, os direitos do nascituro.

Art. 3º São absolutamente incapazes de exercer pessoalmente os atos da vida civil os menores de 16 (dezesseis) anos.

Art. 4º São incapazes, relativamente a certos atos ou à maneira de os exercer:

I – os maiores de dezesseis anos e menores de dezoito anos;

II – os ébrios habituais e os viciados em tóxico;

III – aqueles que, por causa transitória ou permanente, não puderem exprimir sua vontade;

IV – os pródigos.

Parágrafo único. A capacidade dos indígenas será regulada por legislação especial.

Art. 5º A menoridade cessa aos dezoito anos completos, quando a pessoa fica habilitada à prática de todos os atos da vida civil.

Parágrafo único. Cessará, para os menores, a incapacidade:

I – pela concessão dos pais, ou de um deles na falta do outro, mediante instrumento público, independentemente de homologação judicial, ou por sentença do juiz, ouvido o tutor, se o menor tiver dezesseis anos completos;

II – pelo casamento;

III – pelo exercício de emprego público efetivo;

IV – pela colação de grau em curso de ensino superior;

V – pelo estabelecimento civil ou comercial, ou pela existência de relação de emprego, desde

18. *Direito Civil*. Vol. 1, 9ª ed. São Paulo: Método, 2013, p. 247.

que, em função deles, o menor com dezesseis anos completos tenha economia própria.

Art. 6º A existência da pessoa natural termina com a morte; presume-se esta, quanto aos ausentes, nos casos em que a lei autoriza a abertura de sucessão definitiva.

Art. 7º Pode ser declarada a morte presumida, sem decretação de ausência:

I – se for extremamente provável a morte de quem estava em perigo de vida;

II – se alguém, desaparecido em campanha ou feito prisioneiro, não for encontrado até dois anos após o término da guerra.

Parágrafo único. A declaração da morte presumida, nesses casos, somente poderá ser requerida depois de esgotadas as buscas e averiguações, devendo a sentença fixar a data provável do falecimento.

Art. 8º Se dois ou mais indivíduos falecerem na mesma ocasião, não se podendo averiguar se algum dos comorientes precedeu aos outros, presumir-se-ão simultaneamente mortos.

Art. 9º Serão registrados em registro público:

I – os nascimentos, casamentos e óbitos;

II – a emancipação por outorga dos pais ou por sentença do juiz;

III – a interdição por incapacidade absoluta ou relativa;

IV – a sentença declaratória de ausência e de morte presumida.

Art. 10. Far-se-á averbação em registro público:

I – das sentenças que decretarem a nulidade ou anulação do casamento, o divórcio, a separação judicial e o restabelecimento da sociedade conjugal;

II – dos atos judiciais ou extrajudiciais que declararem ou reconhecerem a filiação;

~~III – dos atos judiciais ou extrajudiciais de adoção.~~ (Revogado pela Lei nº 12.010, de 2009)

CAPÍTULO II
DOS DIREITOS DA PERSONALIDADE

Art. 11. Com exceção dos casos previstos em lei, os direitos da personalidade são intransmissíveis e irrenunciáveis, não podendo o seu exercício sofrer limitação voluntária.

Art. 12. Pode-se exigir que cesse a ameaça, ou a lesão, a direito da personalidade, e reclamar perdas e danos, sem prejuízo de outras sanções previstas em lei.

Parágrafo único. Em se tratando de morto, terá legitimação para requerer a medida prevista neste artigo o cônjuge sobrevivente, ou qualquer parente em linha reta, ou colateral até o quarto grau.

Art. 13. Salvo por exigência médica, é defeso o ato de disposição do próprio corpo, quando importar diminuição permanente da integridade física, ou contrariar os bons costumes.

Parágrafo único. O ato previsto neste artigo será admitido para fins de transplante, na forma estabelecida em lei especial.

Art. 14. É válida, com objetivo científico, ou altruístico, a disposição gratuita do próprio corpo, no todo ou em parte, para depois da morte.

Parágrafo único. O ato de disposição pode ser livremente revogado a qualquer tempo.

Art. 15. Ninguém pode ser constrangido a submeter-se, com risco de vida, a tratamento médico ou a intervenção cirúrgica.

Art. 16. Toda pessoa tem direito ao nome, nele compreendidos o prenome e o sobrenome.

Art. 17. O nome da pessoa não pode ser empregado por outrem em publicações ou representações que a exponham ao desprezo público, ainda quando não haja intenção difamatória.

Art. 18. Sem autorização, não se pode usar o nome alheio em propaganda comercial.

Art. 19. O pseudônimo adotado para atividades lícitas goza da proteção que se dá ao nome.

Art. 20. Salvo se autorizadas, ou se necessárias à administração da justiça ou à manutenção da ordem pública, a divulgação de escritos, a transmissão da palavra, ou a publicação, a exposição ou a utilização da imagem de uma pessoa poderão ser proibidas, a seu requerimento e sem prejuízo da indenização que couber, se lhe atingirem a honra, a boa fama ou a respeitabilidade, ou se se destinarem a fins comerciais.

Parágrafo único. Em se tratando de morto ou de ausente, são partes legítimas para requerer essa proteção o cônjuge, os ascendentes ou os descendentes.

Art. 21. A vida privada da pessoa natural é inviolável, e o juiz, a requerimento do interessado, adotará as providências necessárias para impedir ou fazer cessar ato contrário a esta norma.

CAPÍTULO III
DA AUSÊNCIA

Seção I
Da Curadoria dos Bens do Ausente

Art. 22. Desaparecendo uma pessoa do seu domicílio sem dela haver notícia, se não houver deixado representante ou procurador a quem caiba administrar-lhe os bens, o juiz, a requerimento de qualquer interessado ou do Ministério Público, declarará a ausência, e nomear-lhe-á curador.

Art. 23. Também se declarará a ausência, e se nomeará curador, quando o ausente deixar mandatário que não queira ou não possa exercer ou continuar o mandato, ou se os seus poderes forem insuficientes.

Art. 24. O juiz, que nomear o curador, fixar-lhe-á os poderes e obrigações, conforme as circunstâncias, observando, no que for aplicável, o disposto a respeito dos tutores e curadores.

Art. 25. O cônjuge do ausente, sempre que não esteja separado judicialmente, ou de fato por mais de dois anos antes da declaração da ausência, será o seu legítimo curador.

§ 1º Em falta do cônjuge, a curadoria dos bens do ausente incumbe aos pais ou aos descendentes, nesta ordem, não havendo impedimento que os iniba de exercer o cargo.

§ 2º Entre os descendentes, os mais próximos precedem os mais remotos.

§ 3º Na falta das pessoas mencionadas, compete ao juiz a escolha do curador.

Seção II
Da Sucessão Provisória

Art. 26. Decorrido um ano da arrecadação dos bens do ausente, ou, se ele deixou representante ou procurador, em se passando três anos, poderão os interessados requerer que se declare a ausência e se abra provisoriamente a sucessão.

Art. 27. Para o efeito previsto no artigo anterior, somente se consideram interessados:

I - o cônjuge não separado judicialmente;

II - os herdeiros presumidos, legítimos ou testamentários;

III - os que tiverem sobre os bens do ausente direito dependente de sua morte;

IV - os credores de obrigações vencidas e não pagas.

Art. 28. A sentença que determinar a abertura da sucessão provisória só produzirá efeito cento e oitenta dias depois de publicada pela imprensa; mas, logo que passe em julgado, proceder-se-á à abertura do testamento, se houver, e ao inventário e partilha dos bens, como se o ausente fosse falecido.

§ 1º Findo o prazo a que se refere o art. 26, e não havendo interessados na sucessão provisória, cumpre ao Ministério Público requerê-la ao juízo competente.

§ 2º Não comparecendo herdeiro ou interessado para requerer o inventário até trinta dias depois de passar em julgado a sentença que mandar abrir a sucessão provisória, proceder-se-á à arrecadação dos bens do ausente pela forma estabelecida nos arts. 1.819 a 1.823.

Art. 29. Antes da partilha, o juiz, quando julgar conveniente, ordenará a conversão dos bens móveis, sujeitos a deterioração ou a extravio, em imóveis ou em títulos garantidos pela União.

Art. 30. Os herdeiros, para se imitirem na posse dos bens do ausente, darão garantias da restituição deles, mediante penhores ou hipotecas equivalentes aos quinhões respectivos.

§ 1º Aquele que tiver direito à posse provisória, mas não puder prestar a garantia exigida neste artigo, será excluído, mantendo-se os bens que lhe deviam caber sob a administração do curador, ou de outro herdeiro designado pelo juiz, e que preste essa garantia.

§ 2º Os ascendentes, os descendentes e o cônjuge, uma vez provada a sua qualidade de herdeiros, poderão, independentemente de garantia, entrar na posse dos bens do ausente.

Art. 31. Os imóveis do ausente só se poderão alienar, não sendo por desapropriação, ou hipotecar, quando o ordene o juiz, para lhes evitar a ruína.

Art. 32. Empossados nos bens, os sucessores provisórios ficarão representando ativa e passivamente o ausente, de modo que contra eles correrão as ações pendentes e as que de futuro àquele forem movidas.

Art. 33. O descendente, ascendente ou cônjuge que for sucessor provisório do ausente, fará seus todos os frutos e rendimentos dos bens que a este couberem; os outros sucessores, porém, deverão capitalizar metade desses frutos e rendimentos, segundo o disposto no art. 29, de acordo com o representante do Ministério Público, e prestar anualmente contas ao juiz competente.

Parágrafo único. Se o ausente aparecer, e ficar provado que a ausência foi voluntária e injustificada, perderá ele, em favor do sucessor, sua parte nos frutos e rendimentos.

Art. 34. O excluído, segundo o art. 30, da posse provisória poderá, justificando falta de meios, requerer lhe seja entregue metade dos rendimentos do quinhão que lhe tocaria.

Art. 35. Se durante a posse provisória se provar a época exata do falecimento do ausente, considerar-se-á, nessa data, aberta a sucessão em favor dos herdeiros, que o eram àquele tempo.

Art. 36. Se o ausente aparecer, ou se lhe provar a existência, depois de estabelecida a posse provisória, cessarão para logo as vantagens dos sucessores nela imitidos, ficando, todavia, obrigados a tomar as medidas assecuratórias precisas, até a entrega dos bens a seu dono.

Seção III
Da Sucessão Definitiva

Art. 37. Dez anos depois de passada em julgado a sentença que concede a abertura da sucessão provisória, poderão os interessados requerer a sucessão definitiva e o levantamento das cauções prestadas.

Art. 38. Pode-se requerer a sucessão definitiva, também, provando-se que o ausente conta oitenta anos de idade, e que de cinco datam as últimas notícias dele.

Art. 39. Regressando o ausente nos dez anos seguintes à abertura da sucessão definitiva, ou algum de seus descendentes ou ascendentes, aquele ou estes haverão só os bens existentes no estado em que se acharem, os sub-rogados em seu lugar, ou o preço que os herdeiros e demais interessados houverem recebido pelos bens alienados depois daquele tempo.

Parágrafo único. Se, nos dez anos a que se refere este artigo, o ausente não regressar, e nenhum interessado promover a sucessão definitiva, os bens arrecadados passarão ao domínio do Município ou do Distrito Federal, se localizados nas respectivas circunscrições, incorporando-se ao domínio da União, quando situados em território federal.

TÍTULO II
DAS PESSOAS JURÍDICAS

CAPÍTULO I
DISPOSIÇÕES GERAIS

Art. 40. As pessoas jurídicas são de direito público, interno ou externo, e de direito privado.

Art. 41. São pessoas jurídicas de direito público interno:

I – a União;

II – os Estados, o Distrito Federal e os Territórios;

III – os Municípios;

IV – as autarquias, inclusive as associações públicas;

V – as demais entidades de caráter público criadas por lei.

Parágrafo único. Salvo disposição em contrário, as pessoas jurídicas de direito público, a que se tenha dado estrutura de direito privado, regem-se, no que couber, quanto ao seu funcionamento, pelas normas deste Código.

Art. 42. São pessoas jurídicas de direito público externo os Estados estrangeiros e todas as pessoas que forem regidas pelo direito internacional público.

Art. 43. As pessoas jurídicas de direito público interno são civilmente responsáveis por atos dos seus agentes que nessa qualidade causem danos a terceiros, ressalvado direito regressivo contra os causadores do dano, se houver, por parte destes, culpa ou dolo.

Art. 44. São pessoas jurídicas de direito privado:

I – as associações;

II – as sociedades;

III – as fundações.

IV – as organizações religiosas;

V – os partidos políticos.

VI – as empresas individuais de responsabilidade limitada.

§ 1º São livres a criação, a organização, a estruturação interna e o funcionamento das organizações religiosas, sendo vedado ao poder público negar-lhes reconhecimento ou registro dos atos constitutivos e necessários ao seu funcionamento.

§ 2º As disposições concernentes às associações aplicam-se subsidiariamente às sociedades que são objeto do Livro II da Parte Especial deste Código.

§ 3º Os partidos políticos serão organizados e funcionarão conforme o disposto em lei específica.

Art. 45. Começa a existência legal das pessoas jurídicas de direito privado com a inscrição do ato constitutivo no respectivo registro, precedida, quando necessário, de autorização ou aprovação do Poder Executivo, averbando-se no registro todas as alterações por que passar o ato constitutivo.

Parágrafo único. Decai em três anos o direito de anular a constituição das pessoas jurídicas de direito privado, por defeito do ato respectivo, contado o prazo da publicação de sua inscrição no registro.

Art. 46. O registro declarará:

I - a denominação, os fins, a sede, o tempo de duração e o fundo social, quando houver;

II - o nome e a individualização dos fundadores ou instituidores, e dos diretores;

III - o modo por que se administra e representa, ativa e passivamente, judicial e extrajudicialmente;

IV - se o ato constitutivo é reformável no tocante à administração, e de que modo;

V - se os membros respondem, ou não, subsidiariamente, pelas obrigações sociais;

VI - as condições de extinção da pessoa jurídica e o destino do seu patrimônio, nesse caso.

Art. 47. Obrigam a pessoa jurídica os atos dos administradores, exercidos nos limites de seus poderes definidos no ato constitutivo.

Art. 48. Se a pessoa jurídica tiver administração coletiva, as decisões se tomarão pela maioria de votos dos presentes, salvo se o ato constitutivo dispuser de modo diverso.

Parágrafo único. Decai em três anos o direito de anular as decisões a que se refere este artigo, quando violarem a lei ou estatuto, ou forem eivadas de erro, dolo, simulação ou fraude.

Art. 49. Se a administração da pessoa jurídica vier a faltar, o juiz, a requerimento de qualquer interessado, nomear-lhe-á administrador provisório.

Art. 50. Em caso de abuso da personalidade jurídica, caracterizado pelo desvio de finalidade, ou pela confusão patrimonial, pode o juiz decidir, a requerimento da parte, ou do Ministério Público quando lhe couber intervir no processo, que os efeitos de certas e determinadas relações de obrigações sejam estendidos aos bens particulares dos administradores ou sócios da pessoa jurídica.

Art. 51. Nos casos de dissolução da pessoa jurídica ou cassada a autorização para seu funcionamento, ela subsistirá para os fins de liquidação, até que esta se conclua.

§ 1º Far-se-á, no registro onde a pessoa jurídica estiver inscrita, a averbação de sua dissolução.

§ 2º As disposições para a liquidação das sociedades aplicam-se, no que couber, às demais pessoas jurídicas de direito privado.

§ 3º Encerrada a liquidação, promover-se-á o cancelamento da inscrição da pessoa jurídica.

Art. 52. Aplica-se às pessoas jurídicas, no que couber, a proteção dos direitos da personalidade.

CAPÍTULO II
DAS ASSOCIAÇÕES

Art. 53. Constituem-se as associações pela união de pessoas que se organizem para fins não econômicos.

Parágrafo único. Não há, entre os associados, direitos e obrigações recíprocos.

Art. 54. Sob pena de nulidade, o estatuto das associações conterá:

I - a denominação, os fins e a sede da associação;

II - os requisitos para a admissão, demissão e exclusão dos associados;

III - os direitos e deveres dos associados;

IV - as fontes de recursos para sua manutenção;

V - o modo de constituição e de funcionamento dos órgãos deliberativos;

VI - as condições para a alteração das disposições estatutárias e para a dissolução.

VII - a forma de gestão administrativa e de aprovação das respectivas contas.

Art. 55. Os associados devem ter iguais direitos, mas o estatuto poderá instituir categorias com vantagens especiais.

Art. 56. A qualidade de associado é intransmissível, se o estatuto não dispuser o contrário.

Parágrafo único. Se o associado for titular de quota ou fração ideal do patrimônio da associação, a transferência daquela não importará, de ***per si***, na atribuição da qualidade de associado ao adquirente ou ao herdeiro, salvo disposição diversa do estatuto.

Art. 57. A exclusão do associado só é admissível havendo justa causa, assim reconhecida em procedimento que assegure direito de defesa e de recurso, nos termos previstos no estatuto.

Art. 58. Nenhum associado poderá ser impedido de exercer direito ou função que lhe tenha sido legitimamente conferido, a não ser nos casos e pela forma previstos na lei ou no estatuto.

Art. 59. Compete privativamente à assembleia geral:

I – destituir os administradores;

II – alterar o estatuto.

Parágrafo único. Para as deliberações a que se referem os incisos I e II deste artigo é exigido deliberação da assembleia especialmente convocada para esse fim, cujo quórum será o estabelecido no estatuto, bem como os critérios de eleição dos administradores.

Art. 60. A convocação dos órgãos deliberativos far-se-á na forma do estatuto, garantido a 1/5 (um quinto) dos associados o direito de promovê-la.

Art. 61. Dissolvida a associação, o remanescente do seu patrimônio líquido, depois de deduzidas, se for o caso, as quotas ou frações ideais referidas no parágrafo único do art. 56, será destinado à entidade de fins não econômicos designada no estatuto, ou, omisso este, por deliberação dos associados, à instituição municipal, estadual ou federal, de fins idênticos ou semelhantes.

§ 1º Por cláusula do estatuto ou, no seu silêncio, por deliberação dos associados, podem estes, antes da destinação do remanescente referida neste artigo, receber em restituição, atualizado o respectivo valor, as contribuições que tiverem prestado ao patrimônio da associação.

§ 2º Não existindo no Município, no Estado, no Distrito Federal ou no Território, em que a associação tiver sede, instituição nas condições indicadas neste artigo, o que remanescer do seu patrimônio se devolverá à Fazenda do Estado, do Distrito Federal ou da União.

CAPÍTULO III
DAS FUNDAÇÕES

Art. 62. Para criar uma fundação, o seu instituidor fará, por escritura pública ou testamento, dotação especial de bens livres, especificando o fim a que se destina, e declarando, se quiser, a maneira de administrá-la.

Parágrafo único. A fundação somente poderá constituir-se para fins de:

I – assistência social;

II – cultura, defesa e conservação do patrimônio histórico e artístico;

III – educação;

IV – saúde;

V – segurança alimentar e nutricional;

VI – defesa, preservação e conservação do meio ambiente e promoção do desenvolvimento sustentável;

VII – pesquisa científica, desenvolvimento de tecnologias alternativas, modernização de sistemas de gestão, produção e divulgação de informações e conhecimentos técnicos e científicos;

VIII – promoção da ética, da cidadania, da democracia e dos direitos humanos;

IX – atividades religiosas; e

X – (VETADO).

Art. 63. Quando insuficientes para constituir a fundação, os bens a ela destinados serão, se de outro modo não dispuser o instituidor, incorporados em outra fundação que se proponha a fim igual ou semelhante.

Art. 64. Constituída a fundação por negócio jurídico entre vivos, o instituidor é obrigado a transferir-lhe a propriedade, ou outro direito real, sobre os bens dotados, e, se não o fizer, serão registrados, em nome dela, por mandado judicial.

Art. 65. Aqueles a quem o instituidor cometer a aplicação do patrimônio, em tendo ciência do encargo, formularão logo, de acordo com as suas bases (art. 62), o estatuto da fundação projetada, submetendo-o, em seguida, à aprovação da autoridade competente, com recurso ao juiz.

Parágrafo único. Se o estatuto não for elaborado no prazo assinado pelo instituidor, ou, não havendo prazo, em cento e oitenta dias, a incumbência caberá ao Ministério Público.

Art. 66. Velará pelas fundações o Ministério Público do Estado onde situadas.

§ 1º Se funcionarem no Distrito Federal ou em Território, caberá o encargo ao Ministério Público do Distrito Federal e Territórios.

§ 2º Se estenderem a atividade por mais de um Estado, caberá o encargo, em cada um deles, ao respectivo Ministério Público.

Art. 67. Para que se possa alterar o estatuto da fundação é mister que a reforma:

I – seja deliberada por dois terços dos competentes para gerir e representar a fundação;

II – não contrarie ou desvirtue o fim desta;

III – seja aprovada pelo órgão do Ministério Público no prazo máximo de 45 (quarenta e cinco) dias, findo o qual ou no caso de o Ministério Público a denegar, poderá o juiz supri-la, a requerimento do interessado.

Art. 68. Quando a alteração não houver sido aprovada por votação unânime, os administradores da fundação, ao submeterem o estatuto ao órgão do Ministério Público, requererão que se dê ciência à minoria vencida para impugná-la, se quiser, em dez dias.

Art. 69. Tornando-se ilícita, impossível ou inútil a finalidade a que visa a fundação, ou vencido o prazo de sua existência, o órgão do Ministério Público, ou qualquer interessado, lhe promoverá a extinção, incorporando-se o seu patrimônio, salvo disposição em contrário no ato constitutivo, ou no estatuto, em outra fundação, designada pelo juiz, que se proponha a fim igual ou semelhante.

TÍTULO III
Do Domicílio

Art. 70. O domicílio da pessoa natural é o lugar onde ela estabelece a sua residência com ânimo definitivo.

Art. 71. Se, porém, a pessoa natural tiver diversas residências, onde, alternadamente, viva, considerar-se-á domicílio seu qualquer delas.

Art. 72. É também domicílio da pessoa natural, quanto às relações concernentes à profissão, o lugar onde esta é exercida.

Parágrafo único. Se a pessoa exercitar profissão em lugares diversos, cada um deles constituirá domicílio para as relações que lhe corresponderem.

Art. 73. Ter-se-á por domicílio da pessoa natural, que não tenha residência habitual, o lugar onde for encontrada.

Art. 74. Muda-se o domicílio, transferindo a residência, com a intenção manifesta de o mudar.

Parágrafo único. A prova da intenção resultará do que declarar a pessoa às municipalidades dos lugares, que deixa, e para onde vai, ou, se tais declarações não fizer, da própria mudança, com as circunstâncias que a acompanharem.

Art. 75. Quanto às pessoas jurídicas, o domicílio é:

I – da União, o Distrito Federal;

II – dos Estados e Territórios, as respectivas capitais;

III – do Município, o lugar onde funcione a administração municipal;

IV – das demais pessoas jurídicas, o lugar onde funcionarem as respectivas diretorias e administrações, ou onde elegerem domicílio especial no seu estatuto ou atos constitutivos.

§ 1º Tendo a pessoa jurídica diversos estabelecimentos em lugares diferentes, cada um deles será considerado domicílio para os atos nele praticados.

§ 2º Se a administração, ou diretoria, tiver a sede no estrangeiro, haver-se-á por domicílio da pessoa jurídica, no tocante às obrigações contraídas por cada uma das suas agências, o lugar do estabelecimento, sito no Brasil, a que ela corresponder.

Art. 76. Têm domicílio necessário o incapaz, o servidor público, o militar, o marítimo e o preso.

Parágrafo único. O domicílio do incapaz é o do seu representante ou assistente; o do servidor público, o lugar em que exercer permanentemente suas funções; o do militar, onde servir, e, sendo da Marinha ou da Aeronáutica, a sede do comando a que se encontrar imediatamente subordinado; o do marítimo, onde o navio estiver matriculado; e o do preso, o lugar em que cumprir a sentença.

Art. 77. O agente diplomático do Brasil, que, citado no estrangeiro, alegar extraterritorialidade sem designar onde tem, no país, o seu domicílio, poderá ser demandado no Distrito Federal ou no último ponto do território brasileiro onde o teve.

Art. 78. Nos contratos escritos, poderão os contratantes especificar domicílio onde se exercitem e cumpram os direitos e obrigações deles resultantes.

QUESTÕES

CAPÍTULO II

01. (Analista Judiciário – Área Judiciária – TRT 6 / 2012 / FCC) São pessoas jurídicas de direito público interno

a) as empresas públicas.
b) as fundações.
c) as autarquias.
d) somente os Estados, os Municípios e o Distrito Federal.
e) as sociedades de economia mista.

COMENTÁRIOS

Alternativa "c" – correta: as autarquias são serviços autônomos, criados por lei, com personalidade jurídica, patrimônio e receita próprios, para executar atividades típicas da Administração Pública, que requeiram, para seu melhor funcionamento, gestão administrativa e financeira descentralizada. Elas são pessoas jurídicas de direito público interno (art. 41, IV do Código Civil).

Alternativa "a" – errada: as empresas públicas são empresas com patrimônio próprio e capital exclusivamente público, autorizadas por lei para a exploração de atividades de natureza econômica ou execução de serviços públicos. Elas, apesar de integrarem a Administração Pública indireta, são pessoas jurídicas de direito privado (art. 5º, II do Decreto-Lei 200/67).

Alternativa "b" – errada: as fundações são pessoas jurídicas compostas por um patrimônio indissolúvel e personalizado destinado a um fim. Elas são pessoas jurídicas de direito privado (art. 44, III do Código Civil).

Alternativa "d" – errada: conforme o art. 41 do Código Civil, além dos Estados, Distrito Federal e Territórios (inciso II) e dos Municípios (inciso III), também são pessoas jurídicas de direito público interno a União (inciso I), as autarquias, inclusive as associações públicas (inciso IV) e as demais entidades de caráter público criadas por lei (inciso V).

Alternativa "e" – errada: as sociedades de economia mista são entidades criadas por lei para a exploração de atividade econômica ou prestação de serviços públicos, sob a forma de sociedade anônima, cujas ações com direito a voto pertençam em sua maioria a ente federativo ou a entidade da Administração indireta. Elas são pessoas jurídicas de direito privado (art. 5º, III do Decreto-Lei 200/67 e art. 44, II do Código Civil).

02. (Analista Judiciário – Área Judiciária – TRT 6 / 2012 / FCC) Se a pessoa natural tiver diversas residências, onde, alternadamente, viva, considerar-se-á seu domicílio

a) a residência que tiver adquirido a menos tempo.
b) o lugar em que a pessoa for encontrada.
c) a residência de maior valor.
d) qualquer daquelas residências.
e) a residência que tiver adquirido a mais tempo.

COMENTÁRIOS

Alternativa "d" – correta (responde todas as demais alternativas): segundo o art. 71 do Código Civil, quando a pessoa natural tiver diversas residências, onde, alternadamente, viva, será considerado seu domicílio qualquer uma dessas residências. O candidato deve tomar cuidado para não confundir a pessoa com diversas residências com a pessoa sem residência habitual, pois para esta última é considerado domicílio o lugar onde for encontrada (art. 73 do Código Civil).

03. (Analista Judiciário – Área Judiciária – TRT 21 / 2010 / CESPE) A respeito das pessoas naturais e jurídicas, julgue os itens subsequentes.

( ) Nos termos do Código Civil de 2002, a proteção dos direitos da personalidade aplica-se, indistintamente, às pessoas

QUESTÕES DE CONCURSOS

naturais e às pessoas jurídicas, desde que constituídas na modalidade de associações.

COMENTÁRIOS

Item errado: o item tem dois erros. O primeiro é que a proteção dos direitos da personalidade aplica-se, no que couber, às pessoas jurídicas (art. 52 do CC). Desta forma, não há aplicação indistinta da proteção dos direitos da personalidade. E o segundo erro é que a referida proteção aplica-se a todas as pessoas jurídicas, e não somente para as constituídas na modalidade de associações.

( ) A partir de uma interpretação teleológica do art. 50 do Código Civil de 2002, a jurisprudência tem entendido ser possível a desconsideração inversa da personalidade jurídica, de modo a atingir bens da sociedade em razão de dívidas contraídas pelo seu sócio controlador.

COMENTÁRIOS

Item certo: é possível, a partir de uma interpretação teleológica do art. 5º do CC, a desconsideração inversa da personalidade jurídica. Como esclarece Carlos Roberto Gonçalves, "caracteriza-se a *desconsideração inversa* quando é afastado o princípio da autonomia patrimonial da pessoa jurídica para responsabilizar a sociedade por obrigação do sócio, como, por exemplo, na hipótese de um dos cônjuges, ao adquirir bens de maior valor, registrá-los em nome de pessoa jurídica sob seu controle, para livrá-los da partilha a ser realizada nos autos da separação judicial". O objetivo da desconsideração inversa da personalidade jurídica é impedir fraudes e abusos promovidos sob o véu protetivo da pessoa jurídica.

04. (Analista Judiciário – Área Judiciária – TRT 22 / 2010 / FCC) José desapareceu de seu domicílio, sem dele haver notícia e sem ter deixado representante ou procurador a quem caiba administrar-lhe os bens. Declarada a ausência e nomeado curador, foram arrecadados seus bens. Passados três anos da arrecadação, a requerimento do cônjuge, foi declarada a ausência e aberta provisoriamente sucessão, tendo o único filho feito seus todos os frutos e rendimentos dos bens que lhe couberam. Todavia, o ausente apareceu e ficou provado que a ausência foi voluntária e injustificada. Nesse caso, o

a) descendente deverá devolver ao ausente todos os frutos e rendimentos recebidos, descontado os que tiver utilizado para a sua subsistência.
b) descendente deverá devolver ao ausente todos os frutos e rendimentos recebidos.
c) ausente perderá em favor do sucessor todos os bens que possuía na data da declaração da ausência e os respectivos frutos e rendimentos.
d) descendente deverá devolver ao ausente a metade dos frutos e rendimentos recebidos.
e) ausente perderá, em favor do sucessor, sua parte nos frutos e rendimentos.

COMENTÁRIOS

Alternativa "e" – correta (responde todas as demais alternativas): o descendente, ascendente ou cônjuge que for sucessor provisório do ausente, fará seus todos os frutos e rendimentos dos bens que lhe couberem (art. 33, *caput* do Código Civil). No entanto, caso o ausente apareça e fique provado que a ausência foi voluntária e injustificada, perderá ele, em favor do sucessor, sua parte nos frutos e rendimentos (art. 33, parágrafo único do Código Civil).

05. (Analista Judiciário – Área Judiciária – TRT 23 / 2011 / FCC) Considere as seguintes publicações:

I. Foto de criminoso foragido, condenado e procurado pela Justiça em locais públicos e em jornais de grande circulação.
II. Imagem de sambista em anúncio, com objetivo comercial, sem a sua autorização.
III. Imagem de grupo folclórico em jornal destinado à divulgação das atividades artísticas da cidade.

Cabe proibição, a requerimento da pessoa cuja imagem foi exposta, publicada ou utilizada e sem prejuízo da indenização que couber, APENAS em

a) II e III.
b) I e II.
c) I e III.
d) II.
e) I.

COMENTÁRIOS

Nota do autor: vale recordar o art. 20, *caput* do Código Civil, que dispõe que: "salvo se autorizadas, ou se necessárias à administração da justiça ou à manutenção da ordem pública, a divulgação de escritos, a transmissão da palavra, ou a publicação, a exposição ou a utilização da imagem de uma pessoa poderão ser proibidas, a seu requerimento e sem prejuízo da indenização que couber, se lhe atingirem a honra, a boa fama ou a respeitabilidade, ou se se destinarem a fins comerciais".

Alternativa correta: "d".

Item I: a exposição de foto de criminoso foragido, condenado e procurado pela justiça em locais públicos e em jornais não precisa de autorização, uma vez que é necessária à administração da justiça e à segurança pública. Logo, não cabe proibição neste caso.

Item II: a utilização de imagem de sambista em anúncio, com objetivo comercial, sem a sua autorização é ilegal, pois a utilização da imagem de uma pessoa para fins comerciais necessita de autorização. Nesta situação, cabe proibição a requerimento da pessoa cuja imagem foi utilizada.

Item III: conforme a doutrina e jurisprudência, a utilização de imagem para fins culturais e informativos não precisa de autorização, desde que essa utilização não atinja a honra, a boa fama ou a respeitabilidade das pessoas expostas e não se destine a fins comerciais. Há, aqui, uma limitação ao art. 20 do Código Civil para atender ao interesse público e resguardar o direito à informação. A publicação de imagem de grupo folclórico em jornal destinado à divulgação das atividades artísticas da cidade tem finalidade cultural e informativa. Por conseguinte, não cabe proibição nesta hipótese.

06. (Analista Judiciário – Área Judiciária – TRT 24 / 2011 / FCC) João, com 50 anos de idade, viúvo e pai de um filho maior, desapareceu de seu domicílio. Após um ano da arrecadação, foi declarada a ausência, aberta a sucessão provisória e, cumpridas todas as formalidades legais, o sucessor entrou na posse dos bens e os conservou, recebendo os respectivos frutos e rendimentos. Seis anos após o trânsito em julgado da sentença que concedeu a sucessão provisória, João apareceu e regressou ao seu domicílio, tendo ficado provado que a ausência foi voluntária e injustificada. Nesse caso, João

a) haverá os bens existentes no estado em que se acharem, mas terá direito a ser ressarcido dos frutos e rendimentos percebidos pelo sucessor.
b) não receberá de volta seus bens, por ter se escoado prazo superior a 5 anos do trânsito em julgado da sentença que concedeu a sucessão provisória.
c) haverá os bens existentes no estado em que se acharem, perdendo, em favor do sucessor, sua parte nos frutos e rendimentos.
d) não receberá de volta seus bens, por ter ficado provado que a ausência foi voluntária e injustificada.
e) receberá de volta a metade de seus bens e os respectivos frutos e rendimentos, sendo a outra metade atribuída ao sucessor, a título de prefixação das perdas e danos relativas por este sofridas.

COMENTÁRIOS

Alternativa "c" – correta (responde todas as demais alternativas): após a abertura da sucessão provisória, caso o ausente apareça e fique provado que a ausência foi voluntária e injustificada, perderá ele, em favor do sucessor, sua parte nos frutos e rendimentos (art. 33, parágrafo único do Código Civil). E regressando o ausente antes de completados dez anos do trânsito em julgado da sentença que concedeu a sucessão provisória, ele haverá os bens existentes no estado em que se acharem (art. 39, *caput* do Código Civil).

07. (Técnico Judiciário – Área Administrativa – TRT 14 / 2011 / FCC) Paulo, maior e capaz, é vítima de tumor maligno no cérebro. Os médicos recomendaram cirurgia para extirpar o tumor, apesar do risco de vida a ela inerente. Paulo negou-se a ser operado. Nesse caso, Paulo

a) poderá ser dopado e operado a critério da equipe médica.
b) poderá ser obrigado pelos médicos a submeter-se à intervenção cirúrgica.
c) só poderá ser operado se houver parecer favorável do Ministério Público.
d) só poderá ser operado se houver parecer favorável de toda a equipe médica.
e) não poderá ser constrangido a submeter-se à intervenção cirúrgica.

COMENTÁRIOS

Alternativa "e" – correta (responde todas as demais alternativas): ninguém pode ser obrigado a submeter-se, com risco de vida, a tratamento médico ou a intervenção cirúrgica (art. 15 do Código Civil).

08. (Técnico Judiciário - Área Administrativa - TRT 14 / 2011 / FCC) A respeito das pessoas jurídicas, considere:

I. A União.
II. Os Estados.
III. O Distrito Federal.
IV. Os Municípios.
V. As Autarquias.
VI. Os Partidos Políticos.
VII. As Sociedades

São pessoas jurídicas de direito público interno as indicadas APENAS em

a) I, II, III, IV e V.
b) II, III, IV e V.
c) II, III, VI e VII.
d) I, II, III, IV e VI.
e) IV, V, VI e VII.

COMENTÁRIOS

Alternativa correta: "a".

Item I: a União é uma pessoa jurídica de direito público interno (art. 41, I do Código Civil).

Item II: os Estados são pessoas jurídicas de direito público interno (art. 41, II do Código Civil).

Item III: o Distrito Federal é uma pessoa jurídica de direito público interno (art. 41, II do Código Civil).

Item IV: os Municípios são pessoas jurídicas de direito público interno (art. 41, III do Código Civil).

Item V: as Autarquias são pessoas jurídicas de direito público interno (art. 41, IV do Código Civil).

Item VI: os partidos políticos são pessoas jurídicas de direito privado (art. 44, V do Código Civil).

Item VII: as sociedades são pessoas jurídicas de direito privado (art. 44, II do Código Civil).

09. (Técnico Judiciário - Área Administrativa - TRT 20 / 2011 / FCC) No que concerne aos direitos da personalidade, é INCORRETO afirmar:

a) O nome da pessoa não pode ser empregado por outrem em publicações ou representações que a exponham ao desprezo público, ainda quando não haja intenção difamatória.
b) O pseudônimo adotado para atividades lícitas goza da proteção que se dá ao nome.
c) Sem autorização, não se pode usar o nome alheio em propaganda comercial.
d) Se houver risco de vida, qualquer pessoa pode ser constrangida a submeter-se a intervenção cirúrgica.
e) O ato de disposição do próprio corpo, no todo ou em parte, para depois da morte pode ser livremente revogado a qualquer tempo.

COMENTÁRIOS

Alternativa "d" – errada: ninguém pode ser obrigado a submeter-se, com risco de vida, a tratamento médico ou a intervenção cirúrgica (art. 15 do Código Civil).

Alternativa "a" – correta: a alternativa é a transcrição literal do art. 17 do Código Civil. Reprime-se o abuso cometido por alguém que exponha o nome de uma pessoa em publicações ou representações ao desprezo público ou ao ridículo, mesmo que não haja intenção de difamar, porque tal exposição atinge a respeitabilidade e a boa reputação, moral e profissional, dessa pessoa perante a coletividade.

Alternativa "b" – correta: a alternativa é a transcrição literal do art. 19 do Código Civil. O pseudônimo é protegido e não pode ser usado sem autorização de seu titular.

Alternativa "c" – correta: a alternativa é a transcrição literal do art. 18 do Código Civil. É vedada a utilização de nome alheio, sem a devida autorização, em propaganda comercial, sob pena de indenização.

Alternativa "e" – correta: a pessoa pode manifestar sua vontade de doar seus órgãos e tecidos para depois de sua morte, tendo o direito de, a qualquer tempo, revogar livremente essa doação *post mortem* (art. 14, parágrafo único do Código Civil).

10. (Analista Judiciário – Área Judiciária – TRE de São Paulo / 2012 / FCC) João Cabral de Melo Neto é autor da grandiosa obra literária Morte e Vida Severina. Analisando o nome do autor, protegido pelo Código Civil brasileiro, o seu agnome é:

a) Neto.
b) João, apenas.
c) Cabral, apenas.
d) João Cabral.
e) de Melo.

COMENTÁRIOS

Alternativa "a" – correta (responde todas as demais alternativas): de acordo com o art. 16 do Código Civil, o nome tem como elementos o prenome e o sobrenome. No entanto, em alguns casos, estão também presentes outros elementos. Entre eles, está o agnome, que é o sinal que distingue pessoas de uma mesma família que têm o mesmo nome. São exemplos de agnome: Neto, Júnior, Sobrinho etc.

11. (Analista Judiciário – Execução de Mandados – TRF 2ª região / 2012 / FCC) Segundo o Código Civil brasileiro, no tocante às Associações, a qualidade de associado, em regra, é:

a) intransmissível.
b) transmissível de forma onerosa ou gratuita.
c) transmissível apenas de forma onerosa.
d) transmissível apenas de forma gratuita.
e) pública, incondicional e transmissível.

COMENTÁRIOS

Alternativa "a" – correta (responde todas as demais alternativas): conforme o art. 56 do Código Civil, salvo se o estatuto dispuser em contrário, a qualidade de associado é intransmissível. Isso porque uma das características principais das associações é a afinidade entre os sócios para atingir fins comuns. Logo, não é possível a transmissão da qualidade de associado a terceiro sem o consenso da associação ou sem permissão estatutária.

12. (Analista Judiciário – Área Judiciária – TRT 11 / 2012 / FCC) Berilo, cinquenta anos de idade, desapareceu de seu domicílio, sem deixar notícias de seu paradeiro e sem designar procurador ou representante a quem caiba a administração de seus bens. Foi declarada a sua ausência e nomeado curador através de processo regular requerido por sua esposa. Neste caso, os interessados poderão requerer a sucessão definitiva

a) após o trânsito em julgado da decisão judicial que declarou a ausência de Berilo e nomeou curador.
b) três anos depois de passada em julgado a sentença que concedeu a abertura da sucessão provisória.
c) cinco anos depois do trânsito em julgado da declaração de ausência, independentemente de abertura de sucessão provisória.
d) sete anos depois do trânsito em julgado da declaração de ausência, independentemente de abertura de sucessão provisória.
e) dez anos depois de passada em julgado a sentença que concedeu a abertura da sucessão provisória.

COMENTÁRIOS

Alternativa "e" – correta (responde todas as demais alternativas): em conformidade com o art. 37 do Código Civil, os interessados poderão requerer a sucessão definitiva após dez anos de passada em julgada a sentença que concede a abertura da sucessão provisória. Lembrando que também é possível requerer a sucessão definitiva provando-se que o ausente tem oitenta anos de idade e que as últimas notícias dele datam de cinco anos (art. 38 do Código Civil).

13. (Analista Judiciário - Área Judiciária - TRE do Espírito Santo / 2011 / CESPE) Julgue o item seguinte, referente a domicílio e capacidade das pessoas naturais.

( ) De acordo com o que dispõe o Código Civil brasileiro, é correto afirmar que nem todas as pessoas possuem domicílio.

COMENTÁRIOS

Item errado: domicílio é o lugar onde a pessoa estabelece sua residência com ânimo definitivo (art. 70 do Código Civil). E residência é o lugar onde a pessoa tem a moradia habitual. Segundo o art. 73 do Código Civil, caso a pessoa não tenha residência, isto é, caso não tenha moradia habitual, será considerado como seu domicílio o local onde for encontrada. Desse modo, de acordo com o Código Civil brasileiro, pode-se afirmar que nem todas as pessoas possuem residência, mas todas possuem domicílio.

14. (Analista Judiciário - Execução de Mandados - TRF 1ª região / 2011 / FCC) Os descendentes que, na qualidade de herdeiros, se imitirem na posse dos bens do ausente:

a) darão garantias da restituição deles, mediante penhores ou hipotecas equivalentes aos quinhões respectivos.
b) estão desobrigados de prestar garantia, desde que provada a sua qualidade de herdeiros.
c) estão desobrigados de prestar garantia, bem como de provar a qualidade de herdeiros, tratando-se de direitos presumidos legalmente.
d) darão garantia da restituição deles, mediante caução em dinheiro feita através de depósito em estabelecimento bancário oficial equivalente aos quinhões respectivos.
e) deverão requerer a nomeação de administrador judicial do imóvel pelo prazo mínimo de cinco anos.

COMENTÁRIOS

Alternativa "b" – correta (responde todas as demais alternativas): em regra, os herdeiros, para se imitirem na posse dos bens do ausente, deverão dar garantias da restituição deles, por meio de penhores ou hipotecas equivalentes aos respectivos quinhões (art. 30, *caput* do Código Civil). Todavia, os ascendentes, os descendentes e o cônjuge, também conhecidos como herdeiros necessários, poderão se imitir na posse dos bens do ausente independentemente de garantia, desde que provada a sua qualidade de herdeiros (art. 30, § 2º do Código Civil).

15. (Analista Judiciário - Área Judiciária - TRE do Rio Grande do Norte / 2011 / FCC) De acordo com o Código Civil brasileiro, decorrido um ano da arrecadação dos bens do ausente, ou, se ele deixou representante ou procurador, em se passando três anos, poderão os interessados requerer que se declare a ausência e se abra provisoriamente a sucessão. A sentença que determinar a abertura da sucessão provisória

a) produzirá efeito a partir do primeiro dia útil seguinte a publicação pela imprensa.
b) produzirá efeito imediatamente.
c) só produzirá efeito cento e oitenta dias depois de publicada pela imprensa.
d) só produzirá efeito trinta dias depois de publicada pela imprensa.
e) só produzirá efeito noventa dias depois de publicada pela imprensa.

COMENTÁRIOS

Alternativa "c" – correta (responde todas as demais alternativas): a sentença que determinar a abertura da sucessão provisória produzirá efeitos somente 180 dias depois de sua publicação pela imprensa (art. 28, *caput* do Código Civil).

16. (Analista Judiciário - Área Judiciária - TRE do Rio Grande do Norte / 2011 / FCC) Considere as assertivas abaixo a respeito das Associações.

I. A convocação dos órgãos deliberativos far-se-á na forma do estatuto, garantido a um quinto dos associados o direito de promovê-la.
II. Os associados devem ter iguais direitos, mas o estatuto poderá instituir categorias com vantagens especiais.

III. A qualidade de associado é transmissível, se o estatuto não dispuser o contrário.

IV. Constituem-se as associações pela união de pessoas que se organizem para fins não econômicos. Há, entre os associados, direitos e obrigações recíprocos.

Está correto o que se afirma APENAS em

a) I e II.
b) I, II e III.
c) III e IV.
d) I, II e IV.
e) II e IV.

COMENTÁRIOS

Alternativa correta: "a".

Item I – correto: o item é a transcrição literal do art. 60 do Código Civil. Os órgãos deliberativos são convocados na forma do estatuto, garantindo-se a um quinto dos associados o direito de promover sua convocação, apresentando à diretoria requerimento assinado por eles para que se providencie tal convocação.

Item II – correto: o item é a transcrição literal do art. 55 do Código Civil. Os associados devem ter direitos iguais, mas o ato constitutivo poderá, respeitando o princípio da isonomia associativa, criar posições privilegiadas ou outorgar vantagens, direitos especiais ou preferenciais para certas categorias de membros, como, por exemplo, a dos membros honorários.

Item III – errado: segundo o art. 56, *caput* do Código Civil, salvo se o estatuto dispuser em contrário, a qualidade de associado é intransmissível. Isso porque uma das características principais das associações é a afinidade entre os sócios para atingir fins comuns.

Item IV – errado: a primeira parte do item está correta. As associações constituem um conjunto de pessoas que se organizam para fins não econômicos (art. 53, *caput* do Código Civil). Porém, não há, entre os associados, direitos e obrigações recíprocos (art. 53, parágrafo único do Código Civil).

17. **(Analista Judiciário – Área Judiciária – TRE do Rio Grande do Norte / 2011 / FCC)** Núbia é funcionária pública da Prefeitura Municipal da Cidade A, onde exerce suas atividades inerentes ao cargo público que ocupa. Reside com seus filhos na cidade vizinha B, mas como seu marido, em razão de trabalho, reside na cidade vizinha C, Núbia passa parte da semana dormindo nesta cidade. De acordo com o Código Civil brasileiro, o Domicílio Civil de Núbia é a cidade:

a) A ou C.
b) B ou C.
c) A, apenas.
d) B, apenas.
e) C, apenas.

COMENTÁRIOS

Nota do autor: é importante destacar que existem duas espécies de domicílio: o necessário ou legal e o voluntário. O domicílio é necessário ou legal quando for determinado por lei, em razão da condição ou situação de determinadas pessoas. E é voluntário quando escolhido livremente, pela própria vontade do indivíduo. Nos casos de domicílio legal, o domicílio antecedente cede lugar ao do fixado pela norma, hipótese em que ocorrerá mudança domiciliar compulsória, imposta por lei.

Alternativa "c" – correta (responde todas as demais alternativas): o servidor público tem domicílio necessário (art. 76, *caput* do Código Civil), sendo o seu domicílio o lugar em que exercer permanentemente suas funções (art. 76, parágrafo único do Código Civil). Como Núbia é funcionária pública, seu domicílio é o local onde exerce suas atividades permanentemente, que, neste caso, é a cidade A.

18. **(Analista Judiciário – Área Judiciária – TRE do Tocantins / 2011 / FCC)** Marta possui dezesseis anos de idade e reside com sua mãe, Julia, já que seu pai é falecido. Julia pretende fazer cessar a incapacidade civil de Marta. Neste caso, Julia:

a) deverá fazê-lo através de procedimento judicial adequado visando sentença proferida em juízo.
b) poderá fazê-lo mediante instrumento público, independentemente de homologação judicial.
c) poderá fazê-lo mediante instrumento público, desde que submetido à homologação judicial.

d) não poderá fazê-lo em razão do falecimento do pai de Marta.
e) não poderá fazê-lo uma vez que Marta possui dezesseis anos de idade.

COMENTÁRIOS

Alternativa "b" – correta (responde todas as demais alternativas): para os menores de 18 anos, cessará a incapacidade pela concessão dos pais, ou de um deles na falta do outro, mediante instrumento público, independentemente de homologação judicial (art. 5º, parágrafo único, I do Código Civil). Nesta hipótese, como o pai de Marta é falecido, a incapacidade cessará pela concessão de sua mãe, Julia, mediante instrumento público, não precisando de homologação judicial.

19. (Analista Judiciário – Execução de Mandados – TRF 4ª região / 2010 / FCC) No tocante à ausência, poderão os interessados requerer que se declare a ausência e se abra provisoriamente a sucessão

a) decorridos três anos da arrecadação dos bens do ausente, ou, se ele deixou representante ou procurador, em se passando dois anos.
b) decorridos dois anos, independentemente do ausente ter deixado representante ou procurador.
c) decorrido um ano da arrecadação dos bens do ausente, ou, se ele deixou representante ou procurador, em se passando dois anos.
d) decorridos dois anos da arrecadação dos bens do ausente, ou, se ele deixou representante ou procurador, em se passando um ano.
e) decorrido um ano da arrecadação dos bens do ausente, ou, se ele deixou representante ou procurador, em se passando três anos.

COMENTÁRIOS

Alternativa "e" – correta (responde todas as demais alternativas): os interessados poderão requerer a declaração da ausência e promover a abertura da sucessão provisória passado um ano da arrecadação dos bens do ausente ou, se deixou algum representante ou curador, em se passando 3 anos (art. 26 do Código Civil).

20. (Analista Judiciário – Área Judiciária – TRE do Alagoas / 2010 / FCC) Considere as seguintes assertivas a respeito da ausência:

I. Decorrido seis meses da arrecadação dos bens do ausente poderão os interessados requerer que se declare a ausência e se abra provisoriamente a sucessão.
II. Na falta de descendente, a curadoria dos bens do ausente incumbe ao cônjuge ou aos pais não havendo impedimento que os iniba de exercer o cargo.
III. Dez anos depois de passada em julgado a sentença que concede a abertura da sucessão provisória, poderão os interessados requerer a sucessão definitiva e o levantamento das cauções prestadas.
IV. Pode-se requerer a sucessão definitiva, provando-se que o ausente conta oitenta anos de idade, e que de cinco datam as últimas notícias dele.

De acordo com o Código Civil Brasileiro está correto o que se afirma APENAS em:

a) I, II e III.
b) I, III e IV.
c) I e IV.
d) II, III e IV.
e) III e IV.

COMENTÁRIOS

Alternativa correta: "e".

Item I – errado: passado um ano da arrecadação dos bens do ausente ou, se deixou algum representante ou curador, em se passando 3 anos, poderão os interessados requerer a declaração da ausência e promover a abertura da sucessão provisória (art. 26 do Código Civil).

Item II – errado: o cônjuge do ausente, desde que não esteja separado judicialmente ou de fato por mais de 2 anos antes da declaração de ausência, será seu legítimo sucessor (art. 25, *caput* do Código Civil). Na ausência do cônjuge, a curadoria dos bens do ausente

▸ QUESTÕES DE CONCURSOS

incumbe aos pais ou aos descendentes, nesta ordem, desde que idôneos a exercer o cargo (art. 25, § 1º do Código Civil).

Item III – correto: o item é a transcrição literal do art. 37 do Código Civil. Os interessados poderão requerer a sucessão definitiva e o levantamento das cauções prestadas após dez anos de passada em julgada a sentença que concede a abertura da sucessão provisória.

Item IV – correto: em conformidade com o art. 38 do Código Civil, também é possível requerer a sucessão definitiva provando-se que o ausente tem oitenta anos de idade e que as últimas notícias dele datam de cinco anos.

21. (Analista Judiciário – Área Judiciária – TRE do Amazonas / 2010 / FCC) Considere as assertivas abaixo a respeito do domicílio.

I. Se a pessoa natural tiver diversas residências, onde, alternadamente, viva, considerar-se-á domicílio seu qualquer delas.

II. Ter-se-á por domicílio da pessoa natural, que não tenha residência habitual, o lugar onde for encontrada.

III. O domicílio do militar da Marinha é o local onde o navio estiver matriculado.

IV. Tendo a pessoa jurídica diversos estabelecimentos em lugares diferentes, cada um deles será considerado domicílio para os atos nele praticados.

De acordo com o Código Civil brasileiro, está correto o que se afirma APENAS em

a) II, III e IV.
b) I, II e III.
c) I, II e IV.
d) I e IV.
e) II e III.

COMENTÁRIOS

Alternativa correta: "c".

Item I – correto: de acordo com o art. 71 do Código Civil, caso a pessoa natural tenha diversas residências, onde viva alternadamente, será considerado seu domicílio qualquer dessas residências. Ou seja, o Código Civil admite a pluralidade domiciliar.

Item II – correto: o item é a transcrição literal do art. 73 do Código Civil. Caso a pessoa natural não tenha residência, isto é, caso não tenha moradia habitual, será considerado como seu domicílio o local onde for encontrada.

Item III – errado: o candidato deve tomar cuidado para não confundir o domicílio do militar da Marinha com o do marítimo. O domicílio do militar da Marinha é a sede do comando a que se encontrar imediatamente subordinado, enquanto o domicílio do marítimo é onde o navio estiver matriculado (art. 76, parágrafo único do Código Civil). Salienta-se que, nos dois casos, o domicílio é necessário, quer dizer, é determinado por lei.

Item IV – correto: o item é a transcrição literal do art. 75, § 1º do Código Civil. Se a pessoa jurídica tiver estabelecimentos em diversos locais, cada um desses estabelecimentos será considerado domicílio para os atos ou negócios nele efetivados. Isto é, o Código Civil também admite a pluralidade domiciliar para as pessoas jurídicas.

22. (Analista Judiciário – Área Judiciária – TRE do Acre / 2010 / FCC) Considere as seguintes assertivas a respeito das Associações:

I. Constituem-se as associações pela união de pessoas que se organizem para fins não econômicos, não havendo, entre os associados, direitos e obrigações recíprocos.

II. Os associados devem ter iguais direitos, sendo que a legislação competente veda a instituição pelo estatuto de categorias com vantagens especiais.

III. A convocação dos órgãos deliberativos far-se-á na forma do estatuto, garantindo a um quinto dos associados o direito de promovê-la.

IV. A qualidade de associado é intransmissível, se o estatuto não dispuser o contrário.

De acordo com o Código Civil brasileiro, está correto o que se afirma APENAS em:

a) I e II.
b) I, III e IV.
c) I e IV.
d) II, III e IV.
e) II e IV.

QUESTÕES DE CONCURSOS

COMENTÁRIOS

Alternativa correta: "b".

Item I – correto: as associações constituem um conjunto de pessoas que se organizam para fins não econômicos (art. 53, *caput* do Código Civil). E, não há, entre os associados, direitos e obrigações recíprocos (art. 53, parágrafo único do Código Civil).

Item II – errado: os associados devem ter direitos iguais, mas o estatuto poderá, respeitando o princípio da isonomia associativa, criar posições privilegiadas ou outorgar vantagens, direitos especiais ou preferenciais para certas categorias de membros (art. 55 do Código Civil).

Item III – correto: o item é a transcrição literal do art. 60 do Código Civil. Os órgãos deliberativos são convocados na forma do estatuto, garantindo-se a um quinto dos associados o direito de promover sua convocação, apresentando à diretoria requerimento assinado por eles para que se providencie tal convocação.

Item IV – correto: o item é a transcrição literal do art. 56, *caput* do Código Civil. Salvo se o estatuto dispuser em contrário, a qualidade de associado é intransmissível. Isso porque uma das características principais das associações é a afinidade entre os sócios para atingir fins comuns.

23. **(Analista Judiciário – Área Judiciária – TRF 1ª região / 2006 / FCC)** Considere as seguintes assertivas a respeito das pessoas naturais:

I. Os menores de dezesseis anos de idade podem ser proprietários de bens móveis e imóveis.

II. A lei põe a salvo, desde a concepção, os direitos do nascituro, mas a personalidade da pessoa começa do nascimento com vida.

III. Os excepcionais, sem desenvolvimento mental completo são absolutamente incapazes de exercer pessoalmente os atos da vida civil.

IV. Os que, mesmo por causa transitória, não puderem exprimir sua vontade são absolutamente incapazes de exercer pessoalmente os atos da vida civil.

Em conformidade com o Código Civil brasileiro, está correto o que se afirma SOMENTE em

a) II e IV.
b) III e IV.
c) I, II e III.
d) I, II e IV.
e) II, III e IV.

COMENTÁRIOS

Alternativa correta: "d".

Item I – correto: é importante diferenciar a capacidade de gozo ou de direito da capacidade de fato ou de exercício. Conforme o art. 1º do Código Civil, todo ser humano é capaz de direitos e deveres na ordem civil. Esta é a capacidade de gozo ou de direito, que pode ser definida como a aptidão, adquirida com a personalidade, para ser titular de direitos e deveres na vida civil. No entanto, essa capacidade pode sofrer restrições legais quanto ao seu exercício. Esta é a chamada capacidade de fato ou de exercício, que é a aptidão de exercer por si só os atos da vida civil. Os menores de 16 anos são absolutamente incapazes para o exercício dos atos da vida civil (art. 3º, I do Código Civil), ou seja, possuem capacidade de direito, mas não possuem capacidade de exercício. Assim, um menor de 16 anos pode ser proprietário de bens móveis e imóveis, pois tem aptidão para ser titular de direitos. Ele só não pode exercer os atos da vida civil, tais como administrar ou vender os bens.

Item II – correto: a lei protege os direitos do nascituro desde a concepção, mas a personalidade da pessoa natural só começa a partir do nascimento com vida (art. 2º do Código Civil).

Item III – errado: os excepcionais, sem desenvolvimento mental completo são relativamente incapazes para o exercício dos atos da vida civil (art. 4º, III do Código Civil).

Item IV – correto: aqueles que, mesmo por causa transitória, não puderem exprimir sua vontade são considerados absolutamente incapazes (art. 3º, III do Código Civil).

(CESPE – Analista Judiciário – Área Judiciária – STF/2013) Acerca das pessoas naturais, julgue os próximos itens.

24. ( ) É característica dos direitos da personalidade a sua oponibilidade *erga omnes*.

COMENTÁRIOS

Item correto: O direito de personalidade possui dentre outras características a de ser oponível *erga omnes*. Assim, toda pessoa, desde o seu nascimento e até depois de sua morte, não pode ser privada por ação de particulares ou do Estado, ou seja, todos devem observar os direitos de personalidade.

25. ( ) A sentença que declara a ausência da pessoa natural deve ser submetida a registro público.

COMENTÁRIOS

Item correto: O artigo 9, IV do CC/02 exige expressamente que seja feito o registro público da sentença declaratória de ausência.

(Cespe – Delegado de Polícia – PE/2016) Com base nas disposições do Código Civil, assinale a opção correta a respeito da capacidade civil.

A) Os pródigos, outrora considerados relativamente incapazes, não possuem restrições à capacidade civil, de acordo com a atual redação do código em questão.

B) Indivíduo que, por deficiência mental, tenha o discernimento reduzido é considerado relativamente incapaz.

C) O indivíduo que não consegue exprimir sua vontade é considerado absolutamente incapaz.

D) Indivíduos que, por enfermidade ou deficiência mental, não tiverem o necessário discernimento para a prática dos atos da vida civil são considerados absolutamente incapazes.

E) Somente os menores de dezesseis anos de idade são considerados absolutamente incapazes pela lei civil.

COMENTÁRIOS

Alternativa "e" – correta (responde todas as demais alternativas): O art. 114 da Lei nº. 13.146/2015 (Estatuto da Pessoa com Deficiência) trouxe grandes alterações à teoria das incapacidades e deu nova redação ao art. 3º do CC/02. O referido estatuto, norteado pela Convenção de Nova York, promove a inclusão das pessoas com deficiência, concedendo-lhes dignidade. Com as alterações trazidas pela lei nº. 13.146/15, as pessoas com deficiência mental, que constavam dos incisos II e III do art. 3º, agora são, em regra, plenamente capazes. Apenas eventualmente poderão ser reconhecidas como relativamente incapazes, se puderem ser enquadradas na previsão contida no art. 4º, III do Código Civil. Pela nova disciplina trazida pela Lei nº. 13.146/15, absolutamente incapazes são apenas os menores de dezesseis anos, pois, agora, a idade passa a ser o único critério objetivo para delimitar a capacidade da pessoa.

(Cespe – Juiz de Direito Substituto – AM/2016) Assinale a opção correta a respeito da pessoa natural e da pessoa jurídica.

A) Será tido como inexistente o ato praticado por pessoa absolutamente incapaz sem a devida representação legal.

B) Pelo critério da idade, crianças são consideradas absolutamente incapazes e adolescentes, relativamente incapazes.

C) As fundações são entidades de direito privado e se caracterizam pela união de pessoas com o escopo de alcançarem fins não econômicos.

D) Para se adquirir a capacidade civil plena, é necessário alcançar a maioridade civil, mas é possível que, ainda que maior de dezoito anos, a pessoa natural seja incapaz de exercer pessoalmente os atos da vida civil.

E) O reconhecimento da morte presumida, quando for extremamente provável a morte de quem estava com a vida sob risco, independe da declaração da ausência.

COMENTÁRIOS

Alternativa "e" – correta (responde todas as demais alternativas): A alternativa correta é a transcrição do art. 7º, I do CC/02, que dispõe que pode ser declarada a morte presumida, sem decretação de ausência quando for extremamente provável a morte de quem estava em perigo de vida;

(TRF 4 – Juiz Federal Substituto 4ª região/2016) Assinale a alternativa correta. A respeito da capacidade civil, levando em conta a Lei nº 13.146/2015:

a) O direito ao recebimento de atendimento prioritário da pessoa com deficiência não abrange a tramitação processual e os procedimentos judiciais em que for parte ou interessada.

b) A pessoa com deficiência – assim entendida aquela que tem impedimento de longo prazo de natureza física, mental, intelectual ou sensorial, o qual, em interação com uma ou mais barreiras, pode obstruir sua participação plena e efetiva na sociedade em igualdade de condições com as demais pessoas – é considerada capaz para casar-se e constituir união estável, exercer direitos sexuais e reprodutivos e conservar sua fertilidade, mas não para exercer o direito à guarda, à tutela, à curatela e à adoção.

c) A menoridade cessa aos dezoito anos completos, quando a pessoa fica habilitada à prática de todos os atos da vida civil. Contudo, a incapacidade cessará, para os menores, dentre outras hipóteses legalmente elencadas, pelo desempenho de funções inerentes a cargo público comissionado ou de provimento efetivo.

d) Qualquer pessoa com mais de dezesseis anos pode casar, independentemente de autorização de seus pais e representantes legais.

e) A curatela de pessoas com deficiência afetará tão somente os atos relacionados aos direitos de natureza patrimonial e negocial, isto é, sua definição não alcança o direito ao próprio corpo, à sexualidade, ao matrimônio, à privacidade, à educação, à saúde, ao trabalho e ao voto.

COMENTÁRIOS

Alternativa "e" – correta (responde todas as demais alternativas): A alternativa correta é a transcrição do art. 85, *caput*, e § 1 da Lei nº 13.146/15, que assim dispõe:

Art. 85 – A curatela afetará tão somente os atos relacionados aos direitos de natureza patrimonial e negocial.

§ 1º A definição da curatela não alcança o direito ao próprio corpo, à sexualidade, ao matrimônio, à privacidade, à educação, à saúde, ao trabalho e ao voto.

CAPÍTULO III
DOS BENS

1. OBJETO DA RELAÇÃO JURÍDICA

No capítulo anterior, estudamos as pessoas, que são os sujeitos de direito e que podem agir na seara jurídica.

O direito das pessoas sempre recairá sobre um objeto, sobre o qual a pessoa desenvolverá o poder de utilizar conforme sua necessidade. Ao objeto de direito, o Código dá o nome de *bem*.

Segundo a doutrina tradicional, bem é tudo o que satisfaz uma necessidade humana. Pode consistir em coisas (nas relações reais), em ações humanas (nas relações obrigacionais), em alguns atributos da personalidade, como o direito à imagem, bem como em certos direitos, como o poder familiar, a tutela etc.[1].

Então, o direito de propriedade de uma pessoa recairá, necessariamente, sobre uma coisa, que passa a ser o objeto da relação jurídica.

É comum designar-se bem como coisa. Às vezes a designação coincide, mas nem sempre isso ocorre.

A professora Maria Helena Diniz[2] traz importante lição, na medida em que ensina que bens são coisas, mas nem todas as coisas são bens. "As coisas são o gênero do qual os bens são espécies. As coisas abrangem tudo quanto existe na natureza, exceto a pessoa, mas como "bens" só se consideram as coisas existentes que proporcionam ao homem uma utilidade, sendo suscetíveis de apropriação, constituindo, então, o seu patrimônio".

Vê-se, dessa forma, que o conceito de bem está associado ao de utilidade e ao de apreciação econômica.

Na definição de Carlos Roberto Gonçalves, "bens são coisas materiais, concretas, úteis aos homens e de expressão econômica, suscetíveis de apropriação, bem como as de existência imaterial economicamente apreciáveis".[3]

2. CLASSIFICAÇÃO DOS BENS

Os bens são classificados segundo um critério científico, que visa aproximar os elementos que possuem características semelhantes, como forma de facilitar o estudo.

---

1. GONÇALVES, Carlos Roberto. *Direito Civil I*. 3ª ed. São Paulo: Saraiva, 2013, p. 275/276.
2. *Curso de Direito Civil Brasileiro*. 30ª ed., v. 1. São Paulo: Saraiva, 2011, p. 365/366.
3. GONÇALVES, Carlos Roberto. *Direito Civil I*. 3ª ed. São Paulo: Saraiva, 2011, p. 277.

O Código Civil utilizou quatro critérios para classificar os bens, sendo que ora leva em consideração suas qualidades físicas ou jurídicas, ora leva em consideração as relações que guardam entre si ou com seu titular. Assim, os bens são classificados em: a) bens considerados em si mesmos; b) bens reciprocamente considerados; e c) bens quanto ao titular do domínio.

É importante destacar que um bem pode ser enquadrado em várias categorias, desde que tenha os caracteres de cada categoria. Um cavalo, por exemplo, é um bem móvel e indivisível.

Estudaremos cada um deles a seguir.

2.1. Bens considerados em si mesmos

2.1.1. *Bens corpóreos e incorpóreos*

Os bens corpóreos são os que possuem existência material, sendo, portanto, tangíveis, como, por exemplo, os alimentos, animais etc.

Os incorpóreos, por sua vez, são os que possuem existência abstrata ou ideal, mas que têm, no entanto, valor econômico. São exemplos de bens incorpóreos os direitos em geral, como o crédito, bem como o fundo de comércio, *know how* etc.

O ilustre Carlos Roberto Gonçalves[4] leciona que os gases, embora não possam ser tocados com as mãos, são considerados como bens corpóreos, porque podem ser perceptíveis por outros sentidos. Continua o mesmo jurista ensinando que, atualmente, são consideradas bens corpóreos as diversas formas de energia, como, por exemplo, a eletricidade, o gás e o vapor.

Vale acrescentar, finalmente, que os bens corpóreos são transferidos pela compra e venda, doação, permuta etc. Os bens incorpóreos, por possuírem existência ideal, são transferidos por meio da cessão.

2.1.2. *Bens móveis e bens imóveis*

A divisão entre bens imóveis e móveis representa a classificação mais importante, uma vez que se baseia na natureza dos bens, levando-se em conta o critério da mobilidade.

O ordenamento jurídico dá tratamento distinto aos bens imóveis e móveis em inúmeros cenários.

A disciplina jurídica dos bens imóveis e móveis se diferencia quanto ao modo de aquisição, alienação, tempo de usucapião, direitos reais de garantia, registro etc.

Pois bem.

Os bens imóveis, também chamados de bens de raiz, são os que não podem ser removidos ou transportados sem a sua deterioração ou destruição.[5]

---

4. GONÇALVES, Carlos Roberto. *Direito Civil I*. 3ª ed. São Paulo: Saraiva, 2011, p. 278.
5. TARTUCE, Flávio. *Direito Civil*. Vol. 1, 9ª ed. São Paulo: Método, 2013, p. 267.

Pela análise do Código, pode-se dizer que os bens imóveis são subdivididos nas seguintes categorias:

a) *Imóveis por natureza ou por essência (art. 79 CC):* são o solo e tudo quanto se lhe incorporar naturalmente. Assim, são imóveis por natureza, além do solo, tudo aquilo que nele se incorporar sem a intervenção do homem, como, por exemplo, as plantas em geral que se ligam ao solo por raízes e os frutos pendentes. São imóveis, também, os rios e os cursos de água.

b) *Imóveis por acessão física industrial ou artificial (art. 79 CC):* Acessão significa aderência. Dessa forma, essa categoria é formada por tudo aquilo que o homem acrescentar ou incorporar ao solo, de forma permanente. Enquadram-se, portanto, as plantações, desde que efetivadas pela força humana, bem como as construções. É importante destacar que essa categoria exige a *permanência*, de maneira que ficam excluídas as edificações provisórias, como os circos, parques e barracas de feiras[6]. Nos termos do art. 81, não perdem a qualidade de imóveis as "edificações que, separadas do solo, mas conservando a sua unidade, forem removidas para outro local", e "os materiais provisoriamente separados de um prédio, para nele se reempregarem". Nesse caso, a lei mantém o caráter de imóvel, tendo em vista a finalidade da separação e a destinação dos materiais.

c) *Imóveis por disposição legal (art. 80 CC):* aqui se tem uma imobilização por força de lei. O legislador, para conceder uma melhor proteção jurídica, atribuiu o caráter de bem imóvel a alguns bens incorpóreos, como "os direitos reais sobre imóveis e as ações que os asseguram" e o "direito à sucessão aberta". Como se observa, tanto os direitos reais de gozo como os de garantia são considerados imóveis pelo Código. Assim o é, igualmente, com as ações destinadas a assegurar direitos reais sobre imóveis. Tudo o que lhes diga respeito exige o registro competente (art. 1.227), bem como autorização do cônjuge (art. 1.647, I). A sucessão aberta, igualmente, é considerada bem imóvel, ainda que todos os bens deixados sejam móveis. Como ensina Carlos Roberto Gonçalves[7], "o que se considera imóvel não é o direito aos bens componentes da herança, mas o direito a esta, como uma unidade". Lembra o mesmo jurista que "a renúncia da herança é, portanto, renúncia de imóvel e deve ser feita por escritura pública ou termo nos autos (art. 1.806 CC)"[8].

O conceito dos bens móveis é trazido pelo art. 82, assim considerando "os bens suscetíveis de movimento próprio, ou de remoção por força alheia, sem alteração da substância ou da destinação econômico-social".

---

6. GONÇALVES, Carlos Roberto. *Direito Civil I*. 3ª ed. São Paulo: Saraiva, 2011, p. 287.
7. GONÇALVES, Carlos Roberto. *Direito Civil I*. 3ª ed. São Paulo: Saraiva, 2011, p. 289.
8. GONÇALVES, Carlos Roberto. *Direito Civil I*. 3ª ed. São Paulo: Saraiva, 2011, p. 289.

Igualmente aos bens imóveis, os bens móveis podem ser subdivididos da seguinte forma:

a) *Móveis por natureza ou essência (art. 82 CC)*: são os bens que podem ser transportados sem qualquer dano, por força própria ou alheia[9]. Uma análise do art. 82 dá a compreensão que os bens móveis por natureza podem ser de duas espécies: a.1) *os semoventes*, que possuem movimento próprio, como os animais; e a.2.) *os móveis propriamente ditos*, que podem ser locomovidos por força alheia, sem dano, como os objetos de uso, dinheiro etc. Tendo em vista que ambos recebem o mesmo tratamento jurídico, a diferenciação não possui efeitos práticos.

b) *Móveis por determinação legal (art. 83 CC)*: tem-se, novamente, uma disposição legal estabelecendo que determinados bens imateriais são móveis. Na realidade, o legislador está dizendo que, para as situações previstas no art. 83, serão aplicadas as regras relativas aos bens móveis. São eles "as energias que tenham valor econômico", "os direitos reais sobre objetos móveis e as ações correspondentes" e "os direitos pessoais de caráter patrimonial e respectivas ações".

c) *Móveis por antecipação*: correspondem a uma criação do pensamento doutrinário, uma vez que o Código Civil não se refere a eles expressamente. São os bens que provenientes do solo, mas que, pela vontade humana, são dele separados com a intenção de transformá-los em móveis. É o caso, por exemplo, das árvores plantadas e destinadas ao corte, bem como das plantações que visam à colheita de frutos.

2.1.3. *Bens fungíveis e infungíveis (art. 85 CC)*

O critério da fungibilidade é utilizado para se saber se o bem pode ser substituído por outro que lhe seja equivalente.

Dessa forma, o art. 85 diz que "são fungíveis os móveis que podem substituir-se por outros da mesma espécie, qualidade e quantidade". Os exemplos clássicos são os alimentos e o dinheiro.

Vê-se que o Código definiu apenas o que é bem fungível, deixando de conceituar o que infungível. Isso não significa que os bens infungíveis não encontram disciplina no ordenamento jurídico. É que o legislador optou por conceituar o indispensável, e, como se sabe, o conceito de bem infungível deriva de bem fungível.

Assim, os bens infungíveis são dotados de atributos específicos que os tornam personalizados ou individualizados, de maneira que não podem ser substituídos, como ocorre, por exemplo, com uma obra de arte famosa.

---

9. TARTUCE, Flávio. *Direito Civil*. Vol. 1, 9ª ed. São Paulo: Método, 2013, p. 269.

A regra da fungibilidade se baseia na natureza do bem. Trata-se do resultado da comparação entre duas coisas, que se consideram equivalentes. Os bens fungíveis são substituíveis porque são idênticos, econômica, social e juridicamente[10].

No entanto, nosso ordenamento admite que um bem fungível possa se tornar infungível pela vontade das partes. Um relógio é um bem fungível, mas se for um relógio transmitido por uma família, de geração em geração, pode transformar-se em um bem infungível, dado ao elevado valor sentimental.

A classificação entre bens fungíveis e infungíveis possui elevada importância no campo prático, essencialmente no direito das obrigações.

Segundo o art. 313 do Código Civil, o credor de coisa infungível não pode ser obrigado a receber outra coisa, ainda que mais valiosa.

A distinção também é importante nos contratos de empréstimo, pois o mútuo (empréstimo de consumo) tem como objeto coisas fungíveis, enquanto o comodato (empréstimo de uso) tem como objeto coisas infungíveis.

2.1.4. *Bens consumíveis e inconsumíveis (art. 86 CC)*

O Código Civil também classifica os bens quanto à consuntibilidade, dispondo, no art. 86, que "são consumíveis os bens móveis cujo uso importa destruição imediata da própria substância, sendo também considerados tais os destinados à alienação".

Bens inconsumíveis, por sua vez, são os que podem ser utilizados diversas vezes, sem prejuízo de sua integridade.

Vê-se que o dispositivo adotou duas formas de consuntibilidade: a) a *física*, também denominada *fática*, cujo consumo importa em destruição imediata; e b) a de *direito*, também denominada *jurídica*, quando os bens forem destinados à alienação.

Dessa forma, os gêneros alimentícios, quando utilizados, são bens consumíveis de fato, porque o uso importa em destruição. No entanto, os mesmos alimentos, quando dispostos nas prateleiras de um supermercado, são consumíveis de direito, porque destinados à alienação.

Com base nessa distinção, é possível observar que um bem pode ser inconsumível do ponto de vista fático, mas consumível do ponto de vista jurídico. Um automóvel, por exemplo, não se consome com o primeiro uso, mas quando colocado à venda na concessionária passa a ser consumível do ponto de vista jurídico.

Por tal motivo diz-se que a consuntibilidade não está associada à natureza do bem, mas à sua destinação econômica, de forma que um bem consumível pode se tornar inconsumível pela vontade das partes, como ocorre, por exemplo, quando alguém empresta uma cesta de frutas para exibição, devendo estas, posteriormente, serem devolvidas. Nesse caso, o uso (exibição) não implica em destruição[11].

---

10. GONÇALVES, Carlos Roberto. *Direito Civil I*. 3ª ed. São Paulo: Saraiva, 2011, p. 289
11. DINIZ, Maria Helena. *Curso de Direito Civil Brasileiro*. 30ª ed., v. 1. São Paulo: Saraiva, p. 382.

2.1.5. Bens divisíveis e indivisíveis (art. 87 CC)

Segundo o Código, "bens divisíveis são os que se podem fracionar sem alteração na sua substância, diminuição considerável de valor, ou prejuízo do uso a que se destinam".

O Código de 1916 considerava bem divisível aquele que poderia ser partido em partes reais e distintas, formando, cada qual, um todo perfeito. Segundo esse conceito, bastaria que fosse preservada a mesma utilidade para que o bem fosse considerado divisível.

O Código de 2002, no entanto, traz outra abordagem.

De fato.

É possível observar uma preocupação do legislador em conservar o valor econômico do bem divisível. Segundo o atual Código, a divisibilidade do bem não pode trazer uma diminuição considerável do valor, além de ficar preservada a destinação e utilidade.

O exemplo clássico é o do brilhante de cinquenta quilates, que, dividido em dez partes, conservará sua destinação e utilidade. No entanto, os dez brilhantes de cinco quilates não terão o mesmo valor econômico da pedra inteira, antes da divisão[12], razão pela qual o brilhante, segundo o art. 87, é indivisível.

Indivisíveis, portanto, são "os bens que não podem ser partilhados, pois deixam de formar um todo perfeito, gerando a sua divisão uma desvalorização ou perda das qualidades essenciais do todo"[13].

Logo, um bolo é um bem divisível. Um relógio é um bem indivisível.

Segundo o art. 88, a indivisibilidade pode ocorrer por determinação legal ou pela vontade das partes. Isso permite distinguir a indivisibilidade de três maneiras:

a) *por natureza:* são aqueles que não podem ser fracionados sem alteração de sua substância ou diminuição de seu valor, como, por exemplo, um automóvel e um animal. Neste caso, a indivisibilidade é física ou material.

b) *por determinação legal:* são aqueles cujo fracionamento é impedido pela lei, como a herança, que é indivisível até a partilha (art. 1.791 do CC), e as servidões (art. 1386 do CC). Neste caso, a indivisibilidade é jurídica.

c) *por vontade das partes:* que ocorre quando a vontade das partes torna um bem naturalmente divisível em indivisível, como ocorre, por exemplo, quando o doador dispõe que o bem divisível permaneça indivisível pelo prazo máximo de cinco anos (art. 1.320, §2º CC). Neste caso, diz-se que a indivisibilidade é convencional.

---

12. ALVES, José Carlos Moreira. *A Parte Geral do Projeto do Código Civil Brasileiro*. São Paulo: Saraiva, 1986, p. 137.

13. TARTUCE, Flávio. *Direito Civil*. Vol. 1, 9ª ed. São Paulo: Método, 2013, p. 272.

A classificação dos bens quanto à divisibilidade é importante para a compreensão das obrigações divisíveis e indivisíveis, que serão vistas adiante.

2.1.6. *Bens singulares e coletivos (art. 89 e seguintes CC)*

Segundo o art. 89, "são singulares os bens que, embora reunidos, se considerem de per si, independentemente dos demais". Trata-se de reprodução literal do art. 54, I do Código de 1916.

São bens singulares, por exemplo, um papel e uma caneta, porque considerados na sua individualidade.

Como bem ensina Carlos Roberto Gonçalves, uma árvore pode ser um bem singular ou coletivo, conforme a óptica de avaliação, ou seja, se visualizada de forma unitária (árvore) ou agregada a outras formando um todo (floresta). Uma caneta, no entanto, sempre será um bem singular, porque conservará essa característica mesmo se agregada a outras canetas, eis que a união destas não forma um bem coletivo[14].

Os bens singulares podem ser divididos da seguinte maneira:

a) Bens singulares *simples:* quando suas partes estão ligadas por obra da natureza, como uma árvore e um cavalo.

b) Bens singulares *compostos:* quando suas partes estão ligadas pelo esforço humano, como um edifício.

Os bens coletivos são compostos por vários bens singulares, constituindo um todo individualizado. Como exemplos temos o rebanho e a biblioteca.

Segundo os arts. 90 e 91 do Código Civil, os bens coletivos podem ser assim qualificados:

a) *Universalidade de fato (art. 90 CC)*: é o conjunto de bens singulares, homogêneos e pertencentes à mesma pessoa. É necessário, também, que essa pluralidade tenha destinação unitária, que nada mais é do que um fim econômico. Trata-se, portanto, de uma reunião de coisas pela vontade do titular. Como ensina Flávio Tartuce[15], para configurar a universalidade de fato, basta recordar algumas palavras utilizadas no gênero coletivo, como, por exemplo, alcateia (lobos), biblioteca (livros), pinacoteca (quadros) etc.

b) *Universalidade de direito (art. 91 CC):* enquanto a universalidade de fato representa uma união de coisas, a universalidade de direito é um complexo de relações jurídicas, que a lei, para certos fins, considera como uma unidade, como é o caso, por exemplo, da herança, da massa falida e do patrimônio.

14. GONÇALVES, Carlos Roberto. *Direito Civil I*. 3ª ed. São Paulo: Saraiva, 2011, p. 298
15. TARTUCE, Flávio. *Direito Civil*. Vol. 1, 9ª ed. São Paulo: Método, 2013, p. 274.

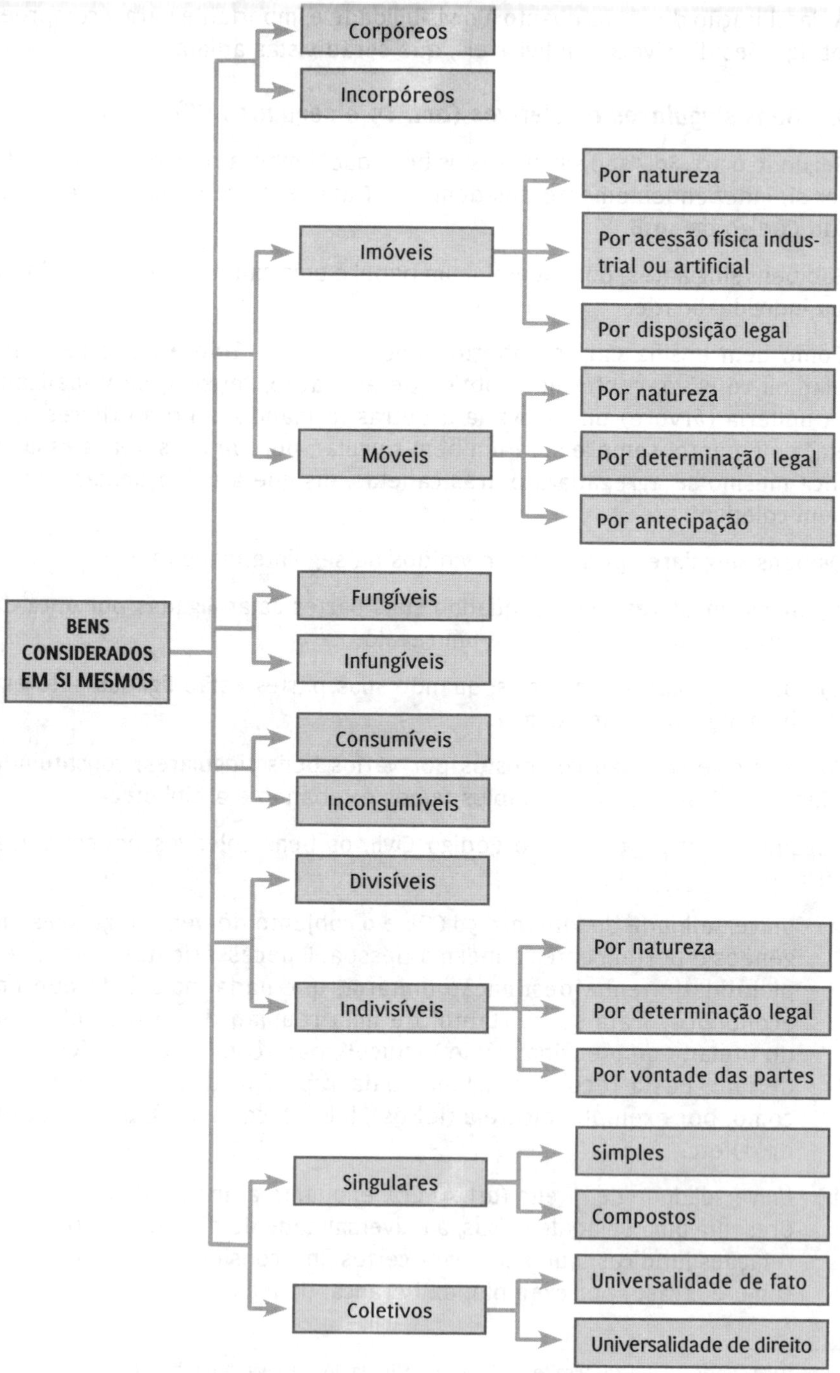
BENS CONSIDERADOS EM SI MESMOS
Corpóreos
Incorpóreos
Imóveis
Por natureza
Por acessão física industrial ou artificial
Por disposição legal
Móveis
Por natureza
Por determinação legal
Por antecipação
Fungíveis
Infungíveis
Consumíveis
Inconsumíveis
Divisíveis
Indivisíveis
Por natureza
Por determinação legal
Por vontade das partes
Singulares
Simples
Compostos
Coletivos
Universalidade de fato
Universalidade de direito

2.2. Bens reciprocamente considerados

2.2.1. *Bens principais e acessórios (art. 92 CC)*

Segundo o art. 92, "principal é o bem que existe sobre si, abstrata ou concretamente; acessório, aquele cuja existência supõe a do principal".

É importante destacar, inicialmente, que os bens, isoladamente considerados, não são nem principais nem acessórios. Essa distinção ganha destaque quando se leva em conta a relação entre uns e outros, essencialmente quanto ao conceito de benfeitorias, frutos etc.

Pois bem. Principal é o bem que existe por si só, independentemente de qualquer outro. É, por exemplo, o solo, porque existe concretamente.

Bem acessório, como diz o texto legal, é aquele cuja existência ou finalidade depende de outro, chamado principal. Enquanto o solo é bem principal, a árvore é bem acessório, porque sua existência pressupõe a do solo.

Há acessoriedade não somente entre coisas (concretas), mas também entre direitos (abstratos). Assim, o contrato de mútuo é principal, enquanto o contrato de fiança é acessório. De igual forma, a hipoteca e outros direitos reais são acessórios em relação ao bem ou contrato principal[16].

Em razão dos conceitos e do princípio da gravitação indicado na doutrina, o bem acessório, em regra, segue o destino do principal, salvo se houver convenção em contrário, como ocorre com o art. 1.284 do Código Civil.

Isso traz algumas consequências importantes: a) a natureza do acessório é a mesma do principal. Assim, a árvore anexada ao solo é imóvel como este o é; b) 0 proprietário do principal é proprietário do acessório (art. 1.232 CC).

A análise dos arts. 93 e seguintes do Código revela que os bens acessórios podem ser classificados da seguinte maneira:

a) *Frutos:* são os acessórios produzidos pelo bem principal, cuja separação não provoca alteração na substância deste. Exige-se, portanto, a *periodicidade*, a *inalterabilidade da substância* da coisa principal e a *separabilidade* desta[17].

Quanto à origem, podem ser diferenciados em:

a.1) *Frutos naturais:* são os provenientes do desenvolvimento natural do bem principal, como, por exemplo, as frutas das árvores e as crias dos animais;

a.2) *Frutos industriais:* são os provenientes da atividade humana, como, por exemplo, a produção de uma fábrica;

16. GONÇALVES, Carlos Roberto. *Direito Civil I*. 3ª ed. São Paulo: Saraiva, 2011, p. 300.
17. GONÇALVES, Carlos Roberto. Direito Civil I. 3ª ed. São Paulo: Saraiva, 2011, p. 302.

a.3) *Frutos civis:* são os rendimentos provenientes da coisa principal, em razão de uma relação jurídica ou econômica, como, por exemplo, os aluguéis de imóveis e juros de capital.

Quanto ao estado em que se encontram, os frutos podem ser classificados em:

a.4) *Frutos pendentes:* são os que ainda estão unidos à coisa principal, que os produziu, como a laranja, ainda não colhida, presa à laranjeira.

a.5) *Frutos percebidos:* são os que já foram colhidos, separados, portanto, da coisa principal, como a maçã colhida pelo produtor;

a.6) *Frutos estantes:* são os que já foram colhidos e permanecem armazenados para a venda, como as caixas de laranja depositadas em um armazém;

a.7) *Frutos percipiendos:* são os que deveriam ter sido colhidos, mas não o foram, como as laranjas maduras que estão apodrecendo nas árvores;

a.8) *Frutos consumidos:* são os que não mais existem, porque foram utilizados, como as maças que foram colhidas e vendidas a terceiros.

b) *Produtos:* são os acessórios provenientes do bem principal, mas que, uma vez separados, diminuem-lhe a quantidade, vez que não se renovam periodicamente, como os metais e pedras extraídos, respectivamente, das minas e pedreiras. É clara, portanto, a diferença entre frutos e produtos. Os primeiros renovam-se periodicamente, de forma que não há alteração na substância do bem principal que lhe dá origem. Os segundos, por sua vez, não se renovam e, quando destacados, acarretam a diminuição no bem principal.

c) *Pertenças:* a definição de pertenças está no art. 93 do Código. Diz o citado dispositivo que "são pertenças os bens que, não constituindo partes integrantes, se destinam, de modo duradouro, ao uso, ao serviço ou ao aformoseamento de outro". Diferem as pertenças dos frutos, produtos e benfeitorias porque não são provenientes da coisa principal. São bens que, apesar de acessórios, conservam sua individualidade, servindo apenas para dar uma melhor utilidade ao bem principal, como, por exemplo, a mobília decorativa de uma residência.

O art. 94 do Código Civil traz uma exceção ao princípio da gravitação jurídica, ao afirmar que as pertenças, embora sejam bens acessórios, não acompanham o destino do bem principal, porque podem ser individualizadas e comercializadas de forma autônoma. Vê-se, então, que o princípio da gravitação é aplicado somente aos frutos, produtos e benfeitorias.

d) *Benfeitorias:* o Código Civil não definiu o que é benfeitoria. Para Maria Helena Diniz, "são as obras ou despesas que se fazem em bem móvel ou imóvel para conservá-lo, melhorá-lo ou embelezá-lo"[18].

---

18. Curso de *Direito Civil Brasileiro*. 30ª ed., v. 1. São Paulo: Saraiva, 2013, p. 390.

Segundo o art. 96 do Código Civil, podem ser classificadas da seguinte maneira:

d.1) *Necessárias (art. 96, §3º):* são as que tem a finalidade de conservar e evitar que o bem pereça, como, por exemplo, a substituição de vigamento de um telhado apodrecido ou da fiação elétrica precária que pode ocasionar curto-circuito. Vale observar que são indispensáveis à conservação do bem, de forma que o próprio proprietário seria obrigado a fazê-las.

d.2) *Úteis (art. 96, §2º):* são as que, embora não estejam associadas à conservação do bem, uma vez realizadas aumentam o valor ou facilitam o uso do bem. Seu conceito, portanto, é obtido por exclusão. Não sendo destinadas à conservação do bem, caso em que seriam necessárias, mas proporcionando uma utilidade maior, as benfeitorias serão classificadas como úteis.

d.3) *Voluptuárias (art. 96, §1º):* são as realizadas para atender a um sentimento de prazer ou de recreação. As benfeitorias voluptuárias não mudam o estado do bem, seja em relação à conservação ou utilidade, embora, muitas vezes, o tornem mais agradável. São os objetos de luxo como cascatas, jardins, fontes etc., que não aumentam significativamente o valor do bem.

Cabe lembrar, contudo, a lição de Carlos Roberto Gonçalves, para quem "essa classificação não tem caráter absoluto, pois uma mesma benfeitoria pode enquadrar-se em uma ou outra espécie, dependendo das circunstâncias. Uma piscina, por exemplo, pode ser considerada benfeitoria voluptuária em uma casa ou condomínio, mas útil ou necessária em uma escola de natação"[19].

A importância da classificação ocorre na análise dos efeitos decorrentes da posse, essencialmente quanto ao direito de retenção.

Segundo o art. 97 do Código Civil, "não se consideram benfeitorias os melhoramentos ou acréscimos sobrevindos ao bem sem a intervenção do proprietário, possuidor ou detentor". Isso significa que só podem ser considerados os melhoramentos feitos pela atividade humana. Eventuais acréscimos sobrevindos ao bem por obra da natureza, como, por exemplo, em virtude de aluvião e avulsão, não são considerados benfeitorias.

Para Flávio Tartuce, as benfeitorias diferenciam-se das pertenças porque "as primeiras são introduzidas por quem não é proprietário, enquanto as últimas por aquele que tem o domínio"[20].

Tal distinção se justifica porque a despesa realizada em bem próprio não traz consequência jurídica.

19. GONÇALVES, Carlos Roberto. *Direito Civil I*. 3ª ed. São Paulo: Saraiva, 2011, p. 306.
20. TARTUCE, Flávio. *Direito Civil*. Vol. 1, 9ª ed. São Paulo: Método, 2013, p. 280.

Entretanto, Eduardo Ribeiro de Oliveira alerta que há situações em que a benfeitoria feita em bem próprio assume importância no campo do direito. "Assim, na evicção, em que o evicto tem o domínio, mas o perde por sentença, as benfeitorias que introduzir na coisa, enquanto a detiver, serão pagas pelo alienante, salvo se ao próprio evicto abonadas". É o que dispõe o art. 453, à semelhança do que estabelecia o art. 1.112 do Código de 1916. De igual modo, na retrovenda, em que o adquirente tem o domínio, embora resolúvel, e as benfeitorias que fizer no bem serão indenizáveis, se necessárias, ou, ainda que não o sejam, caso, para executá-las, exista autorização escrita do devedor (art. 505)"[21].

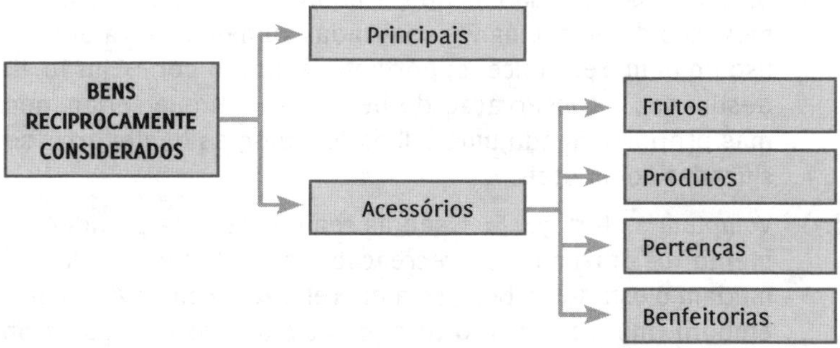

2.3. Bens quanto ao titular do domínio: públicos e particulares (art. 98)

Nos termos do art. 98 do Código Civil, "são públicos os bens do domínio nacional pertencentes às pessoas jurídicas de direito público interno; todos os outros são particulares, seja qual for a pessoa a que pertencerem". Observa-se que o conceito de bens particulares é feito por exclusão.

Os bens públicos, segundo o art. 99 do Código, podem ser de três espécies:

a) *Bens de uso comum do povo (art. 99, I)*: são aqueles que podem ser utilizados por qualquer pessoa, de forma livre e sem formalidades. São, por exemplo, as ruas, praças, estradas, rios e mares. Ainda que o uso seja regulamentado pelo Poder Público, como ocorre com as estradas que possuem cobrança de pedágio, o bem continuará sendo de uso comum do povo.

b) *Bens de uso especial (art. 99, II)*: são os que o Poder Público utiliza especificamente na execução dos serviços públicos. Como o próprio texto diz, são os edifícios que servem de instalação para os órgãos públicos, inclusive as autarquias.

c) *Bens dominicais (art. 99, III)*: são os bens disponíveis, ou seja, aqueles sobre os quais o Poder Público exerce os direitos inerentes ao domínio, como as estradas de ferro e as fazendas pertencentes ao Estado.

21. OLIVEIRA, Eduardo Ribeiro de. *Comentários ao Novo Código Civil*. Vol. II. Rio de Janeiro: Editora Forense, 2008, p. 112.

Os bens de uso comum do povo e de uso especial são, em regra, inalienáveis (art. 100 CC). Dessa inalienabilidade decorrem, também, a impenhorabilidade, imprescritibilidade e impossibilidade de oneração, que podem ser afastadas pelo fenômeno da *desafetação*.

Desafetação significa alterar a destinação do bem, tornando-o como dominical, para possibilitar a alienação.

Os dominicais, por sua vez, são perfeitamente alienáveis por uma das formas previstas no direito privado, como, por exemplo, a compra e venda. No entanto, o art. 101 determina que tal alienação deve observar "as exigências da lei". De igual maneira, a alienabilidade dos bens dominicais não é absoluta, eis que podem perdê-la em razão da *afetação*, que é o ato pelo qual o bem passa da categoria de bem do domínio privado do Estado para a categoria de bem do domínio público[22].

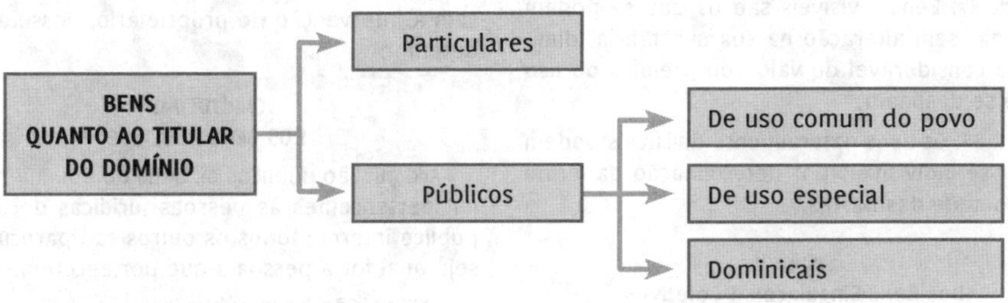

3. LEGISLAÇÃO RELACIONADA AO CAPÍTULO

LIVRO II
DOS BENS

TÍTULO ÚNICO
DAS DIFERENTES CLASSES DE BENS

CAPÍTULO I
DOS BENS CONSIDERADOS EM SI MESMOS

Seção I
Dos Bens Imóveis

Art. 79. São bens imóveis o solo e tudo quanto se lhe incorporar natural ou artificialmente.

Art. 80. Consideram-se imóveis para os efeitos legais:

I – os direitos reais sobre imóveis e as ações que os asseguram;

II – o direito à sucessão aberta.

Art. 81. Não perdem o caráter de imóveis:

I – as edificações que, separadas do solo, mas conservando a sua unidade, forem removidas para outro local;

II – os materiais provisoriamente separados de um prédio, para nele se reempregarem.

Seção II
Dos Bens Móveis

Art. 82. São móveis os bens suscetíveis de movimento próprio, ou de remoção por força alheia, sem alteração da substância ou da destinação econômico-social.

Art. 83. Consideram-se móveis para os efeitos legais:

I – as energias que tenham valor econômico;

II – os direitos reais sobre objetos móveis e as ações correspondentes;

III – os direitos pessoais de caráter patrimonial e respectivas ações.

Art. 84. Os materiais destinados a alguma construção, enquanto não forem empregados, conservam sua qualidade de móveis; readquirem

22. GONÇALVES, Carlos Roberto. *Direito Civil* I. 3ª ed. São Paulo: Saraiva, 2011, p. 312.

essa qualidade os provenientes da demolição de algum prédio.

Seção III
Dos Bens Fungíveis e Consumíveis

Art. 85. São fungíveis os móveis que podem substituir-se por outros da mesma espécie, qualidade e quantidade.

Art. 86. São consumíveis os bens móveis cujo uso importa destruição imediata da própria substância, sendo também considerados tais os destinados à alienação.

Seção IV
Dos Bens Divisíveis

Art. 87. Bens divisíveis são os que se podem fracionar sem alteração na sua substância, diminuição considerável de valor, ou prejuízo do uso a que se destinam.

Art. 88. Os bens naturalmente divisíveis podem tornar-se indivisíveis por determinação da lei ou por vontade das partes.

Seção V
Dos Bens Singulares e Coletivos

Art. 89. São singulares os bens que, embora reunidos, se consideram *de per si*, independentemente dos demais.

Art. 90. Constitui universalidade de fato a pluralidade de bens singulares que, pertinentes à mesma pessoa, tenham destinação unitária.

Parágrafo único. Os bens que formam essa universalidade podem ser objeto de relações jurídicas próprias.

Art. 91. Constitui universalidade de direito o complexo de relações jurídicas, de uma pessoa, dotadas de valor econômico.

CAPÍTULO II
DOS BENS RECIPROCAMENTE CONSIDERADOS

Art. 92. Principal é o bem que existe sobre si, abstrata ou concretamente; acessório, aquele cuja existência supõe a do principal.

Art. 93. São pertenças os bens que, não constituindo partes integrantes, se destinam, de modo duradouro, ao uso, ao serviço ou ao aformoseamento de outro.

Art. 94. Os negócios jurídicos que dizem respeito ao bem principal não abrangem as pertenças, salvo se o contrário resultar da lei, da manifestação de vontade, ou das circunstâncias do caso.

Art. 95. Apesar de ainda não separados do bem principal, os frutos e produtos podem ser objeto de negócio jurídico.

Art. 96. As benfeitorias podem ser voluptuárias, úteis ou necessárias.

§ 1º São voluptuárias as de mero deleite ou recreio, que não aumentam o uso habitual do bem, ainda que o tornem mais agradável ou sejam de elevado valor.

§ 2º São úteis as que aumentam ou facilitam o uso do bem.

§ 3º São necessárias as que têm por fim conservar o bem ou evitar que se deteriore.

Art. 97. Não se consideram benfeitorias os melhoramentos ou acréscimos sobrevindos ao bem sem a intervenção do proprietário, possuidor ou detentor.

CAPÍTULO III
DOS BENS PÚBLICOS

Art. 98. São públicos os bens do domínio nacional pertencentes às pessoas jurídicas de direito público interno; todos os outros são particulares, seja qual for a pessoa a que pertencerem.

Art. 99. São bens públicos:

I – os de uso comum do povo, tais como rios, mares, estradas, ruas e praças;

II – os de uso especial, tais como edifícios ou terrenos destinados a serviço ou estabelecimento da administração federal, estadual, territorial ou municipal, inclusive os de suas autarquias;

III – os dominicais, que constituem o patrimônio das pessoas jurídicas de direito público, como objeto de direito pessoal, ou real, de cada uma dessas entidades.

Parágrafo único. Não dispondo a lei em contrário, consideram-se dominicais os bens pertencentes às pessoas jurídicas de direito público a que se tenha dado estrutura de direito privado.

Art. 100. Os bens públicos de uso comum do povo e os de uso especial são inalienáveis, enquanto conservarem a sua qualificação, na forma que a lei determinar.

Art. 101. Os bens públicos dominicais podem ser alienados, observadas as exigências da lei.

Art. 102. Os bens públicos não estão sujeitos a usucapião.

Art. 103. O uso comum dos bens públicos pode ser gratuito ou retribuído, conforme for estabelecido legalmente pela entidade a cuja administração pertencerem.

QUESTÕES

CAPÍTULO III

01. (Analista Judiciário - Área Judiciária - TRT 6 / 2012 / FCC) São benfeitorias úteis

a) as indispensáveis à conservação do bem.

b) as que aumentam ou facilitam o uso do bem.

c) as que têm por fim conservar o bem ou evitar que se deteriore.

d) as de deleite ou recreio, embora não aumentem o uso habitual.

e) somente aquelas que, sem aumentar o uso habitual, tornem mais agradável o bem.

COMENTÁRIOS

Alternativa "b" – correta: as benfeitorias úteis são as que aumentam ou facilitam o uso do bem (art. 96, § 2º do Código Civil).

Alternativa "a" – errada: as benfeitorias que têm por fim a conservação do bem são as necessárias (art. 96, § 3º do Código Civil).

Alternativa "c" – errada: as benfeitorias que têm por fim conservar o bem ou evitar que se deteriore são as necessárias (art. 96, § 3º do Código Civil).

Alternativa "d" – errada: as benfeitorias de mero deleite ou recreio, que não aumentam o uso habitual do bem, são as voluptuárias (art. 96, § 1º do Código Civil).

Alternativa "e" – errada: as benfeitorias de mero deleite ou recreio, que não aumentam o uso habitual do bem, ainda que o tornem mais agradável ou sejam de elevado valor, são as voluptuárias (art. 96, § 1º do Código Civil).

02. (Analista Judiciário - Área Judiciária - TRT 11 / 2012 / FCC) Um fundo de comércio, uma biblioteca e um rebanho são uma universalidade de

a) direito, direito e de fato, respectivamente.

b) direito.

c) fato.

d) fato, fato e de direito, respectivamente.

e) fato, direito e de direito, respectivamente.

COMENTÁRIOS

Nota do autor: é importante diferenciar a universalidade de fato da universalidade de direito. A universalidade de fato é "a pluralidade de bens singulares que, pertinentes à mesma pessoa, tenham destinação unitária" (art. 90, *caput* do Código Civil). Acrescente-se que os bens que constituem a universalidade de fato "podem ser objeto de relações jurídicas próprias" (art. 90, parágrafo único do Código Civil). Já a universalidade de direito é "o complexo de relações jurídicas, de uma pessoa, dotadas de valor econômico" (art. 91 do Código Civil).

Alternativa "c" – correta (responde todas as demais alternativas): um fundo de comércio, uma biblioteca e um rebanho são exemplos de universalidades de fato, pois são conjuntos de bens que não perdem a sua natureza, que são destinados a um fim e que são mantidos unidos por vontade humana e não pela lei.

03. (Analista Judiciário - Área Judiciária - TRT 20 / 2011 / FCC) A respeito dos bens públicos, é correto afirmar que

a) os bens dominicais constituem o patrimônio da pessoa jurídica de direito público e, por isso, são inalienáveis.

b) os terrenos e edifícios usados pelo próprio Estado para execução de serviço público especial são considerados bens de uso geral ou uso comum do povo.

c) as praças, ruas e estradas podem ser alienadas enquanto destinadas ao uso comum do povo.

d) a venda de bens de uso comum do povo pelo Estado denomina-se desafetação.

▸ QUESTÕES DE CONCURSOS

e) os bens de uso comum do povo não perdem essa característica se o Estado regulamentar sua utilização de maneira onerosa.

COMENTÁRIOS

Alternativa "e" – correta: os bens de uso comum do povo podem ser utilizados, sem restrição, por todos, de modo gratuito ou oneroso (art. 103 do Código Civil). Entretanto, o fato do uso ser oneroso não faz com que esses bens percam a característica de uso comum do povo.

Alternativa "a" – errada: os bens dominicais, que constituem o patrimônio das pessoas jurídicas de direito público, podem ser alienados, desde que observadas as exigências da lei (art. 101 do Código Civil).

Alternativa "b" – errada: os edifícios e terrenos destinados a serviço ou estabelecimento do próprio Estado são considerados bens de uso especial (art. 99, II do Código Civil), e não bens de uso comum do povo.

Alternativa "c" – errada: os bens públicos de uso comum do povo são inalienáveis enquanto conservarem a sua qualificação (art. 100 do Código Civil).

Alternativa "d" – errada: desafetação é a transformação de um bem de uso comum ou de uso especial em bem dominical para possibilitar a alienação. Os bens de uso comum do povo são inalienáveis (art. 100 do Código Civil).

04. (Analista Judiciário - Área Judiciária - TRT 22 / 2010 / FCC) Os mares, os quartéis e as estradas de ferro são bens públicos

a) de uso comum do povo, dominicais e de uso comum do povo, respectivamente.
b) dominicais, de uso especial e de uso comum do povo, respectivamente.
c) de uso comum do povo, de uso especial e dominicais, respectivamente.
d) de uso comum do povo.
e) de uso especial.

COMENTÁRIOS

Alternativa "c" – correta (responde todas as demais alternativas): os bens de uso comum do povo (art. 99, I do Código Civil) são destinados ao uso coletivo, tais como os mares. Os bens de uso especial (art. 99, II do Código Civil) são destinados ao uso da Administração, para consecução de seus objetivos. São bens de uso especial os imóveis onde estão instaladas as repartições públicas, como, por exemplo, os quartéis. Por fim, os bens dominicais (art. 99, III do Código Civil) constituem o patrimônio disponível e alienável das pessoas jurídicas de direito público, tais como as estradas de ferro.

05. (Técnico Judiciário - Área Administrativa - TRT 14 / 2011 / FCC) José adquiriu uma área de terras e nela construiu uma pequena casa. Adquiriu cinquenta cabeças de gado, um trator, madeira para construção de um curral e diversas ferramentas para agricultura. Consideram-se bens móveis

a) as cabeças de gado e a madeira para construção do curral, somente.
b) o trator e as ferramentas para agricultura, somente.
c) as cabeças de gado, o trator, a madeira para construção do curral e as ferramentas para agricultura.
d) as ferramentas para agricultura, somente.
e) o trator, a madeira para construção do curral e as ferramentas para agricultura, somente.

COMENTÁRIOS

Nota do autor: bens móveis são os "suscetíveis de movimento próprio, ou de remoção por força alheia, sem alteração da substância ou da destinação econômico-social" (art. 82 do Código Civil).

Alternativa "c" – correta (responde todas as demais alternativas): as cabeças de gado, o trator e as ferramentas são bens móveis porque podem ser transportados de um lugar para outro, por força própria ou alheia, sem alteração da substância ou da forma (art. 82 do Código Civil). E a madeira para construção do curral também é um bem móvel, pois os materiais para construção, enquanto não forem empregados, conservam sua qualidade de móveis (art. 84 do Código Civil).

06. (Técnico Judiciário – Área Administrativa – TRT 20 / 2011 / FCC) Considere:

I. A hipoteca de um terreno.
II. Os direitos autorais.
III. Uma floresta.

São bens imóveis os indicados APENAS em

a) I.
b) I e II.
c) I e III.
d) II.
e) II e III.

COMENTÁRIOS

Alternativa correta: "c".

Item I: são considerados bens imóveis os direitos reais sobre imóveis, como, por exemplo, a hipoteca (art. 80, I do Código Civil).

Item II: os direitos pessoais de caráter patrimonial, como os direitos autorais, são considerados bens móveis (art. 83, III do Código Civil).

Item III: são bens imóveis o solo e tudo quanto se lhe incorporar naturalmente, como, por exemplo, uma floresta (art. 79 do Código Civil).

07. (Analista Judiciário – Área Judiciária – TRF 1ª região / 2006 / FCC) De acordo com a classificação dos bens adotada pelo Código Civil brasileiro, é correto afirmar que

a) os bens naturalmente divisíveis podem tornar-se indivisíveis por determinação da lei, mas não por vontade das partes.
b) o direito à sucessão aberta é considerado bem móvel para os efeitos legais, havendo expressa determinação legal neste sentido.
c) são infungíveis os móveis que podem substituir-se por outros da mesma espécie, qualidade e quantidade.
d) as energias que tenham valor econômico são consideradas bens imóveis para os efeitos legais, havendo expressa determinação legal neste sentido.
e) são singulares os bens que, embora reunidos, se consideram *de per si*, independentemente dos demais.

COMENTÁRIOS

Alternativa "e" – correta: o item é a transcrição literal do art. 89 do Código Civil. São singulares os bens que, mesmo unidos, são considerados em sua individualidade.

Alternativa "a" – errada: os bens naturalmente divisíveis podem tornar-se indivisíveis tanto por determinação da lei quanto por vontade das partes (art. 88 do Código Civil).

Alternativa "b" – errada: o direito à sucessão aberta é considerado bem imóvel para os efeitos legais (art. 80, II do Código Civil).

Alternativa "c" – errada: os móveis que podem substituir-se por outros da mesma espécie, qualidade e quantidade são considerados fungíveis (art. 85 do Código Civil). Infungíveis são os bens que não podem ser substituídos sem que isso acarrete uma alteração de seu conteúdo.

Alternativa "d" – errada: as energias que tenham valor econômico são consideradas bens móveis para os efeitos legais (art. 83, I do Código Civil).

08. (Analista Judiciário – Execução de Mandados – TRF 2ª região / 2012 / FCC) Considere:

I. Praça da Sé – São Paulo – Capital.
II. Gonzaga – Praia da Cidade de Santos – SP.
III. Rio Tietê.
IV. Edifício onde se localiza a Prefeitura Municipal da cidade W.
V. Terreno Público destinado à instalação da autarquia municipal X.

De acordo com o Código Civil brasileiro, consideram-se bem público de uso especial os indicados APENAS em:

a) I e IV.
b) I, II e III.
c) I, IV e V.
d) III, IV e V.
e) IV e V.

COMENTÁRIOS

Alternativa correta: "e".

Item I – errado: as praças são bens de uso comum do povo (art. 99, I do Código Civil).

Item II – errado: as praias são bens de uso comum do povo (art. 99, I do Código Civil).

Item III – errado: os rios são bens de uso comum do povo (art. 99, I do Código Civil).

Item IV – correto: os edifícios destinados ao uso da Administração Pública, para consecução de seus objetivos, são bens de uso especial (art. 99, II do Código Civil).

Item V – correto: os terrenos destinados ao estabelecimento da Administração Pública são bens de uso especial (art. 99, II do Código Civil).

09. (Analista Judiciário - Área Judiciária - TRF 2ª região / 2012 / FCC) No tocante à classificação de bens, segundo o Código Civil brasileiro, considere as seguintes benfeitorias realizadas em um apartamento tipo cobertura com trinta anos de construção visando a habitação de um casal de meia idade, sem filhos:

I. Impermeabilização do terraço com a aplicação de manta e colocação de pisos novos.
II. Substituição da fiação elétrica do apartamento.
III. Colocação de tela nas varandas.
IV. Criação de painel de pastilhas azuis com mosaico na entrada do apartamento visando diferenciá-la do apartamento vizinho.
V. Construção de um lavabo em parte da sala de almoço.

Com relação aos bens reciprocamente considerados, são benfeitorias úteis as indicadas APENAS em

a) IV e V.
b) I, II, III e V.
c) I, III e V.
d) III e V.
e) I, II e III.

COMENTÁRIOS

Nota do autor: as benfeitorias podem ser voluptuárias, úteis ou necessárias. As benfeitorias de mero deleite ou recreio, que não aumentam o uso habitual do bem, ainda que o tornem mais agradável ou sejam de elevado valor, são as voluptuárias (art. 96, § 1º do Código Civil). As benfeitorias úteis são as que aumentam ou facilitam o uso do bem (art. 96, § 2º do Código Civil). E as benfeitorias que têm por fim conservar o bem ou evitar que se deteriore são as necessárias (art. 96, § 3º do Código Civil).

Alternativa correta: "d".

Item I – errado: a impermeabilização do terraço com a aplicação de manta e colocação de pisos novos é uma benfeitoria necessária.

Item II – errado: a substituição da fiação elétrica do apartamento é uma benfeitoria necessária.

Item III – correto: a colocação de tela nas varandas é uma benfeitoria útil.

Item IV – errado: a criação de painel de pastilhas azuis com mosaico na entrada do apartamento visando diferenciá-la do apartamento vizinho é uma benfeitoria voluptuária.

Item V – correto: a construção de um lavabo em parte da sala de almoço é uma benfeitoria útil.

10. (Analista Judiciário - Execução de Mandados - TRF 1ª região / 2011 / FCC) Um saco de cimento e um saco de arroz são bens

a) fungível e infungível, respectivamente.
b) infungível e fungível, respectivamente.
c) infungíveis.
d) fungíveis.
e) não consumíveis.

COMENTÁRIOS

Alternativa "d" – correta (responde todas as demais alternativas): bens fungíveis são os móveis que podem substituir-se por outros da mesma espécie, qualidade e quantidade (art. 85 do Código Civil). Um saco de cimento e um saco de arroz podem ser substituídos por outros da mesma espécie, qualidade e quantidade. Logo, são bens fungíveis.

11. (Analista Judiciário - Área Judiciária - TRF 4ª região / 2010 / FCC) No que concerne aos Bens Reciprocamente Considerados, é INCORRETO afirmar:

a) em regra, os negócios jurídicos que dizem respeito ao bem principal abrangem as pertenças.
b) principal é o bem que existe sobre si, abstrata ou concretamente; acessório, aquele cuja existência supõe a do principal.
c) apesar de ainda não separados do bem principal, os frutos e produtos podem ser objeto de negócio jurídico.
d) não se consideram benfeitorias os melhoramentos ou acréscimos sobrevindos ao bem sem a intervenção do proprietário, possuidor ou detentor.

e) são voluptuárias as benfeitorias de mero deleite ou recreio, que não aumentam o uso habitual do bem, ainda que o tornem mais agradável ou sejam de elevado valor.

COMENTÁRIOS

Alternativa "a" – errada: em regra, os negócios jurídicos que dizem respeito ao bem principal não abrangem as pertenças (art. 94 do Código Civil).

Alternativa "b" – correta: o item é a transcrição literal do art. 92 do Código Civil. A coisa principal é a que existe por si, independentemente de outra. E a acessória é a que supõe, para existir juridicamente, uma principal.

Alternativa "c" – correta: o item é a transcrição literal do art. 95 do Código Civil. Os frutos e produtos, mesmo não separados do bem principal, podem ser objeto de negócio jurídico.

Alternativa "d" – correta: o item é a transcrição literal do art. 97 do Código Civil. Não são considerados como benfeitorias os melhoramentos ou acréscimos sobrevindos à coisa sem a intervenção do proprietário, possuidor ou detentor, quer dizer, advindos das acessões naturais, que são acréscimos decorrentes de fenômenos naturais.

Alternativa "e" – correta: as benfeitorias voluptuárias, de mero deleite ou recreio, são as que não aumentam o uso habitual da coisa, ainda que a tornem mais agradável ou sejam de elevado valor (art. 96, § 1º do Código Civil).

12. (Analista Judiciário – Área Judiciária – TRE da Bahia / 2010 / CESPE) Tendo em vista a classificação dos bens prevista no Código Civil, julgue os itens que se seguem:

( ) O uso comum dos bens públicos deve ser gratuito ou retribuído, conforme for estabelecido legalmente pela entidade a cuja administração pertencerem.

COMENTÁRIOS

Item correto: o uso comum dos bens públicos pode ser gratuito ou retribuído, conforme for determinado legalmente pelo poder público (art. 103 do Código Civil).

( ) Ao contrário dos bens públicos de uso comum do povo e os de uso especial, os bens públicos dominicais podem ser alienados, desde que observadas as exigências legais.

COMENTÁRIOS

Item correto: os bens públicos de uso comum do povo e os de uso especial são inalienáveis, enquanto conservarem a sua qualificação (art. 100 do Código Civil). Já os bens públicos dominicais podem ser alienados, observadas as exigências legais (art. 101 do Código Civil).

( ) Os bens públicos dominicais estão sujeitos à prescrição aquisitiva.

COMENTÁRIOS

Item errado: a prescrição aquisitiva ou usucapião consiste na aquisição do direito real pelo decurso de tempo. Os bens públicos, contudo, não estão sujeitos a usucapião (art. 102 do Código Civil).

13. (Analista Judiciário – Área Judiciária – TRE do Mato Grosso / 2010 / CESPE) Quanto à matéria bens, assinale a opção correta conforme o ordenamento jurídico brasileiro.

a) o direito à sucessão aberta obedece ao regime de bens móveis.

b) os bens naturalmente divisíveis podem tornar-se indivisíveis por determinação legal ou por vontade das partes.

c) tanto os bens públicos quanto os privados podem ser usucapidos.

d) os bens públicos dominicais e os de uso especial não podem ser alienados.

e) o uso comum dos bens públicos pode ser retribuído conforme estabelecido legalmente pela entidade a cuja administração pertencem, sendo vedado seu uso gratuito.

COMENTÁRIOS

Alternativa "b" – correta: a alternativa é a transcrição do art. 88 do Código Civil. Os bens naturalmente divisíveis podem tornar-se indivisíveis tanto por determinação da lei quanto por vontade das partes.

Alternativa "a" – errada: o direito à sucessão aberta obedece ao regime de bens imóveis (art. 80, II do Código Civil).

Alternativa "c" – errada: os bens privados podem ser usucapidos, mas os bens públicos não estão sujeitos a usucapião (art. 102 do Código Civil).

Alternativa "d" – errada: os bens de uso especial são inalienáveis (art. 100 do Código Civil), contudo, os bens públicos dominicais podem ser alienados, desde que observadas as exigências legais (art. 101 do Código Civil).

Alternativa "e" – errada: o uso comum dos bens públicos pode ser gratuito ou retribuído, conforme for determinado legalmente pela entidade a cuja administração pertencerem (art. 103 do Código Civil).

14. (Analista Judiciário – Área Judiciária – TRF 2ª região / 2007 / FCC) Considere:

I. Praças, ruas e estradas.
II. Edifícios destinados a estabelecimentos da administração pública estadual.
III. Terrenos destinados a serviços de autarquia municipal.
IV. Rios e mares.

São bens públicos de uso especial os indicados APENAS em

a) I, II e III.
b) I e IV.
c) II.
d) II e III.
e) III.

COMENTÁRIOS

Alternativa correta: "d".

Item I – errado: as praças, ruas e estradas são bens de uso comum do povo (art. 99, I do Código Civil).

Item II – correto: os edifícios destinados ao uso da Administração Pública, para consecução de seus objetivos, são bens de uso especial (art. 99, II do Código Civil).

Item III – correto: os terrenos destinados ao estabelecimento da Administração Pública são bens de uso especial (art. 99, II do Código Civil).

Item IV – errado: os rios e mares são bens de uso comum do povo (art. 99, I do Código Civil).

15. (Analista Judiciário – Execução de Mandados – TRF 2ª região / 2007 / FCC) Consideram-se bens imóveis

a) os materiais provenientes da demolição de algum prédio.
b) os materiais destinados a alguma construção, enquanto não forem empregados.
c) os materiais provisoriamente separados de um prédio, para nele se reintegrarem.
d) os direitos pessoais de caráter patrimonial e respectivas ações.
e) as energias que tenham valor econômico.

COMENTÁRIOS

Alternativa "c" – correta: os materiais provisoriamente separados de um prédio, para nele se reintegrarem, são considerados bens imóveis (art. 81, II do Código Civil).

Alternativa "a" – errada: os materiais provenientes da demolição de algum prédio readquirem a qualidade de móveis (art. 84 do Código Civil).

Alternativa "b" – errada: os materiais destinados a alguma construção, enquanto não forem empregados, são considerados bens móveis (art. 84 do Código Civil).

Alternativa "d" – errada: os direitos pessoais de caráter patrimonial e as respectivas ações são bens móveis (art. 83, III do Código Civil).

Alternativa "e" – errada: as energias que tenham valor econômico são bens móveis (art. 83, I do Código Civil).

16. (Analista Judiciário – Execução de Mandados – TRF 4ª região / 2006 / FCC) Considere:

I. uma biblioteca;
II. um rebanho;
III. uma frota de automóveis;
IV. uma herança;
V. uma esquadrilha.

De acordo com o Código Civil brasileiro, constitui uma universalidade de fato os bens indicados APENAS em:

a) I, IV e V.
b) I e IV.
c) I, II e III.
d) I, II, III e V.
e) II, III e V.

COMENTÁRIOS

Nota do autor: lembre-se que a universalidade de fato é "a pluralidade de bens singulares que, pertinentes à mesma pessoa, tenham destinação unitária" (art. 90, *caput* do Código Civil). Já a universalidade de direito é "o complexo de relações jurídicas, de uma pessoa, dotadas de valor econômico" (art. 91 do Código Civil).

Alternativa correta: "d".

Item I – correto: uma biblioteca é uma universalidade de fato.

Item II – correto: um rebanho é uma universalidade de fato.

Item III – correto: uma frota de automóveis é uma universalidade de fato.

Item IV – errado: uma herança é uma universalidade de direito.

Item V – correto: uma esquadrilha é uma universalidade de fato.

17. **(Analista Judiciário - Execução de Mandados - TRF 4ª região / 2006 / FCC)** Maria está na praça Beija Flor, em frente ao prédio da prefeitura da cidade de Lagoas, ao lado direito de um terreno baldio que é patrimônio da prefeitura e ao lado esquerdo do prédio da autarquia federal W. De acordo com o Código Civil brasileiro, em regra, a praça, o prédio da Prefeitura, o terreno baldio e o prédio da autarquia federal W são considerados, respectivamente, bens públicos:

a) dominical, de uso comum do povo, dominical e de uso especial.
b) de uso comum do povo, de uso comum do povo, dominical e de uso especial.
c) de uso comum do povo, dominical, de uso especial e dominical.
d) de uso comum do povo, dominical, dominical e de uso especial.
e) de uso comum do povo, de uso especial, dominical e de uso especial.

COMENTÁRIOS

Alternativa "e" – correta (responde todas as demais alternativas): a praça é um bem de uso comum do povo (art. 99, I do Código Civil); o prédio da Prefeitura, assim como todos os edifícios destinados ao uso da Administração Pública, são bens de uso especial (art. 99, II do Código Civil); o terreno baldio é um bem dominical, pois compõe o patrimônio de uma pessoa jurídica de direito público, como objeto do direito real dessa pessoa jurídica (art. 99, III do Código Civil); e o prédio da autarquia federal W, do mesmo modo que todos os edifícios destinados ao uso da Administração Pública, é considerado um bem de uso especial (art. 99, II do Código Civil).

(Cespe - Juiz de Direito Substituto - AM/2016) A propósito dos bens e do domicílio, assinale a opção correta com fundamento nos dispositivos legais, na doutrina e no entendimento jurisprudencial pátrio.

A) Possuem domicílio necessário ou legal o militar, o incapaz, o servidor público, a pessoa jurídica de direito privado e o preso.
B) Pelo princípio da gravitação jurídica, a propriedade dos bens acessórios segue a sorte do bem principal, podendo, entretanto, haver disposição em contrário pela vontade da lei ou das partes.
C) O atributo da fungibilidade de um bem decorre exclusivamente de sua natureza.
D) Os rendimentos são considerados produto da coisa, já que sua extração e sua utilização não diminuem a substância do bem principal.
E) Ao possuidor de boa-fé faculta-se o exercício do direito de retenção para ver-se indenizado das benfeitorias úteis e voluptuárias, quando estas não puderem ser levantadas sem prejuízo ao bem principal.

COMENTÁRIOS

Alternativa "b" - correta (Base Legal: art. 92 CC/02): Principal é o bem que existe por si só, independentemente de qualquer outro. É, por exemplo, o solo, porque existe concretamente.

Bem acessório, como diz o texto legal, é aquele cuja existência ou finalidade depende de outro, chamado principal. Enquanto o solo é bem principal, a árvore é bem acessório, porque sua existência pressupõe a do solo.

Há acessoriedade não somente entre coisas (concretas), mas também entre direitos (abstratos). Assim, o contrato de mútuo é principal, enquanto o contrato de fiança é acessório. De igual forma, a hipoteca e outros direitos reais são acessórios em relação ao bem ou contrato principal[23].

Em razão dos conceitos e do princípio da gravitação indicado na doutrina, o bem acessório, em regra, segue o destino do principal, salvo se houver convenção em contrário, como ocorre com o art. 1.284 do Código Civil.

23. GONÇALVES, Carlos Roberto. *Direito Civil I*. 3ª ed. São Paulo: Saraiva, 2011, p. 300.

CAPÍTULO IV
DOS FATOS JURÍDICOS

1. FATO JURÍDICO EM SENTIDO AMPLO

1.1. Conceito

Fato jurídico é todo acontecimento com repercussão no mundo do direito. Durante a normalidade da vida, inúmeros fatos ocorrem e se sucedem. Muitos não produzem qualquer efeito no campo jurídico, como, por exemplo, o nascer do sol. Outros, contudo, são hábeis para fazer nascer, modificar ou extinguir relações jurídicas, como, por exemplo, o casamento. Os primeiros recebem o tratamento apenas de *fato* ou de *fato não jurídico*, enquanto os segundos são denominados *fatos jurídicos*.

Evidentemente, o Código Civil cuida apenas dos fatos jurídicos.

1.2. Espécies

Os fatos jurídicos podem ser classificados da seguinte maneira:

a) *Fatos naturais*: também chamados de fatos jurídicos em sentido estrito. São os que tem origem na manifestação da natureza, sem interferência da vontade humana. Podem ser divididos, ainda, em:

a.1) *Fatos jurídicos naturais ordinários*: que são os eventos normais e previsíveis de ocorrer durante a vida. É o caso, por exemplo, do nascimento e da morte;

a.2) *Fatos jurídicos naturais extraordinários*: que são os eventos imprevisíveis e inevitáveis, como, por exemplo, o terremoto e o furacão.

b) *Fatos humanos*: também chamados de fatos jurídicos em sentido amplo. São os que derivam da vontade ou da ação humana. Podem ser divididos, ainda, em:

b.1) *Atos lícitos*: são os atos humanos que, praticados segundo o ordenamento jurídico, produzem os efeitos desejados pelo agente. Também é chamado pela doutrina de *ato voluntário* e pode ser dividido em:

b.1.1) *Ato jurídico em sentido estrito*: também chamado *meramente lícito*. Nessa modalidade, "há uma manifestação de vontade do agente, mas as suas consequências são as previstas em lei e não na vontade das partes"[1]. Em outras palavras, o agente visa

1. TARTUCE, Flávio. *Direito Civil*. Vol. 1, 9ª ed. São Paulo: Método, 2013, p. 326/327.

alcançar um fim determinado na lei, como ocorre, por exemplo, com a tradição, com a ocupação e com o reconhecimento de um filho. Observe que os efeitos do reconhecimento ocorrerão independentemente da vontade do agente;

b.1.2) *Negócio jurídico*: nessa modalidade, o agente pratica o ato, que sempre deve ser lícito, como forma de regular seus interesses e disciplinar sua vida. O negócio jurídico é o principal meio que as pessoas têm para regular seus interesses e, por tal razão, recebem atenção especial da lei, da doutrina e da jurisprudência. O exemplo clássico é o contrato;

b.1.3) *Ato-fato jurídico*: nessa modalidade, o ato praticado faz produzir consequências jurídicas, que, muitas vezes, não são nem almejadas pelo agente. Carlos Roberto Gonçalves menciona o exemplo do tesouro achado. Havendo ou não intenção do agente, ainda que este seja absolutamente incapaz, terá ele direito a partilhá-lo, segundo a disposição do art. 1.264 do CC/02[2].

b.2) *Atos ilícitos*: são os atos, voluntários ou não, praticados em desacordo com o ordenamento jurídico. Seus efeitos são involuntários porque, diferentemente dos atos lícitos, geram deveres e não direitos.

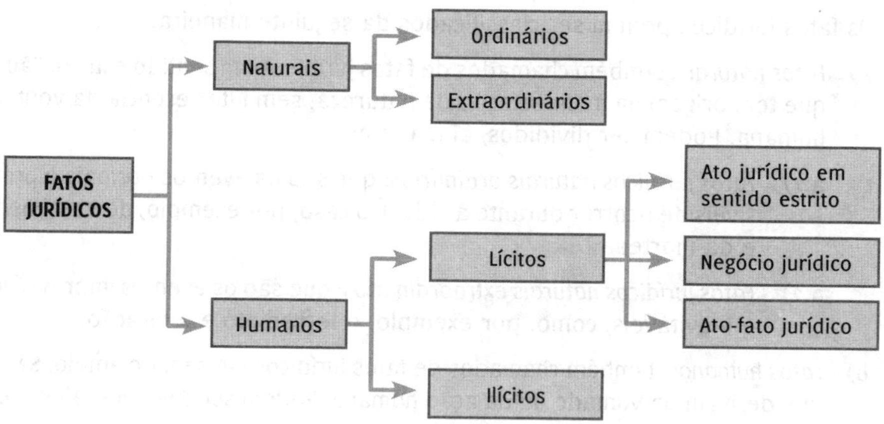

2. NEGÓCIO JURÍDICO

2.1. Conceito

Para Flávio Tartuce, o negócio jurídico é "toda ação a humana, de autonomia privada, com a qual os particulares regulam por si os próprios interesses, havendo uma composição de vontades, cujo conteúdo deve ser lícito. Constitui um ato

2. *Direito Civil I*. 3ª ed. São Paulo: Saraiva, 2011, p. 319.

destinado à produção de efeitos jurídicos desejados pelos envolvidos e tutelados pela norma jurídica"[3].

O atual Código Civil alterou a designação de *ato jurídico*, prevista no art. 81 do CC/16, pela expressão *negócio jurídico*, com a aplicação de todas as disposições do Livro III da Parte Geral. Os *atos jurídicos lícitos*, que, como visto, não são negócios jurídicos, contêm apenas um artigo estabelecendo que se lhes sejam aplicados, no que couber, os preceitos reguladores do negócio jurídico.

2.2. Classificação dos negócios jurídicos

2.2.1. *Unilaterais, bilaterais e plurilaterais*

Quanto ao número de declarantes ou de partes que intervêm, os negócios jurídicos podem ser classificados em:

a) *Unilaterais*: são os que se concretizam com a manifestação de vontade de apenas uma parte, como se dá, por exemplo, no testamento, na renúncia, na confissão de dívidas e na procuração. Podem ser divididos, ainda, em:

a.1) *Receptícios*: quando a manifestação de vontade, para produzir efeitos, deve ser levada ao conhecimento do destinatário, como ocorre, por exemplo, com a revogação do mandato e a promessa de recompensa;

a.2) *Não receptícios*: quando a manifestação de vontade está apta para produzir efeitos, independentemente de terceiros tomarem conhecimento dela, como ocorre com o testamento.

b) *Bilaterais*: são os que se concretizam com duas manifestações de vontade coincidentes sobre o bem tutelado. Podem ser divididos, ainda, em:

b.1) *Bilaterais simples*: são aqueles em que há duas manifestações de vontade, mas a carga obrigacional recai exclusivamente em uma das partes, como ocorre, por exemplo, na doação. Nessa modalidade, uma parte adquire deveres e a outra, direitos;

b.2) *Bilaterais sinalagmáticos*: também chamados de *bilaterais recíprocos*, são aqueles em que ambas as partes adquirem direitos e deveres, pois se situam em uma posição de igualdade, como se sucede na compra e venda e na locação.

c) *Plurilaterais*: são aqueles em que se verifica a existência de mais de duas partes, como se dá, por exemplo, nos contratos de consórcio.

É importante destacar que a ideia de *parte*, que manifesta a vontade no negócio, não está vinculada, necessariamente, à ideia de pessoa, mas a de centro de interesses. Assim, em um contrato de doação em que há um doador e um donatário, a ideia

3. *Direito Civil*. Vol. 1, 9ª ed. São Paulo: Método, 2013, p. 328.

de parte coincide com a ideia de pessoa, pois haverá duas pessoas que manifestarão duas vontades. No entanto, em um contrato de doação em que há, por exemplo, dois doadores e um donatário, as ideias de parte e pessoas não coincidem. Nesse caso, haverá três pessoas que manifestarão duas vontades, ou seja, três pessoas situadas em dois centros de interesses.

2.2.2. *Gratuitos e onerosos, neutros e bifrontes*

Quanto às vantagens patrimoniais, os negócios jurídicos podem ser classificados em:

a) *Gratuitos*: são os negócios em que o sacrifício patrimonial recai sobre apenas uma das partes. Nessa modalidade, uma das partes arca com os ônus enquanto a outra obtém vantagens. Os exemplos clássicos são a doação e o comodato;

b) *Onerosos*: são os negócios em que o sacrifício patrimonial recai sobre todas as partes participantes. Nessa modalidade, os encargos e vantagens são recíprocos, como ocorre nos contratos de compra e venda e locação. Cabe destacar que todo negócio oneroso é bilateral, porque, nesse caso, a prestação de uma parte requer a contraprestação da outra. Contudo, nem todo contrato bilateral é oneroso, como é o caso da doação;

c) *Neutros*: são os negócios que não podem ser classificados nem como gratuitos nem como onerosos, porque lhes falta uma atribuição patrimonial. É o caso, por exemplo, da estipulação do bem de família;

d) *Bifrontes*: são os negócios que podem ser gratuitos ou onerosos, segundo a conveniência das partes. É o caso, por exemplo, do mandato e do depósito que podem ser gratuitos ou onerosos, conforme a existência ou não de remuneração.

2.2.3. Inter vivos e mortis causa

Quanto ao momento da produção dos efeitos, os negócios jurídicos podem ser classificados em:

a) *Inter vivos*: são os negócios que visam produzir efeitos imediatos, ou seja, durante a vida dos contratantes, como é o caso da compra e venda e do casamento;

b) *Mortis causa*: são os negócios que visam produzir efeitos após a morte do agente, como é o caso do testamento e do legado.

2.2.4. *Principais e acessórios*

Quanto ao modo de existência, os negócios jurídicos podem ser classificados em:

a) *Principais*: são os negócios que possuem existência própria e não dependem de nenhum outro para existirem. É o caso, por exemplo, do contrato de locação;

b) *Acessórios*: são os negócios que estão vinculados a outro, de forma que sua existência depende da existência do negócio principal. Pelo princípio de que o acessório segue o principal, a extinção ou anulabilidade do principal acarreta a extinção ou anulabilidade do acessório. É o caso, por exemplo, do contrato de fiança.

2.2.5. *Solenes e não solenes*

Quanto às formalidades, os negócios jurídicos podem ser classificados:

a) *Solenes*: são os negócios que possuem forma especial para serem celebrados e concretizados. Nesses casos, a lei exige que o negócio seja realizado segundo determinada forma. Esta é, portanto, da essência do negócio. É o caso, por exemplo, do casamento;

b) *Não solenes*: são os negócios jurídicos em que a lei não exige forma especial. Nesses casos, a forma de celebração é livre, como ocorre, por exemplo, nos contratos de locação.

2.3. Elementos do negócio jurídico

2.3.1. *Requisitos de existência*

Os requisitos de existência são os elementos estruturais indispensáveis para que o negócio exista no campo jurídico. Faltando um dos requisitos, o negócio é inexistente e, portanto, irrelevante para o direito.

2.3.1.1. *Declaração de vontade*

A vontade é a "razão de ser" do negócio jurídico.

O negócio é celebrado como uma ferramenta para alcançar ou cumprir a vontade do agente, de cunho eminentemente subjetivo. É indispensável, portanto, que essa vontade seja externada, isto é, exteriorizada, e, uma vez declarada, obriga o declarante.

Dispõe o **art. 110** que "a manifestação de vontade subsiste ainda que o seu autor haja feito a reserva mental de não querer o que manifestou, salvo se dela o destinatário tinha conhecimento".

Carlos Roberto Gonçalves nos ensina que ocorre a "*reserva mental* quando um dos declarantes oculta a sua verdadeira intenção, isto é, quando não quer um efeito jurídico que declara querer"[4].

Como dito, a manifestação da vontade é da essência do negócio, que revelará e disciplinará aquilo que o agente externou. A intenção ou desejo que o agente guardou para si, em seu íntimo, não produzirá efeitos.

4. *Direito Civil I*. 3ª ed. São Paulo: Saraiva, 2011, p. 353.

Dessa forma, a reserva mental é a vontade que se passa na mente ou no íntimo do agente, mas que não é exteriorizada. Em regra, a reserva mental não possui nenhuma relevância para o mundo do direito, segundo o disposto no art. 110.

No entanto, o mesmo dispositivo traz uma exceção, que consiste no fato de o destinatário ter conhecimento da reserva, ou seja, o destinatário sabe que a verdadeira intenção é outra. Nesse caso, não subsistirá o negócio declarado, porque esse não foi o desejo do agente e o destinatário não foi ludibriado. Trata-se de negócio inexistente. Também não terá existência o negócio pretendido porque a vontade não foi exteriorizada.

Preceitua o **art. 111** que "o silêncio importa anuência, quando as circunstâncias ou os usos o autorizarem, e não for necessária a declaração de vontade expressa".

O silêncio é incompatível com a manifestação da vontade, que é da essência do negócio. Cabe ao agente exteriorizar e declarar sua vontade, atitudes que afastam o silêncio. Logo, o silêncio, em um primeiro momento, não possui relevância para o mundo do direito.

Contudo, determinadas circunstâncias previstas na lei ou nos usos podem dar o silêncio a característica de manifestação tácita da vontade. É o que caso, por exemplo, do art. 1.807 do CC/02, que prevê o silêncio do herdeiro como aceitação da herança.

Como bem observa Eduardo Andrade Ribeiro de Oliveira, "não se confunde o silêncio com a falta de manifestação oral. Pode-se declarar a vontade por escrito ou por sinais. Se alguém explicita sua aquiescência por um acenar de cabeça, não silenciou. Os mudos se expressam por sinais, e a ausência de som não significa silêncio"[5].

2.3.1.2. *Finalidade negocial*

O negócio jurídico é celebrado com o propósito de adquirir, conservar, modificar ou extinguir direitos.

O agente manifesta sua vontade e celebra o negócio para que este produza os efeitos desejados, segundo a autonomia que a ordem jurídica lhe confere.

Dessa forma, a finalidade negocial permite que, em um negócio jurídico, os contratantes visem à obtenção de efeitos plurais. Uma doação, por exemplo, pode ser pura e simples. Pode, também, ser efetivada com encargo ou com cláusulas de inalienabilidade, impenhorabilidade e incomunicabilidade. Pode, ainda, ser efetivada com cláusula de reversão (art. 547 CC/02). Observe que a finalidade negocial permite que o agente atue com autonomia e escolha os efeitos que sejam do seu interesse.

2.3.1.3. *Idoneidade do objeto*

A *idoneidade do objeto* exige que o objeto seja adequado à espécie do negócio que se pretende firmar. Assim, o objeto de um contrato de mútuo deve ser,

5. *Comentários ao Novo Código Civil*. Vol. II. Rio de Janeiro: 2008, p. 237.

necessariamente, um bem fungível. Se o bem for infungível, será inidôneo para a configuração do mútuo. De igual sorte, o contrato de hipoteca deve recair sobre um bem imóvel, avião ou navio, que são os únicos idôneos para a celebração do contrato de hipoteca.

2.3.2. *Requisitos de validade*

Os requisitos de validade são os elementos necessários para que o negócio jurídico produza efeitos, visando à aquisição, conservação, modificação e extinção de direitos.

Os requisitos de validade, de caráter geral, estão indicados no art. 104 da atual Codificação e serão analisados nas linhas seguintes.

O citado dispositivo dispõe:

> **Art. 104.** A validade do negócio jurídico requer:
>
> I – agente capaz;
>
> II – objeto lícito, possível, determinado ou determinável;
>
> III – forma prescrita ou não defesa em lei.

Alguns negócios jurídicos exigem, ainda, certos requisitos de validade, de caráter específico, como, por exemplo, a compra e venda que requer a existência da coisa, do preço e do consentimento.

2.3.2.1. *Capacidade do agente*

A manifestação de vontade é da essência do negócio jurídico. Este só existe porque o agente exterioriza seu desejo com o fim de adquirir, conservar, modificar ou extinguir direitos.

Dessa forma, para que o agente manifeste sua vontade é imprescindível que tenha capacidade, assim entendida como a capacidade de fato ou de exercício, já abordada no capítulo II desta obra.

O *agente capaz* indicado no inciso I do art. 104 é o que possui capacidade para exercer direitos e contrair deveres, que é adquirida com a maioridade ou com a emancipação.

A incapacidade para o exercício pode ser suprida pelas formas de proteção aos incapazes, que são a representação e assistência, empregadas, respectivamente, para os que tem incapacidade absoluta e relativa, já analisadas, igualmente, no capítulo II.

As pessoas jurídicas atuam nos negócios pelos seus representantes indicados nos contratos socais ou estatutos.

2.3.2.2. *Objeto lícito, possível, determinado ou determinável*

A professora Maria Helena Diniz leciona que "para que o negócio jurídico se repute perfeito e válido deverá versar sobre objeto *lícito*, ou seja, conforme a lei, não sendo contrário aos bons costumes, à ordem público e à moral. Se ilícito o seu objeto, nulo será o negócio jurídico (CC, art. 166, II), não produzindo qualquer efeito jurídico (RT, 395:165); é o que ocorre, p. ex., com a corretagem matrimonial, a compra e venda de objeto roubado, o contrato de prestação de serviços sexuais etc."[6].

O objeto, além de lícito, deve ser possível. Se o objeto for impossível, o negócio será nulo, porque ausente o requisito de validade.

A impossibilidade do objeto pode ser física ou jurídica.

Será física quando decorrer das leis da natureza, como, por exemplo, a de alienar terreno situado em Saturno. Será jurídica quando o ordenamento jurídico proibir que determinado bem seja objeto de negociação, como se dá, por exemplo, com a negociação de herança de pessoa viva (art. 426 CC/02).

De se consignar que a impossibilidade do objeto, seja física ou jurídica, só torna o negócio nulo se essa impossibilidade for absoluta, isto é, quando o cumprimento for impossível para todas as pessoas. Permanecerá válido o negócio se a impossibilidade for relativa, ou seja, quando o cumprimento for impossível apenas para o devedor, mas possível para terceiros (art. 106 do CC/02).

Segundo o art. 104, II do CC/02, o objeto precisa ser, ainda, determinado ou determinável.

Objeto determinado é aquele devidamente individualizado, ou seja, identificado. Objeto determinável é aquele que não é prontamente identificado no momento do negócio e cuja individualização ocorrerá depois. É o caso, por exemplo, das obrigações de dar coisa incerta, cuja identificação ocorrerá posteriormente por meio da escolha (concentração).

2.3.2.3. Forma

O terceiro requisito de validade do negócio jurídico é a forma (art. 104, III do CC/02), que consiste no instrumento pelo qual a vontade é manifestada.

Em princípio, a forma dos negócios jurídicos é livre, segundo o art. 107 do CC/02. Há, contudo, alguns negócios que a lei, com o intuito de trazer segurança jurídica, determina que sejam celebrados de uma forma especial.

Assim, os negócios jurídicos podem ser revestidos das seguintes formas:

a) *Forma livre*: que consiste em qualquer meio de revelação da vontade, inexistindo qualquer exigência da lei quanto à sua celebração. É o caso, por exemplo, da palavra escrita ou falada, predominante no nosso ordenamento jurídico;

b) *Forma especial ou solene*: que consiste na forma exigida pela lei como requisito de validade do negócio. A sua não observação acarretará a nulidade do

6. *Curso de Direito Civil Brasileiro*. 30ª ed., v. 1. São Paulo: Saraiva, 2013, p. 493.

negócio, porque a exigência tem como finalidade trazer segurança jurídica, seja para as partes contratantes seja para terceiros. É o caso, por exemplo, da alienação de bens imóveis, que deve ser realizada por meio de escritura pública, conforme preceitua o art. 108 do CC/02;

c) *Forma contratual*: que consiste na forma eleita pelas partes, que, na celebração, podem convencionar que o negócio só terá validade se for celebrado por instrumento público, nos termos do art. 109 do CC/02. Assim, um negócio jurídico que, inicialmente, poderia ser celebrado de forma livre, deverá, necessariamente, ser celebrado por instrumento público, pela simples convenção das partes.

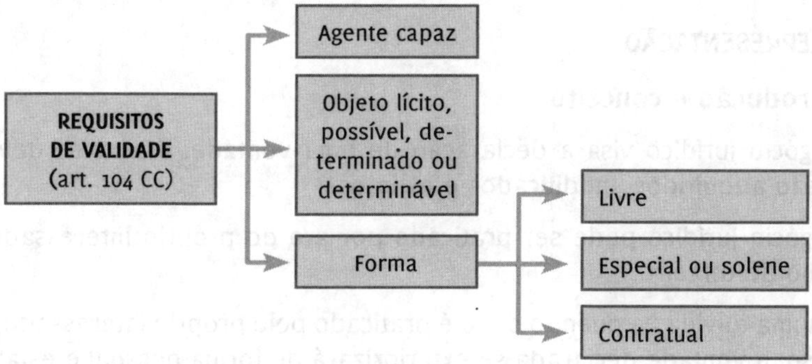

2.4. Interpretação do negócio jurídico

Não é só a lei que exige interpretação. Os negócios jurídicos, por vezes, também não possuem uma redação clara e precisa sobre os elementos essenciais do negócio. Quando isso ocorre, mostra-se necessário interpretar o negócio, objetivando extrair o verdadeiro conteúdo da vontade das partes.

O ilustre Carlos Roberto Gonçalves, citando Francisco Amaral, consigna que "*interpretar* o negócio jurídico é, portanto, precisar o sentido e alcance do conteúdo da declaração de vontade. Busca-se apurar a vontade concreta das partes, não a vontade interna, psicológica, mas a vontade objetiva, o conteúdo, as normas que nascem de sua declaração"[7].

Nesse sentido, dispõe o **art. 112** que "nas declarações de vontade se atenderá mais à intenção nelas consubstanciada do que ao sentido literal da linguagem". A vontade, como dito várias vezes, é da essência do negócio, de maneira que terá primazia sobre o sentido literal da linguagem.

De igual maneira, o **art. 113** preceitua que "os negócios jurídicos devem ser interpretados conforme a boa-fé e os usos do lugar de sua celebração". O dispositivo consagra elementos objetivos para a interpretação dos negócios jurídicos.

7. *Direito Civil I*. 3ª ed. São Paulo: Saraiva, 2011, p. 339.

Cabe ressaltar que a boa-fé dos contratantes sempre é presumida e representa um importante elemento na interpretação e compreensão do negócio. A má-fé, no entanto, deve ser provada pela parte que a alegue.

Segundo o **art. 114**, "os negócios jurídicos benéficos e a renúncia interpretam-se estritamente".

Negócios benéficos ou gratuitos são aqueles em que o sacrifício patrimonial recai sobre apenas uma das partes. Nessa modalidade, uma das partes arca com os ônus enquanto a outra obtém vantagens, como é o caso da doação. Tais negócios serão interpretados de maneira estrita porque configuram renúncia de direitos.

3. DA REPRESENTAÇÃO

3.1. Introdução e conceito

O negócio jurídico visa à declaração de uma vontade. É através dele que os direitos são adquiridos, modificados e extintos.

O negócio jurídico pode ser praticado por ato do próprio interessado ou por intermédio de terceiro.

Nenhuma dúvida há quando o ato é praticado pelo próprio interessado, porque, nesse caso, a vontade declarada se exteriorizará de forma pessoal e estará apta a produzir efeitos contra e a favor dele.

No entanto, em alguns casos a vontade e a declaração são exteriorizadas por uma terceira pessoa, que celebra o negócio em nome de outro. É nessa hipótese que se caracteriza a representação, porque o ato é praticado pelo representante, mas os efeitos atingem o representado.

Isso é o que nos ensina o ilustre Carlos Roberto Gonçalves ao esclarecer que "representação tem o significado, pois, de atuação jurídica em nome de outrem. Constitui verdadeira legitimação para agir por conta de outrem, que nasce da lei ou do contrato"[8].

Para que se configure a representação é indispensável, portanto, que o ato seja praticado no interesse de terceiro e em nome de terceiro. É indispensável, pois, que o representante deixe claro que atua em nome de outrem, sob pena de contratar em nome próprio.

REPRESENTAÇÃO: ato praticado
- No interesse de terceiro
- Em nome de terceiro

8. *Direito Civil I*. 3ª ed. São Paulo: Saraiva, 2011, p. 365.

3.2. Espécies de representação e de representantes

Dispõe o art. 115 do CC/02:

> **Art. 115.** Os poderes de representação conferem-se por lei ou pelo interessado.

Como se verifica do dispositivo em análise, a representação pode ser **legal** ou **convencional.**

A **representação legal**, evidentemente, decorre da lei e é conferida aos pais, tutores, curadores para cuidarem dos interesses dos incapazes.

Estes, por estarem impossibilitados de exercer pessoalmente os atos da vida civil, necessitam que tais atos sejam praticados por terceiros. Assim, os pais, em razão do poder familiar, representam os filhos até a idade de dezesseis anos. Não havendo os pais ou se estes forem privados do poder familiar, a representação caberá ao tutor, segundo a disciplina do art. 1.728 e seguintes do CC/02.

Os relativamente incapazes não estão sujeitos à representação, mas à assistência, conforme já explicitado no capítulo 2, item 2.3.2.

Há, ainda, outras formas de representação legal, como aquela conferida ao síndico de condomínio edilício. O art. 1.348, II do CC/02 impõe ao síndico o dever de representar o condomínio, ativa e passivamente, para que defenda os interesses comuns.

A lei também confere representação aos sindicatos para a celebração de convenções e acordos coletivos. Tanto no caso do condomínio edilício quanto do sindicato, a representação legal ocorre em relação a pessoas capazes, mas que possuem uma limitação de capacidade.

A **representação voluntária**, também chamada de convencional, é a que decorre da autonomia privada. O representado estabelece ao representante os poderes e os limites da representação.

Essa modalidade de representação exterioriza-se através da **procuração**, que é o instrumento do mandato, nos termos do art. 653, segunda parte do CC/02. É através da procuração que o representado investe o representante dos poderes necessários para agir em seu nome.

Dessa forma, a procuração faz surgir a ideia de substituição, porque o representante praticará o ato em nome do representado, vinculando-o ao negócio e obrigando-o a cumprir o que foi pactuado.

Nesse sentido é o que estabelece o art. 116 do CC/02 abaixo descrito:

> **Art. 116.** A manifestação de vontade pelo representante, nos limites de seus poderes, produz efeitos em relação ao representado.

Prosseguindo, a procuração é o meio pelo qual se faz prova da representação, competindo ao representante demonstrar que atua em nome do representado, bem como a extensão dos poderes que lhe foram conferidos. Isso é o que dispõe o art. 118 do CC/02 abaixo transcrito:

> **Art. 118.** O representante é obrigado a provar às pessoas, com quem tratar em nome do representado, a sua qualidade e a extensão de seus poderes, sob pena de, não o fazendo, responder pelos atos que a estes excederem.

A norma estampada no art. 118 tem especial razão de existir.

Já foi dito que na representação ocorre o fenômeno da substituição, de forma que o negócio não é celebrado pelo contratante (representado), mas por uma terceira pessoa (representante). Assim, as pessoas que negociam com o representado tem especial interesse em saber qual é a qualidade do representante e a extensão de seus poderes, de maneira que este tem a obrigação de exibir a procuração para fazer prova de que atua em nome do representado.

Observe que o excesso praticado pelo representante, ao contratar com o terceiro além dos poderes que lhe foram conferidos, em nada prejudica a situação do representado. Isso porque a segunda parte do art. 118 impõe ao representante a responsabilidade pessoal pelos atos praticados além dos poderes conferidos. Assim o é porque, com a apresentação da procuração, o terceiro terá condições de verificar a extensão dos poderes e se o ato a ser praticado encontra-se naqueles que foram outorgados, de forma que se não estiver não poderá se queixar e exigir qualquer medida contra o representado.

Resumindo, os efeitos da representação podem ser assim assinalados[9]:

a) o negócio celebrado com terceiro dentro dos poderes conferidos ao representante vinculam o representado, produzindo efeitos na sua seara jurídica;

b) consequentemente, o representante é pessoa estranha ao negócio, eis que o vínculo negocial se estabelece entre o contratante e o representado;

c) as obrigações inadimplidas são de responsabilidade do representado e não do representante, salvo se este expressamente se obrigou pelo cumprimento;

d) o representado é legitimado ativa e passivamente na relação processual que discute o negócio entabulado pelo representante.

A **Legal:** Decorre da lei (ex. pais, tutores, síndico etc.)
B **Convencional:** decorre da autonomia privada e exterioriza-se pela procuração

Por derradeiro, é importante destacar que, além das espécies de representação, há, também, espécies de representantes, que podem ser:

9. Carlos Roberto Gonçalves, *Direito Civil I*. 3ª ed. São Paulo: Saraiva, 2011, p. 368.

a) **Legal:** que é aquele indicado pela lei para cuidar dos interesses de terceiros, como ocorre com os pais, tutores e curadores;

b) **Convencional:** que é aquele escolhido livremente pelo representado e que recebe a procuração com os poderes ali consignados, sejam eles gerais ou especiais (art. 661 do CC/02);

c) **Judicial:** que é aquele nomeado pelo juiz para exercer atos de representação no processo, como o inventariante e o síndico da falência.

3.3. Conflito de interesses e autocontratação

Tendo em vista que a representação configura substituição, na medida em que o negócio é celebrado por terceiro (representante) que atua em nome do verdadeiro contratante (representado), pode ocorrer, por vezes, um conflito de interesses.

De fato, é possível que o representante tenha interesses opostos em relação ao negócio que celebrará em nome do representado. Quando isso ocorrer, a boa--fé objetiva determina que o representante se abstenha de praticar o ato, porque sempre haverá a suspeita de que praticou o negócio em benefício próprio e não em benefício do representado.

Por tal razão, o art. 119 do CC/02 traz importante regra que permite ao representado, nessa situação, anular o negócio. Observe:

> **Art. 119.** É anulável o negócio concluído pelo representante em conflito de interesses com o representado, se tal fato era ou devia ser do conhecimento de quem com aquele tratou.
>
> **Parágrafo único.** É de cento e oitenta dias, a contar da conclusão do negócio ou da cessação da incapacidade, o prazo de decadência para pleitear-se a anulação prevista neste artigo.

O dispositivo traz algumas questões importantes.

A primeira é que o negócio celebrado é **anulável**. Sobre a anulabilidade dos negócios jurídicos tratamos especificamente no capítulo 6, item 6.2.

A segunda é que a causa de anulabilidade é, pura e simplesmente, a existência do **conflito de interesses**. Para anular o negócio basta que o representado demonstre que o representante tem um interesse contrário ao seu e que esse interesse pode influenciar na conclusão do negócio.

Não é necessária a prova do dolo ou de que o representante auferiu efetivamente algum benefício. Também é desnecessário que o representado tenha experimentado algum prejuízo.

A terceira questão é que o conflito seja, ou devesse ser, **conhecido pelo terceiro** que celebra o negócio. Tal exigência encontra fundamento no princípio da segurança jurídica e na teoria da confiança, porque as relações negociais estariam seriamente abaladas caso o negócio pudesse ser anulado por um conflito de interesses que não fosse conhecido pelo terceiro. Segundo Eduardo Ribeiro de Oliveira, "considera-se que deveria ser do conhecimento do interessado, quando facilmente apurável essa circunstância, desde que observadas as cautelas recomendáveis"[10].

O quarto ponto relevante é que o parágrafo único estabelece o prazo de **cento e oitenta dias** para requerer a anulação do negócio. Trata-se de prazo **decadencial**, cujo início da contagem se dá com a conclusão do negócio. Havendo incapacidade do representado, o prazo se iniciará com a cessação desta.

Outra situação que possui certa semelhança com o art. 119 é aquela em que o representante atua nas duas pontas do negócio, agindo como representante de uma parte e como contratante. Nessa hipótese, a mesma pessoa exerce dois papéis distintos, eis que atua, de um lado, como representante do dono do negócio (representado) e, de outro, em nome próprio como contratante direto e pessoal. É o que ocorre, por exemplo, quando o representado confere uma procuração ao representante para que aliene um imóvel e este o vende a si mesmo. Essa situação é chamada de **contrato consigo mesmo ou autocontratação.**

A autocontratação é disciplinada pelo art. 117, que assim dispõe:

> **Art. 117.** Salvo se o permitir a lei ou o representado, é anulável o negócio jurídico que o representante, no seu interesse ou por conta de outrem, celebrar consigo mesmo.
>
> **Parágrafo único.** Para esse efeito, tem-se como celebrado pelo representante o negócio realizado por aquele em quem os poderes houverem sido substabelecidos.

Assim como ocorre com o art. 119, o dispositivo em destaque prevê, como regra, a anulabilidade do negócio, porque há uma presunção de que existe um conflito de interesses.

A doutrina moderna entende que é desnecessária a demonstração do efetivo prejuízo pelo representado, haja vista que a norma não condiciona a anulação a qualquer dano, mas tão somente à realização do negócio na forma do art. 117.

Sobre as razões da anulabilidade, é importante destacar a lição de Eduardo Ribeiro de Oliveira:

> "Parece que o fato mesmo de alguém agir, concomitantemente, nos dois polos do negócio, representando interesses que, ao menos em parte, se contrapõem, é razão suficiente para tornar indesejável a situação e justificar a anulabilidade do ato. É razoável presumir-se que o representante, desejoso de concluir um negócio, procurará fazê-lo do modo que lhe seja mais favorável, o que conflitará com o seu dever de diligenciar no sentido do que seja melhor para o representado".

10. Comentários ao Novo Código Civil, Vol. 2, Forense, 2008, p. 296.

Tal questão também foi disciplinada pelo Código de Defesa do Consumidor, que estabelece como nula de pleno direito a cláusula contratual que imponha representante para concluir ou realizar outro negócio jurídico pelo consumidor (art. 51, VIII, do CDC).

Não obstante as ponderações feitas até agora, sobretudo de que a anulabilidade, no caso do art. 117, é a regra, fato é que a autocontratação admite exceções.

De fato, o próprio texto legal tem início com a expressão "salvo se o permitir a lei ou o representado", o que não deixa dúvidas de que a lei ou a vontade do representado podem validar o negócio.

A razão legal do dispositivo é proteger o representado de eventuais riscos e perigos que possa desconsiderar. No entanto, se o representado expressamente permite que o representante celebre o negócio consigo mesmo, não há razão para que pleiteie, futuramente, a anulação do negócio, porque inexistirá qualquer quebra de confiança.

Por derradeiro, importa esclarecer que o art. 685 do CC/02 disciplina a **procuração em causa própria**, cujo texto segue abaixo:

> **Art. 685.** Conferido o mandato com a cláusula "em causa própria", a sua revogação não terá eficácia, nem se extinguirá pela morte de qualquer das partes, ficando o mandatário dispensado de prestar contas, e podendo transferir para si os bens móveis ou imóveis objeto do mandato, obedecidas as formalidades legais.

A procuração em causa própria é uma hipótese legal que não leva à anulação do negócio. É muito utilizada nos negócios imobiliários em que o vendedor do imóvel, por estar impossibilitado de comparecer ao cartório de notas para assinatura da escritura pública, confere ao comprador a procuração com a cláusula "em causa própria", que permitirá a este assinar a escritura como representante do vendedor. Assim, o comprador assinará a escritura como representante do vendedor e também como comprador, ocupando os dois polos do negócio e com poderes para transferir o imóvel para seu nome.

4. DA CONDIÇÃO, DO TERMO E DO ENCARGO

4.1. Introdução

Como visto, a celebração do negócio jurídico exige que sejam preenchidos alguns requisitos essenciais, sem os quais o negócio não existe ou não tem validade. Esses requisitos indispensáveis são delineados pela lei, sobretudo no art. 104 do CC/02.

No entanto, a ordem jurídica coloca à disposição das partes a inserção de outros elementos, que não são obrigatórios, mas que, uma vez inseridos, visam mudar os efeitos do negócio.

É importante que fique claro que os elementos acidentais não configuram cláusulas acessórias do negócio. Quando se diz que são elementos acidentais, significa simplesmente que não são obrigatórios para que o negócio possa existir e ter validade. No entanto, uma vez inseridos pela vontade das partes, o negócio passa a ser considerado como um todo, de forma que os elementos acidentais passam a ter a mesma atenção dos elementos essenciais. Em outras palavras, não podem ser tratados de forma separada e secundária da declaração de vontade.

O Código Civil considera como elementos acidentais a condição, o termo e o encargo, que serão vistos a seguir.

4.2. Da Condição

4.2.1. *Conceito*

A atual codificação conceituou a condição no art. 121. Observe:

> **Art. 121.** Considera-se condição a cláusula que, derivando exclusivamente da vontade das partes, subordina o efeito do negócio jurídico a evento futuro e incerto.

Como se verifica, **condição** é o acontecimento futuro e incerto que subordina a eficácia do negócio jurídico.

O referido dispositivo ainda traz outras informações importantes.

Em primeiro lugar, o conceito trazido pelo art. 121 aplica-se tanto à condição suspensiva quanto à resolutiva.

A **condição suspensiva** é aquela em que os efeitos almejados somente **se iniciam** com o implemento do evento indicado. Há vários exemplos no cotidiano, como uma empresa que contrata um serviço de vigilância e monitoramento e que condiciona o início do pagamento à completa instalação das câmeras e implantação total dos serviços. Nesse sentido, dispõe o art. 125 do CC/02:

> **Art. 125.** Subordinando-se a eficácia do negócio jurídico à condição suspensiva, enquanto esta se não verificar, não se terá adquirido o direito, a que ele visa.

A **condição resolutiva** é aquela em que os efeitos almejados **cessam** com o implemento do evento indicado, como ocorre, por exemplo, quando uma pessoa recebe uma oferta de trabalho em outro município e condiciona o prazo de locação do imóvel ao término do emprego. Uma vez comunicado de que os serviços não serão mais necessários, operar-se-á a condição resolutiva, que colocará fim à locação. Sobre o tema, o art. 127 esclarece:

> **Art. 127.** Se for resolutiva a condição, enquanto esta se não realizar, vigorará o negócio jurídico, podendo exercer-se desde a conclusão deste o direito por ele estabelecido.

A Condição Suspensiva:	os efeitos somente se <u>iniciam</u> com o implemento do evento indicado, quando o direito será adquirido (art 125 cc/02)
B Condição Resolutiva:	os efeitos <u>cessam</u> com o implemento do evento indicado (art. 127, cc/02)

O segundo ponto relevante é que a expressão "derivando exclusivamente da vontade das partes", afasta da aplicação do dispositivo as condições derivadas da lei.

De fato, somente as condições voluntárias, que são aquelas criadas pelas partes como requisito de eficácia do negócio jurídico, é que estão submetidas ao alcance do art. 121 do CC/02;

As condições legais, embora produzam os mesmos efeitos, são criadas pela lei e, com essa característica, são pressupostos do negócio jurídico, porque as partes não podem ignorá-las.

4.2.2. *Elementos da condição*

As condições disciplinadas pelo art. 121 do CC/02 possuem os seguintes elementos:

a) **Voluntariedade:** como dito, a condição, na acepção técnica do termo, deve ter como origem a vontade das partes. São as partes que criarão o evento que subordinará a eficácia do negócio. Dessa forma, não se considera condição o evento futuro, ainda que incerto, mas que decorrerá da própria natureza do negócio e não da vontade das partes. Não se considera condição, por exemplo, a realização do casamento para a validade do pacto antenupcial (art. 1.653 do CC/02), como também não se considera condição para a validade do legado o fato de o legatário sobreviver ao testador (art. 1.939, V do CC/02). Como se verifica, tais eventos decorrem das características próprias ao negócio e não da vontade das partes. De igual sorte, não se considera condição a cláusula que reproduza requisito que é próprio do negócio, como a que subordina a realização do negócio à formalidade que a lei considera indispensável (art. 108 do CC/02)[11].

b) **Futuridade:** para que se configure a condição, o evento que subordina a eficácia do negócio deverá ser futuro. Se for pretérito ou presente, ainda que desconhecido das partes, não estará configurada a condição, porque o evento será puro e simples.

c) **Incerteza:** além de futuro, o evento também deve ser incerto. A incerteza, no caso, é avaliada objetivamente, sendo irrelevante, portanto, o que supõe as partes ou o que passa na mente delas. Dizer que a incerteza deve ser objetiva, significa avaliá-la na realidade, de forma que o evento deve ser incerto para todos e não somente para as partes envolvidas. Sobre a objetividade da incerteza o ilustre Eduardo de Oliveira Ribeiro[12] traz importante lição:

> "Em regra, a incerteza, apta a configurar a condição, refere-se ao fato mesmo de determinado evento não dever, necessariamente, ocorrer. A simples dúvida, ainda que objetiva, quanto ao momento em que haja

11. Eduardo Ribeiro de Oliveira, Comentários ao Novo Código Civil, Vol. 2, Forense, 2008, p. 305.
12. Comentários ao Novo Código Civil, Vol. 2, Forense, 2008, p. 304.

> de verificar-se não basta. A morte constitui hipótese clássica de termo, ainda que se ignore a data em que sobrevirá.
>
> O evento inevitável, entretanto, pode transformar-se em condição, caso se acresça algum elemento capaz de introduzir a incerteza. Por exemplo, se a eficácia do negócio depender, não simplesmente da morte de alguém, mas de que essa decorra de violência ou se verifique em um certo prazo."

4.2.3. *Negócios jurídicos que não admitem condição*

É importante ponderar que não são todos os negócios jurídicos que admitem a inserção de elementos acidentais, porque estes implicam em certos obstáculos, ora restringindo a aquisição do direito, ora impedindo o exercício e ora impondo a perda de sua eficácia.

Por tais razões, a utilização dos elementos acidentais encontra relevância nos negócios onerosos, que versam sobre direitos patrimoniais disponíveis. Contudo, mesmo em relação a esses, há de se observar que, em alguns casos, encontram verdadeiras limitações, como ocorre com a aceitação e renúncia de herança, que não admitem condição nem termo (art. 1.808 do CC/02).

De igual sorte, os negócios jurídicos de caráter patrimonial pessoal, como o casamento, o reconhecimento de filho e a adoção, não admitem condição.

Carlos Roberto Gonçalves[13] leciona que os negócios que não admitem condição são denominados de **atos puros** e podem ser assim elencados:

a) Os negócios jurídicos que, por sua função, inadmitem incerteza;

b) Os atos jurídicos em sentido estrito;

c) Os atos jurídicos de família, onde não atua o princípio da autonomia privada, pelo fundamento ético social existente;

d) Os atos referentes ao exercício dos direitos personalíssimos.

4.2.4. *Das condições proibidas*

É importante observar que o art. 121 traz o conceito de condição, permitindo, de maneira geral, que as partes subordinem a eficácia do negócio jurídico a um evento futuro e incerto.

Nos artigos seguintes, o Código Civil disciplina as exceções, como a licitude da condição, que é disciplinada pelo art. 122 que assim estabelece:

> **Art. 122.** São lícitas, em geral, todas as condições não contrárias à lei, à ordem pública ou aos bons costumes; entre as condições defesas se incluem as que privarem de todo efeito o negócio jurídico, ou o sujeitarem ao puro arbítrio de uma das partes.

13. *Direito Civil I*. 3ª ed. São Paulo: Saraiva, 2011, p. 381.

A primeira parte do dispositivo trata da **condição ilícita** assim entendida, obviamente, como aquela contrária à lei, à moral e aos bons costumes. Serão ilícitas as condições que afetem a liberdade das pessoas de forma **absoluta**, como, por exemplo, a que obrigue a pessoa a traficar drogas ou a casar com a própria filha. Como se observa, ambas as condições têm como objeto questões contrárias ao ordenamento jurídico e, nessa qualidade, não possuem o condão de produzir efeitos. No entanto, serão válidas as condições que imponham restrições à liberdade da pessoa, mas que tal restrição seja apenas **relativa**. Assim, no mesmo exemplo, serão válidas as condições se obrigarem a parte a conseguir um emprego ou a de contrair matrimônio.

A licitude da condição, indicada no art. 122, segue a mesma análise da licitude do objeto do negócio jurídico, prevista no art. 104, II do CC/02 e tratada nesta obra no capítulo IV, item 2.3.2.2..

O estudo das condições **potestativas** também é de extrema importância par a análise do dispositivo. Diz-se potestativa a condição que decorre da vontade ou do poder de uma das partes[14]. As condições potestativas dividem-se em puramente potestativas e simplesmente potestativas.

O art. 122 proíbe as condições **puramente potestativas**, que são aquelas que sujeitam o implemento da condição ao arbítrio da vontade de apenas uma das partes, que segue o pressuposto de "se eu quiser". Esse pressuposto está associado ao simples capricho da parte, que pretende subordinar o negócio a situações sobre as quais possui o mais absoluto controle, sem que haja qualquer interferência externa. É o caso, por exemplo, de uma parte pretender subordinar o negócio a "se eu andar na rua" ou "se eu me alimentar", ações que, como se verifica, o agente tem total domínio o que retira a seriedade do ato. O art. 122 enquadra as condições puramente potestativas como "condições defesas".

No entanto, as condições puramente potestativas podem perder essa característica em razão de eventos casuais e inesperados. Imagine, por exemplo, que uma parte subordine o negócio à condição de "se eu andar de bicicleta". Verifica-se, inicialmente, tratar-se de condição puramente potestativa, porque o evento está subordinado ao simples capricho do agente. No entanto, se o referido agente sofrer um mal que lhe debilite a condição física e o equilíbrio, a condição deixará de ser puramente potestativa, porque a nova situação tornará incerto o implemento da condição, que não estará mais sob o controle absoluto e exclusivo do agente.

As condições **simplesmente potestativas** são admitidas pelo ordenamento jurídico, porque dependem de um fator externo, que retira o controle absoluto do declarante. Condições do tipo "se eu me graduar em medicina" ou "se eu viajar ao exterior" são perfeitamente válidas porque não estão vinculadas ao simples arbítrio do declarante, que precisará encontrar tempo e dinheiro para implementá-las.

14. Carlos Roberto Gonçalves, *Direito Civil I*. 3ª ed. São Paulo: Saraiva, 2011, p. 386.

Sobre as condições simplesmente potestativas, o ilustre Carlos Roberto Gonçalves[15] traz importante lição, cujo conteúdo segue abaixo:

> "Tem-se entendido que a cláusula "pagarei quando puder" ou "quando possível" não constitui arbítrio condenável. São exemplos de condições simplesmente potestativas as previstas no Código Civil, art. 420, que permite às partes estipular o direito de se arrepender; o art. 505, que trata da retrovenda; art. 509, concernente à venda à contento; e art. 513, que regula o direito de preempção ou preferência".

O art. 122 ainda enquadra como **condições defesas** "as que privarem de todo efeito o negócio jurídico". São as chamadas **condições contraditórias ou perplexas,** que trazem uma incompatibilidade lógica para que o negócio seja concluído.

Haverá uma contradição entre o próprio negócio e a condição, vez que esta trará uma situação que excluirá o próprio negócio, impedindo que ele se realize.

A doutrina tradicional cita como exemplo a situação em que o agente declara: "deixo A como meu herdeiro universal, se B for meu herdeiro universal". Como se observa, a condição é contraditória porque não há como A e B serem, concomitantemente, herdeiros universais.

As condições contraditórias invalidam o negócio jurídico que subordinam, sejam eles *inter vivos* ou *mortis causa,* segundo a previsão expressa do art. 123, III do CC/02, que será visto adiante.

Condições Proibidas (art. 122 CC/02)

A Condições ilícitas:	Contrárias à lei, à moral, aos bons costumes e que afetem a liberdade das pessoas de forma absoluta
B Condições defesas:	1 **Puramente potestativas:** sujeitam o implemento da condição ao arbítrio da vontade de apenas uma das partes 2 **Contraditórias ou perplexas:** trazem incompatibilidade lógica que impede que o negócio seja concluído

4.2.5. *Da invalidade das condições*

Além de disciplinar a licitude no art. 122, o Código Civil disciplina a invalidade das condições no art. 123. Observe:

> **Art. 123.** Invalidam os negócios jurídicos que lhes são subordinados:
>
> I - as condições física ou juridicamente impossíveis, quando suspensivas;
>
> II - as condições ilícitas, ou de fazer coisa ilícita;
>
> III - as condições incompreensíveis ou contraditórias.

Pois bem.

O inciso I trata das **condições suspensivas impossíveis**. Não estão compreendidas as condições resolutivas, que foram disciplinadas pelo art. 124.

15. *Direito Civil I*. 3ª ed. São Paulo: Saraiva, 2011, p. 387.

A impossibilidade de que trata o art. 123, I pode ser física ou jurídica.

O Código Civil de 1916 dava disciplina diversa para as condições física e juridicamente impossíveis, tratando as primeiras como inexistentes e as segundas como causa de invalidade do negócio a elas subordinado.

A atual codificação unificou a disciplina jurídica tratando igualmente ambas as condições (física e juridicamente) impossíveis como causa de invalidade do negócio. Ora, se a condição é impossível e o declarante, mesmo ciente da impossibilidade, resolveu condicionar os efeitos do negócio a essa circunstância é evidente que não pretendeu, concretamente, a produção dos efeitos jurídicos que o negócio deveria produzir.

É evidente que o art. 123, I disciplina as condições originariamente impossíveis. Isso porque a impossibilidade pode ser superveniente, hipótese em que não haverá nulidade, mas tão somente condição falha, porque, tratando-se de condição suspensiva, o evento não ocorrerá e o negócio não produzirá efeitos[16].

O Código Civil não faz nenhuma distinção em relação às condições **relativamente impossíveis**, que são aquelas impossíveis para a grande maioria das pessoas, mas, excepcionalmente, possíveis para poucos. Uma viagem espacial, por exemplo, é possível nos dias de hoje, mas sua utilização, diante da baixíssima oferta e dos altos custos envolvidos, é extremamente inacessível para a grande maioria das pessoas. As condições relativamente impossíveis estão sujeitas à disciplina do art. 123, I do CC/02.

O art. 123 ainda trata da invalidade dos negócios subordinados às condições ilícitas (inciso II) e incompreensíveis ou contraditórias (inciso III). Sobre elas tratamos especificamente no item anterior, quando analisamos o art. 122.

4.2.6. *Da condição resolutiva: particularidades*

Já vimos que a condição resolutiva é aquela em que os efeitos almejados **cessam** com o implemento do evento indicado, como preceitua o art. 127 do CC.

Não obstante, o Código Civil traz disciplina jurídica diversa para as condições suspensivas e resolutivas, em relação à impossibilidade. Veja o que dispõe o art. 124 do CC:

> **Art. 124.** Têm-se por inexistentes as condições impossíveis, quando resolutivas, e as de não fazer coisa impossível.

Enquanto o art. 123 considera **inválida** a **condição suspensiva** física ou juridicamente **impossível**, a primeira parte do art. 124 considera a **condição resolutiva impossível** (física ou jurídica) **inexistente**. E, nesse ponto, a diferença de tratamento se justifica.

Com efeito. A condição resolutiva se limita a estabelecer o evento que coloque fim aos efeitos do negócio. Se o agente conscientemente estabelece uma condição resolutiva impossível, como, por exemplo, a realização de um contrato que tenha

16. Eduardo Ribeiro de Oliveira, Comentários ao Novo Código Civil, Vol. 2, Forense, 2008, p. 313.

como objeto a herança de pessoa viva (art. 426 do CC), é evidente que não se pretendeu, de fato, criar uma condição que impusesse a resolução do negócio.

A segunda parte do dispositivo considera igualmente inválidas as condições resolutivas negativas. A doutrina critica a previsão legal, alegando ser completamente desnecessária, eis que ausente o elemento da seriedade capaz de atingir o negócio jurídico. Ora, se o negócio é submetido à condição de o homem não viajar ao sol não haverá condição alguma. O negócio, assim que concluído, será puro e simples[17].

De maneira geral, o Código Civil estabeleceu como regra a retroatividade da condição resolutiva, que, uma vez ocorrendo, colocará fim aos efeitos do negócio.

Contudo, o art. 128 faz ressalva expressa aos contratos de execução continuada ou periódica, ao validar os atos já praticados, quando compatíveis com a natureza da condição pendente e com a boa-fé.

A razão legal do dispositivo é correta e de grande utilidade prática.

Retomemos o exemplo já citado da pessoa que recebe uma oferta de trabalho em outro município e condiciona o prazo de locação do imóvel ao término do emprego. Uma vez comunicado de que os serviços não serão mais necessários, operar-se-á a condição resolutiva, que colocará fim à locação. Prevalecendo a regra geral da retroatividade, o locador deveria restituir os valores recebidos a título de aluguel, solução que, além de não corresponder ao sentido da norma e à vontade das partes, traria grande insegurança jurídica.

Não houvesse a exceção prevista no art. 128, ter-se-ia situações extremamente dificultosas, como inúmeros pedidos de indenização pelo tempo em que o agente ficou privado da utilização da coisa.

Observe, novamente, que o art. 128, salvo disposição em contrário, valida os atos já praticados nos negócios de execução continuada. Para tanto, duas condições são necessárias: a) **que sejam compatíveis com a natureza da condição pendente**, o que é óbvio, porque, caso contrário, a implementação da própria condição poderia ser prejudicada; e b) **que sejam compatíveis com a boa-fé**, que, no caso, é a boa-fé objetiva inspirada nos parâmetros de lealdade e probidade.

Condições físicas ou juridicamente impossível[18]

A **quando resolutivas**	São consideradas não escritas (inexistentes), mas o negócio continua válido
B **quando suspensivas**	invalidam tanto a condição como o contrato, assim como as condições ilícitas, ou de fazer coisa ilícita, e as condições incompreensíveis ou contraditórias

17. Eduardo Ribeiro de Oliveira, Comentários ao Novo Código Civil, Vol. 2, Forense, 2008, p. 322.
18. Esquema de Flávio Tartuce, *Direito Civil*, vol 1, Método, 2013, 9. ed. p. 350.

4.2.7. *Pendência, implemento e frustração da condição*

As condições podem ser analisadas sob três aspectos.

Serão **pendentes** as condições cujo evento futuro e incerto ainda não tenha ocorrido ou frustrado.

Por sua vez, quando verificado o evento futuro e incerto diz-se que ocorreu o **implemento**, com o início ou término dos efeitos almejados pelo agente.

Ocorrerá a **frustração** da condição quando o evento futuro e incerto não se realizar.

Sobre o assunto, o art. 129 do CC traz importante conteúdo. Veja:

> **Art. 129.** Reputa-se verificada, quanto aos efeitos jurídicos, a condição cujo implemento for maliciosamente obstado pela parte a quem desfavorecer, considerando-se, ao contrário, não verificada a condição maliciosamente levada a efeito por aquele a quem aproveita o seu implemento.

Trata-se, a toda evidência, de implemento fictício da condição como forma de punir a parte que age maliciosamente para impedir ou provocar o implemento da condição que lhe desfavorece.

Observe que o art. 129 procura dar o efeito justamente oposto àquele desejado pelo agente malicioso, de maneira que aquele que seria prejudicado ou beneficiado pelo ato doloso deixará de sê-lo. Como exemplo pode ser citada a condição de pagar somente se as ações de determinada empresa alcançarem certo valor, e houver, maliciosamente, manipulação na Bolsa de Valores, pelo interessado, para evitar que o valor estipulado se verifique[19].

O texto legal é de conteúdo bastante abrangente, e é importante analisar a extensão da expressão **"maliciosamente"** utilizada no referido artigo.

A doutrina é pacífica ao compreender que a expressão **maliciosamente** se refere tão somente ao **dolo** e **não à culpa**. Dessa forma, para que o implemento fictício disciplinado pelo art. 129 aconteça é necessário que o interessado aja dolosamente, com a intenção deliberada de impedir ou provocar o implemento da condição. Se agir com culpa haverá tão somente a indenização dos prejuízos, segundo a regra do art. 186 do CC.

Outro ponto importante é que o ato malicioso deve ser praticado pelo **interessado** e **não por terceiro**. O ato malicioso praticado por terceiro não tem, em princípio, o condão de ativar os efeitos consubstanciados no art. 129, mas de impor ao terceiro a reparação dos prejuízos causados por sua conduta.

O último ponto é que deve haver **nexo de causalidade** entre o ato malicioso e a frustração ou implemento da condição. Dessa forma, para que se configure o

---

19. Carlos Roberto Gonçalves, *Direito Civil I*. 3ª ed. São Paulo: Saraiva, 2011, p. 392.

implemento fictício trazido pelo art. 129, não basta a simples ação dolosa do agente, sendo necessário constatar se a frustração ou implemento ocorreram **em razão** do ato malicioso. Se se verificar que a frustração ou implemento se deram por razões outras que não o ato doloso, não se aplicará o disposto no art. 129.

Implemento Fictício da Condição: art. 129 Cc/02).

REQUISITOS	
	Ato malicioso (apenas dolo)
	Ato de próprio interessado (e não de terceiro)
	Nexo causalidade

Finalizando o estudo, o art. 130 dispõe:

> **Art. 130.** Ao titular do direito eventual, nos casos de condição suspensiva ou resolutiva, é permitido praticar os atos destinados a conservá-lo.

A expressão "direito eventual" utilizada pela norma é alvo de diversas críticas da doutrina, porque o que se tem, na realidade, não é um direito eventual, mas uma expectativa de direito. Nesse sentido, a lição de Eduardo Ribeiro de Oliveira[20] é ímpar:

> " (...). Direito eventual, por conseguinte, é aquele que ainda não existe, embora possa vir a existir. Se assim é, não se pode dizer que alguém seja titular de direito eventual.
>
> (...)
>
> Diferente é o direito expectativo. Traduz o direito de adquirir-se um direito, uma vez efetivada a condição. A expressão 'expectativo', é certo, ainda não encontrou guarida nos dicionários. Vem sendo, entretanto empregada pela doutrina para referir-se ao direito, que tem indiscutível significado patrimonial, de adquirir aquele outro, sujeito a condição".

Superada essa observação preliminar, a *ratio legis* do dispositivo é de garantir que aquele que detém um direito tenha os meios legais para defendê-lo e preservá-lo.

A doutrina tradicional considera que o art. 130 permite que o titular do direito expectativo pratique apenas os atos necessários para conservar o respectivo direito, evitando que ocorra o perecimento.

Assim o é porque ainda persistem os direitos do titular atual, que pode praticar os atos que sejam compatíveis com essa titularidade. Contudo, aquele que detém a expectativa de direito não pode se sujeitar passivamente a ações e omissões que levem a uma perda ou diminuição de seu direito, razão pela qual o art. 130 possibilita a prática de atos de conservação. Se o art. 130 permitisse a realização de atos além daqueles que visam à conservação do direito, haveria, certamente, influência direta no exercício do titular atual do direito.

20. Comentários ao Novo Código Civil, Vol. 2, Forense, 2008, p. 349/350.

Dentre os atos de conservação podem ser citados a interrupção da prescrição, o protesto, a constituição em mora e a exigência de caução ao fiduciário (art. 1953, parágrafo único do CC).

4.3. Do Termo

4.3.1. *Conceito*

Condição e termo são institutos jurídicos que visam subordinar a eficácia do negócio jurídico a evento futuro.

Enquanto o legislador se preocupou em conceituar a condição no art. 121, não teve o mesmo cuidado com o termo, cuja tarefa que coube à doutrina.

O conceito de termo nunca suscitou muita polêmica na doutrina, que sempre convergiu para o mesmo caminho.

Dentre os contemporâneos, Flávio Tartuce ensina que "o termo é o elemento acidental do negócio jurídico que faz com que a eficácia desse negócio fique subordinada à ocorrência de evento futuro e certo"[21].

O ilustre Eduardo Ribeiro de Oliveira esclarece que "considera-se termo a cláusula de que resulta subordinação da eficácia do negócio jurídico a evento futuro e certo"[22].

Evidentemente, o que diferencia a condição do termo é a **certeza** do evento futuro. É por essa razão que o art. 131 dispõe que "o termo inicial suspende o exercício, mas não a aquisição do direito".

A razão do dispositivo é óbvia. Na condição o evento futuro pode não ocorrer, o que obstará a aquisição do direito. No termo isso não ocorre, porque se tratando de evento futuro e certo, não há que se falar em estado de pendência. Isso significa que o direito é desde logo adquirido, ficando tão somente o exercício do direito subordinado ao evento.

A proximidade entre termo e condição é tão significativa, que o art. 135 do CC determina que sejam aplicadas aos termos inicial e final as disposições relativas à condição suspensiva e resolutiva, no que couberem.

A dicção do art. 135 permite, por exemplo, que o titular do direito a termo pratique sobre ele atos de conservação.

4.3.2. *Espécies*

Dentre as várias espécies de termo, podem ser citadas:

a) **Termo inicial:** é quando o início dos efeitos do negócio depende da verificação do evento futuro e certo escolhido pelo agente (*dies a quo*). Imagine, por

21. *Direito Civil*. Vol. 1, 9ª ed. São Paulo: Método, 2013, p. 355.
22. Comentários ao Novo Código Civil, Vol. 2, Forense, 2008, p. 355.

exemplo, um contrato de compra e venda de uma casa, no qual as partes convencionam que o vendedor entregará as chaves e a posse do imóvel em trinta dias. Nesse caso, o negócio já foi finalizado, os direitos já foram adquiridos, mas o comprador não pode exigir a posse imediata, porque essa obrigação só será exigível após os trinta dias. O termo inicial também é chamado de "termo suspensivo";

b) **Termo final:** é quando o término dos efeitos do negócio depende da verificação do evento futuro e certo escolhido pelo agente (*dies ad quem*). Os contratos de locação, por exemplo, usualmente possuem termo inicial e termo final. Imagine um contrato elaborado pelo período de doze meses, com início no dia 1º de fevereiro e término no dia 31 de janeiro do ano seguinte. Independentemente da data de celebração do contrato, primeira data se refere ao termo inicial e a segunda ao termo final, obviamente.

c) **Termo convencional:** é aquele inserido no negócio pela vontade da parte, seja nos negócios unilaterais ou bilaterais. É o caso do citado exemplo da locação, em que as partes estabelecem a data de início e término do contrato.

d) **Termo legal:** é aquele estabelecido pela lei para o cumprimento de uma obrigação. Eduardo Ribeiro de Oliveira[23] cita como exemplo o art. 23, I, da Lei nº. 8.245/91 (Lei do Inquilinato), que, no silêncio das partes, dispõe que os aluguéis deverão ser pagos até o sexto dia útil do mês subsequente ao vencido.

e) **Termo judicial:** é aquele fixado pelo juiz como ordinariamente ocorre nas demandas que visam à obrigação de fazer. O magistrado, no caso, fixará prazo para o devedor cumprir a obrigação, como estabelece o art. 815 do novo CPC.

f) **Termo determinado:** é aquele em que se sabe que o evento ocorrerá e **quando ocorrerá**. É o caso da subordinação dos efeitos a certo decurso do tempo, como, por exemplo, trinta dias.

g) **Termo indeterminado:** é aquele em que sabe que o evento ocorrerá, mas **não se sabe quando ocorrerá**. O exemplo clássico é a morte, evento que todos experimentarão, mas não se sabe quando.

4.3.3. *Os prazos e sua contagem*

Inicialmente é importante destacar que não se pode confundir termo com prazo. O prazo é justamente o intervalo entre o termo inicial e o termo final ou entre a declaração de vontade e a ocorrência do termo.

23. Comentários ao Novo Código Civil, Vol. 2, Forense, 2008, p. 361.

O Código Civil regulamenta a contagem dos prazos nos arts. 132 a 134, trazendo regras específicas a respeito no art. 132, abaixo transcrito:

> **Art. 132.** Salvo disposição legal ou convencional em contrário, computam-se os prazos, excluído o dia do começo, e incluído o do vencimento.
>
> § 1º Se o dia do vencimento cair em feriado, considerar-se-á prorrogado o prazo até o seguinte dia útil.
>
> § 2º Meado considera-se, em qualquer mês, o seu décimo quinto dia.
>
> § 3º Os prazos de meses e anos expiram no dia de igual número do de início, ou no imediato, se faltar exata correspondência.
>
> § 4º Os prazos fixados por hora contar-se-ão de minuto a minuto

O texto legal não demanda análise mais aprofundada, tendo em vista que estabelece, apenas, os critérios para a contagem dos prazos.

Há, ainda, disciplina específica para os testamentos e contratos, conforme disposição consubstanciada no art. 133. Veja:

> **Art. 133.** Nos testamentos, presume-se o prazo em favor do herdeiro, e, nos contratos, em proveito do devedor, salvo, quanto a esses, se do teor do instrumento, ou das circunstâncias, resultar que se estabeleceu a benefício do credor, ou de ambos os contratantes.

A principal observação do texto legal é em relação ao prazo fixado em proveito do devedor, que permite a este renunciar ao prazo e antecipar o pagamento, visando, por exemplo, a incidência de correção monetária menor.

No entanto, o mesmo dispositivo traz a exceção de que outra solução pode ser admitida "se do teor do instrumento, ou das circunstâncias, resultar que se estabeleceu a benefício do credor, ou de ambos os contratantes". Incidindo a disposição prevista na exceção, o devedor não poderá, por exemplo, renunciar ao prazo e antecipar o pagamento sem o consentimento do credor.

Finalizando o estudo, o art. 134 dispõe:

> **Art. 134.** Os negócios jurídicos entre vivos, sem prazo, são exequíveis desde logo, salvo se a execução tiver de ser feita em lugar diverso ou depender de tempo.

Novamente o que importa do texto legal é a exceção trazida, porque a regra estampada não demanda dificuldade de interpretação. Sendo assim, alguns negócios não podem ser prontamente executados, seja porque devem ser executados em local diverso ou porque a execução demanda tempo.

Um contrato de transporte de mercadorias, por exemplo, não pode ser executado imediatamente, se estas devem ser entregues em localidade distinta. De igual sorte, a construção de um imóvel também não pode ser prontamente executada, pois a execução da obra demanda tempo.

4.4. Encargo ou modo

Segundo Flávio Tartuce, o "encargo ou modo é o elemento acidental do negócio jurídico que traz um ônus relacionado com uma liberalidade. Geralmente, tem-se o encargo na doação, testamento ou legado"[24].

Trata-se, em outras palavras, de uma determinação que é imposta pelo autor da liberalidade visando interesses que lhe são relevantes. É comum, por exemplo, a utilização do encargo nas doações realizadas em favor do município, impondo a este a obrigatoriedade de construir uma escola, hospital, centro esportivo etc. Também é comum a utilização do encargo nos testamentos, em que o testador deixa a herança sob o encargo de o herdeiro cuide de determinada pessoa. O encargo ou modo é geralmente identificado pelas expressões "para que", a fim de que", "com a obrigação de"[25].

Sobre o encargo, o Código Civil trouxe apenas dois artigos, mas que demandam uma análise acurada diante da natureza do instituto e das consequências que podem surgir.

O primeiro deles é o art. 136, que dispõe:

> **Art. 136.** O encargo não suspende a aquisição nem o exercício do direito, salvo quando expressamente imposto no negócio jurídico, pelo disponente, como condição suspensiva.

Como se observa, a existência de encargo na liberalidade, em regra, não suspende a aquisição ou o exercício do direito, de maneira que, com a aceitação do beneficiário, os bens lhe serão transmitidos.

Com o aperfeiçoamento do negócio, o cumprimento do encargo poderá ser exigido, sob pena de ser revogada a liberalidade concedida. Nesse sentido, os arts. 553 e 1.938, ambos do CC, estabelecem a obrigatoriedade dos donatários e legatários cumprirem os encargos que lhes são impostos pelo disponente.

A legitimidade para exigir o cumprimento do encargo é do terceiro beneficiário. Em se tratando de encargo imposto no interesse geral, o Ministério Público surge como legitimado a exigir o cumprimento do encargo (art. 553, parágrafo único do CC).

Contudo, a legitimidade para exigir o cumprimento do encargo não confere legitimidade para ingressar com ação revocatória, haja vista que tal legitimidade é conferida privativamente ao instituidor. Os herdeiros poderão apenas prosseguir na ação proposta pelo instituidor, se este falecer após o ajuizamento. Poderá o Ministério Público legitimidade para propor ação revocatória somente após o falecimento

---

24. *Direito Civil*. Vol. 1, 9ª ed. São Paulo: Método, 2013, p. 357.
25. Carlos Roberto Gonçalves, *Direito Civil I*. 3ª ed. São Paulo: Saraiva, 2011, p. 396.

do instituidor, se este não tiver ingressado com a referida ação e se o encargo foi imposto no interesse geral.

Não obstante, a segunda parte do art. 136 traz a exceção, quando dispõe "salvo quando expressamente imposto no negócio jurídico, pelo disponente, como condição suspensiva". Isso significa que o disponente pode instituir o encargo como condição suspensiva, de forma que, nesse caso, a aquisição e o exercício do direito estarão suspensos até que o encargo seja cumprido. É necessário, contudo, que o instituidor faça previsão expressa nesse sentido, porque somente assim é que o encargo produzirá efeitos como condição suspensiva.

Finalmente, o art. 137 disciplina o encargo ilícito ou impossível. Veja:

> **Art. 137.** Considera-se não escrito o encargo ilícito ou impossível, salvo se constituir o motivo determinante da liberalidade, caso em que se invalida o negócio jurídico.

O encargo, como não poderia deixar de ser, deve ser lícito e possível. Se o encargo for ilícito ou fisicamente impossível, será considerado como inexistente, prevalecendo o restante do negócio jurídico. Se, contudo, a ilicitude ou impossibilidade for a causa determinante do negócio, este ficará totalmente maculado, sendo-lhe decretada a respectiva nulidade.

5. DOS DEFEITOS DO NEGÓCIO JURÍDICO

5.1. Introdução

A vontade é da essência do negócio jurídico e deve ser expressada de forma livre, espontânea e de acordo com o ordenamento jurídico.

Por vezes, a vontade do agente pode estar maculada, porque a vontade manifestada não representa a verdadeira intenção do agente. A esses *vícios*, como o erro, o dolo, a coação, a lesão e o estado de perigo, a doutrina dá o nome de *vícios do consentimento*, cujo reconhecimento torna o negócio anulável. Em outras ocasiões, a vontade exteriorizada no negócio realmente é a intenção do agente, mas o negócio é realizado contra a lei, com a finalidade de prejudicar terceiros. A esses *vícios*, como a simulação, que torna o ato nulo, e a fraude contra credores, que torna o negócio anulável, a doutrina dá o nome de *vícios sociais*.

5.2. Erro ou ignorância

5.2.1. *Conceito*

Segundo Silvio de Salvo Venosa, "o erro manifesta-se mediante compreensão psíquica errônea da realidade, ou seja, a incorreta interpretação de um fato. A ignorância é um "nada" a respeito de um fato, é o total desconhecimento"[26].

26. *Direito Civil*. Vol. 1, 4ª ed. São Paulo: Atlas, 2004, p. 438.

O assunto está disciplinado nos arts. 138 a 144 do Código e, embora todos os dispositivos se refiram especificamente ao erro, a atual Codificação equipara os efeitos do erro à ignorância.

5.2.2. Espécies

5.2.2.1. *Erro substancial e erro acidental*

O erro capaz de anular o negócio jurídico é o *erro substancial* (art. 138 do CC/02), também conhecido como *erro essencial*, no qual falsa noção recai sobre elementos preponderantes do negócio. Em outras palavras, o erro há de ser tal que, se o agente tivesse o conhecimento da realidade, o negócio não seria celebrado.

Segundo o art. 139 do CC/02, o erro substancial por ser:

a) Sobre a *natureza do negócio*: nessa modalidade, o agente celebra um negócio supondo estar celebrando outro (art. 139, I do CC/02). É o caso, por exemplo, do agente que supõe estar adquirindo um bem, quando, na verdade, o está locando;

b) Sobre o *objeto principal da declaração*: nessa modalidade, o erro ocorre sobre a identidade do objeto, ou seja, a vontade do agente recai sobre objeto diverso do almejado (art. 139, I do CC/02);

c) Sobre alguma das *qualidades essenciais do objeto* principal: nessa modalidade, o agente supõe que o objeto principal tenha determinadas qualidades que realmente não tem (art. 139, I do CC/02);

d) Sobre a *identidade* ou a *qualidade da pessoa*: nessa modalidade, o agente supõe que a pessoa sobre a qual recai a declaração possui determinadas qualidades que na realidade não tem (art. 139, II do CC/02). É o caso, por exemplo, da doação em que o doador supõe que o donatário é seu filho natural ou que lhe salvou a vida[27];

e) De *direito*: nessa modalidade, o equívoco recai sobre a aplicação ou incidência de determinada norma sobre o negócio (art. 139, III do CC/02). É o caso, por exemplo, de o agente supor que determinada norma será aplicada ao negócio, quando, na realidade, tal norma foi revogada[28].

O *erro acidental* é o que recai sobre questões circunstanciais, que não são determinantes para o negócio. Evidentemente, que o erro acidental não tem o condão de anular o negócio.

Imagine, por exemplo, que A, proprietário de um terreno, é procurado por um corretor de imóveis, que lhe oferece o terreno situado ao lado para compra. O

27. GONÇALVES, Carlos Roberto. Direito Civil I. 3ª ed. São Paulo: Saraiva, 2011, p. 403/404.
28. DINIZ, Maria Helena. *Curso de Direito Civil Brasileiro*. Vol. 1, 30ª ed. São Paulo: Saraiva, p. 500.

proprietário A, vislumbrando a oportunidade de somar as áreas dos terrenos contíguos e a possibilidade de promover edificações maiores e, ainda, de alta valorização, aceita adquiri-lo por um preço acima do valor de mercado. No entanto, após o negócio, A constata que o terreno adquirido fica em quadra diversa do seu imóvel primitivo, de maneira que não lhe proporcionará as utilidades e vantagens que a adjacência entre os terrenos lhe proporcionaria. Nesse caso, o erro é substancial, porque A não celebraria o negócio se soubesse que o terreno estava situado em quadra diversa (art. 138, I do CC/02).

Imagine, ainda no mesmo exemplo, que, após o negócio, A constate que o novo terreno não está localizado lateralmente ao seu, pois a confrontação ocorre nos fundos. Nesse caso, o erro é acidental, porque embora não esteja situado lateralmente, a aquisição do terreno que confronta nos fundos proporcionará, ao menos em grande parte, as vantagens e utilidades vislumbradas por A.

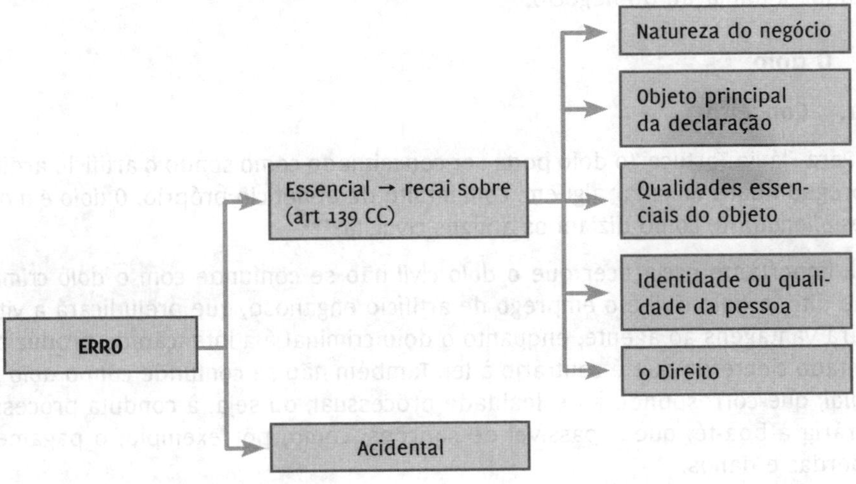

5.2.3. *O falso motivo*

Dispõe o **art. 140** que "o falso motivo só vicia a declaração de vontade quando expresso como razão determinante".

O *motivo* é a razão subjetiva do agente, que o leva a celebrar o negócio. Podem ser os mais variados, como, por exemplo, a necessidade de alienação, o preço abaixo do mercado e, em regra, não possui relevância para o mundo do direito.

Dessa forma, segundo a regra do art. 140 do CC/02, o falso motivo só é causa de anulação do negócio quando constar expressamente como razão determinante do negócio. É o caso do exemplo já mencionado em que a doação é feita em favor de pessoa que o doador supõe ser seu filho natural. A doação poderá ser anulada se o motivo constar expressamente do negócio e, posteriormente, o doador verificar que o donatário não é seu filho. Nessa hipótese, o motivo será elemento determinante do ato, de forma que um erro acidental, pela vontade das partes, converter-se-á em erro essencial.

5.2.4. *Convalescimento do erro*

Segundo o **art. 144**, "o erro não prejudica a validade do negócio jurídico quando a pessoa, a quem a manifestação de vontade se dirige, se oferecer para executá-la na conformidade da vontade real do manifestante".

O texto traz regra que visa garantir o cumprimento da avença e evitar que o agente, vítima do erro, suporte o prejuízo.

Assim, pelo disposto no art. 144, o negócio jurídico que poderia ser anulado devido ao erro substancial, não o será se a outra parte executar a avença conforme a vontade real do agente, vítima do erro. Nesse caso, não haverá prejuízo que justifique a anulação do negócio.

5.3. O dolo

5.3.1. *Conceito*

Para Flávio Tartuce "o dolo pode ser conceituado como sendo o artifício ardiloso empregado para enganar alguém, com intuito de benefício próprio. *O dolo é a arma do estelionatário*, como diziam os antigos civilistas"[29].

É importante esclarecer que o *dolo civil* não se confunde com o *dolo criminal*. Como dito, o dolo civil é o emprego de artifício enganoso, que prejudicará a vítima e trará vantagens ao agente, enquanto o dolo criminal é a intenção de produzir um resultado ciente de que é contrário à lei. Também não se confunde com o *dolo processual*, que corresponde à deslealdade processual, ou seja, à conduta processual contrária à boa-fé, que é passível de sanções, como, por exemplo, o pagamento de perdas e danos.

5.3.2. *Espécies de dolo*

Dolo e *erro* guardam estreita relação, porque, em ambos os casos, o agente realiza o negócio de maneira equivocada. No entanto, no erro, o agente se equivoca sozinho, enquanto no dolo o engano é provocado por outrem.

O dolo pode ser de várias espécies. Analisando os arts. 145 a 150 do Código, podem ser citados os seguintes:

a) *"Dolus bonus"* e *"dolus malus"*: *"dolus bonus"* é o dolo caracterizado pelo exagero na valorização, extremamente comum nas práticas comerciais. Trata-se de uma prática previsível, tolerável e lícita, que não é hábil para anular o negócio.

29. *Direito Civil*. Vol. 1, 9ª ed. São Paulo: Método, 2013, p. 374.

O *"dolus malus"* é o engano provocado por meios insidiosos com o propósito de prejudicar a outra parte e trazer vantagens para o contratante astuto. É o dolo de que trata o Código e que é capaz de anular o negócio, diante da gravidade que representa;

b) *Dolo principal* e *dolo acidental*: dolo principal é o que atua como causa determinante do negócio, ou seja, este só é realizado porque uma parte induz maliciosamente a outra. Segundo o art. 145, a presença do dolo principal é causa de anulação do negócio, porque a vontade do agente está viciada;

Nos termos do art. 146, ocorre o dolo acidental "quando, a seu despeito, o negócio seria realizado, embora por outro modo" (art. 146, segunda parte do CC/02). Como é possível observar, o dolo acidental não impede a realização do negócio, embora possa acarretar que o agente o celebre de forma desvantajosa. Por tal razão, o dolo acidental não tem o condão de anular o negócio, mas, de obrigar apenas ao pagamento das perdas e danos (art. 146, primeira parte do CC/02);

c) *Dolo positivo (comissivo)* e *dolo negativo (omissivo)*: dolo positivo é aquele que se manifesta através de uma conduta comissiva do agente, que engana a vítima.

O dolo negativo é o que deriva da omissão do agente, que deveria manifestar-se sobre elemento determinante do negócio.

O art. 147 dispõe que "nos negócios jurídicos bilaterais, o silêncio intencional de uma das partes a respeito de fato ou qualidade que a outra parte haja ignorado, constitui omissão dolosa, provando-se que sem ela o negócio não se teria celebrado".

Como é possível observar, o art. 147 equiparou a *omissão dolosa* à *ação dolosa*, como corolário dos princípios da boa-fé objetiva e da eticidade. Dessa forma, a omissão dolosa do agente, sobre elemento determinante do negócio, é causa hábil e eficiente para anular o negócio;

d) *Dolo de terceiro*: que tem origem na conduta de um terceiro, estranho ao negócio. Segundo o art. 148 do Código Civil, o dolo de terceiro somente tem o condão de anular o negócio, se a parte a quem aproveite tem, ou devesse ter, conhecimento do engano. Nesse caso, é como se existisse uma cumplicidade entre o terceiro enganador e o contratante beneficiado, razão pela qual o negócio é anulável.

Se a parte beneficiada não tinha conhecimento do dolo, o negócio não poderá ser anulado, cabendo à parte prejudicada pleitear indenização ao terceiro, autor do dolo;

e) *Dolo do representante*: está previsto no art. 149 do Código, que estabelece que "o dolo do representante legal de uma das partes só obriga o representado a responder civilmente até a importância do proveito que teve; se, porém, o dolo for do representante convencional, o representado responderá solidariamente com ele por perdas e danos".

O texto legal dispõe sobre a representação legal e convencional, disciplinando efeitos distintos para ambos os casos. Em caso de representação legal (tutor, curador etc.), havendo dolo do representante, a responsabilidade do representado é limitada ao proveito que auferiu. Em caso de representação convencional (mandato etc.), havendo dolo do representante, a responsabilidade do representado será solidária, ou seja, representante e representado serão vistos como se fossem um único devedor;

f) *Dolo bilateral ou recíproco*: que se caracteriza quando ambas as partes agem dolosamente com o intuito de enganar a outra e obter vantagens. Nos termos do art. 150 do Código, havendo dolo bilateral, nenhuma das partes poderá requerer a anulação do negócio ou indenização.

DOLO
Espécies

- *Dolus bonus*
- *Dolus malus*

- Dolo principal (art. 145 CC)
- Dolo acidental (art. 146 CC)

- Dolo positivo
- Dolo negativo

- Dolo de terceiro (art. 148 CC)

- Dolo do representante (art. 149 CC)

- Dolo bilateral (art. 150 CC)

5.4. A coação

5.4.1. *Conceito*

Para Flávio Tartuce, a coação é "uma pressão física ou moral exercida sobre o negociante, visando obrigá-lo a assumir uma obrigação que não lhe interessa. Aquele que exerce a coação é denominado *coator* e o que a sofre, *coato, coagido* ou *paciente*"[30].

A coação é um vício extremamente grave, porque impede a livre manifestação da vontade. Para que fique configurada, é indispensável que cause ao coagido fundado temor de dano iminente e considerável à sua pessoa, à sua família, ou aos seus bens (art. 151, *caput*, do CC/02).

5.4.2. *Espécies de coação*

A coação pode ser classificada da seguinte maneira:

a) *Coação física ou absoluta*: que é caracterizada pelo emprego da força física, que afasta totalmente a vontade do coagido. É o caso, por exemplo, do

30. *Direito Civil*. Vol. 1, 9ª ed. São Paulo: Método, 2013, p. 378.

analfabeto que tem a impressão digital colocada à força no contrato pelo coator, ou, ainda, da pessoa que assina o contrato inconscientemente após uma agressão. A doutrina é praticamente unânime em considerar que, em se tratando de coação física, o negócio é nulo, porque não há manifestação de vontade do agente, elemento essencial do negócio. O que se tem, nessa modalidade, é o emprego da força bruta do coator que impõe sua vontade na prática do negócio;

b) *Coação moral ou relativa*: que é caracterizada quando o coagido tem duas opções, isto é, a de sucumbir à coação e agir conforme a exigência do coator, ou de resistir à coação e suportar o dano iminente e considerável. É dessa espécie de coação de que trata o Código Civil e que constitui causa de anulação do negócio. É o caso, por exemplo, do coagido que recebe a ameaça de ter incendiada sua colheita se não vender suas terras.

5.4.3. Requisitos da coação

Preceitua o **art. 151** que "a coação, para viciar a declaração da vontade, há de ser tal que incuta ao paciente fundado temor de dano iminente e considerável à sua pessoa, à sua família, ou aos seus bens". Da análise do dispositivo, podem ser identificados os seguintes requisitos da coação:

a) *A coação deve ser causa determinante do negócio*: assim como ocorre com o erro e com o dolo, a coação só terá o condão de anular o negócio se dele foi causa determinante. Em outras palavras, o negócio só será anulável se foi realizado pelo medo real de sofrer os danos provenientes da coação. Se o negócio, apesar da coação, fosse realizado da mesma maneira, não se vislumbra a existência de causalidade, de maneira que o negócio subsistirá;

b) *Deve ser grave*: para ter o condão de anular o negócio, a coação deve ser grave a ponto de instigar no coagido o fundado temor de dano, que pode ser patrimonial ou moral. A apreciação da gravidade da coação se faz pelo critério *concreto*, que impõe a análise das condições pessoais da vítima, em cada caso concreto, conforme preceitua o art. 152 do CC/02. Dessa forma, questões como sexo, idade, temperamento e outras condições do coagido devem ser verificadas para saber se a gravidade da coação possuía intensidade suficiente para viciar a vontade do coagido. Não se analisa, nesse caso, a figura do homem médio, cujo critério foi afastado pelo art. 152.

De igual sorte, nos termos do art. 153, segunda parte, do CC/02, não se considera coação o *simples temor reverencial*, assim entendido como o receio de que o ato praticado provoque desgosto ou decepção aos pais ou outras pessoas a quem se deve respeito ou obediência. Logo, em regra, o negócio, recomendado pelo pai, não é anulável porque o filho o celebrou, apenas com receio de decepcionar ou desagradar seu genitor;

c) *Deve ser injusta*: assim considerada como a ilícita ou abusiva. Nos termos do art. 153, primeira parte, do CC/02, não se considera coação "ameaça do exercício normal de um direito". Ora, quem exerce um direito não causa prejuízo a outrem (art. 188, I do CC/02). Dessa forma, o credor que interpela o devedor para pagar o título, sob pena de protestá-lo e iniciar o processo executivo, não pratica coação. Também não configura coação a advertência feita pela mulher ao homem, no sentido de que reconheça o filho, sob pena de ingressar ação de investigação de paternidade. Em ambos os casos, os agentes agem no exercício regular de direito, razão pela qual não há coação.

Haverá coação, contudo, se o agente, além de agir contra o direito, agir, também, com abuso de direito, caracterizado pelo exercício de um direito em desacordo com seu fim econômico ou social, boa-fé ou bons costumes (art. 187 do CC/02);

d) *Deve representar um dano iminente e considerável*: o dano iminente é aquele razoavelmente próximo, a ponto de impedir que o coagido obtenha ajuda das autoridades. Se o coagido tem condições de comunicar as autoridades ou de obter auxílio de terceiros para impedir o mal prometido, não ficará configurada a coação;

e) *Deve representar um prejuízo à pessoa ou a bens da vítima ou a pessoas de sua família*: para que a coação se caracterize é necessário que a ameaça recaia sobre a pessoa (tortura, sequestro etc.) ou os bens da vítima (incêndio, depredação etc.). Pode recair, ainda, sobre pessoas da *família* do coagido. A doutrina tem dado um entendimento amplo para o conceito de *família*, admitindo as relações de casamento, união estável, adoção, parentesco por consanguinidade ou afinidade. Entretanto, quanto à família, só se configura a coação quando a ameaça recai sobre as pessoas e não sobre os bens dos familiares.

O parágrafo único do art. 151 preceitua que "se disser respeito à pessoa não pertencente à família do paciente, o juiz, com base nas circunstâncias, decidirá se houve coação". Os casos mais comuns são o da noiva e do amigo íntimo do coagido.

5.4.4. *Coação exercida por terceiro*

A coação, por vezes, pode ter origem na conduta de terceiro, alheio ao negócio.

Nesse sentido, preceitua o art. 154 que "vicia o negócio jurídico a coação exercida por terceiro, se dela tivesse ou devesse ter conhecimento a parte a que aproveite, e esta responderá solidariamente com aquele por perdas e danos".

Semelhantemente ao dolo praticado por terceiro, já analisado, a coação exercida por terceiro só tem o condão de anular o negócio se a parte beneficiada teve ou devesse ter conhecimento da ameaça. Isso porque, nesse caso, há uma cumplicidade entre o coator e a parte beneficiada, sendo que ambos, pelo disposto no art. 154, responderão solidariamente pelas perdas e danos.

Caso a parte beneficiada não tenha tido conhecimento da coação, o negócio subsistirá, respondendo o coator por todos prejuízos suportados pelo coagido (art. 155 CC/02).

5.5. O estado de perigo

5.5.1. *Conceito*

O estado de perigo constitui uma inovação do atual Código Civil, uma vez que não encontra correspondência no Código de 1916.

Segundo o **art. 156**, "configura-se o estado de perigo quando alguém, premido da necessidade de salvar-se, ou a pessoa de sua família, de grave dano conhecido pela outra parte, assume obrigação excessivamente onerosa".

Caracteriza-se o estado de perigo quando o agente, em situação de extrema necessidade conhecida pela outra parte, celebra o negócio assumindo prestação desproporcional e excessiva para livrar a si, ou a pessoa de sua família, de grave dano. Se o dano for dirigido à pessoa que não pertence à família do agente, o juiz decidirá a questão (art. 156, parágrafo único do CC/02).

A doutrina aponta vários exemplos. Os exemplos clássicos são o do náufrago, que faz a outrem promessa de recompensa extraordinária pelo seu salvamento, e do pai que, para livrar o filho do sequestro, celebra inúmeros negócios lesivos para levantar a quantia exigida. Uma prática corriqueira nos dias de hoje é a do consumidor que emite nota promissória em estabelecimentos hospitalares, com o intuito de garantir o atendimento médico emergencial de seus familiares.

5.5.2. *Elementos do estado de perigo*

Da análise do art. 156 do CC/02, podem ser identificados os seguintes elementos do estado de perigo:

a) *Situação de necessidade*: o referido dispositivo enumera a *necessidade* como elemento indispensável do estado de perigo. O agente, movido pela necessidade de salvar-se, ou a pessoa de sua família, celebra negócio extremamente desvantajoso;

b) *Iminência de dano atual e grave*: o dano deve ser atual e grave a ponto de incutir no agente o temor de que se o negócio não for celebrado, as consequências do evento ocorrerão. Sem essa característica, o estado de perigo estará afastado, porque o agente terá tempo hábil para agir e evitar o dano. A gravidade do dano será apreciada pelo juiz, em cada caso, segundo o critério do homem médio;

c) *Nexo de causalidade entre a declaração e o perigo de dano*: deve haver relação causal entre a declaração e o perigo de dano. Em outras palavras, a declaração de vontade deve ser exteriorizada porque o agente supõe a existência do perigo. Observe que não é necessário que o dano seja real e concreto, pois basta que o agente suponha que o perigo exista;

d) *Incidência do perigo de dano sobre a pessoa do declarante ou de sua família*: para que o estado de perigo fique configurado é indispensável que a ameaça de dano recaia sobre a pessoa do agente ou de sua família. Esse dano pode ser físico (integridade física) ou moral (honra). O conceito de família é o mesmo do indicado para a coação, já estudada, ao qual nos reportamos. Observe que o estado de perigo só se caracteriza quando a ameaça de perigo recai sobre as pessoas e não sobre os bens;

e) *Conhecimento do perigo pela outra parte*: é requisito indispensável para caracterização do estado de perigo que a outra parte tenha conhecimento do perigo de dano e se aproveite de tal circunstância. Se a outra parte não tem conhecimento do perigo, o ato não será anulável, porque, neste caso, atuará de boa-fé;

f) *Aquisição de obrigação excessivamente onerosa*: em razão do perigo de dano, o agente acaba assumindo uma obrigação excessivamente onerosa, ou seja, para ficar livre do perigo, o agente aceita pagar um valor muito superior ao devido, o que abala o equilíbrio contratual.

Não se trata, aqui, do princípio da onerosidade excessiva, que permite e revisão dos contratos em caso de fato superveniente imprevisível. Nessa situação, o negócio não será anulado, mas tão somente revisto para afastar o desequilíbrio contratual. No estado de perigo, o ato é anulável porque a vontade do agente está maculada, eis que assume uma obrigação desvantajosa para ficar livre do perigo de dano.

5.5.3. Distinção do estado de perigo e institutos afins

5.5.3.1. Estado de perigo e estado de necessidade

Embora estado de perigo e estado de necessidade tenham como elemento comum uma situação de necessidade, fato é que os institutos não se confundem.

O estado de necessidade é um conceito mais amplo, aplicado em vários ramos do direito, como no direito penal, que afasta o nexo causal entre a conduta do agente e o dano suportado pela vítima. É verdadeira causa excludente da ilicitude e, para sua configuração, é necessário que o perigo não tenha sido voluntariamente causado pelo agente.

O estado de perigo, por sua vez, é uma espécie de estado de necessidade, que, pelo fato de a vontade do agente estar maculada pelo temor de suportar o dano, funciona como defeito do negócio jurídico, tornando-o anulável.

5.5.3.2. Estado de perigo e coação

O estado de perigo também não se confunde com a coação, apesar da proximidade entre os institutos.

No estado de perigo não há constrangimento provocado, seja pelo outro contratante ou por terceiro. O que é relevante é o perigo, ou seja, o temor de dano que leva o agente a praticar o negócio assumindo obrigação excessivamente onerosa.

Na coação, contudo, a relevância se concentra na vontade do agente, que fica divorciada da realidade em razão do constrangimento provocado. De se consignar, também, que a coação pode recair sobre os bens do coagido. No estado de perigo, a situação de necessidade atinge somente as pessoas.

5.6. A lesão

5.6.1. *Conceito*

Segundo Carlos Roberto Gonçalves, a lesão é "o prejuízo resultante da enorme desproporção existente entre as prestações de um contrato, no momento de sua celebração, determinada pela premente necessidade ou inexperiência de uma das partes. Não se contenta o dispositivo com qualquer desproporção: há de ser *manifesta*"[31]. O exemplo clássico é do agente que, para evitar insolvência, vende seu imóvel por valor irrisório, muito inferior ao preço de mercado, por não dispor de recursos financeiros.

5.6.2. *Elementos da lesão*

Dispõe o **art. 157** do CC/02:

> Ocorre a lesão quando uma pessoa, sob premente necessidade, ou por inexperiência, se obriga a prestação manifestamente desproporcional ao valor da prestação oposta.
>
> § 1º Aprecia-se a desproporção das prestações segundo os valores vigentes ao tempo em que foi celebrado o negócio jurídico.
>
> § 2º Não se decretará a anulação do negócio, se for oferecido suplemento suficiente, ou se a parte favorecida concordar com a redução do proveito.

Da análise do dispositivo são identificados três elementos:

a) *Objetivo*: que consiste na desproporção manifesta entre as prestações recíprocas. Dessa forma, a lesão só pode ser reconhecida nos contratos comutativos, que são os contratos em que os direitos e deveres recaem sobre todos os contratantes. Os contratos gratuitos, assim entendidos como aqueles em que toda a carga obrigacional recai sobre apenas uma das partes contratantes, são incompatíveis com o instituto da lesão;

b) *Subjetivo*: presente na *inexperiência* ou *premente necessidade* do lesado, que afetam sua integridade psicológica no momento da contratação. A

31. *Direito Civil I*. 3ª ed. São Paulo: Saraiva, 2011, p. 442.

inexperiência deve ser entendida como a ausência de conhecimentos técnicos ou habilidades especiais relativas à natureza do negócio. Como é possível observar, a inexperiência não se confunde com falta de cultura ou instrução, pois o dispositivo cuida da inexperiência contratual ou técnica, de forma que uma pessoa extremamente culta pode não ter conhecimento técnico sobre a natureza do negócio. A *premente necessidade* deve ser entendida como a *necessidade negocial* ou contratual, evidenciada quando o contratante encontra-se pressionado para celebrar o negócio, o que afeta sua discricionariedade e capacidade de correto discernimento;

c) *Nexo causal*: que consiste na relação entre a vontade maculada e a conclusão do negócio. Em outras palavras, o negócio, que acarreta uma prestação manifestamente excessiva, só é concluído em razão da inexperiência ou premente necessidade do agente.

5.6.3. Estado de perigo e lesão

Lesão e estado de perigo são institutos que possuem diferenças muito sutis. O ilustre Humberto Theodoro Júnior nos ensina que "há na base da lesão um perigo de dano que o contratante deseja afastar, mas esse perigo não é o risco pessoal de que fala o art. 156; é a iminência de qualquer perigo de ordem patrimonial, desde que sério ou grave. O contrato afetado pela lesão é justamente o que se mostra, no momento e na ótica do agente, capaz de fornecer-lhe os meios necessários ao afastamento do perigo, embora a um custo exagerado e iníquo"[32].

As diferenças entre a lesão e o estado de perigo podem ser indicadas resumidamente nas linhas a seguir:

a) Na lesão o agente participa de um negócio desvantajoso, movido pela ignorância ou pela necessidade contratual. No estado de perigo o agente está em uma situação em que deve escolher entre dois males, isto é, ou o agente suporta o dano proveniente do perigo ou paga quantia exorbitante ao contratante, suportando o risco de ficar sem o seu patrimônio;

b) A lesão pode ter origem na *inexperiência* do agente, que não é causa para a ocorrência do estado de perigo;

c) A lesão não exige que a outra parte tenha conhecimento da inexperiência ou necessidade do agente, pois a análise do defeito ocorre segundo critérios objetivos. Para a configuração do estado do perigo, é indispensável que a outra parte tenha conhecimento e se aproveite da situação de perigo que o agente se encontra;

d) A lesão comporta complementação da contraprestação, o que não é possível no estado de perigo.

---

32. *Comentários ao Novo Código Civil*. Vol. III, tomo I, 4ª ed. Rio de Janeiro: Forense, 2008, p. 222.

5.7. A fraude contra credores

5.7.1. *Conceito*

Para o professor Flávio Tartuce, "constitui fraude contra credores a atuação maliciosa do devedor, em estado de insolvência ou na iminência de assim tornar-se, que dispõe de maneira gratuita ou onerosa o seu patrimônio, para afastar a possibilidade de responderem os seus bens por obrigações assumidas em momento anterior à transmissão"[33].

Nosso ordenamento consagra o princípio da responsabilidade patrimonial do devedor, de forma que há a garantia genérica de que, ressalvadas as exceções legais, todo o patrimônio do devedor responde pelo pagamento de suas dívidas (art. 789 do novo CPC).

Exemplificando, se A, prevendo o vencimento de elevadas dívidas, doa seus bens a um ente querido, como forma de tornar-se insolvente e evitar que satisfaçam os direitos de seus credores, comete a fraude contra credores.

Como se observa, a fraude contra credores não constitui um vício do consentimento, porque a vontade do agente não está dissociada da realidade, eis que o agente quer produzir exatamente os efeitos da vontade declarada. Não obstante, a vontade do agente fere o ordenamento jurídico e os direitos de terceiros, o que é suficiente para enquadrar a fraude contra credores como vício social.

5.7.2. *Elementos constitutivos*

A fraude contra credores possui três elementos constitutivos. São eles:

a) A *anterioridade do crédito*: que está consubstanciada no art. 158, §2º do CC/02. Tal elemento é facilmente compreendido, pois quem contrata com devedor já insolvente não encontrará patrimônio para garantir seu crédito. No momento da contratação, é dever do credor verificar a situação patrimonial do devedor e certificar-se dos efeitos do negócio;

b) O *objetivo (eventus damni)*: que é o ato do devedor que o torna insolvente e que traz prejuízo ao credor. Deve haver nexo de causalidade entre o ato do devedor e sua insolvência, a ponto de impedir que os créditos sejam satisfeitos;

c) O *subjetivo (consilium fraudis)*: que é a má-fé do devedor, representada pela consciência de que o ato prejudica terceiros. Não se exige, nesse caso, a existência de conluio entre o devedor e o adquirente. Basta que este saiba da situação de insolvência do devedor. O art. 159 do CC/02 estabelece algumas hipóteses em que se presume a má-fé do adquirente, ao dispor que "serão igualmente anuláveis os contratos onerosos do devedor insolvente,

33. *Direito Civil*. Vol. 1, 9ª ed. São Paulo: Método, 2013, p. 389.

quando a insolvência for notória, ou houver motivo para ser conhecida do outro contratante". Como exemplos de insolvência *notória* podem ser citados a existência de diversos títulos de crédito protestados, a distribuição de execuções e protestos contra alienação de bens. Tendo em vista a dificuldade da prova do elemento subjetivo, a doutrina e a jurisprudência consagraram outras hipóteses em que é possível *presumir* o estado de insolvência do devedor, como, por exemplo, a aquisição do bem por preço vil ou a existência de relação de parentesco entre as partes.

FRAUDE CONTRA CREDORES Elementos	
	Anterioridade do crédito
	"Eventus damni": Ato do devedor que o torna insolvente
	"Consilum fraudis": consciência do devedor de que o ato prejudica terceiros

5.7.3. *Hipóteses legais*

Analisando os dispositivos que disciplinam a fraude contra credores, pode-se identificar as seguintes hipóteses que a configuram.

5.7.3.1. *Atos de transmissão gratuita de bens ou remissão de dívida*

Segundo o art. 158 do CC/02, poderão ser anulados "os negócios de transmissão gratuita de bens ou remissão de dívida", quando os pratique "o devedor já insolvente, ou por eles reduzido à insolvência, ainda quando o ignore".

Dentre os atos de transmissão gratuita de bens mais comuns podem ser citados: a) doações; b) renúncia de herança e de usufruto; c) aval e fiança e d) promessa de doação.

Os atos de *remissão de dívida* devem ser entendidos como o perdão feito pelo devedor de créditos a que tem direito. Os créditos integram o patrimônio do devedor e, nessa condição, servem como garantia para seus credores, de forma que o devedor, quando as perdoa, causa prejuízos aos credores, fato que garante a estes a legitimidade para requerer a anulação do negócio.

5.7.3.2. *Atos de transmissão onerosa*

Restará configurada a fraude contra credores nos negócios onerosos quando presentes os requisitos já estudados.

Dessa maneira, quando o devedor celebra o negócio com o intuito de se colocar em uma situação de insolvência (elemento subjetivo) e de prejudicar os direitos dos credores (elemento objetivo), estará configurada a fraude contra credores.

Para a configuração do elemento objetivo, basta verificar a situação patrimonial do devedor, isto é, se seus bens são suficientes para saldar suas dívidas.

A configuração do elemento subjetivo é mais delicada, porque exige que a outra parte tenha conhecimento do estado de insolvência do devedor. Há casos em que a insolvência é notória e outros em que a insolvência é presumida, já estudadas no item 3.7.2. Se o credor não obtiver êxito em provar que o adquirente tinha conhecimento do estado de insolvência do devedor, o negócio será válido, ante a boa-fé do comprador.

5.7.3.3. *Pagamento antecipado de dívida*

Dispõe o **art. 162** "o credor quirografário, que receber do devedor insolvente o pagamento da dívida ainda não vencida, ficará obrigado a repor, em proveito do acervo sobre que se tenha de efetuar o concurso de credores, aquilo que recebeu".

Credor quirografário é o credor sem garantia especial, cuja satisfação do crédito está sujeita apenas à garantia genérica do patrimônio do devedor. É o credor quirografário que sofre os efeitos da insolvência do devedor.

A finalidade do art. 162 é de colocar os credores quirografários em uma condição de igualdade, para que todos tenham a oportunidades de receber seus créditos proporcionalmente. Assim, se o credor quirografário recebeu antecipadamente seu crédito do devedor insolvente, deverá repetir em favor do acervo. Se, contudo, o crédito estava vencido, o pagamento é considerado válido, salvo se não tiver se instalado o concurso de credores.

5.7.3.4. *Concessão fraudulenta de garantias*

Preceitua o **art. 163** que "presumem-se fraudatórias dos direitos dos outros credores as garantias de dívidas que o devedor insolvente tiver dado a algum credor".

As garantias mencionadas pelo art. 163 são as *reais*, que estabelecem um privilégio no recebimento no crédito. O dispositivo legal está em harmonia com o art. 162, pois conceder garantia real, em estado de insolvência, significa, de certa forma, pagamento antecipado de dívida. Tal fato viola a condição de igualdade que deve imperar entre os credores quirografários.

A presunção estabelecida pelo texto legal é absoluta (*juris et de jure)*.

A anulação que ocorre é da garantia concedida, voltando o credor à condição de quirografário.

5.7.4. *Ação pauliana ou revocatória*

A ação pauliana, também chamada de revocatória, é a ação judicial que visa anular o negócio praticado em fraude contra credores, fazendo com que o bem retorne ao patrimônio do devedor e possa servir de garantia para pagamento dos credores.

A legitimação ativa para a propositura da ação pauliana é conferida:

a) aos *credores quirografários*: como dito, credor quirografário é o credor sem garantia especial, cuja satisfação do crédito está sujeita apenas à garantia genérica do patrimônio do devedor (art. 158, §2º CC/02). Em princípio, os credores com garantias especiais, como, por exemplo, o credor hipotecário e o pignoratício, não têm legitimidade para ingressar com a ação pauliana, porque seus créditos estão garantidos pelos bens dados em hipoteca e penhor, respectivamente. O art. 158 §1º do CC/02 garante legitimidade ativa aos credores privilegiados quando a garantia se tornar insuficiente;

b) os *credores que já o eram ao tempo da alienação fraudulenta*: como dito, também, só tem legitimidade para pleitear a anulação os credores que já tinham essa qualidade quando o negócio fraudulento foi praticado. Os credores que contratam posteriormente já o fizeram com o devedor insolvente, de forma que nada podem reclamar.

A ação pauliana deve ser proposta contra os signatários do negócio fraudulento, ou seja, contra o devedor insolvente e o terceiro adquirente (art. 161 do CC/02). A doutrina é unânime em indicar que ocorre, nesse caso, um litisconsórcio passivo necessário entre o devedor insolvente e o terceiro adquirente, de forma que, ainda que o credor não os inclua no polo passivo, deverá o juiz, de ofício, integrá-los.

5.7.5. *Fraude contra credores e fraude à execução*

A fraude contra credores e a fraude à execução são institutos que não se confundem, embora tenham características comuns. Ambos são caracterizados pela alienação de bens pelo devedor, que causa prejuízos aos credores.

No entanto, as principais diferenças entre eles são as seguintes:

a) A fraude à execução constitui incidente do processo e é regulado pelo art. 792 do novo CPC. A fraude contra credores é defeito do negócio jurídico, porque constitui vício social, e é regulado pelos arts. 158 a 165 do CC/02;

b) A fraude à execução pressupõe a existência de processo em andamento, que seja capaz de levar o devedor à insolvência. O devedor pratica o negócio fraudulento como forma de furtar-se ao pagamento daquele credor. Na fraude contra credores não há nenhuma demanda em andamento, seja processo de conhecimento ou de execução;

c) A fraude à execução tem como efeito a declaração de ineficácia da alienação em relação ao processo movido pelo credor. A decisão judicial que reconhece a fraude à execução não anula o negócio, mas apenas o torna ineficaz em relação à dívida cobrada no processo em que a fraude à execução é reconhecida. Embora o negócio seja considerado válido perante terceiros, é como se, para este credor que cobra a dívida, o bem alienado ainda integrasse o patrimônio do devedor. O reconhecimento da fraude contra credores, por sua vez, acarreta a anulação do negócio fraudulento, com o retorno do bem ao patrimônio do devedor, que servirá para pagar a todos os credores. Em outras palavras, a fraude contra credores aproveita a todos os credores, enquanto a fraude à execução favorece apenas ao exequente;

d) A fraude à execução é reconhecida por simples petição no processo de execução, independentemente de ação própria. A fraude contra credores, por seu turno, deve ser apreciada através da ação pauliana, que representa uma ação autônoma.

Ainda sobre o tema, cabe elencar duas importantes súmulas do E. STJ:

> **STJ Súmula nº 195**
>
> **Embargos de Terceiro – Anulação de Ato Jurídico – Fraude Contra Credores**
>
> Em embargos de terceiro não se anula ato jurídico, por fraude contra credores.
>
> **STJ Súmula nº 375**
>
> **Reconhecimento da Fraude à Execução – Registro da Penhora – Prova de Má-Fé do Terceiro Adquirente**
>
> O reconhecimento da fraude à execução depende do registro da penhora do bem alienado ou da prova de má-fé do terceiro adquirente.

A súmula 195 diz expressamente que não se anula o ato jurídico, em ação de embargos de terceiro, por fraude contra credores.

A referida súmula é de 01.10.97, editada sob a égide do CC/16, o que explica a expressão "ato jurídico", que deve ser entendida, atualmente, por "negócio jurídico".

Pois bem. Na ação de embargos de terceiro a discussão da lide pode se limitar estritamente à posse (art. 674, §1º do novo CPC). Não se instaura nos embargos de terceiro, necessariamente qualquer discussão sobre a propriedade. Dessa forma, não se pode reconhecer a fraude contra credores, porque tal fato importa adentrar na discussão sobre a propriedade.

A súmula 375 dispõe as condições para que seja reconhecida a fraude à execução. São elas: a) o registro da penhora do bem alienado; e b) a prova da má-fé do adquirente. Isso significa que para o reconhecimento da fraude à execução é necessário que ocorra apenas uma dessas duas hipóteses, porque ambas são suficientes para demonstrar a má-fé do adquirente.

Dessa forma, havendo o registro da penhora na matrícula do bem alienado, presumir-se-á a má-fé do adquirente, pois o registro traz a presunção de que todos tomaram ciência do ato de constrição judicial. Segundo a súmula 375, ainda que não haja o registro da penhora, a má-fé do adquirente pode ser provada por outros meios. Esse ônus é do credor, que deve apresentar provas nesse sentido, porque a má-fé não se presume.

6. DA INVIABILIDADE DO NEGÓCIO JURÍDICO

Nos arts. 166 e seguintes, o atual Código Civil regula os casos de nulidade e de anulabilidade do negócio jurídico, conforme sejam, respectivamente, nulos ou anuláveis.

6.1. Nulidade

6.1.1. *Conceito*

A professora Maria Helena Diniz ensina que "a nulidade vem a ser a sanção, imposta pela norma jurídica, que determina a privação dos efeitos jurídicos do negócio praticado em desobediência ao que prescreve"[34].

6.1.2. *Espécies de nulidade*

A nulidade pode ser:

a) *Absoluta*: quando afronta preceito de ordem pública e de interesse social. A nulidade absoluta pode ser alegada por qualquer interessado (art. 168, *caput*, do CC/02) e deve ser reconhecida de ofício pelo juiz (art. 168, parágrafo único, do CC/02);

b) *Relativa*: também chamada de anulabilidade, a nulidade relativa apresenta um vício capaz de tornar o negócio inválido. Contudo, tal vício pode ser suprido ou sanado, de maneira que, nesse caso, o negócio pode subsistir;

c) *Total*: quando atinge todo o negócio jurídico e o torna nulo por inteiro;

d) *Parcial*: quando atinge apenas parte do negócio. Em respeito ao princípio da conservação do negócio jurídico, o reconhecimento da nulidade parcial não afetará parte válida e não invalidará todo o negócio;

e) *Textual*: quando a nulidade decorre de texto expresso da lei, como é o caso do art. 548 do CC/02;

f) *Implícita*: embora não surja expressamente do texto da lei, a nulidade implícita pode ser deduzida de algumas expressões constantes da lei, como, por exemplo, a expressão "não podem", constante do art. 1.521 do CC/02.

6.1.3. *Causas de nulidade*

Dispõe o art. 166 do Código Civil:

> **Art. 166.** É nulo o negócio jurídico quando:
>
> **I** - celebrado por pessoa absolutamente incapaz;
>
> **II** - for ilícito, impossível ou indeterminável o seu objeto;
>
> **III** - o motivo determinante, comum a ambas as partes, for ilícito;
>
> **IV** - não revestir a forma prescrita em lei;
>
> **V** - for preterida alguma solenidade que a lei considere essencial para a sua validade;

34. *Curso de Direito Civil Brasileiro*. Vol. 1, 30ª ed. São Paulo: Saraiva, 2013, p. 589.

VI – tiver por objetivo fraudar lei imperativa;

VII – a lei taxativamente o declarar nulo, ou proibir-lhe a prática, sem cominar sanção.

O dispositivo está em consonância com o art. 104 do CC/02, que trata dos requisitos de validade do negócio jurídico. Como se observa, os incisos I, II, IV e V do art. 166 revelam a sanção para a inobservância dos requisitos contidos no referido art. 104.

Os incisos III, VI e VII representam novidades da atual codificação.

O inciso III trata do *motivo determinante*, estabelecendo a nulidade do negócio quando, sendo comum às partes, for ilícito. O texto está em sintonia com o art. 140, que trata do *falso motivo*, já estudado no item 3.2.3. desta obra, fulminando de nulidade o negócio quando o motivo que leva as partes a celebrá-lo for ilícito.

O inciso VI trata da fraude à lei, determinando a nulidade dos negócios que visam fraudar a norma cogente e preceito de ordem pública.

O inciso VII trata das nulidades textual (primeira parte) e implícita (segunda parte). Como exemplo de nulidade textual pode ser citado o art. 548 do CC/02, que proíbe a doação universal de todos os bens do doador, sem reserva do mínimo para sobrevivência. Como exemplo de nulidade implícita pode ser citado o art. 426 do CC/02, que proíbe que o contrato tenha como objeto a herança de pessoa viva.

6.2. Anulabilidade

6.2.1. *Conceito*

Segundo Carlos Roberto Gonçalves, a anulabilidade "é a sanção imposta pela lei aos atos e negócios jurídicos realizados por pessoa relativamente incapaz ou eivados de algum vício do consentimento ou vício social"[35].

Enquanto a nulidade absoluta está associada à violação de preceito de ordem pública e de interesse social, a nulidade relativa, também chamada de anulabilidade, está associada à violação de um interesse privado. Tendo em vista essa qualidade, a anulabilidade é prescritível e admite confirmação que objetive afastar o defeito (art. 172 do CC/02).

6.2.2. *Causas de anulabilidade*

As causas de anulabilidade estão previstas no art. 171 do CC/02. São elas:

a) *Por incapacidade relativa do agente*: as pessoas relativamente incapazes estão elencadas no art. 4º do CC/02 e já foram objeto de estudo no capítulo II, item 2.3.2. desta obra;

35. *Direito Civil I*. 3ª ed. São Paulo: Saraiva, 2011, p. 477.

b) *Por vício resultante de erro, dolo, coação, estado de perigo, lesão ou fraude contra credores*: os defeitos do negócio jurídico estão disciplinados nos arts. 138 a 165 do CC/02 e já foram estudados nesta obra, no presente capítulo, item 3.

6.3. Diferenças entre nulidade e anulabilidade

De forma bem simples, as diferenças entre nulidade e anulabilidade podem ser elencadas da seguinte forma:

a) A nulidade versa sobre matéria de ordem pública e sua decretação ocorre no interesse da coletividade. A anulabilidade versa sobre interesse privado, relativo à pessoa prejudicada;

b) A anulabilidade pode ser suprida pelo juiz ou sanada, de forma expressa ou tácita, pelas partes. A nulidade, por ser absoluta, não pode ser suprida pelo juiz ou sanada pelas partes;

c) O reconhecimento da anulabilidade depende de requerimento das partes (art. 177 CC/02), de forma que não pode ser reconhecida de ofício pelo juiz. Seus efeitos são *ex nunc*, ou seja, não operam antes de reconhecidos na sentença. A nulidade, no entanto, deve ser reconhecida de ofício pelo juiz (art. 168, parágrafo único CC/02) e seus efeitos são *ex tunc*, vez que retroagem à data do negócio, para lhe retirar os efeitos;

d) A anulabilidade só pode ser alegada pelos prejudicados e seu reconhecimento apenas a eles aproveita, salvo os casos de solidariedade ou indivisibilidade. A nulidade, por sua vez, pode ser alegada por qualquer interessado, inclusive pelo Ministério Público;

e) A anulabilidade está sujeita à decadência, cujos prazos são relativamente curtos. Na ausência de previsão legal, o prazo decadencial para pleitear a anulação do negócio será de dois anos (art. 179 do CC/02). O negócio nulo, contudo, não se convalida com o decurso do tempo.

▸ DIFERENÇAS ENTRE NULIDADE E ANULABILIDADE

Nulidade	Anulabilidade
Versa sobre matéria de ordem pública	Versa sobre interesse privado
Decretação ocorre no interesse coletivo	Decretação ocorre no interesse do lesado
Não pode ser suprida pelo juiz	Pode ser suprida pelo juiz
Não pode ser sanada pelas partes	Pode ser sanada pelas partes
Deve ser reconhecida de ofício pelo Juiz (art. 168, p. único, CC)	Depende de requerimento das partes (art. 177 CC)

▸ DIFERENÇAS ENTRE NULIDADE E ANULABILIDADE	
Nulidade	**Anulabilidade**
Efeitos "ex tunc"	Efeitos "ex nunc"
Pode ser alegada por qualquer interessado, inclusive o MP	Só pode ser alegada pelos prejudicados
Não está sujeita à decadência	Está sujeita à decadência

7. SIMULAÇÃO

7.1. Conceito

Segundo Silvio de Salvo Venosa, "simular é fingir, mascarar, camuflar, esconder a realidade. Juridicamente, é a prática de ato ou negócio que esconde a real intenção. A intenção dos simuladores é encoberta mediante disfarce, parecendo externamente negócio que não é espelhado pela vontade dos contraentes"[36].

O negócio simulado é celebrado com o intuito de mascarar a real intenção dos contratantes. Nele existe um conluio entre as partes, que praticam o negócio manifestando uma vontade que, conscientemente, não é a verdadeira. O negócio simulado é praticado, geralmente, como forma de burlar a lei ou prejudicar terceiros.

Há inúmeros exemplos de negócios simulados. A título de exemplificação, pode ser citado o caso do viúvo que possui bens do primeiro matrimônio e, ao contrair segundas núpcias, simula a venda do imóvel, a interposta pessoa, para depois adquiri-lo durante o casamento, como forma de garantir a meação do bem à nova esposa. Observe que, nesse caso, a real intenção do viúvo não é dispor do bem, mas tão somente de prejudicar os filhos do primeiro casamento e conferir direitos à nova esposa em um bem que, ordinariamente, não teria.

A simulação constitui um vício social e não de vontade, porque esta não está maculada. O agente está em plena sintonia com a realidade do negócio e, conscientemente, manifesta uma vontade que não é a verdadeira, praticando o negócio pra mascarar seu real desígnio.

Embora seja vício social, o atual Código Civil deslocou a simulação da parte que trata dos "defeitos do negócio jurídico" para a parte que disciplina as "invalidades do negócio jurídico", fulminando de nulidade o negócio jurídico simulado.

A simulação é caracterizada pelos seguintes elementos: a) conluio entre as partes; b) manifestação da vontade em desconformidade com a real intenção e c) fim de fraudar a lei ou prejudicar terceiros.

36. *Direito Civil*. Vol. 1, 4ª ed. São Paulo: Atlas, 2004, p. 480.

7.2. Espécies de simulação

A simulação pode ser:

a) *Absoluta*: que ocorre quando a simulação é feita apenas como fingimento, para mostrar algo que, de fato, não ocorreu. Nessa modalidade, as partes não querem praticar negócio algum. Querem apenas que terceiros pensem que o negócio foi celebrado, mas não desejam que o negócio simulado produza, efetivamente, efeitos. É o caso, por exemplo, do marido que, para livrar-se de condenação por ato ilícito, simula o divórcio, em conluio com a esposa, deixando a esta todos os bens do casal. Na realidade, o casal não quer os efeitos do divórcio, eis que continuam vivendo maritalmente;

b) *Relativa*: que ocorre quando o intuito das partes é de celebrar um negócio para fraudar a lei ou prejudicar terceiros. Para atingir essa finalidade, os contratantes firmam dois negócios: um deles é o *simulado* e aparente, que será usado para enganar e ludibriar terceiros; o outro é o *dissimulado*, realmente desejado, mas que permanecerá oculto. É o caso, por exemplo, das partes que celebram um contrato de mútuo a juros excessivos, muito superiores ao permitido pela legislação. O credor requer, ainda, que seja dado um imóvel em hipoteca como garantia pelo pagamento da dívida. Para mascarar esse negócio, as partes simulam um contrato de compra e venda do imóvel, pelo qual o credor compra o imóvel do devedor, e um contrato de locação do mesmo imóvel, pelo qual o credor aluga o imóvel ao devedor. Observe, então, que o real desejo das partes é de celebrar um contrato de mútuo com garantia hipotecária, mas que não pode ser formalizado em razão dos juros excessivos. Para esconder o negócio, as partes pactuam a compra e venda do imóvel, que substituirá a garantia hipotecária, e o contrato de locação, que substituirá o contrato de mútuo, eis que o pagamento dos alugueis, serão, na verdade, o pagamento dos juros. Se o devedor não pagar os alugueis, que, como visto, são os juros, o credor promoverá a ação de despejo, que funcionará como se fosse a execução da garantia.

Dispõe o **art. 167** que "é nulo o negócio jurídico simulado, mas subsistirá o que se dissimulou, se válido for na substância e na forma".

O texto trata da simulação relativa, estabelecendo que o negócio simulado será nulo, mas o dissimulado será válido. Dessa forma, no exemplo citado, os contratos de compra e venda e de locação serão nulos, porquanto simulados, mas o contrato de empréstimo será válido, com adequação dos juros. A garantia hipotecária não subsistirá porque não é válida na forma (art. 1492 e seguintes do CC/02).

7.3. Simulação e institutos afins

A simulação distingue-se do erro, porque neste o agente, diante de uma falsa noção, se engana sozinho. A desconexão entre a vontade real e a transmitida é espontânea.

Distingue-se, também, do dolo porque neste a vítima é induzida em erro, mediante o emprego de artifício ardil e malicioso. No dolo, a vítima participa do negócio, enquanto na simulação a vítima é lesada sem participar do negócio simulado.

Difere da coação porque nesta a vítima é constrangida a praticar o negócio, enquanto na simulação há um conluio entre as partes para enganar terceiros ou burlar a lei.

Também não se confunde com o estado de perigo porque neste o agente contrai obrigação excessivamente onerosa, diante da necessidade de livrar a si, ou pessoa de sua família, de grave dano.

Distingue-se, igualmente, da lesão porque nesta a outra parte obtém uma vantagem excessiva aproveitando-se da inexperiência ou da necessidade da vítima.

8. LEGISLAÇÃO RELACIONADA AO CAPÍTULO

LIVRO III
DOS FATOS JURÍDICOS

TÍTULO I
DO NEGÓCIO JURÍDICO

CAPÍTULO I
DISPOSIÇÕES GERAIS

Art. 104. A validade do negócio jurídico requer:

I – agente capaz;

II – objeto lícito, possível, determinado ou determinável;

III – forma prescrita ou não defesa em lei.

Art. 105. A incapacidade relativa de uma das partes não pode ser invocada pela outra em benefício próprio, nem aproveita aos cointeressados capazes, salvo se, neste caso, for indivisível o objeto do direito ou da obrigação comum.

Art. 106. A impossibilidade inicial do objeto não invalida o negócio jurídico se for relativa, ou se cessar antes de realizada a condição a que ele estiver subordinado.

Art. 107. A validade da declaração de vontade não dependerá de forma especial, senão quando a lei expressamente a exigir.

Art. 108. Não dispondo a lei em contrário, a escritura pública é essencial à validade dos negócios jurídicos que visem à constituição, transferência, modificação ou renúncia de direitos reais sobre imóveis de valor superior a trinta vezes o maior salário mínimo vigente no País.

Art. 109. No negócio jurídico celebrado com a cláusula de não valer sem instrumento público, este é da substância do ato.

Art. 110. A manifestação de vontade subsiste ainda que o seu autor haja feito a reserva mental de não querer o que manifestou, salvo se dela o destinatário tinha conhecimento.

Art. 111. O silêncio importa anuência, quando as circunstâncias ou os usos o autorizarem, e não for necessária a declaração de vontade expressa.

Art. 112. Nas declarações de vontade se atenderá mais à intenção nelas consubstanciada do que ao sentido literal da linguagem.

Art. 113. Os negócios jurídicos devem ser interpretados conforme a boa-fé e os usos do lugar de sua celebração.

Art. 114. Os negócios jurídicos benéficos e a renúncia interpretam-se estritamente.

CAPÍTULO II
DA REPRESENTAÇÃO

Art. 115. Os poderes de representação conferem-se por lei ou pelo interessado.

Art. 116. A manifestação de vontade pelo representante, nos limites de seus poderes, produz efeitos em relação ao representado.

Art. 117. Salvo se o permitir a lei ou o representado, é anulável o negócio jurídico que o representante, no seu interesse ou por conta de outrem, celebrar consigo mesmo.

Parágrafo único. Para esse efeito, tem-se como celebrado pelo representante o negócio realizado por aquele em quem os poderes houverem sido substabelecidos.

Art. 118. O representante é obrigado a provar às pessoas, com quem tratar em nome do representado, a sua qualidade e a extensão de seus poderes, sob pena de, não o fazendo, responder pelos atos que a estes excederem.

Art. 119. É anulável o negócio concluído pelo representante em conflito de interesses com o representado, se tal fato era ou devia ser do conhecimento de quem com aquele tratou.

Parágrafo único. É de cento e oitenta dias, a contar da conclusão do negócio ou da cessação da incapacidade, o prazo de decadência para pleitear-se a anulação prevista neste artigo.

Art. 120. Os requisitos e os efeitos da representação legal são os estabelecidos nas normas respectivas; os da representação voluntária são os da Parte Especial deste Código.

CAPÍTULO III
DA CONDIÇÃO, DO TERMO E DO ENCARGO

Art. 121. Considera-se condição a cláusula que, derivando exclusivamente da vontade das partes, subordina o efeito do negócio jurídico a evento futuro e incerto.

Art. 122. São lícitas, em geral, todas as condições não contrárias à lei, à ordem pública ou aos bons costumes; entre as condições defesas se incluem as que privarem de todo efeito o negócio jurídico, ou o sujeitarem ao puro arbítrio de uma das partes.

Art. 123. Invalidam os negócios jurídicos que lhes são subordinados:

I – as condições física ou juridicamente impossíveis, quando suspensivas;

II – as condições ilícitas, ou de fazer coisa ilícita;

III – as condições incompreensíveis ou contraditórias.

Art. 124. Têm-se por inexistentes as condições impossíveis, quando resolutivas, e as de não fazer coisa impossível.

Art. 125. Subordinando-se a eficácia do negócio jurídico à condição suspensiva, enquanto esta se não verificar, não se terá adquirido o direito, a que ele visa.

Art. 126. Se alguém dispuser de uma coisa sob condição suspensiva, e, pendente esta, fizer quanto àquela novas disposições, estas não terão valor, realizada a condição, se com ela forem incompatíveis.

Art. 127. Se for resolutiva a condição, enquanto esta se não realizar, vigorará o negócio jurídico, podendo exercer-se desde a conclusão deste o direito por ele estabelecido.

Art. 128. Sobrevindo a condição resolutiva, extingue-se, para todos os efeitos, o direito a que ela se opõe; mas, se aposta a um negócio de execução continuada ou periódica, a sua realização, salvo disposição em contrário, não tem eficácia quanto aos atos já praticados, desde que compatíveis com a natureza da condição pendente e conforme aos ditames de boa-fé.

Art. 129. Reputa-se verificada, quanto aos efeitos jurídicos, a condição cujo implemento for maliciosamente obstado pela parte a quem desfavorecer, considerando-se, ao contrário, não verificada a condição maliciosamente levada a efeito por aquele a quem aproveita o seu implemento.

Art. 130. Ao titular do direito eventual, nos casos de condição suspensiva ou resolutiva, é permitido praticar os atos destinados a conservá-lo.

Art. 131. O termo inicial suspende o exercício, mas não a aquisição do direito.

Art. 132. Salvo disposição legal ou convencional em contrário, computam-se os prazos, excluído o dia do começo, e incluído o do vencimento.

§ 1º Se o dia do vencimento cair em feriado, considerar-se-á prorrogado o prazo até o seguinte dia útil.

§ 2º Meado considera-se, em qualquer mês, o seu décimo quinto dia.

§ 3º Os prazos de meses e anos expiram no dia de igual número do de início, ou no imediato, se faltar exata correspondência.

§ 4º Os prazos fixados por hora contar-se-ão de minuto a minuto.

Art. 133. Nos testamentos, presume-se o prazo em favor do herdeiro, e, nos contratos, em proveito do devedor, salvo, quanto a esses, se do teor do instrumento, ou das circunstâncias, resultar que se estabeleceu a benefício do credor, ou de ambos os contratantes.

Art. 134. Os negócios jurídicos entre vivos, sem prazo, são exequíveis desde logo, salvo se a execução tiver de ser feita em lugar diverso ou depender de tempo.

Art. 135. Ao termo inicial e final aplicam-se, no que couber, as disposições relativas à condição suspensiva e resolutiva.

Art. 136. O encargo não suspende a aquisição nem o exercício do direito, salvo quando expressamente imposto no negócio jurídico, pelo disponente, como condição suspensiva.

Art. 137. Considera-se não escrito o encargo ilícito ou impossível, salvo se constituir o motivo determinante da liberalidade, caso em que se invalida o negócio jurídico.

CAPÍTULO IV
DOS DEFEITOS DO NEGÓCIO JURÍDICO

Seção I
Do Erro ou Ignorância

Art. 138. São anuláveis os negócios jurídicos, quando as declarações de vontade emanarem de erro substancial que poderia ser percebido por pessoa de diligência normal, em face das circunstâncias do negócio.

Art. 139. O erro é substancial quando:

I – interessa à natureza do negócio, ao objeto principal da declaração, ou a alguma das qualidades a ele essenciais;

II – concerne à identidade ou à qualidade essencial da pessoa a quem se refira a declaração de vontade, desde que tenha influído nesta de modo relevante;

III – sendo de direito e não implicando recusa à aplicação da lei, for o motivo único ou principal do negócio jurídico.

Art. 140. O falso motivo só vicia a declaração de vontade quando expresso como razão determinante.

Art. 141. A transmissão errônea da vontade por meios interpostos é anulável nos mesmos casos em que o é a declaração direta.

Art. 142. O erro de indicação da pessoa ou da coisa, a que se referir a declaração de vontade, não viciará o negócio quando, por seu contexto e pelas circunstâncias, se puder identificar a coisa ou pessoa cogitada.

Art. 143. O erro de cálculo apenas autoriza a retificação da declaração de vontade.

Art. 144. O erro não prejudica a validade do negócio jurídico quando a pessoa, a quem a manifestação de vontade se dirige, se oferecer para executá-la na conformidade da vontade real do manifestante.

Seção II
Do Dolo

Art. 145. São os negócios jurídicos anuláveis por dolo, quando este for a sua causa.

Art. 146. O dolo acidental só obriga à satisfação das perdas e danos, e é acidental quando, a seu despeito, o negócio seria realizado, embora por outro modo.

Art. 147. Nos negócios jurídicos bilaterais, o silêncio intencional de uma das partes a respeito de fato ou qualidade que a outra parte haja ignorado, constitui omissão dolosa, provando-se que sem ela o negócio não se teria celebrado.

Art. 148. Pode também ser anulado o negócio jurídico por dolo de terceiro, se a parte a quem aproveite dele tivesse ou devesse ter conhecimento; em caso contrário, ainda que subsista o negócio jurídico, o terceiro responderá por todas as perdas e danos da parte a quem ludibriou.

Art. 149. O dolo do representante legal de uma das partes só obriga o representado a responder civilmente até a importância do proveito que teve; se, porém, o dolo for do representante convencional, o representado responderá solidariamente com ele por perdas e danos.

Art. 150. Se ambas as partes procederem com dolo, nenhuma pode alegá-lo para anular o negócio, ou reclamar indenização.

Seção III
Da Coação

Art. 151. A coação, para viciar a declaração da vontade, há de ser tal que incuta ao paciente fundado temor de dano iminente e considerável à sua pessoa, à sua família, ou aos seus bens.

Parágrafo único. Se disser respeito a pessoa não pertencente à família do paciente, o juiz, com base nas circunstâncias, decidirá se houve coação.

Art. 152. No apreciar a coação, ter-se-ão em conta o sexo, a idade, a condição, a saúde, o temperamento do paciente e todas as demais circunstâncias que possam influir na gravidade dela.

Art. 153. Não se considera coação a ameaça do exercício normal de um direito, nem o simples temor reverencial.

Art. 154. Vicia o negócio jurídico a coação exercida por terceiro, se dela tivesse ou devesse ter conhecimento a parte a que aproveite, e esta responderá solidariamente com aquele por perdas e danos.

Art. 155. Subsistirá o negócio jurídico, se a coação decorrer de terceiro, sem que a parte a que aproveite dela tivesse ou devesse ter conhecimento; mas o autor da coação responderá por todas as perdas e danos que houver causado ao coacto.

Seção IV
Do Estado de Perigo

Art. 156. Configura-se o estado de perigo quando alguém, premido da necessidade de salvar-se, ou a pessoa de sua família, de grave dano conhecido pela outra parte, assume obrigação excessivamente onerosa.

Parágrafo único. Tratando-se de pessoa não pertencente à família do declarante, o juiz decidirá segundo as circunstâncias.

Seção V
Da Lesão

Art. 157. Ocorre a lesão quando uma pessoa, sob premente necessidade, ou por inexperiência, se obriga a prestação manifestamente desproporcional ao valor da prestação oposta.

§ 1º Aprecia-se a desproporção das prestações segundo os valores vigentes ao tempo em que foi celebrado o negócio jurídico.

§ 2º Não se decretará a anulação do negócio, se for oferecido suplemento suficiente, ou se a parte favorecida concordar com a redução do proveito.

Seção VI
Da Fraude Contra Credores

Art. 158. Os negócios de transmissão gratuita de bens ou remissão de dívida, se os praticar o devedor já insolvente, ou por eles reduzido à insolvência, ainda quando o ignore, poderão ser anulados pelos credores quirografários, como lesivos dos seus direitos.

§ 1º Igual direito assiste aos credores cuja garantia se tornar insuficiente.

§ 2º Só os credores que já o eram ao tempo daqueles atos podem pleitear a anulação deles.

Art. 159. Serão igualmente anuláveis os contratos onerosos do devedor insolvente, quando a insolvência for notória, ou houver motivo para ser conhecida do outro contratante.

Art. 160. Se o adquirente dos bens do devedor insolvente ainda não tiver pago o preço e este for, aproximadamente, o corrente, desobrigar-se-á depositando-o em juízo, com a citação de todos os interessados.

Parágrafo único. Se inferior, o adquirente, para conservar os bens, poderá depositar o preço que lhes corresponda ao valor real.

Art. 161. A ação, nos casos dos arts. 158 e 159, poderá ser intentada contra o devedor insolvente, a pessoa que com ele celebrou a estipulação considerada fraudulenta, ou terceiros adquirentes que hajam procedido de má-fé.

Art. 162. O credor quirografário, que receber do devedor insolvente o pagamento da dívida ainda não vencida, ficará obrigado a repor, em proveito do acervo sobre que se tenha de efetuar o concurso de credores, aquilo que recebeu.

Art. 163. Presumem-se fraudatórias dos direitos dos outros credores as garantias de dívidas que o devedor insolvente tiver dado a algum credor.

Art. 164. Presumem-se, porém, de boa-fé e valem os negócios ordinários indispensáveis à manutenção de estabelecimento mercantil, rural, ou industrial, ou à subsistência do devedor e de sua família.

Art. 165. Anulados os negócios fraudulentos, a vantagem resultante reverterá em proveito do acervo sobre que se tenha de efetuar o concurso de credores.

Parágrafo único. Se esses negócios tinham por único objeto atribuir direitos preferenciais, mediante hipoteca, penhor ou anticrese, sua invalidade importará somente na anulação da preferência ajustada.

CAPÍTULO V
DA INVALIDADE DO NEGÓCIO JURÍDICO

Art. 166. É nulo o negócio jurídico quando:

I - celebrado por pessoa absolutamente incapaz;

II - for ilícito, impossível ou indeterminável o seu objeto;

III - o motivo determinante, comum a ambas as partes, for ilícito;

IV - não revestir a forma prescrita em lei;

V - for preterida alguma solenidade que a lei considere essencial para a sua validade;

VI - tiver por objetivo fraudar lei imperativa;

VII - a lei taxativamente o declarar nulo, ou proibir-lhe a prática, sem cominar sanção.

Art. 167. É nulo o negócio jurídico simulado, mas subsistirá o que se dissimulou, se válido for na substância e na forma.

§ 1º Haverá simulação nos negócios jurídicos quando:

I - aparentarem conferir ou transmitir direitos a pessoas diversas daquelas às quais realmente se conferem, ou transmitem;

II - contiverem declaração, confissão, condição ou cláusula não verdadeira;

III - os instrumentos particulares forem antedatados, ou pós-datados.

§ 2º Ressalvam-se os direitos de terceiros de boa-fé em face dos contraentes do negócio jurídico simulado.

Art. 168. As nulidades dos artigos antecedentes podem ser alegadas por qualquer interessado, ou pelo Ministério Público, quando lhe couber intervir.

Parágrafo único. As nulidades devem ser pronunciadas pelo juiz, quando conhecer do negócio jurídico ou dos seus efeitos e as encontrar provadas, não lhe sendo permitido supri-las, ainda que a requerimento das partes.

Art. 169. O negócio jurídico nulo não é suscetível de confirmação, nem convalesce pelo decurso do tempo.

Art. 170. Se, porém, o negócio jurídico nulo contiver os requisitos de outro, subsistirá este quando o fim a que visavam as partes permitir supor que o teriam querido, se houvessem previsto a nulidade.

Art. 171. Além dos casos expressamente declarados na lei, é anulável o negócio jurídico:

I - por incapacidade relativa do agente;

II - por vício resultante de erro, dolo, coação, estado de perigo, lesão ou fraude contra credores.

Art. 172. O negócio anulável pode ser confirmado pelas partes, salvo direito de terceiro.

Art. 173. O ato de confirmação deve conter a substância do negócio celebrado e a vontade expressa de mantê-lo.

Art. 174. É escusada a confirmação expressa, quando o negócio já foi cumprido em parte pelo devedor, ciente do vício que o inquinava.

Art. 175. A confirmação expressa, ou a execução voluntária de negócio anulável, nos termos dos arts. 172 a 174, importa a extinção de todas as ações, ou exceções, de que contra ele dispusesse o devedor.

Art. 176. Quando a anulabilidade do ato resultar da falta de autorização de terceiro, será validado se este a der posteriormente.

Art. 177. A anulabilidade não tem efeito antes de julgada por sentença, nem se pronuncia de ofício; só os interessados a podem alegar, e aproveita exclusivamente aos que a alegarem, salvo o caso de solidariedade ou indivisibilidade.

Art. 178. É de quatro anos o prazo de decadência para pleitear-se a anulação do negócio jurídico, contado:

I - no caso de coação, do dia em que ela cessar;

II - no de erro, dolo, fraude contra credores, estado de perigo ou lesão, do dia em que se realizou o negócio jurídico;

III - no de atos de incapazes, do dia em que cessar a incapacidade.

Art. 179. Quando a lei dispuser que determinado ato é anulável, sem estabelecer prazo para pleitear-se a anulação, será este de dois anos, a contar da data da conclusão do ato.

Art. 180. O menor, entre dezesseis e dezoito anos, não pode, para eximir-se de uma obrigação, invocar a sua idade se dolosamente a ocultou quando inquirido pela outra parte, ou se, no ato de obrigar-se, declarou-se maior.

Art. 181. Ninguém pode reclamar o que, por uma obrigação anulada, pagou a um incapaz, se não provar que reverteu em proveito dele a importância paga.

Art. 182. Anulado o negócio jurídico, restituir-se-ão as partes ao estado em que antes dele se achavam, e, não sendo possível restituí-las, serão indenizadas com o equivalente.

Art. 183. A invalidade do instrumento não induz a do negócio jurídico sempre que este puder provar-se por outro meio.

Art. 184. Respeitada a intenção das partes, a invalidade parcial de um negócio jurídico não o prejudicará na parte válida, se esta for separável; a invalidade da obrigação principal implica a das obrigações acessórias, mas a destas não induz a da obrigação principal.

TÍTULO II
DOS ATOS JURÍDICOS LÍCITOS

Art. 185. Aos atos jurídicos lícitos, que não sejam negócios jurídicos, aplicam-se, no que couber, as disposições do Título anterior.

TÍTULO III
DOS ATOS ILÍCITOS

Art. 186. Aquele que, por ação ou omissão voluntária, negligência ou imprudência, violar direito e causar dano a outrem, ainda que exclusivamente moral, comete ato ilícito.

Art. 187. Também comete ato ilícito o titular de um direito que, ao exercê-lo, excede manifestamente os limites impostos pelo seu fim econômico ou social, pela boa-fé ou pelos bons costumes.

Art. 188. Não constituem atos ilícitos:

I - os praticados em legítima defesa ou no exercício regular de um direito reconhecido;

II - a deterioração ou destruição da coisa alheia, ou a lesão a pessoa, a fim de remover perigo iminente.

Parágrafo único. No caso do inciso II, o ato será legítimo somente quando as circunstâncias o tornarem absolutamente necessário, não excedendo os limites do indispensável para a remoção do perigo.

QUESTÕES

CAPÍTULO IV

01. (Analista Judiciário - Área Judiciária - TRT 8 / 2010 / FCC) A respeito dos defeitos do negócio jurídico, considere:

I. Erro sobre a natureza do negócio.
II. Erro sobre o objeto principal da declaração.
III. Erro sobre alguma das qualidades essenciais do objeto.
IV. Erro de cálculo.

Consideram-se substanciais os indicados APENAS em:

a) I, II e III.
b) I e III.
c) I e IV.
d) II e III.
e) II, III e IV.

COMENTÁRIOS

Nota do autor: a questão aborda os erros substanciais. Vale lembrar que são anuláveis os negócios jurídicos, quando as declarações de vontade emanarem de erro substancial que poderia ser notado por um homem comum, em face das circunstâncias do negócio (art. 138 do Código Civil).

Alternativa correta: "a".

Item I – correto: o erro sobre a natureza do negócio, que é aquele que incide sobre a própria essência ou substância do negócio, é um erro substancial (art. 139, I do Código Civil).

Item II – correto: o erro sobre o objeto principal da declaração, que é aquele que recai sobre a identidade do objeto principal do negócio jurídico, é um erro substancial (art. 139, I do Código Civil).

Item III – correto: o erro sobre alguma das qualidades essenciais do objeto, que é aquele que incide sobre as características essenciais do objeto do negócio, é um erro substancial (art. 139, I do Código Civil).

Item IV – errado: o erro de cálculo somente autoriza a retificação da declaração de vontade (art. 143 do Código Civil), mas não é capaz de viciar o consentimento do sujeito. Por isso, não é considerado um erro substancial.

02. (Analista Judiciário - Área Judiciária - TRT 11 / 2012 / FCC) Em um negócio jurídico uma parte pensa que a outra parte está doando um bem quando na verdade o bem está sendo oferecido à venda. Neste caso, ocorreu

a) *error in negotio* tratando-se de erro substancial que poderá anular o negócio jurídico.
b) *error in corpore* tratando-se de erro substancial que poderá anular o negócio jurídico.
c) erro acidental que não anula o negócio jurídico, devendo as partes adequá-los à situação real.
d) erro acidental que anula o negócio jurídico, não cabendo perdas e danos à parte prejudicada.
e) *error juris* tratando de erro substancial que poderá anular o negócio jurídico.

COMENTÁRIOS

Nota do autor: a questão trata dos erros substanciais, que são aqueles que viciam a vontade e tornam anulável o negócio jurídico (art. 138 do Código Civil). As hipóteses de erro substancial estão previstas no art. 139 do Código Civil.

Alternativa "a" – correta: o *error in negotio* é uma das hipóteses de erro substancial e recai sobre a natureza do ato negocial (art. 139, I do Código Civil). Na situação do enunciado, uma parte oferece um bem à venda e a outra parte pensa que está sendo feita uma doação, ou seja, houve um erro quanto à natureza do negócio. E tratando-se de erro substancial, o negócio jurídico poderá ser anulado (art. 138 do Código Civil).

Alternativa "b" – errada: o *error in corpore* atinge a identidade ou as qualidades essenciais do objeto principal do negócio e é uma das espécies de erro substancial (art. 139, I do Código Civil). Neste caso, não ocorreu erro quanto ao objeto, mas sim em relação à natureza do negócio.

Alternativa "c" – errada: o erro acidental é aquele concernente às qualidades secundárias ou acessórias da pessoa ou da coisa a que se referir a declaração de vontade (art. 142 do Código Civil). Na situação da questão, não houve erro acidental, mas sim quanto à natureza do negócio.

Alternativa "d" – errada: o erro acidental não anula o negócio jurídico por não incidir sobre a declaração de vontade. Isso porque, pelo contexto e circunstâncias, é possível identificar a pessoa ou coisa cogitada (art. 142 do Código Civil).

Alternativa "e" – errada: o *error juris* é aquele referente à existência de uma norma jurídica e também é uma das espécies de erro substancial (art. 139, III do Código Civil). O agente emite uma declaração de vontade no pressuposto falso de que procede em conformidade com a lei. Contudo, o erro de direito somente é considerado substancial quando, não implicando recusa à aplicação da lei, tenha sido o principal ou o único motivo da realização do ato negocial. Nesta hipótese, não ocorreu erro de direito, mas sim em relação à natureza do negócio.

03. (Analista Judiciário - Área Judiciária - TRT 14 / 2011 / FCC) A respeito dos defeitos dos negócios jurídicos, é correto afirmar:

a) Se ambas as partes procederem com dolo, qualquer delas poderá alegá-lo para anular o negócio, ou reclamar indenização.
b) O falso motivo só vicia a declaração de vontade quando expresso como razão determinante.
c) Considera-se coação a ameaça do exercício normal de um direito, bem como o simples temor reverencial.
d) Não se presumem fraudatórias dos direitos dos outros credores as garantias de dívidas que o devedor insolvente tiver dado a algum credor.
e) Se uma pessoa, por inexperiência, se obriga a prestação manifestamente desproporcional ao valor da prestação oposta, o negócio será anulado inclusive se a parte favorecida concordar com a redução do proveito.

COMENTÁRIOS

Alternativa "b" – correta: a alternativa é a transcrição literal do art. 140 do Código Civil. O erro em relação ao motivo do negócio, que é a razão subjetiva do ato negocial, não é considerado essencial e, por isso, não pode acarretar a anulação do negócio jurídico. Só haverá anulação quando a parte manifestar que o motivo é a razão determinante para a realização do ato.

Alternativa "a" – errada: se ambas as partes agirem com dolo, nenhuma delas pode alegá-lo para anular o negócio, ou reclamar indenização (art. 150 do Código Civil). Isso porque a ninguém é lícito beneficiar-se da própria torpeza.

Alternativa "c" – errada: a ameaça do exercício normal de um direito e o simples temor reverencial não são considerados como coação (art. 153 do Código Civil).

Alternativa "d" – errada: são presumidas como fraudatórias dos direitos dos outros credores as garantias de dívidas que o devedor insolvente tiver dado a algum credor (art. 163 do Código Civil). Esse é um caso de presunção absoluta.

Alternativa "e" – errada: se uma pessoa, sob premente necessidade ou por inexperiência, se obriga a prestação manifestamente desproporcional ao valor da prestação oposta, ocorre a lesão, que é um dos defeitos do negócio jurídico (art. 157, *caput* do Código Civil). Verificada a lesão, o negócio será anulado. Porém, não será decretada a anulação do negócio se for oferecido suplemento suficiente, ou se a parte favorecida concordar com a redução do proveito (art. 157, § 2º do Código Civil).

04. (Analista Judiciário - Área Judiciária - TRT 20 / 2011 / FCC) Tício vendeu uma coleção de livros jurídicos a Cícero, sendo que, três meses depois, o comprador descobriu que um dos livros apresentava defeito oculto e estava em branco. Nesse caso, Cícero

a) não poderá rejeitar a coleção porque já foi ultrapassado o prazo máximo de trinta dias da data da celebração do contrato.
b) poderá rejeitar a coleção e reclamar abatimento no preço.
c) só poderá rejeitar a coleção se o alienante conhecia o vício e não avisou o comprador no ato da venda.
d) não poderá rejeitar a coleção, porque o defeito oculto de uma das coisas vendidas em conjunto não autoriza a rejeição de todas.
e) poderá rejeitar a coleção e pleitear indenização por perdas e danos.

COMENTÁRIOS

Nota do autor: vale salientar que o defeito que o enunciado descreve é um vício redibitório, que é um defeito oculto em coisa recebida em virtude de contrato comutativo, que a torna imprópria ao uso a que se destina, ou lhe diminui o valor (art. 441, *caput* do Código Civil).

Alternativa "d" – correta: quando as coisas são vendidas conjuntamente, o defeito oculto de uma delas não permite a rejeição de todas (art. 503 do Código Civil).

Alternativa "a" – errada: o prazo decadencial para obter a redibição ou abatimento no preço é contado da entrega efetiva e não da data da celebração do contrato (art. 445, *caput* do Código Civil).

Alternativa "b" – errada: ele não poderá rejeitar a coleção, como já explicado (art. 503 do Código Civil). Ele poderia reclamar o abatimento no preço no prazo de trinta dias, contado da entrega efetiva (art. 445, *caput* do Código Civil).

Alternativa "c" – errada: para que uma coisa possa ser rejeitada por vício redibitório, não importa se o alienante conhecia ou não o vício (art. 443 do Código Civil).

Alternativa "e" – errada: ele não poderá rejeitar a coleção, como já explicado (art. 503 do Código Civil). Lembrando que a indenização por perdas e danos só pode ser pleiteada se o alienante conhecia o vício (art. 443 do Código Civil).

05. (Analista Judiciário – Execução de Mandados – TRF 1ª região / 2006 / FCC) Considere as seguintes assertivas relacionadas aos defeitos do negócio jurídico:

I. A transmissão errônea da vontade por meios interpostos é anulável nos mesmos casos em que o é a declaração direta.
II. Vicia o negócio jurídico a coação exercida por terceiro, se dela tivesse ou devesse ter conhecimento a parte a que aproveite, e esta responderá solidariamente com aquele por perdas e danos.
III. Quando uma pessoa, por inexperiência, se obriga a prestação manifestamente desproporcional ao valor da prestação oposta configura-se estado de perigo.
IV. O falso motivo só vicia a declaração de vontade quando expresso como razão determinante.

Em conformidade com o Código Civil brasileiro, está correto o que se afirma SOMENTE em

a) I, e III.
b) II e IV.
c) I, II e III.
d) I, II e IV.
e) II, III e IV.

COMENTÁRIOS

Alternativa correta: "d".

Item I – correto: o item é a transcrição literal do art. 141 do Código Civil. Se alguém utilizar algum meio interposto, como, por exemplo, o telefone ou a internet, para transmitir uma declaração de vontade e esse meio a transmitir com incorreções, poder-se-á alegar erro nas mesmas condições em que a manifestação da vontade é realizada diretamente.

Item II – correto: o item é a transcrição literal do art. 154 do Código Civil. A coação exercida por terceiro vicia o negócio jurídico, levando à sua anulabilidade, quando essa coação é ou tivesse de ser conhecida pela parte a quem aproveitar, sendo que, neste caso, esta responderá solidariamente com o coator pelas perdas e danos.

Item III – errado: quando uma pessoa, sob premente necessidade, ou por inexperiência, se obriga a prestação manifestamente desproporcional ao valor da prestação oposta configura-se lesão (art. 157, *caput* do Código

Civil). Ocorre o estado de perigo quando uma pessoa assume obrigação excessivamente onerosa premida da necessidade de salvar-se, ou a pessoa de sua família, de grave dano conhecido pela outra parte (art. 156, *caput* do Código Civil).

Item IV – correto: o item é a transcrição literal do art. 140 do Código Civil. O erro em relação ao motivo do negócio, que é a razão subjetiva do ato negocial, não é considerado essencial e, por isso, não pode acarretar a anulação do negócio jurídico. Só haverá anulação quando a parte manifestar que o motivo é a razão determinante para a realização do ato.

06. (Analista Judiciário - Área Judiciária - TRF 1ª região / 2006 / FCC) De acordo com o Código Civil brasileiro, considera-se condição a cláusula que, derivando

a) exclusivamente da vontade das partes, subordina o efeito do negócio jurídico a evento futuro e incerto.
b) da vontade das partes, da lei e de terceiros, subordina o efeito do negócio jurídico a evento futuro e certo.
c) exclusivamente da vontade das partes, subordina o efeito do negócio jurídico a evento futuro e certo.
d) da vontade das partes, da lei e de terceiros, subordina o efeito do negócio jurídico a evento futuro e incerto.
e) exclusivamente da lei, subordina o efeito do negócio jurídico a evento futuro e certo.

COMENTÁRIOS

Alternativa "a" – correta (responde todas as demais alternativas): de acordo com o art. 121 do Código Civil, condição é a cláusula que, derivando exclusivamente da vontade das partes, subordina o efeito do negócio jurídico a evento futuro e incerto.

07. (Analista Judiciário - Área Judiciária - TRE do Paraná / 2012 / FCC) Considere as seguintes disposições legais:

I. A validade do negócio jurídico requer forma prescrita ou não defesa em lei.
II. A validade da declaração de vontade não dependerá de forma especial, senão quando a lei expressamente a exigir.

É correto afirmar que

a) as duas disposições se acham em vigor.
b) nenhuma das disposições se acha em vigor.
c) apenas a primeira disposição se acha em vigor.
d) apenas a segunda disposição se acha em vigor.
e) as duas disposições apenas parcialmente se acham em vigor.

COMENTÁRIOS

Alternativa correta: "a".

Item I – correto: o item é a transcrição do art. 104, III do Código Civil, que está em vigor. Em regra, a forma é livre. Todavia, em alguns casos, a lei estabelece uma forma. Se o negócio jurídico não seguir essa forma, será nulo.

Item II – correto: o item é a transcrição literal do art. 107 do Código Civil, que está em vigor. A validade da declaração de vontade só dependerá de forma determinada quando a lei explicitamente o exigir.

08. (Analista Judiciário - Execução de Mandados - TRF 2ª região / 2012 / FCC) Gilson, solteiro, possui três filhos, sendo duas filhas solteiras e capazes, Vera e Verônica, e um filho casado, Moacir, que é pai de Fábio, com 12 nos de idade. No ano passado, Gilson vendeu um imóvel de sua propriedade para Vera, sem o conhecimento ou a anuência de Verônica e Moacir. Neste caso:

a) o negócio jurídico é perfeito não havendo nulidade tendo em vista que todos os filhos são capazes.
b) Verônica e Moacir possuem dois anos, a partir do momento que tomaram conhecimento da conclusão do contrato de compra e venda, para anular o negócio jurídico.
c) somente Moacir pode anular o negócio jurídico em razão da existência de interesse de incapaz, ou seja, de Fábio.
d) Verônica e Moacir possuem cinco anos, a partir do momento que tomaram conhecimento da conclusão do contrato de compra e venda, para anular o negócio jurídico.

e) somente Fábio pode anular o negócio jurídico, contando-se o prazo decadencial legal quando ele completar 18 anos.

COMENTÁRIOS

Alternativa "b" – correta (responde todas as demais alternativas): a venda de ascendente a descendente é anulável, exceto se os outros descendentes e o cônjuge do alienante tiverem consentido expressamente (art. 496, *caput* do Código Civil). E quando a lei determinar que um ato é anulável e não estabelecer prazo para pleitear-se a anulação, será este de dois anos, a contar da data da conclusão do ato (art. 179 do Código Civil). Na situação do enunciado, Gilson vendeu o imóvel para Vera sem o consentimento dos outros filhos. Logo, essa venda é anulável, sendo que Verônica e Moacir têm dois anos, a partir do momento que tomaram conhecimento da conclusão do contrato de compra e venda, para anular o negócio jurídico.

09. (Analista Judiciário – Execução de Mandados – TRF 1ª região / 2011 / FCC) No negócio jurídico A, foi preterida uma solenidade que a lei considera essencial para a sua validade; o negócio jurídico B não reveste de forma prescrita em lei; o negócio jurídico C foi celebrado com adolescente de 17 anos de idade e o negócio jurídico D possui vício resultante de coação. Nestes casos, de acordo com o Código Civil brasileiro, são nulos SOMENTE os negócios jurídicos

a) A e B.
b) A, B e C.
c) A, B e D.
d) C e D.
e) B, C e D.

COMENTÁRIOS

Alternativa "a" – correta (responde todas as demais alternativas): o negócio jurídico A é nulo porque o ato negocial que pretere alguma solenidade que a lei considera essencial para a sua validade é nulo (art. 166, V do Código Civil). O negócio jurídico B é nulo, pois o ato que não reveste a forma prescrita em lei é nulo (art. 166, IV do Código Civil). O negócio jurídico C é anulável, uma vez que o adolescente de 17 anos é relativamente incapaz (art. 4º, I do Código Civil) e os atos negociais praticados por pessoa relativamente incapaz são anuláveis (art. 171, I do Código Civil). E o negócio jurídico D é anulável, visto que o ato viciado por coação é anulável (art. 171, II do Código Civil). À vista disso, são nulos somente os negócios jurídicos A e B.

10. (Analista Judiciário – Execução de Mandados – TRF 1ª região / 2011 / FCC) Com relação aos Defeitos do Negócio Jurídico, considere:

I. Configura-se o estado de perigo quando alguém, premido da necessidade de salvar-se, ou a pessoa de sua família, de grave dano conhecido pela outra parte, assume obrigação excessivamente onerosa.
II. São nulos os negócios jurídicos, quando as declarações de vontade emanarem de erro substancial que poderia ser percebido por pessoa de diligência normal, em face das circunstâncias do negócio.
III. Se ambas as partes procederem com dolo, nenhuma pode alegá-lo para anular o negócio, ou reclamar indenização.
IV. Os negócios de transmissão gratuita de bens ou remissão de dívida, se os praticar o devedor já insolvente, ou por eles reduzido à insolvência, ainda quando o ignore, poderão ser anulados pelos credores quirografários, como lesivos dos seus direitos.

De acordo com o Código Civil brasileiro, está correto o que se afirma SOMENTE em:

a) I, III e IV.
b) I e III.
c) II, III e IV.
d) I, II e III.
e) II e IV.

COMENTÁRIOS

Alternativa correta: "a".

Item I – correto: o item é a transcrição literal do art. 156, *caput* do Código Civil. No estado de perigo, alguém é levado a efetivar negócio excessivamente oneroso em virtude de um risco pessoal, ao próprio contratante ou a pessoa de sua família, que diminui sua capacidade de dispor livre e conscientemente.

Item II – errado: quando as declarações de vontade emanarem de erro substancial que poderia ser percebido por pessoa de diligência normal, em face das circunstâncias do negócio, os negócios jurídicos são anuláveis (art. 138 do Código Civil).

Item III – correto: o item é a transcrição literal do art. 150 do Código Civil. Em caso de dolo recíproco, não poderá haver anulação do negócio jurídico e nem direito à indenização, pois ninguém pode se beneficiar da própria torpeza.

Item IV – correto: o item é a transcrição literal do art. 158, *caput,* do Código Civil. O negócio gratuito ou a remissão de dívida, se os praticar o devedor insolvente ou em estado de insolvência, poderão ser anulados pelos credores quirografários, ainda que o devedor não tenha intenção de prejudicar os credores. Esta é a chamada fraude contra credores.

11. **(Analista Judiciário - Área Judiciária - TRE do Pernambuco / 2011 / FCC)** Preconiza o Código Civil Brasileiro, que o instituto da lesão ocorrerá quando:

a) houver declaração de vontade emanada de erro substancial que poderia ser percebido por pessoa de diligência normal, em face das circunstâncias do negócio.

b) alguém, premido da necessidade de salvar-se de grave dano conhecido pela outra parte, assume obrigação excessivamente onerosa.

c) alguém, premido da necessidade de salvar-se de grave dano conhecido pela outra parte, obriga a prestação manifestamente desproporcional ao valor da prestação oposta.

d) houver a transmissão gratuita de bens ou remissão de dívida, praticados por devedor já insolvente.

e) uma pessoa, sob premente necessidade, ou por inexperiência, se obriga à prestação manifestamente desproporcional ao valor da prestação oposta.

COMENTÁRIOS

Alternativa "e" – correta: a alternativa é a transcrição do art. 157, *caput* do Código Civil. Na lesão, alguém, por necessidade econômica ou por inexperiência, se obriga à prestação manifestamente desfavorável ao valor da prestação oposta.

Alternativa "a" – errada: esta é uma hipótese de erro (art. 138 do Código Civil).

Alternativa "b" – errada: esta é uma hipótese de estado de perigo (art. 156, *caput* do Código Civil).

Alternativa "c" – errada: essa alternativa não se refere a nenhum dos defeitos do negócio jurídico. Ela mistura os conceitos de estado de perigo (art. 156, *caput* do Código Civil) e de lesão (art. 157, *caput* do Código Civil).

Alternativa "d" – errada: esta é uma hipótese de fraude contra credores (art. 158, *caput* do Código Civil).

12. **(Analista Judiciário - Execução de Mandados - TRF 4ª região / 2010 / FCC)** Considere as seguintes assertivas a respeito da Condição, do Termo e do Encargo:

I. Considera-se condição a cláusula que, derivando exclusivamente da vontade das partes, subordina o efeito do negócio jurídico a evento futuro e certo.

II. Se for resolutiva a condição, enquanto esta se não realizar, vigorará o negócio jurídico, podendo exercer-se desde a conclusão deste o direito por ele estabelecido.

III. O termo inicial suspende o exercício, mas não a aquisição do direito.

IV. Em regra, o encargo suspende a aquisição e o exercício do direito.

De acordo com o Código Civil, está correto o que consta APENAS em

a) I e III.

b) I, II e III.

c) II, III e IV.

d) II e III.

e) II e IV.

COMENTÁRIOS

Alternativa correta: "d".

Item I – errado: condição é a cláusula que, derivando exclusivamente da vontade das partes, subordina o efeito do negócio jurídico a evento futuro e incerto (art. 121 do Código Civil).

Item II – correto: o item é a transcrição literal do art. 127 do Código Civil. A condição resolutiva subordina a ineficácia do negócio jurídico a evento futuro e incerto.

Item III – correto: o item é a transcrição literal do art. 131 do Código Civil. O termo inicial é o que fixa o momento em que a eficácia do negócio jurídico deve iniciar, suspendendo o exercício, mas não a aquisição do direito.

Item IV – errado: em regra, o encargo não suspende a aquisição nem o exercício do direito (art. 136 do Código Civil).

13. **(Analista Judiciário – Execução de Mandados – TRF 4ª região / 2010 / FCC)** O dolo do representante legal de uma das partes

a) obriga o representado a responder civilmente até a importância do proveito que teve, bem como responderá solidariamente com ele por perdas e danos.
b) só obriga o representado a responder civilmente até a importância do proveito que teve.
c) obriga o representado a responder civilmente até a importância do proveito que teve, bem como responderá subsidiariamente ao representante legal por perdas e danos.
d) não obriga o representado a responder civilmente por qualquer quantia em dinheiro nem determina qualquer obrigação legal.
e) obriga o representado a responder civilmente até a importância do proveito que teve, bem como a responder até o limite de vinte vezes o valor do negócio jurídico por perdas e danos.

COMENTÁRIOS

Alternativa "b" – correta (responde todas as demais alternativas): a alternativa é a transcrição da primeira parte do art. 149 do Código Civil. O dolo do representante legal sujeita o representado à responsabilidade civil até a importância do proveito que tirou do negócio jurídico.

14. **(Analista Judiciário – Área Judiciária – TRF 4ª região / 2010 / FCC)** De acordo com o Código Civil brasileiro, com relação ao negócio jurídico, em regra, a incapacidade relativa de uma das partes

a) só pode ser invocada pela outra parte em benefício próprio se ocorrer dentro do prazo decadencial de dois anos contados da realização do negócio jurídico.
b) pode ser invocada pela outra em benefício próprio, mas não aproveita aos cointeressados capazes.
c) não pode ser invocada pela outra em benefício próprio, mas aproveita aos cointeressados capazes.
d) pode ser invocada pela outra em benefício próprio e aproveita aos cointeressados capazes.
e) não pode ser invocada pela outra em benefício próprio, nem aproveita aos cointeressados capazes.

COMENTÁRIOS

Alternativa "e" – correta (responde todas as demais alternativas): em conformidade com o art. 105 do Código Civil, a incapacidade não pode ser invocada pela outra parte em benefício próprio, nem aproveita aos cointeressados capazes. A incapacidade só pode ser invocada pelo próprio incapaz ou pelo seu representante legal.

15. **(Analista Judiciário – Área Judiciária – TRE do Alagoas / 2010 / FCC)** O negócio jurídico concluído pelo representante em conflito de interesses com o representado, quando tal fato devia ser do conhecimento de quem o contratou, é

a) nulo, sendo de 180 dias, a contar da conclusão do negócio ou da cessação da incapacidade, o prazo decadencial para pleitear-se a anulação.
b) anulável, sendo de 180 dias, a contar da conclusão do negócio ou da cessação da incapacidade, o prazo decadencial para pleitear-se a anulação.
c) anulável, sendo de um ano, a contar da conclusão do negócio ou da cessação da incapacidade, o prazo decadencial para pleitear-se a anulação.
d) nulo, sendo de um ano, a contar da conclusão do negócio ou da cessação

▶ QUESTÕES DE CONCURSOS

da incapacidade, o prazo decadencial para pleitear-se a anulação.

e) anulável, sendo de dois anos, a contar do conhecimento da nulidade, o prazo decadencial para pleitear- se a anulação.

COMENTÁRIOS

Alternativa "b" – correta (responde todas as demais alternativas): o negócio jurídico realizado mediante representação é anulável se houver conflito de interesses entre o representante e o representado e se tal fato era ou devia ser do conhecimento de quem com aquele tratou (art. 119, *caput* do Código Civil). E o prazo decadencial para se pleitear a anulação, contado da conclusão do negócio ou da cessação da incapacidade, é de 180 dias (art. 119, parágrafo único do Código Civil).

16. **(Analista Judiciário - Área Judiciária - TRE do Amazonas / 2010 / FCC)** Com relação aos defeitos do negócio jurídico é correto afirmar:

a) se ambas as partes procederem com dolo, nenhuma pode alegá-lo para anular o negócio, mas ambas poderão reclamar indenização.

b) é nulo o negócio jurídico, se a coação decorrer de terceiro, sem que a parte a que aproveite dela tivesse conhecimento.

c) o dolo acidental anula o negócio jurídico e obriga à satisfação das perdas e danos.

d) ao apreciar a coação ter-se-ão em conta, dentre outras circunstâncias, o sexo, a idade e o temperamento do paciente.

e) não se considera coação a ameaça do exercício normal de um direito, mas o simples temor reverencial caracteriza a coação direta.

COMENTÁRIOS

Alternativa "d" – correta: ao apreciar a coação dever-se-á considerar, dentre outras circunstâncias, o sexo, a idade, a condição e o temperamento do paciente (art. 152 do Código Civil).

Alternativa "a" – errada: em caso de dolo recíproco, nenhuma das partes pode alegar anulação do negócio jurídico ou reclamar indenização (art. 150 do Código Civil).

Alternativa "b" – errada: vicia o negócio jurídico, causando sua anulabilidade, a coação exercida por terceiro, se dela tivesse ou devesse ter conhecimento a parte a que aproveite (art. 154 do Código Civil).

Alternativa "c" – errada: o dolo acidental obriga à satisfação das perdas e danos, mas não anula o negócio jurídico (art. 146 do Código Civil).

Alternativa "e" – errada: não se considera como coação a ameaça do exercício normal de um direito, nem o simples temor reverencial (art. 153 do Código Civil).

17. **(Analista Judiciário - Área Judiciária - TRE do Acre / 2010 / FCC)** Segundo o Código Civil brasileiro, com relação à invalidade dos negócios jurídicos, é correto afirmar:

a) é de dez anos o prazo de decadência para pleitear-se a anulação do negócio jurídico, contado, no caso de atos de incapazes, do dia em que cessar a incapacidade.

b) não serão considerados nulos ou anuláveis os negócios jurídicos em que os instrumentos particulares forem antedatados.

c) é de dois anos o prazo de decadência para pleitear-se a anulação do negócio jurídico, contado, no caso de coação, do dia em que ela cessar.

d) quando a lei dispuser que determinado ato é anulável, sem estabelecer prazo para pleitear-se a anulação, será este de dois anos, a contar da data da conclusão do ato.

e) além dos casos expressamente declarados na lei, é nulo o negócio jurídico por incapacidade relativa do agente, bem como por vício resultante de estado de perigo, lesão ou fraude contra credores.

COMENTÁRIOS

Alternativa "d" – correta: a alternativa é a transcrição literal do art. 179 do Código Civil. Quando a lei determinar que um ato é anulável e não estabelecer prazo para pleitear-se a anulação, será este de dois anos, a contar da data da conclusão do ato.

Alternativa "a" – errada: o prazo decadencial para pleitear-se a anulação do negócio jurídico, contado, no caso de atos de incapazes, do dia em que cessar a incapacidade, é de quatro anos (art. 178, III do Código Civil).

Alternativa "b" – errada: haverá simulação quando os instrumentos particulares forem antedatados (art. 167, § 1º, III do Código Civil). E, em caso de simulação, o negócio jurídico é nulo (art. 167, *caput* do Código Civil).

Alternativa "c" – errada: o prazo decadencial para pleitear-se a anulação do negócio jurídico, contado, no caso de coação, do dia em que ela cessar, é de quatro anos (art. 178, I do Código Civil).

Alternativa "e" – errada: além dos casos expressamente previstos em lei, é anulável o negócio jurídico por incapacidade relativa do agente (art. 171, I do Código Civil), bem como por vício resultante de estado de perigo, lesão ou fraude contra credores (art. 171, II do Código Civil).

18. (Analista Judiciário – Área Judiciária – TRE do Mato Grosso / 2010 / CESPE) A respeito dos negócios jurídicos, assinale a opção correta.

a) constitui causa de nulidade do negócio jurídico o erro substancial quanto à natureza do negócio.

b) o contrato de compra e venda de bem móvel comprado, sob premente necessidade, por preço manifestamente superior ao seu real valor de mercado pode ser anulado por conter vício do consentimento denominado estado de perigo.

c) o negócio jurídico eivado de dolo de terceiro poderá ser anulado ainda que não se prove que a parte a quem ele aproveita sabia da ocorrência do dolo.

d) mesmo que seja de natureza acidental, o dolo acarretará irremediavelmente a nulidade do ato.

e) não é válido o ato negocial em que ambas as partes tenham agido reciprocamente com dolo. A nenhuma delas é permitido reclamar indenização, devendo cada uma suportar o prejuízo experimentado.

COMENTÁRIOS

Alternativa "c" – correta: o negócio jurídico eivado de dolo de terceiro poderá ser anulado se a parte teve ou devesse ter conhecimento da ocorrência do dolo (art. 148 do Código Civil). Deste jeito, não é necessário provar que a parte a quem o dolo aproveita sabia da sua ocorrência.

Alternativa "a" – errada: o erro substancial quanto à natureza do negócio é anulável (art. 138 do Código Civil).

Alternativa "b" – errada: o negócio jurídico realizado sob premente necessidade, por preço manifestamente desproporcional ao valor da prestação oposta, pode ser anulado por conter vício do consentimento denominado lesão (art. 157, *caput* do Código Civil).

Alternativa "d" – errada: o dolo acidental obriga à satisfação das perdas e danos, mas não anula o negócio jurídico (art. 146 do Código Civil).

Alternativa "e" – errada: a primeira parte da alternativa está errada. Se ambas as partes procederem com dolo, nenhuma pode alegá-lo para anular o negócio jurídico (art. 150 do Código Civil). À vista disso, válido será o ato negocial em caso de dolo recíproco. A segunda parte da alternativa está correta. Nenhuma das partes pode reclamar indenização (art. 150 do Código Civil).

19. (Analista Judiciário – Área Judiciária – TRF 3ª região / 2007 / FCC) Quando a imposição de encargo ilícito constitui o motivo determinante da liberalidade,

a) invalida-se o negócio jurídico.

b) substitui-se o encargo ilícito por outro lícito, a critério do juiz.

c) considera-se não escrito o encargo ilícito.

d) substitui-se o encargo ilícito por outro lícito, a critério do beneficiário.

e) reduz-se a liberalidade à metade do valor estipulado pelo disponente.

COMENTÁRIOS

Alternativa "a" – correta (responde todas as demais alternativas): conforme o art. 137 do Código Civil, se o encargo ilícito constituiu o motivo determinante da liberalidade, o negócio jurídico será inválido.

20. (Analista Judiciário - Execução de Mandados - TRF 3ª região/2007/FCC) A respeito dos defeitos dos negócios jurídicos, é correto afirmar que:

a) o dolo acidental, a despeito do qual o negócio seria realizado, embora por outro modo, só obriga à satisfação de perdas e danos.
b) o erro de cálculo afeta a declaração de vontade e prejudica a validade do negócio jurídico.
c) se ambas as partes procederam com dolo, ambas podem alegá-lo para anular o negócio, ou reclamar indenização.
d) o negócio jurídico nulo é suscetível de confirmação e convalesce pelo decurso do tempo.
e) o falso motivo, expresso como razão determinante, não vicia a declaração de vontade.

COMENTÁRIOS

Alternativa "a" – correta: o dolo acidental só obriga à satisfação das perdas e danos, sendo considerado acidental quando não influi diretamente na realização do negócio jurídico, que seria realizado independentemente do emprego do dolo. (art. 146 do Código Civil).

Alternativa "b" – errada: o erro de cálculo somente permite a retificação da declaração de vontade, não anulando, portanto, o negócio jurídico (art. 143 do Código Civil).

Alternativa "c" – errada: em caso de dolo recíproco, não poderá haver anulação do negócio jurídico e nem direito à indenização (art. 150 do Código Civil).

Alternativa "d" – errada: o negócio jurídico nulo não é suscetível de confirmação e não convalesce pelo decurso do tempo (art. 169 do Código Civil).

Alternativa "e" – errada: quando expresso como razão determinante, o falso motivo vicia a declaração de vontade (art. 140 do Código Civil).

21. (Analista Judiciário - Execução de Mandados - TRF 4ª região / 2007 / FCC) Comprei uma bicicleta de alguém que se apresentou sob o nome de João. Posteriormente, vim a saber que seu nome era Paulo, embora fosse o dono da bicicleta. Nesse caso, o ato jurídico é

a) anulável, porque fui induzido a erro substancial.
b) nulo, por ter havido dolo do vendedor.
c) inválido, por ter havido simulação por parte do vendedor.
d) válido, porque o nome do vendedor não foi causa da prática do ato.
e) irregular, mas convalidável, porque foram acidentais meu erro e o dolo do vendedor.

COMENTÁRIOS

Alternativa "d" – correta (responde todas as demais alternativas): o art. 142 do Código Civil estabelece que "o erro de indicação da pessoa ou da coisa, a que se referir a declaração de vontade, não viciará o negócio quando, por seu contexto e pelas circunstâncias, se puder identificar a coisa ou pessoa cogitada". Este é o chamado erro acidental, que concerne às qualidades secundárias ou acessórias da pessoa ou do objeto e não acarreta a anulação do negócio jurídico por não incidir sobre a declaração de vontade. Nesse caso, houve um erro em relação ao nome do vendedor, mas foi possível identificar a pessoa. Desta forma, a venda da bicicleta é válida.

(CESPE - Analista Judiciário - Área Judiciária - STF/2013) Em relação aos negócios jurídicos e à decadência, julgue os itens subsequentes.

22. ( ) É válida a renúncia à decadência legal.

COMENTÁRIOS

Item **errado:** Conforme estipula o artigo 209 do CC/02, é nula a renúncia à decadência fixada em lei. A decadência legal não pode ser renunciada pelas partes, nem antes e nem depois de consumada, sob pena de nulidade.

23. ( ) A renúncia deve ser interpretada restritivamente, ao passo que os negócios jurídicos benéficos merecem interpretação extensiva.

COMENTÁRIOS

Item **errado:** O artigo 114 do CC/02 preconiza que tanto os negócios jurídicos benéficos quanto a renúncia devem ser interpretados estritamente, ou seja, o juiz não poderá dar uma interpretação ampliativa, mas sim limitar-se aos liames traçados pelos contraentes.

(Cespe – Delegado de Polícia – PE/2016) A respeito dos elementos acidentais do negócio jurídico, assinale a opção correta.

A) Situação hipotética: Maria celebrou contrato de doação de bem imóvel a João. Na negociação, ficou estipulado que a transferência do bem somente se aperfeiçoará quando da morte da doadora. Assertiva: Nessa situação, o evento morte funciona como condição.

B) O encargo é elemento acidental característico dos negócios jurídicos que envolvam liberalidade. Em caso de inexecução do encargo pelo beneficiado, não há previsão de mecanismos de coerção direta ou indireta por parte do disponente.

C) O termo não essencial é aquele que não admite o cumprimento do objeto do negócio jurídico após o seu vencimento.

D) Denomina-se condição a cláusula acessória pela qual as partes subordinam a eficácia do negócio a acontecimento futuro e incerto.

E) Em caso de nulidade do negócio jurídico, a condição voluntariamente declarada pelas partes não será alcançada, permanecendo válida.

COMENTÁRIOS

Alternativa "d" - correta (responde todas as demais alternativas): A alternativa correta é a transcrição literal do art. 121 do CC/02 que dispõe: Art. 121. Considera-se condição a cláusula que, derivando exclusivamente da vontade das partes, subordina o efeito do negócio jurídico a evento futuro e incerto.

(Cespe – Delegado de Polícia – PE/2016) Assinale a opção correta a respeito dos defeitos dos negócios jurídicos.

A) Na lesão, os valores vigentes no momento da celebração do negócio jurídico deverão servir como parâmetro para se aferir a proporcionalidade das prestações.

B) Os negócios jurídicos eivados pelo dolo são nulos.

C) A coação exercida por terceiro estranho ao negócio jurídico torna-o nulo.

D) Age em estado de perigo o indivíduo que toma parte de um negócio jurídico sob premente necessidade ou por inexperiência, assumindo obrigação manifestamente desproporcional ao valor da prestação oposta ferindo o caráter sinalagmático do contrato.

E) Se em um negócio jurídico, ambas as partes agem com dolo, ainda assim podem invocar o dolo da outra parte para pleitear a anulação da avença.

COMENTÁRIOS

Alternativa "a" - correta (responde as demais alternativas): A alternativa correta encontra fundamento no art. 157, § 1º do CC/02, que estabelece que aprecia-se a desproporção das prestações segundo os valores vigentes ao tempo em que foi celebrado o negócio jurídico.

(Faurgs – Juiz de Direito Substituto - RS/2016) Sobre o negócio jurídico, assinale a alternativa correta.

A) A invalidade do negócio jurídico por fraude a credores decorre do exercício de direito pessoal do credor, mediante interposição de ação pauliana, no prazo de quatro anos contados do dia da celebração.

B) A confirmação e a conversão do negócio jurídico inválido só podem ser realizadas se possível o atendimento posterior dos requisitos ausentes por ocasião de sua celebração.

C) A invalidade do negócio jurídico, por incapacidade absoluta ou relativa do agente, pode ser pronunciada de ofício.

D) A invalidade do negócio jurídico simulado pode ser pleiteada no prazo de quatro anos contados da conclusão do negócio.

E) O negócio celebrado pelo representante consigo mesmo é anulável, desde que provado o conflito de interesses com o representado.

COMENTÁRIOS

Alternativa "a" - correta (responde as demais alternativas): Para o professor Flávio Tartuce, "constitui fraude contra credores a atuação maliciosa do devedor, em estado de insolvência ou na iminência de assim tornar-se, que dispõe de maneira gratuita ou onerosa o seu patrimônio, para afastar a possibilidade de responderem os seus bens por obrigações assumidas em momento anterior à transmissão". A ação pauliana, também chamada de revocatória, é a ação judicial que visa anular o negócio praticado em fraude contra credores, fazendo com que o bem retorne ao patrimônio do devedor e possa servir de garantia para pagamento dos credores. Segundo o art. 178, II do Código Civil, é de quatro anos o prazo de decadência para pleitear-se a anulação do negócio jurídico realizado em fraude contra credores, contado do dia em que se realizou o negócio jurídico.

(FCC – Procurador do Estado – MT/2016) Pedro adquiriu de João veículo que, segundo afirmou o vendedor, a fim de induzir o comprador em erro, seria do tipo "flex", podendo ser abastecido com gasolina ou com álcool. Mas Pedro não fazia questão desta qualidade, e teria realizado o negócio ainda que o veículo não fosse bicombustível. No entanto, em razão do que havia afirmado João, Pedro acabou por abastecer o veículo com combustível inapropriado, o que causou avaria no motor. O negócio jurídico

A) é anulável e obriga às perdas e danos, em razão do vício denominado dolo, não importando tratar-se de dolo acidental.
B) é nulo, em razão de vício denominado dolo.
C) é nulo, em razão de vício denominado lesão.
D) é anulável, em razão do vício denominado dolo, mas não obriga às perdas e danos, por tratar-se de dolo acidental.
E) não é passível de anulação, pois o dolo acidental só obriga às perdas e danos.

COMENTÁRIOS

Alternativa "e" - correta (responde as demais alternativas): O dolo acidental não impede a realização do negócio, embora possa acarretar que o agente o celebre de forma desvantajosa. Por tal razão, o dolo acidental não tem o condão de anular o negócio, mas, de obrigar apenas ao pagamento das perdas e danos (art. 146, primeira parte do CC/02);

(Cespe – Analista Judiciário – Área Judiciária – TRE – PI/2016) A remissão de dívida que leve o devedor à insolvência configura

A) abuso de direito.
B) má-fé.
C) fraude contra credores.
D) dolo.
E) lesão.

COMENTÁRIOS

Alternativa "c" - correta (responde as demais alternativas): Nos termos do art. 158 do CC/02, os atos de remissão de dívida configuram situações clássicas e, portanto, hipóteses legais de fraude contra credores. Devem ser entendidos como o perdão feito pelo devedor de créditos a que tem direito. Os créditos integram o patrimônio do devedor e, nessa condição, servem como garantia para seus credores, de forma que o devedor, quando as perdoa, causa prejuízos aos credores, fato que garante a estes a legitimidade para requerer a anulação do negócio.

CAPÍTULO V

DA PRESCRIÇÃO E DA DECADÊNCIA

1. INTRODUÇÃO

O direito surge para trazer ordem, equilíbrio e paz para a sociedade.

Por tal razão, há vários institutos jurídicos criados e adotados para trazer segurança e estabilidade às relações sociais, como, por exemplo, o da coisa julgada e do ato jurídico perfeito.

Assim também o são a prescrição e a decadência, que visam impedir que as relações jurídicas se perpetuem no tempo.

O tempo, então, passa a ser o personagem principal da prescrição e da decadência, eis que, por meio dele, direitos são adquiridos e extintos.

O ordenamento jurídico estabelece prazos para que o titular do direito os exerça. Permanecendo inerte, perderá a faculdade de fazê-lo. Com isso, evita-se a conservação de intermináveis recibos de pagamento, pois ao devedor bastará guardar os recibos durante o prazo determinado pela lei para que o credor reclame o crédito.

Se, por um lado, a prescrição tem o objetivo impedir a perpetuação das relações jurídicas, por outro, tem o fim de punir o credor letárgico, que não buscou a satisfação de seu direito no prazo estabelecido pela lei.

O novel Código, norteado pelo princípio da operabilidade, encerrou o grande embate que havia entre prescrição e decadência no Código de 1916.

Assim, os prazos prescricionais são, exclusivamente, os disciplinados nos arts. 205 (regra geral) e 206 (regras especiais). Os demais prazos constantes do Código são todos decadenciais, como, por exemplo, os constantes dos arts. 1.302 e 513, parágrafo único, ambos do CC/02.

Flávio Tartuce, citando Agnelo Amorim Filho, traz importantes considerações sobre a natureza das ações e suas relações com a prescrição e decadência.

Segundo estes juristas, as ações de natureza condenatória, que, portanto, estão ligadas à satisfação de interesses subjetivos, estão sujeitas à prescrição.

Nos dizeres de Flávio Tartuce, "a prescrição mantém relação com deveres, obrigações e com a responsabilidade decorrente da inobservância das regras ditadas pelas partes ou pela ordem jurídica"[1].

As ações de natureza constitutiva (positivas ou negativas), como, por exemplo, as ações anulatórias, bem como os direitos potestativos, estão associados à decadência.

Segundo Flávio Tartuce, "a decadência, portanto, tem relação com um estado de sujeição, próprio dos direitos potestativos. Didaticamente, é certo que o direito potestativo, por se contrapor a um estado de sujeição, é aquele que *encurrala a outra parte, que não tem saída*"[2].

Finalmente, as ações declaratórias, como as que visam à decretação de nulidade absoluta de um negócio jurídico ou a declaração de existência de relação jurídica, são imprescritíveis.

Esse foi, inclusive, o entendimento do E. TRT da 15ª Região nos autos do Recurso Ordinário 01923-2008-054-15-00-4, de relatoria do E. Francisco Alberto da Motta Peixoto Giordani, que, nas razões de decidir, esclareceu:

> "(...)
>
> Conforme item 4 da fl. 5, verifico ter o reclamante formulado o seguinte pedido: "trabalhou para o reclamado sem que este efetuasse o respectivo registro do contrato de trabalho em sua CTPS, contrariando expressamente, o disposto no artigo 29 da CLT, assim há de ser compelido em proceder ao respectivo registro do período trabalhado...". **Este pedido contém típica pretensão de natureza declaratória - que é imprescritível -, não havendo falar em incidência do art. 7º, inciso XXIX, da Constituição da República.** Desta forma, desde já afasto a prescrição total pronunciada pela Origem, em relação à pretensão declaratória.
>
> (...)
>
> Por esses fundamentos, **correta a sentença que pronunciou a prescrição extintiva** prevista no inciso XXIX do art. 7º da Constituição da República, **com relação aos consectários legais**, uma vez que a presente ação foi ajuizada somente em 07/10/2008, quando decorridos mais de dois anos da prestação de serviços
>
> Sendo assim, dou provimento parcial ao recurso do reclamante para **afastar a prescrição total da pretensão declaratória** e reconhecer o vínculo de emprego havido entre as partes no período de 15/12/2003 a 20/08/2005, tornando a ação procedente em parte, nos termos da fundamentação."

Isto posto, analisaremos os temas em suas particularidades.

1. *Direito Civil*. Vol. 1, 9ª ed. São Paulo: Método, 2013, p. 430.
2. *Direito Civil*. Vol. 1, 9ª ed. São Paulo: Método, 2013, p. 430.

2. DA PRESCRIÇÃO

2.1. Conceito e requisitos

Como dito, o tempo é um fator determinante na extinção e aquisição de direitos.

Por isso, nosso ordenamento contempla a prescrição extintiva, disciplinada na parte geral do Código Civil, e a prescrição aquisitiva, que é a usucapião, regulada na parte especial, no livro do Direito das Coisas.

No presente momento, somente a prescrição extintiva será objeto de estudo.

Segundo o art. 189 do Código Civil, "violado o direito, nasce para o titular a pretensão, a qual se extingue, pela prescrição, nos prazos a que aludem os arts. 205 e 206".

O art. 189 é de suma importância porque traz três orientações precípuas.

A primeira é que a prescrição extingue a *pretensão*, estando, portanto, superada a ideia consagrada no Código Civil de 1916 de que a prescrição ocasionava a perda do direito de ação.

Observe que o art. 189 em momento algum utiliza a palavra ação. Esta ganhou autonomia própria e é regulada pelo direito processual, que é ramo do direito público. O direito de ação é, portanto, um direito público subjetivo abstrato.

O ilustre Humberto Theodoro Júnior nos ensina que "pretensão, portanto, é algo novo no mundo jurídico, algo que não corresponde a todo e qualquer direito, mas apenas àqueles que proporcionam ao titular o poder de, em determinado momento, exigir uma prestação de outrem"[3].

Não obstante o direito subjetivo propriamente dito permanecer intacto, este não encontra proteção jurídica, diante da extinção da pretensão.

O segundo ponto do art. 189 é que o início do prazo prescricional se dá com a violação do direito. Assim, para o recebimento de uma dívida a prazo, o prazo prescricional se iniciará com o vencimento; nas situações de ato ilícito, o prazo terá início quando do evento danoso.

O terceiro, que já foi dito no tópico anterior, é que o art. 189 diz expressamente que os prazos de prescrição são os indicados nos arts. 205 e 206 do Código Civil.

Para que a prescrição se configure é necessária a existência cumulativa dos seguintes requisitos:

a) A existência de um direito material a ser exigível por meio de ação ou omissão do devedor;

b) A violação desse direito, que faz com que surja a pretensão;

3. *Comentários ao Novo Código Civil*. Vol. III, tomo II, 4ª ed. Rio de Janeiro: Forense, 2008, p. 161.

c) A inércia do titular;

d) O decurso do prazo fixado na lei.

2.2. Pretensões imprescritíveis

Até o momento, é fácil compreender que nosso ordenamento confere um prazo para que o titular do direito o exerça. Permanecendo inerte, não poderá mais fazê-lo.

Entretanto, há algumas pretensões que são imprescritíveis. Por isso se fala que a prescritibilidade é a regra e a imprescritibilidade a exceção.

São imprescritíveis, portanto, as seguintes pretensões:

a) As relativas ao estado das pessoas, como, por exemplo, o estado de filiação. Logo, a ação de investigação de paternidade não prescreve;

b) As relacionadas aos direitos potestativos, pois, nesse caso, não existe direito violado. Não prescreve, portanto, a ação de extinção de condomínio;

c) As relativas a bens públicos;

d) As que visam anular a inscrição do nome empresarial feita com violação da lei ou do contrato (art. 1.167 CC/02);

e) As que buscam o ressarcimento do erário por danos decorrentes de improbidade administrativa (art. 37, §5º, CF).

2.3. Prescrição e institutos afins

Há outros institutos jurídicos que também são influenciados pelo decurso do tempo e, por tal razão, são, comumente, confundidos com a prescrição.

São eles a preclusão, a perempção e a decadência.

Carlos Roberto Gonçalves ensina que "a preclusão consiste na perda de uma faculdade processual, por não ter sido exercida no momento próprio. Impede que se renovem as questões já decididas, dentro da mesma ação. Só produz efeitos dentro do próprio processo em que advém"[4].

A preclusão ocorre, por exemplo, com as nulidades relativas, que, não alegadas na primeira oportunidade, convalidam-se, dando a matéria por superada.

A perempção está prevista no art. 486, §3º, do novo CPC e ocorre quando o autor, ao litigar contra o mesmo réu, der causa a três arquivamentos sucessivos. Nesse caso, o autor não poderá mover a quarta ação.

É importante destacar que a perempção não coloca fim ao direito material, que poderá ser invocado, agora, apenas como matéria de defesa.

A decadência será vista adiante em tópico próprio.

4. *Direito Civil I*. 3ª ed. São Paulo: Saraiva, 2011, p. 517.

2.4. Disposições legais sobre a prescrição

Já vimos que o início do prazo prescricional ocorre com a violação ao direito, nos termos do art. 189 do CC/02.

Vimos, também, que nosso ordenamento estabelece um prazo para o titular do direito exercê-lo. Eis que, segundo o art. 190, "a exceção prescreve no mesmo prazo em que a pretensão".

Isso significa que havendo a prescrição da pretensão, o que deixará o direito subjetivo sem proteção jurídica, prescreverá, igualmente, a exceção, que visa à arguição de matéria de defesa.

Assim, a prescrição fulmina não somente a pretensão, mas também a matéria que poderia ser usada como defesa.

Se assim não fosse, nosso ordenamento consagraria a prescrição da pretensão, mas, por outro lado, permitiria que o direito com pretensão prescrita pudesse ser utilizado perpetuamente como defesa.

Assim, o réu que pretenda alegar compensação, porque titular de um crédito contra o autor, somente poderá fazê-lo se ainda não tiver decorrido o prazo prescricional para a cobrança da dívida.

O art. 192 estabelece que "os prazos de prescrição não podem ser alterados por acordo das partes". Com o novel código, não há mais dúvida quanto à impossibilidade de alteração do prazo prescricional por conveniência das partes.

O referido texto é claro ao impedir isso, porque configuraria renúncia à prescrição. Dessa forma, os prazos prescricionais somente podem ser alterados por lei superveniente.

Dispõe o art. 193 que "a prescrição pode ser alegada em qualquer grau de jurisdição, pela parte a quem aproveita".

Esse dispositivo traz duas informações importantes.

A primeira é que a prescrição pode ser alegada em qualquer fase do processo de conhecimento, seja em primeira ou em segunda instância. A alegação da prescrição, em regra, não está sujeita à preclusão, não importando se o réu deixou de suscitá-la na contestação, que configura a primeira oportunidade de manifestação.

O mesmo jurista[5] ainda leciona que a alegação de prescrição é, igualmente, inadmissível nos tribunais superiores, se não fora suscitada nas instâncias anteriores. Isso se dá em razão do prequestionamento da matéria exigido para a admissibilidade dos Recursos Especial e Extraordinário.

5. *Direito Civil I*. 3ª ed. São Paulo: Saraiva, 2011, p. 521.

A segunda questão importante do art. 193 é a parte final, que diz que a prescrição pode ser alegada "pela parte a quem aproveita". Isso indica que a alegação da prescrição não é faculdade atribuída somente ao prescribente, mas a qualquer pessoa que tenha interesse econômico em ficar livre da obrigação, como, por exemplo, credores do prescribente insolvente.

Inicialmente, o juiz não podia conhecer, de ofício, a prescrição, pelo quanto preconizado pelo art. 194 do CC/02.

Tal dispositivo foi revogado pelo art. 11 da Lei 11.280/06, que também, introduziu o §5º ao art. 219 do CPC (art. 332, §1º, do novo CPC), tornando obrigatório ao juiz conhecer a prescrição de ofício. É salutar, contudo, que o juiz, antes do pronunciamento, ouça o autor para que este possa demonstrar a ocorrência de causas impeditivas ou suspensivas da prescrição, se for o caso.

Segundo o art. 195, "os relativamente incapazes e as pessoas jurídicas têm ação contra os seus assistentes ou representantes legais, que derem causa à prescrição, ou não a alegarem oportunamente".

Trata-se de um dispositivo que visa proteger os incapazes e as pessoas jurídicas em geral, garantindo a estes o ressarcimento dos prejuízos que obtiverem pela inércia dos tutores ou administradores, ou seja, pelas pessoas que conduzem seus negócios. Tal dispositivo representa uma extensão do art. 186 do CC/02.

Cumpre observar que o art. 195 não se aplica aos absolutamente incapazes, uma vez que contra estes não corre a prescrição (art. 198, I CC/02).

Finalmente, "a prescrição iniciada contra uma pessoa continua a correr contra o seu sucessor", conforme art. 196. Os sucessores do *de cujus*, dessa forma, terão apenas o prazo restante para exercer a pretensão, caso o prazo tenha se iniciado com o autor da herança. Nesse caso, não há interrupção do prazo com a morte do titular.

2.5. Das causas que impedem ou suspendem a prescrição

As causas impeditivas são aquelas que não permitem que o prazo prescricional comece a correr.

As causas suspensivas são aquelas que têm o condão de "paralisar" o prazo prescricional, mas, cessados seus efeitos, o prazo prescricional voltará a fluir computando-se o período anteriormente decorrido.

A justificativa para o impedimento ou suspensão da prescrição está no fato de que algumas pessoas, dada à condição ou situação, estão impedidas de agir.

O Código Civil trata as causas impeditivas e suspensivas na mesma seção, porque a mesma causa ora pode ser impeditiva, ora pode ser suspensiva. Tudo depende, afinal, do momento em que ocorrer.

Segundo o art. 197, "não corre a prescrição:

> I – entre os cônjuges, na constância da sociedade conjugal;
>
> II – entre ascendentes e descendentes, durante o poder familiar;
>
> III – entre tutelados ou curatelados e seus tutores ou curadores, durante a tutela ou curatela".

A razão legal do texto é evidente e se fundamenta na confiança e na afeição entre as pessoas. Permitir que, nesses casos, o prazo prescricional seguisse seu curso regular seria "incentivar" que as pessoas elencadas no art. 197 litigassem umas contra as outras, o que traria consequências nefastas para os relacionamentos.

É importante destacar, também, que esse rol é taxativo, não admitindo interpretação extensiva.

Como dito há pouco, as causas previstas no art. 197 podem ser impeditivas ou suspensivas, de acordo com o momento. Para ilustrar, o ilustre Carlos Roberto Gonçalves[6] exemplifica a questão com a previsão da sociedade conjugal. Dessa forma, "se o prazo ainda não começou a fluir, a causa ou obstáculo (no caso, a constância da sociedade conjugal) impede que comece. Se, entretanto, o obstáculo (casamento) surge após o prazo ter se iniciado, dá-se a suspensão."

Há consenso na doutrina no sentido de que a expressão "sociedade conjugal" constante do art. 197, I do CC/02, abrange não só o casamento, mas também a união estável.

Dispõe o art. 198 que "também não corre a prescrição:

> I – contra os incapazes de que trata o art. 3º;
>
> II – contra os ausentes do País em serviço público da União, dos Estados ou dos Municípios;
>
> III – contra os que se acharem servindo nas Forças Armadas, em tempo de guerra".

O inciso I diz expressamente que a prescrição não corre contra os absolutamente incapazes. Dessa forma, não serão prejudicados por não terem exercido o direito no prazo estabelecido pela legislação. Contra eles, a prescrição somente terá início quando completarem 16 anos, ocasião em que passarão a ser relativamente incapazes. Embora não possam ser prejudicados pela prescrição, os absolutamente incapazes podem ser beneficiados por ela, sendo-lhes lícito alegá-la em matéria de defesa quando acionados.

A prescrição também não corre contra os que estejam ausentes do país em serviço público da União, dos Estados e dos Municípios. A lei não especifica qual a espécie de serviço público, mas podem ser citados: a) os representantes diplomáticos

6. *Direito Civil I*. 3ª ed. São Paulo: Saraiva, 2011, p. 523.

brasileiros; b) os agentes consulares brasileiros; e c) os militares brasileiros. É importante destacar que o serviço público dessas pessoas deve ser realizado no estrangeiro (ausentes do país) para que possa se beneficiar dos dispostos nos incisos II e III do art. 198 CC/02.

O art. 199 ainda estabelece que "não corre igualmente a prescrição:

> **I** – pendendo condição suspensiva;
>
> **II** – não estando vencido o prazo;
>
> **III** – pendendo ação de evicção".

Nas hipóteses dos incisos I e II o direito ainda não é exigível, de forma que não se pode falar em prescrição.

No caso do inciso III, a prescrição ficará suspensa até o deslinde da ação de evicção, pois somente com o desfecho final desta é que ocorrerá a violação ao direito, que fará nascer a pretensão.

A prescrição também não terá início quando a ação se originar de fato que deva ser apurado no juízo criminal. Nesse caso, o início do lapso prescricional se dará após a sentença definitiva (art. 200 CC/02).

Finalmente, o art. 201 estabelece que "suspensa a prescrição em favor de um dos credores solidários, só aproveitam os outros se a obrigação for indivisível".

O exemplo de Carlos Roberto Gonçalves é esclarecedor. "Assim, existindo três credores contra devedor comum, de importância em dinheiro, sendo um dos credores absolutamente incapaz, por exemplo, a prescrição correrá contra os demais credores, pois a obrigação de efetuar pagamento em dinheiro é divisível, ficando suspensa somente em relação ao menor, se se tratasse, porém, de obrigação indivisível (de entregar um animal, p. ex.). A prescrição somente começaria a fluir, para todos, quando o incapaz completasse 16 anos. Sendo o direito indivisível, a suspensão aproveita a todos os credores".[7]

CAUSAS SUSPENSIVAS

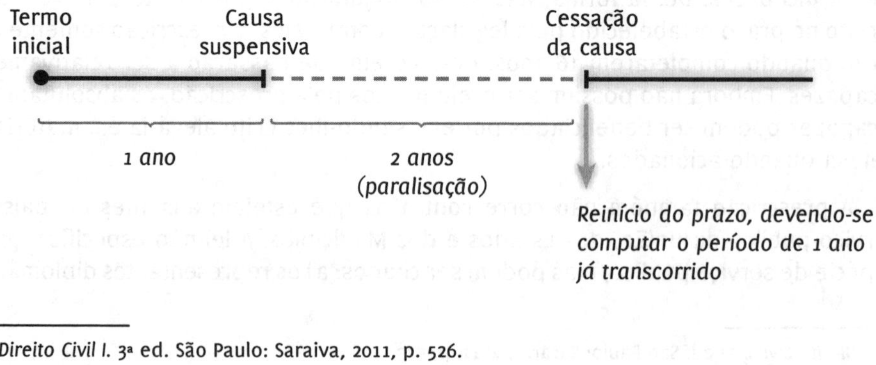

7. *Direito Civil I*. 3ª ed. São Paulo: Saraiva, 2011, p. 526.

2.6. Das causas que interrompem a prescrição

Enquanto as causas impeditivas ou suspensivas visam proteger algumas pessoas, que não estão aptas a se defenderem adequadamente, as causas interruptivas decorrem de um comportamento do credor, que busca a satisfação de seu direito.

A interrupção da prescrição é disciplinada pelo art. 202, que assim estabelece:

> **Art. 202.** A interrupção da prescrição, que somente poderá ocorrer uma vez, dar-se-á:
>
> **I** – por despacho do juiz, mesmo incompetente, que ordenar a citação, se o interessado a promover no prazo e na forma da lei processual;
>
> **II** – por protesto, nas condições do inciso antecedente;
>
> **III** – por protesto cambial;
>
> **IV** – pela apresentação do título de crédito em juízo de inventário ou em concurso de credores;
>
> **V** – por qualquer ato judicial que constitua em mora o devedor;
>
> **VI** – por qualquer ato inequívoco, ainda que extrajudicial, que importe reconhecimento do direito pelo devedor.
>
> **Parágrafo único.** A prescrição interrompida recomeça a correr da data do ato que a interrompeu, ou do último ato do processo para a interromper.

O citado dispositivo é de suma importância e traz duas relevantes questões acerca da interrupção da prescrição.

A primeira delas é que a interrupção da prescrição pode ocorrer apenas uma vez (art. 202, *caput*, CC/02). Dessa forma, não se admite mais que o credor promova inúmeras interrupções do prazo prescricional.

A segunda é que as causas interruptivas fazem com que, cessados seus efeitos, o lapso prescricional recomece por inteiro, não se computando o período decorrido anteriormente (art. 202, parágrafo único, CC/02).

O inciso I estabelece que a prescrição é interrompida "por despacho do juiz, mesmo incompetente, que ordenar a citação, se o interessado a promover no prazo e na forma da lei processual".

Na realidade, a interrupção da prescrição se dá através da citação, que consiste na interpelação máxima que o ordenamento jurídico coloca à disposição do credor. No entanto, o Código Civil assume como efeito interruptivo o simples despacho que ordena a citação. O que ocorre é que, segundo a disciplina do Código Civil, a prescrição é interrompida com a citação, cujos efeitos retroagem à data do despacho citatório.

Semelhante dispositivo é encontrado no art. 174, I do Código Tributário Nacional, que também estabelece que o despacho que ordena a citação interrompe o prazo prescricional nas ações de execução fiscal.

A prescrição também é interrompida pelo "protesto, nas condições do inciso antecedente" (art. 202, II). Trata-se do protesto judicial disciplinado pelo art. 726 do novo CPC, ainda que ordenado por juiz incompetente, e que não se confunde com o protesto cambial, que também é causa interruptiva e está indicado no inciso III do art. 202, porque demonstra que o titular do direito não está dormente.

A habilitação do credor no processo de inventário, falência ou insolvência civil, também interrompe a prescrição, porque demonstra um comportamento inequívoco do credor na obtenção de seu direito (art. 202, IV).

A prescrição também é interrompida por "qualquer ato judicial que constitua em mora o devedor" (art. 202, V). Trata-se de uma disposição abrangente, que comporta qualquer manifestação judicial do credor, como, por exemplo, medidas cautelares, interpelações e notificações.

O inciso VI é a única hipótese em que a interrupção da prescrição é proveniente de uma conduta do devedor, que reconhece o direito do credor, como, por exemplo, nos casos em que há pagamentos parciais e pedidos de prorrogação de prazo.

O art. 203 estabelece que "a prescrição pode ser interrompida por qualquer interessado", o que demonstra que a interrupção não é ato exclusivo do titular do direito, uma vez que pode ser efetivada por qualquer pessoa que tenha legítimo interesse, como, por exemplo, herdeiros e credores do prescribente.

O art. 204, *caput*, consagra que os efeitos da prescrição, em regra, são pessoais. Dessa forma, a interrupção efetivada por um credor não aproveita aos outros, assim como a interrupção operada contra um devedor ou seu herdeiro não prejudica aos demais coobrigados.

Essa regra encontra exceção na solidariedade, uma vez que o §1º do art. 204 diz expressamente que "a interrupção por um dos credores solidários aproveita aos outros; assim como a interrupção efetuada contra o devedor solidário envolve os demais e seus herdeiros". Assim, em se tratando de solidariedade, tanto ativa quanto passiva, a interrupção da prescrição beneficiará os demais credores ou prejudicará os demais devedores.

Finalmente, "a interrupção produzida contra o principal devedor prejudica o fiador", uma vez que a fiança é contrato acessório e, como tal, segue o destino do principal, de maneira que interrompida a prescrição contra o devedor principal, estará interrompida, também, contra o fiador. Entretanto, o contrário não é verdadeiro, pois o principal não segue o destino do acessório.

CAUSAS INTERRUPTIVAS

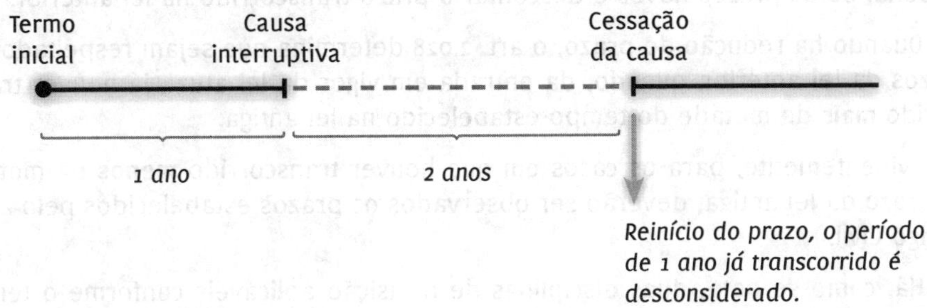

2.7. Dos prazos de prescrição

O Código Civil de 2002 trouxe modificações significativas em relação aos prazos de prescrição.

A mais significativa foi a adoção de um prazo ordinário único e que foi reduzido de vinte para dez anos.

Diversas situações jurídicas tiveram os prazos alterados, algumas recebendo prazos maiores e outras prazos menores, embora a redução, atendendo a uma tendência geral, tenha sido o padrão. O mundo moderno, caracterizado pelo amplo acesso à informação e pelas relações instantâneas, não pode contemplar prazos prescricionais extensos, porque, nesse caso, a prescrição não alcançaria o objetivo de trazer paz social.

A atual codificação teve a cautela de disciplinar a questão do direito intertemporal, que, evidentemente, traria inúmeras dúvidas, haja vista a alteração de diversos prazos prescricionais. De fato, a alteração dos prazos suscita questionamentos em relação ao exercício de direitos adquiridos, de forma que agiu bem o legislador em disciplinar a questão.

Quando o prazo prescricional se inicia e termina sob a vigência de determinada lei, nenhuma dúvida há nesse caso, porque o caso está sujeito, apenas, à disciplina jurídica da referida lei.

Questão controvertida, no entanto, é quando o prazo prescricional se inicia sob a égide de uma lei, mas se completará sob a vigência de uma nova lei, que lhe diminui ou altera o prazo.

O Código Civil de 2002 resolveu a questão criando uma regra de transição consubstanciada no art. 2.028, a seguir transcrito:

> **Art. 2.028.** Serão os da lei anterior os prazos, quando reduzidos por este Código, e se, na data de sua entrada em vigor, já houver transcorrido mais da metade do tempo estabelecido na lei revogada.

Como se observa, o dispositivo legal disciplina as situações em que houve redução dos prazos, porque para as ampliações nenhum problema haverá, bastando respeitar-se os prazos novos e descontar o prazo transcorrido na lei anterior.

Quando há redução do prazo, o art. 2.028 determina que sejam respeitados os prazos da lei anterior, quando, da entrada em vigor da lei atual, já houver transcorrido **mais** da metade do tempo estabelecido na lei antiga.

Evidentemente, para os casos em que houver transcorrido **menos** da metade do prazo da lei antiga, deverão ser observados os prazos estabelecidos pelo atual Código Civil.

Há, como se nota, duas disciplinas de transição aplicáveis conforme o tempo transcorrido na lei antiga. A aplicação da regra de transição passa a ser verificada da seguinte forma:

a) Se o prazo indicado na lei antiga já houver se consumado em **mais da metade**, continuarão sendo aplicados os prazos previstos na lei antiga, de forma que a lei nova não terá nenhuma influência no cômputo do prazo prescricional;

b) Se, contudo, houver se consumado um período **igual ou inferior à metade** do prazo indicado na lei antiga, quando da entrada em vigor do atual Código Civil, serão aplicados os prazos reduzidos instituídos pela atual codificação.

Pois bem.

Os prazos de prescrição estão elencados nos arts. 205 e 206 do CC/02. Nesse sentido, dispõe o art. 205:

> **Art. 205.** A prescrição ocorre em dez anos, quando a lei não lhe haja fixado prazo menor.

O art. 205 estabelece o prazo ordinário de dez anos para o exercício das pretensões sujeitas à prescrição.

Trata-se, evidentemente, de prazo "padrão", geral e supletivo, que deve ser observado sempre que a lei não tenha fixado prazo menor e específico. Isso porque há diversas pretensões indicadas no atual Código Civil e em leis especiais que disciplinam prazos prescricionais menores e específicos, os quais, evidentemente, devem prevalecer sobre o prazo geral do art. 205.

Outra observação de extrema importância é que o atual Código extinguiu a diferenciação de prazos que havia no Código de 1016, relativa ao exercício das ações reais e pessoais, sendo que, pela antiga codificação, as ações reais possuíam prazos extremamente inferiores ao das ações pessoais.

Pelo novo Código, agora, o prazo prescricional ordinário de dez anos (art. 205) é aplicado indistintamente a todas as pretensões, sejam elas reais ou pessoais, desde que não se tenha previsão de prazo inferior. Dessa forma, o prazo prescricional passa a ser único.

Ante a ausência de norma específica sobre a contagem do prazo prescricional, deve incidir a regra geral contida no art. 132, *caput*, do CC/02, que assim dispõe:

> **Art. 132.** Salvo disposição legal ou convencional em contrário, computam-se os prazos, excluído o dia do começo, e incluído o do vencimento.

O referido dispositivo é claro ao estabelecer que, no cômputo dos prazos, deve se excluir o dia do início e incluído o dia do vencimento.

Sobre o dispositivo, Humberto Theodoro Júnior esclarece:

> "Na verdade, o dia inicial (*dies a quo*) nunca se conta, porque o fato que gera a ação nunca, ou quase nunca, acontece a zero hora. Computá-lo, portanto, importaria tratar como dia apenas um fragmento do dia. No final, o prazo não corresponderia ao previsto na lei, pois o cômputo do fragmento em seu início impediria que no término se tivesse consumado todo o tempo dado à parte pela lei. Para que, então, a parte disponha da inteireza do prazo é necessário desprezar o dia do início (pois dele só se dispôs de um pedaço)"[8].

Enquanto o art. 205 disciplina o prazo ordinário de prescrição, o art. 206 disciplina os prazos específicos de prescrição, atribuindo às certas pretensões o período de um a cinco anos, dependendo do caso, para serem exercidas. Veja:

> **Art. 206.** Prescreve:
>
> **§ 1º Em um ano:**
>
> I – a pretensão dos hospedeiros ou fornecedores de víveres destinados a consumo no próprio estabelecimento, para o pagamento da hospedagem ou dos alimentos;
>
> II – a pretensão do segurado contra o segurador, ou a deste contra aquele, contado o prazo:
>
> a) para o segurado, no caso de seguro de responsabilidade civil, da data em que é citado para responder à ação de indenização proposta pelo terceiro prejudicado, ou da data que a este indeniza, com a anuência do segurador;
>
> b) quanto aos demais seguros, da ciência do fato gerador da pretensão;
>
> III – a pretensão dos tabeliães, auxiliares da justiça, serventuários judiciais, árbitros e peritos, pela percepção de emolumentos, custas e honorários;
>
> IV – a pretensão contra os peritos, pela avaliação dos bens que entraram para a formação do capital de sociedade anônima, contado da publicação da ata da assembleia que aprovar o laudo;
>
> V – a pretensão dos credores não pagos contra os sócios ou acionistas e os liquidantes, contado o prazo da publicação da ata de encerramento da liquidação da sociedade.

---

8. Comentários ao novo código civil, v. III, tomo II, 4ª Ed., 2008, Forense, p. 364.

§ 2º Em dois anos, a pretensão para haver prestações alimentares, a partir da data em que se vencerem.

§ 3º Em três anos:

I – a pretensão relativa a aluguéis de prédios urbanos ou rústicos;

II – a pretensão para receber prestações vencidas de rendas temporárias ou vitalícias;

III – a pretensão para haver juros, dividendos ou quaisquer prestações acessórias, pagáveis, em períodos não maiores de um ano, com capitalização ou sem ela;

IV – a pretensão de ressarcimento de enriquecimento sem causa;

V – a pretensão de reparação civil;

VI – a pretensão de restituição dos lucros ou dividendos recebidos de má-fé, correndo o prazo da data em que foi deliberada a distribuição;

VII – a pretensão contra as pessoas em seguida indicadas por violação da lei ou do estatuto, contado o prazo:

a) para os fundadores, da publicação dos atos constitutivos da sociedade anônima;

b) para os administradores, ou fiscais, da apresentação, aos sócios, do balanço referente ao exercício em que a violação tenha sido praticada, ou da reunião ou assembleia geral que dela deva tomar conhecimento;

c) para os liquidantes, da primeira assembleia semestral posterior à violação;

VIII – a pretensão para haver o pagamento de título de crédito, a contar do vencimento, ressalvadas as disposições de lei especial;

IX – a pretensão do beneficiário contra o segurador, e a do terceiro prejudicado, no caso de seguro de responsabilidade civil obrigatório.

§ 4º Em quatro anos, a pretensão relativa à tutela, a contar da data da aprovação das contas.

§ 5º Em cinco anos:

I – a pretensão de cobrança de dívidas líquidas constantes de instrumento público ou particular;

II – a pretensão dos profissionais liberais em geral, procuradores judiciais, curadores e professores pelos seus honorários, contado o prazo da conclusão dos serviços, da cessação dos respectivos contratos ou mandato;

III – a pretensão do vencedor para haver do vencido o que despendeu em juízo.

DOS PRAZOS DE PRESCRIÇÃO	Art. 205 – prazo ordinário de 10 anos. Art. 206 – Prazos especiais de 1 a 5 anos.

3. DA DECADÊNCIA

3.1. Conceito e características

A decadência é a perda de um direito potestativo pela inércia do titular.

A identificação dos prazos decadenciais no Código Civil é feita por exclusão. Os prazos estabelecidos nos arts. 205 e 206, e apenas esses, são prescricionais. Todos os outros prazos previstos no código são decadenciais.

Enquanto todos os prazos prescricionais são fixados em anos e estão dispostos na Parte Geral, os prazos decadenciais podem ser fixados em dias, meses, anos, além de ano e dia e constam da Parte Geral, como também da Parte Especial.

Vale lembrar que, enquanto a prescrição tem origem somente na lei, a decadência pode nascer da lei (decadência legal) ou da vontade das partes (decadência convencional).

Também se diferencia da prescrição, porque o prazo decadencial tem início quando o titular adquire o direito. Na prescrição, como vimos, a pretensão nasce com a violação do direito.

3.2. Disposições legais sobre a decadência

Já foi visto que os prazos decadenciais são, em princípio, fatais e peremptórios, de forma que o não exercício do direito potestativo no prazo assinalado levará à extinção do referido direito. Tais prazos, em regra, fluem ininterruptamente, não estando sujeitos às causas impeditivas, suspensivas ou interruptivas. Isso é o que dispõe o art. 207 do CC/02 a seguir transcrito:

> **Art. 208.** Salvo disposição legal em contrário, não se aplicam à decadência as normas que impedem, suspendem ou interrompem a prescrição.

O citado dispositivo deixa claro que, em regra, os prazos decadenciais correm continuamente. Dessa forma, o vendedor de um imóvel que assegurou o pacto de retrovenda perderá o direito a recomprá-lo caso não o exerça no prazo avençado.

No entanto, a regra do art. 207 não é absoluta, porque a expressão "salvo disposição legal em contrário" indica que pode haver situações especiais e excepcionais que justifiquem a aplicação (à decadência) das regras relativas à suspensão e interrupção da prescrição.

Tato é que o art. 208 determina, expressamente, que seja aplicado à decadência o disposto nos arts. 195 e 198, I do CC/02, que preveem, respectivamente, a ação regressiva dos relativamente incapazes e das pessoas jurídicas contra seus assistentes e administradores e, ainda, que não corre a prescrição contra os absolutamente incapazes, o que significa que também não corre o prazo decadencial contra os absolutamente incapazes.

A expressão "salvo disposição **legal** em contrário" consubstanciada no art. 207, além de indicar que a regra não é absoluta, também estabelece que as exceções somente são originárias da lei, não tendo a vontade das partes o condão afastar o dispositivo.

Os arts. 209, 210 e 211 estabelecem tratamentos distintos entre a decadência legal e a convencional. Nesse sentido, dispõe o art. 209 do CC/02:

> **Art. 209.** É nula a renúncia à decadência fixada em lei.

A razão do dispositivo é garantir a supremacia do interesse geral sobre o individual, eis que a decadência, como vimos, visa dar segurança às relações jurídicas. Dessa forma, o princípio da autonomia da vontade sofre limites quando encarado por norma de ordem pública. Em outras palavras, a vontade das partes não tem o condão de alterar o prazo fixado pela lei.

Prosseguindo, os arts. 210 e 211 do CC/02 estabelecem:

> **Art. 210.** Deve o juiz, de ofício, conhecer da decadência, quando estabelecida por lei.
>
> **Art. 211.** Se a decadência for convencional, a parte a quem aproveita pode alegá-la em qualquer grau de jurisdição, mas o juiz não pode suprir a alegação.

Como visto, os prazos decadenciais podem surgir da lei (decadência legal), que os cria com a finalidade de tutelar algum interesse público, ou ainda da vontade negocial (decadência convencional), no pleno exercício do princípio da autonomia da vontade.

Os arts. 210 e 211 são uma extensão do art. 209 e com ele devem ser interpretados.

Pois bem. Incumbe ao juiz conhecer e pronunciar a decadência **legal**, porque, como visto, esta é criada com o objetivo de tutelar algum interesse público, principalmente em relação a direitos indisponíveis, de forma que a expiração do prazo coloca fim ao próprio direito subjetivo. Se o direito subjetivo pereceu, o juiz deve reconhecer de ofício a decadência e negar a tutela jurisdicional, como preceitua o art. 332, §1º do novo CPC.

Em outras palavras, o silêncio da parte a quem o reconhecimento da decadência legal aproveita não configura perdão tácito, porque o juiz deve reconhecida de ofício pelo juiz, nos termos do citado art. 210. Este tipo de decadência, como dispõe o art. 209 do CC/02, não admite a renúncia.

Configura prazo de decadência legal, por exemplo, aquele estabelecido pelo art. 178 do CC/02, que fixa o período de quatro anos para pleitear a anulação de negócio jurídico.

No entanto, não pode o juiz reconhecer de ofício a decadência convencional, porque esta tem origem no próprio negócio e está relacionada a direitos disponíveis. Sendo, portanto, o direito disponível, somente a parte beneficiada pode alegá-la, porque, evidentemente, pode dispor do direito como bem entender. São prazos de decadência convencional, por exemplo, aqueles fixados nos negócios jurídicos para o exercício do direito de preferência para compra de imóvel, bem como para o exercício do pacto de retrovenda, que permite ao vendedor recomprar o imóvel vendido.

Nos termos do art. 211, o decurso do tempo da decadência convencional pode ser alegado pela parte em qualquer grau de jurisdição. Embora o referido dispositivo garanta à parte tal prerrogativa processual, eis que a alegação da decadência convencional não está sujeita à preclusão, estabelece, também, que o juiz não pode reconhecê-la de ofício. Assim, tendo em vista que a decadência convencional atua dentro dos direitos disponíveis, se não for alegada haverá a presunção de que foi renunciada.

DECADÊNCIA LEGAL	DECADÊNCIA CONVENCIONAL
É fixada pela lei	É fixada pela vontade das partes
Não pode ser renunciada	Pode ser renunciada
Deve ser reconhecida de ofício	Não pode ser reconhecida de ofício
Visa tutelar interesse público (Direitos Indisponíveis)	Visa tutelar interesse privado (Direitos Disponíveis)

4. LEGISLAÇÃO RELACIONADA AO CAPÍTULO

TÍTULO IV
DA PRESCRIÇÃO E DA DECADÊNCIA

CAPÍTULO I
DA PRESCRIÇÃO

Seção I
Disposições Gerais

Art. 189. Violado o direito, nasce para o titular a pretensão, a qual se extingue, pela prescrição, nos prazos a que aludem os arts. 205 e 206.

Art. 190. A exceção prescreve no mesmo prazo em que a pretensão.

Art. 191. A renúncia da prescrição pode ser expressa ou tácita, e só valerá, sendo feita, sem prejuízo de terceiro, depois que a prescrição se consumar; tácita é a renúncia quando se presume de fatos do interessado, incompatíveis com a prescrição.

Art. 192. Os prazos de prescrição não podem ser alterados por acordo das partes.

Art. 193. A prescrição pode ser alegada em qualquer grau de jurisdição, pela parte a quem aproveita.

~~Art. 194. O juiz não pode suprir, de ofício, a alegação de prescrição, salvo se favorecer a absolutamente incapaz.~~ (Revogado pela Lei nº 11.280, de 2006)

Art. 195. Os relativamente incapazes e as pessoas jurídicas têm ação contra os seus assistentes ou representantes legais, que derem causa à prescrição, ou não a alegarem oportunamente.

Art. 196. A prescrição iniciada contra uma pessoa continua a correr contra o seu sucessor.

Seção II
Das Causas que Impedem ou Suspendem a Prescrição

Art. 197. Não corre a prescrição:

I – entre os cônjuges, na constância da sociedade conjugal;

II - entre ascendentes e descendentes, durante o poder familiar;

III - entre tutelados ou curatelados e seus tutores ou curadores, durante a tutela ou curatela.

Art. 198. Também não corre a prescrição:

I - contra os incapazes de que trata o art. 3º;

II - contra os ausentes do País em serviço público da União, dos Estados ou dos Municípios;

III - contra os que se acharem servindo nas Forças Armadas, em tempo de guerra.

Art. 199. Não corre igualmente a prescrição:

I - pendendo condição suspensiva;

II - não estando vencido o prazo;

III - pendendo ação de evicção.

Art. 200. Quando a ação se originar de fato que deva ser apurado no juízo criminal, não correrá a prescrição antes da respectiva sentença definitiva.

Art. 201. Suspensa a prescrição em favor de um dos credores solidários, só aproveitam os outros se a obrigação for indivisível.

Seção III
Das Causas que Interrompem a Prescrição

Art. 202. A interrupção da prescrição, que somente poderá ocorrer uma vez, dar-se-á:

I - por despacho do juiz, mesmo incompetente, que ordenar a citação, se o interessado a promover no prazo e na forma da lei processual;

II - por protesto, nas condições do inciso antecedente;

III - por protesto cambial;

IV - pela apresentação do título de crédito em juízo de inventário ou em concurso de credores;

V - por qualquer ato judicial que constitua em mora o devedor;

VI - por qualquer ato inequívoco, ainda que extrajudicial, que importe reconhecimento do direito pelo devedor.

Parágrafo único. A prescrição interrompida recomeça a correr da data do ato que a interrompeu, ou do último ato do processo para a interromper.

Art. 203. A prescrição pode ser interrompida por qualquer interessado.

Art. 204. A interrupção da prescrição por um credor não aproveita aos outros; semelhantemente, a interrupção operada contra o codevedor, ou seu herdeiro, não prejudica aos demais coobrigados.

§ 1º A interrupção por um dos credores solidários aproveita aos outros; assim como a interrupção efetuada contra o devedor solidário envolve os demais e seus herdeiros.

§ 2º A interrupção operada contra um dos herdeiros do devedor solidário não prejudica os outros herdeiros ou devedores, senão quando se trate de obrigações e direitos indivisíveis.

§ 3º A interrupção produzida contra o principal devedor prejudica o fiador.

Seção IV
Dos Prazos da Prescrição

Art. 205. A prescrição ocorre em dez anos, quando a lei não lhe haja fixado prazo menor.

Art. 206. Prescreve:

§ 1º Em um ano:

I - a pretensão dos hospedeiros ou fornecedores de víveres destinados a consumo no próprio estabelecimento, para o pagamento da hospedagem ou dos alimentos;

II - a pretensão do segurado contra o segurador, ou a deste contra aquele, contado o prazo:

a) para o segurado, no caso de seguro de responsabilidade civil, da data em que é citado para responder à ação de indenização proposta pelo terceiro prejudicado, ou da data que a este indeniza, com a anuência do segurador;

b) quanto aos demais seguros, da ciência do fato gerador da pretensão;

III - a pretensão dos tabeliães, auxiliares da justiça, serventuários judiciais, árbitros e peritos, pela percepção de emolumentos, custas e honorários;

IV - a pretensão contra os peritos, pela avaliação dos bens que entraram para a formação do capital de sociedade anônima, contado da publicação da ata da assembleia que aprovar o laudo;

V - a pretensão dos credores não pagos contra os sócios ou acionistas e os liquidantes, contado o prazo da publicação da ata de encerramento da liquidação da sociedade.

§ 2º Em dois anos, a pretensão para haver prestações alimentares, a partir da data em que se vencerem.

§ 3º Em três anos:

I - a pretensão relativa a aluguéis de prédios urbanos ou rústicos;

II - a pretensão para receber prestações vencidas de rendas temporárias ou vitalícias;

III - a pretensão para haver juros, dividendos ou quaisquer prestações acessórias, pagáveis, em períodos não maiores de um ano, com capitalização ou sem ela;

IV - a pretensão de ressarcimento de enriquecimento sem causa;

V - a pretensão de reparação civil;

VI - a pretensão de restituição dos lucros ou dividendos recebidos de má-fé, correndo o prazo da data em que foi deliberada a distribuição;

VII - a pretensão contra as pessoas em seguida indicadas por violação da lei ou do estatuto, contado o prazo:

a) para os fundadores, da publicação dos atos constitutivos da sociedade anônima;

b) para os administradores, ou fiscais, da apresentação, aos sócios, do balanço referente ao exercício em que a violação tenha sido praticada, ou da reunião ou assembleia geral que dela deva tomar conhecimento;

c) para os liquidantes, da primeira assembleia semestral posterior à violação;

VIII - a pretensão para haver o pagamento de título de crédito, a contar do vencimento, ressalvadas as disposições de lei especial;

IX - a pretensão do beneficiário contra o segurador, e a do terceiro prejudicado, no caso de seguro de responsabilidade civil obrigatório.

§ 4º Em quatro anos, a pretensão relativa à tutela, a contar da data da aprovação das contas.

§ 5º Em cinco anos:

I - a pretensão de cobrança de dívidas líquidas constantes de instrumento público ou particular;

II - a pretensão dos profissionais liberais em geral, procuradores judiciais, curadores e professores pelos seus honorários, contado o prazo da conclusão dos serviços, da cessação dos respectivos contratos ou mandato;

III - a pretensão do vencedor para haver do vencido o que despendeu em juízo.

CAPÍTULO II
DA DECADÊNCIA

Art. 207. Salvo disposição legal em contrário, não se aplicam à decadência as normas que impedem, suspendem ou interrompem a prescrição.

Art. 208. Aplica-se à decadência o disposto nos arts. 195 e 198, inciso I.

Art. 209. É nula a renúncia à decadência fixada em lei.

Art. 210. Deve o juiz, de ofício, conhecer da decadência, quando estabelecida por lei.

Art. 211. Se a decadência for convencional, a parte a quem aproveita pode alegá-la em qualquer grau de jurisdição, mas o juiz não pode suprir a alegação.

QUESTÕES
CAPÍTULO V

01. (Analista Judiciário – Área Judiciária – TRT 8 / 2010 / FCC) A decadência

a) resultante de prazo legal não pode ser renunciada pelas partes, nem antes nem depois de consumada.
b) pode ser conhecida e declarada pelo juiz de ofício, quando estabelecida por lei.
c) é interrompida pela apresentação do título de crédito em juízo de inventário ou em concurso de credores.
d) extingue a ação, fazendo desaparecer, por via oblíqua, o direito por ela tutelado que não tinha tempo fixado para ser exercido.
e) é interrompida por qualquer ato inequívoco, ainda que extrajudicial, que importe reconhecimento do direito pelo devedor.

COMENTÁRIOS

Questão anulada.

02. (Analista Judiciário – Área Judiciária – TRT 14 / 2011 / FCC) Não corre a decadência, nem a prescrição contra os

a) que, mesmo por causa transitória, não puderem exprimir sua vontade.
b) maiores de dezesseis e menores de dezoito anos.
c) ébrios habituais e os viciados em tóxicos.
d) que, por deficiência mental, tenham o discernimento reduzido.
e) pródigos.

COMENTÁRIOS

Nota do autor: os artigos 197 a 199 do Código Civil enumeram as causas que impedem ou suspendem a prescrição, isto é, as situações em que não corre a prescrição. E o art. 207 do Código Civil prescreve que, salvo lei em contrário, não se aplicam à decadência as normas que impedem ou suspendem a prescrição. No entanto, o art. 208 do Código Civil prevê uma exceção, estabelecendo que é aplicado à decadência o disposto nos artigos 195 e 198, I, que tratam da prescrição.

Alternativa "a" – correta: em regra, não se aplicam à decadência as normas que impedem ou suspendem a prescrição (art. 207 do Código Civil). Não obstante, o art. 208 do Código Civil determina que se aplique à decadência o disposto no art. 198, I do Código Civil. O art. 198, I dispõe que não corre a prescrição contra os incapazes de que trata o art. 3º. E o art. 3º, por sua vez, prevê que são absolutamente incapazes: os menores de 16 anos (inciso I); os que, por enfermidade ou deficiência mental, não têm o discernimento necessário para a prática dos atos da vida civil (inciso II); e os que, mesmo por causa transitória, não podem exprimir sua vontade (inciso III). Portanto, não corre a decadência e nem a prescrição contra os que não puderem exprimir sua vontade, mesmo por causa transitória.

Alternativa "b" – errada: os maiores de 16 e menores de 18 anos são relativamente incapazes (art. 4º, I do Código Civil). Conforme o art. 198, I do Código Civil, não corre a prescrição contra os incapazes de que trata o art. 3º. Uma vez que os maiores de 16 e menores de 18 anos não estão no rol do art. 3º, contra eles corre a prescrição e a decadência.

Alternativa "c" – errada: os ébrios habituais e os viciados em tóxicos são relativamente incapazes (art. 4º, II do Código Civil). De acordo com o art. 198, I do Código Civil, não corre a prescrição contra os incapazes de que trata o art. 3º. Visto que os ébrios habituais e os viciados em tóxicos não estão no rol do art. 3º, contra eles corre a prescrição e a decadência.

Alternativa "d" – errada: aqueles que, por deficiência mental, tenham o discernimento reduzido são relativamente incapazes (art. 4º, II

QUESTÕES DE CONCURSOS

do Código Civil). Segundo o art. 198, I do Código Civil, não corre a prescrição contra os incapazes de que trata o art. 3º. Como os que têm discernimento reduzido por deficiência mental não estão no rol do art. 3º, contra eles corre a prescrição e a decadência.

Alternativa "e" – errada: os pródigos são relativamente incapazes (art. 4º, IV do Código Civil). Consoante o art. 198, I do Código Civil, não corre a prescrição contra os incapazes de que trata o art. 3º. Como os pródigos não estão no rol do art. 3º, contra eles corre a prescrição e a decadência.

03. **(Analista Judiciário – Área Judiciária – TRT 20 / 2011 / FCC)** Sobre prescrição e decadência, considere:

I. Pode ser renunciada pela parte, e só valerá, sendo feita, sem prejuízo de terceiro, depois da consumação.

II. Não pode ser reconhecida de ofício pelo juiz.

Tais afirmativas são, dentre outras, características da

a) prescrição e da decadência convencional, respectivamente.
b) decadência legal e da prescrição, respectivamente.
c) prescrição e da decadência legal, respectivamente.
d) decadência legal.
e) prescrição.

COMENTÁRIOS

Alternativa correta: "a".

Item I: este item refere-se à prescrição. De acordo com o art. 191 do Código Civil, a prescrição pode ser renunciada expressa ou tacitamente, e só valerá, sendo feita, sem prejuízo de terceiro, depois que a prescrição se consumar. Lembrando que a decadência não pode ser renunciada (art. 209 do Código Civil).

Item II: este item concerne à decadência convencional. Consoante o art. 211 do Código Civil, se a decadência for convencional, a parte a quem aproveita pode alegá-la, mas o juiz não pode suprir essa alegação. Lembrando que a prescrição e a decadência legal podem ser reconhecidas de ofício pelo juiz (arts. 219, § 5º do Código de Processo Civil e 210 do Código Civil).

04. **(Analista Judiciário – Área Judiciária – TRT 21 / 2010 / CESPE)** Julgue o item seguinte, acerca dos prazos de prescrição previstos no Código Civil de 2002.

( ) Segundo entendimento do Tribunal Superior do Trabalho (TST), o prazo de prescrição de três anos previsto no atual diploma civil é aplicável ao pedido de indenização por dano moral e patrimonial decorrente de acidente de trabalho, desde que a data da ciência da lesão/doença tenha ocorrido após a vigência do atual Código Civil, mas antes da vigência da Emenda Constitucional n.º 45/2004.

COMENTÁRIOS

Item certo: antes da vigência da Emenda Constitucional 45/2004, sempre houve muitas controvérsias acerca da prescrição para o pedido de danos morais e materiais decorrentes de acidente de trabalho. Alguns entendiam que deveria ser aplicada a prescrição civil de três anos (art. 206, § 3º, V do Código Civil) e outros defendiam que deveria ser aplicada a prescrição trabalhista de cinco anos (art. 7º, XXIX da Constituição Federal). O TST, então, firmou o entendimento de que, quando a lesão for anterior à EC 45/2004, o prazo prescricional aplicável será o previsto no Código Civil de 2002, observada a regra de transição prevista no art. 2.028 desse mesmo código. Dessa maneira, tendo a ciência da lesão/doença ocorrido após a vigência do atual Código Civil e antes da vigência da EC 45/2004, deve ser aplicado o prazo prescricional de três anos previsto no art. 206, § 3º, V do Código Civil.

05. **(Técnico Judiciário – Área Administrativa – TRT 6 / 2012 / FCC)** Interrompe-se a prescrição

a) sobrevindo incapacidade absoluta ou relativa do credor.
b) na pendência de ação de evicção.
c) pelo protesto cambial.
d) somente por despacho de Juiz competente que ordenar a citação, se o interessado a promover no prazo e na forma da lei processual.
e) pelo casamento do devedor com a credora.

COMENTÁRIOS

Nota do autor: é importante diferenciar as causas interruptivas, impeditivas e suspensivas da prescrição. As causas interruptivas são as que inutilizam a prescrição iniciada, de forma que o seu prazo recomeça a correr da data do ato que a interrompeu. As causas impeditivas são as circunstâncias que impedem que o curso da prescrição inicie. E as causas suspensivas são as que paralisam temporariamente o curso da prescrição.

Alternativa "c" – correta: a prescrição é interrompida pelo protesto cambial (art. 202, III do Código Civil).

Alternativa "a" – errada: não corre a prescrição contra os incapazes (art. 198, I do Código Civil). Essa é uma causa impeditiva da prescrição.

Alternativa "b" – errada: não corre a prescrição na pendência de ação de evicção (art. 199, III do Código Civil). Essa é uma causa suspensiva da prescrição.

Alternativa "d" – errada: a prescrição é interrompida por despacho do juiz, mesmo incompetente, que ordenar a citação, se o interessado a promover no prazo e na forma da lei processual (art. 202, I do Código Civil). Porém, esta não é a única causa de interrupção da prescrição.

Alternativa "e" – errada: não corre a prescrição entre cônjuges na constância da sociedade conjugal (art. 197, I do Código Civil). Essa é uma causa impeditiva da prescrição.

06. (Analista Judiciário - Área Judiciária - TRF 1ª região / 2006 / FCC) Em conformidade com o Código Civil brasileiro, a prescrição:

a) não correrá entre ascendentes e descendentes, durante o poder familiar, mas correrá normalmente entre os cônjuges, na constância da sociedade conjugal.

b) iniciada contra uma pessoa não continua a correr contra o seu sucessor, em razão da característica da pessoalidade inerente ao instituto.

c) pode ser renunciada de forma expressa ou tácita e a renúncia só valerá, sendo feita, sem prejuízo de terceiro, depois que a prescrição se consumar.

d) da pretensão dos tabeliães, auxiliares da justiça, serventuários judiciais e peritos, pela percepção de emolumentos, custas e honorários ocorre em 5 anos.

e) da pretensão para haver prestações acessórias, pagáveis, em períodos não maiores de um ano, com capitalização ou sem ela, ocorre em dois anos.

COMENTÁRIOS

Alternativa "c" – correta: a renúncia da prescrição pode ser expressa ou tácita, e somente valerá sendo feita sem prejuízo de terceiro, depois que a prescrição se consumar (art. 191 do Código Civil). Ou seja, antes de consumada, a prescrição é irrenunciável.

Alternativa "a" – errada: a primeira parte da alternativa está correta. Não corre a prescrição entre ascendentes e descendentes, durante o poder familiar (art. 197, II do Código Civil). Todavia, igualmente não corre a prescrição entre os cônjuges, na constância da sociedade conjugal (art. 197, I do Código Civil).

Alternativa "b" – errada: a prescrição que começou a correr contra uma pessoa continua a correr contra o seu sucessor (art. 196 do Código Civil).

Alternativa "d" – errada: a prescrição da pretensão dos tabeliães, auxiliares da justiça, serventuários judiciais e peritos, pela percepção de emolumentos, custas e honorários ocorre em um ano (art. 206, § 1º, III do Código Civil).

Alternativa "e" – errada: a prescrição da pretensão para haver prestações acessórias, pagáveis, em períodos não maiores de um ano, com capitalização ou sem ela, ocorre em três anos (art. 206, § 3º, III do Código Civil).

07. (Analista Judiciário - Área Judiciária - TRE do Amapá / 2011 / FCC) Marina, advogada, foi contratada por Gabriela para ajuizar execução de contrato particular não cumprido mediante o pagamento de honorários advocatícios no valor de R$ 7.000,00, a serem pagos até o trânsito em julgado da demanda. O mencionado processo transitou em julgado, mas Gabriela não efetuou o pagamento dos honorários de Marina. Neste caso, segundo o Código Civil brasileiro, a pretensão relativa aos honorários

▸ QUESTÕES DE CONCURSOS

advocatícios de Marina prescreverá no prazo, contado do trânsito em julgado da demanda, de:

a) dois anos.
b) um ano.
c) cinco anos.
d) três anos.
e) dez anos.

COMENTÁRIOS

Alternativa "c" – correta (responde todas as demais alternativas): a pretensão dos profissionais liberais e procuradores judiciais pelos seus honorários prescreve em cinco anos, contado o prazo da conclusão dos serviços, do término dos respectivos contratos ou mandato (art. 206, § 5º, II do Código Civil). Desta forma, a pretensão de Marina prescreverá em cinco anos.

08. (Analista Judiciário – Área Judiciária – TRF 4ª região / 2006 / FCC) Mário é proprietário de um imóvel urbano que locou a Maria. Esta, por sua vez, ali se estabeleceu com uma hospedaria. Maria não vem efetuando o pagamento dos aluguéis para Mário porque muitos de seus hóspedes não estão efetuando o pagamento da hospedagem. De acordo com o Código Civil, a pretensão de Mário relativa à cobrança dos aluguéis do prédio urbano, e a de Maria relativa ao pagamento das despesas de hospedagem, prescrevem, respectivamente, em

a) um ano e três anos.
b) dois e quatro anos.
c) três anos e um ano.
d) quatro e dois anos.
e) cinco e três anos.

COMENTÁRIOS

Alternativa "c" – correta (responde todas as demais alternativas): a pretensão relativa a aluguéis de prédios urbanos prescreve em três anos (art. 206, § 3º, I do Código Civil). E a pretensão dos hospedeiros para o pagamento da hospedagem prescreve em um ano (art. 206, § 1º, I do Código Civil). Desta maneira, a pretensão de Mário prescreve em três anos e a de Maria, em um ano.

09. (Analista Judiciário – Execução de Mandados – TRF 2ª região / 2012 / FCC) A prescrição:

a) da pretensão dos tabeliães, auxiliares da justiça, serventuários judiciais, árbitros e peritos, pela percepção de emolumentos, custas e honorários, ocorre em três anos.
b) ocorrerá em cinco anos, quando a lei não lhe haja fixado prazo menor.
c) interrompida recomeça a correr da data do ato que a interrompeu, ou do último ato do processo para a interromper.
d) da pretensão de cobrança de dívidas líquidas constantes de instrumento público ou particular ocorre em um ano.
e) iniciada contra uma pessoa não continua a correr contra o seu sucessor, seja ascendente, descendente, cônjuge ou colateral.

COMENTÁRIOS

Alternativa "c" – correta: uma vez interrompida, a prescrição recomeça a correr da data do ato que a interrompeu, ou do último ato do processo para a interromper (art. 202, parágrafo único do Código Civil).

Alternativa "a" – errada: a prescrição da pretensão dos tabeliães, auxiliares da justiça, serventuários judiciais, árbitros e peritos, pela percepção de emolumentos, custas e honorários ocorre em um ano (art. 206, § 1º, III do Código Civil).

Alternativa "b" – errada: quando a lei não lhe haja fixado prazo menor, a prescrição ocorre em 10 anos (art. 205 do Código Civil).

Alternativa "d" – errada: a prescrição da pretensão de cobrança de dívidas líquidas constantes de instrumento público ou particular ocorre em cinco anos (art. 206, § 5º, I do Código Civil).

Alternativa "e" – errada: a prescrição que começou a correr contra uma pessoa continua a correr contra o seu sucessor (art. 196 do Código Civil).

10. (Analista Judiciário – Área Judiciária – TRF 2ª região / 2012 / FCC) Gabriela, perita, é proprietária de um conjunto comercial na região da Av. Copacabana, no Rio de Janeiro – Capital. Seu inquilino Sandoval está injustamente sem pagar os aluguéis devidos desde fevereiro de 2008. De acordo com o Código Civil brasileiro, Gabriela

a) terá direito ao recebimento de todos os aluguéis devidos, tendo em vista que o prazo prescricional neste caso é de sete anos.
b) terá direito ao recebimento de todos os aluguéis devidos, tendo em vista que o prazo prescricional neste caso é o comum de dez anos.
c) não terá direito ao recebimento de todos os aluguéis devidos, tendo em vista que o prazo prescricional neste caso é de dois anos.
d) terá direito ao recebimento de todos os aluguéis devidos, tendo em vista que o prazo prescricional neste caso é de cinco anos.
e) não terá direito ao recebimento de todos os aluguéis devidos, tendo em vista que o prazo prescricional neste caso é de três anos.

COMENTÁRIOS

Alternativa "e" – correta (responde todas as demais alternativas): a prescrição da pretensão relativa a aluguéis de prédios urbanos ou rústicos ocorre em três anos (art. 206, § 3º, I do Código Civil). Como Sandoval não paga os alugueis desde fevereiro de 2008, a partir de fevereiro de 2011 alguns aluguéis começaram a prescrever. Dessa forma, Gabriela tem o direito de receber apenas os aluguéis dos últimos três anos.

11. (Analista Judiciário – Área Judiciária – TRE do Alagoas / 2010 / FCC) A interrupção da prescrição

a) por um dos credores solidários não aproveita aos outros; assim como a interrupção efetuada contra o devedor solidário não envolve os demais.
b) poderá ocorrer no máximo duas vezes, sendo a terceira interrupção automaticamente desconsiderada.
c) por um credor aproveita aos outros; semelhantemente, a interrupção operada contra o codevedor prejudica aos demais coobrigados.
d) ocorrerá, dentre outras hipóteses, por despacho do juiz, mesmo incompetente, que ordenar a citação, se o interessado a promover no prazo e na forma da lei processual.
e) operada contra um dos herdeiros do devedor solidário, em regra, prejudica os outros herdeiros.

COMENTÁRIOS

Alternativa "d" – correta: a alternativa é a transcrição do art. 202, I do Código Civil. O despacho do juiz, mesmo incompetente, que ordenar a citação interrompe a prescrição se o interessado promover uma citação válida.

Alternativas "a" e "c" – erradas: a interrupção da prescrição por um dos credores solidários aproveita aos outros; assim como a interrupção efetuada contra o devedor solidário envolve os demais (art. 204, § 1º do Código Civil).

Alternativa "b" – errada: a interrupção da prescrição poderá ocorrer somente uma vez (art. 202, *caput* do Código Civil).

Alternativa "e" – errada: a interrupção da prescrição operada contra um dos herdeiros do devedor solidário, em regra, não prejudica os outros herdeiros ou devedores (art. 204, § 2º do Código Civil).

12. (Analista Judiciário – Área Judiciária – TRE do Amazonas / 2010 / FCC) Prescreverá em cinco anos a pretensão

a) dos tabeliães, auxiliares da justiça, serventuários judiciais, árbitros e peritos, pela percepção de emolumentos, custas e honorários.
b) de cobrança de dívidas líquidas constantes de instrumento público ou particular.
c) para haver prestações alimentares, a partir da data em que se vencerem.
d) para receber prestações vencidas de rendas temporárias ou vitalícias.
e) de ressarcimento de enriquecimento sem causa e a de reparação civil.

COMENTÁRIOS

Alternativa "b" – correta: a pretensão de cobrança de dívidas líquidas constantes de instrumento público ou particular prescreve em cinco anos (art. 206, § 5º, I do Código Civil).

Alternativa "a" – errada: a pretensão dos tabeliães, auxiliares da justiça, serventuários judiciais, árbitros e peritos, pela percepção de emolumentos, custas e honorários prescreve em um ano (art. 206, § 1º, III do Código Civil).

Alternativa "c" – errada: a pretensão para haver prestações alimentares, a partir da data em que se vencerem, prescreve em dois anos (art. 206, § 2º do Código Civil).

Alternativa "d" – errada: a pretensão para receber prestações vencidas de rendas temporárias ou vitalícias prescreve em três anos (art. 206, § 3º, II do Código Civil).

Alternativa "e" – errada: a pretensão de ressarcimento de enriquecimento sem causa e a de reparação civil prescrevem em três anos (art. 206, § 3º, IV e V do Código Civil).

13. **(Analista Judiciário – Área Judiciária – TRE do Acre / 2010 / FCC)** Jane, por deficiência mental, não tem o necessário discernimento para a prática dos atos da vida civil. Gilberto, por causa transitória, não pode exprimir sua vontade e Morgana é excepcional, sem desenvolvimento mental completo.

De acordo com o Código Civil brasileiro, NÃO corre a prescrição contra:

a) Gilberto e Morgana.
b) Jane, Gilberto e Morgana.
c) Jane e Gilberto.
d) Jane e Morgana.
e) Jane, apenas.

COMENTÁRIOS

Alternativa "c" – correta (responde todas as demais alternativas): Jane, por deficiência mental, não tem o necessário discernimento para a prática dos atos da vida civil, ou seja, ela é absolutamente incapaz (art. 3º, II do Código Civil). Gilberto, por causa transitória, não pode exprimir sua vontade, isto é, ele é absolutamente incapaz (art. 3º, III do Código Civil). E Morgana é excepcional, sem desenvolvimento mental completo, quer dizer, ela é relativamente incapaz (art. 4º, III do Código Civil). Nos termos do art. 198, I do Código Civil, não corre a prescrição contra os incapazes de que trata o art. 3º. Por conseguinte, não corre a prescrição contra Jane e Gilberto.

14. **(Analista Judiciário – Área Judiciária – TRF 5ª região / 2008 / FCC)** Prescreve em 3 anos a pretensão:

a) de ressarcimento do enriquecimento sem causa.
b) de cobrança de dívida líquida constante de instrumento particular.
c) do vencedor para haver do vencido o que despendeu em juízo.
d) dos hospedeiros para o pagamento da hospedagem.
e) dos fornecedores de víveres destinados a consumo no próprio estabelecimento para o pagamento dos alimentos.

COMENTÁRIOS

Alternativa "a" – correta: a pretensão de ressarcimento de enriquecimento sem causa prescreve em três anos (art. 206, § 3º, IV do Código Civil).

Alternativa "b" – errada: a pretensão de cobrança de dívida líquida constante de instrumento particular prescreve em cinco anos (art. 206, § 5º, I do Código Civil).

Alternativa "c" – errada: a pretensão do vencedor para haver do vencido o que despendeu em juízo prescreve em cinco anos (art. 206, § 5º, III do Código Civil).

Alternativa "d" – errada: a pretensão dos hospedeiros para o pagamento da hospedagem prescreve em um ano (art. 206, § 1º, I do Código Civil).

Alternativa "e" – errada: a pretensão dos fornecedores de víveres destinados a consumo no próprio estabelecimento para o pagamento dos alimentos prescreve em um ano (art. 206, § 1º, I do Código Civil).

15. **(Analista Judiciário – Área Judiciária – TRF 2ª região / 2007 / FCC)** Prescreve em cinco anos a pretensão

a) de cobrança de dívidas líquidas constantes de instrumento público ou particular.
b) de restituição dos lucros ou dividendos recebidos de má-fé, correndo prazo da data em que foi deliberada a distribuição.
c) dos credores não pagos contra os sócios de acionistas e os liquidantes, contando o prazo da publicação da ata de encerramento da liquidação da sociedade.

d) dos hospedeiros ou fornecedores de víveres destinados ao consumo no próprio estabelecimento, para pagamento da hospedagem ou dos alimentos.
e) para haver juros, dividendos ou quaisquer pretensões acessórias, pagáveis em períodos não maiores de um ano, com capitalização ou sem ela.

COMENTÁRIOS

Alternativa "a" – correta: a pretensão de cobrança de dívidas líquidas constantes de instrumento público ou particular prescreve em cinco anos (art. 206, § 5º, I do Código Civil).

Alternativa "b" – errada: a pretensão de restituição dos lucros ou dividendos recebidos de má-fé, correndo prazo da data em que foi deliberada a distribuição prescreve em três anos (art. 206, § 3º, VI do Código Civil).

Alternativa "c" – errada: a pretensão dos credores não pagos contra os sócios ou acionistas e os liquidantes, contando o prazo da publicação da ata de encerramento da liquidação da sociedade, prescreve em um ano (art. 206, § 1º, V do Código Civil).

Alternativa "d" – errada: a pretensão dos hospedeiros ou fornecedores de víveres destinados ao consumo no próprio estabelecimento, para pagamento da hospedagem ou dos alimentos prescreve em um ano (art. 206, § 1º, I do Código Civil).

Alternativa "e" – errada: a pretensão para haver juros, dividendos ou quaisquer pretensões acessórias, pagáveis em períodos não maiores de um ano, com capitalização ou sem ela, prescreve em três anos (art. 206, § 3º, III do Código Civil).

16. **(Analista Judiciário – Execução de Mandados – TRF 2ª região / 2007 / FCC)** Prescreve em quatro anos a pretensão:
a) do vencedor para haver do vencido o que despendeu em juízo.
b) relativa a aluguéis de prédios urbanos ou rústicos.
c) de ressarcimento de enriquecimento sem causa.
d) relativa à tutela, a contar da data da aprovação das contas.
e) para reaver prestações vencidas de rendas temporárias ou vitalícias.

COMENTÁRIOS

Alternativa "d" – correta: a pretensão relativa à tutela, a contar da data da aprovação das contas, prescreve em quatro anos (art. 206, § 4º do Código Civil).

Alternativa "a" – errada: a pretensão do vencedor para haver do vencido o que despendeu em juízo prescreve em cinco anos (art. 206, § 5º, III do Código Civil).

Alternativa "b" – errada: a pretensão relativa a aluguéis de prédios urbanos ou rústicos prescreve em três anos (art. 206, § 3º, I do Código Civil).

Alternativa "c" – errada: a pretensão de ressarcimento de enriquecimento sem causa prescreve em três anos (art. 206, § 3º, IV do Código Civil).

Alternativa "e" – errada: a pretensão para reaver prestações vencidas de rendas temporárias ou vitalícias prescreve em três anos (art. 206, § 3º, II do Código Civil).

17. **(Analista Judiciário – Área Judiciária – TRF 3ª região / 2007 / FCC)** A respeito da prescrição e da decadência, é correto afirmar:
a) prescreve em dez anos a cobrança de dívidas líquidas constantes de instrumento público ou particular.
b) no contrato regularmente formalizado por escrito, as partes podem renunciar a decadência fixada em lei.
c) se a decadência for convencional, a parte a quem aproveita pode alegá-la em qualquer grau de jurisdição, mas o juiz não pode suprir a alegação.
d) a alteração do prazo prescricional por acordo das partes só terá validade se comprovada nos autos por instrumento público ou particular.
e) a prescrição iniciada contra uma pessoa cessa com a sua morte, iniciando-se novo prazo em relação ao seu sucessor.

COMENTÁRIOS

Alternativa "c" – correta: a alternativa é a transcrição literal do art. 211 do Código Civil. A decadência convencional tem caráter de ordem privada, é renunciável e sua não alegação

▸ QUESTÕES DE CONCURSOS

pela parte interessada é um dos modos de renúncia tácita. Assim, o juiz não pode declarar, de ofício, a decadência sem alegação do interessado.

Alternativa "a" – errada: a pretensão de cobrança de dívidas líquidas constantes de instrumento público ou particular prescreve em cinco anos (art. 206, § 5º, I do Código Civil).

Alternativa "b" – errada: a renúncia à decadência fixada em lei é nula (art. 209 do Código Civil). Apenas a decadência convencional é renunciável.

Alternativa "d" – errada: os prazos prescricionais não podem ser alterados por acordo das partes (art. 192 do Código Civil).

Alternativa "e" – errada: a prescrição que começou a correr contra uma pessoa continua a correr contra o seu sucessor (art. 196 do Código Civil).

18. **(Analista Judiciário – Execução de Mandados – TRF 3ª região / 2007 / FCC)** A interrupção da prescrição:

a) operada contra o codevedor não solidário, ou seu herdeiro, prejudica aos demais coobrigados.
b) ocorrerá tantas vezes quantas forem as causas interruptivas supervenientes.
c) por um credor não solidário aproveita aos outros.
d) produzida contra o principal devedor prejudica o fiador.
e) por um dos credores solidários não aproveita aos outros.

COMENTÁRIOS

Alternativa "d" – correta: a alternativa é a transcrição do art. 204, § 3º do Código Civil. A interrupção produzida pelo credor contra o principal devedor prejudica o fiador, independentemente de notificação especial.

Alternativa "a" – errada: a interrupção operada contra o codevedor, ou seu herdeiro, não prejudica aos demais coobrigados (art. 204, *caput* do Código Civil).

Alternativa "b" – errada: a interrupção da prescrição poderá ocorrer somente uma vez (art. 202, *caput* do Código Civil).

Alternativa "c" – errada: a interrupção da prescrição por um credor não aproveita aos outros (art. 204, *caput* do Código Civil).

Alternativa "e" – errada: a interrupção da prescrição por um dos credores solidários aproveita aos outros (art. 204, § 1º do Código Civil).

19. **(Analista Judiciário – Execução de Mandados – TRF 4ª região / 2006 / FCC)** De acordo com o Código Civil brasileiro, a pretensão de cobrança de dívidas líquidas constantes de instrumento público ou particular e a pretensão do vencedor para haver do vencido o que despendeu em juízo prescrevem em

a) dois anos.
b) três anos.
c) cinco anos.
d) dois e três anos, respectivamente.
e) cinco e três anos, respectivamente.

COMENTÁRIOS

Alternativa "c" – correta (responde todas as demais alternativas): a pretensão de cobrança de dívidas líquidas constantes de instrumento público ou particular e a pretensão do vencedor para haver do vencido o que despendeu em juízo prescrevem em cinco anos (art. 206, § 5º, I e III do Código Civil).

(CESPE – Analista Judiciário – Área Judiciária – STF/2013) Em relação aos negócios jurídicos e à decadência, julgue os itens subsequentes.

20. ( ) É válida a renúncia à decadência legal.

COMENTÁRIOS

Item errado: Conforme estipula o artigo 209 do CC/02, é nula a renúncia à decadência fixada em lei. A decadência legal não pode ser renunciada pelas partes, nem antes e nem depois de consumada, sob pena de nulidade.

21. ( ) A renúncia deve ser interpretada restritivamente, ao passo que os negócios jurídicos benéficos merecem interpretação extensiva.

COMENTÁRIOS

Item errado: O artigo 114 do CC/02 preconiza que tanto os negócios jurídicos benéficos quanto a renúncia devem ser interpretados estritamente, ou seja, o juiz não poderá dar uma interpretação ampliativa, mas sim limitar-se aos liames traçados pelos contraentes.

(Cespe - Delegado de Polícia - PE/2016) Acerca de prescrição e decadência no direito civil, assinale a opção correta.

A) A prescrição não pode ser arguida em grau recursal.

B) Desde que haja consenso entre os envolvidos, é possível a renúncia prévia da decadência determinada por lei.

C) A prescrição não corre na pendência de condição suspensiva.

D) Ao celebrarem negócio jurídico, as partes, em livre manifestação de vontade, podem alterar a prescrição prevista em lei.

E) É válida a renúncia da prescrição, desde que determinada expressamente antes da sua consumação.

COMENTÁRIOS

Alternativa "c" - correta (responde as demais alternativas): Nos termos do art. 199, I do Código Civil, não corre a prescrição pendendo condição suspensiva, eis que o direito ainda não é exigível, diante da existência de cláusula que subordina o efeito do negócio a evento futuro e incerto.

CAPÍTULO VI

DA PROVA

1. INTRODUÇÃO

Prova é o meio empregado para demonstrar a existência do fato, ato ou negócio jurídico[1]. O ônus da prova, em regra, é atribuído ao autor.

A inclusão do estudo da prova no Código Civil tem sido alvo de críticas, sobretudo de processualistas que sustentam que o assunto deveria ser disciplinado pelo Código de Processo Civil.

Contudo, o estudo da prova está intimamente ligado ao estudo dos fatos, atos e negócios jurídicos, disciplinados no Código Civil.

Isso porque o fato é objeto de prova. Prova-se o fato, porque o juiz conhece o direito.

Dessa maneira, o Direito Civil estabelece os meios de prova, traçando os contornos gerais e princípios fundamentais, enquanto o direito processual regula os limites da produção da prova, a técnica de produzi-la em juízo e sua apreciação pelo magistrado[2].

Em regra, os negócios jurídicos possuem forma livre, exceto quando a lei exigir que se revistam de forma especial, como, por exemplo, o instrumento público. Nesses casos, o negócio deve ser celebrado segundo a forma estabelecida pela lei, sob pena de invalidação.

No Código Civil, os meios de prova estão enumerados no art. 212. No entanto, a doutrina considera que tal rol não é taxativo, tendo em vista o disposto no art. 369 do novo CPC, segundo o qual "as partes têm o direito de empregar todos os meios legais, bem como os moralmente legítimos, ainda que não especificados neste Código, para provar a verdade dos fatos em que se funda o pedido ou a defesa e influir eficazmente na convicção do juiz".

A seguir, serão analisados os meios de prova enumerados no art. 212 do CC/02.

2. MEIOS DE PROVA

Os meios de prova estão elencados no art. 212 do CC/02, que dispõe:

> **Art. 212.** Salvo o negócio a que se impõe forma especial, o fato jurídico pode ser provado mediante:

1. GONÇALVES, Carlos Roberto. *Direito Civil*. 3ª ed. São Paulo: Saraiva, 2011, p. 537.
2. VENOSA, Silvio de Salvo. *Direito Civil*. Vol. 1, 4ª ed. São Paulo: Atlas, 2004, p. 566/567.

I - confissão;

II - documento;

III - testemunha;

IV - presunção;

V - perícia.

2.1. Confissão

Segundo Flávio Tartuce, "a confissão pode ser conceituada como sendo uma declaração feita por uma pessoa, contra quem se procura provar um fato, ato ou negócio jurídico"[3].

Segundo o art. 389 do novo CPC, "há confissão, quando a parte admite a verdade de um fato, contrário ao seu interesse e favorável ao adversário".

Observe, novamente, que a confissão tem como objeto *fatos* e não *direitos*.

A confissão pode se dar no plano judicial ou extrajudicial. Pode, ainda, ser espontânea ou provocada, expressa ou presumida, seja pela revelia (arts. 341 e 344 do novo CPC) ou pela confissão ficta (art. 385, §1º, do novo CPC).

De se consignar, contudo, que a confissão presumida, por se tratar de presunção, só pode ser aplicada quando não há elementos de prova nos autos que comprovem os fatos pelos quais se pretende obter a confissão.

Se, por exemplo, há nos autos recibo que comprova o pagamento, não se pode admitir eventual confissão ficta, porque presumida, de não pagamento.

Nesse sentido, o E. TJSP, nos autos da apelação 99209048669-1, o E. Des. Adilson de Araújo, relator do recurso, assim consignou nas razões de decidir:

> "No entanto, ainda que se considere regular a intimação da parte sobre a questão, o certo é que a presunção na hipótese é relativa e não absoluta, de modo que somente está o juiz autorizado a reconhecê-la quando as provas dos autos respaldem as alegações do réu".

O ilustre Antônio Cláudio da Costa Machado também ensina que "a pena de confissão é aplicada, em primeiro lugar, se a parte não comparecer, desde que tenha sido intimada na forma do §1º. Mesmo assim a presunção de veracidade não é absoluta, mas relativa: o juiz só considerará verdadeiros os fatos verossímeis e que também sejam coerentes com as demais provas já produzidas"[4].

Cabe destacar que a confissão só tem validade se proveniente da pessoa que detém a titularidade dos direitos controvertidos. Dessa forma, não basta a capacidade

---

3. *Direito Civil*. Vol. 1, 9ª ed. São Paulo: Método, 2013, p. 482.
4. *Código de Processo Civil Interpretado: artigo por artigo, parágrafo por parágrafo*, 3ª ed. Barueri: Manole, 2011, p. 734.

genérica para os atos da vida civil, pois, como a confissão é o reconhecimento de uma situação desfavorável, é necessário que o confessor tenha condição de dispor do direito litigioso.

Esse, aliás, é o disposto no **art. 213**, que estabelece que "não tem eficácia a confissão se provém de quem não é capaz de dispor do direito a que se referem os fatos confessados".

O parágrafo único do mesmo dispositivo estabelece que "se feita a confissão por um representante, somente é eficaz nos limites em que este pode vincular o representado".

Em regra, o representante legal do incapaz não pode confessar, porque o art. 119 do Código Civil proíbe que pratique atos em prejuízo do representado. Em se tratando de representação voluntária, a confissão somente será admitida se constar expressamente do instrumento de mandato.

Nas ações concernentes a bens imóveis, a confissão de um cônjuge não valerá sem a do outro (art. 391, parágrafo único, do novo CPC). De igual sorte, não vale a confissão que verse sobre direitos indisponíveis (art. 392 do novo CPC).

Segundo o **art. 214 do Código Civil**, "a confissão é irrevogável, mas pode ser anulada se decorreu de erro de fato ou de coação". Há, também, disposição semelhante e complementar no art. 393 do novo CPC.

2.2. Documento

A prova documental está disciplinada nos arts. 215 a 226 do Código Civil. O documento, na realidade, é a exteriorização do ato ou negócio jurídico, como forma de facilitar a prova, como, por exemplo, em uma locação, cujo contrato pode ser celebrado de forma verbal, mas, como forma de não deixar dúvidas quanto às condições da locação, como valor do aluguel, prazo e garantia locatícia, estampa-se o contrato em um documento, com a finalidade precípua de facilitar a prova.

O documento pode ser público ou particular. Público é o documento elaborado por autoridade pública, no exercício de suas funções, como, por exemplo, as certidões e traslados. Particular é o documento produzido por particulares, como, por exemplo, um telegrama, uma notificação e um contrato.

Carlos Roberto Gonçalves esclarece que "documentos não se confundem com instrumentos público ou particulares. Estes são espécies e aqueles são o gênero. O instrumento é criado com a finalidade precípua de servir de prova, como, por exemplo, a escritura pública, ou a letra de câmbio. Os instrumentos públicos são feitos perante o oficial público, observando-se os requisitos do art. 215. Os particulares são realizados somente com a assinatura dos próprios interessados"[5].

5. *Direito Civil*. Vol. I, 3ª ed. São Paulo: Saraiva, 2011, p. 539.

O art. 215 do Código Civil dispõe sobre a escritura pública, que ocupa uma posição de destaque no ordenamento não somente pela "qualidade" da prova, mas porque seu estudo também se relaciona com a forma dos negócios jurídicos.

A expressão "prova plena" consubstanciada no *caput* do art. 215 é alvo de críticas, porque poderia indicar que a escritura pública é prova absoluta e completa do negócio jurídico.

No entanto, tendo em vista que, atualmente, predomina o princípio do livre convencimento motivado do juiz, a escritura pública traz apenas uma presunção relativa, que pode ser afastada por outros meios.

Nesse sentido, o E. TJSP, nos autos da Apelação 0011083- 56.2009.8.26.0597, de relatoria do E. Des. Mendes Pereira, assim decidiu:

> NEGÓCIO JURÍDICO – Nulidade – Escritura de compra e venda imobiliária – Caracterização – Direitos sobre o mesmo imóvel anteriormente cedidos pelas demandadas ao falecido autor – Contrato de cessão de direitos que possui eficácia entre as partes que dele participaram – Existente prova de vício e má fé – Sentença de procedência mantida – Recursos desprovidos.

É importante frisar que a escritura pública deve ser lavrada no Tabelionato de Notas e a inobservância de quaisquer requisitos exigidos pelos arts. 215 e seguintes do CC/02, acarretará na nulidade da escritura pública, o que corrobora a relação existente entre a prova documental e a forma do negócio jurídico.

Segundo o art. 219, "as declarações constantes de documentos assinados presumem-se verdadeiras em relação aos signatários". Isso significa que o documento particular, mesmo que não contenha a assinatura de testemunhas, tem força vinculante entre as partes que o assinaram.

Dispõe o art. 221 que "o instrumento particular, feito e assinado, ou somente assinado por quem esteja na livre disposição e administração de seus bens, prova as obrigações convencionais de qualquer valor; mas os seus efeitos, bem como os da cessão, não se operam, a respeito de terceiros, antes de registrado no registro público". Como visto, o documento particular somente vincula as partes contratantes. Para que produza efeitos perante terceiros, é necessário que seja registrado no Cartório de Títulos e Documentos.

Interessante preceito é trazido pelo art. 220, que estabelece que "a anuência ou a autorização de outrem, necessária à validade de um ato, provar-se-á do mesmo modo que este, e constará, sempre que se possa, do próprio instrumento". Tendo em vista que a alienação de imóveis deve ser realizada por meio de escritura pública (art. 108 CC/02), eventual procuração da mulher autorizando o marido a efetuar a alienação do imóvel só pode ser outorgada mediante escritura pública. Assim, como a escritura pública é a forma exigida para a alienação de imóveis, a procuração que autoriza a respectiva venda só pode ser efetivada mediante a mesma forma, ou seja, por escritura pública. Mais uma vez, observa-se que a disciplina da prova constante do Código Civil, mantém estreita relação com a forma dos negócios jurídicos.

As certidões extraídas de qualquer ato do processo terão o mesmo valor probatório dos originais (art. 216 CC/02). De igual sorte, os traslados e certidões extraídas por oficial público, de instrumento ou documento lançados em suas notas (art. 217 CC/02).

Para melhor compreensão do tema, é importante transcrever os conceitos trazidos pela insigne Maria Helena Diniz[6]:

> "**Certidão:** a certidão textual, seja *verbo ad verbum* (de inteiro teor), seja em breve relatório, é a reprodução do conteúdo de ato escrito, registrado em autos ou em livro, feita por pessoa investida de fé pública.
>
> **Traslado:** o traslado de autos é a cópia fiel, passada pelo próprio escrivão e por outro concertada, de documentos constantes do arquivo judiciário. O concerto, portanto, nada mais é do que o ato de conferir a cópia com o original."

Em regra, os documentos devem ser exibidos no original, principalmente quando a apresentação do original está associada com o exercício do próprio direito, como ocorre, por exemplo, com os títulos de crédito. No entanto, como ensina Silvio de Salvo Venosa, "as cópias fotográficas ou equivalentes são admitidas como documentos, quando autenticadas ou não impugnada sua validade e autenticidade"[7].

Segundo o **art. 222** "o telegrama, quando lhe for contestada a autenticidade, faz prova mediante conferência com o original assinado".

Embora o texto legal refira-se apenas ao telegrama, Flávio Tartuce[8] sustenta que tal dispositivo deve ser aplicado, igualmente, as mensagens enviadas via fax e através de correio eletrônico, via internet.

O estudo da prova documental segue, ainda, com o **art. 224**, que dispõe que "os documentos redigidos em língua estrangeira serão traduzidos para o português para ter efeitos legais no País". A tradução deverá ser feita por tradutor juramentado para que tenham fé pública.

Prevê, ainda, o **art. 225** que "as reproduções fotográficas, cinematográficas, os registros fonográficos e, em geral, quaisquer outras reproduções mecânicas ou eletrônicas de fatos ou de coisas fazem prova plena destes, se a parte, contra quem forem exibidos, não lhes impugnar a exatidão".

Esse dispositivo encontra referência no art. 422, abaixo transcrito:

> **Art. 422.** Qualquer reprodução mecânica, como a fotográfica, a cinematográfica, a fonográfica ou de outra espécie, tem aptidão para fazer

6. *Código Civil Anotado.* 10ª ed. São Paulo: Saraiva, 2004, p. 229.
7. *Direito Civil. Vol. 1,* 4ª ed. São Paulo: Atlas, 2004, p. 574.
8. *Direito Civil.* Vol. 1, 9ª ed. São Paulo: Método, 2013, p. 492.

prova dos fatos ou das coisas representadas, se a sua conformidade com o documento original não for impugnada por aquele contra quem foi produzida.

§ 1º As fotografias digitais e as extraídas da rede mundial de computadores fazem prova das imagens que reproduzem, devendo, se impugnadas, ser apresentada a respectiva autenticação eletrônica ou, não sendo possível, realizada perícia.

§ 2º Se se tratar de fotografia publicada em jornal ou revista, será exigido um exemplar original do periódico, caso impugnada a veracidade pela outra parte.

§ 3º Aplica-se o disposto neste artigo à forma impressa de mensagem eletrônica.

Pelo art. 225 do Código Civil, há uma presunção relativa de prova plena, de forma que compete àquele contra quem foi produzida impugnar sua autenticidade.

Cabe registrar, finalmente, que a força probatória das reproduções indicadas no art. 225 não depende de autenticação por tabelião, desde que a parte contrária não lhes impugnar o conteúdo.

2.3. Testemunha

Testemunha é a pessoa chamada para esclarecer sobre fatos que presenciou ou sobre os quais tem conhecimento.

Podem ser *instrumentárias* ou *judiciárias*. As primeiras são as que assinam determinado documento. As segundas são as que depõem em juízo.

A prova testemunhal, em regra, é vista com ressalvas, porque é dotada de um alto grau de subjetividade.

Nos processos norteados pelo princípio da verdade formal, como o processo civil, há a uma clara prevalência pela prova documental, diante da segurança que tal prova proporciona.

Assim o é, repisa-se, porque a prova testemunhal é dotada de subjetividade. É natural que o ser humano se esqueça de determinados fatos e que faça juízo de valor dos acontecimentos segundo suas convicções pessoais. Tudo isso contribui para que o depoimento prestado seja, de alguma forma, maculado e que não represente a verdade dos fatos.

Cabe ressaltar, por oportuno, que o novo Código de Processo Civil revogou o art. 227, *caput*, do Código Civil, que impedia a prova exclusivamente testemunhal nos negócios jurídicos cujo valor fossem superiores ao décuplo do maior salário mínimo vigente no país.

No entanto, nos processos norteados pelo princípio da verdade real, como o direito do trabalho, a prova testemunhal possui uma posição de destaque dentre os meios de prova, podendo, inclusive, sobrepujar a prova documental.

Isso significa que testemunhas podem relatar a verdade dos fatos e descaracterizar documentos elaborados com inexatidão e com o intuito de prejudicar direitos do trabalhador. Assim, anotações na carteira de trabalho que demonstram período inferior ao efetivamente contratado e cartões de ponto que indiquem jornada de trabalho inferior à efetivamente trabalhada podem ser afastadas pelo depoimento de testemunhas.

Algumas pessoas, no entanto, não podem ser admitidas como testemunhas, porque, em alguns casos, não têm maturidade suficiente, em outros casos porque o depoimento seria tendencioso, dada a afeição ou rancor com uma das partes envolvidas.

Segundo o art. 228 do Código Civil:

> **Art. 228.** Não podem ser admitidos como testemunhas:
>
> **I** – os menores de dezesseis anos;
>
> (...)
>
> **IV** – o interessado no litígio, o amigo íntimo ou o inimigo capital das partes;
>
> **V** – os cônjuges, os ascendentes, os descendentes e os colaterais, até o terceiro grau de alguma das partes, por consanguinidade, ou afinidade.
>
> **§ 1º** Para a prova de fatos que só elas conheçam, pode o juiz admitir o depoimento das pessoas a que se refere este artigo.
>
> **§ 2º** A pessoa com deficiência poderá testemunhar em igualdade de condições com as demais pessoas, sendo-lhe assegurados todos os recursos de tecnologia assistida.

Na mesma linha, o Código de Processo Civil dispõe no art. 405 que "podem depor como testemunhas todas as pessoas, exceto as incapazes, impedidas ou suspeitas".

Há que se alertar que, no caso do inciso V, a proibição dada ao cônjuge se estende também aos conviventes em união estável. De igual maneira, a proibição feita aos parentes aplica-se aos que mantêm vínculo sanguíneo (pais, filhos etc.), por afinidade (sogros, enteados, cunhados etc.) ou mesmo parentesco civil (adoção etc.).

Como se observa do § 1º, o juiz tem a faculdade de admitir o depoimento das pessoas indicadas no art. 228, desde que sejam as únicas conhecedoras dos fatos que se queira provar. Quando isso ocorrer, a testemunha não prestará o compromisso de dizer a verdade e será ouvida como *informante do juízo*, a teor do art. 447, §§ 4º e 5º, do novo CPC. Observe que as causas de impedimento e suspeição continuarão em vigor, de forma que, mesmo ouvida, a testemunha continuará impedida ou suspeita.

Finalmente, uma namorada ou um namorado podem ser considerados como amigo íntimo.[9]

9. TARTUCE, Flávio. *Direito Civil*. Vol. 1, 9ª ed. São Paulo: Método, 2013, p. 502.

2.4. Presunção

Segundo Carlos Roberto Gonçalves, "presunção é a ilação que se extrai de um fato conhecido para se chegar a um desconhecido"[10]. Um exemplo de presunção é a morte presumida, consubstanciada no art. 6º do Código Civil.

As presunções podem ser *legais* ou *comuns*. As primeiras são as que decorrem da lei, enquanto as segundas são as que se fundam em fatos que comumente ocorrem.

As presunções legais podem ser absolutas (*juris et de jure*) ou relativas (*juris tantum*). As absolutas são aquelas que a lei assume como uma verdade indiscutível, não admitindo prova em contrário, como, por exemplo, a presunção de que todos conhecem a lei e devem cumpri-la (art. 3º da Lei de Introdução). As relativas são aquelas que aparecem na lei com ressalvas e que podem ser substituídas por outros meios de prova, como, por exemplo, a presunção de que o filho de mulher casada, concebido na constância do casamento, é do marido. A presunção de paternidade, nesse caso, pode ser afastada por meio da ação negatória de paternidade (art. 1.601 CC/02).

2.5. Perícia

Perícia é a prova técnica.

O magistrado não é conhecedor de todos os ramos do conhecimento humano. A ele cabe conhecer o direito e distribuir a Justiça.

É natural que, em algumas demandas, a discussão de mérito exija conhecimentos técnicos sobre os mais variados assuntos.

Assim, em um processo em que se discute a existência de doença ocupacional, a análise do mérito passa por um exame médico, que determinará a existência ou não de nexo causal entre o trabalho e a doença.

De igual sorte, em uma ação que se discute a revisão de contrato e a ilegalidade de juros e outras cláusulas, a apreciação do mérito demanda a intervenção de um contabilista para que refaça os cálculos segundo o contrato firmado.

Observe que, nos dois casos, tanto o médico quanto o contabilista são profissionais de confiança do magistrado e nomeados para esclarecer questões técnicas, cujas orientações guiarão o juiz na decisão da lide.

Diante disso, pode surgir a falsa ideia de que o resultado da perícia vincula o juiz na análise da prova. Felizmente não é assim, porque a perícia é um meio de prova que, muitas vezes, deve ser analisado com outros meios de prova constantes do processo. O juiz, pelo princípio do livre convencimento motivado, analisa todo o conjunto probatório.

---

10. *Direito Civil I*. 3ª ed. São Paulo: Saraiva, 2011, p. 544.

Nesse sentido, o art. 436 do Código de Processo Civil dispõe que "o juiz não está adstrito ao laudo pericial, podendo formar a sua convicção com outros elementos ou fatos provados nos autos".

Sobre o tema, o E. TRT da 15ª Região, nos autos do processo nº 0108700-60.2009.5.15.0051, de relatoria do E. Luiz Roberto Nunes, assim se pronunciou:

> **PERÍCIA. VINCULAÇÃO DO JUIZ. LIVRE CONVENCIMENTO MOTIVADO.** O Magistrado não está adstrito às conclusões constantes do laudo pericial, haja vista o princípio do livre convencimento motivado e da busca pela verdade real dos quais pode se valer, além das máximas da experiência e da razoabilidade que devem guiar a atividade jurisdicional, conforme o art. 436 do CPC.

Pois bem. Segundo o art. 464 do novo CPC, "a prova pericial consiste em exame, vistoria ou avaliação".

> "*Exame* é a apreciação de alguma coisa, por peritos, para auxiliar o juiz a formar a sua convicção. (...) *Vistoria* é também perícia, restrita porém à inspeção ocular. (...) *Avalição* é a atribuição ao bem do seu valor de mercado."[11]

O Código Civil traz duas disposições sobre a prova pericial, constantes dos arts. 231 e 232, que assim dispõem:

> **Art. 231.** Aquele que se nega a submeter-se a exame médico necessário não poderá aproveitar-se de sua recusa.
>
> **Art. 232.** A recusa à perícia médica ordenada pelo juiz poderá suprir a prova que se pretendia obter com o exame.

Ambos dispositivos têm ampla aplicação nas ações de investigação de paternidade e visam impedir que o suposto pai se furte à realização do exame de DNA, indispensável para a elucidação dos fatos.

Sobre o assunto, o E. STJ editou a súmula 301 com o seguinte teor:

> **STJ Súmula nº 301**
>
> **Ação Investigatória – Recusa do Suposto Pai – Exame de DNA – Presunção Juris Tantum de Paternidade**
>
> Em ação investigatória, a recusa do suposto pai a submeter-se ao exame de DNA induz presunção juris tantum de paternidade.

Observe que a presunção é relativa, de forma que são necessários outros elementos de prova, como, por exemplo, a comprovação de que a mãe e o suposto pai mantiveram relações sexuais.

11. GONÇALVES, Carlos Roberto. *Direito Civil I*. 3ª ed. São Paulo: Saraiva, 2011, p. 545.

Questão polêmica é saber se os arts. 231 e 232, ambos do CC/02, são aplicáveis, também, quando a investigação de paternidade é promovida contra parentes do suposto pai, quando este já faleceu.

Observe que os citados arts. 231 e 232 não fazem qualquer distinção. No entanto, o E. STJ, no REsp 714.969, da 4ª Turma e de relatoria do E. Ministro Luis Felipe Salomão, assim consignou:

> "A recusa do descendente, quando no polo passivo da ação de investigação de paternidade, em ceder tecido humano para a realização do exame pericial, não se reveste de presunção relativa e bem lhe impõe o ônus de formar robusto acervo probatório que desconstitua tal presunção".

3. LEGISLAÇÃO RELACIONADA AO CAPÍTULO

TÍTULO V
DA PROVA

Art. 212. Salvo o negócio a que se impõe forma especial, o fato jurídico pode ser provado mediante:

I - confissão;

II - documento;

III - testemunha;

IV - presunção;

V - perícia.

Art. 213. Não tem eficácia a confissão se provém de quem não é capaz de dispor do direito a que se referem os fatos confessados.

Parágrafo único. Se feita a confissão por um representante, somente é eficaz nos limites em que este pode vincular o representado.

Art. 214. A confissão é irrevogável, mas pode ser anulada se decorreu de erro de fato ou de coação.

Art. 215. A escritura pública, lavrada em notas de tabelião, é documento dotado de fé pública, fazendo prova plena.

§ 1º Salvo quando exigidos por lei outros requisitos, a escritura pública deve conter:

I - data e local de sua realização;

II - reconhecimento da identidade e capacidade das partes e de quantos hajam comparecido ao ato, por si, como representantes, intervenientes ou testemunhas;

III - nome, nacionalidade, estado civil, profissão, domicílio e residência das partes e demais comparecentes, com a indicação, quando necessário, do regime de bens do casamento, nome do outro cônjuge e filiação;

IV - manifestação clara da vontade das partes e dos intervenientes;

V - referência ao cumprimento das exigências legais e fiscais inerentes à legitimidade do ato;

VI - declaração de ter sido lida na presença das partes e demais comparecentes, ou de que todos a leram;

VII - assinatura das partes e dos demais comparecentes, bem como a do tabelião ou seu substituto legal, encerrando o ato.

§ 2º Se algum comparecente não puder ou não souber escrever, outra pessoa capaz assinará por ele, a seu rogo.

§ 3º A escritura será redigida na língua nacional.

§ 4º Se qualquer dos comparecentes não souber a língua nacional e o tabelião não entender o idioma em que se expressa, deverá comparecer tradutor público para servir de intérprete, ou, não o havendo na localidade, outra pessoa capaz que, a juízo do tabelião, tenha idoneidade e conhecimento bastantes.

§ 5º Se algum dos comparecentes não for conhecido do tabelião, nem puder identificar-se por documento, deverão participar do ato pelo menos duas testemunhas que o conheçam e atestem sua identidade.

Art. 216. Farão a mesma prova que os originais as certidões textuais de qualquer peça judicial, do protocolo das audiências, ou de outro qualquer livro a cargo do escrivão, sendo extraídas por ele, ou sob a sua vigilância, e por ele subscritas, assim como os traslados de autos, quando por outro escrivão consertados.

Art. 217. Terão a mesma força probante os traslados e as certidões, extraídos por tabelião ou oficial de registro, de instrumentos ou documentos lançados em suas notas.

Art. 218. Os traslados e as certidões considerar-se-ão instrumentos públicos, se os originais se houverem produzido em juízo como prova de algum ato.

Art. 219. As declarações constantes de documentos assinados presumem-se verdadeiras em relação aos signatários.

Parágrafo único. Não tendo relação direta, porém, com as disposições principais ou com a legitimidade das partes, as declarações enunciativas não eximem os interessados em sua veracidade do ônus de prová-las.

Art. 220. A anuência ou a autorização de outrem, necessária à validade de um ato, provar-se-á do mesmo modo que este, e constará, sempre que se possa, do próprio instrumento.

Art. 221. O instrumento particular, feito e assinado, ou somente assinado por quem esteja na livre disposição e administração de seus bens, prova as obrigações convencionais de qualquer valor; mas os seus efeitos, bem como os da cessão, não se operam, a respeito de terceiros, antes de registrado no registro público.

Parágrafo único. A prova do instrumento particular pode suprir-se pelas outras de caráter legal.

Art. 222. O telegrama, quando lhe for contestada a autenticidade, faz prova mediante conferência com o original assinado.

Art. 223. A cópia fotográfica de documento, conferida por tabelião de notas, valerá como prova de declaração da vontade, mas, impugnada sua autenticidade, deverá ser exibido o original.

Parágrafo único. A prova não supre a ausência do título de crédito, ou do original, nos casos em que a lei ou as circunstâncias condicionarem o exercício do direito à sua exibição.

Art. 224. Os documentos redigidos em língua estrangeira serão traduzidos para o português para ter efeitos legais no País.

Art. 225. As reproduções fotográficas, cinematográficas, os registros fonográficos e, em geral, quaisquer outras reproduções mecânicas ou eletrônicas de fatos ou de coisas fazem prova plena destes, se a parte, contra quem forem exibidos, não lhes impugnar a exatidão.

Art. 226. Os livros e fichas dos empresários e sociedades provam contra as pessoas a que pertencem, e, em seu favor, quando, escriturados sem vício extrínseco ou intrínseco, forem confirmados por outros subsídios.

Parágrafo único. A prova resultante dos livros e fichas não é bastante nos casos em que a lei exige escritura pública, ou escrito particular revestido de requisitos especiais, e pode ser ilidida pela comprovação da falsidade ou inexatidão dos lançamentos.

Art. 227. (Revogado pela Lei nº 13.105, de 2015)

Parágrafo único. Qualquer que seja o valor do negócio jurídico, a prova testemunhal é admissível como subsidiária ou complementar da prova por escrito.

Art. 228. Não podem ser admitidos como testemunhas:

I - os menores de dezesseis anos;

IV - o interessado no litígio, o amigo íntimo ou o inimigo capital das partes;

V - os cônjuges, os ascendentes, os descendentes e os colaterais, até o terceiro grau de alguma das partes, por consanguinidade, ou afinidade.

§ 1º Para a prova de fatos que só elas conheçam, pode o juiz admitir o depoimento das pessoas a que se refere este artigo.

§ 2º A pessoa com deficiência poderá testemunhar em igualdade de condições com as demais pessoas, sendo-lhe assegurados todos os recursos de tecnologia assistida

Art. 229.(Revogado pela Lei n º 13.105, de 2015)

I - (Revogado pela Lei nº 13.105, de 2015)

II - (Revogado pela Lei nº 13.105, de 2015)

III - (Revogado pela Lei nº 13.105, de 2015)

Art. 230. (Revogado pela Lei nº 13.105, de 2015)

Art. 231. Aquele que se nega a submeter-se a exame médico necessário não poderá aproveitar-se de sua recusa.

Art. 232. A recusa à perícia médica ordenada pelo juiz poderá suprir a prova que se pretendia obter com o exame.

CAPÍTULO VII

DIREITO DAS OBRIGAÇÕES

1. A RELAÇÃO JURÍDICA OBRIGACIONAL

1.1. Conceito

O atual Código Civil traz alterações quanto à ordem dos livros constantes da Parte Especial.

No Código de 1916, a Parte Especial iniciava-se com o direito de família. Na atual codificação, no entanto, a Parte Especial tem início com o direito das obrigações.

Isso mostra uma alteração significativa na sociedade brasileira.

Na vigência do Código Civil de 1916, a família era a base da sociedade, representada na pessoa do *pater familias*. Na vigência do Código Civil de 2002, a base da sociedade passa a ser a obrigação, representada pelos contratos, que passam a ter, inclusive, função social.

O Código Civil de 2002 não traz o conceito de obrigação. Tal fato é elogiado pela doutrina, que se incumbiu de conceituá-la.

Para Carlos Roberto Gonçalves, "obrigação é o vínculo jurídico que confere ao credor (sujeito ativo) o direito de exigir do devedor (sujeito passivo) o cumprimento de determinada prestação. Corresponde a uma relação de natureza pessoal, de crédito e débito, de caráter transitório (extingue-se pelo cumprimento), cujo objeto consiste numa prestação economicamente aferível"[1].

É comum pensar que *obrigação* guarde relação apenas com a prestação do devedor (sujeito passivo). Assim não o é, contudo, eis que o conceito técnico-jurídico de obrigação se refere à relação completa, estabelecida entre credor e devedor, de forma que abrange tanto a prestação do credor quanto do devedor.

1.2. Elementos constitutivos

1.2.1. *Elemento subjetivo*

O elemento subjetivo representa os sujeitos da obrigação. Nesse caso, cabe a observação de que o elemento subjetivo é duplo, vez que há um sujeito ativo e um sujeito passivo.

1. *Direito Civil*. Vol. II, 3ª ed. São Paulo: Saraiva, 2011, p. 37.

O sujeito ativo é o credor ou beneficiário da obrigação, que tem a prerrogativa de exigir o cumprimento da obrigação.

O sujeito passivo é o que se compromete a cumprir a prestação, ou melhor, que assume o dever jurídico de cumprir a obrigação, razão pela qual é comumente chamado de devedor.

Uma leitura superficial poderia levar à ideia de que credor e devedor são figuras dispostas em posições antagônicas. Na maioria das vezes, entretanto, não são.

Isso porque a grande maioria das relações obrigacionais são constituídas de forma bilateral, de forma que as partes passam a ser credoras e devedoras entre si, como ocorre nos contratos de venda e compra. Nessa modalidade contratual, o comprador assume a característica de credor em relação à entrega da coisa e de devedor quanto ao pagamento do preço. O vendedor, por sua vez, assume a condição de credor em relação ao preço e de devedor quanto à entrega da coisa.

Por vezes, os sujeitos da obrigação não são prontamente determinados, mas a fonte de obrigação fornece elementos capazes de proceder à identificação.

É o que ocorre, por exemplo, com o prêmio da loteria, cujo vencedor só é conhecido posteriormente, quando apresenta o bilhete premiado. De igual maneira ocorre quando se promete uma recompensa a quem encontrar um animal perdido. Nesse caso, o beneficiário da recompensa, quando esta é feita, ainda não é conhecido, eis que sua identificação somente ocorre posteriormente.

O sujeito passivo também pode ser momentaneamente não identificável, como se dá nas obrigações *propter rem*, que são as que recaem sobre a pessoa em razão de um direito real. Assim, as despesas de condomínio e o IPTU de um imóvel recaem sobre o novo adquirente, que deverá adimpli-las.

Cabe ressaltar, por fim, que qualquer pessoa, seja capaz ou incapaz, natural ou jurídica, pode figurar como sujeito ativo da obrigação. Se for incapaz, deverá ser representado ou assistido conforme o caso.

1.2.2. *Elemento objetivo*

O elemento objetivo é o *conteúdo* ou *objeto* da obrigação.

A obrigação possui um objeto *imediato* e um *mediato*.

O objeto imediato é a *prestação*, que pode ser positiva ou negativa. Será positiva quando tiver como conteúdo a entrega de uma coisa, que poderá ser certa ou incerta, ou o cumprimento de determinada tarefa. Será negativa quando o conteúdo corresponder a uma abstenção.

As prestações, então, se revestirão sempre de alguma das seguintes formas: a) de *dar*; b) de *fazer* ou c) de *não fazer*.

Aqui cabe a observação. O objeto imediato, que é a prestação, não se confunde com o bem jurídico prometido, que representa o *objeto mediato*.

Assim, na compra e venda de veículo, o vendedor tem a obrigação de dar o veículo alienado. A obrigação de entregar constitui o objeto imediato e o veículo o objeto mediato. Dessa forma, não se pode confundir a prestação (dar, fazer ou não fazer), com a coisa material ou tarefa prometida.

A prestação deve seguir os requisitos de validade do negócio jurídico. Isso significa que a prestação deve ser lícita, possível, determinada ou determinável, como explicado em tópico próprio.

O objeto da obrigação deve ser, ainda, economicamente apreciável. Relações jurídicas que não possuam conteúdo patrimonial, como algumas relacionadas ao direito de família, estão fora do alcance do direito das obrigações.

1.2.3. *Vínculo jurídico*

O vínculo jurídico é o elo existente entre os sujeitos ativo e passivo. É o que impõe o dever ao devedor de cumprir a obrigação e possibilita ao credor exigir o cumprimento.

O vínculo jurídico pode ter origem em um contrato, em uma declaração unilateral de vontade ou no ato ilícito, como será visto a seguir.

A doutrina moderna sustenta que nosso ordenamento adotou a *teoria dualista* das obrigações. Dessa forma, o vínculo jurídico é composto de dois elementos, o *débito* e a *responsabilidade*.

O *débito* corresponde ao dever de consciência que a lei impõe ao devedor para que cumpra a obrigação no prazo e forma pactuados. A *responsabilidade* corresponde ao direito conferido ao credor de exigir judicialmente o adimplemento da obrigação, com total submissão do patrimônio do devedor.

O Código Civil não conceitua o vínculo jurídico, mas sua ideia está consubstanciada no art. 391, que diz que "pelo inadimplemento das obrigações respondem todos os bens do devedor". Trata-se da consagração do princípio da responsabilidade patrimonial do devedor.

Não obstante a importância do tema, fato é que a redação do citado art. 391 é merecedora de crítica, eis que existem alguns bens do devedor que, por expressa previsão legal, estão impedidos de sofrer qualquer ato de constrição.

Por essa razão, a doutrina sustenta que é melhor a redação constante do art. 789 do novo CPC), que diz que "o devedor responde com todos os seus bens presentes e futuros para o cumprimento de suas obrigações, salvo as restrições estabelecidas em lei". O referido texto, que também consagra o princípio da responsabilidade patrimonial do devedor, é mais exato, na medida em que afasta da responsabilidade os bens não passíveis de penhora. Cabe lembrar que os bens absolutamente impenhoráveis estão elencados no art. 833 do novo CPC.

1.3. As fontes obrigacionais no direito brasileiro

O Código Civil não estabelece expressamente quais são as fontes do direito obrigacional. Essa tarefa é feita pela doutrina e pela jurisprudência.

As obrigações surgem por manifestações bilaterais ou plurilaterais de vontade, que são representadas pelos contratos. Surgem, igualmente, por manifestações unilaterais de vontade, como ocorre com a promessa de recompensa. Surgem, ainda, pelos atos ilícitos, que representam a conduta culposa que viola a lei e causa prejuízo a outrem.

Algumas obrigações, contudo, surgem por expressa imposição da lei, como se dá, por exemplo, com a obrigação alimentar, imposta entre parentes, cônjuges e conviventes.

Isso significa que a lei é fonte primária da obrigação. Por vezes, como dito, a obrigação surge diretamente da lei, e quando isso ocorre, age esta como fonte *imediata*. Outras vezes, a obrigação surge de uma manifestação da vontade (bilateral ou unilateral) ou de um ato ilícito. Nesses casos, a lei dá amparo para que tais atos produzam seus respectivos efeitos. Quando isso ocorre, age a lei como fonte *mediata*.

2. CLASSIFICAÇÃO DAS OBRIGAÇÕES

2.1. Introdução

A classificação das obrigações tem o objetivo de esquematizar as diversas espécies de obrigações como forma de facilitar o estudo. Contudo, não há um consenso na doutrina acerca das classificações, de maneira que existem variações conforme o enfoque que se pretende analisar.

O Código Civil de 2002 não abrange todas as espécies de obrigações, tendo em vista que a doutrina aponta a existência de outras obrigações que não encontram disciplina na atual codificação. Nesta obra serão analisadas apenas as obrigações reguladas pelo Código Civil.

2.2. Classificação quanto ao conteúdo do objeto obrigacional

2.2.1. *Obrigação de dar*

A obrigação de dar consiste na entrega ou restituição de determinada coisa pelo devedor ao credor. Em um contrato de comodato há a obrigação de dar quando o comodatário restitui a coisa emprestada gratuitamente.

Os atos de entregar ou restituir configuram-se pela *tradição*. Essa tradição pode se configurar com a entrega de coisa certa ou incerta.

O Código Civil disciplina as obrigações de dar coisa certa nos arts. 233 a 242 e as obrigações de dar coisa incerta nos arts. 243 a 246.

2.2.1.1. *Obrigação de dar coisa certa*

Segundo Carlos Roberto Gonçalves, "coisa certa é coisa *individualizada*, que se distingue das demais por características próprias, móvel ou imóvel"[2].

Nessa forma de obrigação, cabe ao devedor entregar ou restituir ao credor a coisa devidamente individualizada, como ocorre nos contratos de comodato, locação e compra e venda.

Não obstante tratar-se de entrega de coisa determinada, o credor não possui qualquer direito real sobre o objeto da relação obrigacional, uma vez que o contrato transfere apenas direitos pessoais.

Em um contrato de compra e venda, cabe ao vendedor entregar a coisa e ao comprador pagar o preço. A transferência do domínio somente ocorrerá com a tradição (art. 1.226 CC/02), para os bens móveis, e o registro (art. 1.227 CC/02), para os bens imóveis.

Nesse exemplo, se o vendedor não entrega a coisa vendida, o comprador não se pode valer de ação reivindicatória, eis que o contrato firmado nunca lhe transferiu o domínio, mas apenas direitos pessoais.

O comprador poderá, conforme seu interesse, valer-se da ação de rescisão contratual cumulando perdas e danos ou promover a ação que visa à entrega de coisa, nos termos do art. 806 do novo CPC.

No entanto, se o devedor, antes da propositura da ação, aliena o mesmo bem a terceiro, não poderá o primeiro adquirente valer-se das medidas previstas no art. 806 do novo CPC, eis que, por se tratar de direitos pessoais, não possui efeitos *erga omnes* contra terceiros. Nesse caso, o primeiro comprador terá a sua disposição apenas a ação de rescisão contratual, com a qual poderá cumular o pedido de perdas e danos.

Tendo em vista que essa modalidade obrigacional visa à entrega ou à restituição de coisa certa, ou seja, individualizada, o credor não pode ser compelido a aceitar coisa diversa, ainda que mais valiosa.

Tal fato encontra fundamento no art. 313 do atual Código, que diz que "o credor não é obrigado a receber prestação diversa da que lhe é devida, ainda que mais valiosa".

Interpretando-se em sentido contrário, o texto legal também impede que o credor exija coisa diversa, ainda que menos valiosa. Como a obrigação visa à entrega ou à restituição de coisa individualizada, previamente convencionada, o credor não pode alterar o objeto da prestação e exigir coisa diversa que lhe seja preferível, ainda que menos valiosa.

---

2. *Direito Civil*. Vol. II, 3ª ed. São Paulo: Saraiva, 2011, p. 59.

A alteração do objeto obrigacional configura novação objetiva e só é admitida com o consentimento das partes do negócio, mediante a dação em pagamento (art. 356 CC/02).

Dispõe o **art. 233 que** "a obrigação de dar coisa certa abrange os acessórios dela embora não mencionados, salvo se o contrário resultar do título ou das circunstâncias do caso".

O citado dispositivo está em consonância com o princípio de que o acessório segue o principal. Como acessórios devem ser incluídos os frutos, os produtos e as benfeitorias.

No entanto, se, antes da tradição, a coisa se perder, ou seja, perecer, sem culpa do devedor, a obrigação será resolvida para ambas as partes, sem a incidência de perdas e danos. *Resolver* a obrigação significa recolocar as partes na situação em que estavam antes da celebração do negócio.

Frise-se que esta hipótese, prevista na primeira parte do art. 234 CC/02, só ocorre quando a coisa se perde sem a culpa do devedor, ou seja, quando a perda se dá em razão da ocorrência de caso fortuito e força maior.

Havendo culpa do devedor, vislumbrada em sentido amplo (dolo ou culpa em sentido estrito), responderá este pelo valor da obrigação acrescida de perdas e danos, conforme preceitua a segunda parte do art. 234 CC/02.

Segundo o **art. 235**, "deteriorada a coisa, não sendo o devedor culpado, poderá o credor resolver a obrigação, ou aceitar a coisa, abatido de seu preço o valor que perdeu".

O art. 235 se aplica quando a coisa certa a ser entregue se avaria ou se desvaloriza sem culpa do devedor.

Nesse caso, o credor tem à sua disposição duas opções:

a) Resolver a obrigação, restabelecendo-se as partes à situação em que estavam antes da obrigação, sem perdas e danos, eis que ausente o elemento culpa;

b) Aceitar a coisa deteriorada, com abatimento do preço, segundo o perecimento parcial da coisa.

O art. 236, por sua vez, prevê a hipótese de deterioração da coisa por culpa do devedor.

Nessa situação, o credor também terá duas opções:

a) Exigir o valor correspondente à obrigação, cumulando, se for o caso, perdas e danos;

b) Aceitar a coisa deteriorada no estado em que se encontre, cumulando, também se for o caso, perdas e danos.

Conforme leciona Carlos Roberto Gonçalves, "como no direito brasileiro o contrato, por si só, não transfere o domínio, mas apenas gera a obrigação de entregar a coisa alienada, enquanto não ocorrer a tradição, *na obrigação de entregar*, a coisa continuará a pertencer ao devedor"[3].

Esse é o preceito contido no **art. 237, que diz que** "até a tradição pertence ao devedor a coisa, com os seus melhoramentos e acrescidos, pelos quais poderá exigir aumento no preço; se o credor não anuir, poderá o devedor resolver a obrigação".

Observe que, valorizada a coisa, o devedor poderá exigir o aumento do preço, com vistas a manter o equilíbrio contratual e impedir o enriquecimento ilícito. Se o credor não concordar, o devedor poderá resolver a obrigação, sem perdas e danos, eis que não há culpa do credor.

O parágrafo único do art. 237 traz regra específica quanto aos frutos, prevendo que "os frutos percebidos são do devedor, cabendo ao credor os pendentes". Os frutos percebidos são do devedor, porque, até a tradição, a coisa lhe pertence. Os pendentes, contudo, são transmitidos com a coisa, passando a integrar o patrimônio do credor.

Na obrigação de *restituir* coisa certa, incumbe ao devedor devolver coisa que não lhe pertence, como ocorre nos contratos de comodato, locação e depósito.

Havendo o perecimento da coisa, antes da tradição e sem culpa do devedor, o prejuízo será suportado pelo credor, porquanto dono da coisa. Caberá ao credor apenas resolver a obrigação, ficando preservados seus direitos até o perecimento (art. 238 CC/02).

O ilustre Flávio Tartuce ilustra a questão, ensinando que "para concretizar a norma, imagine-se o caso de uma locação, em que há o dever de devolver o imóvel ao final do contrato. No caso de um incêndio causado por caso fortuito ou força maior e que destrói o apartamento, o locador (credor da coisa) não poderá pleitear um novo imóvel do locatário (devedor da coisa) que estava na posse do bem, ou o seu valor correspondente; mas terá direito aos aluguéis vencidos e não pagos até o evento danoso"[4].

No entanto, caso o perecimento da coisa ocorra por culpa do devedor, responderá este pela obrigação, acrescida de perdas e danos (art. 239 CC/02). Permanecendo no exemplo do incêndio, caso este seja provocado por culpa do devedor (locatário), responderá este pelo valor do imóvel, sem prejuízo de perdas e danos.

De igual sorte, havendo deterioração da coisa a ser restituída, sem culpa do devedor, receberá o credor a coisa no estado em que se encontre, sem incidência de perdas e danos (art. 240, primeira parte, CC/02). Havendo, contudo, desvalorização da coisa a ser restituída, por culpa do devedor, responderá este pelo valor equivalente à coisa, sem prejuízo de perdas e danos (art. 240, segunda parte, CC/02).

3. *Direito Civil*. Vol. II, 3ª ed. São Paulo: Saraiva, 2011, p. 64.
4. *Direito Civil*. Vol. 2, 6ª ed. São Paulo: Método, 2013, p. 49.

Cabe destacar que a doutrina tem admitido a aplicação do art. 236 do CC/02, que permite ao credor optar entre o recebimento da coisa deteriorada ou a indenização equivalente, nos casos de obrigação de restituir (art. 240 do CC/02).

Nesse sentido, o Enunciado 15 do Conselho da Justiça Federal, aprovado na I Jornada de Direito Civil, dispõe que "as disposições do art. 236 do novo Código Civil também são aplicáveis à hipótese do art. 240, *in fine*".

Finalizando o tema, dispõe o **art. 241 que** "se, no caso do art. 238, sobrevier melhoramento ou acréscimo à coisa, sem despesa ou trabalho do devedor, lucrará o credor, desobrigado de indenização".

Assim, com o intuito de evitar o enriquecimento ilícito, os melhoramentos advindos à coisa reverterão em proveito do credor, se não for utilizado trabalho ou recursos do devedor. É o caso, por exemplo, do quanto preconizado pelo **art. 629, segundo o qual "o** depositário é obrigado a ter na guarda e conservação da coisa depositada o cuidado e diligência que costuma com o que lhe pertence, bem como a restituí-la, **com todos os frutos e acrescidos, quando o exija o depositante"** (grifo nosso).

Se, contudo, os melhoramentos forem fruto de trabalho ou do emprego de recursos do devedor, a questão se resolverá segundo as regras relativas às benfeitorias realizadas pelo possuidor de boa-fé ou de má-fé (art. 242 CC/02), já abordadas nessa obra no título próprio.

2.2.1.2. *Obrigação de dar coisa incerta*

Dispõe o **art. 243 que** "a coisa incerta será indicada, ao menos, pelo gênero e pela quantidade".

Enquanto a coisa certa é individualiza, como, por exemplo, um veículo que pode ser identificado pela marca, modelo, cor, chassi etc., a "coisa incerta" tem como objeto coisa indeterminada, mas determinável pelo gênero e quantidade.

Carlos Roberto Gonçalves leciona que "é indispensável, portanto, nas obrigações de dar coisa incerta, a *indicação*, de que fala o texto. Se faltar também o gênero, ou a quantidade (qualquer desses elementos), a indeterminação será absoluta, e a avença, com tal objeto, não gerará obrigação. Não pode ser objeto de prestação, por exemplo, a de "entregar sacas de café", por faltar a quantidade, bem como a de entregar "dez sacas", por faltar o gênero"[5].

Nos termos do art. 244, a escolha da coisa incerta cabe ao devedor, se não houver estipulação em contrário. O ato de escolha ou de determinação da coisa, recebe o nome de *concentração* e constitui um ato jurídico unilateral.

Segundo o mesmo dispositivo, não pode o devedor selecionar a coisa pior, mas também não pode ser compelido a entregar a melhor. Trata-se da consagração do

5. *Direito Civil*. Vol. II, 3ª ed. São Paulo: Saraiva, 2011, p. 77.

princípio da equivalência das prestações e do princípio que impede o enriquecimento sem causa. Isso porque a escolha do objeto deve recair sobre coisa intermediária.

Embora o art. 244 trace as regras de indicação da coisa pelo devedor, a doutrina moderna, fundamentada no princípio da isonomia e da boa-fé objetiva, defende que tais regras são aplicáveis, também, quando a escolha competir ao credor. Assim, o credor não poderá selecionar a coisa mais valiosa, nem será obrigado a escolher a menos valiosa.

Após o ato de concentração, e tendo sido cientificado o credor, o art. 245 determina que sejam aplicadas as regras relativas à obrigação de dar coisa certa.

Estabelece o **art. 246 que** "antes da escolha, não poderá o devedor alegar perda ou deterioração da coisa, ainda que por força maior ou caso fortuito".

Há que se distinguir os efeitos da obrigação de dar coisa incerta em dois momentos distintos, isto é, antes da escolha e depois da escolha.

Na realidade, a expressão "antes da escolha", constante do art. 246, tem recebido inúmeras críticas da doutrina, porque não basta que o devedor selecione ou separe o objeto da obrigação. É necessário que, após a escolha, o devedor, para ficar exonerado da obrigação, pratique um ato positivo de colocar o objeto à disposição do credor. Esse ato positivo é representado pela ciência ao credor, indicada no art. 245 do Código.

Pois bem. Uma vez superada tal observação, cabe retomar que, antes da escolha, não ocorrerá o perecimento ou desvalorização da coisa, ainda que por caso fortuito ou força maior, tendo em vista que o gênero jamais perece.

Com efeito, antes do ato de concentração, o objeto permanece indeterminado, cabendo a identificação apenas pela quantidade e gênero. Quem assume a obrigação de entregar dez sacas de soja, continuará obrigado à prestação mesmo que pereçam todas as suas sacas de soja, pois o devedor pode adquiri-las de terceiros. Assim, antes da escolha, o devedor não poderá justificar o inadimplemento nem mesmo invocando causas excludentes da responsabilidade civil, como o caso fortuito e força maior.

Após a individualização da coisa, quando a obrigação passará a ser de dar coisa certa, as questões relativas ao perecimento e deterioração serão solucionadas pelas regras referentes a essa modalidade, segundo a disposição dos arts. 233 a 242 do atual Código Civil.

2.2.2. *Obrigação de fazer*

Para Flávio Tartuce, "a obrigação de fazer (*obligatio ad faciendum*) pode ser conceituada como uma obrigação positiva cuja prestação consiste no cumprimento de uma tarefa ou atribuição por parte do devedor"[6].

6. *Direito Civil*. Vol. 2, 6ª ed. São Paulo: Método, 2013, p. 57.

A análise do referido conceito poderia levar a conclusão de que existe uma aparente confusão entre as obrigações de dar e de fazer. Essa suposta confusão se dá, porque, no final das contas, *dar* ou *entregar* algo corresponde a *fazer* algo.

Cabe acrescentar, contudo, que tal confusão não existe.

A doutrina moderna aponta várias distinções entre essas duas espécies de obrigações. Uma delas é que, nas obrigações de dar, o interesse do credor recai sobre o objeto da prestação, pouco importando as características pessoais do devedor. Nas obrigações de fazer, entretanto, sobretudo nas obrigações infungíveis, as qualidades do devedor são indispensáveis.

A diferença mais relevante é apontada por Washington de Barros Monteiro, citado por Carlos Roberto Gonçalves. Segundo ele o "*substractum* da diferenciação está em verificar se o *dar* ou o *entregar* é ou não consequência do *fazer*. Assim, se o devedor tem de dar ou de entregar alguma coisa, não tendo, porém, de fazê-la previamente, a obrigação é de dar; todavia, se, primeiramente, tem ele de confeccionar a coisa para depois entregá-la, se tem ele de realizar algum ato, do qual será mero corolário o de dar, tecnicamente a obrigação é de fazer"[7].

Como exemplo, pode ser citada uma obrigação que recaia sobre uma escultura. Se a escultura ainda não existe e o devedor deve confeccioná-la, a obrigação será de fazer. Se, contudo, a escultura já existe, a obrigação será de dar.

A obrigação de fazer pode ser:

a) *Fungível*: que é aquela que pode ser cumprida por outra pessoa, por não exigir qualidades ou atribuições especiais. Nesse caso, as despesas relativas ao cumprimento da obrigação correrão por conta do devedor, segundo o que dispõem os arts. 816 e 817, ambos do Código de Processo Civil. É o caso, por exemplo, de um pedreiro contratado para levantar um muro. Não o fazendo, o credor poderá promover a execução por terceiro;

b) *Infungível*: que é a prestação que deve ser cumprida pessoalmente pelo devedor, por exigir qualidades especiais que só o devedor tem. Por isso se diz que a obrigação de fazer infungível é *intuito personae*. A prestação infungível pode ter origem na vontade das partes ou pela natureza da prestação. Em qualquer desses casos, o devedor só se eximirá da obrigação se a cumprir pessoalmente, como ocorre, por exemplo, com um famoso cirurgião plástico contratado para realizar uma cirurgia estética.

Os arts. 247 a 249 do Código Civil de 2002 regulam o inadimplemento das obrigações de fazer, seja por recusa do devedor, seja porque a prestação tornou-se impossível pela culpa ou não do devedor.

Dispõe o art. 247 que "incorre na obrigação de indenizar perdas e danos o devedor que recusar a prestação a ele só imposta, ou só por ele exequível".

---

7. *Direito Civil*. Vol. II, 3ª ed. São Paulo: Saraiva, 2011, p. 85.

O texto trata da *recusa* do devedor no cumprimento da obrigação de fazer infungível, disciplinando que a recusa resolve-se em perdas e danos, porque configura culpa. Nesse caso, efetivamente, não há como compelir o devedor a cumprir a obrigação. No entanto, o credor pode promover a execução específica, constante do art. 497 do Código de Processo Civil, que visam, de forma indireta e através da imposição de multa diária, obrigar o devedor a adimplir o que se obrigou.

Nos termos do **art. 248**, "se a prestação do fato tornar-se impossível sem culpa do devedor, resolver-se-á a obrigação; se por culpa dele, responderá por perdas e danos".

Há, portanto, duas previsões. A primeira é que o cumprimento da prestação tornou-se impossível sem culpa do devedor. Nesse caso, a obrigação será resolvida, sem a imposição de perdas e danos, porque o devedor não pode cumprir algo que é impossível.

A segunda é que o cumprimento da prestação tornou-se impossível por culpa do devedor. Nessa situação, a impossibilidade é criada pelo devedor, de forma que este passa a responder pelos prejuízos suportados pelo credor (perdas e danos).

Exemplificando, se um cantor famoso, às vésperas da apresentação contratada, é acometido por uma doença que lhe retira a voz, ficará liberado da obrigação porque a impossibilidade surgiu de eventos imprevisíveis e inevitáveis. Restará, contudo, o dever de restituir eventuais quantias adiantadas. No entanto, se na véspera da apresentação, o mesmo cantor viajar para local distante, ficará obrigado a indenizar o credor, porque a impossibilidade foi criada por culpa do devedor.

O **art. 249 trata da obrigação de fazer fungível ao dispor que** "se o fato puder ser executado por terceiro, será livre ao credor mandá-lo executar à custa do devedor, havendo recusa ou mora deste, sem prejuízo da indenização cabível".

Como vimos, na obrigação de fazer fungível o que interessa ao credor é, propriamente, a realização do ato do ato em si, pouco importando a pessoa que o realizará.

Nesse caso, o credor poderá providenciar que terceiro execute a tarefa, imputando as despesas ao devedor, sem prejuízo da indenização pelos prejuízos que suportar.

Muitas vezes, contudo, a demora de um provimento jurisdicional pode colocar em risco o direito tutelado.

Com isso em vista, o parágrafo único do art. 249 dispõe que "em caso de urgência, pode o credor, independentemente de autorização judicial, executar ou mandar executar o fato, sendo depois ressarcido".

Assim, se, por exemplo, em um contrato de locação de imóvel, o locador se comprometer a consertar as telhas quebradas do telhado, porquanto em época de chuvas, e não o fizer, poderá o credor promover a execução por terceiro e depois pleitear o ressarcimento.

O procedimento para a execução de obrigação de fazer fungível está previsto nos arts. 634 a 637 do Código de Processo Civil.

2.2.3. *Obrigação de não fazer*

A obrigação de não fazer tem como objeto uma abstenção por parte do devedor. Por tal razão, a doutrina aponta que enquanto a obrigação de fazer é uma prestação de fato *positiva*, a obrigação de não fazer é uma prestação de fato *negativa*.

O devedor, por disposição legal ou contratual, fica impedido de realizar um ato que normalmente seria lícito e poderia realizar.

A obrigação de não fazer pode ter origem legal, como a que ocorre com as hipóteses previstas nos arts. 1.301 e 1.303, ambos do Código Civil, ou convencional, como se dá, por exemplo, nos contratos de confidencialidade e não divulgação de informações tecnológicas e segredos industriais.

A obrigação de não fazer quase sempre é infungível, porquanto personalíssima, e predominantemente indivisível pela sua natureza, como preceitua o art. 258 do CC/02[8].

Por força do art. 390 CC/02, o descumprimento da obrigação de não fazer ocorre quando o devedor pratica o ato de que devia se abster.

A obrigação será extinta se o cumprimento da prestação tornar-se impossível sem culpa do devedor, como preceitua o art. 250 do CC/02. Nesse caso, a obrigação será resolvida, sem a incidência de qualquer indenização.

No entanto, dispõe o **art. 251 que** "praticado pelo devedor o ato, a cuja abstenção se obrigara, o credor pode exigir dele que o desfaça, sob pena de se desfazer à sua custa, ressarcindo o culpado perdas e danos".

O referido texto legal afirma que, nas obrigações de não fazer, o inadimplemento ocorre com a prática do ato. Segundo o mesmo dispositivo, o credor pode exigir que o devedor o desfaça pessoalmente, ou poderá requerer judicialmente que o ato seja desfeito por terceiros. Em ambos os casos, o devedor responderá por perdas e danos como consequência do inadimplemento. No entanto, dadas as particularidades do caso, é possível que o credor pleiteie apenas as perdas e danos, vez que, muitas vezes, é impossível que o devedor desfaça o ato, como ocorre, por exemplo, na divulgação de segredos industriais e de tecnologia.

O **parágrafo único do art. 251 estabelece que** "em caso de urgência, poderá o credor desfazer ou mandar desfazer, independentemente de autorização judicial, sem prejuízo do ressarcimento devido".

Trata-se de dispositivo semelhante ao constante do parágrafo único do art. 249, já comentado, ao qual nos remetemos.

8. TARTUCE, Flávio. *Direito Civil*. Vol. 2, 6ª ed. São Paulo: Método, 2013, p. 65.

2.3. Classificação quanto à presença de elementos obrigacionais

2.3.1. *Obrigações solidárias*

2.3.1.1. *Regras gerais*

O estudo das obrigações solidárias é de extrema importância dada a sua utilidade prática que visa facilitar o cumprimento da obrigação.

Esclarece o **art. 264 que "h**á solidariedade, quando na mesma obrigação concorre mais de um credor, ou mais de um devedor, cada um com direito, ou obrigado, à dívida toda".

A obrigação solidária tem como característica principal a pluralidade de sujeitos, que podem exigir ou responder pela totalidade da prestação. Segundo Silvio de Salvo Venosa, "a obrigação é solidária quando a totalidade de seu objeto pode ser reclamada por qualquer dos credores ou qualquer dos devedores"[9].

Então, a solidariedade pode ser ativa, quando há pluralidade de credores, passiva, quando há pluralidade de devedores, ou, ainda, ambas, quando houver pluralidade de credores e devedores simultaneamente.

Isso significa que na solidariedade ativa, para efeitos obrigacionais, todos os credores são vistos como um único credor, de forma que um credor solidário pode exigir o cumprimento da obrigação por inteiro.

De igual sorte, na solidariedade passiva, todos os devedores, para efeitos obrigacionais, são vistos como um único devedor, de maneira um devedor solidário pode ser compelido a cumprir integralmente a obrigação.

Dispõe o **art. 265 que** "a solidariedade não se presume; resulta da lei ou da vontade das partes".

O referido dispositivo consagra o princípio da inexistência de solidariedade presumida. Só há solidariedade por disposição legal ou contratual, porque a solidariedade significa, em princípio, um aumento ou agravamento da responsabilidade do devedor.

Como exemplo de solidariedade derivada da lei pode ser citado o art. 942, parágrafo único, do Código Civil, que estabelece a responsabilidade solidária das pessoas elencadas no art. 932, ou seja, pais e filhos, patrões e empregados etc. Isso significa que a vítima pode, a seu absoluto critério, acionar judicialmente qualquer deles ou todos, seja o pai, o filho ou ambos.

Como exemplo de solidariedade derivada do contrato pode ser citado o contrato de locação, que prevê, expressamente, a solidariedade entre locatário e fiador. A responsabilidade entre eles, em regra, é subsidiária, porque o fiador tem à sua

9. *Direito Civil*. Vol. 2, 4ª ed. São Paulo: Atlas, 2004, p. 130.

disposição o benefício de ordem previsto no art. 827 do Código Civil. No entanto, na prática, a solidariedade entre locatário e fiador é inserida em cláusula expressa nos contratos de locação.

O art. 266 consagra o princípio de que a solidariedade pode ser de modalidade diferente para um ou alguns codevedores ou cocredores. Veja o citado dispositivo:

> **Art. 266** A obrigação solidária pode ser pura e simples para um dos cocredores ou codevedores, e condicional, ou a prazo, ou pagável em lugar diferente, para o outro.

O art. 266 estabelece que, vislumbrada a pluralidade de sujeitos, podem eles ser obrigados de forma diversa sem que isso traga prejuízo à solidariedade. Em outras palavras, a solidariedade admite multiplicidade de vínculos obrigacionais distintos.

Assim, admite-se que a obrigação seja pura e simples para alguns codevedores ou cocredores e condicional para outros. Admite-se, ainda, que o local de pagamento seja diverso para os codevedores.

Havendo, por exemplo, solidariedade passiva em que há uma obrigação pura e simples para um codevedor e condicional para outro, poderá o credor exigir o adimplemento integral da obrigação do codevedor cuja obrigação é pura e simples, vez que não há óbice para o cumprimento da prestação. Eventual direito de regresso do codevedor que cumpriu a prestação somente pode ser utilizado após a ocorrência do evento futuro e incerto, que obriga o codevedor condicional.

2.3.1.2. *Da obrigação solidária ativa*

A solidariedade ativa está disciplinada nos arts. 267 a 274 do atual Código Civil.

Dispõe o **art. 267 que** "cada um dos credores solidários tem direito a exigir do devedor o cumprimento da prestação por inteiro".

> "Na solidariedade ativa concorrem, assim, dois ou mais credores, podendo qualquer deles receber integralmente a prestação devida. O devedor libera-se pagando a qualquer dos credores, que, por sua vez, pagará aos demais a quota de cada um"[10].

Imagine, por exemplo, que uma pessoa pretenda alugar um imóvel que tenha oito proprietários condôminos. Sem a solidariedade ativa, o devedor/locatário, para se eximir do aluguel, deverá rateá-lo em oito partes e pagar cada quota ao respectivo credor/locador. O devedor/locatário, na realidade, estará obrigado a fazer oito pagamentos pelo aluguel de um imóvel. No entanto, com a solidariedade ativa consubstanciada no contrato, todos os credores/locadores serão vistos como um único credor, de forma que o devedor, pagando a totalidade do aluguel a um deles, estará pagando bem e se eximirá da obrigação (art. 268 CC/02). Caberá ao credor que recebeu, posteriormente, fazer o rateio aos demais (art. 272 do CC/02).

---

10. GONÇALVES, Carlos Roberto. *Direito Civil*. Vol. II, 3ª ed. São Paulo: Saraiva, 2011, p. 138.

Parte da doutrina critica a solidariedade ativa argumentando que, nessa modalidade, os cocredores ficam reféns uns dos outros. Assim, no exemplo citado, se um dos cocredores perder a confiança no credor eleito para receber o aluguel, não terá ele qualquer medida unilateral para revogar a solidariedade criada. Tal revogação só é possível pela decisão unânime dos cocredores. Embora exista o inconveniente citado, a solidariedade ativa traz comodidade ao devedor.

De igual sorte, nos termos do art. 267, cada um dos credores solidários pode exigir o cumprimento integral da obrigação. Isso indica que o devedor não se libera da obrigação entregando ao cocredor exigente apenas a quota parte que cabe a este, vez que, neste caso, deve adimplir integralmente a prestação. Assim ocorre com as contas bancárias conjuntas, nas quais cada correntista (credor) pode movimentar e sacar todo o dinheiro depositado, não podendo o banco (devedor) recusar o saque, diante da solidariedade ativa entre os correntistas.

Segundo o **art. 270**, "se um dos credores solidários falecer deixando herdeiros, cada um destes só terá direito a exigir e receber a quota do crédito que corresponder ao seu quinhão hereditário, salvo se a obrigação for indivisível".

O dispositivo consagra o princípio da *refração do crédito*, que serve para distinguir a solidariedade da indivisibilidade. Dessa forma, em princípio, os herdeiros do credor falecido não poderão exigir o cumprimento integral da obrigação, uma vez que os herdeiros sucedem por quinhão, ou seja, os direitos passam a ser transmitidos de forma conjunta a todos os herdeiros e não a apenas um deles, isoladamente. Caberá aos herdeiros exigir, tão somente, a parte devida a cada um.

Exemplificando, caso o credor falecido tenha um crédito de vinte mil reais, cada um de seus quatro herdeiros poderá demanda contra o devedor e exigir apenas o valor de cinco mil reais, que representa o quinhão de cada herdeiro.

Os herdeiros do credor falecido somente poderão demandar pelo cumprimento integral da obrigação, quando: a) houver um único herdeiro, ocasião em que assumirá a posição e condição do credor falecido; b) todos os herdeiros atuarem conjuntamente; e c) a obrigação for indivisível, porque, nesse caso, a prestação não pode ser partilhada.

Ainda que a obrigação seja convertida em perdas e danos, subsiste aos credores solidários o direito de exigir o pagamento integral da indenização fixada (art. 271 CC/02).

Nos termos do **art. 273**, "a um dos credores solidários não pode o devedor opor as exceções pessoais oponíveis aos outros".

Isso significa que o devedor não pode defender-se de um credor solidário utilizando-se de matéria de defesa que tem contra outro credor solidário.

> "Para ilustrar, se o devedor foi coagido por um credor solidário a celebrar determinado negócio jurídico, a anulabilidade do negócio

somente poderá ser oposta em relação a esse credor, não em relação aos demais credores, que nada têm a ver com a coação exercida"[11].

Geralmente, as exceções de que trata o art. 273 são os vícios de consentimento, inadimplemento de condição e incapacidade jurídica.

Encerrando o presente estudo, o **art. 274** preleciona que "o julgamento contrário a um dos credores solidários não atinge os demais; mas o julgamento favorável aproveita-lhes, sem prejuízo de exceção pessoal que o devedor tenha direito de invocar em relação a qualquer deles".

O texto representa uma novidade na atual codificação.

A primeira parte do dispositivo é evidente, porque, primeiro, a solidariedade é caracterizada pela multiplicidade de vínculos obrigacionais e, segundo, porque dispor de forma contrária seria permitir que a coisa julgada atingisse quem não é parte no processo (terceiros), o que não é admitido pela sistemática processual (art. 506 do novo CPC).

A segunda parte, por sua vez, também traz importante preceito, porque a solidariedade objetiva unificar as múltiplas pessoas. "Embora se tenha, na solidariedade, mais de um credor, qualquer deles representa a totalidade ativa"[12].

Não obstante, o pagamento feito ao credor solidário demandante terá efeito liberatório ao devedor, eis que o recebimento do direito pelo demandante extingue o direito dos demais, que terão ação contra o credor que recebeu a prestação.

2.3.1.3. *Da obrigação solidária passiva*

Na solidariedade passiva, "cada devedor está obrigado à prestação na sua integralidade, como se tivesse contraído sozinho o débito. Assim, na solidariedade passiva unificam-se os devedores, possibilitando ao credor, para maior segurança do crédito, exigir e receber de qualquer deles o adimplemento, parcial ou total, da dívida comum"[13].

A solidariedade passiva tem como pilares os princípios da *unidade de dívida* e da *pluralidade de vínculos*. É caracterizada pelo fato de o credor poder exigir o cumprimento parcial ou total da obrigação de um ou de todos os devedores comuns (CC/02, art. 275, primeira parte). Caso haja o pagamento parcial por um deles, todos os demais devedores continuam obrigados a responder pelo restante (CC/02, art. 275, segunda parte). Não configura renúncia à solidariedade o fato de o credor acionar apenas um ou alguns dos codevedores e deles receber apenas parte da dívida (CC/02, art. 275, parágrafo único).

Na solidariedade passiva, as relações jurídicas devem ser analisadas sob dois aspectos: a) o externo, que disciplina a relação dos devedores perante o credor; e o b) interno, que regula a relação dos devedores entre si.

---

11. TARTUCE, Flávio. *Direito Civil*. Vol. 2, 6ª ed. São Paulo: Método, 2013, p. 78/79.
12. GONÇALVES, Carlos Roberto. *Direito Civil*. Vol. II, 3ª ed. São Paulo: Saraiva, 2011, p. 147.
13. DINIZ, Maria Helena. *Curso de Direito Civil Brasileiro*. 28ª ed., v. 2. São Paulo: Saraiva, p. 197/198.

No aspecto externo, perante o credor, todos os codevedores são vistos como um único devedor, obrigando-se cada um, isoladamente, pela integralidade da dívida comum (art. 275 CC/02). Isso significa que o credor tem a liberdade de acionar todos os codevedores conjuntamente, ou, simplesmente, optar por receber a prestação do codevedor que possui maior patrimônio. Observe que não é necessário que o credor litigue, necessariamente, contra todos. Na solidariedade passiva, o credor é livre para litigar contra um ou todos os codevedores.

No aspecto interno, todos os codevedores são responsáveis uns em relação aos outros, pois as obrigações de cada um são individuais e autônomas. Dessa maneira, o codevedor que for compelido a cumprir integralmente a obrigação poderá acionar regressivamente os demais codevedores, segundo a proporção de cada um.

Tome-se como exemplo um contrato de empréstimo em que o credor tem o direito de receber quinze mil reais de três devedores solidários. Nos termos do art. 275 do CC/02, poderá o credor exigir o pagamento integral de um, de dois ou dos três codevedores (aspecto externo), porque cada um deles é visto como um único devedor. No entanto, se apenas um codevedor for compelido a pagar a dívida toda, poderá acionar regressivamente os outros dois para receber, de cada um, a quantia de cinco mil reais (aspecto interno).

Segundo o **art. 276**, "se um dos devedores solidários falecer deixando herdeiros, nenhum destes será obrigado a pagar senão a quota que corresponder ao seu quinhão hereditário, salvo se a obrigação for indivisível; mas todos reunidos serão considerados como um devedor solidário em relação aos demais devedores".

Com a morte de um dos devedores solidários, cessa a solidariedade em relação aos sucessores. O dispositivo está em perfeita consonância com o art. 1.792, primeira parte, do atual Código, que consagra que cada herdeiro somente responde pelas dívidas do *de cujus* segundo as forças da herança, salvo se a obrigação for indivisível. Está em consonância, também, com o art. 270 do CC/02, já estudado.

Conforme o exemplo citado, imagine o contrato de empréstimo com uma dívida de quinze mil reais assumida por três devedores solidários. Havendo a morte de um dos codevedores e deixando ele cinco herdeiros, cada herdeiro será responsabilizado apenas pelo valor de mil reais, pois, com a morte, a solidariedade cessa em relação aos herdeiros. Cabe acrescentar, ainda, que os herdeiros do *de cujus* somente poderão ser responsabilizados pelos mil reais se receberem herança em valor igual ou superior, conforme interpretação conjugada nos arts. 276 e 1.792, primeira parte, ambos do CC/02.

Solução diferente só é possível se a obrigação for indivisível, caso em que cada sucessor ou codevedor será obrigado pela dívida toda, uma vez que o objeto da obrigação não comporta fracionamento.

Nos termos do **art. 278**, "qualquer cláusula, condição ou obrigação adicional, estipulada entre um dos devedores solidários e o credor, não poderá agravar a posição dos outros sem consentimento destes".

O texto consagra o princípio da representação mútua entre os codevedores, com a presunção de que, diante da pluralidade de vínculos, cada codevedor é representante de todos e de cada um.

Tal representação, evidentemente, possui limites. Um codevedor não poderá agravar a situação dos outros, porque ninguém poderá ser compelido a cumprir prestação a que não consentiu. Isso é o que dispõe o art. 278.

Interpretando o art. 278, conclui-se que os atos praticados por um dos codevedores que visam desonerar ou extinguir a obrigação beneficiam os demais codevedores. Veja que o art. 278 impede que um codevedor *agrave* a posição dos demais, não havendo qualquer vedação a que ele *melhore* a posição dos demais.

Dessa forma, um codevedor que, à revelia dos demais, pactua com o credor taxa de juros mais elevada, trará sobre si o dever de suportar os efeitos de tal pacto. Os demais codevedores que não consentiram não serão obrigados a adimplir a nova situação criada pela vontade única do codevedor. No entanto, se um codevedor for bem-sucedido em negociar taxa de juros menores ou um abatimento na dívida, tais situações beneficiarão a todos os codevedores.

Os arts. 279 e 280 do atual Código Civil contêm disposições importantes, que possuem algumas semelhanças.

Segundo o art. 279, todos os codevedores continuarão responsáveis pelo cumprimento da obrigação, ainda que esta se torne impossível por culpa de um deles. No entanto, as perdas e danos somente serão suportados pelo devedor solidário que deu causa.

Observe que o texto fala em culpa, que, no caso, deve ser entendida em seu sentido amplo (dolo e culpa). Caso a obrigação se torne impossível em razão de caso fortuito ou força maior, estará, em princípio, livre o devedor, segundo disposto no art. 393 do Código.

De igual sorte, o art. 280 dispõe que, perante o credor, todos os codevedores são responsáveis pelo pagamento dos juros de mora, que incidem pelo atraso no cumprimento da prestação. Contudo, nas relações entre os codevedores, tais juros serão suportados por aquele que deu causa à mora.

O art. 282 possibilita ao credor renunciar a solidariedade, parcial ou totalmente. Não se trata de renúncia ao objeto da prestação, mas à pluralidade de vínculos existentes entre os devedores.

O parágrafo único do mesmo artigo estabelece que, em caso de renúncia parcial, feita em relação a um ou mais devedores, a solidariedade persistirá em relação aos demais.

O ilustre Flávio Tartuce exemplifica que "se *A* é o credor de uma dívida de R$ 30.000,00, havendo três devedores solidários, *B*, *C* e *D*, e renuncia à solidariedade em relação à *B*, este estará exonerado da solidariedade, mas continua sendo responsável por R$ 10.000,00. Quanto aos demais devedores, por óbvio, continuam respondendo solidariamente pela dívida"[14].

Finalmente, o art. 282 consagra o direito de regresso ao devedor solidário que cumpriu integralmente a obrigação. Poderá ele exigir a quota devida a cada um dos codevedores.

O direito de regresso consagrado pelo dispositivo é reflexo da sub-rogação legal, prevista no art. 346, III do Código Civil. Para o exercício do direito de regresso, estabelecido no art. 282, é necessário que o devedor solidário tenha pago a dívida por inteiro.

2.4. Classificação quanto à divisibilidade do objeto obrigacional

Essa classificação leva em consideração o objeto obrigacional, perquirindo se admite ou não fracionamento. A doutrina aponta que tal classificação só tem relevância quando existe pluralidade de sujeitos, sejam credores ou devedores. Havendo apenas um credor e um devedor, a obrigação será única e simples.

Assim, quanto à divisibilidade do objeto, as obrigações poderão ser:

a) *Divisíveis*: quando tem por objeto uma coisa ou fato que admite fracionamento;

b) *Indivisíveis*: quando tem por objeto uma coisa ou fato não suscetíveis de divisão.

A doutrina dominante sugere que os conceitos de obrigação divisível e indivisível estão relacionados com as noções de bem divisível e indivisível (arts. 87 e 88 do CC/02).

Nas obrigações divisíveis, ocorre um rateio na obrigação, que se fraciona originando obrigações distintas segundo a quantidade de pessoas envolvidas. Dessa forma, nos termos do art. 257 do Código, cada credor só pode exigir a sua quota e cada devedor só responde por sua parte.

Dessa forma, se três credores possuem um crédito de R$ 30.000,00 em relação a um devedor, este, para se eximir da obrigação, deverá pagar a quantia de R$ 10.000,00 a cada um deles, vez que o cumprimento comporta divisão. Em caso de inadimplemento, cada credor poderá exigir apenas o valor de sua quota.

Esse rateio, contudo, é afastado em duas situações excepcionais: a) a da solidariedade, já estudada; e b) da indivisibilidade, que será analisada a seguir.

Segundo o **art. 258**, "a obrigação é indivisível quando a prestação tem por objeto uma coisa ou um fato não suscetível de divisão, por sua natureza, por motivo de ordem econômica, ou dada a razão determinante do negócio jurídico".

14. *Direito Civil*. Vol. 2, 6ª ed. São Paulo: Método, 2013, p. 85.

Assim como ocorre com os bens indivisíveis, estudados no capítulo III, a indivisibilidade pode ser:

a) *Natural*, quando resulta do próprio objeto da prestação, que não admite fracionamento. É indivisível, portanto, a obrigação de entregar um animal, porque este não pode ser entregue em partes;

b) *Legal*, quando a indivisibilidade decorre da lei. Muitas vezes, a lei tem o interesse público ou social de manter certas coisas como indivisíveis, como sucede com a servidão, o penhor e a hipoteca.

c) *Convencional*, quando resulta da vontade das partes. Nesse caso, a obrigação, originariamente divisível, torna-se indivisível pelo desejo das partes, cuja convenção afasta o cumprimento fracionado.

Em se tratando de obrigações indivisíveis, quando houver pluralidade de devedores, cada um será obrigado pela dívida toda, conforme preceitua o *caput* do art. 259 do CC/02.

A obrigatoriedade no cumprimento integral da prestação, consubstanciada pelo art. 259, tem origem na indivisibilidade do objeto, que, frise-se, pode ser natural, legal ou convencional. Assim, um dos devedores estará impossibilitado de cumprir apenas a parte que lhe cabe, porque a coisa é indivisível.

A diferença substancial entre a obrigação indivisível e a solidária é exatamente a origem, pois enquanto a primeira deriva na indivisibilidade do objeto, a segunda tem origem na lei ou no contrato. E mais, o dever de adimplir a dívida toda, no caso do art. 259, desaparece caso a obrigação indivisível seja convertida em perdas e danos (art. 263 CC/02). Nessa hipótese, a obrigação tornar-se-á divisível, respondendo cada devedor por sua parte.

Segundo o parágrafo único do art. 259, o devedor que pagar toda a dívida se sub-rogará no direito do credor em relação aos outros devedores. Trata-se de corolário do art. 346, III do CC/02.

Quando houver, nas obrigações indivisíveis, pluralidade de credores, cada um deles poderá exigir o cumprimento integral, pois, como visto, o objeto da prestação não comporta fracionamento (art. 260, primeira parte do CC/02). Assim, o credor que pretende o cumprimento da obrigação, não fica refém do cocredor que permanece inerte.

Contudo, em tais situações, o devedor somente se exime da obrigação pagando: a) a todos os credores conjuntamente (art. 260, I do CC/02), ocasião em que o devedor deverá chamar todos os credores no momento de adimplir a obrigação; ou b) a um dos credores, exigindo deste caução de ratificação dos outros credores (art. 260, II do CC/02). Caso o credor não forneça a caução, o devedor deverá constituir todos os credores em mora em depositar em juízo a coisa que representa o objeto da prestação.

Dispõe o **art. 261 que** "se um só dos credores receber a prestação por inteiro, a cada um dos outros assistirá o direito de exigir dele em dinheiro a parte que lhe caiba no total".

O dispositivo impede o enriquecimento ilícito do credor que recebeu além de sua quota, o qual deverá restituir as quotas dos demais credores em dinheiro. A solução do art. 261 representa uma regra geral, devendo ser aplicada quando não há estipulação em contrário firmada pelos credores.

De igual sorte, o perdão, a transação, a novação ou a compensação efetuados por um dos credores para com o devedor, terão efeitos somente em relação à quota desse credor, porque configuram, de alguma forma, atos de disposição patrimonial. Persistirá a obrigação, contudo, para com os outros credores, que poderão exigir a prestação, descontada a parte do credor responsável pelo perdão, transação, novação ou compensação (art. 262 CC/02). A mesma solução será dada nos casos em que houver *confusão* entre credor e devedor.

2.5. Classificação quanto ao modo de execução

2.5.1. *Das obrigações alternativas*

Para a professora Maria Helena Diniz, "a obrigação alternativa ou disjuntiva é a que contém duas ou mais prestações com objetos distintos, da qual o devedor se libera com o cumprimento de uma só delas, mediante escolha sua ou do credor"[15].

Nas obrigações alternativas existem duas ou mais prestações, mas o devedor dela se exonera cumprindo apenas uma. Há, pois, múltiplas prestações e liberação pelo cumprimento de apenas uma, pois o credor se satisfaz com qualquer delas.

Carlos Roberto Gonçalves, citando Carlos Alberto Bittar, esclarece que "trata-se, pois, de obrigação única, com prestações várias, realizando-se, pela escolha, com força retroativa, a concentração numa delas e a consequente exigibilidade, como se fosse simples desde a sua constituição"[16].

Essa modalidade obrigacional possui enorme relevância prática, porque permite que o devedor possa adimplir a obrigação cumprindo qualquer uma das prestações convencionadas, sendo que qualquer delas satisfaz os almejos do credor.

A título de ilustração, tome-se como exemplo um contrato de locação de veículo, no qual o locatário assume a obrigação de, em caso de acidente, dar um novo veículo *ou* de reparar os danos ocasionados. Observe, nesse caso, que as prestações estão unidas pela disjuntiva "ou", sendo certo que o devedor fica livre da obrigação cumprindo qualquer uma delas.

15. *Curso de Direito Civil Brasileiro*. 28ª ed., v. 2. São Paulo: Saraiva, 2013, p. 142.
16. *Direito Civil*. Vol. II, 3ª ed. São Paulo: Saraiva, 2011, p. 99.

A individualização da prestação depende de um ato de escolha (concentração). No silêncio, a escolha compete ao devedor, mas as partes podem convencionar de forma diversa, estipulando que a escolha seja feita pelo credor (art. 252, *caput* do CC/02).

Dispõe o art. 253 que "se uma das duas prestações não puder ser objeto de obrigação ou se tornada inexequível, subsistirá o débito quanto à outra".

O dispositivo trata da *impossibilidade material*, superveniente e não imputável a nenhuma das partes, que impede o cumprimento de uma das prestações, como se dá, por exemplo, quando não mais se fabrica uma das coisas que o devedor se obrigou a entregar. Nesse caso, a obrigação se concentrará, automaticamente, nas outras prestações[17].

Se, contudo, a impossibilidade for de todas as prestações, sem culpa do devedor, a obrigação será extinta (art. 256 CC/02).

Ocorrendo a impossibilidade de todas as prestações, por culpa do devedor, e cabendo a escolha a este, responderá pelo valor da que por último se impossibilitou, mais perdas e danos, se houver (art. 254 CC/02). Nesse caso, deverá o devedor pagar o valor da última prestação que se impossibilitou, porque, com a impossibilidade das primeiras, o objeto da obrigação se concentra na última.

No entanto, havendo a impossibilidade de uma das prestações, por culpa do devedor, e cabendo a escolha ao credor, terá este o direito de exigir qualquer delas, seja a remanescente ou a que se tornou impossível, inclusive perdas e danos (art. 255 CC/02). Isso porque, como a escolha compete ao credor, não poderá ele ser compelido a aceitar a prestação subsistente, porque poderia escolher a outra.

17. GONÇALVES, Carlos Roberto. *Direito Civil*. Vol. II, 3ª ed. São Paulo: Saraiva, 2011, p. 99.

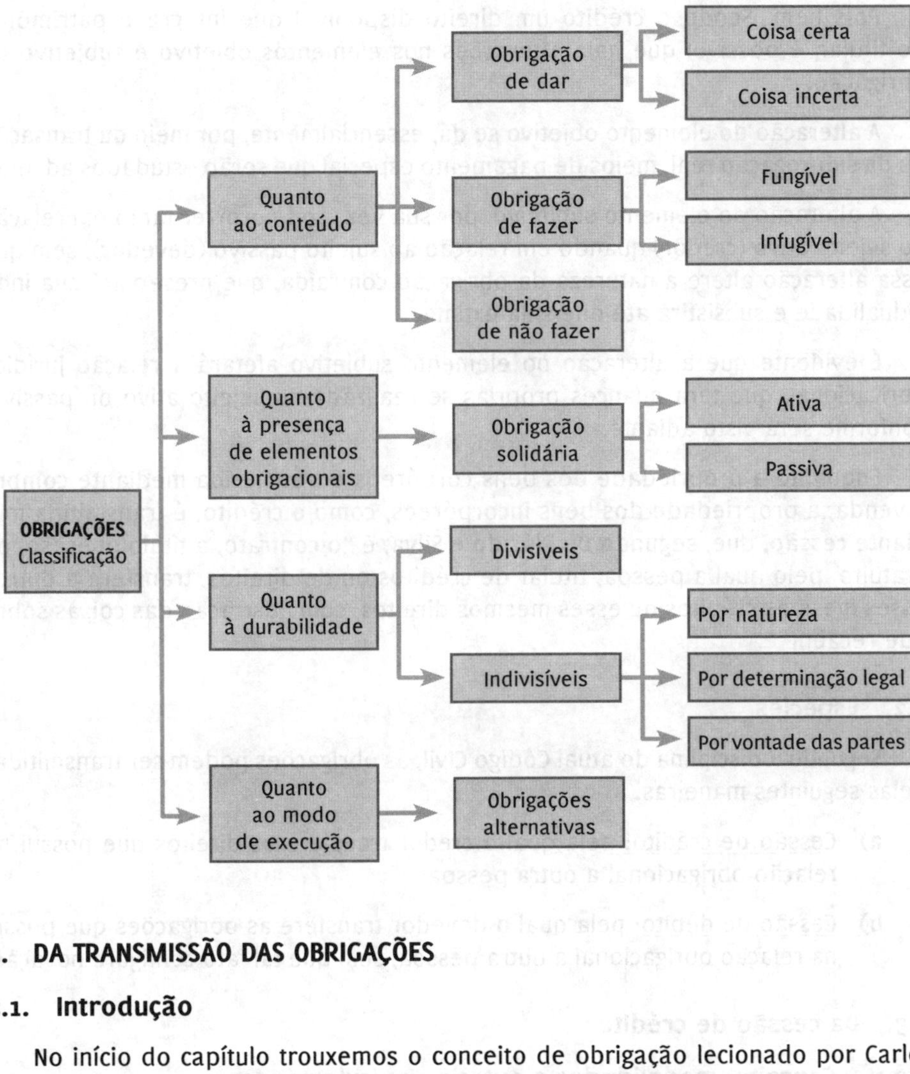

3. DA TRANSMISSÃO DAS OBRIGAÇÕES

3.1. Introdução

No início do capítulo trouxemos o conceito de obrigação lecionado por Carlos Roberto Gonçalves, para quem "obrigação é o vínculo jurídico que confere ao credor (sujeito ativo) o direito de exigir do devedor (sujeito passivo) o cumprimento de determinada prestação. Corresponde a uma relação de natureza pessoal, de crédito e débito, de caráter transitório (extingue-se pelo cumprimento), cujo objeto consiste numa prestação economicamente aferível"[18].

Também nos ocupamos em esclarecer que a obrigação é constituída pelos elementos subjetivos e objetivo, bem como pelo vínculo jurídico.

18. *Direito Civil*. Vol. II, 3ª ed. São Paulo: Saraiva, 2011, p. 216.

Pois bem. Sendo o crédito um direito disponível que integra o patrimônio do titular, é possível que haja alterações nos elementos objetivo e subjetivo da obrigação.

A alteração do elemento objetivo se dá, essencialmente, por meio da transação ou da sub-rogação real, meios de pagamento especial que serão estudados adiante.

A alteração do elemento subjetivo, por sua vez, pode ocorrer tanto em relação ao sujeito ativo (credor) quando em relação ao sujeito passivo (devedor), sem que essa alteração altere a natureza da obrigação contraída, que preservará sua individualidade e subsistirá até que seja extinta.

É evidente que a alteração no elemento subjetivo afetará a relação jurídica obrigacional, que terá nuances próprias se realizada no sujeito ativo ou passivo, conforme será visto adiante.

Enquanto a propriedade dos bens corpóreos é transferida mediante compra e venda, a propriedade dos bens incorpóreos, como o crédito, é transmitida mediante **cessão**, que, segundo De Plácido e Silva, é "o contrato, a título oneroso, ou gratuito, pelo qual a pessoa, titular de créditos ou de direitos, transfere a outros esses mesmos créditos ou esses mesmos direitos, com abstração das coisas sobre que recaem"[19].

3.2. Espécies

Segundo a disciplina do atual Código Civil, as obrigações podem ser transmitidas pelas seguintes maneiras:

a) Cessão de crédito: pela qual o credor transfere os direitos que possui na relação obrigacional a outra pessoa;

b) Cessão de débito: pela qual o devedor transfere as obrigações que possui na relação obrigacional a outra pessoa, sem que tal fato configure novação;

3.3. Da cessão de crédito

3.3.1. *Conceito, modalidades e outras particularidades*

Segundo a professora Maria Helena Diniz, a "cessão de crédito é um negócio jurídico bilateral, gratuito ou oneroso, pelo qual o credor de uma obrigação (cedente) transfere, no todo ou em parte, a terceiro (cessionário), independentemente do consentimento do devedor (cedido), sua posição na relação obrigacional, com todos os acessórios e garantias, salvo disposição em contrário, sem que se opere a extinção do vínculo obrigacional"[20].

19. *Vocabulário Jurídico Conciso*. 1ª ed. Rio de Janeiro: Forense, 2008, p. 151.
20. Curso de direito civil brasileiro, V. II, 28ª Ed., 2013, Saraiva, p. 473.

As partes envolvidas na cessão de crédito podem ser identificadas da seguinte forma:

a) Cedente: é o credor que cede os direitos a outrem;

b) Cessionário: é o terceiro que adquire o direito do credor;

c) Cedido: é o devedor da obrigação, responsável pelo adimplemento.

Como a cessão de crédito não implica em extinção do vínculo obrigacional, o qual persistirá até o adimplemento, é necessário que seja deslocada e analisada de maneira diferente das formas especiais de pagamento indireto, como a novação e sub-rogação, que serão estudadas adiante.

A cessão de crédito poderá se afigurar nas seguintes modalidades:

a) **Gratuita ou onerosa:** será gratuita quando realizada sem contraprestação e onerosa quando operada mediante contraprestação do cessionário. Evidentemente, a cessão de crédito onerosa é a mais comum no cotidiano, sendo extremamente utilizada por instituições bancárias nas operações de descontos de títulos, bem como por empresas de *factoring*. Nessas operações, o cedente transfere, por exemplo, um crédito de R$ 10.000,00 (dez mil reais) ao cessionário, que pagará por ele apenas R$ 9.000,00 (nove mil reais), ganhando a diferença. O cedente, na cessão onerosa, garante a existência do crédito na época da cessão (art. 295, primeira parte, do CC/02). Na cessão gratuita, o cedente apenas garante a existência do crédito se tiver procedido de má-fé (art. 295, segunda parte, do CC/02);

b) **Total ou parcial:** será total se o cedente transferir a totalidade do crédito ou parcial se transferir apenas parte. Na cessão parcial o cedente ainda integrará a relação jurídica original para receber a parte não cedida, sendo-lhe lícito transferir o crédito remanescente a outro cessionário.

c) **Convencional, legal ou judicial:** será convencional quando proveniente da livre vontade do cedente e do cessionário, podendo ser, como visto, onerosa ou gratuita. Será legal quando a cessão resultar da lei (*ipso jure*), que determinará a substituição do credor, independentemente de qualquer declaração de vontade. É o caso, por exemplo, da sub-rogação legal consubstanciada no art. 346 do CC, uma vez que o sub-rogado adquire os direitos do credor primitivo. Será judicial quando proveniente de sentença judicial, como se dá, por exemplo, na adjudicação efetuada no juízo divisório, quando são, por sentença, partilhados e distribuídos os créditos aos sucessores do credor.

d) ***Pro soluto* e *pro solvendo*:** será *pro soluto* quando o cedente apenas garantir a existência do crédito, ficando por conta do cessionário o risco do inadimplemento pelo cedido. Será *pro solvendo*, contudo, quando o cedente garantir a existência do crédito e ficar responsável, também, pelo adimplemento da obrigação, caso o devedor (cedido) não pague.

Prosseguindo, o art. 286 traz importante preceito sobre a cessão de crédito. Veja:

> **Art. 286.** O credor pode ceder o seu crédito, se a isso não se opuser a natureza da obrigação, a lei, ou a convenção com o devedor; a cláusula proibitiva da cessão não poderá ser oposta ao cessionário de boa-fé, se não constar do instrumento da obrigação.

Como se observa, o texto legal traz importantes questões.

A primeira delas é que alguns créditos não podem ser cedidos por expressa vedação legal, como se dá, por exemplo, com os créditos de natureza alimentar (art. 1.707 do CC/02) e aqueles envolvendo os direitos da personalidade (art. 11 do CC/02).

A segunda é que as partes podem estabelecer no próprio negócio que os direitos ali contemplados são insuscetíveis de cessão, criando, pela simples vontade das partes, uma impossibilidade de cessão.

E, finalmente, a terceira é de que a cláusula de impossibilidade (ou proibitiva) não poderá ser oposta ao cessionário de boa-fé, se não constar do instrumento da obrigação. A finalidade do dispositivo é privilegiar a boa-fé do adquirente, que não tem meios de tomar ciência da impossibilidade, senão pela inserção da referida cláusula no próprio instrumento da obrigação.

IMPOSSIBILIDADE DE CESSÃO (ART 286, CC/02)

A LEGAL	É imposta pela lei, como ocorre com os créditos de natureza alimentar (art. 1.707, cc/02)
B VOLUNTÁRIA	É criada pela vontade das partes, mas só é oponível contra terceiros se constar do instrumento da obrigação

O art. 287 consagra o princípio de que o acessório segue o principal (gravitação jurídica), ao dispor que "salvo disposição em contrário, na cessão de um crédito abrangem-se todos os seus acessórios". Dessa forma, a cessão de crédito, em regra, pressupõe a cessão dos acessórios, como os juros, cláusula penal, bem como as garantias reais e pessoais.

Para produzir efeitos entre as partes, a cessão convencional, em regra, não exige forma especial (art. 107 do CC), exceto se versar sobre direitos cuja escritura pública seja da essência do ato. Em outras palavras, as cessões de crédito hipotecário, por exemplo, deverão necessariamente ser feitas mediante escritura pública.

No entanto, para produzir efeitos contra terceiros o art. 288 exige que a cessão seja celebrada mediante instrumento público ou particular, revestido das solenidades do art. 654, §1º do CC. Isso significa que a cessão realizada por instrumento particular deve conter, necessariamente: **a)** a indicação do lugar onde foi passada; **b)** a qualificação do cedente, do cessionário e do cedido; **c)** a data da transmissão; **d)** o objetivo da transmissão; e **e)** a designação e a extensão da obrigação transferida. A doutrina é unânime em reconhecer que a cessão de crédito por instrumento particular, para ter eficácia perante terceiros, deve, ainda, ser levada a registro no Cartório de Títulos e Documentos, segundo a previsão expressa do art. 129 da Lei nº. 6.015/73 (Lei de Registros Públicos).

CESSÃO DE CRÉDITO: FORMA

1 Entre as partes signatárias	Livre (art. 107, cc/02), exceto se o negócio versar sobre direitos cuja escritura pública seja da essência do ato (ex. cessão de direito hipotecário)	
2 Perante terceiros	Mediante instrumento público ou particular (art. 288, cc/02), revestido das solenidades do art. 654, § 1º do cc/02	**A** **indicação** do lugar **B** **qualificação das partes** **C** data da transmissão **D** objetivo da transmissão **E** designação e extensão da obrigação transferida

3.3.2. *Da notificação do devedor*

A relação obrigacional originária é estabelecida entre credor e devedor. Sendo o crédito um direito patrimonial, a ordem jurídica permite que o credor transfira seu direito a terceiro.

Em princípio, a transmissão do crédito em nada afeta a posição do devedor, pois este deve cumprir a obrigação independentemente de quem seja o credor. No entanto, é indispensável que o devedor tome ciência da cessão operada para que efetue o pagamento corretamente, ou seja, para a pessoa que seja a titular do crédito.

Visando preservar o interesse do devedor, essencialmente para tenha condições de efetuar o pagamento corretamente, o Código Civil criou alguns mecanismos para que o devedor seja cientificado da cessão.

O primeiro deles está previsto no art. 290, abaixo transcrito:

> **Art. 290.** A cessão de crédito não tem eficácia em relação ao devedor, senão quando a este notificada, mas por notificado se tem o devedor que, em escrito público ou particular, se declarou ciente da cessão feita.

Como dito, a relação obrigacional é estabelecida entre o credor e devedor originários, de forma que a cessão do crédito é causa que altera o elemento subjetivo do negócio, tendo em vista que haverá alteração na figura do credor. Por tal razão, o art. 290 exige que o devedor seja notificado da cessão, porque, se não o for, será eximido da obrigação pagando ao credor originário.

Nesse ponto é importante destacar que o art. 290 não colocou a notificação do devedor como elemento essencial da cessão de crédito, mas estabeleceu apenas que a cessão não será eficaz em relação ao devedor, se este não for devidamente notificado, porque, evidentemente, não terá ciência de que o crédito se concentra, agora, nas mãos de outro credor.

O Código não estabelece se a notificação deve feita pelo cedente ou pelo cessionário. A jurisprudência, contudo, aceita como válida a notificação feita por qualquer um, mas é prudente que seja feita pelo cessionário diante do interesse que possui em cientificar o devedor para que efetue o pagamento corretamente.

A consequência da falta de notificação é que o devedor ficará desobrigado pagando ao credor primitivo (art. 292), porque, sem a notificação, a cessão perante ele é considerada inexistente.

A notificação pode ser **expressa** ou **presumida**. Será **expressa** quando cedente ou cessionário comunicam o devedor de que a cessão ocorreu. Será **presumida** quando o devedor espontaneamente se declara ciente da cessão em instrumento público ou particular (art. 290, segunda parte).

A notificação pode ser ainda **judicial** ou **extrajudicial**. A doutrina e a jurisprudência têm entendido que citação para ação de cobrança e a habilitação de crédito na falência do devedor equiparam-se à notificação porque produzem os mesmos efeitos. É importante lembrar, ainda, que há créditos que independem de notificação, como, por exemplo, os títulos ao portador que são transferidos por simples tradição e cujo pagamento implica na apresentação e devolução do título.[21]

Sobre a notificação do devedor, é importante destacar a regra estampada no art. 294 abaixo transcrito:

> **Art. 294.** O devedor pode opor ao cessionário as exceções que lhe competirem, bem como as que, no momento em que veio a ter conhecimento da cessão, tinha contra o cedente.

Isso significa que a posição do devedor não muda com a cessão do crédito. As mesmas defesas que possuía contra o cedente terá contra o cessionário. Assim, é lícito ao devedor opor contra o cessionário a existência de pagamento, compensação, prescrição, ou ainda vícios que tornem o título nulo ou anulável como, por exemplo, incapacidade do agente. A doutrina ainda admite que dentre as exceções que podem ser utilizadas pelo devedor está a da exceção do contrato não cumprido (*exceptio non adimpleti contractus*), o que permitiria ao devedor recusar o pagamento se a prestação não foi integralmente cumprida pelo cedente[22].

3.3.3. *Da responsabilidade do cedente*

Já foi dito que o cedente, em regra, só responde pela existência do crédito, salvo estipulação em contrário em que se admite que o cedente assuma a responsabilidade pela solvência do devedor.

---

21. *Direito Civil*. Vol. II, 3ª ed. São Paulo: Saraiva, 2011, p. 224.
22. *Direito Civil*. Vol. II, 3ª ed. São Paulo: Saraiva, 2011, p. 225.

Tais premissas estão contidas nos arts. 295 e 296, ambos do CC/02. Observe:

> **Art. 295.** Na cessão de título oneroso, o cedente, ainda que não se responsabilize, fica responsável ao cessionário pela existência do crédito em que lhe cedeu; a mesma responsabilidade lhe cabe nas cessões por título gratuito, se tiver procedido de má-fé.
>
> **Art. 296.** Salvo estipulação em contrário, o cedente não responde pela solvência do devedor.

Como é possível observar, o cedente só se responsabiliza pela solvência do devedor se expressamente tiver se obrigado, ocasião em que a cessão será *pro solvendo*. Trata-se de consequência lógica do princípio da autonomia de vontade, haja vista que essa obrigação não decorre da lei.

Nas cessões *pro solvendo*, o cedente, em verdade, está garantindo a existência do crédito e sua respectiva titularidade, além do fato de que tal crédito não poderá ser objeto de impugnação pelo devedor, segundo a disciplina do art. 294.

Caso o devedor não tenha efetuado o pagamento e o cedente tenha assumido a responsabilidade pela solvência do devedor, a regra do art. 297 estabelece que tal responsabilidade está adstrita ao valor recebido pelo cedente com os respectivos juros, bem como as despesas da cessão e as despendidas pelo cessionário com a cobrança.

A razão legal do dispositivo é evitar o enriquecimento sem causa do cessionário, haja vista que as cessões de crédito onerosas, invariavelmente, são realizadas por valor inferior ao nominal.

De fato, quem adquire o crédito o faz visando lucro e assumindo, além do risco de inadimplemento, o tempo do pagamento, em se tratando de pagamento futuro.

RESPONSABILIDADE DO CEDENTE (ARTS. 295 E 926 DO CC/02)

A Cessão a título oneroso	**1** Responde pela existência do crédito **2** Responde pela solvência do devedor, se assim se obrigou
B Cessão a título gratuito	Responde pela existência do crédito, se procedeu de má-fé

Finalmente, o art. 298 preceitua:

> **Art. 298.** O crédito, uma vez penhorado, não pode mais ser transferido pelo credor que tiver conhecimento da penhora; mas o devedor que o pagar, não tendo notificação dela, fica exonerado, subsistindo somente contra o credor os direitos de terceiro.

O referido dispositivo dispõe que o crédito penhorado não pode mais ser objeto de cessão, porque, nesse caso, estará fora do patrimônio do cedente. Pela regra do art. 298, a proibição só se aplica se o cedente tiver conhecimento da penhora, porque, caso contrário, não haverá nenhum óbice à realização da cessão.

O art. 298 ainda consagra o princípio da boa-fé objetiva ao prever a exoneração do devedor que, não notificado, efetuar o pagamento do crédito penhorado.

3.4. Da assunção de dívida

3.4.1. *Introdução, conceito e outras particularidades*

A assunção de dívida, também chamada de cessão de débito, não encontrava regramento no Código de 1916. No entanto, diante da utilidade prática, era amplamente aceita pela doutrina e pela jurisprudência, haja vista que encontra abrigo na liberdade contratual amparada, por sua vez, pelo princípio da autonomia privada.

A assunção de dívida sempre foi amplamente utilizada nas vendas de fundo de comércio e nas cessões de financiamentos imobiliários. Ocorre a assunção de dívida, também, quando se dá a transferência da dívida do *de cujus* aos respectivos sucessores[23].

O Código de 2002 agasalhou o caminho desbravado pela doutrina e pela jurisprudência e disciplinou a assunção de dívida nos arts. 299 a 303.

O conceito pode ser extraído do art. 299, abaixo transcrito:

> **Art. 299.** É facultado a terceiro assumir a obrigação do devedor, com o consentimento expresso do credor, ficando exonerado o devedor primitivo, salvo se aquele, ao tempo da assunção, era insolvente e o credor o ignorava.

A professora Maria Helena Diniz conceitua a cessão de débito como "um negócio jurídico bilateral, pelo qual o devedor (cedente), com anuência expressa do credor (cedido), transfere a um terceiro (assuntor ou cessionário) os encargos obrigacionais, de modo que este assume sua posição na relação obrigacional, substituindo-o, responsabilizando-se pela dívida, que subsiste com todos os seus acessórios"[24].

Aqui é importante observar a grande diferença entre a cessão de crédito e a de débito.

Na cessão de crédito o consentimento do devedor é completamente dispensável, porque sua posição permanece a mesma. Em outras palavras, o devedor deverá cumprir a obrigação, independentemente de quem seja o credor. Basta, tão somente, que seja cientificado da cessão para que pague corretamente, como vimos no item 3.3.2.

Na cessão de débito, por sua vez, o consentimento do credor é medida necessária, porque as qualidades do devedor, como a capacidade financeira, são de

23. *Direito Civil*. Vol. II, 3ª ed. São Paulo: Saraiva, 2011, p. 229.
24. Curso de direito civil brasileiro, V. II, 28ª Ed., 2013, Saraiva, p. 490.

suma importância para o credor. Ora, o credor realiza o negócio segundo a possibilidade de cumprimento da obrigação pelo devedor. Para isso, avalia a capacidade financeira, os talentos e as aptidões pessoais do devedor com vistas a conseguir o objetivo do negócio.

Se o devedor pudesse ceder o débito sem a anuência do credor, haveria, além de flagrante desequilíbrio contratual, um caminho aberto para a realização de fraudes com o intuito de evitar o adimplemento pelo devedor. Por tal razão, o art. 299 exige que a cessão de débito tenha o consentimento **expresso** do credor.

O parágrafo único do art. 299 prevê a possibilidade de se estabelecer um prazo para que o credor consinta na assunção de dívida. O silêncio do credor será interpretado como **recusa**.

O art. 303 prevê a única hipótese em que pode haver o consentimento tácito do credor. Observe:

> **Art. 303.** O adquirente de imóvel hipotecado pode tomar a seu cargo o pagamento do crédito garantido; se o credor, notificado, não impugnar em trinta dias a transferência do débito, entender-se-á dado o assentimento.

DIFERENÇAS ENTRE CESSÃO DE CRÉDITO E ASSUNÇÃO DE DÍVIDA

▸ CESSÃO DE CRÉDITO	▸ ASSUNÇÃO DE DÍVIDA
• Substituição do polo ativo da obrigação • Desnecessário o consentimento do devedor • Para que a cessão tenha eficácia perante o devedor, é necessária a notificação deste	• Substituição do polo passivo da obrigação • Necessário o consentimento expresso do credor • Consentimento tácito do credor apenas na hipótese do art. 303 do CC/02

Por fim cabe esclarecer que, embora não haja previsão explícita no Código, a doutrina e a jurisprudência admitem a coassunção[25], também conhecida como assunção cumulativa da dívida, pela qual dois ou mais devedores se tornam responsáveis pelo débito.

Nesse diapasão, o devedor pode ceder parte do débito a um novo devedor, que se responsabilizará pelo pagamento juntamente com o devedor originário, ou, ainda, pode ceder todo o débito a dois ou mais devedores, que assumirão a dívida no lugar do devedor primitivo.

Esse, aliás, é o teor do Enunciado 16, aprovado pelo Conselho da Justiça Federal na I Jornada de Direito Civil:

> "O art. 299 do Código Civil não exclui a possibilidade da assunção cumulativa da dívida quando dois ou mais devedores se tornam responsáveis pelo débito com a concordância do credor".

25. *Direito Civil*. Vol. 2, 8ª ed. São Paulo: Método, 2013, p. 276.

3.4.2. Espécies

Segundo a doutrina contemporânea, a cessão de débito poderá realizar-se mediante:

a) **Expromissão:** que é o negócio realizado diretamente entre o credor e o terceiro (expromitente) que assumirá espontaneamente o débito do devedor. Nessa modalidade de cessão, o devedor primitivo sequer participa, pois, como dito, o negócio é firmado entre o credor e o expromitente, que assumirá a dívida espontaneamente e não por ordem do devedor originário. A expromissão, por sua vez, pode ser: a.1) liberatória: quando o débito for integralmente cedido e ocorrer a substituição do devedor originário pelo expromitente; ou a.2) cumulativa: quando o expromitente assumir a obrigação juntamente com o devedor primitivo, passando ambos a serem devedores solidários.

b) **Delegação:** que é o negócio realizado entre o devedor primitivo e o terceiro, com a anuência do credor. Nesse caso, o devedor (delegante) transfere o débito a terceiro (delegado), com o consentimento do credor (delegatário). Assim como na expromissão, a cessão por delegação poderá ser: b.1) privativa: quando ocorrer a cessão integral do débito, ocasião em que o delegado assumirá integralmente o débito e o delegante será exonerado da obrigação; b.2) simples ou cumulativa: quando o terceiro (delegado) ingressa na relação obrigacional ao lado do devedor (delegante), que continuará vinculado. Nessa modalidade, contudo, não há solidariedade entre os devedores[26].

É importante observar que o Código Civil não trata especificamente das modalidades de cessão de débito. O art. 299, como se verifica, parece fazer referência apenas à cessão por delegação, mas a doutrina e a jurisprudência são uníssonas em admitir as duas formas.

3.4.3. *Efeitos*

A cessão de débito tem como principal efeito a substituição do devedor no polo passivo da relação obrigacional. A obrigação, contudo, permanece a mesma, haja vista que há identidade de objeto e de relação jurídica. Haverá, como se verifica, apenas alteração do devedor.

Contudo, o novo devedor não poderá opor ao credor as exceções pessoais que o competiam ao devedor originário. Esse, aliás, é o teor do art. 302 do Código Civil, abaixo transcrito:

> **Art. 302.** O novo devedor não pode opor ao credor as exceções pessoais que competiam ao devedor primitivo.

26. Maria Helena Diniz. Curso de direito civil brasileiro, V. II, 28ª Ed., 2013, Saraiva, p. 494.

Isso significa que eventual defesa do novo devedor sofre limitações. O novo devedor poderá alegar toda a matéria de defesa que seja relativa à relação jurídica que ele próprio mantenha com o credor. Poderá, por exemplo, alegar a compensação entre créditos existentes entre o credor e o novo devedor.

No entanto, o novo devedor não poderá alegar, por exemplo, a compensação entre créditos existente entre o credor e o devedor primitivo, porque tal compensação configura matéria de defesa pessoal, que só o titular do direito (devedor originário) pode alegar.

De igual sorte, a assunção de dívida extingue as garantias especiais oferecidas pelo devedor primitivo ao credor, salvo se houver consentimento expresso daquele. Essa é a dicção do art. 300 do Código. Veja:

> **Art. 300.** Salvo assentimento expresso do devedor primitivo, consideram-se extintas, a partir da assunção da dívida, as garantias especiais por ele originariamente dadas ao credor.

A interpretação desse dispositivo requer bastante atenção.

A doutrina contemporânea entende que as garantias reais (penhor e hipoteca), dadas pelo devedor primitivo, permanecerão válidas e subsistirão à cessão de débito, salvo se o credor expressamente dispensá-las.

No entanto, as "garantias especiais", assim entendidas como aquelas prestadas pelo devedor ou por terceiros, mas que não são da essência do negócio, têm tratamento diverso[27].

Nesse sentido, as garantias pessoais (aval e fiança) prestadas pelo próprio devedor ou, ainda, as garantias prestadas por terceiros em relação à pessoa do devedor, sejam elas pessoais (aval e fiança) ou reais (penhor ou hipoteca), serão extintas com a assunção de dívida, exceto se houver consentimento expresso do devedor ou dos terceiros garantidores.

Embora não haja disciplina específica no art. 300 relativa à garantia prestada por terceiro em relação à pessoa do devedor, a doutrina é uníssona em admiti-la, haja vista que é extremamente comum que um terceiro garanta a dívida do devedor, seja ofertando garantias reais ou pessoais. Essas garantias são prestadas tendo em vista as condições pessoais e financeiras do devedor, pois o terceiro garantidor, ao oferecer as garantias, analisa tais fatores como causa determinante do negócio.

Como as condições pessoais e financeiras do devedor são o fator determinante que faz o terceiro garantir o negócio, é evidente que tais garantias não podem subsistir, caso o devedor originário seja substituído e deixe o negócio por meio da assunção de dívida.

27. Carlos Roberto Barbosa, *Direito Civil*. Vol. II, 3ª ed. São Paulo: Saraiva, 2011, p. 237.

Essas "garantias especiais" de que trata o art. 300 configuram uma exceção ao princípio da gravitação jurídica, de que o acessório segue o principal. Se fosse prevalecer o referido princípio, as garantias prestadas continuariam a garantir a dívida, independentemente da cessão de débito. No entanto, o art. 300 traz disciplina diversa e dispõe expressamente que as "garantias especiais" se extinguem, salvo se houver consentimento expresso do devedor ou dos terceiros garantidores.

EXTINÇÃO DAS GARANTIAS (ART. 300 DO CC/02)

1 **Salvo consentimento expresso, extinguem-se com a cessão de débito**	**A** Garantias pessoais (aval e fiança) prestadas pelo devedor primitivo **B** Garantias pessoais (aval e fiança) prestadas por terceiros **C** Garantias reais prestadas por terceiros
2 **Não se extinguem com a cessão de débito**	**A** As garantias reais prestadas pelo devedor primitivo

Prosseguindo nos estudos, o art. 301 assim dispõe:

> **Art. 301.** Se a substituição do devedor vier a ser anulada, restaura-se o débito, com todas as suas garantias, salvo as garantias prestadas por terceiros, exceto se este conhecia o vício que inquinava a obrigação.

O texto legal é claro e não demanda maiores dificuldades.

A assunção de dívida produz apenas a substituição do devedor e não altera a relação obrigacional originária, de forma que a posição do credor não sofre qualquer mudança.

Se a assunção de dívida vier a ser anulada, haverá, automaticamente, a restauração da obrigação originária, com o retorno do devedor ao polo passivo e o restabelecimento de todas as garantias, exceto as prestadas por terceiros.

O Código, como se observa, não pretendeu prejudicar os terceiros garantidores, que já haviam sido excluídos da relação obrigacional por meio da cessão de débito. As garantias prestadas por terceiros somente serão restauradas se estes tinham conhecimento do vício que maculava a cessão.

Finalmente, o art. 303 contempla a situação do adquirente de imóvel hipotecado, ao permitir que este efetue o pagamento do crédito garantido pelo imóvel, notificando o credor acerca da transferência do débito. Se o credor, no prazo de 30 (trinta) dias, não efetuar qualquer impugnação, presumir-se-á que concordou com a cessão.

4. DO ADIMPLEMENTO OBRIGACIONAL

A obrigação nasce para ser cumprida. Ela permite ao credor exigir a prestação e obriga o devedor a cumpri-la.

Quando o devedor entrega a prestação devida, no prazo e lugar avençados, ocorre o cumprimento, que provoca a extinção da obrigação.

4.1. Do pagamento direto

O Código Civil trata o pagamento como o cumprimento voluntário da obrigação, seja pelo devedor ou por terceiro. Constitui a principal forma de extinção das obrigações e pode ser *direto* ou *indireto*. Será direto quando o devedor entregar a prestação devida, e indireto quando o devedor entregar prestação diversa da convencionada, como ocorre, por exemplo, na dação em pagamento e na novação.

4.1.1. *Elementos subjetivos do pagamento direto*

Os elementos subjetivos da obrigação são as pessoas que nela se relacionam. O Código Civil não utiliza as expressões *credor* e *devedor*, porque, por vezes, a obrigação pode ser cumprida ou recebida por terceiros.

Para aquele que cumpre a obrigação, o Código o identifica como "quem deve pagar" (*solvens*). Para aquele que recebe a prestação, o Código o identifica como "a quem se deve pagar" (*accipiens*).

4.1.1.1. *Quem deve pagar (arts. 304 a 307 do CC/02)*

Dispõe o **art. 304**, "qualquer interessado na extinção da dívida pode pagá-la, usando, se o credor se opuser, dos meios conducentes à exoneração do devedor".

A primeira observação sobre o dispositivo é que o texto utiliza a expressão "qualquer interessado".

O principal interessado no adimplemento obrigacional é o devedor. No entanto, algumas pessoas podem sofrer os efeitos do inadimplemento, tendo, sobretudo, seus patrimônios afetados, como ocorre, por exemplo, com o fiador e o avalista. Tais pessoas têm, evidentemente, *interesse jurídico* ou *patrimonial* no adimplemento obrigacional, podendo-se valer, caso haja oposição do credor, de qualquer meio liberatório da obrigação, como a ação de consignação em pagamento. Caso a obrigação seja paga por terceiro interessado, este ficará sub-rogado nos direitos do credor, conforme preceitua o art. 346, III do CC/02).

Cabe ressaltar, entretanto, que tal dispositivo não tem aplicação nas obrigações de fazer infungíveis, as quais, por serem personalíssimas, devem ser cumpridas pessoalmente pelo devedor, não admitindo cumprimento por terceiros.

O pagamento ainda pode ser efetuado por terceiro que não tenha interesse jurídico ou patrimonial, mas simplesmente interesse moral ou afetivo, como ocorre quando a dívida é paga por familiares do devedor. Quando isso ocorrer, duas situações devem ser observadas:

a) O terceiro não interessado pode efetuar o pagamento *em seu próprio nome*. Nesse caso, não se sub-rogará nos direitos do credor, mas terá garantido o direito ao reembolso da quantia que pagou (art. 305, *caput*, CC/02). Se fizer o pagamento antes do vencimento, somente nesta data é que terá direito à restituição (art. 305, parágrafo único, CC/02);

b) O terceiro não interessado pode efetuar o pagamento *em nome e à conta do devedor*. Nessa hipótese, poderá, inclusive, utilizar dos meios liberatórios da obrigação, como a ação de consignação em pagamento, caso não haja oposição do devedor (art. 304, parágrafo único, CC/02). Observe que a expressão "salvo oposição deste", transcrita no final do texto legal, indica que o devedor pode proibir terceiro não interessado de efetuar o pagamento. No entanto, tal proibição constitui apenas óbice para a consignação, porque o credor pode aceitar voluntariamente o pagamento efetuado pelo terceiro não interessado[28].

Continuando o assunto, preceitua o **art. 306** que "o pagamento feito por terceiro, com desconhecimento ou oposição do devedor, não obriga a reembolsar aquele que pagou, se o devedor tinha meios para ilidir a ação".

O texto legal indica que o terceiro (interessado ou não) não terá direito ao reembolso, se o devedor se opuser ao pagamento e tiver condições de impedir a ação. Exemplo clássico é quando o devedor se opõe ao pagamento por terceiro, porque pode opor a prescrição contra o credor.

4.1.1.2. *A quem deve pagar (art. 308 a 312 do CC/02)*

Em princípio, o destinatário da obrigação é o credor, de forma que o pagamento deve ser feito a este ou ao seu representante, como preceitua o art. 307 do CC/02.

Cumpre observar, contudo, que o "conceito" de credor é o de "credor atual", o que indica que o devedor deve pagar a quem seja o credor no momento do pagamento da obrigação. Dessa forma, "credor" pode ser não só o credor originário, mas também o herdeiro, o legatário, o cessionário ou o sub-rogado.

Dispõe o **art. 309 que** "o pagamento feito de boa-fé ao credor putativo é válido, ainda provado depois que não era credor".

Credor putativo é o credor aparente, ou seja, aquele que circunstâncias levam a crer que seja, de fato, o credor. Nesse caso, nos termos do art. 309, o pagamento será válido.

É o caso, por exemplo, de um acordo judicial em que se convenciona que os pagamentos mensais serão realizados no escritório ou na conta bancária do advogado

28. *Direito Civil*. Vol. II, 3ª ed. São Paulo: Saraiva, 2011, p. 259.

do credor. Caso haja rompimento entre o credor e seu advogado, não cientificado ao devedor, os pagamentos feitos por este ao advogado, desde que de boa-fé, serão perfeitamente válidos. Se, contudo, o devedor tenha ciência do rompimento, não se eximirá da obrigação pagando ao advogado, porque, nesse caso, estará afastada a boa-fé.

Segundo o **art. 310,** "não vale o pagamento cientemente feito ao credor incapaz de quitar, se o devedor não provar que em benefício dele efetivamente reverteu".

A quitação pressupõe capacidade, de forma que o devedor não pode obtê-la de quem não seja capaz de dá-la.

Observe que o texto utiliza a palavra "cientemente", o que significa que o pagamento ao incapaz será válido se o devedor, sem culpa, desconhecer a incapacidade do credor. De igual maneira, o pagamento feito ao incapaz pelo devedor, que seja conhecedor da incapacidade, poderá ser válido se este provar que o pagamento reverteu em benefício do credor. Entende-se que o pagamento reverteu em benefício do credor, quando traz um acréscimo ao patrimônio do credor, seja na aquisição de direitos ou no pagamento de dívidas.

Finalmente, preceitua o **art. 312 que** "se o devedor pagar ao credor, apesar de intimado da penhora feita sobre o crédito, ou da impugnação a ele oposta por terceiros, o pagamento não valerá contra estes, que poderão constranger o devedor a pagar de novo, ficando-lhe ressalvado o regresso contra o credor".

O texto trata do pagamento feito ao credor, mas que, mesmo assim, não será válido. Dessa forma, havendo penhora do crédito por terceiro e cientificado o devedor, este, para se eximir da obrigação, deverá efetuar o pagamento em juízo. Se, contudo, efetuar o pagamento diretamente ao credor, o pagamento não valerá perante o terceiro, que poderá compelir o devedor a repetir o pagamento. Nesse caso, o devedor terá garantido o direito de regresso contra o credor.

4.1.2. *Elementos objetivos do pagamento direto*

4.1.2.1. *Do objeto*

O objeto do pagamento é a prestação. A lei e o contrato vinculam o devedor ao credor, de maneira que só há pagamento porque existe um débito e este precisa ser extinto. Do contrário, não seria pagamento, uma vez que o suposto devedor poderia pedir a repetição do indébito.

Cabe ao devedor, portanto, cumprir a prestação devida, uma vez que o credor não pode ser obrigado a receber prestação diversa, ainda que mais valiosa (art. 313 CC/02).

De igual sorte, preceitua o **art. 314 que** "ainda que a obrigação tenha por objeto prestação divisível, não pode o credor ser obrigado a receber, nem o devedor a pagar, por partes, se assim não se ajustou".

A regra consagra o princípio da *identidade física da prestação*[29], que preceitua que a prestação deve ser cumprida integralmente, ainda que o objeto seja divisível. Dessa forma, o credor não pode ser compelido a receber a prestação de forma parcelada e nem o devedor pode ser obrigado a cumpri-la dessa maneira.

O art. 315 do atual Código trata do pagamento em dinheiro ao consagrar que "as dívidas em dinheiro deverão ser pagas no vencimento, em moeda corrente e pelo valor nominal, salvo o disposto nos artigos subsequentes".

Através deste dispositivo, a atual codificação adotou o princípio do *nominalismo*, que indica que o valor da dívida é aquele consagrado no título ou no contrato. Assim, o devedor se eximirá da obrigação entregando ao credor a *exata quantia em dinheiro* (valor nominal) consubstanciada no título.

Para evitar o efeito inflacionário, o art. 316 permite a estipulação da *cláusula de escala móvel*, que possibilita o reajuste do valor por índices de atualização, previamente pactuados, como forma de proteger o credor dos efeitos da inflação. Em outras palavras, a cláusula de escala móvel permite a *preservação* do objeto, porque quando da contratação, o valor do crédito concede ao credor um certo poder de compra, e, quando do pagamento, muitas vezes, o crédito, em razão da inflação, tem um poder de compra menor. A cláusula de escala móvel permite a adoção de um índice de atualização que permitirá ao credor manter o mesmo poder de compra, tanto da data de contratação quanto da data de pagamento.

Dispõe o **art. 317 que** "quando, por motivos imprevisíveis, sobrevier desproporção manifesta entre o valor da prestação devida e o do momento de sua execução, poderá o juiz corrigi-lo, a pedido da parte, de modo que assegure, quanto possível, o valor real da prestação".

Através do art. 317, o Código Civil acolheu a *teoria da imprevisão*, ou, como prefere Flávio Tartuce[30], a *revisão contratual por fato superveniente, diante de uma imprevisibilidade somada a uma onerosidade excessiva.*

A teoria da imprevisão atua como exceção ao princípio da força obrigatória dos contratos e permite que o contrato seja discutido judicialmente, caso haja um fator imprevisível e superveniente que traga desproporção às prestações convencionadas. A teoria da imprevisão permite que o juiz, a requerimento da parte, corrija a prestação, como forma de reestabelecer o equilíbrio contratual.

O Enunciado 17, aprovado na I Jornada de Direito Civil pelo Conselho da Justiça Federal, assim dispõe: "A interpretação da expressão 'motivos imprevisíveis', constante do art. 317 do novo Código Civil deve abarcar tanto causas de desproporção não previsíveis como também causas previsíveis, mas de resultados imprevisíveis".

---

29. *Direito Civil*. Vol. 2, 6ª ed. São Paulo: Método, 2013, p. 129.
30. *Direito Civil*. Vol. 2, 6ª ed. São Paulo: Método, 2013, p. 129.

Para a aplicação do art. 317 é necessário que: a) o contrato seja bilateral e oneroso (remuneratório); b) o contrato seja comutativo, cujas prestações já são de conhecimento das partes; c) o contrato seja de execução continuada; d) haja um elemento imprevisível e superveniente; e e) haja uma desproporção no negócio, que abala o equilíbrio do contrato.

4.1.2.2. *Da prova*

O pagamento exonera o devedor da obrigação e, consequentemente, dos efeitos do inadimplemento. Pagando no prazo e forma convencionados, o devedor não arcará com os encargos da mora, como, por exemplo, juros, correção e honorários advocatícios.

Em regra, o pagamento não se presume, de forma que cabe ao devedor o ônus de provar que efetuou o pagamento. Por tal razão, a comprovação do pagamento é questão de extrema importância, a ponto de ser garantido ao devedor exigir do credor a quitação, sob pena de reter o pagamento (art. 319 CC/02).

O **art. 320** estabelece que "a quitação, que sempre poderá ser dada por instrumento particular, designará o valor e a espécie da dívida quitada, o nome do devedor, ou quem por este pagou, o tempo e o lugar do pagamento, com a assinatura do credor, ou do seu representante".

O dispositivo traz os elementos da quitação, cuja interpretação não demanda maiores observações, exceto quanto à recomendação de ser elaborada por instrumento particular, como forma de facilitar a prova e garantir segurança jurídica.

É importante frisar que o Enunciado 18, aprovado na I Jornada de Direito Civil pelo Conselho da Justiça Federal, permite a "quitação por *e-mail*", prática comum nos dias de hoje. Dispõe o enunciado: "A 'quitação regular', referida no art. 319 do novo Código Civil, engloba a quitação dada por meios eletrônicos ou por quaisquer formas de 'comunicação à distância', assim entendida aquela que permite ajustar negócios jurídicos e praticar atos jurídicos sem a presença corpórea simultânea das partes ou dos seus representantes".

Não obstante o meio normal de comprovação do pagamento ser a exibição do recibo de quitação, fato é que o Código Civil estabelece algumas presunções de pagamento. São elas:

a) Quando o título de crédito estiver na posse do devedor (art. 324 CC/02): nesse caso, a posse do título pelo devedor traz a presunção de que a dívida foi paga, pois, se assim não o fosse, o credor não entregaria o título ao devedor. É importante observar, contudo, que essa presunção é relativa, eis que o credor pode provar que a dívida não foi paga, conforme preceitua o parágrafo único no art. 324.

b) Quando o pagamento é feito de forma sucessiva (art. 322 CC/02): nessa hipótese, a quitação da última traz a presunção de que as anteriores foram pagas. Isso porque se presume que o credor nao receberia uma parcela sem que as anteriores não estivessem pagas. Mais uma vez, trata-se de presunção relativa, de maneira que o credor pode provar o contrário. Para a ressalva de direitos, é comum, pelos credores, a utilização das expressões "o pagamento desta parcela não quita débitos anteriores".

c) Quando há quitação do capital, sem ressalva dos juros (art. 323 CC/02): quando o recibo não contiver qualquer ressalva quanto aos juros, estes se presumirão pagos, porque os juros são rendimentos e não capital. Assim, se o credor fornece uma quitação geral, presume-se que os juros foram pagos.

4.1.3. *Do lugar do pagamento direto*

Inicialmente, cabe destacar que as partes são livres para estabelecer, contratualmente, o local em que a obrigação será cumprida, como preceitua o art. 78 do Código Civil.

No silêncio das partes, o pagamento será feito no domicílio do devedor, cabendo ao credor ir "buscar" o pagamento, segundo o quanto preconizado pelo art. 327 do CC/02. Igualmente, será o domicílio do devedor o foro competente para a ação judicial em caso de inadimplemento.

Tal regra, que representa uma presunção relativa, pode ser afastada "se o contrário resultar da lei, da natureza da obrigação ou das circunstâncias".

Havendo dois ou mais lugares designados para cumprimento, a escolha caberá ao credor. Nesse caso em particular, que representa uma das poucas oportunidades em que o credor tem o direito de escolha, a prática tem mostrado que o credor, em regra, escolhe o local de seu domicílio. Compete ao credor cientificar o devedor, em tempo hábil, sobre a escolha do lugar para pagamento.

Dispõe o **art. 328 que** "se o pagamento consistir na tradição de um imóvel, ou em prestações relativas a imóvel, far-se-á no lugar onde situado o bem". A primeira parte do dispositivo é, de certa forma, óbvia, porque é evidente que a transferência do imóvel ocorrerá no local em que este se situa, cabendo destacar que a aquisição da propriedade imóvel ocorre com o registro do título no cartório de registro de imóveis. As "prestações relativas a imóvel", indicadas na segunda parte, representam os serviços que só podem ser realizados no imóvel, como as reparações visando a conservação.

Segundo o **art. 329** "ocorrendo motivo grave para que se não efetue o pagamento no lugar determinado, poderá o devedor fazê-lo em outro, sem prejuízo para o credor". Como se observa, a lei não explica o que é "motivo grave". Trata-se de conceito aberto, no qual podem ser enquadradas diversas situações, como, por exemplo, uma doença grave ou uma calamidade pública. Havendo dúvida quando ao alcance do texto, a questão será solucionada pelo juiz.

Finalmente, preceitua o **art. 330 que** "o pagamento reiteradamente feito em outro local faz presumir renúncia do credor relativamente ao previsto no contrato".

O dispositivo permite que uma prática reiterada, ainda que posterior, inverta o lugar do pagamento. Dessa forma, caso o devedor, por repetidas vezes, efetue o pagamento em local diverso do avençado e não havendo oposição do credor, haverá a presunção de que este renunciou ao local previsto no contrato.

4.1.4. *Do tempo do pagamento direto*

É de suma importância definir o momento em que o pagamento deve ser feito. Inicialmente, credor e devedor são livres para estabelecer o tempo ou a data do vencimento.

Em princípio, o credor só pode exigir o cumprimento no vencimento. De igual sorte, o devedor não poderá cumpri-la depois do vencimento, sob pena de suportar os efeitos da mora (art. 397 CC/02).

Analisando-se a questão sob o enfoque do tempo do pagamento as obrigações podem ser: a) *instantâneas*, quando puderem ser exigidas a qualquer momento, eis que o pagamento é à vista; b) *de execução diferida*, quando o pagamento deve ser feito no futuro, em uma única parcela; e c) *execução periódica*, quando o pagamento é de trato sucessivo, prolongando-se no tempo.

Pois bem, dispõe o **art. 331 que** "salvo disposição legal em contrário, não tendo sido ajustada época para o pagamento, pode o credor exigi-lo imediatamente".

O dispositivo, mais uma vez, estabelece uma regra supletiva ao silêncio das partes. Dessa forma, não havendo estipulação de data para pagamento, poderá o credor exigi-lo imediatamente, porque, em regra, a obrigação será instantânea.

Tratando-se, no entanto, de obrigações condicionais, a obrigação só poderá ser exigida com o implemento do evento futuro e incerto, devendo o credor provar que o devedor tomou ciência do fato (art. 332 CC/02).

O art. 333 do atual Código prevê as hipóteses legais que permitem ao credor exigir o cumprimento da obrigação antes do vencimento. São elas:

a) no caso de falência do devedor, ou de concurso de credores;

b) se os bens, hipotecados ou empenhados, forem penhorados em execução por outro credor;

c) se cessarem, ou se se tornarem insuficientes, as garantias do débito, fidejussórias ou reais, e o devedor, intimado, se negar a reforçá-las.

O referido dispositivo guarda estreita relação com o art. 1.425 do atual Código, que regula o vencimento antecipado da dívida garantida por hipoteca.

Cabe destacar que as partes podem convencionar outras hipóteses de vencimento antecipado, como ocorre, por exemplo, nas obrigações de execução continuada, em que o não pagamento de uma ou mais parcelas implicará no vencimento antecipado de todas.

4.2. Dos pagamentos especiais

O pagamento direto constitui o meio regular de extinção das obrigações. No entanto, há outras situações, de extrema importância no cotidiano, em que as obrigações são extintas, sem que ocorra o pagamento, segundo a origem da obrigação.

4.2.1. *Da consignação em pagamento*

Como vimos, o pagamento se qualifica pelo cumprimento voluntário da obrigação, do qual depende a concordância do credor. Este, por vezes, o credor pode recusar o pagamento e, consequentemente, não dar a quitação sob a alegação de que discorda do valor devido.

Para a professora Maria Helena Diniz, "o *pagamento em consignação* é o meio indireto de o devedor exonerar-se do liame obrigacional, consistente no depósito em juízo (consignação judicial) ou em estabelecimento bancário (consignação extrajudicial) da coisa devida, nos casos e formas legais"[31].

A consignação parte do pressuposto de que o devedor tem não só o *dever* mas também o *direito* de cumprir a obrigação para não ter de suportar os efeitos da mora. Representa uma prerrogativa colocada à disposição do devedor para viabilizar o cumprimento da obrigação. Possui, ainda, elementos de direito material e de direito processual.

As hipóteses que autorizam a consignação estão previstas no art. 335 do Código:

a) Se o credor não puder, ou, sem justa causa, recusar receber o pagamento ou dar quitação na devida forma. O texto trata da mora do credor que, *injustificadamente*, se recusa a receber o pagamento ou dar a quitação. Se a recusa é justa, porque o devedor, por exemplo, não quer pagar os juros, não há espaço para a consignação;

b) Se o credor não for nem mandar receber a coisa no lugar, tempo e condição devidos. O dispositivo tem aplicação quando as partes convencionarem que o local do pagamento não será o domicílio do credor, de forma que, nessa situação, caberá ao credor ir buscar o pagamento;

c) Se o credor for incapaz de receber, for desconhecido, declarado ausente, ou residir em lugar incerto ou de acesso perigoso ou difícil. O texto aborda impossibilidades subjetivas do credor que impedem que o devedor seja bem-sucedido em pagar e, consequentemente, obter a quitação. Como exemplo, podem ser citados o caso em que o credor esteja preso e o caso do credor falecido, do qual não se sabe quem são os sucessores;

d) Se ocorrer dúvida sobre quem deva legitimamente receber o objeto do pagamento. Nessa situação, mais de um credor se habilita para receber a

31. *Curso de Direito Civil Brasileiro*. 28ª ed., v. 2. São Paulo: Saraiva, 2013, p. 275.

prestação, de forma que o devedor não tem certeza sobre a titularidade do direito. O exemplo clássico é de competência tributária, quando dois ou mais municípios se julgam no direito de exigir o imposto sobre serviços;

e) Se pender litígio sobre o objeto do pagamento. Havendo, pois, dúvida sobre o próprio objeto da obrigação, o suposto devedor está legitimado a proceder à consignação. Tal caso ocorre, por exemplo, quando há discussão sobre a licitude na cobrança de determinado tributo. Ao contribuinte é lícito discutir a legalidade do tributo e consignar o valor do suposto débito, até que se decida sobre a licitude. Ao final, a parte vencedora levantará a importância consignada.

A doutrina moderna defende que o rol do art. 335 é meramente exemplificativo, sendo permitida a consignação em outras situações não descritas no dispositivo, como, por exemplo, nos casos de revisão contratual[32].

Para que a consignação tenha força de pagamento, é necessário que estejam presentes todos os elementos subjetivos e objetivos da obrigação (art. 336 do CC/02). Deverá, ainda, ser realizada no local do pagamento (art. 337 do CC/02), porque o credor não pode ser obrigado a receber em local diverso do convencionado.

Recaindo a obrigação sobre coisa indeterminada, cuja escolha seja de atribuição do credor, será este citado para tal fim, sob pena de perder o direito à escolha e de ser a coisa depositada (art. 342 do CC/02), haja vista que o devedor não pode ser obrigado a conservar a coisa indefinidamente.

Dispõe o **art. 344, que** "o devedor de obrigação litigiosa exonerar-se-á mediante consignação, mas, se pagar a qualquer dos pretendidos credores, tendo conhecimento do litígio, assumirá o risco do pagamento".

O texto aborda o litígio dos credores entre si, no qual vários credores disputam a titularidade sobre o objeto da obrigação. Nesse caso, o devedor, para se exonerar da obrigação, deverá consignar o pagamento, conforme interpretação conjugada do presente dispositivo e o art. 335, IV, ambos do CC/02. Se, contudo, o devedor efetuar o pagamento a um deles, sabedor do litígio, assumirá o risco de ter de repetir o pagamento ao vencedor.

4.2.2. *Do pagamento com sub-rogação*

Segundo Silvio de Salvo Venosa, "o termo *sub-rogação* significa, em nossa ciência, substituição. A sub-rogação não extingue propriamente a obrigação. O instituto contemplado nos arts. 346 e seguintes (antigo, arts. 985 e ss.) do Código faz substituir o sujeito da obrigação. O termo pode também ser empregado para a sub-rogação *real*, quando uma coisa de um patrimônio é substituída por outra"[33].

32. TARTUCE, Flávio. *Direito Civil*. Vol. 2, 6ª ed. São Paulo: Método, 2013, p. 151.
33. *Direito Civil*. Vol. 2, 4ª ed. São Paulo: Atlas, 2004, p. 283.

O **art. 349 estabelece que** "a sub-rogação transfere ao novo credor todos os direitos, ações, privilégios e garantias do primitivo, em relação à dívida, contra o devedor principal e os fiadores".

A sub-rogação produz dois efeitos: a) o *liberatório*, eis que exonera o devedor de pagar o credor originário; e b) o *translativo*, uma vez que transfere o crédito com todos os privilégios ao credor que efetuou o pagamento.

O art. 346 do Código trata de *sub-rogação legal*, ao disciplinar que se opera de pleno direito, nos casos:

a) Do credor que paga a dívida do devedor comum. O texto aborda a hipótese do devedor que possui mais de um credor. O credor que efetua o pagamento procura defender seu crédito. Pode ocorrer, por exemplo, que um credor, cujo crédito não tenha garantia, pague a dívida do devedor para evitar que o patrimônio deste seja destinado a pagar a dívida com outro credor que possui garantia. Nesse caso, o credor se sub-rogará nos direitos do credor com garantia e poderá, conforme sua conveniência, escolher o melhor momento para executar o devedor;

b) Do adquirente do imóvel hipotecado, que paga a credor hipotecário, bem como do terceiro que efetiva o pagamento para não ser privado de direito sobre imóvel. A previsão legal encontra fundamento no fato de que o imóvel hipotecado responde pelas dívidas que garante. O credor hipotecário poderá perseguir o imóvel, esteja ele com quem estiver;

c) Do terceiro interessado, que paga a dívida pela qual era ou podia ser obrigado, no todo ou em parte. Como visto anteriormente, o dispositivo aplica-se aos casos do devedor solidário que paga a dívida toda ou, ainda, do fiador que paga a dívida do afiançado.

Nesses casos, havendo pagamento parcial, o sub-rogado somente poderá exercer os direitos e ações do credor até o limite do que pagou (art. 350 do CC/02).

O art. 347 trata de *sub-rogação convencional* nos seguintes casos:

a) Quando o credor recebe o pagamento de terceiro e expressamente lhe transfere todos os seus direitos. O dispositivo trata do *terceiro não interessado*, uma vez que o terceiro interessado automaticamente se sub-rogará nos direitos do credor. Neste caso, tem-se, na realidade, uma espécie de cessão de crédito (art. 348 CC/02);

b) Quando terceira pessoa empresta ao devedor a quantia precisa para solver a dívida, sob a condição expressa de ficar o mutuante sub-rogado nos direitos do credor satisfeito. Essa hipótese ocorre com frequência no cotidiano, na qual o devedor, sem a anuência do credor, o substitui por outro, por ser, por exemplo, mais maleável[34]. Carlos Roberto Gonçalves

34. *Curso de Direito Civil Brasileiro*. 28ª ed., v. 2. São Paulo: Saraiva, 2013, p. 298.

explica que essa situação "ocorre, com frequência, nos financiamentos regulados pelo Sistema Financeiro da Habitação, em que o agente financeiro empresta ao adquirente da casa própria (mutuário) a quantia necessária para o pagamento ao alienante, sob a condição *expressa* de ficar sub-rogada nos direitos deste"[35].

Finalmente, estabelece o **art. 351 que** "o credor originário, só em parte reembolsado, terá preferência ao sub-rogado, na cobrança da dívida restante, se os bens do devedor não chegarem para saldar inteiramente o que a um e outro dever".

Havendo pagamento parcial, a dívida será dividida entre os credores. Pela regra prevista no art. 351, o credor originário terá preferência no recebimento, caso o patrimônio do devedor não seja suficiente para pagar os dois.

DA SUB-ROGAÇÃO

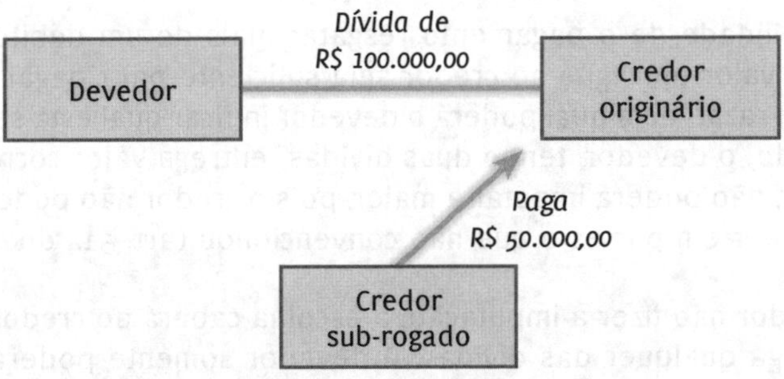

A situação passa a ficar da seguinte forma:

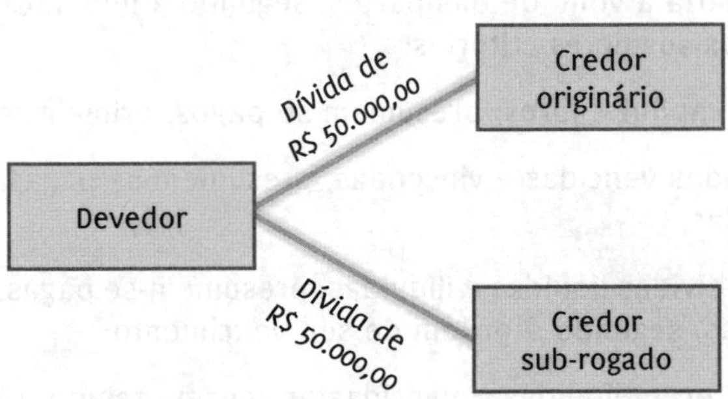

Se os bens do devedor alcançarem o valor de R$ 50.000,00, estes serão destinados integralmente ao credor originário (art. 351 CC)

35. *Direito Civil.* Vol. II, 3ª ed. São Paulo: Saraiva, 2011, p. 314.

4.2.3. *Da imputação do pagamento*

No campo jurídico, *imputar* tem o sentido *indicar*. A imputação do pagamento tem lugar quando o devedor possui vários débitos com um credor. Nessa situação, poderá o devedor indicar qual a dívida que está sendo paga (art. 352, CC/02).

A imputação do pagamento pressupõe a existência dos seguintes requisitos:

a) Pluralidade de débitos, pois se houvesse apenas uma dívida seria desnecessária a imputação;

b) Identidade de partes, pois as relações obrigacionais devem vincular o mesmo credor e o mesmo devedor;

c) Igual natureza das dívidas, no sentido de que seja indiferente para o credor receber uma ou outra. Há, nesse caso, verdadeira fungibilidade dos débitos;

d) Possibilidade de o pagamento resgatar mais de um débito, ou seja, de que o valor entregue ao credor seja suficiente para pagar mais de uma dívida, razão pela qual poderá o devedor indicar qual está sendo paga. Se, contudo, o devedor, tendo duas dívidas, entrega valor correspondente à menor, não poderá imputar a maior, pois o credor não pode ser obrigado a receber em partes o que não convencionou (art. 314 do CC/02).

Se o devedor não fizer a imputação, a escolha caberá ao credor, que poderá considerar paga qualquer das dívidas. O devedor somente poderá reclamar se provar que o credor agiu com violência ou dolo (art. 353 do CC/02). Trata-se da imputação por vontade do credor.

Os arts. 354 e 355, ambos do Código, disciplinam a imputação legal, que tem aplicação subsidiária à vontade das partes. Segundo a imputação legal, deverão ser observados os seguintes critérios:

a) Havendo capital e juros, presumem-se pagos, primeiramente, os juros;

b) Entre dívidas vencidas e vincendas, presumem-se pagas, primeiramente, as vencidas;

c) Havendo dívidas líquidas e ilíquidas, presumem-se pagas, primeiramente, as líquidas, segundo a ordem de seu vencimento;

d) Se todas forem líquidas e vencidas ao mesmo tempo, presume-se paga, primeiramente, a mais onerosa, assim entendida, por exemplo, a que rende juros em relação a que não rende, ou a que possui gravame em relação a que não possui, ou, ainda, a que pode ser exigida mediante processo de execução em relação a que pode ser exigida por meio de ação ordinária.

DA IMPUTAÇÃO AO PAGAMENTO

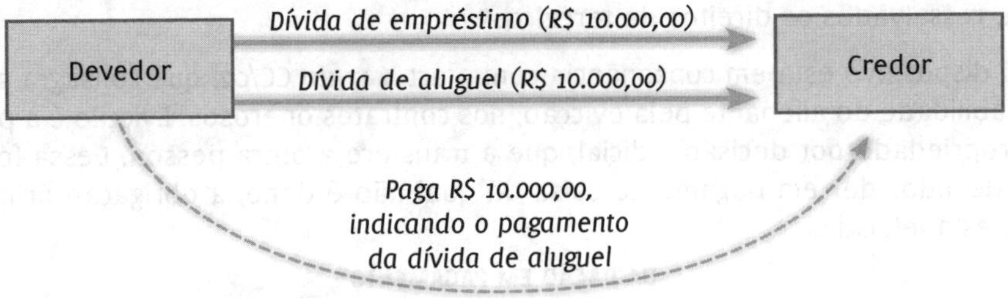

4.2.4. *Da dação em pagamento*

Já vimos que o credor não pode ser compelido a aceitar prestação diversa, ainda que mais valiosa (art. 313 do CC/02).

Contudo, as partes podem convencionar que, para extinção de determinada obrigação, o credor receba prestação diversa da que originariamente se avençou. Nesse sentido, dispõe o **art. 356** que "o credor pode consentir em receber prestação diversa da que lhe é devida".

A dação pode ocorrer, por exemplo, com a substituição de dinheiro por um bem móvel, imóvel ou por um título de crédito; de uma coisa por outra (imóvel por móvel e vice-versa); ou, ainda, de uma coisa por uma obrigação de fazer.

Em regra, não é necessário que a coisa recebida pelo credor seja de valor idêntico à prestação originária, pois o que caracteriza a dação é a substituição da prestação devida. A doutrina tem admitido que o credor possa dar quitação parcial, caso receba uma coisa menos valiosa que o objeto principal da obrigação original.

Segundo o **art. 357**, "determinado o preço da coisa dada em pagamento, as relações entre as partes regular-se-ão pelas normas do contrato de compra e venda".

Como dito, o credor não recebe a prestação que substitui a original por preço certo, mas como satisfação do crédito. No entanto, a fixação de um preço fará com que sejam aplicadas ao negócio as regras inerentes à compra e venda. Não se trata de transformar o negócio em compra venda, mas apenas de aplicar as regras atinentes à compra e venda. Dessa forma, será anulável, por exemplo, a dação em pagamento operada em fraude contra credores (art. 158 e seguintes do CC/02).

Dispõe o **art. 358 que** "se for título de crédito a coisa dada em pagamento, a transferência importará em cessão".

A previsão legal é evidente, porque a transmissão do título importa, necessariamente, na transmissão do crédito nele representado. Transmitindo-se, assim, o título, haverá a cessão do crédito nele consignado. Mais uma vez, cabe ressaltar que a dação não se transforma ou se converte em cessão, mas apenas que devem ser aplicadas as regras inerentes à cessão.

Finalmente, preceitua o **art. 359 que** "se o credor for evicto da coisa recebida em pagamento, restabelecer-se-á a obrigação primitiva, ficando sem efeito a quitação dada, ressalvados os direitos de terceiros".

O dispositivo está em consonância com o art. 447 do CC/02, que consagra a responsabilidade do alienante pela evicção, nos contratos onerosos. Evicção é a perda da propriedade por decisão judicial, que a transfere a outra pessoa. Dessa forma, se o devedor der em pagamento coisa da qual não é dono, a obrigação primitiva será restabelecida.

DA DAÇÃO EM PAGAMENTO

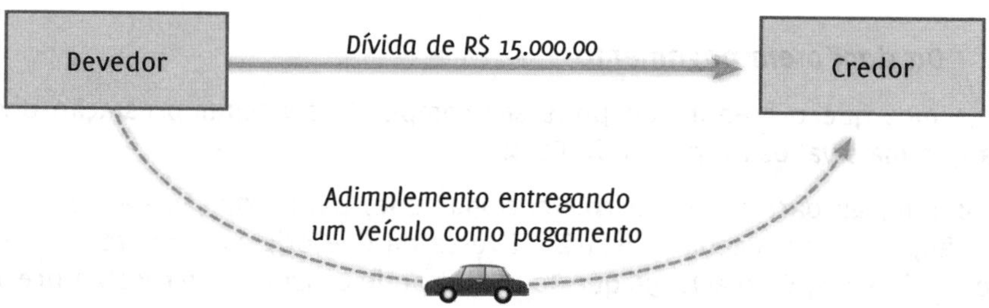

4.2.5. *Da novação*

Ensina Silvio de Salvo Venosa que "a novação é a operação jurídica por meio da qual uma obrigação nova substitui a obrigação originária. O credor e o devedor, ou apenas o credor, dão por extinta a obrigação e criam outra. A existência dessa nova obrigação é condição de extinção da anterior"[36].

Não se trata simplesmente de uma renegociação da obrigação. A novação tem uma natureza mais ampla e representa a extinção da obrigação de maneira não satisfatória, porque o credor não recebe o que originariamente se convencionou, mas adquire um outro direito ou o exerce contra outra pessoa.

A novação, portanto, possui natureza dúplice, porque faz *nascer* uma nova obrigação para *extinguir* a obrigação originária.

Os requisitos da novação são os seguintes:

a) *Existência de obrigação jurídica anterior*, porque a novação visa, exatamente, extinguir uma obrigação. Para que esta seja extinta, é necessário que ela exista. Evidentemente que as obrigações nulas não podem ser objeto de novação, diante do quanto preconizado pelo art. 367 do CC/02;

b) *Criação de obrigação nova*, eis que o que extingue a obrigação primitiva é exatamente a geração de uma nova, que a substitui. Não é possível falar em novação se não for constituída uma nova obrigação;

36. *Direito Civil*. Vol. 2, 4ª ed. São Paulo: Atlas, 2004, p. 299.

c) *Elemento novo*, que represente uma diversidade significativa em relação à obrigação anterior, a ponto de diferenciá-las. Essa inovação ou elemento novo pode recair sobre o objeto ou sobre os sujeitos da obrigação;

d) *Ânimo de novar*, que representa o elemento subjetivo da novação. Tal requisito é de suma importância, porque da novação resulta, necessariamente, a extinção da obrigação anterior. Cabe acrescentar que a intenção de novar deve ser revelada de forma inequívoca e clara, uma vez que a novação não se presume (art. 361 do CC/02).

A novação, ainda, pode ser: a) *real*, quando a inovação ocorre em relação ao objeto da obrigação (art. 360, I, do CC/02); b) *subjetiva*, quando a inovação recai em relação aos sujeitos da obrigação, seja ele o devedor (art. 360, II, do CC/02), ou o credor (art. 360, III, do CC/02); ou c) *mista*, quando a inovação recai sobre o objeto e sobre uma das pessoas que compõem a obrigação. A novação mista é uma construção da doutrina e não consta expressamente do Código Civil.

Dispõe o **art. 363 que** "se o novo devedor for insolvente, não tem o credor, que o aceitou, ação regressiva contra o primeiro, salvo se este obteve por má-fé a substituição".

O texto aborda a novação subjetiva por substituição do devedor, deixando claro que a insolvência do novo devedor correrá por conta e risco do credor. Isso se justifica, uma vez que a substituição do devedor se deu com o consentimento e aceitação do credor. Somente a má-fé do primitivo devedor, ao efetivar a substituição, tem o intuito de restabelecer a obrigação originária.

De igual sorte, havendo novação, os devedores solidários da obrigação primitiva estarão exonerados, exceto se participaram da novação (art. 365 do CC/02). Isso significa que somente permanecerão vinculados à nova obrigação aqueles devedores que dela participarem. A novação exonerará os devedores solidários da primeira obrigação, que não firmaram ou consentiram com a obrigação nova.

Constitui efeito da novação a extinção de todos os acessórios e garantias da dívida primitiva, salvo se as partes convencionarem de forma diversa. O credor, contudo, não poderá ressalvar o penhor, a hipoteca e a anticrese, se os bens dados em garantia forem de terceiro que não participou da novação (art. 364 do CC/02). O dispositivo é corolário dos princípios de que o contrato vincula as partes signatárias e de que o acessório segue o principal.

Estabelece o **art. 366 que** "importa exoneração do fiador a novação feita sem seu consenso com o devedor principal". Trata-se de consequência lógica do disposto no art. 364 do CC/02, de forma que a fiança persistirá na obrigação nova apenas se o fiador concordar.

4.2.6. *Da compensação*

Dispõe o **art. 368 que** "se duas pessoas forem ao mesmo tempo credor e devedor uma da outra, as duas obrigações extinguem-se, até onde se compensarem".

A compensação é uma forma de pagamento indireto de extrema utilidade prática porque visa eliminar que a moeda circule inutilmente.

Como é possível observar, a compensação visa extinguir dívidas recíprocas, nas quais as partes são, ao mesmo tempo, credoras e devedoras umas das outras.

A compensação pode ser: a) *total*, quando os valores das dívidas forem iguais; ou b) *parcial*, quando os valores forem desiguais. Nesse último caso, a compensação se operará até o valor da dívida menor, permanecendo a diferença em favor do credor. Assim, se *A* possui um crédito de R$ 10.000,00 em relação a *B* e este possui um crédito de R$ 6.000,00 em relação a *A*, a compensação ocorrerá até o valor de R$ 6.000,00, permanecendo o crédito de *A* sobre os R$ 4.000,00 restantes.

A compensação pode ser, ainda:

a) *Legal*: que decorre da lei e se opera automática e independentemente da vontade das partes. Para sua caracterização, é necessária a presença dos seguintes requisitos:

   a.1) *Reciprocidade dos créditos*: para que a compensação se opere é indispensável que haja créditos e débitos recíprocos, o que pressupõe, necessariamente, a identidade de credores e devedores. Assim, o credor de uma dívida é devedor de outra e vice-versa. Diante desse requisito, o terceiro não interessado não pode proceder à compensação com o credor, porque, nesse caso, não há reciprocidade, ou seja, identidade de pessoas. Há, no entanto, uma exceção, pois a lei permite que o fiador, que configura terceiro interessado, possa alegar, contra o credor, a compensação de créditos existentes entre o credor e o afiançado (art. 371, segunda parte);

   a.2) *Liquidez das dívidas*: a compensação só ocorre entre dívidas líquidas, ou seja, aquelas cujo valor é certo e determinado (art. 369 do CC/02). Não é possível efetuar a compensação entre uma dívida líquida e outra que ainda demanda apuração;

   a.3) *Exigibilidade das prestações*: a compensação, igualmente, só ocorre entre dívidas vencidas (art. 369 do CC/02). De fato, a dívida somente passa a ser exigível com o advento do vencimento, ocasião em que o devedor poderá ser compelido a cumpri-la;

   a.4) *Fungibilidade dos débitos*: é necessário, também, que os débitos sejam fungíveis entre si (art. 369 do CC/02). Isso significa que não basta que as prestações recaiam sobre coisas fungíveis, porque é indispensável que as coisas sejam fungíveis entre si, ou seja, da mesma natureza. Em outras palavras, uma dívida em dinheiro só pode ser compensada por outra também em dinheiro. Logo, não pode haver compensação entre uma dívida em dinheiro e uma dívida de fazer uma escultura. A questão da fungibilidade é ainda mais relevante porque o art. 370 do CC/02 exige que as coisas fungíveis sejam da mesma *qualidade*. Dessa forma, uma dívida de entregar sacas de arroz tipo "I" só pode ser compensada por outra dívida também de arroz tipo "I".

b) *Convencional*: tem origem na vontade das partes e deriva do princípio da autonomia de vontade. A compensação convencional ocorre, geralmente, quando não estão presentes um ou alguns dos requisitos exigidos para a configuração da compensação legal. Assim, as partes podem convencionar que ocorrerá a compensação entre uma dívida vencida e uma não vencida, ou, ainda, entre uma dívida em dinheiro e uma dívida de entregar sacas de arroz.

c) *Judicial*: ocorre quando determinada pelo juiz, quando presentes os requisitos legais. O exemplo clássico é o da procedência da ação e da reconvenção, em que o autor cobra do réu o valor de R$ 5.000,00 e o réu cobra do autor o valor de R$ 4.000,00. O juiz condenará o réu a pagar somente a diferença de R$ 1.000,00.

O art. 375 do CC/02 prevê que as partes podem, de forma bilateral, excluir a compensação, e, ainda, que esta pode ser renunciada de forma unilateral por uma das partes. Havendo uma ou outra situação (exclusão bilateral ou renúncia unilateral) a compensação não ocorrerá.

Há, quanto a esse dispositivo, grande discussão na doutrina. Sobre ele existem três teses.

A primeira defende que a compensação legal envolve matéria de ordem pública, de forma que a vontade das partes não pode afastá-la, seja pela exclusão ou pela renúncia.

A segunda tese sustenta que as cláusulas de exclusão e de renúncia só terão validade nos contratos em que houver plena paridade entre as partes. Logo, tais cláusulas não terão validade, por exemplo, nos contratos de adesão, em que uma das partes impõe o conteúdo do negócio à outra, que, incapaz de discutir, apenas adere.

A terceira argumenta que a compensação não envolve matéria de ordem pública, sendo sua natureza eminentemente privada. Dessa forma, diante dos princípios da autonomia de vontade e da força obrigatória dos contratos, as cláusulas de exclusão e de renúncia serão válidas para todas as modalidades de contrato.

Segundo o art. 373, a compensação ocorrerá ainda que as dívidas tenham causas distintas, exceto: a) se provier de esbulho, furto ou roubo; b) se uma se originar de comodato, depósito ou alimentos; e c) se uma for de coisa não suscetível de penhora.

A vedação consubstanciada no item "a" é de ordem moral, porque as situações ali expostas constituem atos ilícitos. O "credor" que agiu contra o direito não pode invocar a compensação em seu benefício.

A vedação imposta ao comodato e ao depósito indicados no item "b", se justifica porque nessas modalidades uma das partes recebe a coisa em confiança com o dever de restituir. Dessa forma, não pode a parte que recebe a coisa com o dever de restituir invocar a compensação em seu favor. No caso dos alimentos, a proibição é evidente, porque os alimentos visam garantir a subsistência da pessoa, não estando, portanto, sujeitos à devolução (art. 1.707 do CC/02).

Finalmente, as coisas impenhoráveis não podem ser objeto de compensação, porque se não podem responder por uma dívida não podem ser compensadas. Caso contrário, se estaria permitindo a alienação de uma coisa que a lei diz ser, em regra, impenhorável.

Segundo o **art. 377**, "o devedor que, notificado, nada opõe à cessão que o credor faz a terceiros dos seus direitos, não pode opor ao cessionário a compensação, que antes da cessão teria podido opor ao cedente. Se, porém, a cessão lhe não tiver sido notificada, poderá opor ao cessionário compensação do crédito que antes tinha contra o cedente".

O dispositivo é claro. O devedor, notificado da cessão de crédito realizada pelo credor a terceiro deve opor-se a ela e demonstrar que iria opor a compensação contra o credor. Se permanecer silente, não poderá invocar a compensação contra o cessionário (terceiro).

O art. 378 permite a dedução das despesas quando as dívidas compensáveis serão pagas em locais distintos. A finalidade da norma é impedir o enriquecimento ilícito, porque uma das partes pode ter elevadas despesas de locomoção, transporte, ou, ainda, de câmbio para que a compensação se opere.

Preceitua o **art. 379 que** "sendo a mesma pessoa obrigada por várias dívidas compensáveis, serão observadas, no compensá-las, as regras estabelecidas quanto à imputação do pagamento". Logo, havendo pluralidade de débitos compensáveis, aplicam-se as regras relativas à imputação do pagamento, já analisadas.

Finalmente, dispõe o **art. 380** que "não se admite a compensação em prejuízo de direito de terceiro. O devedor que se torne credor do seu credor, depois de penhorado o crédito deste, não pode opor ao exequente a compensação, de que contra o próprio credor disporia".

Como se observa, a compensação não pode ocasionar prejuízos a terceiros, que não participaram no negócio. O que é relevante, para a proteção dos interesses do terceiro, é que a penhora tenha sido efetivada antes que as dívidas estivessem aptas a serem compensadas.

DA COMPENSAÇÃO TOTAL

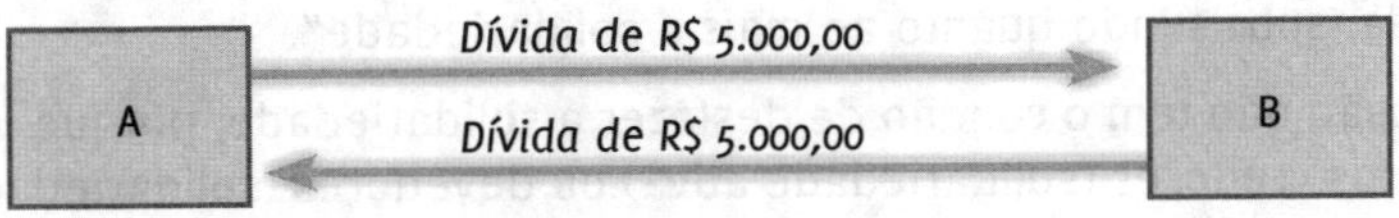

As dívidas se compensam integralmente

DA COMPENSAÇÃO PARCIAL

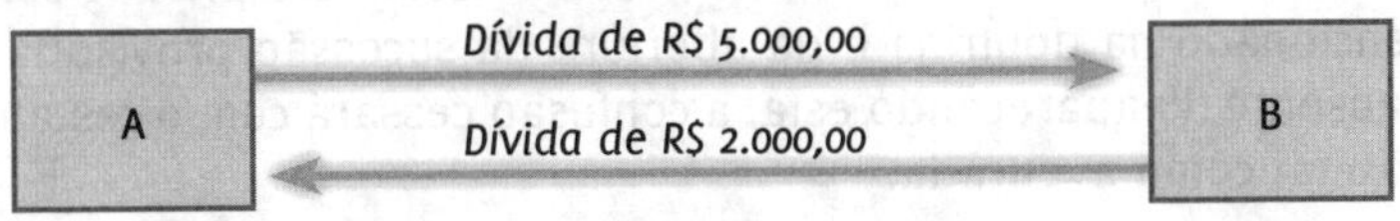

As dívidas se compensam em R$ 2.000,00

4.2.7. *Da confusão*

Preceitua o **art. 381 que** "extingue-se a obrigação, desde que na mesma pessoa se confundam as qualidades de credor e devedor".

A obrigação pressupõe a existência de um sujeito ativo e um passivo, ou seja, de um que pode exigir o cumprimento da prestação e outro que deve cumprir a prestação. Se, contudo, as figuras do sujeito ativo e passivo ficam concentradas na mesma pessoa, dá-se a confusão.

A confusão acarreta a extinção da obrigação não porque a obrigação é satisfeita, mas porque não se pode exigir que uma pessoa cumpra a obrigação em benefício próprio. Nos dizeres de Carlos Roberto Gonçalves, há "impossibilidade do exercício simultâneo da ação creditória e da prestação"[37].

Imagine, por exemplo, um empréstimo tomado entre irmãos, no qual o irmão *A* empresta ao irmão *B* a quantia de R$ 50.000,00. Falecendo o credor *A*, sem deixar descendentes, ascendentes e cônjuge/companheira, seu sucessor legal será o irmão *B*, que o sucederá em todos os direitos. Nessa situação, dar-se-á a confusão porque o irmão *B* tornara-se credor e devedor de si mesmo.

Segundo o art. 382 do CC/02, a confusão pode ser total ou parcial, conforme se dê na totalidade ou não da dívida. Conforme o exemplo anterior, se o irmão *B* for o único herdeiro de *A*, a confusão será total. No entanto, se existirem mais irmãos para sucedê-lo, a confusão será parcial. A análise da matéria é semelhante à compensação.

37. *Direito Civil*. Vol. II, 3ª ed. São Paulo: Saraiva, 2011, p. 359/360.

Estabelece o **art. 383** que "A confusão operada na pessoa do credor ou devedor solidário só extingue a obrigação até a concorrência da respectiva parte no crédito, ou na dívida, subsistindo quanto ao mais a solidariedade".

A confusão não tem o condão de desfazer a solidariedade, porque, nesse caso, haverá outros credores (solidariedade ativa) ou devedores (solidariedade passiva) participantes do negócio. Em ambos os casos, a confusão será apenas parcial.

Nos termos do **art. 384** "cessando a confusão, para logo se restabelece, com todos os seus acessórios, a obrigação anterior".

Uma vez cessados os motivos que acarretaram a confusão, a obrigação automaticamente se restabelece com todos os seus acessórios e privilégios. O exemplo clássico mencionado na doutrina é da abertura da sucessão provisória de pessoa declarada ausente. Reaparecendo esta, a confusão cessará com o restabelecimento da obrigação tal como avençada.

4.2.8. *Da remissão de dívidas*

Remissão é o perdão da dívida. Representa uma liberalidade do credor, que exonera o devedor do cumprimento da obrigação.

Dispõe o **art. 385 que** "a remissão da dívida, aceita pelo devedor, extingue a obrigação, mas sem prejuízo de terceiro".

Pelo texto, observa-se que a remissão é um negócio bilateral, porque exige a aceitação do devedor.

O ilustre Carlos Roberto Gonçalves traz importante lição ao consignar que "a remissão é espécie do gênero *renúncia*. Embora não se confundam, equivalem-se quanto aos efeitos. A renúncia é unilateral, enquanto a remissão se reveste de caráter convencional, porque depende de aceitação"[38].

A remissão pode ser total ou parcial conforme se dê, respectivamente, no todo ou em parte da dívida. Pode ser, ainda, expressa, tácita ou presumida.

Será expressa quando o credor a externar por instrumento público ou particular, por ato *inter vivos* ou *mortis causa*.

Será tácita quando o comportamento do credor, embora não expresso, demonstrar intenção liberatória, porque suas atitudes se mostram incompatíveis com a preservação do direito, como ocorre, por exemplo, quando destrói o título.

Será, ainda, presumida em duas situações: a) *pela devolução voluntária do título*, no caso do art. 386 do CC/02; e b) *pela devolução do objeto empenhado*, no caso do art. 387 do CC/02.

Por derradeiro, estabelece o **art. 388 que** "a remissão concedida a um dos codevedores extingue a dívida na parte a ele correspondente; de modo que, ainda

38. *Direito Civil*. Vol. II, 3ª ed. São Paulo: Saraiva, 2011, p. 364.

reservando o credor a solidariedade contra os outros, já lhes não pode cobrar o débito sem dedução da parte remitida".

O texto está em consonância com o art. 277, já estudado. Havendo remissão em benefício de um dos codevedores, subsistirá a solidariedade quanto aos demais, mas o credor, ao exigir a dívida, deverá deduzir a parte remitida.

5. DO INADIMPLEMENTO CONTRATUAL

5.1. Introdução

As obrigações são criadas para serem cumpridas, diante do princípio da força obrigatória dos contratos. Em regra, as obrigações são cumpridas voluntariamente, seja por iniciativa do próprio devedor ou por posterior interpelação feita pelo credor.

No entanto, não são raros os casos em que o devedor deixa de cumprir a obrigação, o que acarreta no inadimplemento obrigacional, e, consequentemente, na imputação da responsabilidade.

O inadimplemento obrigacional pode ser: a) *culposo*, quando o descumprimento ocorre porque o devedor não observa um dever de cautela e age com culpa em sentido amplo (dolo e culpa). Nesse caso, cabe ao credor exigir o cumprimento forçado ou a indenização devida; ou b) *fortuito*, quando o descumprimento deriva de eventos imprevisíveis e inevitáveis (caso fortuito e força maior), que não podem ser imputados ao devedor.

O inadimplemento contratual, pode ser, ainda: a) *parcial*, também chamado de *mora*, que se caracteriza pelo descumprimento parcial, seja em relação ao tempo, lugar e forma convencionados, mas que ainda pode ser cumprida; e b) *total*, também conhecido como *absoluto*, que se configura quando a obrigação não pode mais ser cumprida porque não é mais útil ao credor.

Como se observa, o inadimplemento contratual é verificado segundo o critério de *utilidade* da obrigação para o credor. Assim, se a obrigação ainda é útil ao credor, tem-se o descumprimento parcial, caracterizado pela mora. Se, contudo, a obrigação não é mais útil ao credor, tem-se o descumprimento total.

Flávio Tartuce ilustra a questão com um exemplo extremamente feliz. "Imagine-se o caso em que alguém contratou a entrega de um bolo de noiva para o dia do seu casamento. A entrega foi pactuada para 19 horas, estando o casamento marcado para 20 horas e servindo o bolo como decoração do local da celebração. Até o primeiro horário não haverá mora ou inadimplemento caso o bolo não seja entregue. A partir das 19 horas e 1 minuto, haverá mora, pois a obrigação ainda pode ser cumprida. Entretanto, com a entrada da noiva na igreja, às 20 horas e 1 minuto, haverá inadimplemento absoluto. A obrigação, no último caso, tornou-se imprestável, inútil ao credor"[39].

39. *Direito Civil*. Vol. 2, 6ª ed. São Paulo: Método, 2013, p. 194.

5.2. Do inadimplemento absoluto da obrigação

Segundo o **art. 389, "não** cumprida a obrigação, responde o devedor por perdas e danos, mais juros e atualização monetária segundo índices oficiais regularmente estabelecidos, e honorários de advogado".

O texto trata do inadimplemento *culposo* e *absoluto*, prevendo que o devedor inadimplente arcará com perdas e danos, juros, atualização monetária e honorários advocatícios.

O atual dispositivo inova em relação ao art. 1.056 do CC/16, ao acrescentar a atualização monetária, os juros e os honorários advocatícios. Tais acréscimos apenas incorporaram a posição da jurisprudência, que já incluíam tais verbas nas condenações.

Com efeito, sobre os juros, a súmula 254 do STF estabelece que: "Incluem-se os juros moratórios na liquidação, embora omisso o pedido inicial ou a condenação".

Os honorários advocatícios são previstos no art. 20 do Código de Processo Civil.

A atualização monetária, por sua vez, visa impedir a desvalorização da moeda pela inflação e garantir o poder de compra. Visa, também, impedir que o devedor se enriqueça ilicitamente ao se furtar do pagamento da correção monetária.

Como dito, o art. 389 pressupõe que o devedor não tenha cumprido a obrigação de maneira culposa. Esse dispositivo tem aplicação na responsabilidade civil contratual, eis que a responsabilidade civil extracontratual tem amparo no art. 186 do CC/02.

Segundo o art. 393, o devedor, em regra, não responde pelo inadimplemento fortuito da obrigação. Tal dispositivo será melhor analisado adiante, no capítulo que estuda a responsabilidade civil.

5.3. Da mora

Dispõe o **art. 394 que** "considera-se em mora o devedor que não efetuar o pagamento e o credor que não quiser recebê-lo no tempo, lugar e forma que a lei ou a convenção estabelecer".

A mora se configurará não só quando houver atraso no pagamento, mas, também, quando o pagamento for efetuado na data correta, mas em lugar ou forma diversa da convencionada. Haverá mora tanto no descumprimento contratual quanto na violação à lei, como, por exemplo, na prática de ato ilícito.

A mora pode ser de três espécies:

a) Mora do devedor: caracterizada quando este, culposamente, não cumpre a obrigação no prazo, forma e lugar devidos, indicados pela lei ou pelo contrato;

b) Mora do credor: caracterizada quando este, injustamente, se recusa a aceitar o adimplemento da obrigação no prazo, forma e lugar devidos;

c) Mora de ambas as partes: que ocorre quando há mora simultânea. Nesse caso, a doutrina tradicional sugere que as partes sejam colocadas no estado em que estavam anteriormente, como se não houvesse mora de qualquer dos contratantes. É indispensável, contudo, que a mora do credor e do devedor sejam simultâneas, pois se a mora de um preceder a do outro, apenas a última é que produzirá efeitos.

Novamente, cabe a observação de que o descumprimento da obrigação, por parte do devedor, deve ser culposo, conforme preceitua o art. 396 do CC/02.

Dispõe o **art. 397** que "o inadimplemento da obrigação, positiva e líquida, no seu termo, constitui de pleno direito em mora o devedor".

Nas obrigações positivas (dar ou fazer) e líquidas (com valor certo), a mora do devedor se caracterizará automaticamente com o não cumprimento. Em tais casos, portanto, não há necessidade de qualquer conduta do credor, como, por exemplo a notificação, para que o devedor seja constituído em mora. No entanto, quando as obrigações não tiverem data para cumprimento, a mora do devedor só se verifica com a interpelação judicial ou extrajudicial feita pelo credor (art. 397, parágrafo único do CC/02).

Cabe acrescentar que, nas relações contratuais de compra e venda de imóveis loteados em prestações, os devedores somente serão constituídos em mora depois de notificados judicialmente ou pelo Cartório de Registro de Imóveis, com prazo de trinta dias, ainda que as parcelas tenham valor certo e data estipulada para pagamento, a respeito do que preconiza o art. 14 do Decreto-Lei 58/37.

Nas obrigações decorrentes de ato ilícito, o devedor estará em mora desde a data em que praticou o ato (art. 398 do CC/02). Nesse sentido, dispõe a súmula 54 do STJ que "os juros moratórios fluem a partir do evento danoso, em caso de responsabilidade extracontratual".

Para a configuração da mora do credor, no entanto, a doutrina moderna não exige que a recusa seja culposa, mas tão somente que seja injusta, ou seja, que a recusa do credor não tenha justa causa.

Nesse sentido, preceitua o **art. 400 que** "a mora do credor subtrai o devedor isento de dolo à responsabilidade pela conservação da coisa, obriga o credor a ressarcir as despesas empregadas em conservá-la, e sujeita-o a recebê-la pela estimação mais favorável ao devedor, se o seu valor oscilar entre o dia estabelecido para o pagamento e o da sua efetivação".

Sobre o dispositivo é importante destacar que a mora do credor subtrai a responsabilidade do devedor *isento de dolo*. Isso significa que, ainda que o credor recuse o recebimento da coisa devida, o devedor deve manter uma diligência mínima para evitar que a coisa pereça.

Ainda segundo o art. 400, a mora do credor faz com que este seja responsabilizado pelas *despesas de conservação da coisa* e, também, pela *oscilação do preço*. Ora, a responsabilidade por tais medidas se justifica porque o credor não pode lucrar ou ser beneficiado com sua mora, ou seja, por sua desídia. Dessa forma, havendo aumento do valor da soja no mercado, o credor suportará a diferença, porque não pode se beneficiar da desvalorização da coisa no período de sua mora.

5.4. Da purgação da mora

Silvio de Salvo Venosa ensina que "purgar a mora é o ato pelo qual a parte que nela incorreu retira-lhe os efeitos. Aplica-se tanto no caso do devedor, como no caso do credor. Diz-se também emendar a mora, ou reparar a mora"[40].

O art. 401 estabelece duas situações em que a mora pode ser emendada:

a) por parte do devedor, oferecendo este a prestação mais a importância dos prejuízos decorrentes do dia da oferta (inciso I): compete ao devedor oferecer a prestação com os acréscimos devidos, como, por exemplo, cláusula penal e juros moratórios;

b) por parte do credor, oferecendo-se este a receber o pagamento e sujeitando-se aos efeitos da mora até a mesma data (inciso II): a purgação da mora do credor se dá quando este se dispõe a receber a prestação e reembolsa as despesas relativas à conservação da coisa (art. 440 do CC/02).

É importante destacar que não se confunde *purgação da mora* com *cessação da mora*. Esta possui efeitos pretéritos, porque decorre da extinção da obrigação, como, por exemplo, no caso em que o devedor em mora tem a dívida perdoada. Nesse caso, tem-se a cessação da mora porque a obrigação foi extinta. A purgação, contudo, só produz efeitos futuros, eis que não impede os já produzidos.

5.5. Dos juros remuneratórios e moratórios

Juros são os rendimentos do capital e constituem o pagamento pela utilização do capital alheio[41].

Os juros podem ser classificados em:

a) *Remuneratórios*: decorrentes da utilização do capital de outrem, como ocorre, por exemplo, nos contratos de mútuo. É permitida a capitalização anual, segundo o art. 591, parte final do CC/02;

b) *Moratórios*: decorrentes como consequência do atraso ou retardamento no cumprimento da obrigação. São devidos da data em que o devedor é constituído em mora e ainda que o credor não alegue ou prove eventual prejuízo suportado (art. 407 do CC/02);

40. *Direito Civil*. Vol. 2, 4ª ed. São Paulo: Atlas, 2004, p. 250.
41. *Direito Civil*. Vol. II, 3ª ed. São Paulo: Saraiva, 2011, p. 401.

c) *Convencionais*: cujo valor é pactuado pelas partes, de comum acordo;

d) *Legais*: quando resultantes ou impostos pela lei. Os juros legais incidirão mesmo quando as partes não convencionarem expressamente, mas estarão limitados à "taxa que estiver em vigor para a mora do pagamento de impostos devidos à Fazenda Nacional" (art. 406 do CC/02). Há um forte embate na doutrina e na jurisprudência sobre qual seria a taxa indicada no art. 406. Alguns autores sustentam que a referida taxa se trata da Selic. Outros, no entanto, sustentam que essa taxa é a prevista no art. 161, §1º, do CTN, ou seja, de 1% ao mês, porque a Selic contém juros e correção monetária. Há decisões em ambos os sentidos, sendo que este autor filia-se à corrente que entende se tratar da taxa constante do art. 161, §1º, do CTN;

e) *Simples*: quando são computados apenas sobre o valor principal, isto é, do capital inicial;

f) *Compostos*: quando são calculados sobre o principal e sobre os juros, que passarão a integrar o principal para efeito de cálculo. Ocorre, nesse caso, a capitalização, que pode ocorrer anualmente (art. 591, parte final, do CC/02). É a prática conhecida como "contar juros dos juros".

Pela redação do art. 406, percebe-se que os juros moratórios podem ser tanto convencionais, quando sua estipulação decorre de negociação das partes, quanto legais, quando resultarem da lei.

Não obstante as disposições constantes do Código Civil, o Egrégio Superior Tribunal de Justiça entendeu que as instituições bancárias e outros agentes do Sistema Financeiro Nacional não se restringem às limitações impostas pelo Código, porque estão agasalhados pela Lei 4.595/64, que, por ser lei especial, não foi revogada pelo Código Civil, que é lei geral.

6. LEGISLAÇÃO APLICÁVEL AO CAPÍTULO

PARTE ESPECIAL

LIVRO I

DO DIREITO DAS OBRIGAÇÕES

TÍTULO I

DAS MODALIDADES DAS OBRIGAÇÕES

CAPÍTULO I

DAS OBRIGAÇÕES DE DAR

Seção I

Das Obrigações de Dar Coisa Certa

Art. 233. A obrigação de dar coisa certa abrange os acessórios dela embora não mencionados, salvo se o contrário resultar do título ou das circunstâncias do caso.

Art. 234. Se, no caso do artigo antecedente, a coisa se perder, sem culpa do devedor, antes da tradição, ou pendente a condição suspensiva, fica resolvida a obrigação para ambas as partes; se a perda resultar de culpa do devedor, responderá este pelo equivalente e mais perdas e danos.

Art. 235. Deteriorada a coisa, não sendo o devedor culpado, poderá o credor resolver a obrigação, ou aceitar a coisa, abatido de seu preço o valor que perdeu.

Art. 236. Sendo culpado o devedor, poderá o credor exigir o equivalente, ou aceitar a coisa no estado em que se acha, com direito a reclamar, em um ou em outro caso, indenização das perdas e danos.

Art. 237. Até a tradição pertence ao devedor a coisa, com os seus melhoramentos e acrescidos, pelos quais poderá exigir aumento no preço; se o credor não anuir, poderá o devedor resolver a obrigação.

Parágrafo único. Os frutos percebidos são do devedor, cabendo ao credor os pendentes.

Art. 238. Se a obrigação for de restituir coisa certa, e esta, sem culpa do devedor, se perder antes da tradição, sofrerá o credor a perda, e a obrigação se resolverá, ressalvados os seus direitos até o dia da perda.

Art. 239. Se a coisa se perder por culpa do devedor, responderá este pelo equivalente, mais perdas e danos.

Art. 240. Se a coisa restituível se deteriorar sem culpa do devedor, recebê-la-á o credor, tal qual se ache, sem direito a indenização; se por culpa do devedor, observar-se-á o disposto no art. 239.

Art. 241. Se, no caso do art. 238, sobrevier melhoramento ou acréscimo à coisa, sem despesa ou trabalho do devedor, lucrará o credor, desobrigado de indenização.

Art. 242. Se para o melhoramento, ou aumento, empregou o devedor trabalho ou dispêndio, o caso se regulará pelas normas deste Código atinentes às benfeitorias realizadas pelo possuidor de boa-fé ou de má-fé.

Parágrafo único. Quanto aos frutos percebidos, observar-se-á, do mesmo modo, o disposto neste Código, acerca do possuidor de boa-fé ou de má-fé.

Seção II
Das Obrigações de Dar Coisa Incerta

Art. 243. A coisa incerta será indicada, ao menos, pelo gênero e pela quantidade.

Art. 244. Nas coisas determinadas pelo gênero e pela quantidade, a escolha pertence ao devedor, se o contrário não resultar do título da obrigação; mas não poderá dar a coisa pior, nem será obrigado a prestar a melhor.

Art. 245. Cientificado da escolha o credor, vigorará o disposto na Seção antecedente.

Art. 246. Antes da escolha, não poderá o devedor alegar perda ou deterioração da coisa, ainda que por força maior ou caso fortuito.

CAPÍTULO II
DAS OBRIGAÇÕES DE FAZER

Art. 247. Incorre na obrigação de indenizar perdas e danos o devedor que recusar a prestação a ele só imposta, ou só por ele exequível.

Art. 248. Se a prestação do fato tornar-se impossível sem culpa do devedor, resolver-se-á a obrigação; se por culpa dele, responderá por perdas e danos.

Art. 249. Se o fato puder ser executado por terceiro, será livre ao credor mandá-lo executar à custa do devedor, havendo recusa ou mora deste, sem prejuízo da indenização cabível.

Parágrafo único. Em caso de urgência, pode o credor, independentemente de autorização judicial, executar ou mandar executar o fato, sendo depois ressarcido.

CAPÍTULO III
DAS OBRIGAÇÕES DE NÃO FAZER

Art. 250. Extingue-se a obrigação de não fazer, desde que, sem culpa do devedor, se lhe torne impossível abster-se do ato, que se obrigou a não praticar.

Art. 251. Praticado pelo devedor o ato, a cuja abstenção se obrigara, o credor pode exigir dele que o desfaça, sob pena de se desfazer à sua custa, ressarcindo o culpado perdas e danos.

Parágrafo único. Em caso de urgência, poderá o credor desfazer ou mandar desfazer, independentemente de autorização judicial, sem prejuízo do ressarcimento devido.

CAPÍTULO IV
DAS OBRIGAÇÕES ALTERNATIVAS

Art. 252. Nas obrigações alternativas, a escolha cabe ao devedor, se outra coisa não se estipulou.

§ 1º Não pode o devedor obrigar o credor a receber parte em uma prestação e parte em outra.

§ 2º Quando a obrigação for de prestações periódicas, a faculdade de opção poderá ser exercida em cada período.

§ 3º No caso de pluralidade de optantes, não havendo acordo unânime entre eles, decidirá o juiz, findo o prazo por este assinado para a deliberação.

§ 4º Se o título deferir a opção a terceiro, e este não quiser, ou não puder exercê-la, caberá ao juiz a escolha se não houver acordo entre as partes.

Art. 253. Se uma das duas prestações não puder ser objeto de obrigação ou se tornada inexequível, subsistirá o débito quanto à outra.

Art. 254. Se, por culpa do devedor, não se puder cumprir nenhuma das prestações, não competindo ao credor a escolha, ficará aquele obrigado a pagar o valor da que por último se impossibilitou, mais as perdas e danos que o caso determinar.

Art. 255. Quando a escolha couber ao credor e uma das prestações tornar-se impossível por culpa do devedor, o credor terá direito de exigir a prestação subsistente ou o valor da outra, com perdas e danos; se, por culpa do devedor, ambas as prestações se tornarem inexequíveis, poderá o credor reclamar o valor de qualquer das duas, além da indenização por perdas e danos.

Art. 256. Se todas as prestações se tornarem impossíveis sem culpa do devedor, extinguir-se-á a obrigação.

CAPÍTULO V
DAS OBRIGAÇÕES DIVISÍVEIS E INDIVISÍVEIS

Art. 257. Havendo mais de um devedor ou mais de um credor em obrigação divisível, esta presume-se dividida em tantas obrigações, iguais e distintas, quantos os credores ou devedores.

Art. 258. A obrigação é indivisível quando a prestação tem por objeto uma coisa ou um fato não suscetíveis de divisão, por sua natureza, por motivo de ordem econômica, ou dada a razão determinante do negócio jurídico.

Art. 259. Se, havendo dois ou mais devedores, a prestação não for divisível, cada um será obrigado pela dívida toda.

Parágrafo único. O devedor, que paga a dívida, sub-roga-se no direito do credor em relação aos outros coobrigados.

Art. 260. Se a pluralidade for dos credores, poderá cada um destes exigir a dívida inteira; mas o devedor ou devedores se desobrigarão, pagando:

I – a todos conjuntamente;

II – a um, dando este caução de ratificação dos outros credores.

Art. 261. Se um só dos credores receber a prestação por inteiro, a cada um dos outros assistirá o direito de exigir dele em dinheiro a parte que lhe caiba no total.

Art. 262. Se um dos credores remitir a dívida, a obrigação não ficará extinta para com os outros; mas estes só a poderão exigir, descontada a quota do credor remitente.

Parágrafo único. O mesmo critério se observará no caso de transação, novação, compensação ou confusão.

Art. 263. Perde a qualidade de indivisível a obrigação que se resolver em perdas e danos.

§ 1º Se, para efeito do disposto neste artigo, houver culpa de todos os devedores, responderão todos por partes iguais.

§ 2º Se for de um só a culpa, ficarão exonerados os outros, respondendo só esse pelas perdas e danos.

CAPÍTULO VI
DAS OBRIGAÇÕES SOLIDÁRIAS

Seção I
Disposições Gerais

Art. 264. Há solidariedade, quando na mesma obrigação concorre mais de um credor, ou mais de um devedor, cada um com direito, ou obrigado, à dívida toda.

Art. 265. A solidariedade não se presume; resulta da lei ou da vontade das partes.

Art. 266. A obrigação solidária pode ser pura e simples para um dos cocredores ou codevedores, e condicional, ou a prazo, ou pagável em lugar diferente, para o outro.

Seção II
Da Solidariedade Ativa

Art. 267. Cada um dos credores solidários tem direito a exigir do devedor o cumprimento da prestação por inteiro.

Art. 268. Enquanto alguns dos credores solidários não demandarem o devedor comum, a qualquer daqueles poderá este pagar.

Art. 269. O pagamento feito a um dos credores solidários extingue a dívida até o montante do que foi pago.

Art. 270. Se um dos credores solidários falecer deixando herdeiros, cada um destes só terá direito a exigir e receber a quota do crédito que corresponder ao seu quinhão hereditário, salvo se a obrigação for indivisível.

Art. 271. Convertendo-se a prestação em perdas e danos, subsiste, para todos os efeitos, a solidariedade.

Art. 272. O credor que tiver remitido a dívida ou recebido o pagamento responderá aos outros pela parte que lhes caiba.

Art. 273. A um dos credores solidários não pode o devedor opor as exceções pessoais oponíveis aos outros.

Art. 274. O julgamento contrário a um dos credores solidários não atinge os demais; o julgamento favorável aproveita-lhes, a menos que se funde em exceção pessoal ao credor que o obteve. (Vide Lei nº 13.105, de 2015) (Vigência)

Seção III
Da Solidariedade Passiva

Art. 275. O credor tem direito a exigir e receber de um ou de alguns dos devedores, parcial ou totalmente, a dívida comum; se o pagamento tiver

LEGISLAÇÃO

sido parcial, todos os demais devedores continuam obrigados solidariamente pelo resto.

Parágrafo único. Não importará renúncia da solidariedade a propositura de ação pelo credor contra um ou alguns dos devedores.

Art. 276. Se um dos devedores solidários falecer deixando herdeiros, nenhum destes será obrigado a pagar senão a quota que corresponder ao seu quinhão hereditário, salvo se a obrigação for indivisível; mas todos reunidos serão considerados como um devedor solidário em relação aos demais devedores.

Art. 277. O pagamento parcial feito por um dos devedores e a remissão por ele obtida não aproveitam aos outros devedores, senão até à concorrência da quantia paga ou relevada.

Art. 278. Qualquer cláusula, condição ou obrigação adicional, estipulada entre um dos devedores solidários e o credor, não poderá agravar a posição dos outros sem consentimento destes.

Art. 279. Impossibilitando-se a prestação por culpa de um dos devedores solidários, subsiste para todos o encargo de pagar o equivalente; mas pelas perdas e danos só responde o culpado.

Art. 280. Todos os devedores respondem pelos juros da mora, ainda que a ação tenha sido proposta somente contra um; mas o culpado responde aos outros pela obrigação acrescida.

Art. 281. O devedor demandado pode opor ao credor as exceções que lhe forem pessoais e as comuns a todos; não lhe aproveitando as exceções pessoais a outro codevedor.

Art. 282. O credor pode renunciar à solidariedade em favor de um, de alguns ou de todos os devedores.

Parágrafo único. Se o credor exonerar da solidariedade um ou mais devedores, subsistirá a dos demais.

Art. 283. O devedor que satisfez a dívida por inteiro tem direito a exigir de cada um dos codevedores a sua quota, dividindo-se igualmente por todos a do insolvente, se o houver, presumindo-se iguais, no débito, as partes de todos os codevedores.

Art. 284. No caso de rateio entre os codevedores, contribuirão também os exonerados da solidariedade pelo credor, pela parte que na obrigação incumbia ao insolvente.

Art. 285. Se a dívida solidária interessar exclusivamente a um dos devedores, responderá este por toda ela para com aquele que pagar.

TÍTULO II
DA TRANSMISSÃO DAS OBRIGAÇÕES

CAPÍTULO I
DA CESSÃO DE CRÉDITO

Art. 286. O credor pode ceder o seu crédito, se a isso não se opuser a natureza da obrigação, a lei, ou a convenção com o devedor; a cláusula proibitiva da cessão não poderá ser oposta ao cessionário de boa-fé, se não constar do instrumento da obrigação.

Art. 287. Salvo disposição em contrário, na cessão de um crédito abrangem-se todos os seus acessórios.

Art. 288. É ineficaz, em relação a terceiros, a transmissão de um crédito, se não celebrar-se mediante instrumento público, ou instrumento particular revestido das solenidades do § 1º do art. 654.

Art. 289. O cessionário de crédito hipotecário tem o direito de fazer averbar a cessão no registro do imóvel.

Art. 290. A cessão do crédito não tem eficácia em relação ao devedor, senão quando a este notificada; mas por notificado se tem o devedor que, em escrito público ou particular, se declarou ciente da cessão feita.

Art. 291. Ocorrendo várias cessões do mesmo crédito, prevalece a que se completar com a tradição do título do crédito cedido.

Art. 292. Fica desobrigado o devedor que, antes de ter conhecimento da cessão, paga ao credor primitivo, ou que, no caso de mais de uma cessão notificada, paga ao cessionário que lhe apresenta, com o título de cessão, o da obrigação cedida; quando o crédito constar de escritura pública, prevalecerá a prioridade da notificação.

Art. 293. Independentemente do conhecimento da cessão pelo devedor, pode o cessionário exercer os atos conservatórios do direito cedido.

Art. 294. O devedor pode opor ao cessionário as exceções que lhe competirem, bem como as que, no momento em que veio a ter conhecimento da cessão, tinha contra o cedente.

Art. 295. Na cessão por título oneroso, o cedente, ainda que não se responsabilize, fica responsável ao cessionário pela existência do crédito ao tempo em que lhe cedeu; a mesma responsabilidade lhe cabe nas cessões por título gratuito, se tiver procedido de má-fé.

Art. 296. Salvo estipulação em contrário, o cedente não responde pela solvência do devedor.

Art. 297. O cedente, responsável ao cessionário pela solvência do devedor, não responde por mais do que daquele recebeu, com os respectivos juros; mas tem de ressarcir-lhe as despesas da cessão e as que o cessionário houver feito com a cobrança.

Art. 298. O crédito, uma vez penhorado, não pode mais ser transferido pelo credor que tiver conhecimento da penhora; mas o devedor que o pagar, não tendo notificação dela, fica exonerado, subsistindo somente contra o credor os direitos de terceiro.

CAPÍTULO II
DA ASSUNÇÃO DE DÍVIDA

Art. 299. É facultado a terceiro assumir a obrigação do devedor, com o consentimento expresso do credor, ficando exonerado o devedor primitivo, salvo se aquele, ao tempo da assunção, era insolvente e o credor o ignorava.

Parágrafo único. Qualquer das partes pode assinar prazo ao credor para que consinta na assunção da dívida, interpretando-se o seu silêncio como recusa.

Art. 300. Salvo assentimento expresso do devedor primitivo, consideram-se extintas, a partir da assunção da dívida, as garantias especiais por ele originariamente dadas ao credor.

Art. 301. Se a substituição do devedor vier a ser anulada, restaura-se o débito, com todas as suas garantias, salvo as garantias prestadas por terceiros, exceto se este conhecia o vício que inquinava a obrigação.

Art. 302. O novo devedor não pode opor ao credor as exceções pessoais que competiam ao devedor primitivo.

Art. 303. O adquirente de imóvel hipotecado pode tomar a seu cargo o pagamento do crédito garantido; se o credor, notificado, não impugnar em trinta dias a transferência do débito, entender-se-á dado o assentimento.

TÍTULO III
DO ADIMPLEMENTO E EXTINÇÃO DAS OBRIGAÇÕES

CAPÍTULO I
DO PAGAMENTO

Seção I
De Quem Deve Pagar

Art. 304. Qualquer interessado na extinção da dívida pode pagá-la, usando, se o credor se opuser, dos meios conducentes à exoneração do devedor.

Parágrafo único. Igual direito cabe ao terceiro não interessado, se o fizer em nome e à conta do devedor, salvo oposição deste.

Art. 305. O terceiro não interessado, que paga a dívida em seu próprio nome, tem direito a reembolsar-se do que pagar; mas não se sub-roga nos direitos do credor.

Parágrafo único. Se pagar antes de vencida a dívida, só terá direito ao reembolso no vencimento.

Art. 306. O pagamento feito por terceiro, com desconhecimento ou oposição do devedor, não obriga a reembolsar aquele que pagou, se o devedor tinha meios para ilidir a ação.

Art. 307. Só terá eficácia o pagamento que importar transmissão da propriedade, quando feito por quem possa alienar o objeto em que ele consistiu.

Parágrafo único. Se se der em pagamento coisa fungível, não se poderá mais reclamar do credor que, de boa-fé, a recebeu e consumiu, ainda que o solvente não tivesse o direito de aliená-la.

Seção II
Daqueles a Quem se Deve Pagar

Art. 308. O pagamento deve ser feito ao credor ou a quem de direito o represente, sob pena de só valer depois de por ele ratificado, ou tanto quanto reverter em seu proveito.

Art. 309. O pagamento feito de boa-fé ao credor putativo é válido, ainda provado depois que não era credor.

Art. 310. Não vale o pagamento cientemente feito ao credor incapaz de quitar, se o devedor não provar que em benefício dele efetivamente reverteu.

Art. 311. Considera-se autorizado a receber o pagamento o portador da quitação, salvo se as circunstâncias contrariarem a presunção daí resultante.

Art. 312. Se o devedor pagar ao credor, apesar de intimado da penhora feita sobre o crédito, ou da impugnação a ele oposta por terceiros, o pagamento não valerá contra estes, que poderão constranger o devedor a pagar de novo, ficando-lhe ressalvado o regresso contra o credor.

Seção III
Do Objeto do Pagamento e Sua Prova

Art. 313. O credor não é obrigado a receber prestação diversa da que lhe é devida, ainda que mais valiosa.

▸ LEGISLAÇÃO

Art. 314. Ainda que a obrigação tenha por objeto prestação divisível, não pode o credor ser obrigado a receber, nem o devedor a pagar, por partes, se assim não se ajustou.

Art. 315. As dívidas em dinheiro deverão ser pagas no vencimento, em moeda corrente e pelo valor nominal, salvo o disposto nos artigos subsequentes.

Art. 316. É lícito convencionar o aumento progressivo de prestações sucessivas.

Art. 317. Quando, por motivos imprevisíveis, sobrevier desproporção manifesta entre o valor da prestação devida e o do momento de sua execução, poderá o juiz corrigi-lo, a pedido da parte, de modo que assegure, quanto possível, o valor real da prestação.

Art. 318. São nulas as convenções de pagamento em ouro ou em moeda estrangeira, bem como para compensar a diferença entre o valor desta e o da moeda nacional, excetuados os casos previstos na legislação especial.

Art. 319. O devedor que paga tem direito a quitação regular, e pode reter o pagamento, enquanto não lhe seja dada.

Art. 320. A quitação, que sempre poderá ser dada por instrumento particular, designará o valor e a espécie da dívida quitada, o nome do devedor, ou quem por este pagou, o tempo e o lugar do pagamento, com a assinatura do credor, ou do seu representante.

Parágrafo único. Ainda sem os requisitos estabelecidos neste artigo valerá a quitação, se de seus termos ou das circunstâncias resultar haver sido paga a dívida.

Art. 321. Nos débitos, cuja quitação consista na devolução do título, perdido este, poderá o devedor exigir, retendo o pagamento, declaração do credor que inutilize o título desaparecido.

Art. 322. Quando o pagamento for em quotas periódicas, a quitação da última estabelece, até prova em contrário, a presunção de estarem solvidas as anteriores.

Art. 323. Sendo a quitação do capital sem reserva dos juros, estes presumem-se pagos.

Art. 324. A entrega do título ao devedor firma a presunção do pagamento.

Parágrafo único. Ficará sem efeito a quitação assim operada se o credor provar, em sessenta dias, a falta do pagamento.

Art. 325. Presumem-se a cargo do devedor as despesas com o pagamento e a quitação; se ocorrer aumento por fato do credor, suportará este a despesa acrescida.

Art. 326. Se o pagamento se houver de fazer por medida, ou peso, entender-se-á, no silêncio das partes, que aceitaram os do lugar da execução.

Seção IV
Do Lugar do Pagamento

Art. 327. Efetuar-se-á o pagamento no domicílio do devedor, salvo se as partes convencionarem diversamente, ou se o contrário resultar da lei, da natureza da obrigação ou das circunstâncias.

Parágrafo único. Designados dois ou mais lugares, cabe ao credor escolher entre eles.

Art. 328. Se o pagamento consistir na tradição de um imóvel, ou em prestações relativas a imóvel, far-se-á no lugar onde situado o bem.

Art. 329. Ocorrendo motivo grave para que se não efetue o pagamento no lugar determinado, poderá o devedor fazê-lo em outro, sem prejuízo para o credor.

Art. 330. O pagamento reiteradamente feito em outro local faz presumir renúncia do credor relativamente ao previsto no contrato.

Seção V
Do Tempo do Pagamento

Art. 331. Salvo disposição legal em contrário, não tendo sido ajustada época para o pagamento, pode o credor exigi-lo imediatamente.

Art. 332. As obrigações condicionais cumprem-se na data do implemento da condição, cabendo ao credor a prova de que deste teve ciência o devedor.

Art. 333. Ao credor assistirá o direito de cobrar a dívida antes de vencido o prazo estipulado no contrato ou marcado neste Código:

I – no caso de falência do devedor, ou de concurso de credores;

II – se os bens, hipotecados ou empenhados, forem penhorados em execução por outro credor;

III – se cessarem, ou se se tornarem insuficientes, as garantias do débito, fidejussórias, ou reais, e o devedor, intimado, se negar a reforçá-las.

Parágrafo único. Nos casos deste artigo, se houver, no débito, solidariedade passiva, não se reputará vencido quanto aos outros devedores solventes.

CAPÍTULO II
DO PAGAMENTO EM CONSIGNAÇÃO

Art. 334. Considera-se pagamento, e extingue a obrigação, o depósito judicial ou em estabelecimento bancário da coisa devida, nos casos e forma legais.

Art. 335. A consignação tem lugar:

I – se o credor não puder, ou, sem justa causa, recusar receber o pagamento, ou dar quitação na devida forma;

II – se o credor não for, nem mandar receber a coisa no lugar, tempo e condição devidos;

III – se o credor for incapaz de receber, for desconhecido, declarado ausente, ou residir em lugar incerto ou de acesso perigoso ou difícil;

IV – se ocorrer dúvida sobre quem deva legitimamente receber o objeto do pagamento;

V – se pender litígio sobre o objeto do pagamento.

Art. 336. Para que a consignação tenha força de pagamento, será mister concorram, em relação às pessoas, ao objeto, modo e tempo, todos os requisitos sem os quais não é válido o pagamento.

Art. 337. O depósito requerer-se-á no lugar do pagamento, cessando, tanto que se efetue, para o depositante, os juros da dívida e os riscos, salvo se for julgado improcedente.

Art. 338. Enquanto o credor não declarar que aceita o depósito, ou não o impugnar, poderá o devedor requerer o levantamento, pagando as respectivas despesas, e subsistindo a obrigação para todas as consequências de direito.

Art. 339. Julgado procedente o depósito, o devedor já não poderá levantá-lo, embora o credor consinta, senão de acordo com os outros devedores e fiadores.

Art. 340. O credor que, depois de contestar a lide ou aceitar o depósito, aquiescer no levantamento, perderá a preferência e a garantia que lhe competiam com respeito à coisa consignada, ficando para logo desobrigados os codevedores e fiadores que não tenham anuído.

Art. 341. Se a coisa devida for imóvel ou corpo certo que deva ser entregue no mesmo lugar onde está, poderá o devedor citar o credor para vir ou mandar recebê-la, sob pena de ser depositada.

Art. 342. Se a escolha da coisa indeterminada competir ao credor, será ele citado para esse fim, sob cominação de perder o direito e de ser depositada a coisa que o devedor escolher; feita a escolha pelo devedor, proceder-se-á como no artigo antecedente.

Art. 343. As despesas com o depósito, quando julgado procedente, correrão à conta do credor, e, no caso contrário, à conta do devedor.

Art. 344. O devedor de obrigação litigiosa exonerar-se-á mediante consignação, mas, se pagar a qualquer dos pretendidos credores, tendo conhecimento do litígio, assumirá o risco do pagamento.

Art. 345. Se a dívida se vencer, pendendo litígio entre credores que se pretendem mutuamente excluir, poderá qualquer deles requerer a consignação.

CAPÍTULO III
DO PAGAMENTO COM SUB-ROGAÇÃO

Art. 346. A sub-rogação opera-se, de pleno direito, em favor:

I – do credor que paga a dívida do devedor comum;

II – do adquirente do imóvel hipotecado, que paga a credor hipotecário, bem como do terceiro que efetiva o pagamento para não ser privado de direito sobre imóvel;

III – do terceiro interessado, que paga a dívida pela qual era ou podia ser obrigado, no todo ou em parte.

Art. 347. A sub-rogação é convencional:

I – quando o credor recebe o pagamento de terceiro e expressamente lhe transfere todos os seus direitos;

II – quando terceira pessoa empresta ao devedor a quantia precisa para solver a dívida, sob a condição expressa de ficar o mutuante sub-rogado nos direitos do credor satisfeito.

Art. 348. Na hipótese do inciso I do artigo antecedente, vigorará o disposto quanto à cessão do crédito.

Art. 349. A sub-rogação transfere ao novo credor todos os direitos, ações, privilégios e garantias do primitivo, em relação à dívida, contra o devedor principal e os fiadores.

Art. 350. Na sub-rogação legal o sub-rogado não poderá exercer os direitos e as ações do credor, senão até à soma que tiver desembolsado para desobrigar o devedor.

Art. 351. O credor originário, só em parte reembolsado, terá preferência ao sub-rogado, na cobrança da dívida restante, se os bens do devedor não chegarem para saldar inteiramente o que a um e outro dever.

CAPÍTULO IV
DA IMPUTAÇÃO DO PAGAMENTO

Art. 352. A pessoa obrigada por dois ou mais débitos da mesma natureza, a um só credor, tem o direito de indicar a qual deles oferece pagamento, se todos forem líquidos e vencidos.

Art. 353. Não tendo o devedor declarado em qual das dívidas líquidas e vencidas quer imputar o pagamento, se aceitar a quitação de uma delas, não terá direito a reclamar contra a imputação feita pelo credor, salvo provando haver ele cometido violência ou dolo.

Art. 354. Havendo capital e juros, o pagamento imputar-se-á primeiro nos juros vencidos, e depois no capital, salvo estipulação em contrário, ou se o credor passar a quitação por conta do capital.

Art. 355. Se o devedor não fizer a indicação do art. 352, e a quitação for omissa quanto à imputação, esta se fará nas dívidas líquidas e vencidas em primeiro lugar. Se as dívidas forem todas líquidas e vencidas ao mesmo tempo, a imputação far-se-á na mais onerosa.

CAPÍTULO V
DA DAÇÃO EM PAGAMENTO

Art. 356. O credor pode consentir em receber prestação diversa da que lhe é devida.

Art. 357. Determinado o preço da coisa dada em pagamento, as relações entre as partes regular-se-ão pelas normas do contrato de compra e venda.

Art. 358. Se for título de crédito a coisa dada em pagamento, a transferência importará em cessão.

Art. 359. Se o credor for evicto da coisa recebida em pagamento, restabelecer-se-á a obrigação primitiva, ficando sem efeito a quitação dada, ressalvados os direitos de terceiros.

CAPÍTULO VI
DA NOVAÇÃO

Art. 360. Dá-se a novação:

I - quando o devedor contrai com o credor nova dívida para extinguir e substituir a anterior;

II - quando novo devedor sucede ao antigo, ficando este quite com o credor;

III - quando, em virtude de obrigação nova, outro credor é substituído ao antigo, ficando o devedor quite com este.

Art. 361. Não havendo ânimo de novar, expresso ou tácito mas inequívoco, a segunda obrigação confirma simplesmente a primeira.

Art. 362. A novação por substituição do devedor pode ser efetuada independentemente de consentimento deste.

Art. 363. Se o novo devedor for insolvente, não tem o credor, que o aceitou, ação regressiva contra o primeiro, salvo se este obteve por má-fé a substituição.

Art. 364. A novação extingue os acessórios e garantias da dívida, sempre que não houver estipulação em contrário. Não aproveitará, contudo, ao credor ressalvar o penhor, a hipoteca ou a anticrese, se os bens dados em garantia pertencerem a terceiro que não foi parte na novação.

Art. 365. Operada a novação entre o credor e um dos devedores solidários, somente sobre os bens do que contrair a nova obrigação subsistem as preferências e garantias do crédito novado. Os outros devedores solidários ficam por esse fato exonerados.

Art. 366. Importa exoneração do fiador a novação feita sem seu consenso com o devedor principal.

Art. 367. Salvo as obrigações simplesmente anuláveis, não podem ser objeto de novação obrigações nulas ou extintas.

CAPÍTULO VII
DA COMPENSAÇÃO

Art. 368. Se duas pessoas forem ao mesmo tempo credor e devedor uma da outra, as duas obrigações extinguem-se, até onde se compensarem.

Art. 369. A compensação efetua-se entre dívidas líquidas, vencidas e de coisas fungíveis.

Art. 370. Embora sejam do mesmo gênero as coisas fungíveis, objeto das duas prestações, não se compensarão, verificando-se que diferem na qualidade, quando especificada no contrato.

Art. 371. O devedor somente pode compensar com o credor o que este lhe dever; mas o fiador pode compensar sua dívida com a de seu credor ao afiançado.

Art. 372. Os prazos de favor, embora consagrados pelo uso geral, não obstam a compensação.

Art. 373. A diferença de causa nas dívidas não impede a compensação, exceto:

I - se provier de esbulho, furto ou roubo;

II - se uma se originar de comodato, depósito ou alimentos;

III - se uma for de coisa não suscetível de penhora.

~~Art. 374. A matéria da compensação, no que concerne às dívidas fiscais e parafiscais, é regida pelo disposto neste capítulo.~~ (Revogado pela Lei nº 10.677, de 22.5.2003)

Art. 375. Não haverá compensação quando as partes, por mútuo acordo, a excluírem, ou no caso de renúncia prévia de uma delas.

Art. 376. Obrigando-se por terceiro uma pessoa, não pode compensar essa dívida com a que o credor dele lhe dever.

Art. 377. O devedor que, notificado, nada opõe à cessão que o credor faz a terceiros dos seus direitos, não pode opor ao cessionário a compensação, que antes da cessão teria podido opor ao cedente. Se, porém, a cessão lhe não tiver sido notificada, poderá opor ao cessionário compensação do crédito que antes tinha contra o cedente.

Art. 378. Quando as duas dívidas não são pagáveis no mesmo lugar, não se podem compensar sem dedução das despesas necessárias à operação.

Art. 379. Sendo a mesma pessoa obrigada por várias dívidas compensáveis, serão observadas, no compensá-las, as regras estabelecidas quanto à imputação do pagamento.

Art. 380. Não se admite a compensação em prejuízo de direito de terceiro. O devedor que se torne credor do seu credor, depois de penhorado o crédito deste, não pode opor ao exequente a compensação, de que contra o próprio credor disporia.

CAPÍTULO VIII
DA CONFUSÃO

Art. 381. Extingue-se a obrigação, desde que na mesma pessoa se confundam as qualidades de credor e devedor.

Art. 382. A confusão pode verificar-se a respeito de toda a dívida, ou só de parte dela.

Art. 383. A confusão operada na pessoa do credor ou devedor solidário só extingue a obrigação até a concorrência da respectiva parte no crédito, ou na dívida, subsistindo quanto ao mais a solidariedade.

Art. 384. Cessando a confusão, para logo se restabelece, com todos os seus acessórios, a obrigação anterior.

CAPÍTULO IX
DA REMISSÃO DAS DÍVIDAS

Art. 385. A remissão da dívida, aceita pelo devedor, extingue a obrigação, mas sem prejuízo de terceiro.

Art. 386. A devolução voluntária do título da obrigação, quando por escrito particular, prova desoneração do devedor e seus coobrigados, se o credor for capaz de alienar, e o devedor capaz de adquirir.

Art. 387. A restituição voluntária do objeto empenhado prova a renúncia do credor à garantia real, não a extinção da dívida.

Art. 388. A remissão concedida a um dos codevedores extingue a dívida na parte a ele correspondente; de modo que, ainda reservando o credor a solidariedade contra os outros, já lhes não pode cobrar o débito sem dedução da parte remitida.

TÍTULO IV
DO INADIMPLEMENTO DAS OBRIGAÇÕES

CAPÍTULO I
DISPOSIÇÕES GERAIS

Art. 389. Não cumprida a obrigação, responde o devedor por perdas e danos, mais juros e atualização monetária segundo índices oficiais regularmente estabelecidos, e honorários de advogado.

Art. 390. Nas obrigações negativas o devedor é havido por inadimplente desde o dia em que executou o ato de que se devia abster.

Art. 391. Pelo inadimplemento das obrigações respondem todos os bens do devedor.

Art. 392. Nos contratos benéficos, responde por simples culpa o contratante, a quem o contrato aproveite, e por dolo aquele a quem não favoreça. Nos contratos onerosos, responde cada uma das partes por culpa, salvo as exceções previstas em lei.

Art. 393. O devedor não responde pelos prejuízos resultantes de caso fortuito ou força maior, se expressamente não se houver por eles responsabilizado.

Parágrafo único. O caso fortuito ou de força maior verifica-se no fato necessário, cujos efeitos não era possível evitar ou impedir.

CAPÍTULO II
DA MORA

Art. 394. Considera-se em mora o devedor que não efetuar o pagamento e o credor que não quiser recebê-lo no tempo, lugar e forma que a lei ou a convenção estabelecer.

Art. 395. Responde o devedor pelos prejuízos a que sua mora der causa, mais juros, atualização dos valores monetários segundo índices oficiais regularmente estabelecidos, e honorários de advogado.

Parágrafo único. Se a prestação, devido à mora, se tornar inútil ao credor, este poderá enjeitá-la, e exigir a satisfação das perdas e danos.

Art. 396. Não havendo fato ou omissão imputável ao devedor, não incorre este em mora.

Art. 397. O inadimplemento da obrigação, positiva e líquida, no seu termo, constitui de pleno direito em mora o devedor.

Parágrafo único. Não havendo termo, a mora se constitui mediante interpelação judicial ou extrajudicial.

Art. 398. Nas obrigações provenientes de ato ilícito, considera-se o devedor em mora, desde que o praticou.

Art. 399. O devedor em mora responde pela impossibilidade da prestação, embora essa impossibilidade resulte de caso fortuito ou de força maior, se estes ocorrerem durante o atraso; salvo se provar isenção de culpa, ou que o dano sobreviria ainda quando a obrigação fosse oportunamente desempenhada.

Art. 400. A mora do credor subtrai o devedor isento de dolo à responsabilidade pela conservação da coisa, obriga o credor a ressarcir as despesas empregadas em conservá-la, e sujeita-o a recebê-la pela estimação mais favorável ao devedor, se o seu valor oscilar entre o dia estabelecido para o pagamento e o da sua efetivação.

Art. 401. Purga-se a mora:

I – por parte do devedor, oferecendo este a prestação mais a importância dos prejuízos decorrentes do dia da oferta;

II – por parte do credor, oferecendo-se este a receber o pagamento e sujeitando-se aos efeitos da mora até a mesma data.

CAPÍTULO III
DAS PERDAS E DANOS

Art. 402. Salvo as exceções expressamente previstas em lei, as perdas e danos devidas ao credor abrangem, além do que ele efetivamente perdeu, o que razoavelmente deixou de lucrar.

Art. 403. Ainda que a inexecução resulte de dolo do devedor, as perdas e danos só incluem os prejuízos efetivos e os lucros cessantes por efeito dela direto e imediato, sem prejuízo do disposto na lei processual.

Art. 404. As perdas e danos, nas obrigações de pagamento em dinheiro, serão pagas com atualização monetária segundo índices oficiais regularmente estabelecidos, abrangendo juros, custas e honorários de advogado, sem prejuízo da pena convencional.

Parágrafo único. Provado que os juros da mora não cobrem o prejuízo, e não havendo pena convencional, pode o juiz conceder ao credor indenização suplementar.

Art. 405. Contam-se os juros de mora desde a citação inicial.

CAPÍTULO IV
DOS JUROS LEGAIS

Art. 406. Quando os juros moratórios não forem convencionados, ou o forem sem taxa estipulada, ou quando provierem de determinação da lei, serão fixados segundo a taxa que estiver em vigor para a mora do pagamento de impostos devidos à Fazenda Nacional.

Art. 407. Ainda que se não alegue prejuízo, é obrigado o devedor aos juros da mora que se contarão assim às dívidas em dinheiro, como às prestações de outra natureza, uma vez que lhes esteja fixado o valor pecuniário por sentença judicial, arbitramento, ou acordo entre as partes.

CAPÍTULO V
DA CLÁUSULA PENAL

Art. 408. Incorre de pleno direito o devedor na cláusula penal, desde que, culposamente, deixe de cumprir a obrigação ou se constitua em mora.

Art. 409. A cláusula penal estipulada conjuntamente com a obrigação, ou em ato posterior, pode referir-se à inexecução completa da obrigação, à de alguma cláusula especial ou simplesmente à mora.

Art. 410. Quando se estipular a cláusula penal para o caso de total inadimplemento da obrigação, esta converter-se-á em alternativa a benefício do credor.

Art. 411. Quando se estipular a cláusula penal para o caso de mora, ou em segurança especial de outra cláusula determinada, terá o credor o arbítrio de exigir a satisfação da pena cominada, juntamente com o desempenho da obrigação principal.

Art. 412. O valor da cominação imposta na cláusula penal não pode exceder o da obrigação principal.

Art. 413. A penalidade deve ser reduzida equitativamente pelo juiz se a obrigação principal tiver sido cumprida em parte, ou se o montante da penalidade for manifestamente excessivo, tendo-se em vista a natureza e a finalidade do negócio.

Art. 414. Sendo indivisível a obrigação, todos os devedores, caindo em falta um deles, incorrerão na pena; mas esta só se poderá demandar integralmente do culpado, respondendo cada um dos outros somente pela sua quota.

Parágrafo único. Aos não culpados fica reservada a ação regressiva contra aquele que deu causa à aplicação da pena.

Art. 415. Quando a obrigação for divisível, só incorre na pena o devedor ou o herdeiro do devedor que a infringir, e proporcionalmente à sua parte na obrigação.

Art. 416. Para exigir a pena convencional, não é necessário que o credor alegue prejuízo.

Parágrafo único. Ainda que o prejuízo exceda ao previsto na cláusula penal, não pode o credor exigir indenização suplementar se assim não foi convencionado. Se o tiver sido, a pena vale como mínimo da indenização, competindo ao credor provar o prejuízo excedente.

CAPÍTULO VI
DAS ARRAS OU SINAL

Art. 417. Se, por ocasião da conclusão do contrato, uma parte der à outra, a título de arras, dinheiro ou outro bem móvel, deverão as arras, em caso de execução, ser restituídas ou computadas na prestação devida, se do mesmo gênero da principal.

Art. 418. Se a parte que deu as arras não executar o contrato, poderá a outra tê-lo por desfeito, retendo-as; se a inexecução for de quem recebeu as arras, poderá quem as deu haver o contrato por desfeito, e exigir sua devolução mais o equivalente, com atualização monetária segundo índices oficiais regularmente estabelecidos, juros e honorários de advogado.

Art. 419. A parte inocente pode pedir indenização suplementar, se provar maior prejuízo, valendo as arras como taxa mínima. Pode, também, a parte inocente exigir a execução do contrato, com as perdas e danos, valendo as arras como o mínimo da indenização.

Art. 420. Se no contrato for estipulado o direito de arrependimento para qualquer das partes, as arras ou sinal terão função unicamente indenizatória. Neste caso, quem as deu perdê-las-á em benefício da outra parte; e quem as recebeu devolvê-las-á, mais o equivalente. Em ambos os casos não haverá direito a indenização suplementar.

QUESTÕES
CAPÍTULO VII

01. (Analista Judiciário – Área Judiciária – TRT 8 / 2010 / FCC) Em determinado contrato, convencionaram as partes duas obrigações alternativas, bem como que, na data do cumprimento, a escolha caberia ao credor. Ocorre que, uma das obrigações convencionadas tornou-se fisicamente inexequível. Nesse caso,

a) o credor poderá escolher outra obrigação similar para substituir a que se tornou inexequível.
b) não haverá escolha e a obrigação subsistirá quanto à prestação remanescente.
c) o negócio jurídico será rescindido, voltando as partes ao estado anterior à sua celebração.
d) o devedor poderá escolher outra prestação para substituir a que se tornou inexequível.
e) as partes deverão pedir ao juiz que indique outra prestação para substituir a que se tornou inexequível.

COMENTÁRIO

Alternativa "b" – correta: consoante o art. 253 do Código Civil, se uma das duas prestações se tornar inexequível, subsistirá o débito quanto à outra.

Alternativa "a" – errada: o art. 253 do Código Civil determina que, se uma das duas prestações não puder ser objeto de obrigação ou se tornar inexequível, subsistirá o débito quanto à outra.

Alternativa "c" – errada: neste caso, não há que se falar em extinção do negócio jurídico. Somente há extinção da obrigação quando todas as prestações se tornarem impossíveis, sem culpa do devedor (art. 256 do Código Civil).

Alternativa "d" – errada: a escolha só cabe ao devedor se outra coisa não se estipulou (art. 252, *caput* do Código Civil). Entretanto, nesta situação, as partes convencionaram que a escolha caberia ao credor.

Alternativa "e" – errada: nas obrigações alternativas, há interferência do juiz em apenas duas situações: quando houver pluralidade de optantes e estes não chegarem a um acordo unânime (art. 252, § 3º do Código Civil) e quando o título deferir a opção a terceiro, este não quiser ou não puder exercê-la e, em seguida, as partes não chegarem a um acordo (art. 252, § 4º do Código Civil).

02. (Analista Judiciário – Área Judiciária – TRT 11 / 2012 / FCC) Considere as seguintes assertivas a respeito da obrigação de dar coisa certa e da obrigação de dar coisa incerta:

I. Até a tradição pertence ao devedor a coisa, com os seus melhoramentos e acrescidos, pelos quais poderá exigir aumento no preço. Os frutos percebidos são do devedor, cabendo ao credor os pendentes.
II. Em regra, a obrigação de dar coisa certa abrange os acessórios dela embora não mencionados.
III. Antes da escolha, não poderá o devedor alegar perda ou deterioração da coisa, ainda que por força maior ou caso fortuito.
IV. A coisa incerta será indicada, ao menos, pelo gênero. Nas coisas determinadas pelo gênero, em regra, a escolha pertence ao credor.

De acordo com o Código Civil brasileiro está correto o que se afirma APENAS em

a) I, II e III.
b) I, II e IV.
c) I e III.
d) II, III e IV.
e) II e IV.

QUESTÕES DE CONCURSOS

COMENTÁRIOS

Alternativa correta: "a".

Item I – correto: a coisa pertence ao devedor até a tradição, com os seus melhoramentos e acrescidos, pelos quais poderá exigir aumento no preço; se o credor não anuir com esse aumento, poderá o devedor resolver a obrigação (art. 237, *caput* do Código Civil). Lembrando que os frutos percebidos são do devedor, enquanto os pendentes são do credor (art. 237, parágrafo único do Código Civil).

Item II – correto: a obrigação de dar coisa certa abrange os acessórios dela, mesmo que não mencionados, salvo se o contrário resultar do título ou das circunstâncias do caso (art. 233 do Código Civil). Desse modo, a regra é de que as coisas acessórias devem ser entregues com a coisa principal.

Item III – correto: no caso das obrigações de dar coisa incerta, enquanto não houver a escolha, não poderá o devedor alegar perda ou deterioração da coisa, ainda que por força maior ou caso fortuito, uma vez que o gênero não perece (art. 246 do Código Civil).

Item IV – errado: o item contém dois erros. O primeiro é que a coisa incerta deve ser indicada, ao menos, pelo gênero e pela quantidade (art. 243 do Código Civil). E o segundo erro é que nas coisas determinadas pelo gênero e pela quantidade, a escolha, em regra, pertence ao devedor (art. 244 do Código Civil).

03. (Analista Judiciário - Área Judiciária - TRT 11 / 2012 / FCC) De acordo com o Código Civil brasileiro, o pagamento feito de boa-fé ao credor putativo é

a) inválido, desde que seja arguida a nulidade no prazo decadencial de dois anos contados do pagamento.
b) válido, exceto se provado depois que não era credor.
c) inválido em qualquer hipótese podendo ser arguida a qualquer momento.
d) válido, ainda provado depois que não era credor.
e) inválido, desde que seja arguida a nulidade no prazo decadencial de um ano contado do pagamento.

COMENTÁRIOS

Nota do autor: vale ressaltar que credor putativo é "aquele que se apresenta aos olhos de todos como o verdadeiro credor"[1]. Quer dizer, é quem aparenta ser credor.

Alternativa "d" – correta (responde todas as demais alternativas): o pagamento feito de boa-fé ao credor putativo é considerado válido, ainda que se prove depois que este não era o verdadeiro credor (art. 309 do Código Civil).

04. (Analista Judiciário - Área Judiciária - TRT 14 / 2011 / FCC) Nas obrigações[1]

a) divisíveis, se um dos credores remitir a dívida, a obrigação ficará extinta para com os outros.
b) de fazer, se o fato puder ser realizado por terceiro, será livre ao credor mandá-lo executar à custa do devedor, havendo recusa ou mora deste, o que o isentará da responsabilidade por perdas e danos.
c) alternativas, se o título deferir a opção a terceiro, e este não quiser, ou não puder exercê-la, a escolha caberá ao credor.
d) de dar coisa certa, se a obrigação for de restituir coisa certa e esta, sem culpa do devedor, se perder antes da tradição, sofrerá o credor a perda, e a obrigação se resolverá, ressalvados os seus direitos até o dia da perda.
e) solidárias, havendo solidariedade ativa, convertendo-se a prestação em perdas e danos, extingue-se, para todos os efeitos, a solidariedade.

COMENTÁRIOS

Alternativa "d" – correta: a alternativa é a transcrição literal do art. 238 do Código Civil. A obrigação de restituir é uma subespécie da obrigação de dar. Neste tipo de obrigação, a coisa se acha com o devedor para seu uso, mas pertence ao credor, tendo o devedor a obrigação de devolver a coisa ao credor. Uma vez que o credor é o dono da coisa, ele sofre os riscos a que a coisa está sujeita, segundo a regra *res perit domino* (a coisa perece ao dono). Assim, se a coisa se perder antes da tradição,

1. GONÇALVES, Carlos Roberto. *Direito civil brasileiro, volume 2*: teoria geral das obrigações. 8ª. ed. São Paulo: Saraiva, 2011, p. 266.

sem culpa do devedor, resolve-se a obrigação e o credor sofrerá a perda, ressalvados os seus direitos até o dia da perda.

Alternativa "a" – errada: nas obrigações indivisíveis, se um dos credores remitir, ou seja, perdoar a dívida, a obrigação não ficará extinta para com os outros credores (art. 262, *caput* do Código Civil).

Alternativa "b" – errada: nas obrigações de fazer, se o fato puder ser executado por terceiro, será livre ao credor mandá-lo executar à custa do devedor, havendo recusa ou mora deste, sem prejuízo da cabível indenização por perdas e danos (art. 249, *caput* do Código Civil).

Alternativa "c" – errada: nas obrigações alternativas, se o título deferir a opção a terceiro, e este não quiser ou não puder exercê-la, a escolha caberá ao juiz se não houver acordo entre as partes (art. 252, § 4º do Código Civil).

Alternativa "e" – errada: havendo solidariedade ativa, convertendo-se a prestação em perdas e danos, para todos os efeitos, subsiste a solidariedade (art. 271 do Código Civil).

05. (Analista Judiciário – Área Judiciária – TRT 20 / 2011 / FCC) João é devedor das quantias de R$ 2.000,00 e R$ 5.000,00 para um estabelecimento bancário, relativas a débitos da mesma natureza, ambos líquidos e vencidos. O direito que a lei lhe assegura de indicar a qual deles oferece pagamento denomina-se

a) dação em pagamento.
b) imputação do pagamento.
c) pagamento com sub-rogação.
d) novação.
e) compensação.[23]

COMENTÁRIOS

Alternativa "b" – correta: a imputação do pagamento consiste na indicação da dívida a ser quitada, quando a pessoa se encontra obrigada, por dois ou mais débitos da mesma natureza, líquidos e vencidos, a um só credor, e efetua pagamento não suficiente para saldar todas as dívidas (art. 352 do Código Civil).

Alternativa "a" – errada: a dação em pagamento "é um acordo de vontades entre credor e devedor, por meio do qual o primeiro concorda em receber do segundo, para exonerá-lo da dívida, prestação diversa da que lhe é devida"[2].

Alternativa "c" – errada: no pagamento com sub-rogação, um terceiro, e não o devedor originário, efetua o pagamento.

Alternativa "d" – errada: a novação "é a operação jurídica por meio da qual uma obrigação nova substitui a obrigação originária"[3].

Alternativa "e" – errada: a compensação é uma forma de extinção das obrigações que ocorre quando duas pessoas são ao mesmo tempo credor e devedor uma da outra, extinguindo-se as duas obrigações até onde se compensarem (art. 368 do Código Civil).

06. (Analista Judiciário – Área Judiciária – TRT 22 / 2010 / FCC) Nas obrigações de dar coisa certa, deteriorada a coisa sem culpa do devedor, o credor poderá

a) exigir duas similares à que se deteriorou.
b) exigir o equivalente, mais perdas e danos.
c) resolver a obrigação e exigir perdas e danos.
d) aceitar a coisa, abatendo de seu preço o valor que perdeu.
e) aceitar a coisa e exigir perdas e danos.

COMENTÁRIOS

Alternativa "d" – correta (responde todas as demais alternativas): nas obrigações de dar coisa certa, deteriorada a coisa sem culpa do devedor, o credor poderá resolver a obrigação ou aceitar a coisa, sendo abatido de seu preço o valor que perdeu (art. 235 do Código Civil). Ressaltando que só é possível exigir perdas e danos em caso de culpa do devedor (art. 236 do Código Civil).

07. (Analista Judiciário – Área Judiciária – TRT 22 / 2010 / FCC) Numa obrigação indivisível há três credores solidários e três devedores solidários. Um dos credores solidários exigiu de um dos

2. GONÇALVES, Carlos Roberto. *Direito civil brasileiro, volume 2*: teoria geral das obrigações. 8ª. ed. São Paulo: Saraiva, 2011, p. 325.
3. VENOSA, Sílvio de Salvo. *Direito civil*: teoria geral das obrigações e teoria geral dos contratos. V. II. 7ª. ed. São Paulo: Atlas, 2007, p. 244.

QUESTÕES DE CONCURSOS

devedores solidários a dívida inteira. Nesse caso, esse devedor

a) se desobrigará pagando a dívida inteira ao credor que a exigiu, dando este caução de ratificação dos outros credores.
b) se desobrigará se pagar ao credor que exigiu a dívida toda a parte que, proporcionalmente, lhe cabe como credor.
c) não se desobrigará pagando a dívida inteira, pois, em razão da solidariedade, os demais credores também poderão exigir a dívida toda.
d) só se desobrigará se pagar a dívida inteira conjuntamente a todos os credores solidários.
e) se desobrigará se pagar ao credor que exigiu a dívida toda a parte que, proporcionalmente, lhe cabe como devedor.

COMENTÁRIOS

Alternativa "a" – correta (responde todas as demais alternativas): numa obrigação indivisível, havendo uma pluralidade de credores, o devedor só se desobrigará pagando a todos os credores conjuntamente ou pagando a dívida toda a um credor, dando este caução de ratificação dos outros credores (art. 260 do Código Civil).

08. (Analista Judiciário - Área Judiciária - TRT 23 / 2011 / FCC) Nas obrigações alternativas, quando a escolha couber ao credor e uma das prestações tornar-se impossível por culpa do devedor, o

a) contrato será rescindido, sem perdas e danos, voltando as partes ao estado anterior.
b) credor poderá reclamar o valor de qualquer das duas, sem perdas e danos.
c) credor só terá o direito de exigir a prestação subsistente, sem perdas e danos.
d) credor só poderá exigir o valor da prestação que se tornou impossível por culpa do devedor.
e) credor terá o direito de exigir a prestação subsistente ou o valor da outra, com perdas e danos.

COMENTÁRIOS

Alternativa "e" – correta (responde todas as demais alternativas): nas obrigações alternativas, cabendo a escolha ao credor e tornando-se impossível uma das prestações por culpa do devedor, terá o credor direito de exigir a prestação remanescente ou o valor da outra, com perdas e danos (art. 255 do Código Civil).

09. (Analista Judiciário - Área Judiciária - TRT 24 / 2011 / FCC) A respeito do enriquecimento sem causa, considere:

I. Aquele que, sem justa causa, se enriquecer à custa de outrem, será obrigado a restituir o indevidamente auferido, pelo valor da data em que ocorreu o enriquecimento.
II. Se o enriquecimento tiver por objeto coisa determinada, quem a recebeu é obrigado a restituí-la, e, se a coisa não mais subsistir, a restituição se fará pelo valor do bem da época em que ocorreu o enriquecimento.
III. A restituição do indevidamente auferido será devida quando a causa que justificou o enriquecimento deixou de existir.

Está correto o que consta APENAS em

a) II e III.
b) I e II.
c) I e III.
d) III.
e) II.

COMENTÁRIOS

Alternativa correta: "d".

Item I – errado: aquele que se enriquecer à custa de outrem, sem justa causa, é obrigado a restituir o indevidamente auferido, feita a atualização dos valores monetários (art. 884, *caput* do Código Civil).

Item II – errado: se o enriquecimento tiver por objeto coisa determinada e a coisa não mais subsistir, a restituição não se fará pelo valor do bem da época em que ocorreu o enriquecimento, mas sim pelo valor do bem na época em que foi exigido (art. 884, parágrafo único do Código Civil).

Item III – correto: a restituição é devida não somente quando não tenha havido causa que justifique o enriquecimento, mas também se esta deixou de existir (art. 885 do Código Civil).

10. **(Técnico Judiciário – Área Administrativa – FCC / TRT 6 /2012)** Efetuar-se-á o pagamento

a) facultativamente, no domicílio do credor ou do devedor, salvo disposição de lei expressa em sentido contrário.

b) em qualquer lugar, à escolha do devedor.

c) no domicílio do credor, salvo se as partes convencionarem diversamente, ou se o contrário resultar de disposição expressa de lei.

d) no domicílio do devedor, salvo se as partes convencionarem diversamente, ou se o contrário resultar da lei, da natureza da obrigação ou das circunstâncias.

e) onde for determinado pelo credor, antes do vencimento da dívida.

COMENTÁRIOS

Alternativa "d" – correta (responde todas as demais alternativas): a alternativa é a transcrição literal do art. 327, *caput* do Código Civil. Se as partes nada convencionaram no contrato a respeito do lugar do pagamento, se a lei não estipulou o local e se o contrário não resultar da natureza da obrigação ou das circunstâncias, o pagamento deverá ser feito no domicílio do devedor.

11. **(Analista Judiciário – Área Judiciária – TRE do Ceará / 2012 / FCC)** No tocante ao adimplemento e extinção das obrigações, segundo o Código Civil brasileiro, é certo que

a) é lícito convencionar o aumento progressivo de prestações sucessivas.

b) sendo a quitação do capital sem reserva dos juros, estes não se presumem pagos.

c) a entrega do título ao devedor, em regra, não firma a presunção do pagamento.

d) em regra, quando o pagamento for em quotas periódicas, a quitação da última não estabelece a presunção de estarem solvidas as anteriores.

e) o devedor que paga tem direito a quitação regular, mas não pode reter o pagamento, enquanto não lhe seja dada.

COMENTÁRIOS

Alternativa "a" – correta: a alternativa é a transcrição literal do art. 316 do Código Civil. É permitido que se estipule o aumento progressivo de prestações sucessivas, tendo-se por base índices oficiais regularmente estabelecidos.

Alternativa "b" – errada: sendo a quitação do capital sem reserva dos juros, estes são presumidos como pagos (art. 323 do Código Civil).

Alternativa "c" – errada: a entrega do título ao devedor firma a presunção do pagamento, que é uma presunção relativa (art. 324, *caput* do Código Civil).

Alternativa "d" – errada: sendo o pagamento em quotas periódicas, a quitação da última estabelece, até prova em contrário, a presunção de estarem solvidas as anteriores (art. 322 do Código Civil).

Alternativa "e" – errada: o devedor que paga tem direito a quitação regular, e pode, inclusive, reter o pagamento enquanto não lhe seja dada (art. 319 do Código Civil).

12. **(Analista Judiciário – Área Judiciária – TRE do Pernambuco / 2011 / FCC)** Magda, amiga de infância de Manoel, ganhou na loteria. Para ajudá-lo, pagou dívida de seu amigo na condição de terceira não interessada que paga dívida em seu próprio nome. Neste caso, pelo Código Civil brasileiro, Magda

a) terá direito a reembolsar-se do que pagou; mas não se sub-roga nos direitos do credor.

b) terá direito a reembolsar-se do que pagou e se sub-roga nos direitos do credor.

c) não terá direito a reembolsar-se do que pagou e não se sub-roga nos direitos do credor.

d) terá direito a reembolsar-se apenas de 50% do que pagou, mas não se sub-roga nos direitos do credor.

e) terá direito a reembolsar-se apenas de 30% do que pagou e se sub-roga nos direitos do credor.

COMENTÁRIOS

Alternativa "c" – correta (responde todas as demais alternativas): o terceiro não

QUESTÕES DE CONCURSOS

interessado, que paga dívida em nome próprio, tem direito ao reembolso do que pagou, porém, não se sub-roga nos direitos do credor (art. 305, *caput* do Código Civil).

13. (Analista Judiciário - Área Judiciária - TRE do Rio Grande do Norte / 2011 / FCC) A novação

a) feita com o devedor principal sem o consentimento do fiador não importa na sua exoneração.
b) não extingue os acessórios e garantias da dívida, sempre que não houver estipulação em contrário.
c) operada entre o credor e um dos devedores solidários, não afetará as preferências e garantias do crédito novado relativas aos bens de todos os devedores.
d) que substitui devedor é transparente e, sendo assim, em regra, se o novo devedor for insolvente, tem o credor, que o aceitou, ação regressiva contra o primeiro.
e) por substituição do devedor pode ser efetuada independentemente de consentimento deste.

COMENTÁRIOS

Alternativa "e" – correta: a alternativa é a transcrição do art. 362 do Código Civil. A novação por substituição do devedor pode ocorrer sem o consentimento deste. Nesse caso, um terceiro assume a dívida do devedor originário, substituindo-o sem a concordância deste, desde que o credor concorde com tal mudança.

Alternativa "a" – errada: a novação feita com o devedor principal sem o consentimento do fiador importa na sua exoneração (art. 366 do Código Civil).

Alternativa "b" – errada: a novação extingue os acessórios e garantias da dívida, sempre quando não houver disposição em contrário (art. 364 do Código Civil).

Alternativa "c" – errada: operada a novação entre o credor e um dos devedores solidários, subsistirão as preferências e garantias do crédito novado somente sobre os bens do que contrair a nova obrigação. Os demais devedores solidários ficarão por esse fato exonerados (art. 365 do Código Civil).

Alternativa "d" – errada: se o novo devedor for insolvente, não tem o credor, que o aceitou, ação regressiva contra o devedor originário, exceto em caso de má-fé (art. 363 do Código Civil).

14. (Analista Judiciário - Área Judiciária - TRE do Tocantins / 2011 / FCC) Considere as seguintes assertivas a respeito do pagamento:

I. É lícito convencionar o aumento progressivo de prestações sucessivas.
II. Sendo a quitação do capital sem reserva dos juros, estes não se presumem pagos.
III. A entrega do título ao devedor firma a presunção do pagamento, mas ficará sem efeito a quitação assim operada se o credor provar, em sessenta dias, a falta do pagamento.
IV. Se o pagamento se houver de fazer por medida, ou peso, entender-se-á, no silêncio das partes, que não aceitaram os do lugar da execução.

De acordo com o Código Civil brasileiro está correto o que se afirma APENAS em

a) I, II e III.
b) I, II e IV.
c) I e III.
d) II e IV.
e) III e IV.

COMENTÁRIOS

Alternativa correta: "c".

Item I – correto: o item é a transcrição literal do art. 316 do Código Civil. É permitido que se estipule o aumento progressivo de prestações sucessivas, tendo-se por base índices oficiais regularmente estabelecidos.

Item II – errado: sendo a quitação do capital sem reserva dos juros, estes são presumidos como pagos (art. 323 do Código Civil).

Item III – correto: a entrega do título ao devedor firma a presunção do pagamento, que é uma presunção relativa (art. 324, *caput* do Código Civil). Contudo, ficará sem efeito a quitação operada dessa forma se o credor provar, em 60 dias, a falta do pagamento (art. 324, parágrafo único do Código Civil).

Item IV – errado: se o pagamento for feito por medida ou peso, entender-se-á, no silêncio das partes, que aceitaram os do lugar da execução (art. 326 do Código Civil).

15. **(Analista Judiciário - Execução de Mandados - TRF 1ª região / 2011 / FCC)** Segundo o Código Civil brasileiro, só terá eficácia o pagamento que importar transmissão da propriedade, quando feito por quem possa alienar o objeto em que ele consistiu. Se for dado em pagamento coisa fungível,

a) não se poderá mais reclamar do credor que, de boa-fé, a recebeu e consumiu, ainda que o solvente não tivesse o direito de aliená-la.
b) não se poderá mais reclamar do credor que, de boa-fé, a recebeu e consumiu, exceto se o solvente não tivesse o direito de aliená-la.
c) poderá requerer indenização por perdas e danos, quantificada em ação própria a ser ajuizada no prazo decadencial de seis meses contados da data do pagamento.
d) poderá requerer indenização por perdas e danos, quantificada em ação própria a ser ajuizada no prazo decadencial de doze meses contados da data do pagamento.
e) poderá requerer a devolução de coisa da mesma espécie, qualidade e quantidade, sob pena de responder por perdas e danos.

COMENTÁRIOS

Alternativa "a" – correta (responde todas as demais alternativas): a alternativa é a transcrição do art. 307, parágrafo único do Código Civil. O credor ficará isento da obrigação de restituir pagamento de coisa fungível se estiver de boa-fé e se já a consumiu, hipótese na qual se terá pagamento válido e eficaz, mesmo que o solvente não tivesse direito de aliená-la.

16. **(Analista Judiciário - Área Judiciária - TRE do Alagoas / 2010 / FCC)** Considere as seguintes assertivas a respeito da transmissão das obrigações:

I. Ocorrendo várias cessões do mesmo crédito, prevalece a primeira cessão formalmente e legalmente realizada independentemente da tradição.
II. Independentemente do conhecimento da cessão pelo devedor, pode o cessionário exercer os atos conservatórios do direito cedido.
III. Salvo estipulação em contrário, o cedente não responde pela solvência do devedor.
IV. Em regra, consideram-se extintas, a partir da assunção da dívida, as garantias especiais originariamente dadas pelo devedor primitivo ao credor.

De acordo com o Código Civil Brasileiro está correto o que se afirma APENAS em

a) I, II e III.
b) I e IV.
c) II e III.
d) II e IV.
e) II, III e IV.

COMENTÁRIOS

Alternativa correta: "e".

Item I – errado: ocorrendo diversas cessões do mesmo crédito, prevalece a que se completar com a tradição do título do crédito cedido (art. 291 do Código Civil).

Item II – correto: o item é a transcrição literal do art. 293 do Código Civil. Mesmo que o devedor não tenha conhecimento da cessão, pode o cessionário exercer os atos conservatórios do direito cedido, tais como efetivar notificação ou averbação de crédito hipotecário e tomar providências processuais.

Item III – correto: o item é a transcrição literal do art. 296 do Código Civil. O cedente não responderá pela solvência do devedor, salvo estipulação contratual em contrário.

Item IV – correto: exceto em caso de consentimento expresso do devedor primitivo, consideram-se extintas, a partir da assunção da dívida, as garantias especiais por ele originariamente dadas ao credor (art. 300 do Código Civil).

17. **(Analista Judiciário - Área Judiciária - TRE do Acre / 2010 / FCC)** Com relação às obrigações solidárias, na solidariedade passiva,

a) no caso de rateio entre os codevedores, contribuirão também os exonerados da solidariedade pelo credor, pela parte que na obrigação incumbia ao insolvente.
b) o pagamento parcial feito por um dos devedores e a remissão por ele obtida aproveita aos outros devedores, independentemente da quantia paga ou relevada.
c) o credor não pode renunciar a solidariedade em favor de um ou de alguns dos devedores.
d) todos os devedores respondem pelos juros da mora, com exceção da ação que tenha sido proposta somente contra um.
e) na impossibilidade da prestação por culpa de um dos devedores solidários, subsiste para todos o encargo de pagar o equivalente, bem como as perdas e danos.

COMENTÁRIOS

Alternativa "a" – correta: a alternativa é a transcrição literal do art. 284 do Código Civil. Se um dos coobrigados for insolvente, a parte da dívida correspondente será rateada entre todos os codevedores, inclusive os exonerados da solidariedade pelo credor, que contribuirão no rateio de forma proporcional.

Alternativa "b" – errada: o pagamento parcial feito por um dos devedores e a remissão por ele obtida não aproveitam aos outros devedores (art. 277 do Código Civil).

Alternativa "c" – errada: o credor pode renunciar à solidariedade em favor de um, de alguns ou até de todos os devedores (art. 282, *caput* do Código Civil).

Alternativa "d" – errada: todos os devedores respondem pelos juros da mora, ainda que a ação tenha sido proposta somente contra um (art. 280 do Código Civil).

Alternativa "e" – errada: na impossibilidade da prestação por culpa de um dos devedores solidários, subsiste para todos o encargo de pagar o equivalente. Porém, pelas perdas e danos só responde o culpado (art. 279 do Código Civil).

18. (Analista Judiciário - Área Judiciária - TRE do Rio Grande do Sul / 2010 / FCC)

Considere as seguintes assertivas a respeito do Inadimplemento das Obrigações:

I. Nas obrigações negativas o devedor é havido por inadimplente desde o dia em que executou o ato de que se devia abster.
II. Em regra, o devedor em mora responde pela impossibilidade da prestação, embora essa impossibilidade resulte de caso fortuito ou de força maior, se estes ocorrerem durante o atraso.
III. A cláusula penal estipulada conjuntamente com a obrigação, ou em ato posterior, não pode referir-se à inexecução completa da obrigação.
IV. Quando se estipular a cláusula penal para o caso de total inadimplemento da obrigação, esta converter-se-á em alternativa a benefício do credor.

De acordo com o Código Civil está correto o que se afirma SOMENTE em

a) I, II e IV.
b) II, III e IV.
c) I, III e IV.
d) I e II.
e) II e IV.

COMENTÁRIOS

Alternativa correta: "a".

Item I – correto: o item é a transcrição literal do art. 390 do Código Civil. O devedor que se obrigar a não praticar certo ato será tido como inadimplente a partir do dia em que veio a executar, culposamente, o ato de que devia abster-se.

Item II – correto: o item é a transcrição do art. 399 do Código Civil. O devedor moroso responde pela impossibilidade da prestação, ainda que resulte de caso fortuito ou de força maior, se estes ocorrerem durante o atraso, salvo se provar isenção de culpa ou que o dano sobreviria de qualquer maneira.

Item III – errado: a cláusula penal estipulada conjuntamente com a obrigação, ou em ato posterior, pode referir-se à inexecução completa da obrigação (art. 409 do Código Civil).

Item IV – correto: o item é a transcrição literal do art. 410 do Código Civil. A cláusula penal substitui a obrigação principal não cumprida por culpa do devedor, se o credor assim o preferir. Ou seja, se o devedor não cumprir a prestação a que se obrigou, caberá ao credor escolher entre o cumprimento da obrigação e a pena convencionada.

19. **(Analista Judiciário – Execução de Mandados – TRF 4ª região / 2010 / FCC)** Considere as seguintes assertivas a respeito do pagamento:

I. O terceiro não interessado, que paga a dívida em seu próprio nome, tem direito a reembolsar-se do que pagar; mas não se sub-roga nos direitos do credor.

II. O pagamento feito de boa-fé ao credor putativo é válido, ainda provado depois que não era credor.

III. Não vale o pagamento cientemente feito ao credor incapaz de quitar, se o devedor não provar que em benefício dele efetivamente reverteu.

IV. É ilícito convencionar o aumento progressivo de prestações sucessivas, por expressa vedação legal.

De acordo com o Código Civil brasileiro, está correto o que consta APENAS em

a) I e II.
b) II, III e IV.
c) I, II e III.
d) II e III.
e) I, III e IV.

COMENTÁRIOS

Alternativa correta: "c".

Item I – correto: o terceiro não interessado que paga dívida em nome próprio tem direito ao reembolso do que pagou, porém não se sub-roga nos direitos do credor (art. 305, *caput* do Código Civil).

Item II – correto: o item é a transcrição literal do art. 309 do Código Civil. O pagamento efetuado de boa-fé ao credor putativo é válido. Credor putativo ou aparente é aquele que se apresenta aos olhos de todos como o verdadeiro credor, apesar de não o ser.

Item III – correto: o item é a transcrição literal do art. 310 do Código Civil. Se o devedor, ciente, efetua o pagamento a credor incapaz de quitar, o pagamento não valerá. No entanto, se provar que o pagamento reverteu em benefício do credor, será considerado válido.

Item IV – errado: é lícito que se estipule o aumento progressivo de prestações sucessivas (art. 316 do Código Civil).

20. **(Analista Judiciário – Área Judiciária – TRF 4ª região / 2010 / FCC)** A respeito do pagamento em consignação, considere:

I. Para que a consignação tenha força de pagamento, será mister concorram, em relação às pessoas, ao objeto, modo e tempo, todos os requisitos, sem os quais não é válido o pagamento.

II. Julgado procedente o depósito, o devedor já não poderá levantá-lo, embora o credor consinta, senão de acordo com os outros devedores e fiadores.

III. Se a dívida se vencer, pendendo litígio entre credores que se pretendem mutuamente excluir, não poderá nenhum deles requerer a consignação.

IV. O credor que, depois de aceitar o depósito, aquiescer no levantamento perderá a preferência e a garantia que lhe competiam com respeito à coisa consignada, mas não ficarão para logo desobrigados os codevedores e fiadores que não tenham anuído.

De acordo com o Código Civil brasileiro, está correto o que consta APENAS em

a) II e III.
b) I, II e III.
c) I, III e IV.
d) I, II e IV.
e) I e II.

COMENTÁRIOS

Alternativa correta: "e".

Item I – correto: o item é a transcrição literal do art. 336 do Código Civil. Para que a consignação tenha força de pagamento, é necessário que estejam presentes todos os requisitos subjetivos e objetivos sem os quais o pagamento não é válido.

Item II – correto: o item é a transcrição literal do art. 339 do Código Civil. Não é possível levantar o objeto depositado, depois de julgado procedente o pedido, mesmo havendo anuência do credor, quando existirem outros devedores e fiadores.

▸ QUESTÕES DE CONCURSOS

Item III – errado: se a dívida se vencer, pendendo litígio entre credores que se pretendem mutuamente excluir, qualquer deles poderá requerer a consignação (art. 345 do Código Civil).

Item IV – errado: o credor que, depois de aceitar o depósito, aquiescer no levantamento, perderá a preferência e a garantia que lhe competiam com respeito à coisa consignada, ficando para logo desobrigados os codevedores e fiadores que não tenham anuído (art. 340 do Código Civil).

21. (Analista Judiciário – Área Judiciária – TRF 4ª região / 2010 / FCC) A respeito das obrigações de dar, considere:

I. Nas obrigações de dar coisa incerta, antes da escolha, não poderá o devedor alegar perda ou deterioração da coisa, exceto por força maior ou caso fortuito.
II. Em regra, a obrigação de dar coisa certa abrange os acessórios dela, embora não mencionados.
III. Deteriorada a coisa, não sendo o devedor culpado, poderá o credor resolver a obrigação, ou aceitar a coisa, abatido de seu preço o valor que perdeu.
IV. Até a tradição pertence ao devedor a coisa, com os seus melhoramentos e acrescidos, pelos quais poderá exigir aumento no preço.

De acordo com o Código Civil brasileiro, está correto o que consta APENAS em

a) III e IV.
b) I, II e III.
c) II e III.
d) II, III e IV.
e) I, II e IV.

COMENTÁRIOS

Alternativa correta: "d".

Item I – errado: nas obrigações de dar coisa incerta, não poderá o devedor, antes da escolha, alegar perda ou deterioração da coisa, ainda que por força maior ou caso fortuito (art. 246 do Código Civil).

Item II – correto: a obrigação de dar coisa certa abrange os acessórios dela embora não mencionados, exceto se o contrário resultar do título ou das circunstâncias do caso (art. 233 do Código Civil).

Item III – correto: o item é a transcrição literal do art. 235 do Código Civil. Se a coisa se deteriorar sem culpa do devedor, caberá ao credor escolher se considera extinta a relação obrigacional ou se aceita o bem no estado em que se encontra, abatido de seu preço o valor que perdeu.

Item IV – correto: o item é a transcrição literal da primeira parte do art. 237, *caput* do Código Civil. Até a tradição, quer dizer, até a entrega ou restituição, a coisa pertence ao devedor, com os seus melhoramentos e acrescidos, pelos quais poderá exigir aumento no preço. Isso porque, no direito brasileiro, o contrato, por si só, não transfere o domínio. O domínio somente é transferido com a tradição.

22. (Analista Judiciário – Área Judiciária – TRF 5ª região / 2008 / FCC) A respeito do pagamento, considere:

I. O credor é obrigado a receber prestação diversa da que lhe é devida, se for mais valiosa.
II. O pagamento feito de boa-fé ao credor putativo é válido ainda provado depois que não era credor.
III. É lícito convencionar o aumento progressivo de prestações sucessivas.

Está correto o que se afirma apenas em

a) I.
b) I e II.
c) I e III.
d) II e III.
e) III.

COMENTÁRIOS

Alternativa correta: "d".

Item I – errado: o credor não é obrigado a receber prestação diversa da que lhe é devida, mesmo que seja mais valiosa (art. 313 do Código Civil).

Item II – correto: o item é a transcrição literal do art. 309 do Código Civil. O pagamento efetuado de boa-fé ao credor putativo é válido. Credor putativo ou aparente é aquele que se apresenta aos olhos de todos como o verdadeiro credor, apesar de não o ser.

Item III – correto: o item é a transcrição literal do art. 316 do Código Civil. É permitido que se estipule o aumento progressivo de prestações sucessivas, tendo-se por base índices oficiais regularmente estabelecidos.

23. (Cespe - Analista Judiciário - Área Judiciária - TRE-MS/2013) Márcio celebrou contrato de compra e venda no qual ficou acertada a sua obrigação de entregar um cavalo, avaliado em R$ 60.000,00, a Marcelo, Augusto e Rodrigo. Augusto remiu todo o débito. Com isso, a obrigação ainda se mantém em relação a Marcelo e Rodrigo, que poderão exigir a entrega do cavalo, mas deverão pagar a Márcio, em dinheiro, a quota do credor remitente — R$ 20.000,00. Nessa situação hipotética, tem-se um exemplo de obrigação

a) indivisível.
b) natural.
c) divisível.
d) solidária mista.
e) solidária ativa.

COMENTÁRIOS

Alternativa "a" – correta: Trata-se de obrigação indivisível (indivisibilidade natural), porque o cavalo não admite fracionamento (art. 258 do CC/02. Quando houver, nas obrigações indivisíveis, pluralidade de credores, cada um deles poderá exigir o cumprimento integral, pois, como visto, o objeto da prestação não comporta fracionamento (art. 260, primeira parte do CC/02). Assim, o credor que pretende o cumprimento da obrigação, não fica refém do cocredor que permanece inerte. Contudo, em tais situações, o devedor somente se exime da obrigação pagando: a) a todos os credores conjuntamente (art. 260, I do CC/02), ocasião em que o devedor deverá chamar todos os credores no momento de adimplir a obrigação; ou b) a um dos credores, exigindo deste caução de ratificação dos outros credores (art. 260, II do CC/02).

24. (FCC - Analista Judiciário - Área Judiciária - RE-RO/2013) Sobre o adimplemento e extinção das obrigações, de acordo com o Código Civil, é INCORRETO afirmar:

a) A sub-rogação será convencional na hipótese do adquirente do imóvel hipotecado, que paga a credor hipotecário, bem como do terceiro que efetiva o pagamento para não ser privado de direito sobre imóvel.
b) Ao credor assistirá o direito de cobrar a dívida antes de vencido o prazo estipulado no contrato ou estipulado em lei se os bens hipotecados forem penhorados em execução por outro credor.
c) No pagamento em consignação julgado procedente o depósito, o devedor já não poderá levantá-lo, embora o credor consinta, senão de acordo com os outros devedores e fiadores.
d) A pessoa obrigada por dois ou mais débitos da mesma natureza, a um só credor, tem o direito de indicar a qual deles oferece pagamento, se todos forem líquidos e vencidos.
e) No pagamento em consignação se a dívida se vencer, pendendo litígio entre credores que se pretendem mutuamente excluir, poderá qualquer deles requerer a consignação.

COMENTÁRIOS

Alternativa "a" – incorreta: A sub-rogação que ocorre na hipótese do adquirente do imóvel hipotecado, que paga a credor hipotecário, bem como do terceiro que efetiva o pagamento para não ser privado de direito sobre imóvel é uma sub-rogação legal e não convencional, conforme previsto no inciso II do artigo 346 do CC/02.

Alternativa "b" – correta: Em regra, o credor não está autorizado a reclamar o cumprimento da dívida antes de vencido o prazo de seu vencimento, mas poderá cobrá-lo se os bens hipotecados forem penhorados em execução por outro credor, conforme previsto no inciso II, do artigo 333 do CC/02.

Alternativa "c" – correta: Se o depósito judicial for julgado procedente, o devedor não poderá levantá-lo, mesmo havendo o consentimento do credor, exceto se houver acordo com os outros devedores e fiadores visando resguardar seus direitos, conforme previsto no artigo 339 do CC/02.

Alternativa "d" – correta: A pessoa obrigada por dois ou mais débitos da mesma natureza, a um só credor, tem o direito de indicar a qual deles oferece pagamento, se todos forem líquidos e vencidos. Trata-se de imputação do pagamento conforme previsto no artigo 352 do CC/02.

Alternativa "e" – correta: Trata-se da transcrição literal do art. 345 do CC/02.

CAPÍTULO VIII

TEORIA GERAL DOS CONTRATOS

1. PRINCÍPIOS GERAIS DO DIREITO CONTRATUAL

1.1. Autonomia da vontade

Já vimos no capítulo 4 que a vontade é elemento determinante do negócio jurídico. Quando a vontade está maculada, o negócio pode ser anulado, por erro, dolo, coação, estado de perigo e lesão, todos vícios do consentimento.

As partes, então, são livres para celebrar o negócio segundo seus interesses. Essa liberdade, ou autonomia, se revela de duas maneiras: a) pela liberdade de negociar o conteúdo do contrato e estabelecer direitos e deveres recíprocos; e b) pela liberdade de escolher a modalidade de contrato que atenda suas necessidades, podendo as partes valer-se dos modelos constantes do ordenamento ou, ainda, de criarem outras modalidades, conforme seus objetivos.

A autonomia da vontade só pode ser limitada por questões de ordem pública, como, por exemplo, a função social dos contratos, consagrada no art. 421 do CC/02, que afasta o caráter individualista do contrato e reconhece o valor social que o negócio possui na seara jurídica.

1.2. Força obrigatória dos contratos

O princípio da força obrigatória dos contratos é a base que sustenta todo o direito contratual. Assim, presentes os elementos essenciais e requisitos de validade, o contrato deve ser cumprido pelos signatários, pois, do contrário, ter-se-ia um caos jurídico.

Ora, se um contrato válido pudesse ser descumprido pela simples vontade de um dos contratantes, sem que esteja presente qualquer questão de ordem pública, os negócios jurídicos trariam mais insegurança à sociedade, o que colocaria em descrédito todo o direito contratual.

Por tal razão que se diz que o contrato faz lei entre as partes.

Do princípio da força obrigatória dos contratos deriva o princípio da *intangibilidade do contrato*, que preconiza que o contrato não pode ser alterado unilateralmente pelas partes ou por terceiros, incluindo o Poder Judiciário.

Essa é a regra, que pode ser suavizada em determinadas situações, previstas no ordenamento jurídico, em que o negócio será passível de revisão e adequação, por onerosidade excessiva ou pela teoria da imprevisão.

1.3. Princípio da relatividade dos contratos

Como dito, o contrato faz lei entre as partes. Em regra, ninguém pode adquirir direitos ou assumir deveres contra sua vontade, razão pela qual os contratos não podem afetar terceiros, estranhos ao negócio.

Esse preceito, contudo, possui exceções. Há casos em que o contrato atinge terceiros alheios à relação, como ocorre, por exemplo, nas estipulações em favor de terceiro e nas convenções coletivas de trabalho.

Os contratos de seguro de vida, por exemplo, são firmados entre segurado e seguradora. No entanto, o beneficiário é um terceiro estipulado no momento da contratação, que não participa do negócio. Ocorrendo o sinistro, com o óbito do segurado, o beneficiário estará legitimado a exigir a prestação (art. 436 do CC/02).

Dessa forma, o contrato não produz efeitos perante terceiros, exceto nos casos previstos na lei. Nesse ponto, é salutar a diferença entre os direitos pessoais (contratos), cujos efeitos atingem apenas as partes, e os direitos reais, que são oponíveis contra todos (*erga omnes*).

1.4. Princípio da boa-fé nos contratos

O atual Código Civil consagrou o princípio da boa-fé objetiva, que está ligado não somente à interpretação, mas também à execução do contrato.

Os contratantes, durante toda a relação contratual, deverão agir com lealdade, honestidade, probidade e confiança recíprocas, como forma de garantir o equilíbrio nas prestações e evitar o enriquecimento ilícito. Devem as partes, além de todas as condutas já indicadas, procurar sempre o cumprimento do contrato, esclarecendo dúvidas e mantendo um comportamento honrado, tudo isso como forma de preservar o interesse social.

Nesse sentido, dispõe o **art. 422** que "os contratantes são obrigados a guardar, assim na conclusão do contrato, como em sua execução, os princípios de probidade e boa-fé".

Embora o dispositivo possa indicar que a boa-fé objetiva deva ser guardada apenas nas fases de execução e conclusão do contrato, fato é que a doutrina e a jurisprudência têm sustentado que a boa-fé deve ser observada, igualmente, nas fases negociais e preliminares.

Sobre o assunto, o Enunciado 170 do Conselho da Justiça Federal, aprovado na III Jornada de Direito Civil, preceitua que "a boa-fé objetiva deve ser observada pelas partes na fase de negociações preliminares e após a execução do contrato, quando tal exigência decorrer da natureza do contrato".

2. CONCEITO

O contrato é um instituto que acompanha o homem desde os primórdios. Sua evolução tem seguido o desenvolvimento social, uma vez que o contrato surge com o próprio convívio em sociedade.

Na antiguidade, o contrato estava presente nas mais variadas relações sociais, como, por exemplo, na troca de objetos (permuta) e nas diversas prestações de serviços. Passou a ter grande destaque com a criação da moeda e o desenvolvimento do comércio.

Pode-se dizer que os contratos, atualmente, são a base da sociedade moderna. Tanto é que o atual Código Civil deslocou o direito das obrigações para o Livro II, logo após a Parte Geral, que, na codificação anterior, era ocupado pelo direito de família.

Pois bem. O contrato pode ser conceituado como sendo "um negócio jurídico bilateral ou plurilateral que visa à criação, modificação ou extinção de direitos e deveres com conteúdo patrimonial"[1].

Para Maria Helena Diniz, o contrato "é o acordo de duas ou mais vontades, na conformidade da ordem jurídica, destinado a estabelecer uma regulamentação de interesses entre as partes, com o escopo de adquirir, modificar ou extinguir relações jurídicas de natureza patrimonial"[2].

Como se observa, o contrato é um ato jurídico bilateral, uma vez que depende, ao menos, de duas declarações de vontade. Os contratos representam uma significativa forma de criação de vínculos jurídicos entre as pessoas, que, por seu próprio desejo, escolhem agir de determinada forma e produzir determinado efeito.

Tendo em vista que o contrato é o negócio jurídico por excelência, sua validade está sujeita ao preenchimento dos requisitos contidos no art. 104 do CC/02, já analisados no capítulo IV, item 2.5, e que são: a) agente capaz; b) objeto lícito, possível, determinado ou determinável; e c) forma prescrita ou não defesa em lei.

3. CLASSIFICAÇÃO DOS CONTRATOS

Classificar o contrato significa verificar sua natureza jurídica e catalogá-lo segundo as diversas características que apresenta.

Além da utilidade teórica, a classificação dos contratos tem a finalidade de situar o intérprete e facilitar a compreensão do contrato segundo as duas questões mais pertinentes: o adimplemento e o inadimplemento.

Dessa forma, o intérprete, ao examinar, na prática, um contrato, poderá fazer um diagnóstico da espécie e antever as consequências jurídicas do negócio. Por tais razões é que a classificação dos contratos é relevante.

3.1. Contratos unilaterais, bilaterais e plurilaterais

O contrato é sempre negócio jurídico bilateral ou plurilateral, porque estão envolvidas, no mínimo, duas pessoas.

1. *Direito Civil.* Vol. 3, 8ª ed. São Paulo: Método, 2013, p. 2.
2. *Curso de Direito Civil Brasileiro.* 20ª ed., v. 3. São Paulo: Saraiva, 2013, p. 32.

Quanto aos direitos e deveres das partes envolvidas, os contratos podem ser:

a) *Unilaterais*: que são aqueles em que apenas um dos contratantes assume obrigações em relação ao outro. O exemplo clássico é a doação pura e simples, que apresenta duas vontades, mas todos os deveres são assumidos pelo doador;

b) *Bilaterais*: são aqueles em que ambos os contratantes assumem direitos e deveres, de forma recíproca e simultânea. O exemplo clássico é a compra e venda, na qual o vendedor deve entregar a coisa e receber o preço e o comprador deve receber a coisa e pagar o preço. São também chamados de contratos sinalagmáticos, tendo em vista a equivalência das prestações;

c) *Plurilaterais*: são aqueles em que há a participação de várias partes, que assumem direitos e obrigações. Os exemplos clássicos são os contratos de seguro de vida em grupo e os contratos de consórcio. É importante destacar que a ideia de *parte*, que manifesta a vontade no negócio, não está vinculada, necessariamente, à ideia de pessoa, mas a de centro de interesses. Assim, em um contrato de compra e venda em que há um vendedor e um comprador, a ideia de parte coincide com a ideia de pessoa, pois haverá duas pessoas que manifestarão duas vontades (vender e comprar). No entanto, em um contrato de compra e venda em que há, por exemplo, dois vendedores e um comprador, as ideias de parte e pessoas não coincidem. Nesse caso, haverá três pessoas que manifestarão duas vontades (vender e comprar), ou seja, três pessoas situadas em dois centros de interesses.

3.2. Contratos gratuitos e contratos onerosos

Quanto ao sacrifício patrimonial das partes, os contratos podem ser:

a) *Gratuitos*: também chamados de benéficos, os contratos gratuitos são aqueles em que toda a carga contratual recai sobre apenas uma das partes. A outra apenas obtém vantagens. O exemplo clássico é, novamente, a doação pura e simples;

b) *Onerosos*: são aqueles em que o sacrifício patrimonial recai sobre ambos os contratantes. Nessa modalidade haverá uma prestação e uma contraprestação, como é o caso da compra e venda.

Como é possível observar, os contratos gratuitos são, em regra, unilaterais, e os onerosos são, em regra, bilaterais.

3.3. Contratos comutativos e aleatórios

Quanto aos riscos que envolvem a prestação, os contratos podem ser:

a) *Comutativos*: são aqueles em que não há qualquer fator de risco envolvendo a prestação. No momento da contratação, as partes sabem, exatamente, quais serão as prestações e contraprestações. Assim ocorre, por exemplo, na locação de imóveis, em que locador e locatário sabem qual será o imóvel alugado e o valor do aluguel;

b) *Aleatórios*: são aqueles em que a prestação, por envolver a sorte, não é totalmente conhecida no momento da contratação. Há, como se observa, um elemento desconhecido, que tornará desconhecida a prestação. É o que ocorre, por exemplo, com o contrato de seguro, em que o pagamento da indenização depende da ocorrência ou não do sinistro, objeto da cobertura. Em outras palavras, depende da sorte. Tais contratos, quanto à parte aleatória, não podem ser objeto de revisão judicial com base na teoria da imprevisão ou da onerosidade excessiva. A razão é evidente: o risco é da essência do negócio. Contudo, a doutrina moderna tem sustentado que a revisão contratual é possível quanto à parte comutativa.

3.4. Contratos típicos e atípicos

Quanto à previsão legal, os contratos podem ser:

a) *Típicos*: quando regulados por lei, como, por exemplo, a empreitada, compra e venda e demais modalidades previstas e regulamentadas pelo atual Código Civil;

b) *Atípicos*: quando não previstos e não regulados por lei. Dispõe o **art. 425** que "é lícito às partes estipular contratos atípicos, observadas as normas gerais fixadas neste Código". Como *normas gerais* devem ser entendidas, por exemplo, o respeito aos princípios da função social do contrato e da boa-fé objetiva, consagrados, respectivamente, nos arts. 421 e 422 do CC/02.

3.5. Contratos consensuais e reais

Quanto ao momento do aperfeiçoamento, os contratos podem ser:

a) *Consensuais*: que são aqueles que se aperfeiçoam pela manifestação de vontade das partes, como é o caso da locação, da compra e venda e do mandato;

b) *Reais*: que são aqueles que se aperfeiçoam quando um contratante entrega a outro o bem objeto do negócio. É o caso, por exemplo, do contrato de comodato, que tem início quando o comodante entrega a coisa emprestada ao comodatário.

3.6. Contratos solenes e não solenes

Quanto à presença de formalidades, os contratos podem ser:

a) *Solenes*: que são aqueles que exigem escritura pública, cuja ausência os tornam nulos. O exemplo clássico é a alienação de bem imóvel cujo valor seja superior a trinta vezes o maior salário mínimo vigente no país (art. 108 do CC/02);

b) *Não solenes*: que são aqueles que dispensam sua constituição através de escritura pública.

Nesse ponto cabe uma observação importante.

A doutrina tradicional trata como sinônimos os contratos solenes dos formais e, obviamente, os não solenes dos informais. Segundo esse entendimento, seriam solenes e formais os contratos aos quais a lei exigisse forma específica, ainda que não seja a escritura pública, como, por exemplo, a fiança, que deve ser celebrada de forma escrita (art. 819 do CC/02). Como a lei exige a contratação da fiança pela forma escrita, tal modalidade seria formal e, portanto, solene.

No entanto, a doutrina moderna tem feito a distinção entre forma e solenidade, com base no art. 107 do CC/02. Segundo esse entendimento, a distinção entre forma e solenidade é importante em razão das consequências jurídicas.

Nesse sentido, o ilustre Silvio de Salvo Venosa esclarece que "o contrato *solene* entre nós é aquele que exige escritura pública. Outros contratos exigem a forma escrita, o que os torna *formais*, porém *não solenes*. No contrato solene, a ausência de forma torna-o nulo. Nem sempre ocorrerá a nulidade, e a relação jurídica gerará efeitos entre as partes, quando se trata de preterição de formalidade, em contrato não solene"[3].

O mesmo jurista continua o magistério esclarecendo que "as partes podem, por sua vontade, determinar que um contrato seja formal. Não se converterá em contrato solene, mas a inobservância da regra invalidará o contrato, já que se leva em conta a autonomia da vontade dos contratantes. Já um contrato de tipo solene não poderá ter validade com preterição das formalidades, ainda que as partes assim o queira"[4].

Por derradeiro, cabe registrar que, nos termos do art. 107 do CC/02, o formalismo é exceção e só decorre de expressa previsão legal. A regra é que os negócios jurídicos sejam informais.

3.7. Contratos principais e acessórios

Quanto à independência, os contratos podem ser:

a) *Principais*: que são aqueles que existem por si só e não dependem de outra avença. Como exemplo, podem ser citados os contratos de locação de imóveis;

b) *Acessórios*: que são aqueles que dependem da existência de outro, que é o principal. Assim, o contrato de fiança, por exemplo, é acessório porque garante um outro contrato.

3. *Direito Civil*. Vol. 2, 4ª ed. São Paulo: Atlas, 2004, p. 431.
4. *Direito Civil*. Vol. 2, 4ª ed. São Paulo: Atlas, 2004, p. 431.

Como já estudado no capítulo 3, item 3.2.1., o princípio da gravitação jurídica dispõe que o acessório segue o principal. Dessa forma, tudo o que ocorre com o contrato principal afeta o contrato acessório. Se, por exemplo, o principal for nulo, nulo será o acessório; se, por outro lado, ocorrer a prescrição da dívida do principal, extinto será o acessório.

No entanto, o que ocorre com o contrato acessório não afeta o principal. Dessa forma, a nulidade do contrato acessório não implicará na nulidade do contrato principal. Essa é a regra contida no art. 184 do CC/02, que dispõe "respeitada a intenção das partes, a invalidade parcial de um negócio jurídico não o prejudicará na parte válida, se esta for separável; a invalidade da obrigação principal implica a das obrigações acessórias, mas a destas não induz a da obrigação principal".

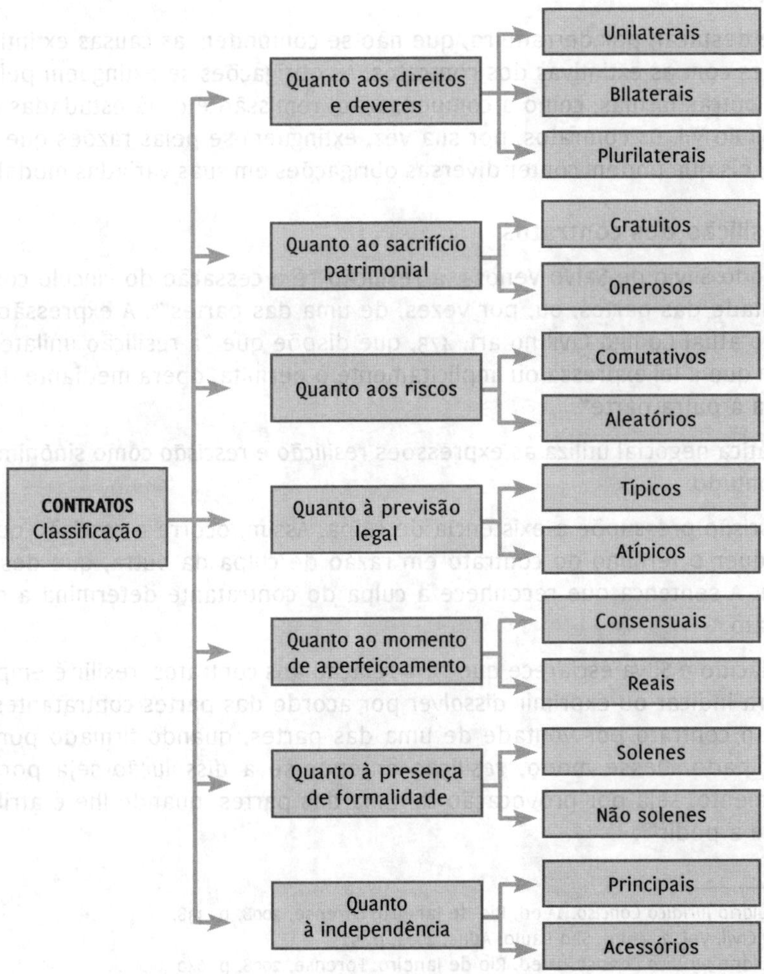

4. DESFAZIMENTO DA RELAÇÃO CONTRATUAL

4.1. Extinção

Os contratos são celebrados para serem cumpridos. Com o cumprimento, os contratos se extinguem. O término do contrato é almejado pelas partes desde o início do negócio.

A doutrina muito diverge sobre a nomenclatura correta para o término natural do contrato. Tal divergência se dá porque a lei é omissa nesse sentido. A melhor doutrina emprega o termo *extinção* para indicar o término natural do contrato, como, por exemplo, quando, em obrigação instantânea, o preço é pago.

Segundo De Plácido e Silva, a "*extinção* traz consigo o sentido de tudo que se acabou, que se finou ou deixou de existir, seja o *direito*, seja a *obrigação*, ou seja a *coisa*"[5].

Cabe destacar, por derradeiro, que não se confundem as causas extintivas das obrigações com as extintivas dos contratos. As obrigações se extinguem pelo pagamento e outras formas, como a compensação, remissão etc., já estudadas no item 3 do capítulo VII. Os contratos, por sua vez, extinguem-se pelas razões que lhe são próprias, eis que podem conter diversas obrigações em suas variadas modalidades.

4.2. Resilição dos contratos

Segundo Silvio de Salvo Venosa, a resilição "é a cessação do vínculo contratual pela vontade das partes, ou, por vezes, de uma das partes"[6]. A expressão é utilizada pelo atual Código Civil no art. 473, que dispõe que "a resilição unilateral, nos casos em que a lei expressa ou implicitamente o permita, opera mediante denúncia notificada à outra parte".

A prática negocial utiliza as expressões *resilição* e *rescisão* como sinônimas. Não o são, contudo.

A *rescisão* pressupõe a existência de culpa. Assim, ocorre a rescisão quando a parte requer o término do contrato em razão de culpa da outra, que descumpre a avença. A sentença que reconhece a culpa do contratante determina a rescisão do contrato.

De Plácido e Silva esclarece que "em relação aos contratos, resilir é empregado tanto para indicar ou exprimir *dissolver* por acordo das partes contratantes, como *dissolver* o contrato por vontade de uma das partes, quando firmado por tempo indeterminado. Desse modo, *resilição* entende-se a *dissolução* seja por mútuo consentimento, seja por provocação de uma das partes, quando lhe é atribuído o direito de a pedir"[7].

---

5. *Vocabulário Jurídico Conciso*. 1ª ed. Rio de Janeiro: Forense, 2008, p. 338.
6. *Direito Civil*. Vol. 2, 4ª ed. São Paulo: Atlas, 2004, p. 515.
7. *Vocabulário Jurídico Conciso*. 1ª ed. Rio de Janeiro: Forense, 2008, p. 640.

4.2.1. *Distrato e forma*

Dispõe o **art. 472** que "o distrato faz-se pela mesma forma exigida para o contrato".

Uma interpretação literal do texto pode levar a situações estranhas e a alguns equívocos. Segundo a letra fria do dispositivo, o distrato de um contrato verbal só poderia ser verbal. Não se admitiria, por exemplo, o distrato escrito de um contrato verbal. Esse, no entanto, não é o sentido da norma.

O art. 472 visa dar uma segurança aos contratantes e aos negócios evitando-se discussões temerárias. Dessa maneira, a doutrina tem interpretado o dispositivo com certa relatividade. É possível, por exemplo, que o distrato de um contrato verbal seja feito por escrito, e, ainda, que o distrato de um contrato escrito seja feito por escritura pública.

Como se observa, o distrato deve, *no mínimo*, seguir a forma exigida para o contrato. Pode o distrato, contudo, seguir forma mais solene, porque, nesse caso, nenhum prejuízo advirá às partes.

O que não pode, segundo a melhor doutrina, é justamente o contrário, ou seja, que um contrato celebrado por escrito tenha o distrato feito de forma verbal.

4.2.2. *Resilição unilateral*

Em alguns contratos, dada a sua natureza, um dos contratantes pode colocar fim à avença. É o caso, por exemplo, do mandato e do comodato, nos quais a *confiança* é elemento essencial. Cessando a confiança no curso do contrato, é lícito à parte colocar fim à relação contratual.

Outras modalidades contratuais de trato sucessivo, quando por prazo indeterminado, permitem que um dos contratantes coloque fim à relação, noticiando à outra o desejo de resilir o contrato. É o que ocorre nos contratos de trabalho, de locação e de prestação de serviços. Em tais casos, é indispensável a notificação demonstrando o interesse em não mais continuar com o contrato.

Sobre o assunto, ainda, o **parágrafo único do art. 473** traz importante inovação ao dispor que "se, porém, dada a natureza do contrato, uma das partes houver feito investimentos consideráveis para a sua execução, a denúncia unilateral só produzirá efeito depois de transcorrido prazo compatível com a natureza e o vulto dos investimentos".

O dispositivo é importante porque privilegia a finalidade social e a boa-fé objetiva nas relações contratuais. Imagine, por exemplo, um contrato de prestação de serviços em que um contratante terceiriza ao outro a assistência técnica de seus equipamentos. A empresa terceira terá que fazer investimentos com a compra de materiais e a contratação de pessoal qualificado para atender a nova demanda. Após todos os investimentos efetuados, a empresa terceira é surpreendida por uma notificação da empresa tomadora cientificando que o contrato será resilido em trinta dias. O parágrafo único do art. 473, com base nos princípios da função social do contrato e da boa-fé objetiva, visa impedir que essa situação ocorra.

5. LEGISLAÇÃO APLICÁVEL AO CAPÍTULO

TÍTULO V
DOS CONTRATOS EM GERAL

CAPÍTULO I
DISPOSIÇÕES GERAIS

Seção I
Preliminares

Art. 421. A liberdade de contratar será exercida em razão e nos limites da função social do contrato.

Art. 422. Os contratantes são obrigados a guardar, assim na conclusão do contrato, como em sua execução, os princípios de probidade e boa-fé.

Art. 423. Quando houver no contrato de adesão cláusulas ambíguas ou contraditórias, dever-se-á adotar a interpretação mais favorável ao aderente.

Art. 424. Nos contratos de adesão, são nulas as cláusulas que estipulem a renúncia antecipada do aderente a direito resultante da natureza do negócio.

Art. 425. É lícito às partes estipular contratos atípicos, observadas as normas gerais fixadas neste Código.

Art. 426. Não pode ser objeto de contrato a herança de pessoa viva.

Seção II
Da Formação dos Contratos

Art. 427. A proposta de contrato obriga o proponente, se o contrário não resultar dos termos dela, da natureza do negócio, ou das circunstâncias do caso.

Art. 428. Deixa de ser obrigatória a proposta:

I – se, feita sem prazo a pessoa presente, não foi imediatamente aceita. Considera-se também presente a pessoa que contrata por telefone ou por meio de comunicação semelhante;

II – se, feita sem prazo a pessoa ausente, tiver decorrido tempo suficiente para chegar a resposta ao conhecimento do proponente;

III – se, feita a pessoa ausente, não tiver sido expedida a resposta dentro do prazo dado;

IV – se, antes dela, ou simultaneamente, chegar ao conhecimento da outra parte a retratação do proponente.

Art. 429. A oferta ao público equivale a proposta quando encerra os requisitos essenciais ao contrato, salvo se o contrário resultar das circunstâncias ou dos usos.

Parágrafo único. Pode revogar-se a oferta pela mesma via de sua divulgação, desde que ressalvada esta faculdade na oferta realizada.

Art. 430. Se a aceitação, por circunstância imprevista, chegar tarde ao conhecimento do proponente, este comunicá-lo-á imediatamente ao aceitante, sob pena de responder por perdas e danos.

Art. 431. A aceitação fora do prazo, com adições, restrições, ou modificações, importará nova proposta.

Art. 432. Se o negócio for daqueles em que não seja costume a aceitação expressa, ou o proponente a tiver dispensado, reputar-se-á concluído o contrato, não chegando a tempo a recusa.

Art. 433. Considera-se inexistente a aceitação, se antes dela ou com ela chegar ao proponente a retratação do aceitante.

Art. 434. Os contratos entre ausentes tornam-se perfeitos desde que a aceitação é expedida, exceto:

I – no caso do artigo antecedente;

II – se o proponente se houver comprometido a esperar resposta;

III – se ela não chegar no prazo convencionado.

Art. 435. Reputar-se-á celebrado o contrato no lugar em que foi proposto.

Seção III
Da Estipulação em Favor de Terceiro

Art. 436. O que estipula em favor de terceiro pode exigir o cumprimento da obrigação.

Parágrafo único. Ao terceiro, em favor de quem se estipulou a obrigação, também é permitido exigi-la, ficando, todavia, sujeito às condições e normas do contrato, se a ele anuir, e o estipulante não o inovar nos termos do art. 438.

Art. 437. Se ao terceiro, em favor de quem se fez o contrato, se deixar o direito de reclamar-lhe a execução, não poderá o estipulante exonerar o devedor.

Art. 438. O estipulante pode reservar-se o direito de substituir o terceiro designado no contrato, independentemente da sua anuência e da do outro contratante.

Parágrafo único. A substituição pode ser feita por ato entre vivos ou por disposição de última vontade.

Seção IV
Da Promessa de Fato de Terceiro

Art. 439. Aquele que tiver prometido fato de terceiro responderá por perdas e danos, quando este o não executar.

Parágrafo único. Tal responsabilidade não existirá se o terceiro for o cônjuge do promitente, dependendo da sua anuência o ato a ser praticado, e desde que, pelo regime do casamento, a indenização, de algum modo, venha a recair sobre os seus bens.

Art. 440. Nenhuma obrigação haverá para quem se comprometer por outrem, se este, depois de se ter obrigado, faltar à prestação.

Seção V
Dos Vícios Redibitórios

Art. 441. A coisa recebida em virtude de contrato comutativo pode ser enjeitada por vícios ou defeitos ocultos, que a tornem imprópria ao uso a que é destinada, ou lhe diminuam o valor.

Parágrafo único. É aplicável a disposição deste artigo às doações onerosas.

Art. 442. Em vez de rejeitar a coisa, redibindo o contrato (art. 441), pode o adquirente reclamar abatimento no preço.

Art. 443. Se o alienante conhecia o vício ou defeito da coisa, restituirá o que recebeu com perdas e danos; se o não conhecia, tão-somente restituirá o valor recebido, mais as despesas do contrato.

Art. 444. A responsabilidade do alienante subsiste ainda que a coisa pereça em poder do alienatário, se perecer por vício oculto, já existente ao tempo da tradição.

Art. 445. O adquirente decai do direito de obter a redibição ou abatimento no preço no prazo de trinta dias se a coisa for móvel, e de um ano se for imóvel, contado da entrega efetiva; se já estava na posse, o prazo conta-se da alienação, reduzido à metade.

§ 1º Quando o vício, por sua natureza, só puder ser conhecido mais tarde, o prazo contar-se-á do momento em que dele tiver ciência, até o prazo máximo de cento e oitenta dias, em se tratando de bens móveis; e de um ano, para os imóveis.

§ 2º Tratando-se de venda de animais, os prazos de garantia por vícios ocultos serão os estabelecidos em lei especial, ou, na falta desta, pelos usos locais, aplicando-se o disposto no parágrafo antecedente se não houver regras disciplinando a matéria.

Art. 446. Não correrão os prazos do artigo antecedente na constância de cláusula de garantia; mas o adquirente deve denunciar o defeito ao alienante nos trinta dias seguintes ao seu descobrimento, sob pena de decadência.

Seção VI
Da Evicção

Art. 447. Nos contratos onerosos, o alienante responde pela evicção. Subsiste esta garantia ainda que a aquisição se tenha realizado em hasta pública.

Art. 448. Podem as partes, por cláusula expressa, reforçar, diminuir ou excluir a responsabilidade pela evicção.

Art. 449. Não obstante a cláusula que exclui a garantia contra a evicção, se esta se der, tem direito o evicto a receber o preço que pagou pela coisa evicta, se não soube do risco da evicção, ou, dele informado, não o assumiu.

Art. 450. Salvo estipulação em contrário, tem direito o evicto, além da restituição integral do preço ou das quantias que pagou:

I – à indenização dos frutos que tiver sido obrigado a restituir;

II – à indenização pelas despesas dos contratos e pelos prejuízos que diretamente resultarem da evicção;

III – às custas judiciais e aos honorários do advogado por ele constituído.

Parágrafo único. O preço, seja a evicção total ou parcial, será o do valor da coisa, na época em que se evenceu, e proporcional ao desfalque sofrido, no caso de evicção parcial.

Art. 451. Subsiste para o alienante esta obrigação, ainda que a coisa alienada esteja deteriorada, exceto havendo dolo do adquirente.

Art. 452. Se o adquirente tiver auferido vantagens das deteriorações, e não tiver sido condenado a indenizá-las, o valor das vantagens será deduzido da quantia que lhe houver de dar o alienante.

Art. 453. As benfeitorias necessárias ou úteis, não abonadas ao que sofreu a evicção, serão pagas pelo alienante.

Art. 454. Se as benfeitorias abonadas ao que sofreu a evicção tiverem sido feitas pelo alienante, o valor delas será levado em conta na restituição devida.

Art. 455. Se parcial, mas considerável, for a evicção, poderá o evicto optar entre a rescisão do contrato e a restituição da parte do preço correspondente ao desfalque sofrido. Se não for considerável, caberá somente direito a indenização.

Art. 456. Para poder exercitar o direito que da evicção lhe resulta, o adquirente notificará do litígio o alienante imediato, ou qualquer dos anteriores, quando e como lhe determinarem as leis do processo.

Parágrafo único. Não atendendo o alienante à denunciação da lide, e sendo manifesta a procedência da evicção, pode o adquirente deixar de oferecer contestação, ou usar de recursos.

Art. 457. Não pode o adquirente demandar pela evicção, se sabia que a coisa era alheia ou litigiosa.

Seção VII
Dos Contratos Aleatórios

Art. 458. Se o contrato for aleatório, por dizer respeito a coisas ou fatos futuros, cujo risco de não virem a existir um dos contratantes assuma, terá o outro direito de receber integralmente o que lhe foi prometido, desde que de sua parte não tenha havido dolo ou culpa, ainda que nada do avençado venha a existir.

Art. 459. Se for aleatório, por serem objeto dele coisas futuras, tomando o adquirente a si o risco de virem a existir em qualquer quantidade, terá também direito o alienante a todo o preço, desde que de sua parte não tiver concorrido culpa, ainda que a coisa venha a existir em quantidade inferior à esperada.

Parágrafo único. Mas, se da coisa nada vier a existir, alienação não haverá, e o alienante restituirá o preço recebido.

Art. 460. Se for aleatório o contrato, por se referir a coisas existentes, mas expostas a risco, assumido pelo adquirente, terá igualmente direito o alienante a todo o preço, posto que a coisa já não existisse, em parte, ou de todo, no dia do contrato.

Art. 461. A alienação aleatória a que se refere o artigo antecedente poderá ser anulada como dolosa pelo prejudicado, se provar que o outro contratante não ignorava a consumação do risco, a que no contrato se considerava exposta a coisa.

Seção VIII
Do Contrato Preliminar

Art. 462. O contrato preliminar, exceto quanto à forma, deve conter todos os requisitos essenciais ao contrato a ser celebrado.

Art. 463. Concluído o contrato preliminar, com observância do disposto no artigo antecedente, e desde que dele não conste cláusula de arrependimento, qualquer das partes terá o direito de exigir a celebração do definitivo, assinando prazo à outra para que o efetive.

Parágrafo único. O contrato preliminar deverá ser levado ao registro competente.

Art. 464. Esgotado o prazo, poderá o juiz, a pedido do interessado, suprir a vontade da parte inadimplente, conferindo caráter definitivo ao contrato preliminar, salvo se a isto se opuser a natureza da obrigação.

Art. 465. Se o estipulante não der execução ao contrato preliminar, poderá a outra parte considerá-lo desfeito, e pedir perdas e danos.

Art. 466. Se a promessa de contrato for unilateral, o credor, sob pena de ficar a mesma sem efeito, deverá manifestar-se no prazo nela previsto, ou, inexistindo este, no que lhe for razoavelmente assinado pelo devedor.

Seção IX
Do Contrato com Pessoa a Declarar

Art. 467. No momento da conclusão do contrato, pode uma das partes reservar-se a faculdade de indicar a pessoa que deve adquirir os direitos e assumir as obrigações dele decorrentes.

Art. 468. Essa indicação deve ser comunicada à outra parte no prazo de cinco dias da conclusão do contrato, se outro não tiver sido estipulado.

Parágrafo único. A aceitação da pessoa nomeada não será eficaz se não se revestir da mesma forma que as partes usaram para o contrato.

Art. 469. A pessoa, nomeada de conformidade com os artigos antecedentes, adquire os direitos e assume as obrigações decorrentes do contrato, a partir do momento em que este foi celebrado.

Art. 470. O contrato será eficaz somente entre os contratantes originários:

I – se não houver indicação de pessoa, ou se o nomeado se recusar a aceitá-la;

II – se a pessoa nomeada era insolvente, e a outra pessoa o desconhecia no momento da indicação.

Art. 471. Se a pessoa a nomear era incapaz ou insolvente no momento da nomeação, o contrato produzirá seus efeitos entre os contratantes originários.

CAPÍTULO II
DA EXTINÇÃO DO CONTRATO

Seção I
Do Distrato

Art. 472. O distrato faz-se pela mesma forma exigida para o contrato.

Art. 473. A resilição unilateral, nos casos em que a lei expressa ou implicitamente o permita, opera mediante denúncia notificada à outra parte.

Parágrafo único. Se, porém, dada a natureza do contrato, uma das partes houver feito investimentos consideráveis para a sua execução, a denúncia unilateral só produzirá efeito depois de transcorrido prazo compatível com a natureza e o vulto dos investimentos.

Seção II
Da Cláusula Resolutiva

Art. 474. A cláusula resolutiva expressa opera de pleno direito; a tácita depende de interpelação judicial.

Art. 475. A parte lesada pelo inadimplemento pode pedir a resolução do contrato, se não preferir exigir-lhe o cumprimento, cabendo, em qualquer dos casos, indenização por perdas e danos.

Seção III
Da Exceção de Contrato não Cumprido

Art. 476. Nos contratos bilaterais, nenhum dos contratantes, antes de cumprida a sua obrigação, pode exigir o implemento da do outro.

Art. 477. Se, depois de concluído o contrato, sobrevier a uma das partes contratantes diminuição em seu patrimônio capaz de comprometer ou tornar duvidosa a prestação pela qual se obrigou, pode a outra recusar-se à prestação que lhe incumbe, até que aquela satisfaça a que lhe compete ou dê garantia bastante de satisfazê-la.

Seção IV
Da Resolução por Onerosidade Excessiva

Art. 478. Nos contratos de execução continuada ou diferida, se a prestação de uma das partes se tornar excessivamente onerosa, com extrema vantagem para a outra, em virtude de acontecimentos extraordinários e imprevisíveis, poderá o devedor pedir a resolução do contrato. Os efeitos da sentença que a decretar retroagirão à data da citação.

Art. 479. A resolução poderá ser evitada, oferecendo-se o réu a modificar equitativamente as condições do contrato.

Art. 480. Se no contrato as obrigações couberem a apenas uma das partes, poderá ela pleitear que a sua prestação seja reduzida, ou alterado o modo de executá-la, a fim de evitar a onerosidade excessiva.

CAPÍTULO IX

CONTRATOS EM ESPÉCIE

1. DA COMPRA E VENDA

1.1. Conceito

O conceito de compra e venda é trazido pelo art. 481 do CC/02, que estabelece que "pelo contrato de compra e venda, um dos contratantes se obriga a transferir o domínio de certa coisa, e o outro, a pagar-lhe certo preço em dinheiro".

Cabe destacar que o contrato de compra e venda representa apenas um acordo, pelo qual o vendedor se compromete a transmitir a propriedade do bem ao comprador (direito pessoal). Isso porque a transmissão da propriedade (direito real), para os bens móveis, ocorre com a tradição (art. 1.267 do CC/02), e, para os imóveis, com o registro do título no Cartório de Registro de Imóveis (art. 1.245 do CC/02).

Dessa forma, se houve contrato e pagamento do preço sem entrega da coisa, o comprador não é proprietário, de maneira que não poderá, em princípio, reivindicar a coisa, caso o vendedor a aliene novamente a terceiro. Caberá ao comprador apenas pleitear as perdas e danos.

1.2. Classificação

A doutrina tem classificado o contrato de compra e venda como sendo:

a) *Bilateral* ou *sinalagmático*: porque cria obrigações para ambos os contratantes, que serão reciprocamente credores e devedores;

b) *Oneroso*: porque ambos os contratantes obterão vantagens e suportarão sacrifícios patrimoniais, sendo que a vantagem de um corresponde ao sacrifício do outro;

c) *Comutativo* ou *aleatório*: conforme o objeto seja certo ou dependa de um evento incerto. Geralmente, a compra e venda é um contrato comutativo, porque a determinação do objeto permite verificar a equivalência das prestações no ato da contratação. Contudo, poderá, excepcionalmente, ser um contrato aleatório, segundo as hipóteses previstas nos arts. 458 e 459, ambos do CC/02;

d) *Consensual* ou *solene*: geralmente o contrato de compra e venda é consensual, bastando o consentimento dos contratantes. No entanto, em certos casos, como na alienação de bens imóveis, a compra e venda será um contrato solene, porque a lei impõe determinada forma para sua validade.

1.3. Elementos constitutivos

A doutrina aponta a existência de três elementos constitutivos da compra e venda, sendo eles: a) a coisa; b) o preço; e c) o consentimento. Tais elementos são comuns a todos os contratos de compra e venda, sendo que, em alguns casos, a lei exige, ainda, um quarto elemento, que é a forma.

Nessa obra, contudo, analisaremos os elementos essenciais, comuns a todos os contratos de compra e venda.

1.3.1. *Coisa*

A coisa deve ser lícita, determinada (coisa certa) ou determinável (coisa incerta, mas suscetível de determinação pelo gênero e quantidade).

Segundo o art. 483, a compra e venda pode recair sobre coisa futura, como ocorre nas vendas sob encomenda. Entretanto, essa coisa futura deve existir posteriormente, sob pena de ineficácia do contrato, salvo se a intenção das partes era de celebrar um contrato aleatório, que, como é sabido, sofre influência da sorte e do risco.

A coisa também deve estar disponível ou dentro do comércio. Algumas coisas podem ser inalienáveis por força da natureza (o mar, as estrelas etc.), da lei (os bens públicos - art. 100, CC/02) ou da vontade das partes (doação com cláusula de inalienabilidade).

1.3.2. *Preço*

O preço constitui a remuneração do contrato. É a contraprestação pela entrega da coisa alienada. Enquanto o vendedor deve entregar a coisa, o comprador deve pagar o preço.

O preço, de igual sorte, deve ser certo e determinado em moeda nacional, pelo valor nominal, tendo em vista que o atual Código Civil consagrou o *princípio do nominalismo* (art. 315). Em regra, não pode ser fixado em moeda estrangeira ou em ouro, exceção feita aos contratos de compra e venda internacional.

Nada impede que o preço seja pago por outras coisas representativas de dinheiro, como, por exemplo, títulos de crédito. Mas se o preço consistir em outra coisa, ter-se-á a permuta e não compra e venda.

O art. 485 dispõe que "a fixação do preço pode ser deixada ao arbítrio de terceiro, que os contratantes logo designarem ou prometerem designar. Se o terceiro não aceitar a incumbência, ficará sem efeito o contrato, salvo quando acordarem os contratantes designar outra pessoa".

Como se observa, as partes podem convencionar que o preço seja arbitrado por terceira pessoa. Isso ocorre, frequentemente, quando a fixação do preço depende de conhecimentos técnicos e profundos, que as partes, naquele momento, não possuem.

É o caso, por exemplo, das alienações de imóveis em que as partes pactuam que o preço será fixado por um corretor ou imobiliária com renome e isenção.

Se, contudo, o terceiro não aceitar a incumbência, o contrato ficará sem efeito, salvo se os contratantes designarem outra pessoa.

Nos termos do art. 486, o preço poderá ser determinável quando sua fixação for baseada na taxa de mercado ou de bolsa de valores, em dia e lugar certos e determinados. A doutrina, capitaneada por Maria Helena Diniz[1], esclarece que se a taxa de mercado ou bolsa variar no dia designado para fixar o preço, este será calculado segundo a média de oscilação naquela data. Flávio Tartuce[2] sustenta que essa é a melhor solução, tendo em vista que impede a onerosidade excessiva e o desequilíbrio contratual.

1.3.3. *Consentimento*

Os contratantes devem declarar seu consentimento sobre o preço, a coisa e demais condições do negócio.

É necessário, ainda, que as partes sejam capazes. O vendedor deve ter capacidade para poder dispor da coisa, que se caracteriza pela capacidade de alienar. Ao comprador, basta a capacidade de se obrigar.

Os relativa e absolutamente incapazes devem ser assistidos ou representados, conforme o caso. As pessoas jurídicas devem ser representadas pelos responsáveis por sua administração.

1.4. Riscos da coisa vendida

Dispõe o **art. 490 que** "salvo cláusula em contrário, ficarão as despesas de escritura e registro a cargo do comprador, e a cargo do vendedor as da tradição".

Segundo o texto legal, as partes são livres para convencionarem por conta de quem correrão as despesas de transferência e de entrega.

Silenciando o contrato, as despesas de transferência (escritura e registro) correrão por conta do comprador, e as despesas de entrega correrão por conta do vendedor.

De igual sorte, até o momento da tradição, os riscos quanto à coisa (perda, deterioração, desvalorização etc.) correm por conta do vendedor, porque, enquanto não entregá-la, a coisa lhe pertencerá (art. 492, *caput*, do CC/02). Nesse caso, incide a regra de que a *coisa perece para o dono*, também consagrada no art. 238 do CC/02. Os riscos quanto ao preço, evidentemente, correrão por conta do comprador (art. 492, *caput*, do CC/02).

1. *Curso de Direito Civil Brasileiro*. Vol. 3, 29ª ed. São Paulo: Saraiva, 2013, p. 202.
2. *Direito Civil*. Vol. 3, 8ª ed. São Paulo: Método, 2013, p. 254.

Se, contudo, o comprador estiver em mora em retirar a coisa, que já lhe foi disponibilizada no tempo, lugar e forma convencionados, por conta deste correrão os riscos quanto à coisa (art. 492, §2º, CC/02). Nesse caso, pune-se o credor que não cumpre sua obrigação de retirar a coisa na forma estabelecida.

1.5. Restrições à compra e venda

O atual Código Civil impõe algumas limitações à autonomia privada, fulminando de nulidade, anulabilidade ou ineficácia, algumas situações que pretende evitar, essencialmente em relação ao contrato de compra e venda. A seguir, serão estudadas tais restrições.

1.5.1. *Da venda de ascendente a descendente*

Dispõe o **art. 496 que** "é anulável a venda de ascendente a descendente, salvo se os outros descendentes e o cônjuge do alienante expressamente houverem consentido".

Sobre o dispositivo, cabe destacar, inicialmente, que a venda de ascendente a descendente é causa de nulidade relativa do negócio, porque o texto utiliza a expressão *anulável*. Não restam mais dúvidas sobre isso.

Pela análise do texto legal, os ascendentes (pais, avós etc.) não podem vender seus bens a descendentes (filhos, netos etc.), sem o consentimento dos demais descendentes e de seu cônjuge, salvo se casado sob o regime da separação absoluta de bens.

A finalidade do dispositivo é óbvia e visa garantir a igualdade das legítimas entre todos os descendentes. Em outras palavras, a regra contida no art. 496 tem como objetivo impedir que a compra e venda seja utilizada para mascarar uma doação a um dos descendentes, em prejuízo dos demais.

A doação de ascendentes a descendentes é permitida, mas configura adiantamento de legítima, de maneira que o donatário deverá trazer o bem à colação como forma de igualar as legítimas (art. 544 do CC/02). Assim, a doação feita de ascendente à descendente, em princípio, não prejudica os demais sucessores.

Havendo compra e venda, entretanto, não há necessidade de trazer o bem à colação, porque, nesse caso, o descendente pagou o preço da coisa. Trata-se, como se sabe, de contrato bilateral oneroso.

O que o art. 496 visa impedir é que o ascendente privilegie um dos descendentes em prejuízo dos demais. Imagine, por exemplo, o ascendente *A*, que possui três filhos, *B*, *C* e *D*, sendo que *A* nutre sentimentos especiais em relação a *B* e pretende beneficiá-lo. A doação não se presta para esse fim, conforme a regra do art. 544 do CC/02. O ascendente *A*, então, poderia simular uma compra e venda com o descendente *B*, de forma que este estaria dispensado de trazer o bem à colação. Observe, nesse caso, que não há compra e venda, porque a real intenção da *A* é de doar o bem à *B* e beneficiá-lo financeiramente em relação aos demais sucessores. No entanto, pela dicção do art. 496, essa compra e venda é anulável por *C* e *D*, que poderão defender a igualdade das legítimas, salvo se consentiram com a compra e venda.

Nesse exemplo cabe, ainda, a observação de que a compra e venda é eivada de nulidade absoluta, porque se trata de negócio simulado (art. 167, CC/02), o que dá aos descendentes prejudicados dois caminhos: a) o de pleitear a nulidade absoluta do negócio por simulação (art. 167 do CC/02) e seguir o tortuoso caminho para prová-la, inclusive com a demonstração do conluio entre as partes; e b) o de pleitear a anulabilidade do negócio com base no art. 496 do CC/02, demonstrando apenas a presença dos elementos objetivos, ou seja, de que houve venda de ascendente à descendente sem o consentimento dos demais descendentes.

1.5.2. Da venda entre cônjuges

Preceitua o **art. 499** que "é lícita a compra e venda entre cônjuges, com relação a bens excluídos da comunhão".

Como é possível observar, os cônjuges podem celebrar contrato de compra e venda relativo aos bens que estão fora da comunhão. Não poderão comprar e vender bens comuns, porque ninguém pode comprar algo que já lhe pertence.

Cabe a ressalva de que a compra e venda deve ser real e não pode ser celebrada com o intuito de prejudicar direitos de terceiros.

A compra e venda de bens excluídos da comunhão pode ser pactuada independentemente do regime de bens adotado pelo cônjuge, inclusive no regime da comunhão universal, relativamente aos bens particulares (art. 1.668 do CC/02). Frise-se, outrossim, que o art. 1.639, §2º, do CC/02 permite aos cônjuges modificar o regime de bens, vez que consagra o princípio da mutabilidade justificada.

1.5.3. Da venda de bens sob administração

Estabelece o art. 497 do CC/02:

> **Art. 497.** Sob pena de nulidade, não podem ser comprados, ainda que em hasta pública:
>
> **I** – pelos tutores, curadores, testamenteiros e administradores, os bens confiados à sua guarda ou administração;
>
> **II** – pelos servidores públicos, em geral, os bens ou direitos da pessoa jurídica a que servirem, ou que estejam sob sua administração direta ou indireta;
>
> **III** – pelos juízes, secretários de tribunais, arbitradores, peritos e outros serventuários ou auxiliares da justiça, os bens ou direitos sobre que se litigar em tribunal, juízo ou conselho, no lugar onde servirem, ou a que se estender a sua autoridade;

> IV – pelos leiloeiros e seus prepostos, os bens de cuja venda estejam encarregados.
>
> **Parágrafo único.** As proibições deste artigo estendem-se à cessão de crédito.

A finalidade do dispositivo é evidente. As pessoas que tem o dever de zelar por bens alheios não podem adquiri-los, ainda que seja em hasta pública. A proibição contida no art. 497 tem fundamento ético e moral, e abrange, igualmente, a cessão de crédito, porque tais pessoas encontram-se em uma posição privilegiada em relação ao negócio e, nessa condição, poderiam auferir vantagens em prejuízo do alienante.

Não há no Código Civil de 2002 a proibição relativa aos mandatários, que constava no art. 1.133, II do CC/16. Dessa forma, a vedação contida no art. 497 do CC/02 não abrange os mandatários, de forma que estes podem adquirir os bens de cuja administração ou alienação estejam encarregados.

1.5.4. *Da venda de bens em condomínio*

Segundo o **art. 504**, "não pode um condômino em coisa indivisível vender a sua parte a estranhos, se outro consorte a quiser, tanto por tanto. O condômino, a quem não se der conhecimento da venda, poderá, depositando o preço, haver para si a parte vendida a estranhos, se o requerer no prazo de cento e oitenta dias, sob pena de decadência".

O condômino de coisa indivisa tem preferência na aquisição da parte de outro condômino, nas mesmas condições em que foi oferecida a terceiros.

Dessa forma, o condômino pode vender sua parte da coisa indivisível a terceiros, desde que a ofereça, nas mesmas condições, aos outros condôminos, que não a aceitarão. Se não a oferecer, o condômino que não teve conhecimento da venda, poderá, no prazo decadencial de cento e oitenta dias, depositar o preço e ter para si a parte vendida.

O prazo decadencial tem início com a ciência, pelo condômino interessado, da alienação[3].

1.5.5. *Venda* ad corpus *e* ad mensuram

O art. 500 do CC/02 prevê regramento especial para a compra e venda de imóveis, que pode ser pactuada, em princípio, de duas formas:

a) Venda *ad corpus*: na qual o imóvel é alienado como corpo certo e determinado, sendo suas medidas, ainda que mencionadas no instrumento, meramente exemplificativas. Nessa modalidade, há a presunção relativa

3. *Curso de Direito Civil Brasileiro*. 29ª ed., v. 3. São Paulo: Saraiva, 2013, p. 209.

de que o comprador conhece a dimensão do imóvel e assim o adquire. A indicação das medidas possui um caráter secundário no negócio, que, geralmente, as descreve acompanhadas das expressões *aproximadamente* ou *mais ou menos*. É o que ocorre, por exemplo, quando o é alienada a "Fazenda Santa Terezinha" ou a "Chácara das Acácias";

b) Venda *ad mensuram*: na qual o imóvel é alienado por medida certa, cuja extensão é condição essencial do negócio. É o que se dá na venda de imóvel por metro quadrado ou por alqueire.

No caso da venda *ad mensuram*, o art. 500, §1º admite uma variação de 1/20 (um vigésimo) na área vendida. Trata-se de uma presunção de que essa variação é tolerável pelo comprador. No entanto, tendo em vista que se trata de presunção relativa, o mesmo dispositivo permite que o comprador comprove que, em tais circunstâncias, não teria celebrado o negócio.

Havendo, portanto, variação acima do indicado no art. 500, §1º, poderá o comprador prejudicado tomar uma das seguintes providências: a) exigir a complementação da área, que só será possível se o vendedor for proprietário do imóvel vizinho; b) exigir o abatimento proporcional do preço; ou c) pleitear a resolução do contrato.

É possível, também, que haja excesso de área, situação que colocará o vendedor em prejuízo. Segundo o art. 500, §2º, o vendedor deverá comprovar que tinha motivos para ignorar a medida e poderá exigir que o comprador lhe ofereça uma das seguintes soluções: a) complementar o preço; ou b) devolver o excesso.

Na venda *ad corpus* não é possível a complementação de área, uma vez que, como visto, o imóvel é vendido como corpo certo e determinado, sendo suas medidas meramente enunciativas (art. 500, §3º).

1.6. Cláusulas especiais da compra e venda

O contrato de compra e venda, por vezes, contém cláusulas especiais, livremente estabelecidas segundo os interesses das partes.

Essas cláusulas especiais, também chamadas de *pactos adjetos*, estão previstas nos arts. 505 e seguintes do CC/02.

1.6.1. Retrovenda

Dispõe o **art. 505 que** "o vendedor de coisa imóvel pode reservar-se o direito de recobrá-la no prazo máximo de decadência de três anos, restituindo o preço recebido e reembolsando as despesas do comprador, inclusive as que, durante o período de resgate, se efetuaram com a sua autorização escrita, ou para a realização de benfeitorias necessárias".

Flávio Tartuce ensina que "na verdade, essa cláusula especial confere ao vendedor o direito de desfazer a venda, reavendo de volta o bem alienado dentro do prazo máximo de três anos"[4].

Quanto à cláusula de retrovenda, deve ser observado o seguinte: a) só é admitida em relação à compra e venda de imóveis, não tendo aplicação à compra e venda de móveis, porque essa modalidade não se reveste das mesmas formalidades; b) deve ser exercida no prazo máximo de três anos, sendo lícito às partes convencionarem prazo inferior. Esse prazo, por ser decadencial, não pode ser interrompido ou suspenso e tem início na data e que o contrato é celebrado; e c) deve constar do mesmo instrumento da venda, para permitir que terceiros interessados possam tomar conhecimento do pacto.

A doutrina é unânime em esclarecer que o pacto de retrovenda torna a propriedade do adquirente resolúvel, na medida em que permite ao vendedor reconduzir as partes na posição em que se encontravam antes do contrato.

Quanto ao resgate, cabe o vendedor restituir o preço recebido, bem como todas as despesas efetuadas com escritura, registro, impostos e taxas incidentes sobre o imóvel, além das benfeitorias necessárias eventualmente feitas no imóvel. A atualização monetária só será devida se houver previsão contratual[5].

Havendo recusa do comprador em receber a quantia, poderá o vendedor, para exercer o direito de regate, depositar judicialmente o valor integral (art. 506 do CC/02). Se o depósito for insuficiente, o vendedor só será restituído no domínio quando complementá-lo (art. 506, parágrafo único, do CC/02).

O direito de resgate poderá ser exercido, inclusive, contra terceiros, porque o comprador transmite a estes apenas a propriedade resolúvel do imóvel (art. 507 do CC/02).

Decorridos o prazo decadencial de três anos, sem o exercício do direito de recompra, a venda tornar-se-á irretratável.

1.6.2. *Venda a contento*

Preceitua o **art. 509 que** "a venda feita a contento do comprador entende-se realizada sob condição suspensiva, ainda que a coisa lhe tenha sido entregue; e não se reputará perfeita, enquanto o adquirente não manifestar seu agrado".

Silvio de Salvo Venosa esclarece que "por essa cláusula de venda a contento, o comprador reserva-se o direito de rejeitar a coisa se não lhe aprouver, dependendo de sua exclusiva apreciação"[6].

4. *Direito Civil*. Vol. 3, 8ª ed. São Paulo: Método, 2013, p. 278.
5. DINIZ, Maria Helena. Curso de Direito Civil Brasileiro. Vol. 3, 29ª ed. São Paulo: Saraiva, 2013, p. 226.
6. *Direito Civil*. Vol. 3, 4ª ed. São Paulo: Atlas, 2004, p. 82.

Geralmente, a venda a contento só se concretiza com a manifestação do comprador declarando que aceita a coisa recebida. Observe que o comprador possui um direito potestativo de recusar a coisa, sendo desnecessária qualquer explanação acerca da recusa. O vendedor não tem como se opor à recusa, que não se dá por defeito ou má qualidade da coisa, mas por mera subjetividade do comprador, que deverá estar pautada na boa-fé objetiva.

Nos termos do art. 511, as obrigações do comprador, enquanto não demonstrar o interesse em aceitar a coisa, serão de mero comodatário, porque, até a aceitação, a coisa pertencerá ao vendedor.

A vontade do comprador, dizendo se aceita ou não a coisa, deve ser declarada em prazo estabelecido pelas partes. No silêncio do contrato, é lícito ao vendedor notificar o comprador para que manifeste sua vontade em prazo razoável e improrrogável (art. 512 do CC/02). Nesse caso, sustenta Maria Helena Diniz que "se o adquirente se recusar a fazer a experimentação dentro do prazo contratual ou judicial, reputar-se-á aceita a coisa apenas se naquela intimação constar cláusula no sentido de que o silêncio deverá ser interpretado como aceitação presumida, Não havendo tal cláusula, o silêncio do comprador, ensina Martiello, indicará recusa à efetivação do negócio, gerando-lhe o dever de devolver o bem"[7].

1.6.3. *Preempção ou preferência*

Segundo o **art. 513**, "a preempção, ou preferência, impõe ao comprador a obrigação de oferecer ao vendedor a coisa que aquele vai vender, ou dar em pagamento, para que este use de seu direito de prelação na compra, tanto por tanto".

Na lição de Flávio Tartuce, "a cláusula de preempção, preferência ou prelação convencional é aquela pela qual o comprador de um bem móvel ou imóvel terá a obrigação de oferecê-lo a quem lhe vendeu, por meio de notificação judicial ou extrajudicial, para que este use do seu direito de prelação em igualdade de condições, ou seja 'tanto por tanto', no caso de alienação futura"[8].

Sobre o assunto, o atual Código Civil estabelece dois prazos com tratamento distinto.

O art. 513, parágrafo único, diz que "o prazo para exercer o direito de preferência não poderá exceder a cento e oitenta dias, se a coisa for móvel, ou a dois anos, se imóvel". Tais prazos referem-se ao período máximo em que a cláusula de preferência terá validade, e, segundo a doutrina moderna iniciam-se na data da venda. Uma vez decorridos, o direito de preferência não mais existirá, ficando o comprador livre para alienar os bens a quem bem entender.[9]

---

7. *Curso de Direito Civil Brasileiro*. Vol. 3, 29ª ed. São Paulo: Saraiva, 2013, p. 231.
8. *Direito Civil*. Vol. 3, 8ª ed. São Paulo: Método, 2013, p. 280/281.
9. *Direito Civil*. Vol. 3, 8ª ed. São Paulo: Método, 2013, 2013, p. 281.

PEREMPÇÃO OU PREFERÊNCIA[9]

- **MÓVEIS:**

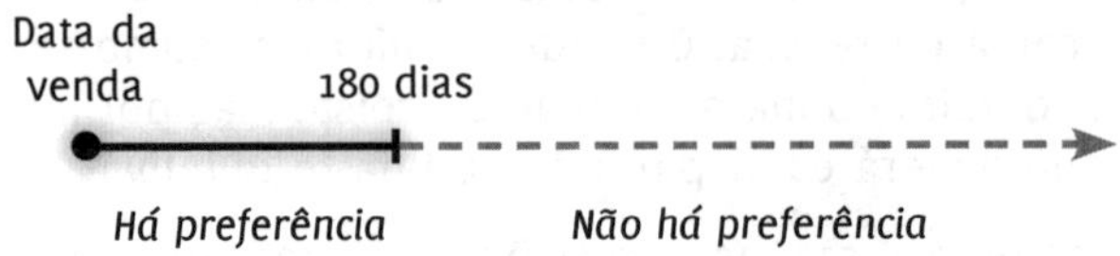

- **IMÓVEIS:**

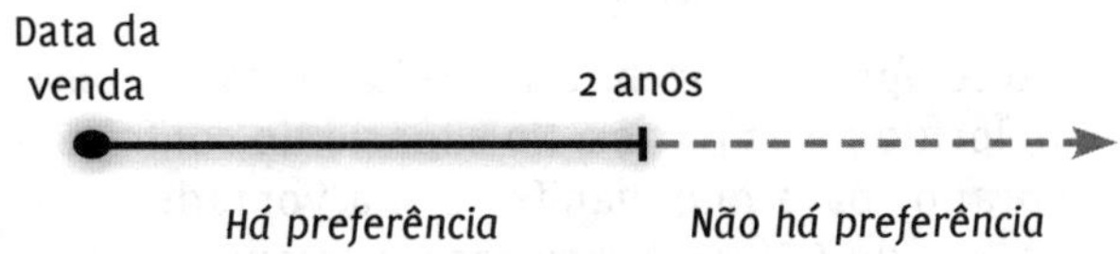

O art. 516, por sua vez, consagra que "inexistindo prazo estipulado, o direito de preempção caducará, se a coisa for móvel, não se exercendo nos três dias, e, se for imóvel, não se exercendo nos sessenta dias subsequentes à data em que o comprador tiver notificado o vendedor". Nesse caso, o prazo é fixado para que o vendedor, após a notificação, manifeste sua vontade e exerça o direito de preferência nos prazos assinalados. Se, uma vez notificado, deixar transcorrer os prazos constantes do art. 516, a inércia será interpretada como renúncia tácita.

Cabe acrescentar que os prazos, tanto do art. 513, parágrafo único, quanto do art. 516, são decadenciais, não estando sujeitos, portanto, a interrupção ou suspensão. Tendo em vista a expressão "não poderá exceder", constante do art. 513, parágrafo único, parte da doutrina tem sustentado que tais prazos podem ser alterados para menor.

Tome-se, a título de exemplo, que *X* vendeu um imóvel a *Y* constando a cláusula de preferência. Dessa forma, se *Y*, nos próximos dois anos, objetivar vender o aludido imóvel, deverá notificar a *X* para que exerça o direito de preferência no prazo decadencial de sessenta dias. Se *X* permanecer silente, *Y* estará livre para vender o imóvel a terceiros. No mesmo exemplo, se *Y* pretender vender o imóvel depois de três anos da venda, nenhuma notificação será necessária, porque, nesse caso, nenhuma preferência existirá em razão do prazo decorrido (art. 513 do CC/02).

	▶ MÓVEIS	▶ IMÓVEIS
Prazos de extensão da preferência (Art. 513, parágrafo único, CC/02)	180 dias	2 anos
Prazos para resposta do vendedor, após a notificação (Art. 516, CC/02)	3 dias	60 dias

Segundo a dicção do art. 518, o antigo vendedor, titular do direito de preferência, caso não seja notificado para exercê-lo, terá, à sua disposição, tão somente a ação indenizatória contra o comprador que não respeitou a preferência e, solidariamente contra o novo adquirente, se este agiu de má-fé.

Como se observa, o vendedor violado em seu direito não poderá lançar mão da ação adjudicatória ou anulatória. Poderá apenas pleitear perdas e danos.

Finalmente, o art. 520 consagra que o direito de preferência é personalíssimo, não podendo ser transferido por ato *inter vivos* ou *mortis causa*.

1.6.4. Venda com reserva de domínio

Leciona Álvaro Villaça Azevedo que a venda com reserva de domínio "é uma cláusula pela qual o vendedor reserva o domínio da coisa comprada até que seja paga a última prestação e que sejam cumpridas todas as obrigações assumidas pelo comprador"[10].

Esse conceito segue a dicção do **art. 521, que prevê que** "na venda de coisa móvel, pode o vendedor reservar para si a propriedade, até que o preço esteja integralmente pago".

A venda com reserva de domínio é usada, por exemplo, nas vendas a crédito de veículos.

Em razão dessa cláusula, a propriedade continua sendo do vendedor, até que o comprador pague integralmente o preço. A posse, contudo, é dividida, ficando o comprador, desde já, investido na posse direta, enquanto o vendedor reserva para si a posse indireta. Não obstante a propriedade da coisa móvel ser transferida ao comprador somente com o pagamento integral do preço, os riscos da coisa correrão por sua conta, porquanto possuidor direto (art. 524 do CC/02).

Caso o comprador não pague integralmente o preço, o vendedor poderá, a seu critério e após constituir o comprador em mora (art. 525 do CC/02), reaver a coisa alienada ou cobrar as parcelas não pagas (art. 526 do CC/02).

Quanto à coisa, é importante ressaltar que deve ser móvel (art. 521 do CC/02), determinada e infungível (art. 523 do CC/02), para que possibilite a identificação pelo juiz em caso de eventual busca e apreensão e depósito.

Nos termos do art. 522, a cláusula de venda com reserva de domínio deverá ser pactuada por escrito e o instrumento, para ter validade perante terceiros, deverá ser registrado no Cartório de Títulos e Documentos do domicílio do comprador. Se o registro não for feito, a referida cláusula produzirá efeitos somente entre as partes contratantes.

10. *Comentários ao Novo Código Civil*. Vol. II, 2ª ed. Rio de Janeiro: Forense, 2011, p. 375/376.

2. DA DOAÇÃO

2.1. Conceito e características

O contrato de doação é de extrema utilidade prática e sua existência remonta aos primórdios da humanidade.

O atual Código Civil disciplina essa modalidade nos arts. 538 a 564. O conceito é trazido pelo art. 538, que dispõe:

> **Art. 538.** Considera-se doação o contrato em que uma pessoa, por liberalidade, transfere do seu patrimônio bens ou vantagens para o de outra.

Do citado dispositivo podem ser identificadas as seguintes características:

a) Contratualidade: embora o art. 538 diga que a "doação transfere o patrimônio", fato é que a doação é um contrato e, como tal, transmite apenas direitos pessoais. A transferência de propriedade só se concretiza com o registro no Cartório de Registro de Imóveis, no caso de imóveis, ou com a tradição, no caso dos móveis. Cabe acrescentar, ainda, que a doação é um contrato inter vivos, no qual o doador pratica a liberalidade em vida. Nesse ponto, a doação se opõe ao testamento, que configura a liberalidade *causa mortis*;

b) Intenção do doador em fazer uma liberalidade: a vontade do doador deve ser o de fazer, espontaneamente, uma liberalidade, sem qualquer contraprestação ou recompensa patrimonial. A intenção do doador é de favorecer o donatário, de forma que o contrato é celebrado com o intuito de aumentar o patrimônio deste em prejuízo do patrimônio daquele. Essa característica é essencial ao contrato de doação, uma vez que há outros atos de liberalidade que não constituem doação, como, por exemplo o comodato;

c) Transferência de bens ou de direitos do patrimônio do doador para o do donatário: é indispensável que, no contrato de doação, o donatário enriqueça às custas do doador, ainda que de forma diminuta. Dessa forma, não configurará doação eventual benefício obtido pelo donatário sem que tal benefício provoque uma diminuição no patrimônio do doador, como ocorre, por exemplo, no contrato de mútuo sem juros.

2.2. Aceitação

Há uma divergência na doutrina em considerar a aceitação do donatário como elemento caracterizador da doação. O melhor posicionamento tem entendido que a doação só se concretiza com a aceitação do donatário. Primeiro porque o atual Código não contempla doação não aceita; e segundo, porque, sendo um contrato, este só se aperfeiçoa com a declaração de vontade das partes. Enquanto o doador deve ter o ânimo de doar, o donatário deve ter o ânimo de aceitar. Sobre o assunto, a professora Maria Helena Diniz leciona que "por se tratar de contrato benéfico, o donatário não precisará ter capacidade de fato para aceitar a doação pura e simples, embora se suponha necessário o consentimento de seu representante legal"[11].

Segundo o **art. 542**, "a doação feita ao nascituro valerá, sendo aceita pelo seu representante legal". Se, contudo, nascer morto, a doação caducará porque se trata de direito sob condição suspensiva.

Se o donatário for absolutamente incapaz, dispensa-se a aceitação, desde que se trate de doação pura (**art. 543 do CC/02). Nesse caso, a lei dispensa a aceitação, porque a doação só trará benefícios ao incapaz.**

Em regra, a aceitação da liberalidade é feita de forma expressa, com a manifestação de vontade do donatário, por escrito ou verbal, no sentido de que aceita o bom doado.

Dispõe o art. 539 que "o doador pode fixar prazo ao donatário, para declarar se aceita ou não a liberalidade. Desde que o donatário, ciente do prazo, não faça dentro dele a declaração, entender-se-á que aceitou, se a doação não for sujeita a encargo".

Segundo o texto legal, o doador pode fixar prazo para que o donatário aceite a doação. Sendo a doação pura e simples, o silêncio do donatário será interpretado como aceitação tácita. Sendo a doação com encargo, a aceitação dependerá de manifestação expressa.

Poderá haver aceitação tácita, ainda, quando o donatário, embora não declare expressamente que aceita a doação, acaba praticando, posteriormente, atos que demonstram o desejo de aceitá-la, como, por exemplo, quando requer o registro da escritura de doação no Cartório de Registro de Imóveis, ou quando licencia e emplaca o veículo doado.

2.3. Objeto

Em princípio, podem ser objeto de doação todos os bens que estejam no comércio, sejam móveis ou imóveis.

O atual Código Civil não contemplou a doação de bens futuros, ou seja, para após a morte, de forma que tal ato só poderá ser realizado através de testamento. Em regra, também, é nula, por falta de objeto, a doação de bens de terceiros, salvo se vierem a integrar, no momento adequado, o patrimônio do doador.

Preceitua o **art. 548 que** "é nula a doação de todos os bens sem reserva de parte, ou renda suficiente para a subsistência do doador".

O referido artigo proíbe a chamada *doação universal*, que consiste na doação de todos os bens do doador. A finalidade da norma, evidentemente, é impedir

11. *Curso de Direito Civil Brasileiro*. 29ª ed., v. 3. São Paulo: Saraiva, 2013, p. 255.

que o doador fique em um estado de miséria econômica, às custas da família e do Estado. Por se tratar de nulidade absoluta, a alegação pode ser feita por qualquer interessado, inclusive pelos credores do doador.

De igual sorte, nos termos do **art. 549 é** "nula é também a doação quanto à parte que exceder à de que o doador, no momento da liberalidade, poderia dispor em testamento".

O dispositivo trata da *doação inoficiosa*, que não é admitida pela atual codificação. Com o objetivo de proteger os direitos dos herdeiros necessários, o Código Civil aplica ao contrato de doação as mesmas limitações impostas à liberdade de testar. Dessa forma, segundo a interpretação conjugada dos arts. 1.846 e 1.857, §1º, ambos do CC/02, o testador não pode incluir no testamento os bens legitimários dos herdeiros necessários, que representam a metade dos bens da herança. Essa proibição seria facilmente contornada se não houvesse a regra do art. 549 do CC/02, sob comento. Ora, havendo a limitação de dispor, em ato *causa mortis*, a metade do patrimônio, poderia o agente fazer a disposição de quanto pretendesse por ato *inter vivos*, através da doação. Felizmente, o art. 549 evita essa manobra e permite a doação de apenas metade do patrimônio do doador.

2.4. Forma

O art. 541, *caput*, do CC/02 consagra que a doação, em regra, seja feita pela forma escrita, através de escritura pública ou instrumento particular.

Em se tratando de imóveis, a doação será um contrato solene, porque só se aperfeiçoará com a escritura pública e posterior registro, cabendo a ressalva quanto ao art. 108 do CC/02.

Em se tratando de móveis de valor significativo, a doação deverá ser celebrada por instrumento particular.

O parágrafo único do art. 541 permite que a doação de bens móveis de pequeno valor seja feita pela forma verbal, desde que realizada, incontinenti, a tradição.

2.5. Efeitos

Compete ao doador, como prestação principal, fazer a entrega da coisa doada (tradição), se móvel, ou outorgar a escritura pública, se imóvel.

Sobre o assunto, dispõe o **art. 552 que** "o doador não é obrigado a pagar juros moratórios, nem é sujeito às consequências da evicção ou do vício redibitório. Nas doações para casamento com certa e determinada pessoa, o doador ficará sujeito à evicção, salvo convenção em contrário".

Sendo a doação um contrato benéfico, no qual o donatário só obtém vantagens, não é razoável responsabilizar o doador pelo pagamento de juros de mora. Não é razoável, igualmente, exigir que garanta a coisa doada contra a evicção ou vícios redibitórios, porque o contrato configura uma liberalidade do doador. Essa questão só poderá receber tratamento diverso se houver expressa convenção em contrário.

Contudo, ficará o doador sujeito à evicção em se tratando de doação para casamento com certa e determinada pessoa, salvo convenção em contrário.

De igual sorte, o donatário é obrigado a cumprir os encargos da doação, se forem estipulados em benefício do doador, de terceiro ou do interesse geral (art. 553 do CC/02). No primeiro e segundo casos, os legitimados para exigir judicialmente o cumprimento são, evidentemente, o doador e o terceiro. Caso o encargo tenha sido estipulado em benefício do interesse geral, o Ministério Público estará legitimado a atuar, após a morte do doador (art. 553, parágrafo único, do CC/02).

2.6. Modalidades

A doação pode ser efetivada de várias formas, sendo as modalidades mais comuns as indicadas a seguir:

a) *Doação pura e simples*: é aquela sobre a qual não recai qualquer condição ou encargo. A liberalidade do doador é, *pura e simplesmente*, a essência do ato. Será pura e simples a doação, ainda que efetivada com as cláusulas de inalienabilidade, impenhorabilidade e incomunicabilidade;

b) *Doação modal ou com encargo*: é aquela em doador impõe um ônus ou uma incumbência ao donatário, que podem ser constituídos em benefício do próprio doador, de terceiro ou do interesse geral. É o caso, por exemplo, da doação de um terreno para que nele seja edificado um orfanato. Caso o encargo não seja atendido, poderá o doador revogar a doação;

c) *Doação remuneratória*: é aquela realizada como uma recompensa a serviços prestados pelo donatário ao doador. É o caso, por exemplo, da doação feita a quem prestou apoio religioso ao doador em um momento de dificuldade;

d) *Doação por subvenção periódica*: "trata-se de uma doação de trato sucessivo, em que o doador estipula rendas a favor do donatário"[12]. Segundo o art. 545 do CC/02, essa modalidade tem como causa de extinção a morte do doador ou do donatário. Poderá se prorrogar após a morte do doador, se houver previsão contratual nesse sentido. Contudo, jamais poderá ultrapassar a vida do donatário;

e) *Doação conjuntiva*: é aquela feita a mais de uma pessoa. Nos termos do art. 551, presume-se que o bem doado é distribuído em igualdade de proporções entre os donatários, salvo convenção em contrário. O parágrafo único do mesmo dispositivo garante aos donatários o direito de acrescer, dispondo que "se os donatários, em tal caso, forem marido e mulher, subsistirá na totalidade a doação para o cônjuge sobrevivo";

12. TARTUCE, Flávio. *Direito Civil*. Vol. 3, 8ª ed. São Paulo: Método, 2013, p. 319.

f) *Doação feita em contemplação de casamento futuro*: é aquela realizada para que o donatário se case com pessoa certa e determinada. É feita sob condição suspensiva e, segundo art. 546 do CC/02, independe de aceitação expressa e só não se concretiza se o casamento não ocorrer. Na realidade, a aceitação da doação ocorre quando o donatário se casa com a pessoa indicada, oportunidade em que a doação se aperfeiçoa;

g) *Doação de ascendentes a descendentes e doação entre cônjuges*: nos termos do art. 544 do CC/02, as doações feitas de ascendentes a descendentes ou de um cônjuge a outro configuram adiantamento do que lhes é devido por herança. No caso da doação feita por ascendente a descendente, este deverá trazer os bens doados à colação no processo de inventário, para que os quinhões dos herdeiros mantenham a igualdade. Não os trazendo, o descendente se submete à pena de sonegados, com a perda do direito sobre a coisa (arts. 1.992 e seguintes do CC/02). Cabe ressaltar que o doador poderá dispensar a colação (art. 2.006 do CC/02). Em se tratando de doação entre cônjuges, é necessário observar o regime de bens adotado pelo casal. A doação entre cônjuges não terá validade se utilizada para subverter o regime de bens[13]. Assim, não se admite doação entre cônjuges casados sob o regime da comunhão universal, por impossibilidade jurídica do objeto, uma vez que o doador continuará meeiro do bem doado. Nos regimes da comunhão parcial e da separação convencional a doação é permitida quanto aos bens particulares.

2.7. Doação com cláusula de reversão por premoriência do donatário

Dispõe o **art. 547 que** "o doador pode estipular que os bens doados voltem ao seu patrimônio, se sobreviver ao donatário".

Segundo o dispositivo, pode o doador estabelecer que o bem doado retorne ao seu patrimônio, caso o donatário faleça primeiro. Essa cláusula, que opera como propriedade resolúvel, visa beneficiar apenas a pessoa do donatário, o que torna o ato personalíssimo, e tem a finalidade de impedir que o bem doado seja transmitido aos sucessores do donatário. Representa um direito potestativo do doador.

Nos termos do art. 547, parágrafo único, a cláusula de reversão é, igualmente, personalíssima em favor do doador, não sendo possível sua estipulação em benefício de terceiro.

Essa cláusula não se presume, devendo constar expressamente do instrumento de doação, seja ele público ou particular.

Embora se trate de propriedade resolúvel, pode o donatário alienar o bem doado, exceto se a doação foi feita com cláusula de inalienabilidade. No entanto, se o donatário falecer antes do doador, este receberá o bem de volta ao seu patrimônio

13. VENOSA, Silvio de Salvo. *Direito Civil*. Vol. 3, 4ª ed. São Paulo: Atlas, 2004, p. 128.

esteja o bem com quem estiver. Sobre o assunto, Silvio de Salvo Venosa esclarece que "essa cláusula opera como resolutória do negócio, com efeito retroativo, anulando eventuais alienações feitas pelo outorgado, recebendo-os o doador livres e desembaraçados de quaisquer ônus"[14].

Imagine, por exemplo, que *A* doa um imóvel a seu filho *B*, com cláusula de reversão. O donatário *B*, passados alguns anos, aliena o imóvel ao terceiro *C*. Falecendo *A*, primeiramente, a condição não ocorre e o bem doado fica incorporado ao patrimônio do donatário. A alienação do imóvel para o terceiro *C* torna-se válida. Se, contudo, o donatário *B* falecer antes do doador *A*, a condição imposta ocorrerá e o bem doado retornará ao patrimônio de *A*, ficando inválida a alienação à *C*. O terceiro *C* se sujeitará aos efeitos da evicção, porque a propriedade de *B* era resolúvel.

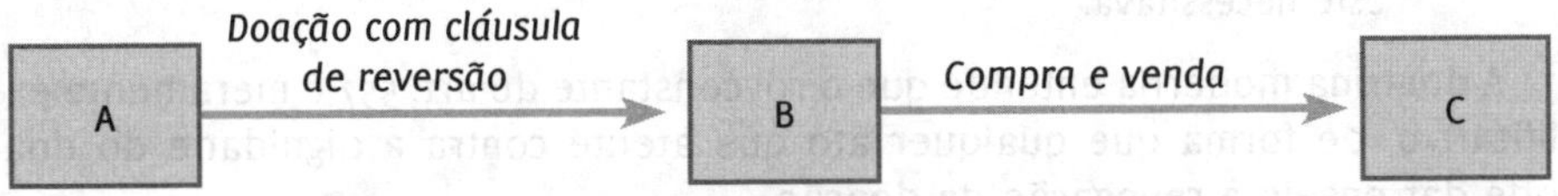

- **Falecendo o doador "A", a situação fica a seguinte:**

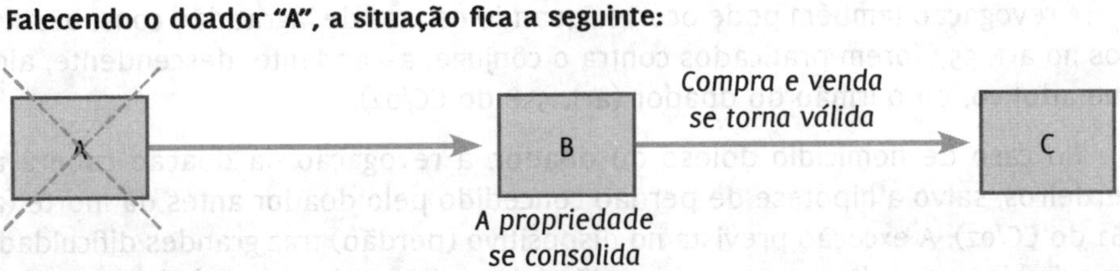

- **Falecendo o donatário "B", a situação fica a seguinte:**

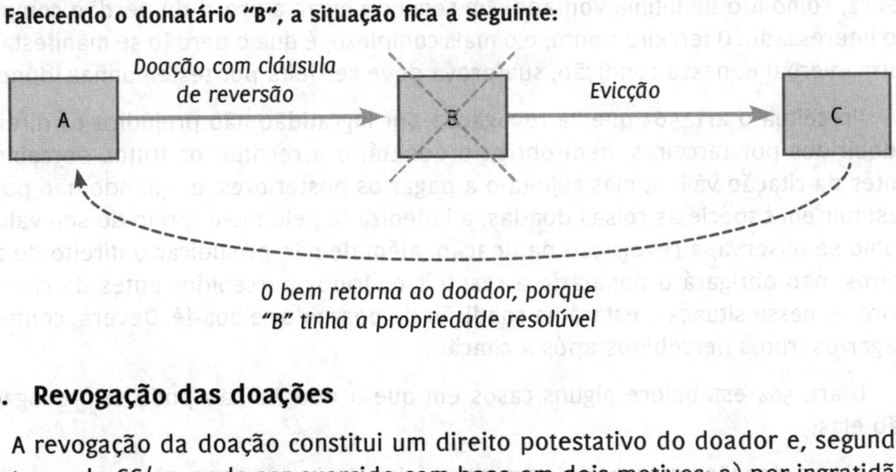

2.8. Revogação das doações

A revogação da doação constitui um direito potestativo do doador e, segundo o art. 555 do CC/02, pode ser exercido com base em dois motivos: a) por ingratidão do donatário; ou b) por inexecução do encargo.

14. *Direito Civil*. Vol. 3, 4ª ed. São Paulo: Atlas, 2004, p. 129.

Por se tratar de um direito potestativo do doador e por envolver matéria de ordem pública, é nula a cláusula que estabeleça a renúncia antecipada do direito de revogação por ingratidão do donatário (art. 556 do CC/02).

Em se tratando da ingratidão, dispõe o art. 557 do CC/02:

> **Art. 557.** Podem ser revogadas por ingratidão as doações:
>
> **I** – se o donatário atentou contra a vida do doador ou cometeu crime de homicídio doloso contra ele;
>
> **II** – se cometeu contra ele ofensa física;
>
> **III** – se o injuriou gravemente ou o caluniou;
>
> **IV** – se, podendo ministrá-los, recusou ao doador os alimentos de que este necessitava.

A doutrina moderna entende que o rol constante do art. 557 é meramente exemplificativo, de forma que qualquer ato que atente contra a dignidade do doador pode dar ensejo à revogação da doação.

A revogação também pode ocorrer quando os atos de ingratidão consubstanciados no art. 557 forem praticados contra o cônjuge, ascendente, descendente, ainda que adotivo, ou o irmão do doador (art. 558 do CC/02).

No caso de homicídio doloso do doador, a revogação da doação caberá aos herdeiros, salvo a hipótese de perdão concedido pelo doador antes da morte (art. 561 do CC/02). A exceção prevista no dispositivo (perdão) traz grandes dificuldades. Em primeiro lugar ela se refere ao perdão feito pelo doador no período da convalescença, como ato de última vontade. Em segundo lugar, a prova do perdão compete ao interessado. O terceiro ponto, e o mais complexo, é que o perdão se manifesta de forma verbal e, nessa condição, sua prova deve ser feita por testemunhas idôneas.

Preceitua o **art. 563 que** "a revogação por ingratidão não prejudica os direitos adquiridos por terceiros, nem obriga o donatário a restituir os frutos percebidos antes da citação válida; mas sujeita-o a pagar os posteriores, e, quando não possa restituir em espécie as coisas doadas, a indenizá-la pelo meio termo do seu valor". Como se observa, a revogação da doação, além de não prejudicar o direito de terceiros, não obrigará o donatário a restituir os frutos percebidos antes da citação, porque, nessa situação, estará na condição de possuidor e boa-fé. Deverá, contudo, pagar os frutos percebidos após a citação.

O art. 564 estabelece alguns casos em que a doação não pode ser revogada. São elas:

a) as doações puramente remuneratórias (inciso I): porque possuem caráter oneroso;

b) as oneradas com encargo já cumprido (inciso II): porque também assumem caráter oneroso;

c) as que se fizerem em cumprimento de obrigação natural (inciso III): porque são inexigíveis;

d) as feitas para determinado casamento (inciso IV): explica a professora Maria Helena Diniz que tais doações "apenas se perfazem com a realização do ato nupcial, a sua revogação atingiria o cônjuge inocente e os filhos do casal"[15].

A revogação da doação fundada em inexecução de encargo só é admitida quando o donatário estiver em mora. Não havendo prazo estipulado para cumprimento, o doador poderá notificar o donatário assinalando prazo razoável para cumprimento (art. 562 do CC/02).

Nos termos do art. 560, o direito de revogar a doação é personalíssimo, de forma que não se transmite aos herdeiros do doador e nem prejudica os do donatário. No entanto, os herdeiros do doador poderão prosseguir na ação por ele ingressada.

Finalmente, cabe consignar que, nos termos do art. 559 do CC/02, o doador terá o prazo de um ano para pleitear a revogação da doação. Tal prazo é decadencial e terá início quando o doador tiver conhecimento do fato que a autorizar e de ter sido o donatário o seu autor.

3. DO EMPRÉSTIMO

O atual Código Civil, assim como o anterior, distingue o comodato, que é empréstimo de uso, do mútuo, que é empréstimo de consumo. Embora estruturalmente os dois tipos sejam parecidos, pois o emprestador entrega a coisa e o tomador a devolve, o comodato e o mútuo possuem efeitos jurídicos diversos, sobretudo em razão da natureza do objeto[16].

3.1. Comodato

3.1.1. Conceito. Objeto. Forma

Segundo o **art. 579**, "o comodato é o empréstimo gratuito de coisas não fungíveis. Perfaz-se com a tradição do objeto".

O ilustre Flávio Tartuce esclarece que "o comodato é um contrato unilateral, benéfico e gratuito em que alguém entrega a outra pessoa uma coisa infungível, para ser utilizada por um determinado tempo e devolvida findo o contrato. Por razões óbvias, o contrato pode ter como objeto bens móveis ou imóveis, pois ambos podem ser infungíveis"[17].

O contrato também é real, uma vez que o art. 579 dispõe expressamente que o comodato "perfaz-se com a tradição do objeto". No entanto, não é necessário que o comodante tenha o domínio sobre a coisa, mas tão somente a posse direta.

---

15. *Curso de Direito Civil Brasileiro*. Vol. 3, 29ª ed. São Paulo: Saraiva, 2013, p. 273.
16. VENOSA, Silvio de Salvo. *Direito Civil*. Vol. 3, 4ª ed. São Paulo: Atlas, 2004, p. 228.
17. *Direito Civil*. Vol. 3, 8ª ed. São Paulo: Método, 2013, p. 466.

O comodato, igualmente, é contrato não solene, podendo se configurar, inclusive, pela forma verbal, como é extremamente usual.

O objeto do contrato de comodato é sempre um bem infungível, que deverá ser restituído no prazo avençado.

Os tutores, curadores e administradores em geral não poderão dar em comodato os bens sujeitos à sua guarda, sem autorização especial. Essa autorização especial pode ser do próprio dono ou do juiz, quando se tratar de bens de incapaz (art. 580 do CC/02).

3.1.2. *Prazo*

Preceitua o **art. 581, que** "se o comodato não tiver prazo convencional, presumir-se-lhe-á o necessário para o uso concedido; não podendo o comodante, salvo necessidade imprevista e urgente, reconhecida pelo juiz, suspender o uso e gozo da coisa emprestada, antes de findo o prazo convencional, ou o que se determine pelo uso outorgado".

O comodato é um contrato temporário, de forma que o comodatário tem o dever de restituir a coisa. Dessa forma, é aconselhável que as partes estipulem contratualmente o prazo para utilização da coisa. Vencido o prazo, o comodatário deverá restituir a coisa emprestada, sob pena de incidir em mora.

Em caso de silêncio contratual, há a presunção de que a coisa foi emprestada pelo o prazo necessário para sua utilização, como, por exemplo, uma máquina emprestada para a utilização em uma colheita. Não estipulando as partes o prazo do comodato, presumir-se-á que a máquina foi emprestada até o final da colheita. Nesse caso, a mora do comodatário ficará configurada quando for notificado para restituir a coisa.

Segundo o mesmo dispositivo, o comodante, em regra, não poderá reaver a coisa emprestada antes do prazo assinalado, sob pena de indenizar os prejuízos causados ao comodatário. No entanto, poderá reaver a coisa emprestada em caso de necessidade imprevista e urgente reconhecida pelo juiz.

3.1.3. *Direitos e obrigações do comodatário*

Dispõe o **art. 582** que "o comodatário é obrigado a conservar, como se sua própria fora, a coisa emprestada, não podendo usá-la senão de acordo com o contrato ou a natureza dela, sob pena de responder por perdas e danos. O comodatário constituído em mora, além de por ela responder, pagará, até restituí-la, o aluguel da coisa que for arbitrado pelo comodante".

Pela análise do texto legal é possível observar que as obrigações do comodatário são as seguintes:

a) conservar a coisa emprestada como se fosse sua, efetuando, inclusive, os reparos pertinentes;

b) usar a coisa a coisa emprestada segundo o estipulado no contrato ou a natureza dela;

c) restituir a coisa no prazo devido.

As obrigações descritas nas letras "a" e "b" impõem ao comodatário a obrigação de indenizar o comodante pelos prejuízos advindos à coisa emprestada, ainda que provocados por terceiros.

Ainda segundo o mesmo dispositivo, o comodatário constituído em mora que não restituir a coisa, responderá por esta, o que lhe impõe a responsabilidade pelos danos advindos à coisa emprestada por caso fortuito ou força maior, bem como pelo aluguel fixado pelo comodante. O pagamento desse aluguel tem caráter de penalidade, de forma que não se pode falar que há uma conversão do contrato de comodato para um contrato de locação[18].

Nos termos do art. 583 do CC/02, se a coisa emprestada estiver em risco e o comodatário abandoná-la, optando por salvar coisa própria, responderá pelo dano ocorrido, ainda que seja oriundo de caso fortuito ou força maior. Imagine, por exemplo, que *A* dá em comodato a *B* um quadro para exposição, que o conserva juntamente com outros quadros de sua propriedade. Cai uma forte chuva, capaz de provocar infiltrações e gotejamentos no imóvel, o que coloca os quadros em risco. *B* opta por salvar seus quadros, deixando o quadro de *A* perecer. Nos termos do art. 583, *B* responderá integralmente pelos prejuízos advindos à *A*.

Dispõe o **art. 584 que** "o comodatário não poderá jamais recobrar do comodante as despesas feitas com o uso e gozo da coisa emprestada".

A razão do dispositivo é que o contrato de comodato é gratuito, de forma que será beneficiado com o uso gratuito da coisa emprestada. Não é razoável exigir do comodante o ressarcimento das despesas feitas com o uso da coisa, como, por exemplo, as despesas de água, luz e IPTU.

No entanto, poderá o comodatário, por ser possuidor de boa-fé, exigir indenização pelas benfeitorias necessárias e úteis, cabendo-lhe, também, o direito de retenção por tais benfeitorias. Poderá, inclusive, levantar as voluptuárias.

O art. 585 do CC/02 estabelece uma hipótese de solidariedade passiva legal, ao prever que "se duas ou mais pessoas forem simultaneamente comodatárias de uma coisa, ficarão solidariamente responsáveis para com o comodante".

Finalmente, cabe destacar que a jurisprudência dominante do E. STJ é formada no sentido de que a Justiça do Trabalho é competente para conhecer, processar e julgar os processos em que se discuta a relação do contrato de comodato com o vínculo de emprego[19].

18. *Direito Civil*. Vol. 3, 8ª ed. São Paulo: Método, 2013, p. 469.
19. *Direito Civil*. Vol. 3, 8ª ed. São Paulo: Método, 2013, p. 473.

3.2. Mútuo

3.2.1. Conceito. Objeto. Forma

Nos termos do **art. 586,** "o mútuo é o empréstimo de coisas fungíveis. O mutuário é obrigado a restituir ao mutuante o que dele recebeu em coisa do mesmo gênero, qualidade e quantidade".

Só podem ser objeto do contrato de mútuo os bens móveis, porquanto fungíveis (art. 85 do CC/02).

O mútuo é um contrato unilateral, gratuito, com exceção do mútuo oneroso (feneratício), comutativo, temporário e informal.

O art. 587 é claro no sentido de que o contrato de mútuo importa na transferência da propriedade da coisa emprestada. Como se observa, o mutuante deve ter o domínio do bem, porque a lei exige a capacidade para dispor da coisa.

Dessa forma, segundo o mesmo dispositivo, os riscos da coisa, ainda que provenientes de caso fortuito e força maior, correm por conta do mutuário, desde a tradição. Como o mútuo configura empréstimo de consumo, a obrigação do mutuário é de devolver o que recebeu em coisa do mesmo gênero, qualidade e quantidade. Assim, ainda que a coisa emprestada se deteriore, subsistirá ao mutuário o dever de restituir, porque o *gênero nunca perece*.

Nos termos do art. 588, o mútuo feito a menor de dezoito anos sem prévia autorização do responsável não poderá ser reavido nem do mutuário menor nem de seus fiadores.

Ao menor de dezoito anos falta capacidade de exercício, de forma que o contrato de mútuo seria nulo ou anulável, conforme se trate de negócio celebrado por menor de dezesseis anos (absolutamente incapaz) ou maior de dezesseis e menor de dezoito (relativamente incapaz). Para mais informações sobre o tema, confira o capítulo II, item 2 desta obra.

Nesse sentido, o art. 588, em estudo, configura uma exceção à regra contemplada no art. 182 do CC/02, que determina que, sendo anulado o negócio jurídico, as partes devem retornar ao estado anterior ou na impossibilidade deve haver a indenização equivalente. O art. 588 não segue essa regra e transforma o mútuo feito ao menor de dezoito anos em obrigação natural, de forma que a dívida existe mas o mutuante não tem como exigir o pagamento.

Prosseguindo, estabelece o art. 589:

> **Art. 589** Cessa a disposição do artigo antecedente:
>
> **I** – se a pessoa, de cuja autorização necessitava o mutuário para contrair o empréstimo, o ratificar posteriormente;
>
> **II** – se o menor, estando ausente essa pessoa, se viu obrigado a contrair o empréstimo para os seus alimentos habituais;

III – se o menor tiver bens ganhos com o seu trabalho. Mas, em tal caso, a execução do credor não lhes poderá ultrapassar as forças;

IV – se o empréstimo reverteu em benefício do menor;

V – se o menor obteve o empréstimo maliciosamente.

Os incisos I, II e III são óbvios, de maneira que dispensam maiores elucidações. O inciso IV e V, por sua vez, são novidades da atual codificação. O inciso IV tem a finalidade de afastar o enriquecimento sem causa, tão repudiado pelo ordenamento jurídico. Segundo Nancy Andrighi[20], a expressão *benefício do menor* deve ser interpretada como sendo "tudo aquilo que contribua com a sua integridade física e moral e sua formação intelectual". O inciso V está em sintonia com o princípio da boa-fé objetiva e com o art. 180 do CC/02.

3.2.2. *Empréstimo de dinheiro. Juros*

Os contratos de mútuo, geralmente, têm como objeto o dinheiro. Em tais contratos, o mutuário se obriga a restituir a mesma quantia recebida, acrescida de juros, se convencionados, assegurando-se o respeito ao princípio do nominalismo.

São mais raros os contratos de mútuo que têm as mercadorias e os títulos como objeto.

Pois bem. O **art. 590 preceitua que** "o mutuante pode exigir garantia da restituição, se antes do vencimento o mutuário sofrer notória mudança em sua situação econômica".

Sobre o texto legal, é importante destacar algumas observações.

A primeira é que o texto utiliza a expressão *notória mudança*, de forma que a mudança na situação econômica do mutuário deve ser de conhecimento das pessoas em geral. Simples suposições não são suficientes para embasar a aplicação do art. 590 do CC/02.

A segunda observação é que a garantia exigida pelo mutuante deve pautar-se pelos princípios da razoabilidade e da boa-fé objetiva. Logo, a garantia deve ser proporcional e condizente com a natureza e características do mútuo contratado.

A terceira é que, segundo a doutrina e jurisprudência dominantes, o não oferecimento da garantia pelo mutuário importa em vencimento antecipado da dívida. Tal entendimento fundamenta-se, igualmente, no quanto preconizado pelo art. 477 do CC/02.

Dispõe o **art. 591 que** "destinando-se o mútuo a fins econômicos, presumem-se devidos juros, os quais, sob pena de redução, não poderão exceder a taxa a que se refere o art. 406, permitida a capitalização anual".

---

20. *Comentários ao Novo Código Civil*. Vol. IX. Rio de Janeiro: Forense, 2008, p. 153.

O dispositivo trata do mútuo oneroso, no qual há a estipulação de juros, que representam a remuneração pela utilização do capital alheio. Os juros já foram devidamente estudados nesta obra, razão pela qual fazemos referência expressa ao capítulo VII, item 4.5.

O art. 591 não tem aplicação para as instituições financeiras, porque a jurisprudência do E. STJ entende que as casas bancárias estão sujeitas a legislação própria. O art. 591 aplica-se aos contratos de mútuo em geral, inclusive os celebrados com empresas de *factoring*[21].

3.2.3. *Prazo*

O prazo de duração do mútuo, em regra, é convencionado pelas partes.

Em caso de silêncio contratual, o art. 592, dispõe:

> **Art. 592** Não se tendo convencionado expressamente, o prazo do mútuo será:
>
> **I** – até a próxima colheita, se o mútuo for de produtos agrícolas, assim para o consumo, como para semeadura;
>
> **II** – de trinta dias, pelo menos, se for de dinheiro;
>
> **III** – do espaço de tempo que declarar o mutuante, se for de qualquer outra coisa fungível.

O inciso I é aplicável ao mútuo de *produtos agrícolas* e não para o mútuo de *dinheiro* destinado para o financiamento agrário[22], que possui legislação própria.

O inciso II, obviamente, é aplicado ao mútuo oneroso (feneratício) e o inciso III é aplicado para os demais casos envolvendo coisas fungíveis.

4. DA PRESTAÇÃO DE SERVIÇOS

4.1. Conceito e natureza

O ilustre Silvio de Salvo Venosa ensina que "a prestação serviços pode ser conceituada como o contrato sinalagmático pelo qual uma das partes, denominada prestador, obriga-se a prestar serviços a outra, denominada dono do serviço, mediante remuneração"[23].

Trata-se de um contrato: a) *bilateral*, porque gera direitos e deveres para ambas as partes; b) *oneroso*, porque ambas as partes auferem vantagens e têm sacrifícios patrimoniais; c) *consensual*, porque se aperfeiçoa com a simples manifestação de vontade; d) *comutativo*, porque as partes, desde o início, têm conhecimento das

21. *Direito Civil*. Vol. 3, 8ª ed. São Paulo: Método, 2013, p. 476.
22. ANDRIGHI, Nancy. *Comentários ao Novo Código Civil*. Vol. IV. Rio de Janeiro: Forense, 2008, p. 200.
23. *Direito Civil*. Vol. 3, 4ª ed. São Paulo: Atlas, 2004, p. 191.

respectivas prestações; e e) *informal*, porque pode ser celebrada por qualquer forma prevista em lei, inclusive a verbal.

4.2. Distinção de outros contratos

O contrato de prestação de serviços disciplinado no atual Código Civil tem aplicação residual, conforme preceito contido no art. 593. Dessa forma, as relações de natureza trabalhista e as demais constantes de legislação específica, como, por exemplo, as de relação de consumo, estão fora do campo de incidência do Código Civil.

O contrato de prestação de serviços disciplinado pelo Código Civil é aplicado, por exemplo, aos contratos celebrados com médicos, advogados e dentistas.

A principal diferença entre o contrato de prestação de serviços, regulado pelo Código Civil, e o contrato de emprego é que neste existe a subordinação jurídica. Em outras palavras, no contrato de emprego o empregador controla e disciplina a atividade do empregado, estipulando horários e direcionando as atividades, porque os riscos do negócio correm por sua conta. No contrato de prestação de serviços, no entanto, o prestador possui autonomia para agir, eis que se encontra em condição de igualdade com o prestador.

Um advogado, por exemplo, tem autonomia perante o cliente. É ele quem escolhe os horários de atendimento e que seleciona as medidas judiciais convenientes para obter os resultados almejados pelo cliente. Cabe ao advogado, enquanto profissional, interpretar a legislação e utilizar a melhor técnica em benefício do cliente.

De se consignar que é prática corriqueira a utilização da disciplina jurídica do contrato de prestação de serviços para mascarar um contrato de trabalho. São inúmeros os casos em que a relação estabelecida entre as partes configura verdadeiro vínculo de emprego, uma vez que presentes as características dos arts. 2º e 3º, ambos da CLT. Nesse sentido, inúmeras são as decisões da Justiça Especializada reconhecendo o vínculo empregatícios diretamente entre as partes.

4.3. Objeto

Segundo a professora Maria Helena Diniz, o objeto desse contrato "é uma obrigação de fazer, ou seja, a prestação de atividade lícita, não vedada pela lei e pelos bons costumes, oriunda da energia humana aproveitada por outrem, e que pode ser material ou imaterial (art. 594 do CC/02)"[24].

Não há qualquer distinção entre o trabalho manual, executado, por exemplo, por pintores, jardineiros etc., ou intelectual, executado, por exemplo, por advogados e médicos.

Segundo o art. 601 do CC/02, "não sendo o prestador de serviço contratado para certo e determinado trabalho, entender-se-á que se obrigou a todo e qualquer serviço compatível com as suas forças e condições". Vê-se, dessa forma, que o prestador,

24. *Curso de Direito Civil Brasileiro*. 29ª ed., v. 3. São Paulo: Saraiva, 2013, p. 314.

em regra, deve ser contratado para trabalho certo e determinado. Não o sendo, presume-se que se obrigou a qualquer serviço compatível com as suas forças e condições. É o caso, por exemplo, do advogado que foi contratado para patrocinar determinada demanda. Pode o causídico, no contrato de honorários, estipular que a contratação se dá até a sentença de primeiro grau. A partir daí será necessária nova contratação ou caberá ao cliente escolher um novo profissional. Se contudo, nada foi estipulado, presume-se que a interposição do recurso de apelação ou a apresentação das contrarrazões recursais estão inseridas no negócio.

Por tratar-se de contrato oneroso, constitui contraprestação o pagamento da remuneração, que deverá ser convencionado no ato da contratação. Não sendo convencionado, o valor da remuneração será feito por arbitramento, segundo o costume do lugar, o tempo de serviço e sua qualidade (art. 596 do CC/02).

Sobre a remuneração, dispõe, ainda, o **art. 597 que** "a retribuição pagar-se-á depois de prestado o serviço, se, por convenção, ou costume, não houver de ser adiantada, ou paga em prestações".

4.4. Duração do contrato

Pelo disposto no **art. 598,** "a prestação de serviço não se poderá convencionar por mais de quatro anos, embora o contrato tenha por causa o pagamento de dívida de quem o presta, ou se destine à execução de certa e determinada obra. Neste caso, decorridos quatro anos, dar-se-á por findo o contrato, ainda que não concluída a obra".

A limitação do prazo imposta pelo referido artigo tem a finalidade de impedir que a relação contratual se eternize e configure verdadeira servidão.

A doutrina moderna sustenta que o prazo disposto no art. 598 é fatal, de forma que, passados quatro anos, o contrato é encerrado ainda que a obra não esteja concluída. No entanto, cabe ponderar que um contrato que estipule prazo maior não é eivado de nulidade. Haverá, tão somente, a adequação, com a consequente redução do período para quatro anos.

De igual sorte, preceitua o art. 600 que "não se conta no prazo do contrato o tempo em que o prestador de serviço, por culpa sua, deixou de servir". A observação cabe apenas quanto à necessidade de se provar a culpa do prestador. Se, contudo, deixou de prestar o serviço por questões alheias à sua vontade, o tempo respectivo deve ser computado no prazo do contrato.

4.5. Extinção

Sobre a extinção do contrato, dispõe o art. 599 do CC/02:

> **Art. 599** Não havendo prazo estipulado, nem se podendo inferir da natureza do contrato, ou do costume do lugar, qualquer das partes, a seu arbítrio, mediante prévio aviso, pode resolver o contrato.

> **Parágrafo único.** Dar-se-á o aviso:
>
> **I** – com antecedência de oito dias, se o salário se houver fixado por tempo de um mês, ou mais;
>
> **II** – com antecipação de quatro dias, se o salário se tiver ajustado por semana, ou quinzena;
>
> **III** – de véspera, quando se tenha contratado por menos de sete dias.

Segundo o art. 599, não havendo prazo estipulado, o contrato será por prazo indeterminado, cabendo às partes o direito de efetivar a extinção.

A primeira observação que deve ser feita é que não há qualquer incompatibilidade entre o art. 599 e o art. 598. Nos termos do art. 598, o prazo máximo que pode ser estipulado é de quatro anos. Se não houve prazo convencionado, será por prazo indeterminado, segundo a regra do art. 599.

A segunda é referente a duas impropriedades técnicas do texto legal. Embora o dispositivo utilize a expressão *resolução*, o mais correto é *resilição*, conforme estudado no capítulo VIII, item 3.2. Embora o dispositivo utilize a expressão *prévio aviso*, a doutrina clássica aponta que o correto seria a expressão *denúncia*, que é utilizada em direito civil para o conceito de aviso prévio, como forma de diferenciar os dispositivos e não promover qualquer confusão.

Finalmente, o parágrafo único estabelece a forma pela qual a denúncia deve ser efetivada, que, diante de sua clareza, dispensa maiores elucidações.

Ainda sobre a extinção, o art. 602 do CC/02 dispõe que o prestador de serviços, contratado por tempo certo ou por obra certa, não pode se despedir sem justa causa antes de completado o tempo ou concluída a obra. O parágrafo único do mesmo dispositivo prevê que a inobservância do comando constante do *caput* importará na responsabilidade pelos danos ocasionados, sendo-lhe assegurado o recebimento pelo trabalho já realizado, ainda que despedido por justa causa.

Nos termos do **art. 603**, "se o prestador de serviço for despedido sem justa causa, a outra parte será obrigada a pagar-lhe por inteiro a retribuição vencida, e por metade a que lhe tocaria de então ao termo legal do contrato".

Sobre o texto são necessárias duas ponderações. A primeira é que a indenização nele consubstanciada se refere apenas aos danos materiais, sendo lícito ao prestador pleitear a indenização por danos morais, se presentes os pressupostos legais. A segunda é saber a abrangência da expressão *justa causa*. A doutrina moderna tem buscado a resposta no art. 482 da CLT, que trata da justa causa praticada pelo empregado[25].

Por derradeiro, o art. 607 estabelece que o contrato de prestação de serviços também se extingue pelos seguintes motivos: a) morte de qualquer das partes;

25. TARTUCE, Flávio. *Direito Civil*. Vol. 3, 8ª ed. São Paulo: Método, 2013, p. 476.

b) escoamento do prazo; c) conclusão da obra; d) rescisão do contrato mediante aviso prévio; e) inadimplemento de qualquer das partes; ou f) impossibilidade da continuação do contrato, motivada por força maior.

5. DA EMPREITADA

5.1. Conceito

Silvio de Salvo Venosa leciona que "pelo contrato de empreitada, uma das partes, denominada *empreiteiro, empresário* ou *locador*, obriga-se a executar uma obra, mediante pagamento de um preço que outra parte, denominada *dono da obra, comitente* ou *locatário*, compromete-se a pagar"[26].

É um contrato que visa à consecução de um elemento final, que é a obra a ser executada pelo empreiteiro. O contrato de empreitada é de extrema utilidade prática, sobretudo na construção civil.

Trata-se de um contrato: a) *bilateral*, porque gera direitos e deveres para ambas as partes; b) *oneroso*, porque ambas as partes auferem vantagens e têm sacrifícios patrimoniais; c) *consensual*, porque se aperfeiçoa com a simples manifestação de vontade; d) *comutativo*, porque as partes, desde o início, têm conhecimento das respectivas prestações; e) *informal*, porque pode ser celebrada por qualquer forma prevista em lei, inclusive a verbal; e f) *indivisível*, porque o contrato visa à execução de uma obra, sendo vedada, em princípio, sua execução fracionada.

5.1.1. Espécies

O art. 610 do CC/02 dispõe que a empreitada pode ser contratada segundo uma das seguintes modalidades:

a) *Empreitada sob administração*: é aquela em que o empreiteiro apenas administra as pessoas e os materiais, que são fornecidos pelo dono da obra;

b) *Empreitada de mão de obra*: é aquela em que o empreiteiro contrata e fornece a mão de obra, ficando os materiais a cargo do dono da obra;

c) *Empreitada mista*: é aquela em que o empreiteiro fornece a mão de obra e os materiais, assumindo o dever de entregar o resultado final. Nessa modalidade, tem-se verdadeira obrigação de resultado (art. 611 do CC/02). E, segundo o disposto no art. 610, §1º, a obrigação de fornecer os materiais não se presume, sendo necessária expressa previsão legal ou contratual. Dispõe, ainda, o art. 610, §2º que "o contrato para elaboração de um projeto não implica a obrigação de executá-lo, ou de fiscalizar-lhe a execução". Dessa forma, os projetos elaborados por arquitetos e engenheiros configuram contratos de prestação de serviços e não de empreitada.

26. *Direito Civil*. Vol. 3, 4ª ed. São Paulo: Atlas, 2004, p. 203.

5.2. Direitos e deveres

Tendo em vista seu caráter bilateral, o contrato de empreitada gera direitos e deveres às partes.

Assim, o empreiteiro terá direito de:

a) receber a remuneração convencionada. Caso o dono da obra suspenda a execução, o empreiteiro terá direito de receber a remuneração proporcional do quanto realizado, acrescida de indenização razoável, calculada em função do que ele teria ganho, se concluída a obra (art. 623 do CC/02);

b) exigir que o dono da obra a aceite, após concluída (art. 615 do CC/02);

c) pleitear a mediação das partes já concluídas, quando se tratar de obra por etapas (art. 614 do CC/02);

d) constituir o dono da obra em mora e consigná-la em juízo;

e) suspender a obra e rescindir o contrato nas hipóteses previstas pelo art. 625 do CC/02.

Não obstante, o empreiteiro terá obrigação de:

a) executar a obra segundo as especificações do contrato;

b) corrigir os defeitos que a obra apresentar (art. 618 do CC/02);

c) entregar a obra, quando concluída, segundo as determinações do contrato;

d) pagar os materiais que recebeu, se por imperícia ou negligência os inutilizar (art. 617 do CC/02);

e) em se tratando de empreitada mista, fornecer os materiais adequados, segundo as especificações de quantidade e qualidade avençados (art. 610 do CC/02);

f) indenizar os prejuízos advindos ao dono da obra, se a suspendeu sem justa causa (art. 624 do CC/02).

O dono da obra, por sua vez, terá direito de:

a) exigir que o empreiteiro execute a obra segundo as determinações contratuais;

b) suspender a obra, antes do término, ocasião em que deverá pagar ao empreiteiro os serviços já executados, além de indenização razoável (art. 623 do CC/02);

c) receber a obra finalizada, quando oferecida segundo as especificações do contrato (art. 615, primeira parte, do CC/02);

d) fiscalizar e acompanhar a execução da obra, do início ao fim;

e) recusar a obra ou pedir abatimento proporcional do preço, quando esta for oferecida com defeitos (arts. 615, segunda parte e 616, ambos do CC/02);

f) exigir que o empreiteiro pague os materiais que, por negligência ou imperícia, inutilizou (art. 617 do CC/02);

g) pedir a revisão, para que se lhe assegure a diferença apurada, se ocorrer diminuição no preço do material ou da mão de obra superior a um décimo do preço global convencionado (art. 620 do CC/02).

Terá o dono da obra, por sua vez, a obrigação de:

a) pagar a remuneração convencionada ao empreiteiro;

b) receber a obra, quando concluída, desde que de acordo com as especificações do contrato (art. 615 do CC/02);

c) fornecer a mão de obra e os materiais, caso se trate de empreitada sob administração, ou os materiais, caso se trate de empreitada de mão de obra (art. 610 do CC/02);

d) pagar o empreiteiro pelos serviços já executados, caso venha a suspender a obra, e indenizá-lo em quantia razoável, calculada em função do que ele teria ganho, se concluída a obra (art. 623 do CC/02).

5.3. Subempreitada

O contrato de empreitada poderá ser personalíssimo, situação em que o empreiteiro deverá executar a obra pessoalmente e não poderá transferir a execução do contrato a terceiros.

Contudo, havendo silêncio contratual, é lícito ao empreiteiro ceder o contrato a terceiros, chamados de subempreiteiros, ocasião em que ficará configurada a subempreitada, como contrato derivado.

É importante destacar que os contratos de empreitada e de subempreitada são negócios autônomos, embora o contrato de subempreitada não possa ter objeto mais amplo que o de empreitada.

Dessa forma, a celebração da subempreitada em nada interferirá nas obrigações contraídas no contrato de empreitada, o que significa que o empreiteiro continuará responsável, perante o dono, pelos atos do subempreiteiro, cabendo-lhe, tão somente, o direito de regresso.

Poderá o dono da obra, contudo, acionar o subempreiteiro com base na responsabilidade civil extracontratual, se lhe for conveniente.

5.4. Extinção do contrato

A professora Maria Helena Diniz[27] aponta as seguintes formas para a extinção do contrato de empreitada:

---

27. *Curso de Direito Civil Brasileiro*. 29ª ed., v. 3. São Paulo: Saraiva, 2013, p. 340.

a) execução da obra ou adimplemento contratual;

b) morte do empreiteiro, em se tratando de contratos celebrado com caráter personalíssimo;

c) resilição unilateral do dono da obra, situação em que deverá remunerar o empreiteiro pelos serviços já executados e, ainda, indenizá-lo em valor razoável, segundo o lucro que poderia ter obtido;

d) distrato ou resilição bilateral;

e) resolução por inexecução contratual, situação em que a parte inadimplente deverá indenizar a outra nos prejuízos sofridos;

f) impossibilidade da prestação, em razão de caso fortuito ou força maior.

5.5. Da responsabilidade do dono da obra pelas obrigações trabalhistas assumidas pelo empreiteiro

Muito se discutiu sobre a responsabilidade do dono da obra sobre o pagamento das obrigações trabalhistas contraídas pelo empreiteiro.

Sobre o assunto, o C. TST pacificou a matéria através da OJ 191 da SDI-1, a seguir transcrita:

> CONTRATO DE EMPREITADA. DONO DA OBRA DE CONSTRUÇÃO CIVIL. RESPONSABILIDADE (nova redação) – Res. 175/2011, DEJT divulgado em 27, 30 e 31.05.2011. Diante da inexistência de previsão legal específica, o contrato de empreitada de construção civil entre o dono da obra e o empreiteiro não enseja responsabilidade solidária ou subsidiária nas obrigações trabalhistas contraídas pelo empreiteiro, salvo sendo o dono da obra uma empresa construtora ou incorporadora.

Como se observa, o dono da obra não possui responsabilidade, seja solidária ou subsidiária, sobre o pagamento das obrigações trabalhistas assumidas pelo empreiteiro.

Segundo a referida OJ 191 da SDI-1, o dono da obra só responderá pelos débitos trabalhistas se for uma empresa construtora ou incorporadora.

6. SEGURO

6.1. Conceito e características

Nos termos do **art. 757**, "pelo contrato de seguro, o segurador se obriga, mediante o pagamento do prêmio, a garantir interesse legítimo do segurado, relativo a pessoa ou a coisa, contra riscos predeterminados".

O **parágrafo único** ainda acrescenta que "somente pode ser parte, no contrato de seguro, como segurador, entidade para tal fim legalmente autorizada".

Trata-se de um contrato bilateral, oneroso e consensual, que visa colocar as partes na mesma situação em que se encontravam antes da ocorrência do sinistro, tendo como fundamento o princípio da socialização dos riscos.

É, ainda, aleatório, porque o risco é da essência do negócio, haja vista a possibilidade de ocorrência do evento futuro e incerto, denominado sinistro.

É, em sua grande maioria, um contrato de adesão, porque as cláusulas contratuais são impostas pela seguradora, não tendo o segurado a *força* para modificá-lo substancialmente.

A prova do contrato é feita pela exibição da apólice ou do bilhete de seguro. Na falta destes, o contrato pode ser provado com a exibição do comprovante de pagamento do prêmio, que é a retribuição de valor feito pelo segurado, independentemente da contraprestação do segurador[28] (art. 758 do CC/02).

Tendo em vista que a boa-fé objetiva é da essência do contrato de seguro, porquanto relevante na análise do risco, dispõe o **art. 762 que** "nulo será o contrato para garantia de risco proveniente de ato doloso do segurado, do beneficiário, ou de representante de um ou de outro".

O dispositivo veda expressamente o chamado *golpe do seguro*, pelo qual o segurado, dolosamente, provocava o sinistro para receber o valor da indenização.

6.2. Mora no pagamento do seguro

O **art. 763 é de extrema importância, ao prever que** "não terá direito a indenização o segurado que estiver em mora no pagamento do prêmio, se ocorrer o sinistro antes de sua purgação".

O texto legal tem sido relativizado pela jurisprudência, sobretudo do E. STJ, que tem analisado a questão segundo a tese do adimplemento substancial e da função social dos contratos. Assim, segundo o STJ, se o segurado está em mora com o pagamento do prêmio, há de se perquirir se já pagou substancialmente o prêmio. Se a resposta for positiva, não há justificativa para rescindir o contrato e negar a indenização.

Sobre o assunto, cabe destacar o Enunciado 371 aprovado na IV Jornada de Direito Civil do Conselho da Justiça Federal e do Superior Tribunal de Justiça, a seguir transcrito:

> 371 – A mora do segurado, sendo de escassa importância, não autoriza a resolução do contrato, por atentar ao princípio da boa-fé objetiva.

Há, ainda, entendimentos de que a rescisão contratual só é possível após o segurado ser constituído em mora, que levou a aprovação do Enunciado 376, que dispõe:

> 376 – Para efeito de aplicação do art. 763 do Código Civil, a resolução do contrato depende de prévia interpelação.

28. VENOSA, Silvio de Salvo. *Direito Civil*. Vol. 3, 4ª ed. São Paulo: Atlas, 2004, p. 398.

Prosseguindo, o art. 764 consagra o caráter aleatório do contrato de seguro, que prevê a responsabilidade do segurado em pagar o prêmio, ainda que não tenha ocorrido o risco contratado.

6.3. Boa-fé contratual

A boa-fé objetiva é cláusula geral dos contratos. Em relação ao contrato de seguro, a boa-fé objetiva ganha relevante importância porque a análise do risco e consequente aceitação de cobrir o sinistro são feitas com base nas informações prestadas pelo segurado. Por tal razão, há inúmeros dispositivos que colocam obrigações às partes tendo como fundamento a boa-fé.

Nesse sentido, **estabelece o art. 765 que** "o segurado e o segurador são obrigados a guardar na conclusão e na execução do contrato, a mais estrita boa-fé e veracidade, tanto a respeito do objeto como das circunstâncias e declarações a ele concernentes".

Compete ao segurado, ou ao seu representante, fazer declarações verdadeiras para que a seguradora tenha condições de avaliar a viabilidade da proposta e do valor do prêmio, sob pena de perder o direito à indenização securitária e ficar, ainda, responsável pelo prêmio vencido (art. 766, *caput*, do CC/02). Exemplificando, o segurado deve prestar informações corretas relativas às condições do risco contratado, como a inexistência de grades nas janelas do imóvel; a inexistência de alarme e de vigilância vinte e quatro horas; a existência de alguma enfermidade agravadora do risco, como diabetes e pressão alta etc. Todas essas informações devem ser precisas porque influenciam na aceitação da proposta e na dimensão do valor do prêmio.

Contudo, "se a inexatidão ou omissão nas declarações não resultar de má-fé do segurado, o segurador terá direito a resolver o contrato, ou a cobrar, mesmo após o sinistro, a diferença do prêmio" (art. 766, parágrafo único, do CC/02).

De se consignar, outrossim, que muitas vezes o segurado não tem ciência de informações que possam agravar o risco, como é o caso de doenças preexistentes. Nesses casos, a jurisprudência dominante tem invertido o ônus da prova, com fundamento no Código de Defesa do Consumidor, determinando que compete à seguradora provar que o segurado tinha conhecimento inequívoco da doença.

Por conta disso, foi aprovado o Enunciado 371 na IV Jornada de Direito Civil do Conselho da Justiça Federal e do Superior Tribunal de Justiça, a seguir transcrito:

> 372 – Em caso de negativa de cobertura securitária por doença pré-existente, cabe à seguradora comprovar que o segurado tinha conhecimento inequívoco daquela.

O art. 767 traz uma exceção ao princípio da relatividade ao estabelecer que, no seguro estipulado em favor de terceiro, a seguradora pode opor contra o beneficiário todas as defesas que tinha contra o estipulante.

Nos termos do **art. 768**, "o segurado perderá o direito à garantia se agravar intencionalmente o risco objeto do contrato". Observe que o dispositivo utiliza a expressão *intencionalmente*, o que levou à aprovação do Enunciado 374 na IV Jornada de Direito Civil do Conselho da Justiça Federal e do Superior Tribunal de Justiça, que recebeu a seguinte redação:

> 374 – No contrato de seguro, o juiz deve proceder com equidade, atentando às circunstâncias reais, e não a probabilidades infundadas, quanto à agravação dos riscos.

As situações mais comuns de atos do segurado que agravam os riscos são os de deixar o veículo aberto com as chaves no contato, de deixar o imóvel aberto e de praticar esportes radicais.

A questão mais controversa quanto ao agravamento do risco é a embriaguez do segurado em caso de acidente de trânsito. A jurisprudência dominante do E. STJ é inclinada no sentido de que a embriaguez do segurado só exclui o dever de indenizar quando esta for determinante para a ocorrência do sinistro. Assim, deve haver evidente nexo causal entre a embriaguez e o acidente para que a indenização securitária seja negada.

Por outro lado, a redução do risco no curso do contrato, em regra, não importa em redução do prêmio. Se, todavia, a redução do risco for considerável, poderá o segurado exigir a redução do prêmio ou a resolução do contrato (art. 770 do CC/02), como forma de manter o equilíbrio contratual.

O art. 771 impõe mais uma obrigação às partes, com fundamento na boa-fé objetiva:

> **Art. 771.** Sob pena de perder o direito à indenização, o segurado participará o sinistro ao segurador, logo que o saiba, e tomará as providências imediatas para minorar-lhe as consequências.
>
> **Parágrafo único.** Correm à conta do segurador, até o limite fixado no contrato, as despesas de salvamento consequente ao sinistro.

Flávio Tartuce exemplifica que "sendo gastos valores para apagar incêndio que atinge uma casa segurada, imediatamente avisado o sinistro pelo segurado, o segurador deve arcar com tais despesas"[29].

Os princípios da boa-fé objetiva e da reparação integral impõem à seguradora que estiver em mora o dever de atualizar o valor da indenização e de pagar juros moratórios (art. 722 do CC/02).

A boa-fé impõe o dever ao segurador de não emitir a apólice se, ao tempo do contrato, tiver conhecimento de que não mais existe o risco que o segurado pretende contratar. Se, contudo, silencia e emite a apólice, pagará em dobro o

29. *Direito Civil*. Vol. 3, 8ª ed. São Paulo: Método, 2013, p. 594.

prêmio estipulado, porque agirá com má-fé e tentará enriquecer ilicitamente (art. 733 do CC/02).

O art. 774 traz importante inovação sobre a cláusula de recondução tácita do contrato. Anteriormente, os contratos eram tacitamente renovados, nas mesmas condições, indefinidamente. Agora, pela regra contida no art. 774, a recondução tácita é possível apenas uma vez.

Importante inovação também é trazida pelo art. 775, que consagra a teoria da aparência. Dessa forma, "os agentes autorizados do segurador presumem-se seus representantes para todos os atos relativos aos contratos que agenciarem".

Por força do art. 776, a indenização securitária deve ser paga em dinheiro, salvo se convencionada a reposição da coisa.

E, finalmente, dispõe o art. 777 que as regras constantes do Código Civil são aplicáveis, no que couber, aos demais contratos de seguro regidos por leis próprias, como, por exemplo, dos contratos de planos de saúde e seguros privados de assistência à saúde, regidos pela Lei 9.656/98.

7. DA LOCAÇÃO DE COISAS

7.1. Conceito

Segundo o **art. 565**, "na locação de coisas, uma das partes se obriga a ceder à outra, por tempo determinado ou não, o uso e gozo de coisa não fungível, mediante certa retribuição".

Como é possível observar, é necessário que o objeto do contrato seja um bem infungível.

O ilustre Flávio Tartuce esclarece que "o que diferencia o contrato de locação do contrato de empréstimo, particularmente em relação ao comodato, é a presença de remuneração, o que não ocorre no último. Ademais, caso o contrato se refira a bem fungível, a hipótese é de mútuo"[30].

O contrato de locação regulado pelo atual Código Civil pode ter como objeto bens móveis ou imóveis, desde que não regulados em lei especial. Em se tratando de locação de imóveis urbanos, o regramento é feito pela Lei 8.245/91, se a locação for de imóveis rurais, aplica-se a Lei 4.505/64 (Estatuto da Terra).

Trata-se de contrato bilateral, oneroso, consensual e informal, de forma que pode ser celebrado por qualquer forma, inclusive a verbal.

Pode, ainda, ser celebrado por prazo determinado ou indeterminado. Havendo silêncio contratual, presume-se que foi celebrado por prazo indeterminado.

30. *Direito Civil*. Vol. 3, 8ª ed. São Paulo: Método, 2013, p. 345.

7.2. Obrigações do locador

O locador tem o dever de:

a) entregar a coisa alugada ao locatário, com suas pertenças, em estado de servir ao uso a que se destina (art. 566, I, do CC/02);

b) manter a coisa nesse estado, pelo tempo do contrato, salvo cláusula expressa em contrário (art. 566, I, do CC/02), promovendo, inclusive, os reparos necessários para a conservação do bem;

c) garantir, durante o tempo do contrato, o uso pacífico da coisa (art. 566, II do CC/02), abstendo-se de praticar qualquer ato que possa prejudicar a fruição do bem;

d) proteger o locatário de embaraços provocados por terceiros (art. 568, primeira parte do CC/02);

e) responder pelos vícios ou defeitos da coisa, anteriores à locação (art. 568, segunda parte, do CC/02);

f) fornecer o recibo de aluguel ou de encargos (art. 319 do CC/02);

g) não reaver a coisa locada, antes do término do prazo da locação, sob pena de ter de ressarcir o locatário nas perdas e danos (art. 571, primeira parte, do CC/02);

h) indenizar as benfeitorias úteis e necessárias realizadas pelo locatário com seu consentimento, cabendo ao locatário o direito de retenção, enquanto não for indenizado (art. 578 do CC/02).

7.3. Obrigações do locatário

O locatário, por sua vez, terá a obrigação de:

a) servir-se da coisa alugada para os usos convencionados ou presumidos, conforme a natureza dela e as circunstâncias (art. 569, I do CC/02). O descumprimento desse dever gera ao locador o direito de rescindir o contrato e exigir perdas e danos (art. 570 do CC/02);

b) tratar a coisa alugada com o mesmo cuidado como se sua fosse (art. 569, I do CC/02);

c) a pagar pontualmente o aluguel nos prazos ajustados, e, em falta de ajuste, segundo o costume do lugar (art. 569, II do CC/02);

d) levar ao conhecimento do locador as turbações de terceiros, que se pretendam fundadas em direito (art. 569, III do CC/02);

e) restituir a coisa, finda a locação, no estado em que a recebeu, salvas as deteriorações naturais ao uso regular (art. 569, IV do CC/02);

f) não devolver a coisa antes do término do prazo de locação, sob pena de pagar, proporcionalmente, a multa contratual (art. 571, segunda parte, do CC/02).

7.4. Prazo. Alienação da coisa locada na locação em geral

O contrato de locação de coisas pode ser celebrado por prazo determinado ou indeterminado.

Nos termos do **art. 573**, "a locação por tempo determinado cessa de pleno direito findo o prazo estipulado, independentemente de notificação ou aviso".

Como se observa, findo o prazo do contrato, poderá o locador, automaticamente, reaver a coisa, sendo desnecessária qualquer notificação. Contudo, se não reclamar a coisa e permitir que o locatário permaneça na posse, presumir-se-á que a locação estará prorrogada por prazo indeterminado (art. 574 do CC/02). Ocorrendo essa prorrogação, deverá o locador notificar o locatário para restituir a coisa.

Nesse sentido, preceitua o art. 575 do CC/02:

> **Art. 575.** Se, notificado o locatário, não restituir a coisa, pagará, enquanto a tiver em seu poder, o aluguel que o locador arbitrar, e responderá pelo dano que ela venha a sofrer, embora proveniente de caso fortuito.
>
> **Parágrafo único.** Se o aluguel arbitrado for manifestamente excessivo, poderá o juiz reduzi-lo, mas tendo sempre em conta o seu caráter de penalidade.

O dispositivo em análise deixa evidente que a notificação constitui o locatário em mora, ocasião em que, não restituindo a coisa, além de pagar o aluguel arbitrado pelo locador, responderá, ainda, pelo dano advindo à coisa, ainda que proveniente de evento fortuito.

O parágrafo único permite ao juiz reduzir o aluguel arbitrado, quando manifestamente excessivo, porque essa fixação deve ser pautada pela boa-fé objetiva. Contudo, o juiz deverá levar em consideração que o aluguel arbitrado tem caráter de penalidade.

É importante ressaltar que o contrato de locação transfere tão somente a posse direta da coisa locada, de forma que a propriedade do bem continua sendo do locador, que dela poderá dispor conforme sua conveniência.

Tendo em vista o princípio da relatividade, já estudado no capítulo VIII, item 1.3., o contrato vincula somente as partes contratantes. Dessa maneira, o terceiro adquirente, em princípio, não é obrigado a respeitar o contrato, porque dele não participou. Adquirindo a coisa locada, poderá denunciar o contrato e reavê-la (art. 576, *caput*, primeira parte do CC/02).

O adquirente só deverá respeitar o contrato caso este contenha cláusula de vigência em caso de alienação (art. 576, *caput*, segunda parte do CC/02), devidamente registrada no Cartório de Títulos e Documentos do domicílio do locador, em se tratando de móveis, ou no Cartório de Registro de Imóveis se o bem locado for imóvel (art. 576, §1º do CC/02).

Nos termos do art. 576, §2º do CC/02, em se tratando de imóvel, ainda que o adquirente não esteja obrigado a respeitar o contrato, este só poderá denunciar o contrato e reaver a coisa após noventa dias contados da notificação.

Finaliza o **art. 577 que** "morrendo o locador ou o locatário, transfere-se aos seus herdeiros a locação por tempo determinado".

8. LEGISLAÇÃO APLICÁVEL AO CAPÍTULO

TÍTULO VI
DAS VÁRIAS ESPÉCIES DE CONTRATO

CAPÍTULO I
DA COMPRA E VENDA

Seção I
Disposições Gerais

Art. 481. Pelo contrato de compra e venda, um dos contratantes se obriga a transferir o domínio de certa coisa, e o outro, a pagar-lhe certo preço em dinheiro.

Art. 482. A compra e venda, quando pura, considerar-se-á obrigatória e perfeita, desde que as partes acordarem no objeto e no preço.

Art. 483. A compra e venda pode ter por objeto coisa atual ou futura. Neste caso, ficará sem efeito o contrato se esta não vier a existir, salvo se a intenção das partes era de concluir contrato aleatório.

Art. 484. Se a venda se realizar à vista de amostras, protótipos ou modelos, entender-se-á que o vendedor assegura ter a coisa as qualidades que a elas correspondem.

Parágrafo único. Prevalece a amostra, o protótipo ou o modelo, se houver contradição ou diferença com a maneira pela qual se descreveu a coisa no contrato.

Art. 485. A fixação do preço pode ser deixada ao arbítrio de terceiro, que os contratantes logo designarem ou prometerem designar. Se o terceiro não aceitar a incumbência, ficará sem efeito o contrato, salvo quando acordarem os contratantes designar outra pessoa.

Art. 486. Também se poderá deixar a fixação do preço à taxa de mercado ou de bolsa, em certo e determinado dia e lugar.

Art. 487. É lícito às partes fixar o preço em função de índices ou parâmetros, desde que suscetíveis de objetiva determinação.

Art. 488. Convencionada a venda sem fixação de preço ou de critérios para a sua determinação, se não houver tabelamento oficial, entende-se que as partes se sujeitaram ao preço corrente nas vendas habituais do vendedor.

Parágrafo único. Na falta de acordo, por ter havido diversidade de preço, prevalecerá o termo médio.

Art. 489. Nulo é o contrato de compra e venda, quando se deixa ao arbítrio exclusivo de uma das partes a fixação do preço.

Art. 490. Salvo cláusula em contrário, ficarão as despesas de escritura e registro a cargo do comprador, e a cargo do vendedor as da tradição.

Art. 491. Não sendo a venda a crédito, o vendedor não é obrigado a entregar a coisa antes de receber o preço.

Art. 492. Até o momento da tradição, os riscos da coisa correm por conta do vendedor, e os do preço por conta do comprador.

§ 1º Todavia, os casos fortuitos, ocorrentes no ato de contar, marcar ou assinalar coisas, que comumente se recebem, contando, pesando, medindo ou assinalando, e que já tiverem sido postas à disposição do comprador, correrão por conta deste.

§ 2º Correrão também por conta do comprador os riscos das referidas coisas, se estiver em mora de as receber, quando postas à sua disposição no tempo, lugar e pelo modo ajustados.

Art. 493. A tradição da coisa vendida, na falta de estipulação expressa, dar-se-á no lugar onde ela se encontrava, ao tempo da venda.

Art. 494. Se a coisa for expedida para lugar diverso, por ordem do comprador, por sua conta correrão os riscos, uma vez entregue a quem haja de transportá-la, salvo se das instruções dele se afastar o vendedor.

Art. 495. Não obstante o prazo ajustado para o pagamento, se antes da tradição o comprador cair em insolvência, poderá o vendedor sobrestar na entrega da coisa, até que o comprador lhe dê caução de pagar no tempo ajustado.

Art. 496. É anulável a venda de ascendente a descendente, salvo se os outros descendentes e o cônjuge do alienante expressamente houverem consentido.

Parágrafo único. Em ambos os casos, dispensa-se o consentimento do cônjuge se o regime de bens for o da separação obrigatória.

Art. 497. Sob pena de nulidade, não podem ser comprados, ainda que em hasta pública:

I – pelos tutores, curadores, testamenteiros e administradores, os bens confiados à sua guarda ou administração;

II – pelos servidores públicos, em geral, os bens ou direitos da pessoa jurídica a que servirem, ou que estejam sob sua administração direta ou indireta;

III – pelos juízes, secretários de tribunais, arbitradores, peritos e outros serventuários ou auxiliares da justiça, os bens ou direitos sobre que se litigar em tribunal, juízo ou conselho, no lugar onde servirem, ou a que se estender a sua autoridade;

IV – pelos leiloeiros e seus prepostos, os bens de cuja venda estejam encarregados.

Parágrafo único. As proibições deste artigo estendem-se à cessão de crédito.

Art. 498. A proibição contida no inciso III do artigo antecedente, não compreende os casos de compra e venda ou cessão entre coerdeiros, ou em pagamento de dívida, ou para garantia de bens já pertencentes a pessoas designadas no referido inciso.

Art. 499. É lícita a compra e venda entre cônjuges, com relação a bens excluídos da comunhão.

Art. 500. Se, na venda de um imóvel, se estipular o preço por medida de extensão, ou se determinar a respectiva área, e esta não corresponder, em qualquer dos casos, às dimensões dadas, o comprador terá o direito de exigir o complemento da área, e, não sendo isso possível, o de reclamar a resolução do contrato ou abatimento proporcional ao preço.

§ 1º Presume-se que a referência às dimensões foi simplesmente enunciativa, quando a diferença encontrada não exceder de um vigésimo da área total enunciada, ressalvado ao comprador o direito de provar que, em tais circunstâncias, não teria realizado o negócio.

§ 2º Se em vez de falta houver excesso, e o vendedor provar que tinha motivos para ignorar a medida exata da área vendida, caberá ao comprador, à sua escolha, completar o valor correspondente ao preço ou devolver o excesso.

§ 3º Não haverá complemento de área, nem devolução de excesso, se o imóvel for vendido como coisa certa e discriminada, tendo sido apenas enunciativa a referência às suas dimensões, ainda que não conste, de modo expresso, ter sido a venda *ad corpus*.

Art. 501. Decai do direito de propor as ações previstas no artigo antecedente o vendedor ou o comprador que não o fizer no prazo de um ano, a contar do registro do título.

Parágrafo único. Se houver atraso na imissão de posse no imóvel, atribuível ao alienante, a partir dela fluirá o prazo de decadência.

Art. 502. O vendedor, salvo convenção em contrário, responde por todos os débitos que gravem a coisa até o momento da tradição.

Art. 503. Nas coisas vendidas conjuntamente, o defeito oculto de uma não autoriza a rejeição de todas.

Art. 504. Não pode um condômino em coisa indivisível vender a sua parte a estranhos, se outro consorte a quiser, tanto por tanto. O condômino, a quem não se der conhecimento da venda, poderá, depositando o preço, haver para si a parte vendida a estranhos, se o requerer no prazo de cento e oitenta dias, sob pena de decadência.

Parágrafo único. Sendo muitos os condôminos, preferirá o que tiver benfeitorias de maior valor e, na falta de benfeitorias, o de quinhão maior. Se as partes forem iguais, haverão a parte vendida os comproprietários, que a quiserem, depositando previamente o preço.

Seção II
Das Cláusulas Especiais à Compra e Venda

Subseção I
Da Retrovenda

Art. 505. O vendedor de coisa imóvel pode reservar-se o direito de recobrá-la no prazo máximo de decadência de três anos, restituindo o preço recebido e reembolsando as despesas do comprador, inclusive as que, durante o período de resgate, se efetuaram com a sua autorização escrita, ou para a realização de benfeitorias necessárias.

Art. 506. Se o comprador se recusar a receber as quantias a que faz jus, o vendedor, para exercer o direito de resgate, as depositará judicialmente.

Parágrafo único. Verificada a insuficiência do depósito judicial, não será o vendedor restituído no domínio da coisa, até e enquanto não for integralmente pago o comprador.

Art. 507. O direito de retrato, que é cessível e transmissível a herdeiros e legatários, poderá ser exercido contra o terceiro adquirente.

Art. 508. Se a duas ou mais pessoas couber o direito de retrato sobre o mesmo imóvel, e só uma o exercer, poderá o comprador intimar as outras para nele acordarem, prevalecendo o pacto em favor de quem haja efetuado o depósito, contanto que seja integral.

Subseção II
Da Venda a Contento e da Sujeita a Prova

Art. 509. A venda feita a contento do comprador entende-se realizada sob condição suspensiva, ainda que a coisa lhe tenha sido entregue; e não se reputará perfeita, enquanto o adquirente não manifestar seu agrado.

Art. 510. Também a venda sujeita a prova presume-se feita sob a condição suspensiva de que a coisa tenha as qualidades asseguradas pelo vendedor e seja idônea para o fim a que se destina.

Art. 511. Em ambos os casos, as obrigações do comprador, que recebeu, sob condição suspensiva, a coisa comprada, são as de mero comodatário, enquanto não manifeste aceitá-la.

Art. 512. Não havendo prazo estipulado para a declaração do comprador, o vendedor terá direito de intimá-lo, judicial ou extrajudicialmente, para que o faça em prazo improrrogável.

Subseção III
Da Preempção ou Preferência

Art. 513. A preempção, ou preferência, impõe ao comprador a obrigação de oferecer ao vendedor a coisa que aquele vai vender, ou dar em pagamento, para que este use de seu direito de prelação na compra, tanto por tanto.

Parágrafo único. O prazo para exercer o direito de preferência não poderá exceder a cento e oitenta dias, se a coisa for móvel, ou a dois anos, se imóvel.

Art. 514. O vendedor pode também exercer o seu direito de prelação, intimando o comprador, quando lhe constar que este vai vender a coisa.

Art. 515. Aquele que exerce a preferência está, sob pena de a perder, obrigado a pagar, em condições iguais, o preço encontrado, ou o ajustado.

Art. 516. Inexistindo prazo estipulado, o direito de preempção caducará, se a coisa for móvel, não se exercendo nos três dias, e, se for imóvel, não se exercendo nos sessenta dias subsequentes à data em que o comprador tiver notificado o vendedor.

Art. 517. Quando o direito de preempção for estipulado a favor de dois ou mais indivíduos em comum, só pode ser exercido em relação à coisa no seu todo. Se alguma das pessoas, a quem ele toque, perder ou não exercer o seu direito, poderão as demais utilizá-lo na forma sobredita.

Art. 518. Responderá por perdas e danos o comprador, se alienar a coisa sem ter dado ao vendedor ciência do preço e das vantagens que por ela lhe oferecem. Responderá solidariamente o adquirente, se tiver procedido de má-fé.

Art. 519. Se a coisa expropriada para fins de necessidade ou utilidade pública, ou por interesse social, não tiver o destino para que se desapropriou, ou não for utilizada em obras ou serviços públicos, caberá ao expropriado direito de preferência, pelo preço atual da coisa.

Art. 520. O direito de preferência não se pode ceder nem passa aos herdeiros.

Subseção IV
Da Venda com Reserva de Domínio

Art. 521. Na venda de coisa móvel, pode o vendedor reservar para si a propriedade, até que o preço esteja integralmente pago.

Art. 522. A cláusula de reserva de domínio será estipulada por escrito e depende de registro no domicílio do comprador para valer contra terceiros.

Art. 523. Não pode ser objeto de venda com reserva de domínio a coisa insuscetível de caracterização perfeita, para estremá-la de outras congêneres. Na dúvida, decide-se a favor do terceiro adquirente de boa-fé.

Art. 524. A transferência de propriedade ao comprador dá-se no momento em que o preço esteja integralmente pago. Todavia, pelos riscos da coisa responde o comprador, a partir de quando lhe foi entregue.

Art. 525. O vendedor somente poderá executar a cláusula de reserva de domínio após constituir o comprador em mora, mediante protesto do título ou interpelação judicial.

Art. 526. Verificada a mora do comprador, poderá o vendedor mover contra ele a competente ação de cobrança das prestações vencidas e vincendas e o mais que lhe for devido; ou poderá recuperar a posse da coisa vendida.

Art. 527. Na segunda hipótese do artigo antecedente, é facultado ao vendedor reter as prestações pagas até o necessário para cobrir a depreciação da coisa, as despesas feitas e o mais que de direito lhe for devido. O excedente será devolvido ao comprador; e o que faltar lhe será cobrado, tudo na forma da lei processual.

Art. 528. Se o vendedor receber o pagamento à vista, ou, posteriormente, mediante financiamento de instituição do mercado de capitais, a esta caberá exercer os direitos e ações decorrentes do contrato, a benefício de qualquer outro. A operação financeira e a respectiva ciência do comprador constarão do registro do contrato.

Subseção V
Da Venda Sobre Documentos

Art. 529. Na venda sobre documentos, a tradição da coisa é substituída pela entrega do seu título representativo e dos outros documentos exigidos pelo contrato ou, no silêncio deste, pelos usos.

Parágrafo único. Achando-se a documentação em ordem, não pode o comprador recusar o pagamento, a pretexto de defeito de qualidade ou do estado da coisa vendida, salvo se o defeito já houver sido comprovado.

Art. 530. Não havendo estipulação em contrário, o pagamento deve ser efetuado na data e no lugar da entrega dos documentos.

Art. 531. Se entre os documentos entregues ao comprador figurar apólice de seguro que cubra os riscos do transporte, correm estes à conta do comprador, salvo se, ao ser concluído o contrato, tivesse o vendedor ciência da perda ou avaria da coisa.

Art. 532. Estipulado o pagamento por intermédio de estabelecimento bancário, caberá a este efetuá-lo contra a entrega dos documentos, sem obrigação de verificar a coisa vendida, pela qual não responde.

Parágrafo único. Nesse caso, somente após a recusa do estabelecimento bancário a efetuar o pagamento, poderá o vendedor pretendê-lo, diretamente do comprador.

(...)

CAPÍTULO IV
DA DOAÇÃO

Seção I
Disposições Gerais

Art. 538. Considera-se doação o contrato em que uma pessoa, por liberalidade, transfere do seu patrimônio bens ou vantagens para o de outra.

Art. 539. O doador pode fixar prazo ao donatário, para declarar se aceita ou não a liberalidade. Desde que o donatário, ciente do prazo, não faça, dentro dele, a declaração, entender-se-á que aceitou, se a doação não for sujeita a encargo.

Art. 540. A doação feita em contemplação do merecimento do donatário não perde o caráter de liberalidade, como não o perde a doação remuneratória, ou a gravada, no excedente ao valor dos serviços remunerados ou ao encargo imposto.

Art. 541. A doação far-se-á por escritura pública ou instrumento particular.

Parágrafo único. A doação verbal será válida, se, versando sobre bens móveis e de pequeno valor, se lhe seguir incontinenti a tradição.

Art. 542. A doação feita ao nascituro valerá, sendo aceita pelo seu representante legal.

Art. 543. Se o donatário for absolutamente incapaz, dispensa-se a aceitação, desde que se trate de doação pura.

Art. 544. A doação de ascendentes a descendentes, ou de um cônjuge a outro, importa adiantamento do que lhes cabe por herança.

Art. 545. A doação em forma de subvenção periódica ao beneficiado extingue-se morrendo o doador, salvo se este outra coisa dispuser, mas não poderá ultrapassar a vida do donatário.

Art. 546. A doação feita em contemplação de casamento futuro com certa e determinada pessoa, quer pelos nubentes entre si, quer por terceiro a um deles, a ambos, ou aos filhos que, de futuro, houverem um do outro, não pode ser impugnada por falta de aceitação, e só ficará sem efeito se o casamento não se realizar.

Art. 547. O doador pode estipular que os bens doados voltem ao seu patrimônio, se sobreviver ao donatário.

Parágrafo único. Não prevalece cláusula de reversão em favor de terceiro.

Art. 548. É nula a doação de todos os bens sem reserva de parte, ou renda suficiente para a subsistência do doador.

Art. 549. Nula é também a doação quanto à parte que exceder à de que o doador, no momento da liberalidade, poderia dispor em testamento.

Art. 550. A doação do cônjuge adúltero ao seu cúmplice pode ser anulada pelo outro cônjuge, ou por seus herdeiros necessários, até dois anos depois de dissolvida a sociedade conjugal.

Art. 551. Salvo declaração em contrário, a doação em comum a mais de uma pessoa entende-se distribuída entre elas por igual.

Parágrafo único. Se os donatários, em tal caso, forem marido e mulher, subsistirá na totalidade a doação para o cônjuge sobrevivo.

Art. 552. O doador não é obrigado a pagar juros moratórios, nem é sujeito às consequências da evicção ou do vício redibitório. Nas doações para casamento com certa e determinada pessoa, o doador ficará sujeito à evicção, salvo convenção em contrário.

Art. 553. O donatário é obrigado a cumprir os encargos da doação, caso forem a benefício do doador, de terceiro, ou do interesse geral.

Parágrafo único. Se desta última espécie for o encargo, o Ministério Público poderá exigir sua execução, depois da morte do doador, se este não tiver feito.

Art. 554. A doação a entidade futura caducará se, em dois anos, esta não estiver constituída regularmente.

Seção II
Da Revogação da Doação

Art. 555. A doação pode ser revogada por ingratidão do donatário, ou por inexecução do encargo.

Art. 556. Não se pode renunciar antecipadamente o direito de revogar a liberalidade por ingratidão do donatário.

Art. 557. Podem ser revogadas por ingratidão as doações:

I - se o donatário atentou contra a vida do doador ou cometeu crime de homicídio doloso contra ele;

II - se cometeu contra ele ofensa física;

III - se o injuriou gravemente ou o caluniou;

IV - se, podendo ministrá-los, recusou ao doador os alimentos de que este necessitava.

Art. 558. Pode ocorrer também a revogação quando o ofendido, nos casos do artigo anterior, for o cônjuge, ascendente, descendente, ainda que adotivo, ou irmão do doador.

Art. 559. A revogação por qualquer desses motivos deverá ser pleiteada dentro de um ano, a contar de quando chegue ao conhecimento do doador o fato que a autorizar, e de ter sido o donatário o seu autor.

Art. 560. O direito de revogar a doação não se transmite aos herdeiros do doador, nem prejudica os do donatário. Mas aqueles podem prosseguir na ação iniciada pelo doador, continuando-a contra os herdeiros do donatário, se este falecer depois de ajuizada a lide.

Art. 561. No caso de homicídio doloso do doador, a ação caberá aos seus herdeiros, exceto se aquele houver perdoado.

Art. 562. A doação onerosa pode ser revogada por inexecução do encargo, se o donatário incorrer em mora. Não havendo prazo para o cumprimento, o doador poderá notificar judicialmente o donatário, assinando-lhe prazo razoável para que cumpra a obrigação assumida.

Art. 563. A revogação por ingratidão não prejudica os direitos adquiridos por terceiros, nem obriga o donatário a restituir os frutos percebidos antes da citação válida; mas sujeita-o a pagar os posteriores, e, quando não possa restituir em espécie as coisas doadas, a indenizá-la pelo meio termo do seu valor.

Art. 564. Não se revogam por ingratidão:

I - as doações puramente remuneratórias;

II - as oneradas com encargo já cumprido;

III - as que se fizerem em cumprimento de obrigação natural;

IV - as feitas para determinado casamento.

CAPÍTULO V
DA LOCAÇÃO DE COISAS

Art. 565. Na locação de coisas, uma das partes se obriga a ceder à outra, por tempo determinado ou não, o uso e gozo de coisa não fungível, mediante certa retribuição.

Art. 566. O locador é obrigado:

I - a entregar ao locatário a coisa alugada, com suas pertenças, em estado de servir ao uso a que se destina, e a mantê-la nesse estado, pelo tempo do contrato, salvo cláusula expressa em contrário;

II - a garantir-lhe, durante o tempo do contrato, o uso pacífico da coisa.

Art. 567. Se, durante a locação, se deteriorar a coisa alugada, sem culpa do locatário, a este caberá pedir redução proporcional do aluguel, ou resolver o contrato, caso já não sirva a coisa para o fim a que se destinava.

Art. 568. O locador resguardará o locatário dos embaraços e turbações de terceiros, que tenham ou pretendam ter direitos sobre a coisa alugada, e responderá pelos seus vícios, ou defeitos, anteriores à locação.

Art. 569. O locatário é obrigado:

I – a servir-se da coisa alugada para os usos convencionados ou presumidos, conforme a natureza dela e as circunstâncias, bem como tratá-la com o mesmo cuidado como se sua fosse;

II – a pagar pontualmente o aluguel nos prazos ajustados, e, em falta de ajuste, segundo o costume do lugar;

III – a levar ao conhecimento do locador as turbações de terceiros, que se pretendam fundadas em direito;

IV – a restituir a coisa, finda a locação, no estado em que a recebeu, salvas as deteriorações naturais ao uso regular.

Art. 570. Se o locatário empregar a coisa em uso diverso do ajustado, ou do a que se destina, ou se ela se danificar por abuso do locatário, poderá o locador, além de rescindir o contrato, exigir perdas e danos.

Art. 571. Havendo prazo estipulado à duração do contrato, antes do vencimento não poderá o locador reaver a coisa alugada, senão ressarcindo ao locatário as perdas e danos resultantes, nem o locatário devolvê-la ao locador, senão pagando, proporcionalmente, a multa prevista no contrato.

Parágrafo único. O locatário gozará do direito de retenção, enquanto não for ressarcido.

Art. 572. Se a obrigação de pagar o aluguel pelo tempo que faltar constituir indenização excessiva, será facultado ao juiz fixá-la em bases razoáveis.

Art. 573. A locação por tempo determinado cessa de pleno direito findo o prazo estipulado, independentemente de notificação ou aviso.

Art. 574. Se, findo o prazo, o locatário continuar na posse da coisa alugada, sem oposição do locador, presumir-se-á prorrogada a locação pelo mesmo aluguel, mas sem prazo determinado.

Art. 575. Se, notificado o locatário, não restituir a coisa, pagará, enquanto a tiver em seu poder, o aluguel que o locador arbitrar, e responderá pelo dano que ela venha a sofrer, embora proveniente de caso fortuito.

Parágrafo único. Se o aluguel arbitrado for manifestamente excessivo, poderá o juiz reduzi-lo, mas tendo sempre em conta o seu caráter de penalidade.

Art. 576. Se a coisa for alienada durante a locação, o adquirente não ficará obrigado a respeitar o contrato, se nele não for consignada a cláusula da sua vigência no caso de alienação, e não constar de registro.

§ 1º O registro a que se refere este artigo será o de Títulos e Documentos do domicílio do locador, quando a coisa for móvel; e será o Registro de Imóveis da respectiva circunscrição, quando imóvel.

§ 2º Em se tratando de imóvel, e ainda no caso em que o locador não esteja obrigado a respeitar o contrato, não poderá ele despedir o locatário, senão observado o prazo de noventa dias após a notificação.

Art. 577. Morrendo o locador ou o locatário, transfere-se aos seus herdeiros a locação por tempo determinado.

Art. 578. Salvo disposição em contrário, o locatário goza do direito de retenção, no caso de benfeitorias necessárias, ou no de benfeitorias úteis, se estas houverem sido feitas com expresso consentimento do locador.

CAPÍTULO VI
DO EMPRÉSTIMO

Seção I
Do Comodato

Art. 579. O comodato é o empréstimo gratuito de coisas não fungíveis. Perfaz-se com a tradição do objeto.

Art. 580. Os tutores, curadores e em geral todos os administradores de bens alheios não poderão dar em comodato, sem autorização especial, os bens confiados à sua guarda.

Art. 581. Se o comodato não tiver prazo convencional, presumir-se-lhe-á o necessário para o uso concedido; não podendo o comodante, salvo necessidade imprevista e urgente, reconhecida pelo juiz, suspender o uso e gozo da coisa emprestada, antes de findo o prazo convencional, ou o que se determine pelo uso outorgado.

Art. 582. O comodatário é obrigado a conservar, como se sua própria fora, a coisa emprestada, não podendo usá-la senão de acordo com o contrato ou a natureza dela, sob pena de responder por perdas e danos. O comodatário constituído em mora, além de por ela responder, pagará, até restituí-la, o aluguel da coisa que for arbitrado pelo comodante.

Art. 583. Se, correndo risco o objeto do comodato juntamente com outros do comodatário, antepuser este a salvação dos seus abandonando o do comodante, responderá pelo dano ocorrido, ainda que se possa atribuir a caso fortuito, ou força maior.

Art. 584. O comodatário não poderá jamais recobrar do comodante as despesas feitas com o uso e gozo da coisa emprestada.

Art. 585. Se duas ou mais pessoas forem simultaneamente comodatárias de uma coisa, ficarão solidariamente responsáveis para com o comodante.

Seção II
Do Mútuo

Art. 586. O mútuo é o empréstimo de coisas fungíveis. O mutuário é obrigado a restituir ao mutuante o que dele recebeu em coisa do mesmo gênero, qualidade e quantidade.

Art. 587. Este empréstimo transfere o domínio da coisa emprestada ao mutuário, por cuja conta correm todos os riscos dela desde a tradição.

Art. 588. O mútuo feito a pessoa menor, sem prévia autorização daquele sob cuja guarda estiver, não pode ser reavido nem do mutuário, nem de seus fiadores.

Art. 589. Cessa a disposição do artigo antecedente:

I – se a pessoa, de cuja autorização necessitava o mutuário para contrair o empréstimo, o ratificar posteriormente;

II – se o menor, estando ausente essa pessoa, se viu obrigado a contrair o empréstimo para os seus alimentos habituais;

III – se o menor tiver bens ganhos com o seu trabalho. Mas, em tal caso, a execução do credor não lhes poderá ultrapassar as forças;

IV – se o empréstimo reverteu em benefício do menor;

V – se o menor obteve o empréstimo maliciosamente.

Art. 590. O mutuante pode exigir garantia da restituição, se antes do vencimento o mutuário sofrer notória mudança em sua situação econômica.

Art. 591. Destinando-se o mútuo a fins econômicos, presumem-se devidos juros, os quais, sob pena de redução, não poderão exceder a taxa a que se refere o art. 406, permitida a capitalização anual.

Art. 592. Não se tendo convencionado expressamente, o prazo do mútuo será:

I – até a próxima colheita, se o mútuo for de produtos agrícolas, assim para o consumo, como para semeadura;

II – de trinta dias, pelo menos, se for de dinheiro;

III – do espaço de tempo que declarar o mutuante, se for de qualquer outra coisa fungível.

CAPÍTULO VII
DA PRESTAÇÃO DE SERVIÇO

Art. 593. A prestação de serviço, que não estiver sujeita às leis trabalhistas ou a lei especial, reger-se-á pelas disposições deste Capítulo.

Art. 594. Toda a espécie de serviço ou trabalho lícito, material ou imaterial, pode ser contratada mediante retribuição.

Art. 595. No contrato de prestação de serviço, quando qualquer das partes não souber ler, nem escrever, o instrumento poderá ser assinado a rogo e subscrito por duas testemunhas.

Art. 596. Não se tendo estipulado, nem chegado a acordo as partes, fixar-se-á por arbitramento a retribuição, segundo o costume do lugar, o tempo de serviço e sua qualidade.

Art. 597. A retribuição pagar-se-á depois de prestado o serviço, se, por convenção, ou costume, não houver de ser adiantada, ou paga em prestações.

Art. 598. A prestação de serviço não se poderá convencionar por mais de quatro anos, embora o contrato tenha por causa o pagamento de dívida de quem o presta, ou se destine à execução de certa e determinada obra. Neste caso, decorridos quatro anos, dar-se-á por findo o contrato, ainda que não concluída a obra.

Art. 599. Não havendo prazo estipulado, nem se podendo inferir da natureza do contrato, ou do costume do lugar, qualquer das partes, a seu arbítrio, mediante prévio aviso, pode resolver o contrato.

Parágrafo único. Dar-se-á o aviso:

I – com antecedência de oito dias, se o salário se houver fixado por tempo de um mês, ou mais;

II – com antecipação de quatro dias, se o salário se tiver ajustado por semana, ou quinzena;

III – de véspera, quando se tenha contratado por menos de sete dias.

Art. 600. Não se conta no prazo do contrato o tempo em que o prestador de serviço, por culpa sua, deixou de servir.

Art. 601. Não sendo o prestador de serviço contratado para certo e determinado trabalho, entender-se-á que se obrigou a todo e qualquer serviço compatível com as suas forças e condições.

Art. 602. O prestador de serviço contratado por tempo certo, ou por obra determinada, não se pode ausentar, ou despedir, sem justa causa, antes de preenchido o tempo, ou concluída a obra.

Parágrafo único. Se se despedir sem justa causa, terá direito à retribuição vencida, mas responderá por perdas e danos. O mesmo dar-se-á, se despedido por justa causa.

Art. 603. Se o prestador de serviço for despedido sem justa causa, a outra parte será obrigada a pagar-lhe por inteiro a retribuição vencida, e por metade a que lhe tocaria de então ao termo legal do contrato.

Art. 604. Findo o contrato, o prestador de serviço tem direito a exigir da outra parte a declaração de que o contrato está findo. Igual direito lhe cabe, se for despedido sem justa causa, ou se tiver havido motivo justo para deixar o serviço.

Art. 605. Nem aquele a quem os serviços são prestados, poderá transferir a outrem o direito aos serviços ajustados, nem o prestador de serviços, sem aprazimento da outra parte, dar substituto que os preste.

Art. 606. Se o serviço for prestado por quem não possua título de habilitação, ou não satisfaça requisitos outros estabelecidos em lei, não poderá quem os prestou cobrar a retribuição normalmente correspondente ao trabalho executado. Mas se deste resultar benefício para a outra parte, o juiz atribuirá a quem o prestou uma compensação razoável, desde que tenha agido com boa-fé.

Parágrafo único. Não se aplica a segunda parte deste artigo, quando a proibição da prestação de serviço resultar de lei de ordem pública.

Art. 607. O contrato de prestação de serviço acaba com a morte de qualquer das partes. Termina, ainda, pelo escoamento do prazo, pela conclusão da obra, pela rescisão do contrato mediante aviso prévio, por inadimplemento de qualquer das partes ou pela impossibilidade da continuação do contrato, motivada por força maior.

Art. 608. Aquele que aliciar pessoas obrigadas em contrato escrito a prestar serviço a outrem pagará a este a importância que ao prestador de serviço, pelo ajuste desfeito, houvesse de caber durante dois anos.

Art. 609. A alienação do prédio agrícola, onde a prestação dos serviços se opera, não importa a rescisão do contrato, salvo ao prestador opção entre continuá-lo com o adquirente da propriedade ou com o primitivo contratante.

CAPÍTULO VIII
DA EMPREITADA

Art. 610. O empreiteiro de uma obra pode contribuir para ela só com seu trabalho ou com ele e os materiais.

§ 1º A obrigação de fornecer os materiais não se presume; resulta da lei ou da vontade das partes.

§ 2º O contrato para elaboração de um projeto não implica a obrigação de executá-lo, ou de fiscalizar-lhe a execução.

Art. 611. Quando o empreiteiro fornece os materiais, correm por sua conta os riscos até o momento da entrega da obra, a contento de quem a encomendou, se este não estiver em mora de receber. Mas se estiver, por sua conta correrão os riscos.

Art. 612. Se o empreiteiro só forneceu mão-de-obra, todos os riscos em que não tiver culpa correrão por conta do dono.

Art. 613. Sendo a empreitada unicamente de lavor (art. 610), se a coisa perecer antes de entregue, sem mora do dono nem culpa do empreiteiro, este perderá a retribuição, se não provar que a perda resultou de defeito dos materiais e que em tempo reclamara contra a sua quantidade ou qualidade.

Art. 614. Se a obra constar de partes distintas, ou for de natureza das que se determinam por medida, o empreiteiro terá direito a que também se verifique por medida, ou segundo as partes em que se dividir, podendo exigir o pagamento na proporção da obra executada.

§ 1º Tudo o que se pagou presume-se verificado.

§ 2º O que se mediu presume-se verificado se, em trinta dias, a contar da medição, não forem denunciados os vícios ou defeitos pelo dono da obra ou por quem estiver incumbido da sua fiscalização.

Art. 615. Concluída a obra de acordo com o ajuste, ou o costume do lugar, o dono é obrigado a recebê-la. Poderá, porém, rejeitá-la, se o empreiteiro se afastou das instruções recebidas e dos planos dados, ou das regras técnicas em trabalhos de tal natureza.

Art. 616. No caso da segunda parte do artigo antecedente, pode quem encomendou a obra, em vez de enjeitá-la, recebê-la com abatimento no preço.

Art. 617. O empreiteiro é obrigado a pagar os materiais que recebeu, se por imperícia ou negligência os inutilizar.

Art. 618. Nos contratos de empreitada de edifícios ou outras construções consideráveis, o empreiteiro de materiais e execução responderá, durante o prazo irredutível de cinco anos, pela solidez e segurança do trabalho, assim em razão dos materiais, como do solo.

Parágrafo único. Decairá do direito assegurado neste artigo o dono da obra que não propuser a ação contra o empreiteiro, nos cento e oitenta dias seguintes ao aparecimento do vício ou defeito.

Art. 619. Salvo estipulação em contrário, o empreiteiro que se incumbir de executar uma obra, segundo plano aceito por quem a encomendou, não terá direito a exigir acréscimo no preço, ainda que sejam introduzidas modificações no projeto, a não ser que estas resultem de instruções escritas do dono da obra.

Parágrafo único. Ainda que não tenha havido autorização escrita, o dono da obra é obrigado a pagar ao empreiteiro os aumentos e acréscimos, segundo o que for arbitrado, se, sempre presente à obra, por continuadas visitas, não podia ignorar o que se estava passando, e nunca protestou.

Art. 620. Se ocorrer diminuição no preço do material ou da mão-de-obra superior a um décimo do preço global convencionado, poderá este ser revisto, a pedido do dono da obra, para que se lhe assegure a diferença apurada.

Art. 621. Sem anuência de seu autor, não pode o proprietário da obra introduzir modificações no projeto por ele aprovado, ainda que a execução seja confiada a terceiros, a não ser que, por motivos supervenientes ou razões de ordem técnica, fique comprovada a inconveniência ou a excessiva onerosidade de execução do projeto em sua forma originária.

Parágrafo único. A proibição deste artigo não abrange alterações de pouca monta, ressalvada sempre a unidade estética da obra projetada.

Art. 622. Se a execução da obra for confiada a terceiros, a responsabilidade do autor do projeto respectivo, desde que não assuma a direção ou fiscalização daquela, ficará limitada aos danos resultantes de defeitos previstos no art. 618 e seu parágrafo único.

Art. 623. Mesmo após iniciada a construção, pode o dono da obra suspendê-la, desde que pague ao empreiteiro as despesas e lucros relativos aos serviços já feitos, mais indenização razoável, calculada em função do que ele teria ganho, se concluída a obra.

Art. 624. Suspensa a execução da empreitada sem justa causa, responde o empreiteiro por perdas e danos.

Art. 625. Poderá o empreiteiro suspender a obra:

I – por culpa do dono, ou por motivo de força maior;

II – quando, no decorrer dos serviços, se manifestarem dificuldades imprevisíveis de execução, resultantes de causas geológicas ou hídricas, ou outras semelhantes, de modo que torne a empreitada excessivamente onerosa, e o dono da obra se opuser ao reajuste do preço inerente ao projeto por ele elaborado, observados os preços;

III – se as modificações exigidas pelo dono da obra, por seu vulto e natureza, forem desproporcionais ao projeto aprovado, ainda que o dono se disponha a arcar com o acréscimo de preço.

Art. 626. Não se extingue o contrato de empreitada pela morte de qualquer das partes, salvo se ajustado em consideração às qualidades pessoais do empreiteiro.

(...)

CAPÍTULO XV
DO SEGURO

Seção I
Disposições Gerais

Art. 757. Pelo contrato de seguro, o segurador se obriga, mediante o pagamento do prêmio, a garantir interesse legítimo do segurado, relativo a pessoa ou a coisa, contra riscos predeterminados.

Parágrafo único. Somente pode ser parte, no contrato de seguro, como segurador, entidade para tal fim legalmente autorizada.

Art. 758. O contrato de seguro prova-se com a exibição da apólice ou do bilhete do seguro, e, na falta deles, por documento comprobatório do pagamento do respectivo prêmio.

Art. 759. A emissão da apólice deverá ser precedida de proposta escrita com a declaração dos elementos essenciais do interesse a ser garantido e do risco.

Art. 760. A apólice ou o bilhete de seguro serão nominativos, à ordem ou ao portador, e mencionarão os riscos assumidos, o início e o fim de sua validade, o limite da garantia e o prêmio devido, e, quando for o caso, o nome do segurado e o do beneficiário.

Parágrafo único. No seguro de pessoas, a apólice ou o bilhete não podem ser ao portador.

Art. 761. Quando o risco for assumido em cosseguro, a apólice indicará o segurador que administrará o contrato e representará os demais, para todos os seus efeitos.

Art. 762. Nulo será o contrato para garantia de risco proveniente de ato doloso do segurado, do beneficiário, ou de representante de um ou de outro.

Art. 763. Não terá direito a indenização o segurado que estiver em mora no pagamento do prêmio, se ocorrer o sinistro antes de sua purgação.

Art. 764. Salvo disposição especial, o fato de se não ter verificado o risco, em previsão do qual se faz o seguro, não exime o segurado de pagar o prêmio.

Art. 765. O segurado e o segurador são obrigados a guardar na conclusão e na execução do contrato, a mais estrita boa-fé e veracidade, tanto a respeito do objeto como das circunstâncias e declarações a ele concernentes.

Art. 766. Se o segurado, por si ou por seu representante, fizer declarações inexatas ou omitir circunstâncias que possam influir na aceitação da proposta ou na taxa do prêmio, perderá o direito à garantia, além de ficar obrigado ao prêmio vencido.

Parágrafo único. Se a inexatidão ou omissão nas declarações não resultar de má-fé do segurado, o segurador terá direito a resolver o contrato, ou a cobrar, mesmo após o sinistro, a diferença do prêmio.

Art. 767. No seguro à conta de outrem, o segurador pode opor ao segurado quaisquer defesas que tenha contra o estipulante, por descumprimento das normas de conclusão do contrato, ou de pagamento do prêmio.

Art. 768. O segurado perderá o direito à garantia se agravar intencionalmente o risco objeto do contrato.

Art. 769. O segurado é obrigado a comunicar ao segurador, logo que saiba, todo incidente suscetível de agravar consideravelmente o risco coberto, sob pena de perder o direito à garantia, se provar que silenciou de má-fé.

§ 1º O segurador, desde que o faça nos quinze dias seguintes ao recebimento do aviso da agravação do risco sem culpa do segurado, poderá dar-lhe ciência, por escrito, de sua decisão de resolver o contrato.

§ 2º A resolução só será eficaz trinta dias após a notificação, devendo ser restituída pelo segurador a diferença do prêmio.

Art. 770. Salvo disposição em contrário, a diminuição do risco no curso do contrato não acarreta a redução do prêmio estipulado; mas, se a redução do risco for considerável, o segurado poderá exigir a revisão do prêmio, ou a resolução do contrato.

Art. 771. Sob pena de perder o direito à indenização, o segurado participará o sinistro ao segurador, logo que o saiba, e tomará as providências imediatas para minorar-lhe as consequências.

Parágrafo único. Correm à conta do segurador, até o limite fixado no contrato, as despesas de salvamento consequente ao sinistro.

Art. 772. A mora do segurador em pagar o sinistro obriga à atualização monetária da indenização devida segundo índices oficiais regularmente estabelecidos, sem prejuízo dos juros moratórios.

Art. 773. O segurador que, ao tempo do contrato, sabe estar passado o risco de que o segurado se pretende cobrir, e, não obstante, expede a apólice, pagará em dobro o prêmio estipulado.

Art. 774. A recondução tácita do contrato pelo mesmo prazo, mediante expressa cláusula contratual, não poderá operar mais de uma vez.

Art. 775. Os agentes autorizados do segurador presumem-se seus representantes para todos os atos relativos aos contratos que agenciarem.

Art. 776. O segurador é obrigado a pagar em dinheiro o prejuízo resultante do risco assumido, salvo se convencionada a reposição da coisa.

Art. 777. O disposto no presente Capítulo aplica-se, no que couber, aos seguros regidos por leis próprias.

Seção II
Do Seguro de Dano

Art. 778. Nos seguros de dano, a garantia prometida não pode ultrapassar o valor do interesse segurado no momento da conclusão do contrato, sob pena do disposto no art. 766, e sem prejuízo da ação penal que no caso couber.

Art. 779. O risco do seguro compreenderá todos os prejuízos resultantes ou consequentes, como sejam os estragos ocasionados para evitar o sinistro, minorar o dano, ou salvar a coisa.

Art. 780. A vigência da garantia, no seguro de coisas transportadas, começa no momento em que são pelo transportador recebidas, e cessa com a sua entrega ao destinatário.

Art. 781. A indenização não pode ultrapassar o valor do interesse segurado no momento do sinistro, e, em hipótese alguma, o limite máximo da garantia fixado na apólice, salvo em caso de mora do segurador.

Art. 782. O segurado que, na vigência do contrato, pretender obter novo seguro sobre o mesmo interesse, e contra o mesmo risco junto a outro segurador, deve previamente comunicar sua intenção por escrito ao primeiro, indicando a soma por que pretende segurar-se, a fim de se comprovar a obediência ao disposto no art. 778.

Art. 783. Salvo disposição em contrário, o seguro de um interesse por menos do que valha acarreta a redução proporcional da indenização, no caso de sinistro parcial.

Art. 784. Não se inclui na garantia o sinistro provocado por vício intrínseco da coisa segurada, não declarado pelo segurado.

Parágrafo único. Entende-se por vício intrínseco o defeito próprio da coisa, que se não encontra normalmente em outras da mesma espécie.

Art. 785. Salvo disposição em contrário, admite-se a transferência do contrato a terceiro com a alienação ou cessão do interesse segurado.

§ 1º Se o instrumento contratual é nominativo, a transferência só produz efeitos em relação ao segurador mediante aviso escrito assinado pelo cedente e pelo cessionário.

§ 2º A apólice ou o bilhete à ordem só se transfere por endosso em preto, datado e assinado pelo endossante e pelo endossatário.

Art. 786. Paga a indenização, o segurador sub-roga-se, nos limites do valor respectivo, nos direitos e ações que competirem ao segurado contra o autor do dano.

§ 1º Salvo dolo, a sub-rogação não tem lugar se o dano foi causado pelo cônjuge do segurado, seus descendentes ou ascendentes, consanguíneos ou afins.

§ 2º É ineficaz qualquer ato do segurado que diminua ou extinga, em prejuízo do segurador, os direitos a que se refere este artigo.

Art. 787. No seguro de responsabilidade civil, o segurador garante o pagamento de perdas e danos devidos pelo segurado a terceiro.

§ 1º Tão logo saiba o segurado das consequências de ato seu, suscetível de lhe acarretar a responsabilidade incluída na garantia, comunicará o fato ao segurador.

§ 2º É defeso ao segurado reconhecer sua responsabilidade ou confessar a ação, bem como transigir com o terceiro prejudicado, ou indenizá-lo diretamente, sem anuência expressa do segurador.

§ 3º Intentada a ação contra o segurado, dará este ciência da lide ao segurador.

§ 4º Subsistirá a responsabilidade do segurado perante o terceiro, se o segurador for insolvente.

Art. 788. Nos seguros de responsabilidade legalmente obrigatórios, a indenização por sinistro será paga pelo segurador diretamente ao terceiro prejudicado.

Parágrafo único. Demandado em ação direta pela vítima do dano, o segurador não poderá opor a exceção de contrato não cumprido pelo segurado, sem promover a citação deste para integrar o contraditório.

Seção III
Do Seguro de Pessoa

Art. 789. Nos seguros de pessoas, o capital segurado é livremente estipulado pelo proponente, que pode contratar mais de um seguro sobre o mesmo interesse, com o mesmo ou diversos seguradores.

Art. 790. No seguro sobre a vida de outros, o proponente é obrigado a declarar, sob pena de falsidade, o seu interesse pela preservação da vida do segurado.

Parágrafo único. Até prova em contrário, presume-se o interesse, quando o segurado é cônjuge, ascendente ou descendente do proponente.

Art. 791. Se o segurado não renunciar à faculdade, ou se o seguro não tiver como causa declarada a garantia de alguma obrigação, é lícita a substituição do beneficiário, por ato entre vivos ou de última vontade.

Parágrafo único. O segurador, que não for cientificado oportunamente da substituição, desobrigar-se-á pagando o capital segurado ao antigo beneficiário.

Art. 792. Na falta de indicação da pessoa ou beneficiário, ou se por qualquer motivo não prevalecer a que for feita, o capital segurado será pago por metade ao cônjuge não separado judicialmente, e o restante aos herdeiros do segurado, obedecida a ordem da vocação hereditária.

Parágrafo único. Na falta das pessoas indicadas neste artigo, serão beneficiários os que provarem que a morte do segurado os privou dos meios necessários à subsistência.

Art. 793. É válida a instituição do companheiro como beneficiário, se ao tempo do contrato o segurado era separado judicialmente, ou já se encontrava separado de fato.

Art. 794. No seguro de vida ou de acidentes pessoais para o caso de morte, o capital estipulado não está sujeito às dívidas do segurado, nem se considera herança para todos os efeitos de direito.

Art. 795. É nula, no seguro de pessoa, qualquer transação para pagamento reduzido do capital segurado.

Art. 796. O prêmio, no seguro de vida, será conveniado por prazo limitado, ou por toda a vida do segurado.

Parágrafo único. Em qualquer hipótese, no seguro individual, o segurador não terá ação para cobrar o prêmio vencido, cuja falta de pagamento, nos prazos previstos, acarretará, conforme se estipular, a resolução do contrato, com a restituição da reserva já formada, ou a redução do capital garantido proporcionalmente ao prêmio pago.

Art. 797. No seguro de vida para o caso de morte, é lícito estipular-se um prazo de carência, durante o qual o segurador não responde pela ocorrência do sinistro.

Parágrafo único. No caso deste artigo o segurador é obrigado a devolver ao beneficiário o montante da reserva técnica já formada.

Art. 798. O beneficiário não tem direito ao capital estipulado quando o segurado se suicida nos primeiros dois anos de vigência inicial do contrato, ou da sua recondução depois de suspenso, observado o disposto no parágrafo único do artigo antecedente.

Parágrafo único. Ressalvada a hipótese prevista neste artigo, é nula a cláusula contratual que exclui o pagamento do capital por suicídio do segurado.

Art. 799. O segurador não pode eximir-se ao pagamento do seguro, ainda que da apólice conste a restrição, se a morte ou a incapacidade do segurado provier da utilização de meio de transporte mais arriscado, da prestação de serviço militar, da prática de esporte, ou de atos de humanidade em auxílio de outrem.

Art. 800. Nos seguros de pessoas, o segurador não pode sub-rogar-se nos direitos e ações do segurado, ou do beneficiário, contra o causador do sinistro.

Art. 801. O seguro de pessoas pode ser estipulado por pessoa natural ou jurídica em proveito de grupo que a ela, de qualquer modo, se vincule.

§ 1º O estipulante não representa o segurador perante o grupo segurado, e é o único responsável, para com o segurador, pelo cumprimento de todas as obrigações contratuais.

§ 2º A modificação da apólice em vigor dependerá da anuência expressa de segurados que representem três quartos do grupo.

Art. 802. Não se compreende nas disposições desta Seção a garantia do reembolso de despesas hospitalares ou de tratamento médico, nem o custeio das despesas de luto e de funeral do segurado.

QUESTÕES

CAPÍTULO IX

01. **(Analista Judiciário – Área Judiciária – TRT 14 / FCC / 2011)** Se a coisa recebida em virtude de contrato comutativo apresentar defeitos ocultos que a tornem imprópria ao uso a que é destinada ou lhe diminuam o valor,

a) o adquirente decai do direito de obter a redibição ou abatimento no preço, no prazo de um ano, se a coisa for imóvel, contado da entrega efetiva.

b) a responsabilidade do alienante não subsiste se a coisa perecer em seu poder por vício oculto já existente ao tempo da tradição.

c) o prazo para o adquirente obter a redibição ou abatimento no preço conta-se da alienação, ficando reduzido a um terço se já estava na posse da coisa.

d) o alienante sabendo do vício ou defeito da coisa, deverá devolver ao comprador o dobro do que recebeu e o dobro das perdas e danos.

e) o alienante desconhecendo o vício ou defeito da coisa, deverá devolver ao comprador o valor recebido, as despesas do contrato, além de perdas e danos.

COMENTÁRIOS

Nota do autor: a questão refere-se aos vícios redibitórios, que são defeitos ocultos em coisa recebida em virtude de contrato comutativo, que a tornam imprópria ao uso a que se destina, ou lhe diminuam o valor. Havendo vícios redibitórios, a coisa pode ser enjeitada pelo adquirente, mediante devolução do preço (art. 441 do Código Civil) e, se o alienante conhecia o vício ou defeito da coisa, com indenização por perdas e danos (art. 443 do Código Civil). O adquirente pode, ainda, optar por ficar com a coisa e reclamar abatimento no preço (art. 442 do Código Civil).

Alternativa "a" – correta: em conformidade com o art. 445, *caput* do Código Civil, o prazo decadencial para obter a redibição ou abatimento no preço é de um ano, se o bem for imóvel, contado da entrega efetiva, quer dizer, da tradição.

Alternativa "b" – errada: a responsabilidade do alienante subsiste ainda que a coisa pereça em poder do adquirente, se perecer por vício oculto, já existente ao tempo da tradição (art. 444 do Código Civil).

Alternativa "c" – errada: o prazo para o adquirente obter a redibição ou abatimento no preço conta-se da entrega efetiva. Porém, se o adquirente já estava na posse da coisa, o prazo não se reduz a um terço, mas sim à metade (art. 445, *caput* do Código Civil).

Alternativa "d" – errada: se o alienante conhecia o vício ou defeito da coisa, deverá restituir o que recebeu, e ainda pagar as perdas e danos e as despesas do contrato (art. 443 do Código Civil).

Alternativa "e" – errada: se o alienante não conhecia o vício redibitório, deverá restituir o valor recebido e pagar as despesas do contrato (art. 443 do Código Civil). Mas não serão devidas as perdas e danos, pois agiu de boa-fé.

02. **(Analista Judiciário – Área Judiciária – TRT 24 / FCC / 2011)** João, por meio de doação gratuita, transmitiu todos os seus bens a seu filho, tornando-se insolvente. Posteriormente, celebrou contrato com José e não cumpriu, tornando-se devedor deste. Nesse caso, José

a) poderá pleitear a anulação da doação gratuita efetivada por João por fraude contra credores porque, em razão dela, João tornou-se insolvente.

b) não poderá pleitear a anulação da doação por fraude contra credores porque não era credor de João ao tempo em que ela foi feita.

c) só poderá pleitear a anulação da doação gratuita efetivada por João por fraude contra credores se for credor quirografário.

d) só poderá pleitear a anulação da doação efetivada por João por fraude contra credores se este não tiver mencionado esse fato quando da celebração do contrato.

e) só poderá pleitear a anulação da doação efetivada por João por fraude contra credores se o contrato com ele celebrado for escrito e estiver subscrito por duas testemunhas.

COMENTÁRIOS

Alternativa "b" – correta (responde todas as demais alternativas): apenas os credores que já o eram na época em que o devedor fez a doação gratuita é que podem pleitear a anulação da doação (art. 158, § 2º do Código Civil). Como José tornou-se credor de João depois da realização da doação, ele não poderá pleitear a anulação deste ato.

03. (Técnico Judiciário – Área Administrativa – TRT 14 / 2011 / FCC) A respeito da compra e venda, é correto afirmar:

a) é vedada a compra entre cônjuges de bens excluídos da comunhão.

b) prevalece a amostra, o protótipo ou o modelo, se houver contradição ou diferença com a maneira pela qual se descreveu a coisa no contrato.

c) os leiloeiros e seus prepostos podem adquirir os bens de cuja venda estejam encarregados por valor compatível com as propostas recebidas.

d) na venda à vista, o devedor é obrigado a entregar a coisa antes de receber o preço.

e) os tutores só podem comprar os bens confiados à sua guarda ou administração em hasta pública.

COMENTÁRIOS

Alternativa "b" – correta: a alternativa é a transcrição literal do art. 484, parágrafo único do Código Civil. Havendo contradição ou diferença com a descrição da coisa no contrato, prevalece a amostra, o protótipo ou o modelo. Essa norma tem ligação com o dever de prestar informação adequada e suficiente ao comprador a respeito da mercadoria oferecida à venda, dever este que deriva, por sua vez, do princípio da boa-fé objetiva.

Alternativa "a" – errada: é lícita a compra entre cônjuges com relação a bens excluídos da comunhão (art. 499 do Código Civil).

Alternativa "c" – errada: os leiloeiros e seus prepostos não podem comprar os bens de cuja venda estejam encarregados, sob pena de nulidade (art. 497, IV do Código Civil).

Alternativa "d" – errada: somente na venda a crédito é que o vendedor é obrigado a entregar a coisa antes de receber o preço (art. 491 do Código Civil).

Alternativa "e" – errada: os tutores não podem comprar os bens confiados à sua guarda ou administração, ainda que em hasta pública, sob pena de nulidade (art. 497, I do Código Civil).

04. (Técnico Judiciário – Área Administrativa – TRT 20 / 2011 / FCC) Considere:

I. João vendeu automóveis a José, deixando ao arbítrio exclusivo deste a fixação do preço.

II. Paulo vendeu ações de uma empresa a Pedro, deixando a fixação do preço à cotação em Bolsa em certo e determinado dia e lugar.

Tais contratos de compra e venda são

a) válido e nulo, respectivamente.

b) nulo e válido, respectivamente.

c) nulo e anulável, respectivamente.

d) nulos.

e) válidos.

COMENTÁRIOS

Alternativa correta: "b".

Item I: o contrato de compra e venda é nulo quando se deixa ao arbítrio exclusivo de uma das partes a fixação do preço (art. 489 do Código Civil). Portanto, a venda de João a José é nula.

Item II: é permitido que se deixe a fixação do preço à taxa de mercado ou de bolsa, em certo e determinado dia e lugar (art. 486 do Código

Civil). Dessa forma, é válido o contrato de compra e venda entre Paulo e Pedro.

05. (Técnico Judiciário – Área Administrativa – TRT 20 / 2011 / FCC) No contrato de prestação de serviços regido pelo Código Civil brasileiro, não havendo prazo estipulado, nem se podendo inferir da natureza do contrato, ou do costume do lugar, qualquer das partes, a seu arbítrio, mediante prévio aviso, pode resolver o contrato. Dar-se-á o aviso com antecedência de 8 (oito) dias, se o salário se houver fixado por tempo de

a) uma hora.
b) um dia.
c) uma semana.
d) uma quinzena.
e) um mês, ou mais.

COMENTÁRIOS

Alternativa "e" – correta (responde todas as demais alternativas): deverá ser dado o aviso prévio com antecedência de oito dias, se o salário for fixado por tempo de um mês ou mais (art. 599, parágrafo único, I do Código Civil). Lembrando que o aviso deverá ser dado com antecedência de quatro dias, se o salário for ajustado por semana ou quinzena (art. 599, parágrafo único, II do Código Civil), e de véspera, quando se tenha contratado por menos de sete dias (art. 599, parágrafo único, III do Código Civil).

06. (FCC – Analista Judiciário – Área Judiciária – TRE-RO/2013) Sobre o contrato de empreitada analise as seguintes assertivas:

I. A obrigação do empreiteiro de fornecer os materiais é presumida no contrato de empreitada.
II. O contrato para elaboração de um projeto não implica a obrigação de executá-lo, ou de fiscalizar-lhe a execução.
III. Nos contratos de empreitada de edifícios, o empreiteiro responderá, durante o prazo irredutível de cinco anos, pela solidez e segurança do trabalho, assim em razão dos materiais, como do solo e o dono do imóvel está sujeito ao prazo de decadência de 60 dias do aparecimento do vício ou defeito para propor a ação contra o empreiteiro.

Está correto o que consta em

a) I e II, apenas.
b) I e III, apenas.
c) II e III, apenas.
d) II, apenas.
e) I, II e III.

COMENTÁRIOS

Alternativa correta: "d".

Item I – incorreto: Conforme prescreve o artigo 610, §1º do CC/02 a obrigação de fornecer os materiais não se presume; resulta da lei ou da vontade das partes.

Item II – correto: Trata-se da transcrição literal do artigo 610, §2º do CC/02. Dessa forma, os projetos elaborados por arquitetos e engenheiros configuram contratos de prestação de serviços e não de empreitada.

Item III – incorreto: A primeira parte do item está correta, pois o empreiteiro responde, durante o prazo irredutível de cinco anos, pela solidez e segurança do trabalho, assim em razão dos materiais, como do solo, conforme previsão expressa do art. 618, *caput* do CC/02. Porém, o dono do imóvel está sujeito ao prazo decadencial de 180 dias seguintes ao aparecimento do vício ou defeito e não de 60 dias (art. 618, parágrafo único do CC/02).

07. (FCC – Analista Judiciário – Área Judiciária – TRE-RO/2013) Paulo celebrou contrato de seguro de dano com uma determinada seguradora que opera no mercado nacional, envolvendo um veículo de passeio. Alguns meses depois, a esposa de Paulo, Larissa, dirigindo outro veículo da família, segurado com outra seguradora, ao manobrá-lo na garagem da residência onde residem, colide violentamente e culposamente contra o veículo segurado de propriedade de Paulo. Paulo, então, aciona a seguradora de seu veículo após o acidente e recebe o valor da indenização, nos termos previstos em contrato. Neste caso, a seguradora do veículo de Paulo

a) não terá direito à sub-rogação, pois a causadora do sinistro é esposa do segurado.

QUESTÕES DE CONCURSOS

b) terá direito à sub-rogação e poderá exercer direito regressivo contra Larissa, causadora do sinistro.

c) terá o direito à sub-rogação e poderá exercer direito regressivo contra Larissa, causadora do sinistro, mas poderá exigir apenas o pagamento de 50% do valor da indenização que pagou para o segurado.

d) terá o direito à sub-rogação e poderá exercer direito regressivo contra Larissa, causadora do sinistro, mas poderá exigir apenas o pagamento de 25% do valor da indenização que pagou para o segurado.

e) terá direito à sub-rogação e poderá exercer direito regressivo contra Larissa, causadora do sinistro, mas poderá exigir apenas o pagamento de 75% do valor da indenização que pagou para o segurado.

COMENTÁRIOS

Alternativa "a" – correta (responde todas as demais): O artigo 786, §1º do CC/02 prescreve que, salvo quando não há dolo, a sub-rogação não cabe se o dano foi causado pelo cônjuge do segurado, seus descendentes ou ascendentes, consanguíneos ou afins. Sendo o dano causado por uma das pessoas indicadas acima, o segurador só terá direito à sub-rogação se o lesante houver agido com dolo.

(Faurgs - Juiz de Direito Substituto - RS/2016) Sobre as várias espécies de contratos típicos, é INCORRETO afirmar que:

A) a garantia, no seguro de dano, como expressão do princípio indenitário, é limitada, no máximo, ao valor do interesse.

B) a obrigação de incolumidade assumida pelo transportador implica a responsabilidade objetiva pela interrupção da execução contratual.

C) todos terão direito à remuneração, quando concluído o negócio com a intermediação de mais de um corretor.

D) a doação de ascendentes a descendentes é inválida se não houver a anuência dos demais herdeiros.

E) pode o comissário reter bens do comitente que estejam em seu poder, como garantia para o recebimento de comissões devidas e reembolso de despesas efetuadas.

COMENTÁRIOS

Alternativa "d" - incorreta: A doação de ascendentes a descendentes é permitida, mas configura adiantamento de legítima, de maneira que o donatário deverá trazer o bem à colação como forma de igualar as legítimas (art. 544 do CC/02). Assim, a doação feita de ascendente à descendente, em princípio, não prejudica os demais sucessores.

Havendo compra e venda, entretanto, não há necessidade de trazer o bem à colação, porque, nesse caso, o descendente pagou o preço da coisa. Trata-se, como se sabe, de contrato bilateral oneroso.

O art. 496 dispõe que "é anulável a venda de ascendente a descendente, salvo se os outros descendentes e o cônjuge do alienante expressamente houverem consentido". A finalidade do dispositivo é óbvia e visa garantir a igualdade das legítimas entre todos os descendentes. Em outras palavras, a regra contida no art. 496 tem como objetivo impedir que a compra e venda seja utilizada para mascarar uma doação a um dos descendentes, em prejuízo dos demais.

(FCC – Procurador do Estado – MT/2016) Acerca do comodato, considere:

I. O comodato é contrato real, perfazendo-se com a tradição do objeto.

II. O comodatário constituído em mora, além de por ela responder, pagará, até restituí-la, o aluguel da coisa que for arbitrado pelo comodante.

III. O comodatário responde pelo dano decorrente de caso fortuito ou força maior se, correndo risco o objeto do comodato, juntamente com os seus, antepuser a salvação destes, abandonando o do comodante.

IV. Se o comodato não tiver prazo convencional, o comodante poderá, a qualquer momento, suspender o uso e gozo da coisa emprestada, independentemente de decisão judicial e da finalidade do negócio.

Está correta o que ser afirma em:

A) I, II e III, apenas.
B) II e III, apenas.
C) II e IV, apenas.
D) I, III e IV, apenas.
E) I, II, III e IV.

COMENTÁRIOS

Alternativa ´a` - correta:

I – Certo: O contrato de comodato é real, uma vez que o art. 579 dispõe expressamente que o comodato "perfaz-se com a tradição do objeto". No entanto, não é necessário que o comodante tenha o domínio sobre a coisa, mas tão somente a posse direta.

II – Certo: A segunda parte do art. 582 dispõe que o comodatário constituído em mora, além de por ela responder, pagará, até restituí-la, o aluguel da coisa que for arbitrado pelo comodante. Como se observa, o comodatário constituído em mora que não restituir a coisa, responderá por esta, o que lhe impõe a responsabilidade pelos danos advindos à coisa emprestada por caso fortuito ou força maior, bem como pelo aluguel fixado pelo comodante. O pagamento desse aluguel tem caráter de penalidade, de forma que não se pode falar que há uma conversão do contrato de comodato para um contrato de locação.

III – Certo: Nos termos do art. 583 do CC/02, se a coisa emprestada estiver em risco e o comodatário abandoná-la, optando por salvar coisa própria, responderá pelo dano ocorrido, ainda que seja oriundo de caso fortuito ou força maior. Imagine, por exemplo, que A dá em comodato a B um quadro para exposição, que o conserva juntamente com outros quadros de sua propriedade. Cai uma forte chuva, capaz de provocar infiltrações e gotejamentos no imóvel, o que coloca os quadros em risco. B opta por salvar seus quadros, deixando o quadro de A perecer. Nos termos do art. 583, B responderá integralmente pelos prejuízos advindos à A.

CAPÍTULO X

DA RESPONSABILIDADE CIVIL

1. INTRODUÇÃO

O principal objetivo do direito é manter a ordem na sociedade, garantindo a todos o convívio pacífico. Nesse contexto, protege-se o lícito e reprime-se o ilícito.

Para alcançar esse objetivo, o ordenamento jurídico impõe uma série de deveres, que podem ser positivos, de dar ou fazer, ou negativos, de não fazer.

O descumprimento do dever jurídico imposto, acarreta, geralmente, dano a terceiros, o que acarreta, consequentemente, um novo dever jurídico de reparar o dano causado. Por isso que a doutrina tradicional fala em dever jurídico originário e sucessivo. Originário é o dever de observar o comando imposto; secundário é o dever de reparar o dano causado pela inobservância do dever jurídico originário.

Nesse cenário, é importante destacar a distinção entre obrigação e responsabilidade trazida por Sérgio Cavalieri Filho, para quem "*obrigação* é sempre um dever jurídico originário; *responsabilidade* é um dever jurídico sucessivo, consequente à violação do primeiro. Se alguém se compromete a prestar serviços profissionais a outrem, assume uma obrigação, um dever jurídico originário. Se não cumprir a obrigação (deixar de prestar os serviços), violará o dever jurídico originário, surgindo daí a responsabilidade, o dever de compor o prejuízo causado pelo não cumprimento da obrigação"[1].

A noção de responsabilidade civil surge para corrigir o desvio de conduta e impor ao ofensor o dever de reparar o ofendido pelo dano sofrido. Dessa forma, só é possível falar em responsabilidade civil quando há um dever jurídico preexistente, ou em outras palavras, uma obrigação descumprida.

2. RESPONSABILIDADE SUBJETIVA E OBJETIVA

Como é possível observar, a responsabilidade civil está intimamente ligada à ideia de culpa, aqui referida em seu conceito amplo, ou seja, o de culpa em sentido estrito e o dolo.

Como a responsabilidade pressupõe o descumprimento de uma obrigação, seja pelo fato de o agente ter a intenção de provocar o resultado ou pela simples

1. *Programa de Responsabilidade Civil*. 10ª ed. São Paulo: Atlas, 2012, p. 2/3.

inobservância de um dever de cautela, a doutrina clássica adotou a culpa como elemento essencial da responsabilidade civil.

Nesse sentido, o art. 186 do CC/02 consagra que "aquele que, por ação ou omissão voluntária, negligência ou imprudência, violar direito e causar dano a outrem, ainda que exclusivamente moral, comete ato ilícito".

Pela leitura do dispositivo, fica evidente que a responsabilidade civil só se configura se o ofendido provar que o ofensor descumpriu culposamente o dever jurídico que lhe foi imposto. Trata-se da adoção da responsabilidade civil subjetiva como regra geral de responsabilidade civil no ordenamento jurídico. Diz-se *subjetiva* porque embasada na demonstração da *culpa* do agente.

Há, ainda, situações em que a culpa é presumida. Nesse caso, há a inversão do ônus da prova, cabendo à vítima apenas a prova da conduta do ofensor (ação ou omissão) e do dano proveniente dessa conduta, porque a culpa do ofensor é presumida. Este apenas afastará sua responsabilidade se comprovar a existência de alguma causa excludente da ilicitude. É o caso, por exemplo, do art. 936 do Código Civil.

A responsabilidade civil subjetiva tem como pressupostos o nexo causal, o dano e a culpa do agente, elementos que serão vistos com mais detalhes adiante.

No entanto, o avanço da sociedade em inúmeros setores, bem como a prática do cotidiano forense, levaram a uma necessária evolução do pensamento doutrinário.

Com efeito, o desenvolvimento econômico e a massificação do mercado de consumo criaram novos modelos de relações jurídicas. Não eram raros os casos de pessoas lesadas que não conseguiam provar a culpa do agente e, por tal razão, ficavam sem a devida e justa indenização.

Para solucionar a questão, houve uma evolução no pensamento jurídico que acabou por adotar, em algumas situações específicas, a responsabilidade legal, também chamada de objetiva, que dispensa a prova da culpa. Vale dizer que a lei impõe a determinadas pessoas e em determinados casos o dever de indenizar o dano causado, independentemente de ter agido com culpa.

Para a configuração da responsabilidade objetiva é necessária apenas a demonstração do nexo causal e do dano suportado. Em outras palavras, basta que a vítima demonstre que sofreu um dano e que esse dano adveio de uma conduta do ofensor. Não há a necessidade de demonstração de que tal conduta é culposa ou não. Tal demonstração, na realidade, é dispensável.

É o que ocorre, dentro do Código Civil, nos casos do art. 931, que trata do *fato do produto* e dos arts. 932 e 933, que disciplinam o *fato de outrem*.

Após essas considerações, vale dizer que as responsabilidades subjetiva e objetiva coexistem dentro do Código Civil. A subjetiva é a regra consubstanciada nos arts. 186 e 927. A objetiva é consagrada em alguns dispositivos esparsos e específicos.

RESPONSABILIDADE SUBJETIVA
- Culpa
- Dano
- Nexo Causal

RESPONSABILIDADE OBJETIVA
- Dano
- Nexo Causal

3. RESPONSABILIDADE CONTRATUAL E EXTRACONTRATUAL

O dever jurídico pode ter origem na vontade das partes ou na lei.

No primeiro caso, as partes, através de um contrato, criam o dever jurídico, obrigando-se ao cumprimento. No segundo, o dever jurídico é imposto pela lei.

Assim, quando uma companhia de ônibus vende uma passagem, assume a obrigação de levar o passageiro incólume até o destino contratado. Se ocorre um acidente, no trajeto, dá-se o inadimplemento contratual, que acarreta o dever de indenizar. Tem-se, nesse caso, a responsabilidade civil contratual, porque há o descumprimento de uma obrigação criada pela vontade das partes.

No entanto, tem-se a responsabilidade civil extracontratual quando o dever de indenizar decorre de uma obrigação imposta pela lei. Se, por exemplo, um motorista não respeita a sinalização de "pare" e atropela um pedestre, descumprirá uma obrigação imposta pela lei, o que gerará o dever de indenizar.

Observe que, no primeiro caso, o dever de indenizar é proveniente da vontade das partes, que celebraram um contrato. No segundo, ele decorre da lei, pois não existe nenhum vínculo entre o motorista e o pedestre.

A responsabilidade extracontratual é disciplinada genericamente pelo Código Civil nos arts. 186 a 188 e 927 a 954. A contratual é disciplinada nos arts. 389 e seguintes e 395 e seguintes.

A distinção de tratamento entre a responsabilidade contratual e extracontratual tem sido alvo de críticas por parte da doutrina, porque, independentemente de como surge a responsabilidade civil, seus efeitos são os mesmos.

De fato, no âmbito prático, pouco importa se a responsabilidade surge do descumprimento de um contrato ou de um dever legal, pois ambos os casos impõem o dever de reparar os danos causados, que representa o efeito final e necessário da responsabilidade civil.

No entanto, além da origem do dever de reparar, há algumas distinções importantes, inclusive de ordem prática, que justificam a diferenciação adotada pelo Código Civil.

A mais importante é referente ao *ônus da prova*.

Na responsabilidade civil contratual o ônus da prova incumbe ao devedor. De fato, cabe ao credor apenas demonstrar que a obrigação assumida foi descumprida. O devedor somente se exime do dever de indenizar se comprovar a existência de uma das causas excludentes da ilicitude. Observe que, em se tratando de responsabilidade contratual, compete ao devedor provar o cumprimento da obrigação ou a impossibilidade de fazê-lo, porque presentes alguma das excludentes.

Na responsabilidade civil extracontratual, diferentemente, o ônus da prova cabe à vítima. A esta compete provar a existência dos pressupostos caracterizadores da responsabilidade civil, como a culpa do agente, o dano e o nexo de causalidade.

Veja que a vítima tem maior probabilidade de obter indenização na responsabilidade contratual, pois nessa modalidade está dispensada de provar a culpa do agente, bastando noticiar o descumprimento contratual.

Outra diferenciação importante é em relação à *capacidade do agente* que causa o dano.

Na responsabilidade contratual, a capacidade do agente sofre limitações, porque, como vimos anteriormente, a validade do negócio está submetida à capacidade do agente. Assim, na responsabilidade contratual, o causador do dano, em princípio, deve ter dezoito anos, no mínimo.

Tal premissa não se aplica em se tratando de responsabilidade extracontratual, porque nesta o descumprimento da obrigação geral de não lesar pode se dar por ato de incapaz, o que pode impor o dever de reparação àqueles responsáveis por sua guarda (art. 928 CC/02).

Logo, parece acertada a adoção, pelo Código Civil, de tratamento distinto entre as responsabilidades contratual e extracontratual.

RESPONSABILIDADE CONTRATUAL	RESPONSABILIDADE EXTRACONTRATUAL
O ônus da prova é do devedor	O ônus da prova é da vítima
O agente, em princípio, deve ter 18 anos no mínimo	O agente pode ter qualquer idade

4. ATO ILÍCITO

Segundo Flávio Tartuce, "o ato ilícito é o ato praticado em desacordo com a ordem jurídica violando direitos e causando prejuízos a outrem. Diante da sua ocorrência a norma jurídica cria o dever de reparar o dano, o que justifica o fato de ser o ato ilícito fonte do direito obrigacional"[2].

O Código Civil traz o conceito de ato ilícito no art. 186, que diz que "aquele que, por ação ou omissão voluntária, negligência ou imprudência, violar direito e causar dano a outrem, ainda que exclusivamente moral, comete ato ilícito".

2. *Direito Civil*. Vol. 2, 8ª ed. São Paulo: Método, 2013, p. 310.

O referido art. 186 correspondia ao art. 159 do CC/16, que assim previa: "aquele que, por ação ou omissão voluntária, negligência, ou imprudência, violar direito, ou causar prejuízo a outrem, fica obrigado a reparar o dano. A verificação da culpa e a avaliação da responsabilidade regulam-se pelo disposto neste Código, **arts. 1.518 a 1.532** e **arts. 1.537 a 1.553**".

Pelo que se observa, há significativa mudança entre os dispositivos, que mostra que a atual codificação evoluiu para atender aos anseios da doutrina e da jurisprudência.

Com efeito, o art. 186 do CC/02 traz duas alterações em relação ao art. 159 do CC/16.

A primeira delas é que o art. 159 do CC/16 dizia "violar direito, *ou* causar prejuízo a outrem". A expressão *ou* dá a ideia de alternatividade, ou seja, de que seria necessária a violação do direito *ou* o prejuízo a outrem. Antes, havia a configuração do ato ilícito pela simples lesão a direitos.

No caso do art. 186 do CC/02 são necessários os dois requisitos concomitantemente, ou seja, a violação do direito e que tal violação cause prejuízo a outrem.

A segunda alteração é que o art. 159 do CC/16 utilizava a expressão "fica obrigado a reparar o dano". Com a evolução do direito, tal redação sofreu muitas críticas, porque muitos argumentavam que a expressão destacada permitia a reparação apenas dos danos materiais. Segundo esse pensamento, estava excluída a reparação pelo dano moral puro. No entanto, a doutrina e a jurisprudência firmaram entendimento sólido, sobretudo após a Constituição Federal de 1988, no sentido de que o art. 159 do CC/16 contemplava a reparação por danos morais.

Nesse sentido, a atual codificação, para não deixar dúvidas, fez menção expressa à possibilidade de reparação pelo dano moral puro, quando constou a expressão "ainda que exclusivamente moral".

Outra inovação do atual Código Civil é a equiparação do abuso de direito como ato ilícito, consubstanciada no art. 187. Segundo o citado dispositivo, "também comete ato ilícito o titular de um direito que, ao exercê-lo, excede manifestamente os limites impostos pelo seu fim econômico ou social, pela boa-fé ou pelos bons costumes".

Tem-se o abuso de direito quando o titular exerce um direito irregularmente. No caso, o ato é inicialmente lícito, mas o titular o exerce de forma excessiva, ultrapassando os limites colocados pelo fim econômico ou social, pela boa-fé e pelos bons costumes.

Observe que os quatro elementos que limitam o exercício do direito possuem conceitos amplos, permitindo ao magistrado avaliar os fatos segundo o caráter social dos negócios jurídicos. Nesse ponto, cabe lembrar que o atual Código Civil é regido pelos princípios da socialidade e da eticidade, corolários do moderno conceito de ato ilícito por abuso de direito.

O ilustre Flávio Tartuce leciona que "a ilicitude do abuso de direito está presente na forma de execução do ato. Desse conceito conclui-se que a diferença em relação ao ato ilícito tido como *puro* reside no fato de que o último é ilícito no todo, quanto ao conteúdo e quanto às consequências"[3].

Nesse sentido, o juízo de direito da 1ª Vara Cível de Sertãozinho, através de sentença proferida pelo E. Dr. Renê Jean Marchi Filho, nos autos do processo 504/2007-054-15-00-4-RT, assim decidiu:

> "Da análise do conjunto probatório nos autos emerge a inexistência de *animus* do autor para abandonar o emprego, à toda evidência. Ademais, impossível o abandono de emprego se o empregador já recebeu comunicação verbal emitida pelo empregado pertinente à rescisão contratual.
>
> Referida conduta da reclamada - 'imputar abandono de emprego ao reclamante, publicá-la em jornal, após recebimento de aviso verbal da rescisão indireta', revela-se contrária à boa-fé que deve prevalecer nas relações contratuais, desde o início até o final (art. 422 do CC).
>
> **As provas nos autos evidenciam, com clareza solar, que a reclamada desrespeitou os limites da boa-fé e dos bons costumes (art. 187 do CC) ao exercer o seu direito potestativo e poder diretivo (ambos característicos do empregador), ao imputar abandono de emprego pelo reclamante, consciente do aviso do autor acerca da rescisão indireta em 16/12/2006.**
>
> Ora, a acusação, manifestamente divorciada da realidade, de falta grave (abandono de emprego), de que foi vítima o autor, configura inegável ofensa à integridade moral deste".

Não obstante tratar-se de sentença proferida por juízo de primeiro grau, tal sentença tornou-se definitiva, porque não atacada por recurso ordinário.

Como se observa, o ato ilícito passa a ser, então, o ato praticado *contra* o direito e *além* do direito. Pode ocorrer, por exemplo, quando há excesso no exercício do direito de greve, ou a ocorrência de lide temerária, que nada mais é do que o abuso do direito de ação.

Há um debate na doutrina acerca da natureza jurídica da responsabilidade civil por abuso do direito. A corrente majoritária defende que a responsabilidade é objetiva, dispensando-se a prova da culpa. A corrente minoritária, no entanto, sustenta que é necessário provar a intenção de lesar, o que torna a responsabilidade subjetiva.

ATO ILÍCITO

Abuso de direito (art. 187 CC) → exercício irregular de um direito que ultrapassa →
- Fim econômico
- Fim social
- Boa-fé
- Bons costumes

3. *Direito Civil*. Vol. 2, 8ª ed. São Paulo: Método, 2013, p. 316.

5. CULPA

A culpa é um dos pressupostos da responsabilidade civil e o elemento diferenciador entre a responsabilidade subjetiva e objetiva.

Apesar dos avanços no campo da responsabilidade civil, alcançados pela doutrina e jurisprudência e que foram incorporados pelo atual Código Civil, a responsabilidade subjetiva permanece como regra geral de responsabilidade no ordenamento jurídico (arts. 927 e 186 do CC/02).

Dessa forma, o dever de indenizar está associado ao fato de que a conduta do agente causador do dano seja merecedora de reprovação do direito.

O ilustre Carlos Roberto Gonçalves leciona que "agir com culpa significa atuar o agente em termos de, pessoalmente, merecer a censura ou reprovação do direito. E o agente só pode ser pessoalmente censurado, ou reprovado na sua conduta, quando, em face das circunstâncias concretas da situação, caiba a afirmação de que ele podia e devia ter agido de outro modo"[4].

Para análise da culpa, são essenciais as diferenciações traçadas a seguir.

5.1. Culpa em sentido amplo (*latu sensu*)

Culpa em sentido amplo abrange toda espécie de comportamento contrário ao direito. Abrange o dolo e a culpa em sentido estrito.

Segundo Sérgio Cavalieri Filho[5], a conduta humana, positiva ou negativa, pode ser *intencional* ou *tencional*.

Quando o dano causado é *intencionalmente* provocado pelo agente, fala-se que agiu com *dolo*, que nada mais é do que "a violação deliberada, consciente, intencional, do dever jurídico"[6]. Nesse caso, a conduta já nasce ilícita porque praticada com o intuito de obter um resultado antijurídico.

Quando o dano causado é proveniente da falta de cuidado do agente, sem que este tenha qualquer intenção de provocá-lo, fala-se que agiu com culpa em sentido estrito (*stricto sensu*), caracterizada pela imprudência, negligência ou imperícia. Nesse caso, a aferição da culpa é feita com base na figura do "homem médio", ou seja, do homem ideal, que diligentemente evita o perigo.

Vale dizer que, no dolo, o agente quer a ação e o resultado. Na culpa, o agente quer apenas a ação. O juízo de desvalor, no dolo, recai sobre a ação, ilícita desde o nascedouro. Na culpa, o juízo de desvalor recai apenas sobre o resultado.

---

4. *Direito Civil IV*, Saraiva, 2011, p. 314.
5. *Programa de Responsabilidade Civil*. 10 ed. São Paulo: Atlas, 2012, p. 31.
6. *Direito Civil*. Vol. IV. São Paulo: Saraiva, 2011, p. 315.

CULPA EM SENTIDO AMPLO	• Dolo • Culpa em sentido estrito

5.2. Imprudência, negligência e imperícia

Imprudência, negligência e imperícia não são espécies de culpa, mas formas de exteriorização da conduta.

Pois bem.

Imprudência é a falta de cuidado que se exterioriza por uma conduta comissiva (positiva), como, por exemplo, do motorista que conduz o veículo com excesso de velocidade. Observe que, nesse caso, há uma imposição para que o condutor não exceda a velocidade e, mesmo assim, ele o faz. Há uma imposição negativa, mas o agente não a respeita.

A negligência é a falta de cuidado que se exterioriza por uma conduta omissiva (negativa), como, por exemplo, do motorista que conduz o veículo com os freios desgastados. Observe que, nesse caso, há uma imposição para que o condutor proceda à manutenção das peças e equipamentos do veículo, mas, mesmo assim, ele não o faz. Há uma imposição positiva, mas o agente a descumpre.

A imperícia é a falta de habilidade técnica para o desempenho de uma atividade, como, por exemplo, de alguém que conduz um veículo automotor sem possuir a necessária habilitação, ou de um engenheiro civil que calcula errado a estrutura de uma obra.

Veja que no mesmo fato a culpa pode se exteriorizar nas três formas. Assim, se um motorista conduz o veículo sem possuir habilitação, sua culpa se caracteriza pela imperícia; se conduz com os freios desgastados, age de forma negligente; se trafega em velocidade excessiva, sua conduta é imprudente.

▸ EXTERIORIZAÇÃO DA CULPA	
Imprudência	O agente age quando deveria se abster
Negligência	O agente se abstém quando deveria agir
Imperícia	Falta de habilidade técnica

5.3. Espécies de culpa

5.3.1. *Culpa grave, leve e levíssima*

O Código Civil não faz qualquer distinção entre culpa grave, leve e levíssima, o que faz com que muitos doutrinadores apontem a falta de utilidade prática na distinção.

A culpa grave ocorre quando a falta de cuidado é grosseira, ou seja, quando o agente não observa o que todos observam. Há, nesse caso, um descuido injustificável, visto que todo homem comum estaria apto a agir de forma diversa, como ocorre com o motorista que não respeita a sinalização do semáforo.

A culpa leve é quando a falta puder ser evitada com atenção regular, com a atenção própria do homem médio.

Já a culpa levíssima é caracterizada quando a falta só puder ser evitada mediante uma atenção e perspicácia extraordinárias, dignas do homem que possui conhecimentos e habilidades especiais sobre os fatos.

No entanto, havendo a culpa, seja ela grave, leve ou levíssima, haverá o dever de indenizar, pois a responsabilidade civil não se baseia no grau de culpa, mas na extensão do dano (art. 944 do CC/02).

Havendo um dano provocado por conduta culposa, ainda que levíssima, incidirá a responsabilidade civil impondo ao ofensor o dever de indenizar.

Tal questão, ao longo do Código Civil de 1916, sofreu forte crítica por parte da doutrina, que abordava a grande possibilidade de se cometer injustiças, nos casos concretos. De fato, havia a possibilidade de impor condenações pesadas, conforme a extensão do dano, às pessoas que tinham agido com o mínimo de culpa (culpa levíssima).

O atual Código Civil trouxe importante dispositivo consubstanciado no parágrafo único do art. 944, que dispõe que "se houver excessiva desproporção entre a gravidade da culpa e o dano, poderá o juiz reduzir, equitativamente, a indenização".

Esse dispositivo permite que o juiz analise a proporção entre o dano e o grau de culpa e, se for o caso, limite a indenização conforme seu prudente arbítrio.

Quanto ao referido texto, cabe esclarecer que só é aplicável aos casos em que configurada a culpa levíssima do ofensor que tenha causado danos de grandes proporções à vítima. Estão fora do campo de aplicação da norma, portanto, o dolo, a culpa grave e leve, bem como os casos de responsabilidade objetiva, porque, nesses casos, a existência de culpa é irrelevante.

5.3.2. *Culpa contratual e extracontratual*

A culpa será contratual quando o dever jurídico violado for proveniente da vontade das partes manifestada em um contrato. Nesse caso, como foi dito anteriormente, bastará ao credor noticiar o inadimplemento contratual, ou seja, a mora do devedor. Não há necessidade de provar a culpa, porque o inadimplemento se presume culposo. Em se tratando de culpa contratual, inverte-se o ônus da prova, cabendo ao devedor a prova de alguma excludente.

A culpa extracontratual se caracteriza pela violação de um dever jurídico genérico, imposto pela lei. Nesse caso, a prova da culpa é ônus da vítima.

5.3.3. *Culpa* in eligendo, in vigilando e in custodiendo

A culpa *in eligendo* é a que decorre da má escolha do preposto ou representante.

A culpa *in vigilando* surge pela falta de atenção sobre a pessoa que se encontra sob a guarda ou responsabilidade do agente.

A culpa *in custodiendo*, por sua vez, deriva da ausência de cuidados na guarda de animal ou objeto que estejam em poder do agente.

O Código Civil de 1916 presumia a culpa dos agentes (pais, tutores, patrões etc.), nos casos de culpa *in eligendo* e *in vigilando*.

No entanto, o atual Código Civil, no art. 933, trouxe significativa alteração ao prever a responsabilidade objetiva das pessoas arroladas no art. 932 (pais, tutores, empregadores etc.), ao estabelecer que "ainda que não haja culpa de sua parte, responderão pelos atos praticados pelos terceiros ali referidos".

Tem-se, então, que nos casos de guarda de menores e má escolha de representantes e prepostos não mais se indagará a existência culpa *in vigilando* e *in eligendo*, uma vez que, nessas hipóteses, a responsabilidade é objetiva, por força do art. 933 do CC/02.

De forma diferente ocorre nos casos de culpa *in custodiendo*. O art. 936 do atual Código Civil estabelece uma presunção de culpa do dono do animal, havendo, nesse caso, inversão do ônus da prova. Tal presunção, contudo, é relativa, sendo facultado ao dono do animal provar alguma excludente da ilicitude, como, por exemplo, a culpa exclusiva da vítima.

5.3.4. *Da culpa concorrente*

O dever de indenizar, em princípio, está associado a ideia de culpa do agente causador do dano.

Em algumas situações, entretanto, o dano não é proveniente de uma conduta culposa do agente, mas surge de uma conduta culposa da própria vítima. Nesse caso, há excludente da ilicitude, que afasta o dever de indenizar.

Há situações, ainda, que o dano surge de uma combinação de condutas culposas, tanto do agente quanto da vítima. Quando isso ocorre, fala-se em concorrência de culpa, porque ambos contribuem para o evento danoso.

Na verdade, a doutrina moderna tem sustentado que não se trata propriamente de *concorrência de culpa*, mas de *concorrência de causas ou de responsabilidade*[7].

A solução para a questão é dada pelo **art. 945** que dispõe que "se a vítima tiver concorrido culposamente para o evento danoso, a sua indenização será fixada tendo-se em conta a gravidade de sua culpa em confronto com a do autor do dano".

7. DIREITO, Carlos Alberto Menezes; CAVALIERI FILHO, Sérgio. *Comentários ao Novo Código Civil*. Vol. XIII, 3ª ed. Rio de Janeiro: Forense, p. 406.

Tal dispositivo não possui correspondente no Código Civil de 1016. No entanto, o assunto estava pacificado na doutrina e na jurisprudência, que admitiam, há muito, a concorrência de culpas.

Quando ocorrer a hipótese prevista no art. 945, o julgador, ao fixar a indenização, deve levar em conta a participação culposa do agente e da vítima, dividindo proporcionalmente a indenização segundo o grau de culpa de cada um.

Há um debate ferrenho na doutrina sobre a possibilidade de se reconhecer a culpa concorrente nos casos de responsabilidade objetiva, como, por exemplo, na responsabilidade civil do Estado e nas relações de consumo.

A doutrina majoritária tem defendido que a culpa concorrente não pode ser reconhecida nos casos de responsabilidade objetiva, porque nesta, justamente, não se discute a culpa.

No entanto, tendo em vista que se fala, atualmente, em *concorrência de causas* (e não de culpa), parte da doutrina tem sustentado que é possível o reconhecimento da concorrência de culpa, porque a participação culposa da vítima afasta, na verdade, a ocorrência do nexo causal. Sem o nexo causal não há o dever de indenizar.

A quarta turma do C. STJ, no julgamento do REsp. 287.849-SP, de relatoria do E. Ministro Ruy Rosado de Aguiar Júnior, assim decidiu:

> CÓDIGO DE DEFESA DO CONSUMIDOR. Responsabilidade do fornecedor. Culpa concorrente da vítima. Hotel. Piscina. Agência de viagens.
>
> – Responsabilidade do hotel, que não sinaliza convenientemente a profundidade da piscina, de acesso livre aos hóspedes. Art. 14 do CDC. – A culpa concorrente da vítima permite a redução da condenação imposta ao fornecedor. Art. 12, § 2º, III, do CDC.
>
> A agência de viagens responde pelo dano pessoal que decorreu do mau serviço do hotel contratado por ela para a hospedagem durante o pacote de turismo.
>
> Recursos conhecidos e providos em parte.

6. DANO

Segundo Sérgio Cavalieri Filho, dano é a "subtração ou diminuição de um bem jurídico, qualquer que seja a sua natureza, quer se trate de um bem patrimonial, quer se trate de um bem integrante da própria personalidade da vítima, como a sua honra, a imagem, a liberdade etc."[8].

O dano é o grande personagem da responsabilidade civil. Nas linhas anteriores, vimos que pode haver responsabilidade civil sem culpa, como ocorre na responsabilidade objetiva. No entanto, não há responsabilidade civil sem dano, que representa a *medida* da responsabilidade civil.

8. *Programa de Responsabilidade Civil*. 10ª ed. São Paulo: Atlas, 2012, p. 77.

Como vimos, o art. 927 do CC/02 é expresso no sentido de que "aquele que, por ato ilícito (arts. 186 e 187), **causar dano a outrem,** fica obrigado a repará-lo".

A responsabilidade civil visa, justamente, o ressarcimento do dano sofrido pela vítima, restabelecendo a situação existente antes do ato ilícito. Em outras palavras, a indenização visa recompor a subtração ou a diminuição do bem jurídico da vítima.

Conceder uma indenização sem a existência de dano, configura a imposição de uma pena para o agente e enriquecimento ilícito para a vítima. Ambos não são tolerados pelo ordenamento jurídico.

6.1. Dano material

Também chamado de dano patrimonial, o dano material é aquele que atinge apenas o patrimônio do ofendido, seja ele no presente ou no futuro. O dano material é o que causa diminuição no patrimônio da vítima ou o que impeça que o patrimônio aumente.

Nesse sentido é o que estabelece o art. 402 do Código Civil, que diz "salvo as exceções expressamente previstas em lei, as perdas e danos devidos ao credor abrangem, além do que ele efetivamente perdeu, o que razoavelmente deixou de lucrar".

Por atingir o patrimônio, o dano moral pode atacar bens corpóreos, como os veículos, imóveis etc., e também os bens incorpóreos, como o crédito.

Segundo Carlos Roberto Gonçalves, "o dano pode ser, ainda, *direto* e *indireto* (ou *reflexo*) Este é também denominado "dano em ricochete" e se configura quando uma pessoa sofre o reflexo de um dano causado a outrem. É o que acontece, por exemplo, quando o ex-marido, que deve à ex-mulher ou aos filhos pensão alimentícia, vem a ficar incapacitado para prestá-la, em consequência de um dano que sofreu. Nesse caso, o prejudicado tem ação contra o causador do dano, embora não seja ele diretamente o atingido, porque existe a certeza do prejuízo"[9].

6.1.1. *Dano emergente*

O dano emergente configura a real diminuição do patrimônio da vítima, obtido em razão do ato ilícito. Sua configuração no art. 402 do CC/02 se dá na expressão "além do que ele efetivamente perdeu".

Sua configuração não comporta muitas delongas, porque representa a diferença existente no patrimônio da vítima antes e depois do ato ilícito. É o dano causado no tempo presente. Em uma colisão de veículos, por exemplo, o dano emergente representa o valor gasto pela vítima no conserto do veículo.

9. *Direito Civil*. Vol. IV. São Paulo: Saraiva, 2011, p. 358.

6.1.2. *Lucros cessantes*

Como vimos, o ato ilícito pode afetar o patrimônio da vítima, tanto no tempo presente quanto no tempo futuro.

O dano causado no tempo presente recebe o nome de dano emergente.

Os lucros cessantes, por sua vez, são os danos que impedem que o patrimônio da vítima aumente ao longo do tempo. Por isso que se diz que é o dano que traz efeitos no futuro.

Segundo Sérgio Cavalieri Filho, o lucro cessante "consiste, portanto, o lucro cessante na perda do ganho esperável, na frustração da expectativa de lucro, na diminuição potencial do patrimônio da vítima. Pode decorrer não só da paralisação da atividade lucrativa ou produtiva da vítima, como, por exemplo, a cessação dos rendimentos que alguém já vinha obtendo da sua profissão, como, também, da frustração daquilo que era razoavelmente esperado"[10].

Como exemplo, pode-se citar, novamente, a colisão de veículos. O conserto relativo às peças, funilaria e pintura representa o dano emergente. No entanto, se a vítima for um taxista, que dependa do veículo para obter renda, fará jus, também, aos lucros cessantes, pois, no período em que o veículo permanecer na oficina, deixará de auferir a renda que habitualmente ganhava com a utilização do veículo danificado.

No art. 402 do Código Civil, os lucros cessantes são identificados na expressão "o que *razoavelmente* deixou de lucrar".

É importante observar que o referido dispositivo consagra o princípio da razoabilidade, como ferramenta de orientação ao magistrado, haja vista que o arbitramento de indenização a título de lucros cessantes constitui, por vezes, tarefa de extrema dificuldade.

Assim, o magistrado deve agir com prudência e estabelecer a fixação segundo o que era razoavelmente esperado. Não se trata de mera possibilidade ou absoluta certeza. O magistrado deve observar como seria o curso normal das coisas, se o ilícito não fosse praticado.

Seguindo o mesmo exemplo da colisão, imagine que o veículo do taxista permaneceu na oficina em período de festividades na cidade, quando o volume de passageiros aumenta. Nesse caso, é razoável que os lucros cessantes sejam maiores, porque é esperado que o taxista tenha mais passageiros a transportar.

6.2. Dano moral

Enquanto o dano material é que atinge o patrimônio da vítima, o dano moral é o que ataca os direitos da personalidade, que são inerentes à pessoa humana.

10. *Programa de Responsabilidade Civil.* 10ª ed. São Paulo: Atlas, 2012, p. 79.

São, por exemplo, ofensas à honra, à intimidade, à dignidade e ao bom nome, cujo ataque causa humilhação e sofrimento à vítima.

Não mais se discute na doutrina e na jurisprudência a possibilidade ou não de cumulação entre dano moral e dano material. Tal questão já foi superada há muito. A cumulação é possível tendo em vista que a ofensa se dá a bens jurídicos distintos, ambos com proteção do direito.

É importante não confundir dano moral com o sofrimento. É possível que haja o dano moral sem dor, como também é possível que haja dor sem dano moral. Muitas vezes, a dor e o sofrimento podem ser consequências e não causas.

Confundir dor e sofrimento com o dano moral, seria dizer que as pessoas com alguma deficiência mental e as crianças de tenra idade não poderiam sofrer dano moral simplesmente porque não sofreram efetivamente, eis que incapazes de compreender a extensão do dano.

O dano moral, repisa-se, é uma ofensa aos direitos da personalidade, que são ínsitos a toda pessoa humana, tenha ela a idade que tiver ou o desenvolvimento mental que possuir.

Nesse contexto, cabe destacar que não é qualquer aborrecimento experimentado no cotidiano que configurará o dano moral.

Atualmente, o Poder Judiciário tem sido acionado para resolver questões absolutamente banais.

Pessoas extremamente sensíveis, intolerantes com as diferenças, seja no modo de pensar ou de agir, ingressam com ações judiciais pleiteando indenizações por danos morais, por conta de meros dissabores inerentes ao convívio social.

Tais fatos, apesar de serem desagradáveis, não configuram dano moral indenizável. Entender de forma contrária, com o devido respeito, seria banalizar o dano moral e incentivar que as pessoas, ao mero aborrecimento, proponham inúmeras ações judiciais, o que tornaria o convívio social insuportável. Nesse sentido, o ilustre Sérgio Cavalieri Filho explica:

> **Nessa linha de princípio, só deve ser reputado como dano moral a dor, vexame, sofrimento ou humilhação que, fugindo à normalidade, interfira intensamente no comportamento psicológico do indivíduo, causando-lhe aflições, angústia e desequilíbrio em seu bem-estar. Mero dissabor, aborrecimento, mágoa, irritação ou sensibilidade exacerbada estão fora da órbita do dano moral, porquanto, além de fazerem parte da normalidade do nosso dia a dia, no trabalho, no trânsito, entre os amigos e até no ambiente familiar, tais situações não são intensas e duradouras, a ponto de romper o equilíbrio psicológico do indivíduo. Se assim não se entender, acabaremos por banalizar o dano moral, ensejando ações judiciais em busca de indenizações pelos mais triviais aborrecimentos.**[11]

11. *Programa de Responsabilidade Civil*. 10ª ed. São Paulo: Atlas, 2012, p. 93.

Sobre o assunto, o E. TJSP, nos autos da Apelação 0039107-23.2010.8.26.0577, de relatoria do E. Des. Giffoni Ferreira, assim decidiu:

> INDENIZAÇÃO – QUEDA EM SHOPPING CENTER – SOFRIMENTO DE DANOS FÍSICOS E MORAIS – AUTORA QUE TROPEÇA EM CARRINHO DE ENTREGAS PARADO AO LADO DA FILA – ALEGADA CULPA DA EMPRESA – INEXISTÊNCIA – OBJETO GRANDE E VISÍVEL – **INVOCAÇÃO DO DANO MORAL A GERAR INSUSTENTABILIDADE DA VIDA SOCIAL – FATO QUE NÃO ATINGIU O COMPLEXO VALORATIVO DA PESSOA HUMANA – PROTEÇÃO ILIMITADA DO CONSUMIDOR A GERAR ESTADO DE NEUROSE DE SUSPENSE** – APELAÇÃO PROVIDA.

Nas razões de decidir, o E. relator assim consignou:

> **Vivemos a época do abuso da invocação do dano moral. Em verdade, com tal instituto sendo aplicado a esmo, corre-se o risco de que o maltratado instituto venha a tornar insuportável a vida em sociedade. Qualquer coisa, qualquer fato mínimo da vida social, implica na invocação da figura.** A proteção ao consumidor deveras está sem limites e basta que ocorra um problema, por mínimo que fôra, para que ocorra o ajuizamento de pleitos fragílimos que tais de que é candente exemplo este episódio.

Por se tratar de ofensa a direitos da personalidade, o dano moral ocorre com a simples conduta ofensiva. Isso significa que a *prova* do dano moral é dispensável, porque há presunção absoluta de que o dano ocorreu.

Dessa forma, a vítima não precisa comprovar que realmente sofreu com a ofensa, porque a simples ofensa ao direito da personalidade configura o dano moral.

Não se trata de dispensar o dano. O dano, em sede de responsabilidade civil, sempre é exigido. O que ocorre é que o dano é presumido, porque é impossível que a vítima comprove o sofrimento e a dor suportados.

Observe que tal presunção se dá apenas em relação ao dano moral, em razão da gravidade do dano. Nas demais espécies, cabe à vítima o ônus de provar a existência do dano.

Houve muito debate na doutrina acerca da possibilidade de a pessoa jurídica sofrer dano moral. Atualmente, tal questão já foi superada, tendo em vista a súmula 227 do E. STJ, que diz expressamente que a pessoa jurídica pode sofrer dano moral.

Outra questão extremamente complexa é a questão do arbitramento do dano moral. Não há parâmetros seguros, tendo em vista que não há como quantificar a dor e o sofrimento suportados pela vítima. Não há tabela ou precificação.

Atualmente, o arbitramento do dano moral é feito de forma ponderada pelo magistrado, que terá alguns critérios como elementos de orientação.

Como dito anteriormente, o valor da indenização é fixada pela extensão do dano (art. 944, CC/02), como, por exemplo, a repercussão da ofensa e a intensidade da dor. No entanto, em se tratando de dano moral, o grau de culpa também é utilizado como critério de quantificação.

Por fim, a insigne Maria Helena Diniz esclarece que "na quantificação do dano moral o arbitramento deverá, portanto, não só atender ao princípio da razoabilidade, como também se feito com bom-senso e moderação (CC, art. 944), proporcionalmente ao grau de culpa, sendo caso de responsabilidade civil subjetiva, à gravidade da ofensa, ao nível socioeconômico do lesante, à realidade da vida e às particularidades do caso *sub examine*"[12].

Leva-se em consideração, igualmente, a condição financeira das partes e o princípio que impede o enriquecimento ilícito.

Isso significa que o dano moral não pode ser fonte de lucro. A indenização deve ser suficiente para reparar o dano, apenas.

De se consignar que o arbitramento do dano moral possui um caráter punitivo indireto. A indenização passa a ter um caráter dúplice, de compensação e punição. Se, por um lado, o dano moral visa reparar o dano sofrido pela vítima, por outro, visa punir o ofensor para que a conduta ilícita não se reitere na sociedade. Observe, contudo, que o elemento punitivo é indireto, porque o objetivo precípuo da indenização é reparar o dano. O elemento punitivo, ou pedagógico, é apenas reflexo.

6.3. Dano estético

O dano estético não encontra dispositivo expresso no Código Civil, mas sua previsão é admitida pela doutrina e pela jurisprudência, enquadrando-o no art. 949.

A professora Maria Helena Diniz, citando Lopes Vieira, esclarece que "o dano estético é toda alteração morfológica do indivíduo, que, além do aleijão, abrange as deformidades ou deformações, marcas e defeitos, ainda que mínimos, e que impliquem sob qualquer aspecto um afeiamento da vítima, consistindo numa simples lesão desgostante ou num permanente motivo de exposição ao ridículo ou de complexo de inferioridade, exercendo ou não influência sobre sua capacidade laborativa"[13].

Como visto, o dano estético é a lesão que deixa cicatrizes, feridas ou cortes profundos, capazes de abalar a aparência da pessoa e causar repugnância.

Para a configuração do dano estético, é indispensável que tais lesões sejam permanentes, pois se forem passageiras e, portanto, passíveis de reparação, a questão se resolve como dano material.

Inicialmente, o dano estético era considerado uma modalidade de dano moral, o que levou a uma interpretação de que não era possível a cumulação entre dano estético e o dano moral.

Atualmente, o E. STJ tem entendido que o dano estético configura uma terceira espécie de direito, diferente do dano moral. O dano estético é a lesão corporal duradoura que afeta a aparência da pessoa, o dano moral é o sofrimento mental.

---

12. *Curso de Direito Civil Brasileiro*. 27ª ed., v. 7. São Paulo: Saraiva, 2013, p. 122.
13. *Curso de Direito Civil Brasileiro*. Vol. 7, 27ª ed. São Paulo: Saraiva, 2013.

Dessa forma, dano moral e dano estético têm causas distintas, de forma que devem ter reparação distintas, razão pela qual a cumulação é possível.

Cabe acrescentar que a lesão ou deformidade pode acarretar dano patrimonial à vítima. Imagine uma mulher que trabalhe como modelo e, por conta de sua beleza e formosura, tenha vários contratos publicitários. A lesão ou deformidade certamente ocasionará a perda dos contratos, o que ofenderá o patrimônio da vítima. Tem-se, nesse caso, dano material configurado na modalidade de lucros cessantes.

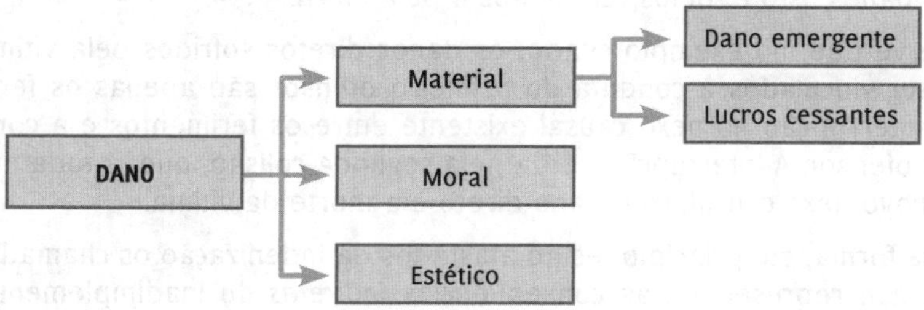

7. NEXO CAUSAL

O nexo causal é o pressuposto da responsabilidade civil que deve ser examinado em primeiro lugar. Antes de verificar se o ofensor agiu com culpa, é necessário verificar se sua conduta deu causa ao resultado.

Segundo Sérgio Cavalieri Filho, "o conceito de nexo causal não é exclusivamente jurídico; decorre primeiramente das leis naturais. É o vínculo, a ligação ou relação de causa e efeito entre a conduta e o resultado"[14].

A verificação do nexo causal, dependendo da situação, pode-se revelar uma atividade tormentosa, principalmente quando se verificar a existência de concausas.

O atual Código Civil adotou a *teoria do dano direto e imediato*, consubstanciada no art. 403:

> **Art. 403.** Ainda que a inexecução resulte de dolo do devedor, as perdas e danos só incluem os prejuízos efetivos e os lucros cessantes por efeito dela direto e imediato, sem prejuízo do disposto na lei processual.

Pela referida teoria, o agente somente responde pelos danos diretos e imediatos causados à vítima. Estabelece-se uma relação de proximidade entre a conduta e o dano. Essa proximidade não é *temporal* ou cronológica, mas sim *determinante* para o evento.

Pela leitura do art. 403, é possível compreender que o legislador quis que o agente respondesse somente pelas consequências diretas ou imediatas do inadimplemento.

14. *Programa de Responsabilidade Civil*. 10ª ed. São Paulo: Atlas, 2012, p. 49.

Carlos Roberto Gonçalves, citando o exemplo mencionado por Wilson Melo da Silva, "do acidentado que, ao ser conduzido em uma ambulância pra o hospital, vem a falecer em virtude de tremenda colisão da ambulância com outro veículo, responderia o autor do dano primeiro da vítima, o responsável pelo seu ferimento, apenas pelos prejuízos de tais ferimento oriundos. Pelos danos da morte dessa mesma vítima em decorrência do abalroamento da ambulância, na qual era transportada ao hospital, com o outro veículo, responderia o motorista da ambulância ou o do carro abalroador, ou ambos. Mas o agente do primeiro evento não responderia por todos os danos, isto é, pelos ferimentos e pela morte"[15].

Observe que, no exemplo citado, os danos diretos sofridos pela vítima e que podem ser vinculados à conduta do primeiro ofensor são apenas os ferimentos. Há uma interrupção no nexo causal existente entre os ferimentos e a conduta do primeiro ofensor. A interrupção se dá pela segunda colisão, que, a toda evidência, cria um novo nexo causal, cujo dano direto é a morte da vítima.

Dessa forma, em princípio, estão afastados da indenização os chamados *danos remotos*, que representam as consequências *indiretas* do inadimplemento e cuja ocorrência concorrem diversas causas.

O nexo causal deve ser certo, porque corresponde ao evento que une a conduta culposa ao dano. Para a configuração do dever de indenizar não pode o nexo causal ser nebuloso ou duvidoso.

A respeito, o E. TRT da 15ª Região, nos autos do Recurso Ordinário 0000287-36.2012.5.15.0054 RO, de relatoria da E. Des. Olga Aida Joaquim Gomieri, assim decidiu:

> DANOS MORAIS E MATERIAIS. INDENIZAÇÃO. ACIDENTE DO TRABALHO: REINTEGRAÇÃO E DECORRÊNCIAS REMUNERATÓRIAS. NÃO COMPROVADO, SUFICIENTEMENTE, O NEXO DE CAUSALIDADE. MANTIDA A R. SENTENÇA DE 1º GRAU. Coadunamos com o entendimento exposado pela Origem, que coloca em dúvida a existência do acidente de trabalho noticiado na inicial. O nexo causal é duvidoso, não houve a comunicação do suposto acidente pelo reclamante à reclamada, na época oportuna, sendo que, ao que parece, a empresa tomou conhecimento dos fatos alegados somente com a petição inicial. Não pode a empresa, como bem pontuou o MM Juízo primevo, ser surpreendida, após a rescisão contratual, com pedido de indenização por dano moral, em razão de suposto acidente de trabalho não comunicado pelo empregado, e ser responsabilizada pelo mesmo, ainda mais quando há dúvidas quanto ao nexo causal. Reputo, portanto, como não comprovado o nexo de causalidade entre a doença indicada pelo reclamante na inicial e as funções desempenhadas pelo autor nas dependências da reclamada.

8. EXCLUDENTES DA RESPONSABILIDADE

As excludentes da responsabilidade são eventos que rompem o nexo causal e excluem a responsabilidade do ofensor. Na verdade, as excludentes impedem que

15. *Direito Civil*. Vol. IV. São Paulo: Saraiva, 2001, p. 351.

se estabeleça uma relação causal entre a conduta e dano. Como não há nexo causal, não há dever de indenizar.

As principais excludentes da responsabilidade são o estado de necessidade, a legítima defesa, a culpa exclusiva da vítima e o caso fortuito ou força maior, que serão analisados a seguir.

8.1. Culpa exclusiva da vítima

Ocorre a culpa exclusiva da vítima quando o evento danoso é provocado por uma conduta direta do próprio lesado. Nesse caso, o suposto agente causador do dano é mero instrumento do acidente, que ocorre pela conduta da vítima e não do ofensor.

É o caso, por exemplo, do suicida que se atira contra um veículo na rodovia. O condutor do veículo é um simples instrumento para que o resultado ocorra.

É importante destacar que a culpa exclusiva da vítima é causa de exclusão do nexo causal e não de exclusão da culpa do agente.

Como se observa no exemplo citado, não é possível verificar uma relação causal entre a conduta do motorista e o dano suportado. O nexo causal está na conduta da vítima, que foi a responsável pela ocorrência do dano.

Se a culpa da vítima fosse admitida como causa de exclusão da culpa do agente, o dever de indenizar, nesses casos, subsistiria na responsabilidade objetiva, que dispensa a prova da culpa. No entanto, como se trata de exclusão do nexo causal, a culpa exclusiva da vítima afasta o dever de indenizar em qualquer tipo de responsabilidade, porque não existe indenização sem nexo causal.

8.2. Caso fortuito e força maior

Quanto ao caso fortuito e força maior, a atual codificação manteve a disciplina do Código Civil de 1916.

Segundo o *caput* do **art. 393** o "devedor não responde pelos prejuízos resultantes de caso fortuito ou força maior, se expressamente não se houver por eles responsabilizado".

É evidente, portanto, que o caso fortuito ou de força maior são excludentes da responsabilidade civil, de forma que o agente só responde pelos danos se expressamente se responsabilizou.

Embora haja muita discussão sobre a diferença entre caso fortuito e força maior, fato é que até hoje não há um consenso sobre os conceitos.

Tanto é que o **parágrafo único do art. 393 trata os institutos da mesma forma, não fazendo qualquer distinção**. Segundo o texto "o caso fortuito ou de força maior verifica-se no fato necessário, cujos efeitos não era possível evitar ou impedir".

Para Carlos Roberto Gonçalves, "o *caso fortuito* geralmente decorre de fato ou alheio à vontade das partes: greve, motim, guerra. *Força maior* é a derivada de acontecimentos naturais: raio, inundação, terremoto. Ambos, equiparados no dispositivo legal supratranscrito, constituem excludentes da responsabilidade porque afetam a relação de causalidade, rompendo-a, entre o ato do agente e o dano sofrido pela vítima"[16].

A doutrina moderna aponta que a *imprevisibilidade* é o elemento caracterizador do caso fortuito, enquanto a *irresistibilidade* é o caracterizador da força maior. Em ambos os casos, no entanto, há a *inevitabilidade*.

Observe que tais eventos afastam o nexo de causalidade, porque é impossível uma relação entre o dano e a conduta do agente, eis que o evento é inevitável. Em outras palavras, o agente não deu causa ao evento.

Atualmente, há uma distinção entre "fortuito interno", que está ligado às questões da pessoa ou da coisa, e "fortuito externo", que está ligado às questões da natureza, estranhas às questões do agente.

A jurisprudência tem admitido como excludente apenas o "fortuito externo". O "fortuito interno" ainda gera o dever de indenizar, porque admitido dentro do risco do negócio, o que é suficiente para afastar o elemento da imprevisibilidade.

Assim, em um contrato de transporte de pessoas, em que o transportador se compromete a levar o contratante incólume até o destino, se ocorrer um acidente, por exemplo, por falha mecânica relacionada ao veículo, persistirá o dever de indenizar, porque configurado o "fortuito interno", diante da previsibilidade que é inerente ao risco do negócio. No entanto, se o acidente tiver como causa questões alheias ao transportador, como, por exemplo, um raio que atinge o veículo, haverá a exclusão do nexo causal, vez que configurado o "fortuito externo".

8.3. Estado de necessidade

O estado de necessidade, no âmbito civil, está previsto no art. 188, II do atual Código, que assim dispõe:

> **Art. 188.** Não constituem atos ilícitos:
>
> (...)
>
> **II** – a deterioração ou destruição da coisa alheia, ou a lesão a pessoa, a fim de remover perigo iminente.
>
> **Parágrafo único.** No caso do inciso II, o ato será legítimo somente quando as circunstâncias o tornarem absolutamente necessário, não excedendo os limites do indispensável para a remoção do perigo.

O texto traz uma inovação importante, porque o Código de 1916 somente previa o estado de necessidade para a *destruição de coisa*. O atual Código prevê o estado de necessidade para a *destruição de coisa* e *lesão a pessoa*.

16. *Direito Civil*. Vol. IV. São Paulo: Saraiva, 2001, p. 473.

Veja que, em um primeiro momento, o art. 188 considera que o ato praticado em estado de necessidade não configura ato ilícito, o que afastaria o dever de indenizar.

Contudo, há uma evidente contradição no atual Código Civil.

O estado de necessidade também é disciplinado pelos arts. 929 e 930 do Código/02.

Segundo o **art. 929**, "se a pessoa lesada, ou o dono da coisa, no caso do inciso II do art. 188, não forem culpados do perigo, assistir-lhes-á direito à indenização do prejuízo que sofreram".

Isso demonstra que, mesmo sendo o ato praticado em estado de necessidade, persistirá o dever de indenizar, exceto se o lesado for a pessoa que deu causa ao perigo.

Trata-se de um dispositivo que visa proteger a pessoa lesada, mas que pode acarretar inúmeras injustiças, ao impor ao agente, que não deu causa ao perigo, o dever de indenizar todo o dano sofrido.

Tal fato pode levar a situações em que o agente, diante do perigo iminente, opte por não evitá-lo, justamente para não se ver obrigado a indenizar a parte lesada por um fato que não provocou.

Continuando, o *caput* do **art. 930** dispõe que "no caso do inciso II do art. 188, se o perigo ocorrer por culpa de terceiro, contra este terá o autor do dano ação regressiva para haver a importância que tiver ressarcido ao lesado".

O art. 930, como se vê, consagra o direito de regresso do agente, que praticou o ato em estado de necessidade, contra o terceiro que deu causa ao perigo.

Embora se trate de dispositivo importante, fato é que, na prática, não soluciona a questão.

Imagine, por exemplo, uma situação em que um motorista está conduzindo o veículo prudentemente. Um outro veículo não respeita a sinalização e avança em sua direção. O condutor prudente, para evitar perigo à sua vida, muda a direção e atropela um pedestre, tornando-o inválido permanentemente.

Nesse caso, o condutor prudente deverá indenizar a vítima inválida, para, depois em ação regressiva, ser restituído pelo condutor imprudente, que deu causa ao acidente.

Cabe destacar, no entanto, que, se o condutor imprudente, que deu causa ao evento, não tiver patrimônio para restituir a indenização paga pelo condutor prudente, este, no final das constas, arcará com a totalidade da indenização, mesmo não dando causa ao acidente. Vale lembrar que a indenização é medida pela extensão do dano, nos termos do art. 944 do CC/02.

8.4. A legítima defesa, o exercício regular de um direito e o estrito cumprimento do dever legal

Em princípio, a legítima defesa e o exercício regular também são causas que excluem o nexo causal, eis que previstas no art. 188, I. Veja:

> **Art. 188.** Não constituem atos ilícitos:
>
> I – os praticados em legítima defesa ou no exercício regular de um direito reconhecido;
>
> (...)

Embora o estrito cumprimento do dever legal não conste expressamente do texto legal, a doutrina é unânime em ponderar que se trata, igualmente, de causa excludente, porque configura uma espécie de exercício regular de um direito.

Pois bem.

A legítima defesa recebe o mesmo tratamento do estado de necessidade, ou seja, somente afasta o dever de indenizar quando o ato do agente é praticado contra o agressor, que deu causa ao evento. Trata-se da legítima defesa real, que é a única hipótese que afasta o nexo causal.

Se, no entanto, o ato do agente atinge terceira pessoa, ou coisa de terceiro, persistirá o dever de indenizar, ficando garantido ao agente o direito de regresso contra o agressor, que deu causa ao evento.

Nesse sentido, é o que consta no **parágrafo único do art. 930**, que diz que "a mesma ação competirá contra aquele em defesa de quem se causou o dano (art. 188, inciso I)".

Dessa forma, os arts. 929 e 930 do CC/02, estabelecem situações em que o dever de indenizar subsiste, mesmo a conduta do agente sendo lícita. Nos casos do estado de necessidade e da legítima defesa, o dever de indenizar só será afastado se a vítima for a pessoa que deu causa ao evento.

É evidente, portanto, que o tratamento legal da questão poderá levar aos mesmos problemas indicados no estado de necessidade.

Conforme devidamente abordado, quando se tratou do ato ilícito por abuso de direito, quem exerce regularmente um direito não causa prejuízo a outrem. Dessa forma, o exercício de um direito, nos limites delineados pela lei, configura excludente do nexo causal.

Em se tratando de estrito cumprimento do dever legal, a vítima, na maioria das vezes, conseguirá obter a indenização do Estado, tendo em vista a responsabilidade objetiva consagrada no art. 37, §6º da Constituição Federal. O Estado, contudo, não terá direito de regresso contra o agente, porque sua conduta está amparada pelo estrito cumprimento do dever legal.

EXCLUDENTES

- Culpa exclusiva da vítima
- Caso fortuito e força maior
- Estado de necessidade
- Legítima defesa
- Exercício regular de direito
- Estrito cumprimento do dever legal

9. OS EFEITOS DA SENTENÇA CRIMINAL NO JUÍZO CÍVEL

9.1. Da unidade da jurisdição

A jurisdição decorre da soberania nacional e é atribuída com exclusividade ao Poder Judiciário, porque somente este é que pode dizer o direito.

Nesse ponto, a jurisdição é una e indivisível. A divisão que se faz em jurisdição civil, penal, trabalhista, etc. é apenas de ordem prática e tem como fundamento a delimitação de competência, o aperfeiçoamento e a facilitação na distribuição da justiça.

Um acidente de trânsito que provoca lesões corporais, por exemplo, é um fato que configura tanto ilícito civil quanto penal. É natural, nessa ordem de ideias, que as consequências civis sejam apuradas na jurisdição civil e as consequências criminais na jurisdição penal.

Tais apurações, inclusive, podem ser concomitantes, o que poderá ocasionar, por exemplo, decisões conflitantes, na medida em que ambas as jurisdições estão sendo provocadas. Isso poderia levar a situações absolutamente contraditórias, levando uma jurisdição a pronunciar-se pela licitude da conduta ou pela ausência de autoria, enquanto a outra pode decidir exatamente o contrário. Tal situação, além do grave desprestígio, não pode ser tolerada porque ofende o princípio da unidade da jurisdição.

Para evitar situações como esta, preocupou-se o legislador em criar dispositivos e mecanismos legais com o intuito de promover a interação entre as jurisdições civil e penal, como, por exemplo, o art. 935 do CC/02, o art. 91, I do CP, os arts. 63 a 68 do CPP e o art. 515, VI, do novo CPC.

9.2. Da sentença condenatória proferida no juízo criminal

Dentre os mecanismos de interação, o atual Código Civil traz disciplina expressa no art. 935, que assim dispõe:

> **Art. 935.** A responsabilidade civil é independente da criminal, não se podendo questionar mais sobre a existência do fato, ou sobre quem seja o seu autor, quando estas questões se acharem decididas no juízo criminal.

O texto legal começa esclarecendo a responsabilidade civil e criminal são independentes, de forma que ambas podem conhecer dos fatos que iniciaram os respectivos conflitos independentemente de autorização, permissão ou vinculação à outra.

No entanto, a segunda parte do mesmo dispositivo deixa claro que essa independência não é absoluta, mas sim relativa.

De fato, o juízo criminal terá grande influência no juízo cível, muitas vezes evitando até mesmo que ele se pronuncie sobre determinadas questões. Isso porque a segunda parte do art. 935 diz expressamente que não se pode discutir no juízo civil acerca da **existência do fato e de sua autoria**, quando tais questões já forem decididas no juízo criminal.

Veja que o juízo criminal influencia de forma preclusiva o juízo cível em duas situações: **a)** quando ficar provada a existência do fato; e **b)** quando ficar provada a sua autoria.

Dessa forma, a demandado não poderá alegar em matéria de defesa que o fato não existiu ou que não foi o seu autor, quando tais questões forem devidamente reconhecidas no juízo criminal por sentença condenatória. Assim o é porque a sentença condenatória reconhece a materialidade e a autoria delitiva, imputando ao réu, ainda, o dolo ou a culpa.

Nesse sentido, o ilustre Carlos Roberto Gonçalves esclarece:

> "A sentença condenatória na esfera criminal, com trânsito em julgado, sempre faz, assim, coisa julgada no cível, visto que estariam comprovados a autoria, a materialidade do fato ou dano, o nexo etiológico e a culpa (dolo ou culpa *stricto sensu*) do agente"[17].

É importante destacar que o processo penal é instruído pelo princípio da verdade real e é assegurado ao acusado o amplo contraditório. Há, ainda, a fase investigativa do inquérito policial, em que diversas diligências são realizadas com o intuito de se verificar a existência do crime, sua autoria e a culpabilidade. Por tais razões, é que o reconhecimento da materialidade a autoria reconhecidos no juízo criminal fazem coisa julgada no juízo cível.

A SENTENÇA PENAL CONDENATÓRIA FAZ COISA JULGADA NO JUÍZO CÍVEL (ART. 935, CC/02)	1. Quando ficar provada a existência do fato
	2. Quando ficar provada a autoria

9.3. Da sentença absolutória proferida no juízo criminal

A sentença absolutória proferida pelo juízo criminal tem tratamento diferente da sentença condenatória, eis que, nem sempre, faz coisa julgada no juízo cível.

17. Direito civil IV, Saraiva, 2011, p. 335.

Isso porque pode o réu, em determinadas situações, ser responsabilizado no juízo cível, ainda que absolvido no juízo criminal.

Dessa forma, deve-se distinguir a sentença penal que absolve o réu por falta de prova, daquela que o absolve por ter ficado provado que ele não é o autor do crime, ou que o fato delituoso não ocorreu.

Sobre o assunto os arts. 66 e 386, ambos do CPP dispõem:

> **Art. 66.** Não obstante a sentença absolutória no juízo criminal, a ação civil poderá ser proposta quando não tiver sido, categoricamente, reconhecida a inexistência material do fato.
>
> **Art. 386.** O juiz absolverá o réu, mencionando a causa na parte dispositiva, desde que reconheça:
>
> I – estar provada a inexistência do fato;
>
> II – não haver prova da existência do fato;
>
> III – não constituir o fato infração penal;
>
> IV – estar provado que o réu não concorreu para a infração penal;
>
> V – não existir prova de ter o réu concorrido para a infração penal;
>
> VI – existirem circunstâncias que excluam o crime ou isentem o réu de pena (arts. 20, 21, 22, 23, 26 e § 1º do art. 28, todos do Código Penal), ou mesmo se houver fundada dúvida sobre sua existência;
>
> VII – não existir prova suficiente para a condenação.
>
> Parágrafo único. Na sentença absolutória, o juiz:
>
> I – mandará, se for o caso, pôr o réu em liberdade;
>
> II – ordenará a cessação das medidas cautelares e provisoriamente aplicadas;
>
> III – aplicará medida de segurança, se cabível.
>
> A sentença penal absolutória poderá produzir os efeitos da coisa julgada no juízo cível, dependendo do motivo acolhido pelo juízo para pronunciar o decreto absolutório.

Sempre que a sentença absolutória tiver como fundamento a **"falta de provas"**, como é o caso dos incisos II, V e VII, nenhum efeito produzirá no juízo cível, porque a vítima pode, justamente, fazer a prova que faltou o juízo criminal. Ademais, a condenação criminal exige provas robustas que tragam um grau de certeza acima do razoável, de forma que a absolvição por falta de provas quer dizer, apenas, que as provas produzidas não trazem essa certeza.

A sentença penal pode absolver o réu por falta de provas em relação: **a)** ao fato; **b)** à autoria; e **c)** à culpa. Em nenhum desses casos a sentença absolutória produzirá efeitos no juízo cível. Com efeito, o que faz coisa julgada no juízo cível é a **certeza** de que o fato existiu ou não, ou, ainda, de que o réu dele participou ou não. A simples falta de provas não tem o condão de impedir a ação civil.

Ademais, a sentença penal, para condenar o réu, deve, necessariamente, imputar-lhe o dolo ou a culpa. A ausência de provas quanto ao dolo ou culpa no juízo criminal ou mesmo o reconhecimento de que o réu não agiu com culpa em nada influencia o juízo cível, porque, como visto, pode haver responsabilidade civil por culpa presumida ou até mesmo sem culpa, como é o caso da responsabilidade objetiva.

De igual sorte, nenhum efeito produzirá no juízo cível a sentença penal que decretar a absolvição sob o fundamento de que o fato não constitui infração penal (inciso III). Isso porque o Direito Penal é orientado pelo princípio da legalidade estrita, de forma que uma conduta pode não ser caracterizada como ilícito penal, mas pode configurar ilícito civil.

Entretanto, há casos em que a sentença absolutória, proferida no juízo criminal, faz coisa julgada no juízo cível. Quando isso ocorre, não haverá o dever de indenizar, porque a sentença proferida no crime impede que o juízo cível se manifeste reaprecie a questão.

É o caso, por exemplo, da sentença que absolve o réu por reconhecer a inexistência material do fato (art. 386, I do CPP). Tal disposição é de fácil entendimento, pois se o fato é o mesmo, não poderá ele ter existido no juízo cível e não ter existido no juízo criminal, pelo quanto já se argumentou em relação à unidade da jurisdição.

De igual maneira, a sentença absolutória que reconhece que o réu não é o autor do crime faz coisa julgada no juízo cível, porque, se o fato é o mesmo, não pode o réu ser obrigado a reparar um dano quando o juízo criminal já reconheceu que ele não foi o agente causador.

É importante destacar, ainda, que também faz coisa julgada no juízo cível a sentença penal que reconhece ter agido o réu dentro de alguma das cláusulas excludentes da ilicitude, como o estado de necessidade, legítima defesa, exercício regular de direito e estrito cumprimento do dever legal.

Nesse sentido é a regra trazida pelo art. 65 do CPP:

> **Art. 65.** Faz coisa julgada no cível a sentença penal que reconhecer ter sido o ato praticado em estado de necessidade, em legítima defesa, em estrito cumprimento de dever legal ou no exercício regular de direito.

Ademais, tal dispositivo está em perfeita sintonia com o art. 188 do CC/02, que trata das excludentes da ilicitude e que já foi estudado no item 8 do presente capítulo.

No entanto, algumas observações são importantes.

A primeira é que o reconhecimento da licitude do ato praticado em estado de necessidade não exonera o agente da responsabilidade de indenizar o dano causado, como preconizam os arts. 929 e 930 do CC/02, já analisados no item 8.3 do presente capítulo.

A segunda observação é que a doutrina é uníssona em apontar que somente a legítima defesa real, que é aquela praticada contra o agressor, é que tem o condão de afastar o dever de indenizar. A legítima defesa putativa e a *aberratio ictus*, também conhecida como erro de execução, erro por acidente ou erro de pontaria, não são suficientes para exonerar o agente de indenizar os danos causados.

▸ DOS EFEITOS DA SENTENÇA PENAL ABSOLUTÓRIA NO JUÍZO CÍVEL	
Não Fazem Coisa Julgada no Juízo Cível	**Fazem Coisa Julgada no Juízo Cível**
1. As que se basearem em" falta de provas" (Art. 386, II, V e VII, CPP)	1. As que reconhecerem que o fato não ocorreu (Art. 386, I, CPP)
2. As que fundamentarem que o fato não constitui infração penal (Art. 386, III, CPP)	2. As que reconhecerem que o réu não é o autor do crime (Art. 935, CC/02)
–	3. As que reconhecerem que o réu agiu dentro de alguma das causas excludentes da ilicitude (Art. 65, CPP)

9.4. Da suspensão da ação civil

Como visto, há situações em que a sentença criminal influenciará o juízo cível. Com a finalidade de garantir a unidade da jurisdição e impedir a existência de decisões judiciais conflitantes, o legislador criou mecanismos legais com o intuito de prevenir que tais situações aconteçam.

Além dos dispositivos já indicados, o legislador também possibilitou que a ação civil seja suspensa até que se apure a questão comum na ação penal. Isso é o que estabelecem o art. 64 do CPP e o art. 315 do novo CPC. Observe:

> **Art. 64.** Sem prejuízo do disposto no artigo anterior, a ação para ressarcimento do dano poderá ser proposta no juízo cível, contra o autor do crime e, se for caso, contra o responsável civil.
>
> Parágrafo único. Intentada a ação penal, o juiz da ação civil poderá suspender o curso desta, até o julgamento definitivo daquela.
>
> Art. 315. Se o conhecimento do mérito depender de verificação da existência de fato delituoso, o juiz pode determinar a suspensão do processo até que se pronuncie a justiça criminal.
>
> § 1º Se a ação penal não for proposta no prazo de 3 (três) meses, contado da intimação do ato de suspensão, cessará o efeito desse, incumbindo ao juiz cível examinar incidentemente a questão prévia.
>
> § 2º Proposta a ação penal, o processo ficará suspenso pelo prazo máximo de 1 (um) ano, ao final do qual aplicar-se-á o disposto na parte final do § 1º.

Tem-se, da leitura dos dispositivos legais, que a suspensão da ação civil é mera faculdade do juiz, que determinará ou não o sobrestamento segundo o seu absoluto e prudente critério.

Contudo, uma vez determinada a suspensão, o sobrestamento da ação civil não poderá se dar por período superior a um ano.

10. LEGISLAÇÃO APLICÁVEL AO CAPÍTULO

TÍTULO IX
DA RESPONSABILIDADE CIVIL

CAPÍTULO I
DA OBRIGAÇÃO DE INDENIZAR

Art. 927. Aquele que, por ato ilícito (arts. 186 e 187), causar dano a outrem, fica obrigado a repará-lo.

Parágrafo único. Haverá obrigação de reparar o dano, independentemente de culpa, nos casos especificados em lei, ou quando a atividade normalmente desenvolvida pelo autor do dano implicar, por sua natureza, risco para os direitos de outrem.

Art. 928. O incapaz responde pelos prejuízos que causar, se as pessoas por ele responsáveis não tiverem obrigação de fazê-lo ou não dispuserem de meios suficientes.

Parágrafo único. A indenização prevista neste artigo, que deverá ser equitativa, não terá lugar se privar do necessário o incapaz ou as pessoas que dele dependem.

Art. 929. Se a pessoa lesada, ou o dono da coisa, no caso do inciso II do art. 188, não forem culpados do perigo, assistir-lhes-á direito à indenização do prejuízo que sofreram.

Art. 930. No caso do inciso II do art. 188, se o perigo ocorrer por culpa de terceiro, contra este terá o autor do dano ação regressiva para haver a importância que tiver ressarcido ao lesado.

Parágrafo único. A mesma ação competirá contra aquele em defesa de quem se causou o dano (art. 188, inciso I).

Art. 931. Ressalvados outros casos previstos em lei especial, os empresários individuais e as empresas respondem independentemente de culpa pelos danos causados pelos produtos postos em circulação.

Art. 932. São também responsáveis pela reparação civil:

I - os pais, pelos filhos menores que estiverem sob sua autoridade e em sua companhia;

II - o tutor e o curador, pelos pupilos e curatelados, que se acharem nas mesmas condições;

III - o empregador ou comitente, por seus empregados, serviçais e prepostos, no exercício do trabalho que lhes competir, ou em razão dele;

IV - os donos de hotéis, hospedarias, casas ou estabelecimentos onde se albergue por dinheiro, mesmo para fins de educação, pelos seus hóspedes, moradores e educandos;

V - os que gratuitamente houverem participado nos produtos do crime, até a concorrente quantia.

Art. 933. As pessoas indicadas nos incisos I a V do artigo antecedente, ainda que não haja culpa de sua parte, responderão pelos atos praticados pelos terceiros ali referidos.

Art. 934. Aquele que ressarcir o dano causado por outrem pode reaver o que houver pago daquele por quem pagou, salvo se o causador do dano for descendente seu, absoluta ou relativamente incapaz.

Art. 935. A responsabilidade civil é independente da criminal, não se podendo questionar mais sobre a existência do fato, ou sobre quem seja o seu autor, quando estas questões se acharem decididas no juízo criminal.

Art. 936. O dono, ou detentor, do animal ressarcirá o dano por este causado, se não provar culpa da vítima ou força maior.

Art. 937. O dono de edifício ou construção responde pelos danos que resultarem de sua ruína, se esta provier de falta de reparos, cuja necessidade fosse manifesta.

Art. 938. Aquele que habitar prédio, ou parte dele, responde pelo dano proveniente das coisas que dele caírem ou forem lançadas em lugar indevido.

Art. 939. O credor que demandar o devedor antes de vencida a dívida, fora dos casos em que a lei o permita, ficará obrigado a esperar o tempo que faltava para o vencimento, a descontar os juros correspondentes, embora estipulados, e a pagar as custas em dobro.

Art. 940. Aquele que demandar por dívida já paga, no todo ou em parte, sem ressalvar as quantias recebidas ou pedir mais do que for devido, ficará obrigado a pagar ao devedor, no primeiro caso, o dobro do que houver cobrado e, no segundo, o equivalente do que dele exigir, salvo se houver prescrição.

Art. 941. As penas previstas nos arts. 939 e 940 não se aplicarão quando o autor desistir da ação antes de contestada a lide, salvo ao réu o direito de haver indenização por algum prejuízo que prove ter sofrido.

Art. 942. Os bens do responsável pela ofensa ou violação do direito de outrem ficam sujeitos à reparação do dano causado; e, se a ofensa tiver mais de um autor, todos responderão solidariamente pela reparação.

Parágrafo único. São solidariamente responsáveis com os autores os coautores e as pessoas designadas no art. 932.

Art. 943. O direito de exigir reparação e a obrigação de prestá-la transmitem-se com a herança.

CAPÍTULO II
DA INDENIZAÇÃO

Art. 944. A indenização mede-se pela extensão do dano.

Parágrafo único. Se houver excessiva desproporção entre a gravidade da culpa e o dano, poderá o juiz reduzir, equitativamente, a indenização.

Art. 945. Se a vítima tiver concorrido culposamente para o evento danoso, a sua indenização será fixada tendo-se em conta a gravidade de sua culpa em confronto com a do autor do dano.

Art. 946. Se a obrigação for indeterminada, e não houver na lei ou no contrato disposição fixando a indenização devida pelo inadimplente, apurar-se-á o valor das perdas e danos na forma que a lei processual determinar.

Art. 947. Se o devedor não puder cumprir a prestação na espécie ajustada, substituir-se-á pelo seu valor, em moeda corrente.

Art. 948. No caso de homicídio, a indenização consiste, sem excluir outras reparações:

I – no pagamento das despesas com o tratamento da vítima, seu funeral e o luto da família;

II – na prestação de alimentos às pessoas a quem o morto os devia, levando-se em conta a duração provável da vida da vítima.

Art. 949. No caso de lesão ou outra ofensa à saúde, o ofensor indenizará o ofendido das despesas do tratamento e dos lucros cessantes até ao fim da convalescença, além de algum outro prejuízo que o ofendido prove haver sofrido.

Art. 950. Se da ofensa resultar defeito pelo qual o ofendido não possa exercer o seu ofício ou profissão, ou se lhe diminua a capacidade de trabalho, a indenização, além das despesas do tratamento e lucros cessantes até ao fim da convalescença, incluirá pensão correspondente à importância do trabalho para que se inabilitou, ou da depreciação que ele sofreu.

Parágrafo único. O prejudicado, se preferir, poderá exigir que a indenização seja arbitrada e paga de uma só vez.

Art. 951. O disposto nos arts. 948, 949 e 950 aplica-se ainda no caso de indenização devida por aquele que, no exercício de atividade profissional, por negligência, imprudência ou imperícia, causar a morte do paciente, agravar-lhe o mal, causar-lhe lesão, ou inabilitá-lo para o trabalho.

Art. 952. Havendo usurpação ou esbulho do alheio, além da restituição da coisa, a indenização consistirá em pagar o valor das suas deteriorações e o devido a título de lucros cessantes; faltando a coisa, dever-se-á reembolsar o seu equivalente ao prejudicado.

Parágrafo único. Para se restituir o equivalente, quando não exista a própria coisa, estimar-se-á ela pelo seu preço ordinário e pelo de afeição, contanto que este não se avantaje àquele.

Art. 953. A indenização por injúria, difamação ou calúnia consistirá na reparação do dano que delas resulte ao ofendido.

Parágrafo único. Se o ofendido não puder provar prejuízo material, caberá ao juiz fixar, equitativamente, o valor da indenização, na conformidade das circunstâncias do caso.

Art. 954. A indenização por ofensa à liberdade pessoal consistirá no pagamento das perdas e danos que sobrevierem ao ofendido, e se este não puder provar prejuízo, tem aplicação o disposto no parágrafo único do artigo antecedente.

Parágrafo único. Consideram-se ofensivos da liberdade pessoal:

I – o cárcere privado;

II – a prisão por queixa ou denúncia falsa e de má-fé;

III – a prisão ilegal.

QUESTÕES

CAPÍTULO X

01. **(Analista Judiciário – Área Judiciária – TRT 8 / 2010 / FCC)** A indenização decorrente da responsabilidade civil por ato ilícito

a) no caso de homicídio consiste exclusivamente no pagamento das despesas de tratamento médico, funeral e luto.
b) mede-se pela extensão do dano, não podendo, em nenhuma hipótese, ser reduzida pelo juiz.
c) não pode ser reduzida se a vítima tiver concorrido culposamente para o evento danoso.
d) pode ser reduzida equitativamente pelo juiz quando houver excessiva desproporção entre a gravidade da culpa e o dano.
e) no caso de lesão corporal engloba as despesas de tratamento do ofendido, mas não inclui os lucros cessantes até o final da convalescença.

COMENTÁRIOS

Alternativa "d" – correta: nos termos do parágrafo único do art. 944 do Código Civil, havendo excessiva desproporção entre a gravidade da culpa e o dano, poderá o juiz reduzir, equitativamente, a indenização.

Alternativa "a" – errada: no caso de homicídio, a indenização consiste, sem excluir outras reparações, nas despesas com tratamento médico, funeral e luto e na prestação de alimentos às pessoas a quem o morto os devia (art. 948 do Código Civil).

Alternativa "b" – errada: o juiz pode reduzir a indenização quando houver excessiva desproporção entre a gravidade da culpa e o dano (art. 944, parágrafo único do Código Civil).

Alternativa "c" – errada: quando a vítima concorre culposamente para o evento danoso, a indenização é fixada tendo-se em conta a gravidade da culpa da vítima em confronto com a do autor do dano (art. 945 do Código Civil).

Alternativa "e" – errada: na hipótese de lesão corporal, a indenização engloba as despesas do tratamento e os lucros cessantes até o fim da convalescença, além de qualquer outro prejuízo que o ofendido prove ter sofrido (art. 949 do Código Civil).

02. **(Analista Judiciário – Área Judiciária – TRT 20 / 2011 / FCC)** José foi acusado de, dirigindo um veículo automotor, ter atropelado um pedestre e lhe causado ferimentos. No processo criminal relativo ao fato, foi decidido que José não foi o autor do fato, tendo a sentença criminal transitado em julgado. Nesse caso, na esfera civil, José

a) só poderá vir a ser responsabilizado pelos danos morais decorrentes do atropelamento.
b) poderá vir a ser responsabilizado pelos danos materiais e morais decorrentes do atropelamento porque a responsabilidade civil é independente da criminal.
c) não mais poderá ser responsabilizado pelos danos materiais e morais decorrentes do atropelamento.
d) poderá vir a ser responsabilizado pelos danos materiais decorrentes do atropelamento porque a sentença criminal não afastou a existência do fato.
e) poderá vir a ser responsabilizado pelos danos morais decorrentes do atropelamento porque a sentença criminal não afastou a existência do fato.

COMENTÁRIOS

Alternativa "c" – correta (responde todas as demais alternativas): segundo o art. 935 do Código Civil, a responsabilidade civil é independente da criminal. Todavia, quando o juízo criminal decidir sobre a existência do fato ou

▸ QUESTÕES DE CONCURSOS

sobre quem seja o seu autor, esses temas não podem mais ser questionados no juízo cível. Na situação do enunciado, como o juízo criminal decidiu que José não foi o autor do fato, essa decisão vincula o juízo cível e, consequentemente, ele não poderá mais ser responsabilizado.

03. **(Analista Judiciário - Área Judiciária - TRT 23 / 2011 / FCC)** Paulo caminhava na calçada de uma via pública e foi abordado por João, José e Pedro. João e José tinham 22 anos de idade; Pedro tinha apenas 16 anos de idade. José e Pedro seguraram Paulo, enquanto João o agrediu a golpes de pau, causando-lhe ferimentos graves. Nesse caso,

a) João responderá pela metade da indenização pelos danos causados, sendo que José e Pedro responderão pela outra metade.
b) João, José e os pais de Pedro responderão solidariamente pela indenização pelos danos causados a Paulo.
c) João responderá pela metade da indenização e José pela outra metade, sendo que Pedro ficará isento de responsabilidade por ser menor de 18 anos na época do fato.
d) João, José e os pais de Pedro responderão cada qual por um terço da indenização pelos danos causados a Paulo.
e) João responderá pela metade da indenização pelos danos causados, sendo que José e os pais de Pedro responderão pela outra metade.

COMENTÁRIOS

Alternativa "b" – correta (responde todas as demais alternativas): quem, por ato ilícito, causa dano a outrem, fica obrigado a repará-lo (art. 927, *caput* do Código Civil). E, caso a ofensa tenha mais de um autor, todos responderão solidariamente pela reparação (art. 942, *caput* do Código Civil). Por consequência, todos os que participaram da agressão a Paulo são responsáveis pela reparação. Todavia, Pedro tinha 16 anos de idade na época dos fatos, o que altera os responsáveis pela reparação. Consoante o art. 932, I do Código Civil, os pais respondem pelos atos praticados pelos filhos menores, sendo que o menor apenas responde pelos prejuízos que causar se os seus responsáveis não dispuserem de meios suficientes (art. 928, *caput* do Código Civil). Então, neste caso, responderão solidariamente pela indenização João, José e os pais de Pedro.

04. **(Técnico Judiciário - Área Administrativa - TRT 14 / 2011 / FCC)** Tício, em decorrência de doença mental, é absolutamente incapaz de exercer pessoalmente os atos da vida civil. Seus pais e responsáveis não possuem bens e vivem, assim como os filhos menores de Tício, dos rendimentos de dois prédios que a este pertencem. Tício, num acesso de loucura, ateou fogo em duas casas, destruindo-as e causando dano considerável aos respectivos proprietários. Nesse caso, o incapaz

a) não responde pelos prejuízos que causou, passando essa responsabilidade ao Estado, em decorrência da sua incapacidade.
b) não responde pelos prejuízos que causou por falta de capacidade para exercer os atos da vida civil.
c) responde integralmente pelos prejuízos que causou, pois seus responsáveis não dispõem de recursos para fazê-lo.
d) responde pelos prejuízos que causou, mas a indenização deverá ser equitativa, não podendo privar do necessário o incapaz e as pessoas que dele dependem.
e) responde pela metade dos prejuízos que causou, sendo que a outra metade só poderá ser pleiteada após a sua morte.

COMENTÁRIOS

Alternativa "d" – correta (responde todas as demais alternativas): o incapaz responde pelos prejuízos que causar se as pessoas por ele responsáveis não dispuserem de meios suficientes (art. 928, *caput* do Código Civil). Contudo, neste caso, a indenização deverá ser equitativa, não podendo privar do necessário o incapaz e as pessoas que dele dependem (art. 928, parágrafo único do Código Civil). Na situação do enunciado, Tício tem dois prédios e seus pais e responsáveis não possuem bens. Assim, Tício responderá pelos danos que causou, mas a indenização deverá ser equitativa, resguardando um mínimo de patrimônio para a sobrevivência e uma vida digna.

05. (Técnico Judiciário – Área Administrativa – TRT 6 / 2012 / FCC) Sendo o patrão responsável pela reparação civil dos danos causados culposamente por seus empregados no exercício do trabalho que lhes competir, ou em razão dele,

a) a obrigação de indenizar é subsidiária à do empregado que causou o dano.
b) é obrigado a indenizar ainda que o patrão não tenha culpa.
c) só será obrigado a indenizar se o patrão também tiver culpa.
d) não será obrigado a indenizar, se o empregado for absolvido pelo mesmo ato, em processo criminal, por insuficiência de prova.
e) só será obrigado a indenizar se o ato também constituir crime e se o empregado for condenado no processo criminal.

COMENTÁRIOS

Alternativa "b" – correta (responde todas as demais alternativas): o empregador responde pelos atos praticados por seus empregados, serviçais e prepostos no exercício do trabalho que lhes competir ou em razão dele (art. 932, III do Código Civil). Ainda, o empregador responde pelos atos praticados por seus empregados ainda que não haja culpa de sua parte (art. 933 do Código Civil). A responsabilidade do empregador é objetiva.

06. (Cespe – Analista Judiciário – Área Judiciária – TRE-MS/2013) Com referência à responsabilidade civil, assinale a opção correta de acordo com jurisprudência do STJ.

a) O incapaz não responde pelos prejuízos que causar a terceiros, pois a obrigação de indenizar recai sempre sobre os seus representantes legais.
b) O grau de culpa do ofensor não constitui critério para se fixar a indenização patrimonial.
c) Considere a seguinte situação hipotética. Célia, ao retornar para a sua residência, deu carona a Pedro, seu colega de universidade, vizinho e trabalhador autônomo, e, no trajeto, ao passar por um buraco na pista, Célia perdeu o controle do carro, que colidiu contra um poste. Devido a esse acidente, Pedro se feriu gravemente e ficou hospitalizado por dois meses.
Nessa situação, Célia poderá ser responsabilizada pelos danos causados a Pedro.
d) Fixada a indenização, a correção monetária deve incidir a partir do ajuizamento da ação.
e) Embora a violação moral atinja apenas os direitos subjetivos da vítima, com o falecimento desta, o direito à respectiva indenização transmite-se ao espólio e aos herdeiros.

COMENTÁRIOS

Alternativa "a" – incorreta: O incapaz que lesar a outrem, deverá, se tiver recursos econômicos, indenizar os prejuízos que causou, quando o responsável não tiver obrigação de suportar tais prejuízos ou se não tiver condições financeiras para esse pagamento, conforme prescreve o artigo 928 do C.C./02.

Alternativa "b" – incorreta: O grau de culpa do ofensor constitui critério para a fixação de indenização patrimonial, sobretudo para os danos morais. O valor da indenização é segundo o dano causado pelo ofensor, sendo que o dano deve ser coberto em todos os seus aspectos, até onde suportar o seu patrimônio, conforme previsto no artigo 944 do C.C./02.

Alternativa "c" – incorreta: Conforme a Súmula 145 do STJ, no transporte desinteressado, de simples cortesia, o transportador só será civilmente responsável por danos causados ao transportado quando incorrer em dolo ou culpa grave.

Alternativa "d" – incorreta: Conforme entendimento do E. STJ, em se tratando de indenização por dano moral decorrente de ato ilícito, o prazo para a incidência da correção monetária sobre o valor fixado começa a contar da data em que se deu a condenação e não a partir de ajuizamento da ação.

Alternativa "e" – correta: O artigo 927 do C.C./02 traz que aquele que, por ato ilícito, causar dano a outrem, fica obrigado a repará-lo. Ademais, o direito de o lesado exigir a reparação, bem como o dever de prestá-la, são transmissíveis aos seus herdeiros. Apesar dos direitos da personalidade extinguirem-se com a pessoa, pode-se haver a transeficácia deles, após a morte, aos familiares.

CAPÍTULO XI

DIREITO DAS COISAS

1. INTRODUÇÃO

1.1. Conceito

Segundo a sistemática do Código Civil de 2002, os direitos patrimoniais são classificados em direitos pessoais e direitos reais. Os direitos patrimoniais pessoais são regulados pelo Direito das Obrigações, Direito Contratual e Direito de Empresa. Os direitos patrimoniais reais, por sua vez, são disciplinados pelo Direito das Coisas, consubstanciado nos arts. 1.196 a 1.510 do Código.

Não obstante existir uma "divisão" na doutrina quanto à questão terminológica, havendo nomes de peso que utilizam a expressão Direitos Reais e outros autores igualmente consagrados que se valem da expressão Direito das Coisas, utilizaremos esta última, por ser a expressão empregada pelo Código Civil, para designar o ramo do direito que disciplina as relações entre as pessoas e as coisas.

No capítulo III desta obra vimos que *coisa* é gênero do qual *bem* é espécie.

Segundo preciosa lição da professora Maria Helena Diniz[1], "as coisas são o gênero do qual os bens são espécies. As coisas abrangem tudo quanto existe na natureza, exceto a pessoa, mas como "bens" só se consideram as coisas existentes que proporcionam ao homem uma utilidade, sendo suscetíveis de apropriação, constituindo, então, o seu patrimônio".

Vê-se, dessa forma, que o conceito de bem está ligado ao de **utilidade** e ao de **apreciação econômica**. Em outras palavras, o homem sempre busca se apropriar de um bem que lhe satisfaça uma necessidade. Se, por outro lado, a apropriação visa recair sobre um bem extremamente abundante, como, por exemplo, o ar atmosférico e a luz solar, não há razão para que essa relação seja disciplinada pelo direito, ante a ausência de apreciação econômica.

O Direito das Coisas, juntamente com o Direito de Família, representa o ramo do direito que mais sofreu influência do Direito Romano. Possui extrema importância nos dias atuais, porque regula o direito de propriedade, consagrado no art. 5º, XXII, da CF. A garantia à propriedade privada representa um pilar relevante na estrutura da sociedade.

1. Curso de Direito Civil Brasileiro. 30ª ed., v. 1. São Paulo: Saraiva, 2013, p. 365/366.

A professora Maria Helena Diniz, inspirada por Clóvis Beviláqua, conceitua o Direito das Coisas como sendo "um conjunto de normas que regem as relações jurídicas concernentes aos bens materiais ou imateriais suscetíveis de apropriação pelo homem"[2].

1.2. Direitos reais e direitos pessoais

1.2.1. *Distinção*

Enquanto os direitos reais regulam as relações jurídicas do titular (sujeito) para com o bem (objeto do direito), os direitos pessoais patrimoniais regulam as relações entre o sujeito ativo (credor) para com o sujeito passivo (devedor) com vistas ao cumprimento de uma prestação.

Embora não exista um critério absolutamente seguro para diferenciar os direitos reais dos pessoais, a doutrina enumera algumas características dos direitos reais como forma de compará-los e a alcançar a referida diferenciação.

Inicialmente, cabe destacar que as normas que regem os direitos reais são, em regra, de natureza *cogente* e de *ordem pública*. As que regem os direitos pessoais são, em regra, *dispositivas* ou *facultativas*[3]. Tais questões são relevantes quando se analisa a possibilidade de as partes disporem de certos direitos e, ainda, quando se vislumbra a existência de nulidades.

Os direitos reais, como visto, regulam as relações entre pessoas e coisas, na medida em que disciplina o campo de ação do titular sobre a coisa na qual exerce o domínio pleno ou fragmentado. É importante ressaltar que essas relações podem ser – e muitas vezes são – diretas, não sofrendo influência de qualquer outra pessoa, como ocorre, por exemplo, nas hipóteses de aquisição originária da propriedade, como é o caso da usucapião (art. 1.238 e seguintes do CC/02) e da ocupação (art. 1.263 e seguintes do CC/02). Observe que, nesses casos, o sujeito age diretamente sobre a coisa, sem que haja influência ou intermediação de qualquer outra pessoa, motivo pelo qual o objeto da relação jurídica é a coisa em si. Nos direitos pessoais, por sua vez, a relação jurídica é estabelecida entre duas ou mais pessoas, que elegem, como objeto da relação, o cumprimento de uma prestação.

Dessa forma, os elementos essenciais da relação jurídica regida pelo direito das coisas são: a) o sujeito ativo; b) a coisa; e c) o poder do sujeito sobre a coisa. Os elementos essenciais da relação jurídica disciplinada pelos direitos pessoais são: a) sujeito ativo; b) sujeito passivo; e c) a prestação.

Nos direitos reais há apenas um sujeito ativo determinado, que exerce o domínio pleno ou fragmentado sobre a coisa contra toda a coletividade. Veja que no polo passivo estão incluídas todas as pessoas, que estão obrigadas a abster-se de qualquer

2. Curso de Direito Civil Brasileiro, 28ª ed., v. 4 – São Paulo, Saraiva, 2013, p. 17.
3. Carlos Roberto Gonçalves, Direito Civil 5, Saraiva, 2ª ed., 2011, p. 29.

comportamento que possa prejudicar o pleno exercício desse direito. Quando há a violação do direito do titular é que surge a identificação do sujeito passivo. Nos direitos pessoais patrimoniais, contudo, há, desde o início, o pleno conhecimento da figura dos sujeitos, seja o ativo (credor) ou o passivo (devedor).

Por tal razão é que se diz que os direitos reais tem eficácia *erga omnes*, sendo oponíveis contra todos. Os direitos pessoais patrimoniais, em princípio, tem efeitos *inter partes*, segundo o princípio da relatividade dos contratos, produzindo efeitos apenas entre as partes signatárias. Contudo, cabe, novamente, a observação de que, em algumas situações, os efeitos do contrato atinge terceiros, como é o caso, por exemplo, do seguro de vida, no qual o segurado contrata com a seguradora o pagamento de certa quantia em favor do beneficiário em caso de morte do segurado. Observe que o beneficiário não é parte da relação contratual, mas, mesmo assim, é afetado pelos efeitos do contrato.

Outra importante diferença ocorre em relação aos princípios que regulam os institutos. O direito das coisas é extremamente influenciado pelo princípio da *publicidade*, uma vez que a tradição e o registro são extremamente importantes para a aquisição da propriedade e consequente tutela dos direitos. Os direitos pessoais, por sua vez, são dirigidos pelo princípio da *autonomia privada*, que confere às partes contratantes liberdade para agir no vasto campo contratual.

A doutrina ainda esclarece que os direitos reais são somente aqueles enumerados na lei, tendo como referência o art. 1.225 do CC/02, sendo o rol, portanto, *taxativo*. O rol dos direitos pessoais patrimoniais, no caso os contratos em espécie, é apenas *exemplificativo*, tendo em vista o quanto preconizado pelo art. 425 do CC/02, abaixo transcrito:

> **Art. 425.** É lícito às partes estipular contratos atípicos, observadas as normas gerais fixadas neste Código.

É importante destacar, por derradeiro, que os direitos reais implicam no *direito de sequela*, que possibilita ao credor buscar a coisa com quem a detenha. Por tal razão, quando se trata de direitos reais, diz-se que a coisa responde pela dívida. Nos direitos pessoais, o que responde pela dívida é o patrimônio do devedor, ante a regra geral da responsabilidade patrimonial, preconizada no art. 391 do CC/02.

DIREITOS REAIS	DIREITOS PESSOAIS
Normas cogentes e de ordem pública	Normas dispositivas e facultativas
Regulam relações entre pessoas e coisas	Regulam relações entre pessoas que visam o cumprimento de uma prestação
Elementos: a) Sujeito ativo b) A coisa c) O poder do sujeito sobre a coisa	Elementos: a) Sujeito ativo b) Sujeito passivo c) Prestação

DIREITOS REAIS	DIREITOS PESSOAIS
Possuem eficácia *erga omnes*	Possuem eficácia *inter partes*
Sofrem forte influência do princípio da publicidade	Sofrem forte influência do princípio da autonomia da vontade
Rol taxativo	Rol exemplificativo
Conferem o direito de sequela	O patrimônio do devedor é que responde pela dívida

1.2.2. *Princípios fundamentais dos direitos reais*

O Direito das Coisas é norteado pelos princípios a seguir indicados, cujo estudo é importante para identificar as diferenças entre os direitos reais e os direitos pessoais.

a) *Princípio do absolutismo*: os direitos reais são exercidos contra todos os cidadãos (*erga omnes*), que devem se abster de prejudicar o pleno exercício do direito pelo seu titular. É o princípio do absolutismo que confere ao titular o *direito de sequela*, que possibilita ao titular o direito de buscar e reivindicar a coisa contra quem a detenha. Assim, eventuais transmissões do bem não prejudicarão o direito do titular, eis que o direito real a acompanhará.

b) *Princípio da taxatividade*: os direitos reais são apenas aqueles constantes do direito positivo. Isso significa que não há criação de direitos reais pelo processo analógico ou pela vontade das partes. Portanto, só são direitos reais aqueles indicados pela legislação, sendo preponderante o rol indicado no art. 1.225 do CC/02. Há, contudo, outros direitos reais elencados ao longo do Código Civil e em outras legislações esparsas.

Com efeito, há um consenso na doutrina em reconhecer como direito real o pacto de retrovenda, consubstanciado nos arts. 1.140 a 1.143 do CC/02, haja vista que o referido pacto adere à coisa e pode ser exercido contra qualquer pessoa que o detenha[4].

c) *Princípio da aderência*: que estabelece uma relação imediata entre o sujeito e a coisa, independentemente da intervenção ou intermediação de qualquer outra pessoa. Segundo esse princípio, há um vínculo direto entre o titular do direito real e a coisa em si.

d) *Princípio da publicidade*: a visibilidade é de extrema importância na disciplina dos direitos reais, que, por serem oponíveis *erga omnes*, devem ter sua titularidade conhecida por todos. Como é cediço, a aquisição da propriedade imóvel é adquirida com o registro do título no Cartório de Registro de Imóveis (art. 1.227 do CC/02), enquanto a propriedade móvel é adquirida com

4. Carlos Roberto Gonçalves, Direito Civil 5, Saraiva, 2ª ed., 2011, p. 33/34.

a tradição (art. 1.226 do CC/02). Assim, tanto o registro quanto a tradição servem como forma de dar publicidade à titularidade.

e) *Princípio da perpetuidade*: a propriedade, em regra, é um direito perpétuo, porque não se extingue pelo não uso. A perda da propriedade só ocorre segundo as formas legais, como, por exemplo, a usucapião e as causas previstas no art. 1.275 do CC/02. Sobre o citado princípio, o ilustre Carlos Roberto Gonçalves esclarece que os direitos reais "também desmembram-se do direito-matriz, que é a propriedade, e, uma vez extintos, o poder que se encontrava em mãos do titular de tais direitos retorna, ou seja, consolida-se em mãos do proprietário"[5].

f) *Princípio da exclusividade*: que preconiza que os direitos reais, em regra, são conferidos com exclusividade. Dessa forma, não é possível existir direitos reais de igual conteúdo sobre a mesma coisa, porque a existência de um direito real, necessariamente, exclui outro igual. Dessa maneira, a propriedade sobre um bem, conferida a uma pessoa, exclui que a mesma propriedade seja conferida a outra. Assim o é até mesmo no condomínio, porque, nesse caso, cada condômino é titular de partes ideias, distintas e exclusivas.

g) *Princípio do desmembramento*: que estabelece que a propriedade, em seu exercício pleno, pode ser desmembrada, dando origem a outros direitos reais, como, por exemplo, o usufruto. Não obstante, a extinção do usufruto, enquanto "direito desmembrado", acarretará, novamente, a consolidação da propriedade plena.

1.3. Figuras híbridas

1.3.1. *Obrigações* propter rem

A obrigação *propter rem* é aquela a que uma pessoa está obrigada a cumprir por ser titular de um direito real. O titular de um direito real passa a ser devedor de uma prestação simplesmente por ter esse direito. Pode-se dizer, dessa forma, que a fonte da obrigação *propter rem* é um direito real. É o caso, por exemplo, das despesas condominiais a que o condômino está obrigado a concorrer para a manutenção da coisa comum (art. 1.315 do CC/02).

O atual Código Civil não disciplina especificamente as obrigações *propter rem*, mas apresenta vários dispositivos em que essa modalidade é identificada.

É o que ocorre, por exemplo, nos seguintes casos:

a) na obrigação de indenizar benfeitorias (art. 1.219 do CC/02);

b) na obrigação imposta aos proprietários e possuidores de um prédio de não prejudicarem a segurança, o sossego e a saúde dos vizinhos (art. 1.277 do CC/02);

5. Direito Civil 5, Saraiva, 2ª ed., 2011, p. 37.

c) na obrigação de oferecer caução pelo dano iminente, quando o prédio vizinho estiver ameaçado de ruína (art. 1.280 do CC/02);

d) na obrigação imposta aos proprietários de concorrer para as despesas de demarcação entre os prédios confinantes (art. 1.297 do CC/02);

e) na obrigação imposta aos proprietários de concorrer para as despesas de construção e conservação de tapumes divisórios (art. 1.297, §1º do CC/02);

f) na obrigação imposta aos condôminos, no condomínio em edificações, de não alterar a fachada do prédio (art. 1.336, III do CC/02).

Como se observa, são obrigações impostas pela lei ao titular de um direito real, em razão disso.

As obrigações *propter rem* não constituem um direito real em si e com eles não se confundem. De fato, os direitos reais configuram direitos sobre a coisa ou na coisa. As obrigações *propter rem*, por sua vez, representam uma obrigação em razão da coisa ou advinda da coisa.

1.3.2. *Ônus reais*

Segundo Carlos Roberto Gonçalves, "ônus reais são obrigações que limitam o uso e gozo da propriedade, constituindo gravames ou direitos oponíveis *erga omnes*, como, por exemplo, a renda constituída sobre imóvel. Aderem e acompanham a coisa. Por isso se diz que quem deve é esta e não a pessoa"[6].

Os ônus reais não se confundem com as obrigações *propter rem*. Distinguem-se, basicamente, quanto ao seguinte:

a) Os ônus reais desaparecem com o perecimento da coisa, enquanto que as obrigações *propter rem* permanecem mesmo com o perecimento do objeto;

b) Os ônus reais impõem sempre uma prestação positiva, enquanto que as obrigações *propter rem* podem impor prestações positivas (art. 1.219 do CC/02) e negativas (art. 1.277 do CC/02);

c) Nos ônus reais, a responsabilidade do devedor é limitada à coisa onerada, pois é "esta quem deve", enquanto nas obrigações *propter rem* todos os bens do devedor encontram-se vinculados ao cumprimento da prestação, pois quem deve é a pessoa, ante a regra geral da responsabilidade patrimonial, preconizada no art. 391 do CC/02;

d) Nos ônus reais a ação cabível é de natureza real, enquanto nas obrigações *propter rem* a ação é de natureza pessoal.

6. Direito Civil 5, Saraiva, 2ª ed., 2011, p. 41.

2. CLASSIFICAÇÃO DOS DIREITOS REAIS

Os direitos reais podem ser classificados da seguinte forma:

a) Direitos reais sobre a própria coisa, que são: a.1) a propriedade; a.2) o condomínio; e a.3) a propriedade horizontal;

b) Direitos reais sobre coisa alheia, que se dividem em:

  b.1.) Direitos de gozo, que garantem ao seu titular prerrogativas de uso e fruição efetivas sobre a coisa. São direitos de gozo: b.1.1.) o usufruto; b.1.2) o uso; b.1.3) a habitação; e b.1.4.) as servidões positivas.

  b.2.) Direitos de garantia, que conferem ao titular uma espécie de segurança para o cumprimento de uma obrigação pelo devedor. Os direitos reais de garantia só existem em razão de uma obrigação, que passa a ser o elemento principal do negócio, sendo a garantia elemento acessório. Não obstante, Silvio de Salvo Venosa[7] esclarece que, no penhor, o devedor cede ao credor parte do gozo do bem dado em garantia, tendo em vista a necessidade de se transferir a posse do bem (art. 1.431, *caput* do CC/02). São eles: b.2.1.) o penhor; b.2.2.) a hipoteca; e b.2.3.) a anticrese.

CLASSIFICAÇÃO DOS DIREITOS REAIS

A) DIREITOS REAIS SOBRE A PRÓPRIA COISA
- Propriedade
- Condomínio
- Propriedade horizontal

B) DIREITOS REAIS SOBRE A COISA ALHEIA
- Direitos de Gozo
  - Usufruto
  - Uso
  - Habitação
  - Servidões positivas
- Direitos de Garantia
  - Penhor
  - Hipoteca
  - Anticrese

3. DA POSSE

3.1. Posse e propriedade. Juízo possessório e juízo petitório

A propriedade confere ao seu titular o direito de usar, gozar e dispor da coisa. Confere, ainda, o direito de reavê-la do poder de quem quer que injustamente a

7. Direito Civil, vol. V, Atlas, 4ª Ed., 2004, p. 38.

possua (art. 1.228 do CC/02). Como dito, a propriedade é o direito real por excelência e a transmissão da propriedade de um bem transfere, também, a posse, ainda que indireta.

A posse, contudo, é a exteriorização da propriedade e com ela não se confunde. É uma situação de fato autônoma, que possui proteção jurídica, independentemente da existência de um título. O direito protege essa situação de fato, exigindo que todos respeitem o exercício da posse, inclusive o proprietário.

A proteção jurídica ocorre para preservar a paz social, tendo em vista que a situação de fato aparenta ser a situação de direito.

Oliveira Ascensão, citado por Carlos Roberto Gonçalves[8], esclarece que a proteção da posse é decorrência do princípio fundamental da inércia. Deve-se proteger a posse para que não haja os desgastes provenientes de uma mudança. Assim, se alguém exerce poderes sobre uma coisa, a ordem jurídica lhe permite que continue a exercê-lo.

O exercício da posse mansa e pacífica, independentemente de título aquisitivo, cria uma situação autônoma, que recebe o nome de juízo possessório (*jus possessionis*), ou *posse formal*. O juízo possessório tem como fundamento o exercício da posse, que, repisa-se, recebe proteção jurídica contra todos, inclusive o proprietário. O possuidor, neste caso, só perderá a coisa para o proprietário nas vias ordinárias.

De outro lado está o *direito à posse*, proveniente do título transcrito. Recebe o nome de juízo petitório (*jus possidendi*) ou *posse casual*. Nesse caso, a posse é consequência da propriedade e não o exercício do poder sobre a coisa. Dessa forma, não se estabelece uma relação fática autônoma.

O ideal e mais comum, evidentemente, é que tanto a posse formal quanto a casual coincidam no mesmo sujeito. Assim, o titular do direito é, ao mesmo tempo, proprietário e possuidor, consolidando a situação de direito (propriedade) e a de fato (posse).

Se essa coincidência não se dá, duas situações podem ocorrer: a) o proprietário pode ter uma conduta passiva de deixar de defender seu direito, o que, invariavelmente, solidifica e facilita a situação do possuidor, dando a este, inclusive, a possibilidade de adquirir a propriedade pela usucapião; ou, ainda, b) o proprietário reivindica a coisa judicialmente, invocando seu direito. Enquanto não o fizer, contudo, o possuidor será protegido, porque aparenta ser o proprietário.

▸ JUÍZO POSSESSÓRIO E JUÍZO PETITÓRIO		
Juízo possessório	Direito de posse	Posse formal
Juízo petitório	Direito à posse	Posse casual

8. Direito Civil 5, Saraiva, 2ª ed., 2011, p. 46.

3.2. Conceito de posse

O conceito de posse é trazido pelo art. 1.196 do CC/02, que dispõe:

> **Art. 1.196.** Considera-se possuidor todo aquele que tem de fato o exercício, pleno ou não, de algum dos poderes inerentes à propriedade.

A professora Maria Helena Diniz leciona que "caracteriza-se a posse como a exteriorização da conduta de quem procede como normalmente age o dono. O possuidor é, portanto, o que tem o pleno exercício de fato dos poderes constitutivos de propriedade ou somente alguns deles, como no caso dos direitos reais sobre a coisa alheia como o usufruto, a servidão etc."[9].

A conceituação é importante porque o direito confere proteção jurídica somente àquele que exerce a posse com intenção de dono. Se isso não ocorrer, tem-se a mera detenção, que não encontra amparo na tutela possessória.

Nesse sentido, o art. 1.198 da atual codificação estabelece que:

> **Art. 1.198.** Considera-se detentor aquele que, achando-se em relação de dependência para com outro, conserva a posse em nome deste e em cumprimento de ordens ou instruções suas.
>
> **Parágrafo único.** Aquele que começou a comportar-se do modo como prescreve este artigo, em relação ao bem e à outra pessoa, presume-se detentor, até que prove o contrário.

Como é possível observar do texto legal, o detentor ou "fâmulo da posse" é aquele que detém a custódia física da coisa, mas exerce a posse em nome de outra pessoa, que é o verdadeiro possuidor. Como o detentor não exerce a posse em seu próprio nome, não pode invocar a tutela possessória em seu proveito. São os casos, por exemplo, dos empregados, caseiros, bibliotecários, administradores etc.

De igual sorte, também não induzem em posse os "atos de mera permissão ou tolerância", como preceitua a primeira parte do art. 1.208 do CC/02.

Esses atos de permissão ou tolerância configuram uma simples concessão do possuidor que tem a finalidade precípua de remover o caráter ilícito da conduta de terceiro. A doutrina moderna diferencia os atos de permissão dos atos de tolerância. Os primeiros são caracterizados pelo consentimento expresso do possuidor, enquanto os segundos representam um comportamento passivo, de apenas não intervenção.

Em ambos os casos, contudo, essa concessão do possuidor, seja ela consciente ou não, não importa em renúncia da posse e não confere maiores direitos ao terceiro, uma vez que não tem natureza negocial.

A professora Maria Helena Diniz nos ensina que "os atos de mera permissão são oriundos de uma anuência expressa ou concessão do dono, sendo revogáveis

9. Curso de Direito Civil Brasileiro, v. 4, 28ª Ed., 2013, Saraiva, p. 54.

pelo concedente: podem ser exercidos por convenção das partes, como a permissão de abertura de janela para o prédio do concedente, fechável à sua requisição, a recepção de um hóspede, cedendo, temporariamente, o uso de um quarto etc. Não se confunde nem com a outorga nem com a cessão de direito. Há, sem dúvida, uma licença, mas o termo "mera" adverte que o concedido não é um direito para o concessionário, não é parcela alguma dos direitos do senhor da coisa, senão uma autorização revogável por aquele que a concedeu"[10].

Sobre o assunto, é importante destacar o v. acórdão proferido pelo E. TJSP, nos autos da Apelação nº 0023787-09.2006.8.26.0597, de relatoria do E. Des. Francisco Loureiro e que recebeu a seguinte ementa:

> "USUCAPIÃO Ação corretamente julgada improcedente Demanda que, a rigor, deveria ter sido extinta sem julgamento do mérito, por indeferimento da inicial Necessidade de descrição especializada do imóvel, que não possui matricula individualizada Impossibilidade, ademais, de reconhecer usucapião sobre imóvel ocupado pelos autores sem animus domini. Evidências de que os demandantes eram fâmulos da posse, e depois passaram a ocupar o bem por mera tolerância dos herdeiros proprietários Impossibilidade de concessão da usucapião sem prova cabal da inversão da qualidade da posse, excluindo de modo claro os direitos dos legítimos herdeiros e, posteriormente, do adquirente do imóvel Recurso não provido".

Nas razões de decidir, o excelentíssimo desembargador assim consignou:

> "4. **Na condição de empregada dos proprietários do imóvel, a autora, assim como o marido que com ela vivia, não tinha posse, mas simples detenção, na forma do artigo 1.198 do Código Civil. Eram meros fâmulos da posse, pois a exerciam em nome, por ordem e em proveito dos proprietários. Não tinham posse porque lhes faltava autonomia, eram subordinados, dependentes, obedientes, apenas representavam os patrões na posse da gleba. Por isso é que essa figura recebe os nomes de servidão da posse, detenção dependente e detenção subordinada.**
>
> E, após a morte dos empregadores da requerente, ou a extinção de seu contrato de contrato de trabalho, o que aconteceu primeiro, os demandantes permaneceram no imóvel por simples tolerância dos proprietários, ou, quando muito, como possuidores diretos, na qualidade de comodatários.
>
> É o art. 1.208 do Código Civil que prevê que não induzem posse os atos de mera permissão ou tolerância, sendo esta o comportamento de inação, omissivo, consciente ou não do possuidor, que, sem renunciar à posse, admite a atividade de terceiro em relação à coisa ou não intervém quando ela acontece. Sendo uma mera indulgência, uma simples condescendência, não implica transferência de direitos.

10. Curso de Direito Civil Brasileiro, v. 4, 28ª Ed., 2013, Saraiva, p. 56.

> Em outras palavras, o período em que os apelantes ocuparam o imóvel, ainda que longo, é imprestável para contar tempo para consumação da usucapião, por uma simples razão: não existe nem sequer posse, quanto mais posse qualificada, com animus domini".

▸ ATOS QUE NÃO INDUZEM EM POSSE	
Detenção	O detentor exerce a posse em nome do verdadeiro possuidor (art. 1198, CC/02)
Mera permissão	Concessão expressa do possuidor, sem implicar na renúncia da posse (art. 1208, Primeira Parte, CC/02)
Tolerância	Comportamento passivo do possuidor, que não interfere no comportamento do terceiro, mas que também não configura renúncia da posse (art. 1209, Primeira Parte CC/02)

A segunda parte do art. 1.208 do CC/02 dispõe que também não autorizam a aquisição da posse "os atos violentos, ou clandestinos, senão depois de cessar a violência ou a clandestinidade".

Algumas considerações são importantes sobre esse preceito.

Por primeiro, cabe ressaltar que o exercício de atos violentos ou clandestinos coloca aquele que os pratica na condição de mero detentor, porque tais atos impedem que a posse seja adquirida. Segundo Carlos Roberto Gonçalves[11], o dispositivo trata da *detenção independente*, que é aquela em que o detentor não possui qualquer subordinação em relação ao possuidor.

Em segundo lugar, a posse só será adquirida quando os atos violentos ou clandestinos cessarem. Caso isso ocorra, é importante notar que a posse adquirida será considerada *injusta*. Não obstante, essa característica da posse só é relevante quando se verifica a relação jurídica existente entre aquele que exerce a posse injusta (esbulhador) e o antigo possuidor (esbulhado), que será o único legitimado a alegar a natureza injusta da posse. De se consignar, contudo, que, perante *todos os demais terceiros*, a natureza injusta da posse é irrelevante, sendo que, nesse caso, aquele que exerce a posse, ainda que injusta, é considerado possuidor.

3.3. Classificação da posse

3.3.1. Posse direta e indireta

A classificação da posse em direta e indireta é de extrema importância para o estudo do Direito das Coisas, sobretudo de ordem prática no cotidiano forense.

Estabelece o art. 1.197 do CC/02 que "a posse direta, de pessoa que tem a coisa em seu poder, temporariamente, em virtude de direito pessoal, ou real, não anula

11. Direito Civil 5, Saraiva, 2ª ed., 2011, p. 65.

a indireta, de quem aquela foi havida, podendo o possuidor direto defender a sua posse contra o indireto".

Segundo Flávio Tartuce e José Fernando Simão[12], a posse direta é "aquela que é exercida por quem tem a coisa materialmente, havendo um poder físico imediato". Já a posse indireta é "aquela exercida por meio de outra pessoa, havendo mero exercício de direito, geralmente decorrente da propriedade".

Essa diferenciação surge do desmembramento da posse plena. Assim, o proprietário, por exemplo, pode usar e fruir da coisa, exercendo a posse de forma pessoal e direta. Pode, para atender seus interesses econômicos, ceder o uso e fruição a outrem, ocasião em que transferirá a posse direta e conservará a posse indireta.

Dessa forma, o usufrutuário, o comodatário, o locatário e o depositário exercem a posse direta sobre a coisa, enquanto o nu-proprietário, o comodante, o locador e o depositante conservam a posse indireta. Ambas as posses (direta e indireta) coexistem, de forma que tanto o possuidor direto quanto o indireto podem valer-se da tutela possessória.

É interessante observar que a posse pode ser desmembrada sucessivamente. Assim, aquele que exerce a posse direta pode cedê-la a outrem, passando a exercer a posse indireta. É o que ocorre, por exemplo, com a sublocação de imóveis. Nesse caso, o locador, mediante contrato de locação, cede a posse direta ao locatário, conservando a posse indireta. O locatário, através de um contrato de sublocação, cede a posse direta, recebida do contrato de locação, ao sublocatário, conservando, também, a posse indireta. Havendo este ou mais desmembramentos, a posse direta será exercida apenas pelo último integrante da "cadeia" de desmembramentos, ou seja, por aquele que detenha a coisa consigo. Os demais membros da "cadeia" serão possuidores indiretos.

3.3.2. Composse

Ocorre a composse quando duas ou mais pessoas, ao mesmo tempo, possuem a mesma coisa. Assim como existe o condomínio quando duas ou mais pessoas são proprietárias da mesma coisa, existe a composse quando duas ou mais pessoas são possuidoras da mesma coisa. Então, o condomínio está para a propriedade assim como a composse está para a posse.

Nesse sentido, o art. 1.199 do CC/02 dispõe que "se duas ou mais pessoas possuírem coisa indivisa, poderá cada uma exercer sobre ela atos possessórios, contanto que não excluam os dos outros compossuidores".

Existe composse, por exemplo, entre os cônjuges casados no regime da comunhão de bens, entre os adquirentes de coisa indivisível, e, ainda, entre os coerdeiros antes da partilha.

12. Direito Civil 4, Direito das Coisas, Editora Método, 2013, 5ª ed., p. 36.

Silvio de Salvo Venosa esclarece que "essa composse pode ocorrer ainda que dela não tenham ciência os compossuidores, como ocorre na hipótese de herdeiro que se acredita único, quando de fato não o é. Ainda que ele não saiba da existência de outros herdeiros, todos têm a posse dos bens hereditários desde o momento da morte do autor da herança, por força do princípio da *saisine* mencionado"[13].

Sobre o assunto é importante destacar, ainda, que cada compossuidor pode valer-se da tutela possessória contra o outro, caso um tente exercer a posse de forma exclusiva e excluir o outro do exercício da posse. Dessa forma, a esposa pode utilizar-se dos remédios possessórios para impedir que o esposo ameace o exercício de sua posse, relativa aos bens comuns.

3.3.3. Posse justa e injusta

O art. 1.200 do CC/02 traz importante orientação para o estudo do tema ao estabelecer que "é justa a posse que não for violenta, clandestina ou precária".

A orientação do texto legal serve para conceituar tanto a posse justa quanto a injusta. Se, por um lado, a posse justa é aquela que não é violenta, clandestina ou precária, a posse injusta é exatamente a que possui tais características.

Posse violenta é, evidentemente, a obtida mediante o uso da violência, seja ela física (força) ou moral (coação). A violência física é caracterizada pela brutalidade do agente, que despoja a coisa de seu legítimo possuidor. A violência moral é um temor criado pelo esbulhador, que exige que o esbulhado lhe entregue a posse da coisa, sob pena de lhe causar um mal iminente. Em ambos os casos a posse será violenta, o que lhe classifica como injusta.

Posse clandestina, por sua vez, é aquela adquirida de forma furtiva, às escondidas. Nesse caso, não há violência, mas o esbulho é perpetrado de maneira oculta, às escondidas do legítimo possuidor.

Exemplificando, se pessoas de determinado movimento popular, empregando violência, ingressam em uma propriedade rural, expulsando o legítimo possuidor, fica caracterizada a posse violenta. Se, contudo, ingressam na propriedade no período noturno, sorrateiramente e sem violência, fica caracterizada a posse clandestina.

Finalmente, configura a *posse precária* quando o agente se nega a devolver a coisa, que detém por contrato ou por confiança. É o que ocorre quando o comodatário se recusa a devolver a coisa emprestada pelo comodante. Observe que, nesse caso, a existência do contrato de comodato impede que o comodatário tenha a posse com ânimo de dono, vez que recebe a coisa com a obrigação de restituí-la. Quando se nega a fazê-lo, a posse do comodatário torna-se precária ficando configurado o esbulho.

---

13. Direito Civil, vol. V, Atlas, 4ª Ed., 2004, p. 70.

A doutrina moderna costuma assemelhar os vícios da posse com certos tipos penais. Assim, a posse violenta é assemelhada ao roubo; a posse clandestina ao furto e a posse precária à apropriação indébita ou estelionato.

▸ VÍCIOS DA POSSE

Violência	Clandestinidade	Precariedade
Uso da força física ou coação moral.	É empregada de forma sorrateira e oculta.	É proveniente do abuso de confiança, quando o agente se recusa a restituir coisa.
É assemelhada ao crime de roubo, tipificado no CP.	É assemelhada ao crime de furto, tipificado no CP.	É assemelhada aos crimes de apropriação indébita e estelionato, tipificados no CP.

Note que basta uma dessas características para viciar a posse e qualificá-la como injusta.

É importante frisar, novamente, que a posse, mesmo que injusta, ainda é posse. Dessa forma, a alegação de posse injusta fica adstrita à relação estabelecida entre o esbulhador e o esbulhado, sendo este o único que pode alegar em seu proveito a existência dos vícios que maculam a posse do esbulhador. Contra todos os demais, o esbulhador é considerado possuidor legítimo, podendo valer-se da tutela possessória. Dessa forma, a posse adquirida por meio de furto é injusta em relação à vítima, mas é justa em relação às demais pessoas.

Além dos casos previstos no art. 1.200 do CC/02, considera-se, ainda, injusta a posse quando o esbulhador, sem violência e sem tentar ocultar a invasão, ingressa na propriedade alheia. Essa conduta não se enquadra em nenhuma das hipóteses previstas no art. 1.200 do CC/02, mas, ainda assim, torna a posse do esbulhador viciada. Por isso, diz-se que o referido texto legal traz orientações importantes, mas não esgota o conceito de posse justa e injusta.

Finalmente, cabe destacar que a posse injusta impede a aquisição da propriedade pela usucapião.

3.3.4. *Posse de boa-fé e posse de má-fé*

Dispõe o caput do art. 1.201 do CC/02 que "é de boa-fé a posse, se o possuidor ignora o vício, ou o obstáculo que impede a aquisição da coisa".

Segundo o dispositivo legal, a análise da boa-fé do possuidor é feita de forma subjetiva, pois se exige apenas que ele ignore o vício ou o obstáculo, por imaginar que se encontra em uma situação legítima. O vício indicado no texto pode ser a violência, clandestinidade ou precariedade.

Carlos Roberto Gonçalves leciona que "é de suma importância, para caracterizar a posse de boa-fé, a crença do possuidor de se encontrar em uma situação legítima.

Se ignora a existência de vício na aquisição da posse, ela é de *boa-fé*; se o vício é de seu conhecimento, a posse é de *má-fé*"[14].

Como a boa-fé é presumida, compete ao interessado fazer prova da má-fé do possuidor. Nesse ponto, a doutrina e a jurisprudência inclinam-se em adotar a *teoria ética*, que liga a má-fé à ideia de culpa. Dessa forma, a posse será de boa-fé apenas quando a ignorância se fundar em erro escusável. A culpa do possuidor atuará como excludente da boa-fé, tornando a posse de má-fé. Os casos mais comuns ocorrem quando há falta de zelo e cautela do comprador na aquisição de imóveis, situações em que o adquirente não emprega a diligência necessária ao examinar a prova da propriedade do alienante.

O fato de a posse ser de **boa-fé** é relevante para os seguintes aspectos:

a) permitir ao possuidor adquirir a propriedade da coisa por meio da usucapião;

b) garantir ao possuidor o direito à indenização pelas benfeitorias úteis e necessárias, conferindo-lhe, também, o direito de retê-las até o pagamento da indenização (art. 1.219 do CC/02);

c) garantir ao possuidor o direito à indenização pelas benfeitorias voluptuárias, conferindo-lhe, também, o direito de levantá-las até o pagamento da indenização, desde que não cause detrimento na coisa (art. 1.219 do CC/02);

d) garantir ao possuidor o direito aos frutos percebidos, que são aqueles já colhidos e separados da coisa principal (art. 1.214, *caput*, do CC/02);

e) isentar o possuidor da responsabilidade pela perda ou deterioração da coisa, a que não deu causa (art. 1.217 do CC/02).

A posse de **má-fé**, por sua vez, acarreta as consequências abaixo:

a) não permite a aquisição da propriedade pela usucapião;

b) confere ao possuidor, apenas, o direito à indenização pelas benfeitorias necessárias, uma vez que estas representam melhoramentos que o próprio proprietário deveria realizar (art. 1.220, primeira parte do CC/02);

c) não confere ao possuidor o direito de retenção das melhorias úteis e necessárias e nem de levantar as voluptuárias (art. 1.220, segunda parte do CC/02);

d) responsabiliza o possuidor por todos os frutos, sejam os percebidos ou aqueles que por sua culpa deixou de perceber, sendo lhe garantido, apenas, o direito à indenização pelas despesas de produção e custeio (art. 1.216 do CC/02);

e) responsabiliza o possuidor pela perda ou deterioração da coisa, ainda que acidentais, salvo se provar que a perda ou deterioração ocorreria ainda que a coisa estivesse em poder do legítimo possuidor (art. 1.218 do CC/02).

14. Direito Civil 5, Saraiva, 2ª ed., 2011, p. 94.

Continuando o estudo, estabelece o parágrafo único do art. 1.201 que "o possuidor com justo título tem por si a presunção de boa-fé, salvo prova em contrário, ou quando a lei expressamente não admite esta presunção".

Segundo o texto legal a existência de justo título faz presumir que o possuidor exerce sobre a coisa a posse de boa-fé. Para Carlos Roberto Gonçalves, *justo título* "é o que seria hábil para transmitir o domínio e a posse se não contivesse nenhum vício impeditivo dessa transmissão"[15].

Sobre o assunto, a IV Jornada de Direito Civil, promovida pelo CJF/STJ, aprovou o enunciados nº. 302, a seguir transcrito, que ajuda a compreender a abrangência da expressão "justo título". Observe:

> "IV Jornada de Direito Civil - Enunciado 302
>
> Pode ser considerado justo título para a posse de boa-fé o ato jurídico capaz de transmitir a posse *ad usucapionem*, observado o disposto no art. 113 do Código Civil".

Os exemplos clássicos de justo título são a escritura pública e o compromisso de compra e venda, esteja ele registrado ou não na matrícula do imóvel. Imagine, por exemplo, que o comprador adquira um imóvel mediante escritura pública, que é levada a registro. Tal fato, por si só, é suficiente para a transmissão da propriedade e, consequentemente, da posse (art. 1.245, *caput*, do CC/02). Imagine que, posteriormente, essa escritura seja anulada pela existência de algum dos defeitos do negócio jurídico. Nesse caso, o adquirente não mais terá a propriedade, mas terá a posse de boa-fé, eis que fundada em justo título.

Evidentemente que a presunção legal é *juris tantum*, admitindo, portanto, prova em contrário. Essa conclusão decorre do próprio dispositivo legal, que utiliza a expressão " salvo prova em contrário".

3.3.5. *Princípio da continuidade do caráter da posse*

Através de um raciocínio aparentemente lógico, em um primeiro momento poderia se pensar que toda posse justa seria de boa fé e que toda posse de boa-fé seria justa. O inverso também seria verdadeiro, de forma que toda posse injusta seria de má-fé e toda posse de má-fé seria injusta.

Tal raciocínio, no entanto, é equivocado, eis que se exige investigar o verdadeiro caráter da posse exercida pelo possuidor.

Isso porque o art. 1.203 do CC/02 consagra o *princípio da continuidade do caráter da posse*, que determina que a posse é transmitida com a mesma natureza que já lhe caracterizava. Observe o que diz o referido dispositivo:

> **Art. 1.203.** Salvo prova em contrário, entende-se manter a posse o mesmo caráter com que foi adquirida.

15. Direito Civil 5, Saraiva, 2ª ed., 2011, p. 97.

Dessa forma, o possuidor direto transmite a posse direta, assim como o que detém a posse injusta somente posse injusta pode transmitir, porque os vícios continuam a acompanhar a posse. Isso significa que um possuidor de boa-fé pode exercer uma posse injusta se foi essa que adquiriu do antigo possuidor.

Importante observação a ser feita é que a vontade unilateral no possuidor não tem o condão de alterar a natureza da posse, de forma que não basta o possuidor ao adquirir a posse querer, simplesmente, transformar a posse injusta em justa.

A alteração da natureza da posse só é possível através de ato bilateral, que conte com a manifestação de vontade do legítimo possuidor. É por esse motivo que no art. 1.203 há a expressa ressalva de "salvo prova em contrário" Dessa forma, o possuidor precário sempre o será, salvo expressa anuência do legítimo possuidor.

Sobre o assunto, é importante destacar o v. acórdão proferido pelo E. TJSP, nos autos da Apelação nº 0023787-09.2006.8.26.0597, de relatoria do E. Des. Francisco Loureiro e que recebeu a seguinte ementa:

> "USUCAPIÃO Ação corretamente julgada improcedente Demanda que, a rigor, deveria ter sido extinta sem julgamento do mérito, por indeferimento da inicial Necessidade de descrição especializada do imóvel, que não possui matricula individualizada Impossibilidade, ademais, de reconhecer usucapião sobre imóvel ocupado pelos autores sem animus domini Evidências de que os demandantes eram fâmulos da posse, e depois passaram a ocupar o bem por mera tolerância dos herdeiros proprietários Impossibilidade de concessão da usucapião sem prova cabal da inversão da qualidade da posse, excluindo de modo claro os direitos dos legítimos herdeiros e, posteriormente, do adquirente do imóvel Recurso não provido".

Nas razões de decidir, o excelentíssimo desembargador assim consignou:

> "5. É possível indagar como poderiam inverter os autores a qualidade de detentores para possuidores com posse ad usucapionem. Tal situação somente ocorreria no exato momento em que o detentor não reconheça ou deixe de reconhecer essa posição e revele isso de modo inequívoco e claro ao titular do domínio, para que este possa reagir e retomar a coisa. Nasce, nesse momento, o prazo para usucapião, porque o requisito do animus domini estará então presente. Na lição de Lenine Nequete, há uma inversão da causa da posse, "mas os fatos de oposição, por seu turno, devem ser tais que não deixem dúvida quanto à vontade do possuidor de transmudar a sua posse precária em posse a título de proprietário e quanto à ciência que dessa inversão tenha tido o proprietário: pois que a mera falta de pagamento de locativos ou outras circunstâncias semelhantes das quais o proprietário não possa concluir claramente a intenção de se inverter o título não constituem atos de contradição eficazes" (Da prescrição aquisitiva, 3. ed. Porto Alegre, Ajuris, p. 123).

A existência somente da vontade não altera o caráter da posse, segundo o art. 1.203 do Código Civil. Ninguém pode, apenas mudando de vontade, transformar uma relação possessória existente. A transformação decorre da inversão do título da posse, que decorre de ato negocial ou de conduta inequívoca do possuidor frente ao esbulhado. Estes simplesmente não ocorreram no caso em tela".

Prosseguindo, vale destacar, ainda, o disposto no art. 1.207 do CC/02, que estabelece que "o sucessor universal continua de direito a posse do seu antecessor; e ao sucessor singular é facultado unir sua posse à do antecessor, para os efeitos legais".

Pois bem. Em se tratando de sucessão *mortis causa*, o sucessor universal é aquele que é chamado para suceder na totalidade da herança ou fração dela. O sucessor singular, por sua vez, é o que recebe bem certo e determinado do testador, como uma joia ou um terreno. As sucessões *inter vivos*, geralmente, se concretizam a título singular, como ocorre quando alguém compra um bem.

Esclarecidos tais conceitos, cabe destacar que o disposto no art. 1.207 é de extrema importância para a aquisição da propriedade pela usucapião. Segundo o texto legal, o sucessor universal recebe, necessariamente, a posse com as mesmas características de seu antecessor, de maneira que se a posse era injusta, injusta continuará a ser. No entanto, ao sucessor singular é permitido unir a posse com a do antecessor ou iniciar a posse com uma nova natureza. Dessa forma, se o antecessor transmite uma posse justa, o sucessor singular poderá recebê-la com essa característica e somar os prazos para efeitos da usucapião. Se, contudo, o antecessor transmite uma posse injusta, poderá o sucessor singular desprezá-la e iniciar um novo período possessório para livrar-se do vício que maculava a posse anterior.

MODOS DE AQUISIÇÃO DA POSSE

MODOS ORIGINÁRIOS	– Apreensão da coisa – Exercício do direito – Disposição da coisa ou do direito
MODOS DERIVADOS	– Tradição – Sucessão na posse

3.3.6. Posse nova e posse velha

Posse nova é a que conta com menos de ano e dia, enquanto a *posse velha* é a que conta com mais de ano e dia.

Não há informação sólida na doutrina acerca da origem desses prazos. Alguns indicam que esses prazos estão relacionados ao período das colheitas, que, geralmente, ocorrem em um ano. Outros indicam que os prazos encontram amparo no costume germânico, que os fixou para constituir uma presunção de propriedade.

A classificação entre posse nova e posse velha é relevante para consolidar a situação de fato, já existente.

O Código Civil de 1916 trazia disposições importantes sobre o assunto, consubstanciadas nos arts. 507 e 523, abaixo transcritos:

> **Art. 507.** Na posse de menos de ano e dia, nenhum possuidor será manutenido, ou reintegrado judicialmente, senão contra os que não tiverem melhor posse.
>
> **Art. 523.** As ações de manutenção e as de esbulho serão sumárias, quando intentadas dentro em ano e dia da turbação ou esbulho; e, passado esse prazo, ordinárias, não perdendo, contudo, o caráter possessório.

Esses dispositivos, contudo, **não** foram reproduzidos no Código Civil de 2002, razão pela qual se encontram revogados.

Em razão disso, a matéria passou a ser disciplinada pelo art. 558 do novo CPC, que dispõe:

> **Art. 558.** Regem o procedimento de manutenção e de reintegração de posse as normas da Seção II deste Capítulo quando a ação for proposta dentro de ano e dia da turbação ou do esbulho afirmado na inicial.
>
> **Parágrafo único.** Passado o prazo referido no *caput*, será comum o procedimento, não perdendo, contudo, o caráter possessório.

Como é possível observar, a distinção entre posse nova e posse velha é relevante para o trâmite processual da ação possessória, de forma que será sumário, quando a ação for proposta dentro de ano e dia, e ordinário, quando proposta depois desse prazo.

3.4. Aquisição da posse

3.4.1. *Modos de aquisição da posse*

O estudo da aquisição da posse e a consequente delimitação do termo inicial é relevante, porque, primeiro, possibilita marcar o início do prazo de usucapião; segundo, porque permite verificar se a posse é nova ou velha; e, terceiro, permite verificar se a aquisição da posse foi viciada ou não.

Segundo o art. 1.204 do CC/02, "adquire-se a posse desde o momento em que se torna possível o exercício, em nome próprio, de qualquer dos poderes inerentes à propriedade".

Comentando o dispositivo, Carlos Roberto Gonçalves leciona que "a sua aquisição pode concretizar-se, portanto, por qualquer dos modos de aquisição em geral, como, exemplificativamente, a apreensão, o constituto possessório e qualquer outro ato ou negócio jurídico, a título gratuito ou oneroso, *inter vivos* ou *causa mortis*"[16].

---

16. Direito Civil 5, Saraiva, 2ª ed., 2011, p. 97.

3.4.1.1. *Modos originários de aquisição da posse*

Para efeitos didáticos, a aquisição da posse pode se dar por meios *originários* ou *derivados*.

A aquisição originária da posse é a que ocorre de forma unilateral, sem qualquer anuência do antigo possuidor. Nesse caso, não há negócio jurídico entre as partes que faça com que a posse seja transferida de um para outro. É o que ocorre, por exemplo, no caso de esbulho, em que o possuidor se apropria da coisa pertencente a outrem.

Note que a *aquisição originária* da posse faz surgir nova situação possessória autônoma, completamente desvinculada da situação possessória anterior. Assim, não importa se o antigo possuidor exercia a posse injusta ou de má-fé, o novo possuidor exercerá posse autônoma, sem qualquer relação de continuidade, porque entre as partes não houve qualquer ato negocial. É claro que, em se tratando de esbulho, o esbulhador exercerá posse injusta em relação ao esbulhado. No entanto, exercerá a posse justa perante os demais, como já analisado.

Os modos aquisitivos originários da posse são: a) a apreensão da coisa; b) o exercício do direito; e c) a disposição da coisa ou do direito;

3.4.1.1.1. Apreensão da coisa

A professora Maria Helena Diniz ensina que a apreensão da coisa ocorre quando o "possuidor passa a ter condições de dispor dele livremente, excluindo a ação de terceiros e exteriorizando, assim, seu domínio"[17]. Essa apreensão unilateral se dá: a) em coisa sem dono (*res nullius*); b) em coisa que foi abandonada pelo dono (*res derelicta*); ou, ainda, c) em coisa de outrem, mas sem o consentimento deste, por meio de atos de violência ou clandestinidade, que se convalescerão se o legítimo possuidor não utilizar-se da tutela possessória.

Dessa forma, quem, por exemplo, recolhe um cão de rua, abandonado pelo dono, adquire-lhe a posse pelo simples fato de apoderar-se fisicamente dele.

A apreensão da coisa, para os bens móveis, se dá pela ocupação (art. 1.263 do CC/02), e, para os imóveis, pelo uso.

3.4.1.1.2. Exercício do direito

Segundo Silvio de Salvo Venosa, "como regra geral, tudo o que pode ser utilizado pode ser objeto de posse. É suscetível de proteção possessória tudo aquilo que puder ser apropriado e exteriormente demonstrado. O exercício do direito é o poder de usá-la e gozá-la. Na realidade, quem exerce direito sobre a coisa já exerce a posse"[18].

17. Curso de Direito Civil Brasileiro, v, 4. 2013, 28ª edição, Saraiva, p. 84.
18. Direito Civil, vol. V, Atlas, 4ª Ed., 2004, p. 93.

Segundo a doutrina tradicional, a aquisição da posse pelo exercício do direito ocorre, por exemplo, quando alguém constrói um aqueduto, em terreno alheio, utilizando-o sem oposição do proprietário. Observe que o exercício do direito de servidão faz com que o possuidor adquira a posse sobre o imóvel serviente.

3.4.1.1.3. Disposição da coisa ou do direito

O ato de dispor da coisa configura conduta condizente com a condição de proprietário ou possuidor. Dessa forma, aquele que dispõe da coisa assim o faz porque exerce sobre ela a posse, nos termos do art. 1.196 do CC/02.

A professora Maria Helena Diniz, citando Washington de Barros Monteiro, exemplifica que "se uma pessoa dá em comodato coisa pertencente a outrem, essa circunstância indica que essa pessoa se encontra no exercício de um dos poderes inerentes ao domínio, o de disposição, portanto, fácil é deduzir que adquiriu a posse do bem, uma vez que dele já a desfrutava"[19].

3.4.1.2. *Modos derivados de aquisição da posse*

A *aquisição derivada* da posse, por sua vez, é aquela em que o antigo possuidor transfere a posse ao novo possuidor com todas as suas características. Dessa forma, se a posse do antigo possuidor era violenta, assim será a posse do novo possuidor. Se, contudo, a posse era clandestina, clandestina será a posse do adquirente.

Isso porque dispõe o art. 1.203 do CC/02 que "salvo prova em contrário, entende-se manter a posse o mesmo caráter com que foi adquirida".

Nesse caso, a aquisição da posse se dá através de negócio jurídico bilateral entre o antigo e o novo possuidor.

Os modos aquisitivos derivados da posse são: a) a tradição; e b) a sucessão na posse;

3.4.1.2.1. Tradição

A tradição é o modo mais frequente de aquisição da posse. Segundo Carlos Roberto Gonçalves, "na sua acepção mais pura, ela se manifesta por um ato material de entrega da coisa, ou a sua transferência de mão a mão, passando do antigo ao novo possuidor"[20].

Tendo em vista que nem sempre é fácil proceder à entrega material da coisa, a tradição pode ser classificada de três formas:

a) *tradição real ou material*: que é aquela em que há a efetiva entrega da coisa, como ocorre na compra de uma joia.

---

19. Curso de Direito Civil Brasileiro, v, 4. 2013, 28ª edição, Saraiva, p. 84.
20. Direito Civil 5, Saraiva, 2ª ed., 2011, p. 112.

b) *tradição simbólica*: que é aquela em que não há a entrega material da coisa, mas de algo que simbolize ou represente a transferência da posse, como ocorre, por exemplo, quando o alienante entrega as chaves do imóvel ao adquirente. Nesse caso, não há a entrega efetiva do imóvel, mas o ato de entregar as chaves representa e simboliza a intenção de fazê-lo.

c) *tradição ficta*: que é aquela em que o possuidor deixa de possuir a coisa em nome alheio para possuí-la em nome próprio, como ocorre, por exemplo, quando o locatário adquire a coisa locada. Observe que, nesse caso, não há nenhum ato formal de tradição, mas há uma mudança no status da posse, que deixa de ser apenas direta para consolidar-se como posse plena. Também há tradição ficta no constituto possessório, também chamado de cláusula *constituti*, em que o possuidor deixa de possuir a coisa em nome próprio para possuí-la em nome alheio. É o que ocorre, por exemplo, quando o alguém aliena o imóvel, mas, através da cláusula *constituti* expressa, permanece ocupando o imóvel na condição de locatário. Nesse caso, não há, novamente, um ato formal de tradição, mas apenas a alteração no status da posse, que deixará de ser plena para ser apenas direta.

3.4.1.2.2. Sucessão na posse

A posse também pode ser adquirida por sucessão *mortis causa* ou *inter vivos*.

Nesse sentido, o art. 1.206 do CC/02 não deixa dúvidas ao estabelecer que "a posse transmite-se aos herdeiros ou legatários do possuidor com os mesmos caracteres". Como se observa, há menção expressa de aquisição da posse por meio da sucessão.

Diante disso, o art. 1.207 do CC/02 dispõe que "o sucessor universal continua de direito a posse do seu antecessor; e ao sucessor singular é facultado unir sua posse à do antecessor, para os efeitos legais".

Em se tratando de sucessão *mortis causa*, o sucessor universal é aquele que é chamado para suceder na totalidade da herança ou fração dela. O sucessor singular, por sua vez, é o que recebe bem certo e determinado do testador, como uma joia ou um terreno. As sucessões *inter vivos*, geralmente, se concretizam a título singular, como ocorre quando alguém compra um bem.

Segundo o texto o texto do art. 1.207, o sucessor universal recebe, necessariamente, a posse com as mesmas características de seu antecessor, de maneira que se a posse era injusta, injusta continuará a ser. Em outras palavras, os herdeiros passam a ocupar o lugar do *de cujus* exercendo a mesma posse que este exercia. Só há uma forma de os herdeiros evitarem que isso não ocorra, que é a de renunciar à própria herança.

No entanto, segundo o mesmo dispositivo, ao sucessor singular é permitido unir a posse com a do antecessor ou iniciar a posse com uma nova natureza. Dessa forma, se o antecessor transmite uma posse justa, o sucessor singular poderá recebê-la com essa característica e somar os prazos para efeitos da usucapião. Se, contudo, o antecessor transmite uma posse injusta, poderá o sucessor singular desprezá-la e iniciar um novo período possessório para livrar-se do vício que maculava a posse anterior.

3.5. Perda da posse

O Código Civil não disciplina causas específicas para a perda da posse. A verificação de tal situação deverá ser feita pelo magistrado no caso concreto.

Sobre o assunto, dispõe o art. 1.223 do CC/02 que "perde-se a posse quando cessa, embora contra a vontade do possuidor, o poder sobre o bem, ao qual se refere o art. 1.196".

A doutrina enumera algumas situações em que ocorre a perda da posse.

Assim, *perde-se a posse da coisa*:

a) *Pelo abandono*: que ocorre quando o possuidor, voluntariamente, se afasta fisicamente da coisa com o intuito de não mais exercer qualquer poder ou disponibilidade sobre ela. É o que ocorre, por exemplo, quando alguém atira um objeto na rua, ou, voluntariamente, abandona um animal do qual não quer mais cuidar. O abandono faz nascer a *res derelicta*, que é a coisa que foi abandonada pelo dono. No entanto, a perda definitiva da posse dependerá da apreensão da coisa por outrem, que passará a exercer a posse.

A professora Maria Helena Diniz adverte que "é bom lembrar que nem sempre o abandono da posse acarreta abandono de propriedade, P. ex.: se se jogarem objetos no quintal da própria casa ou se se atirarem objetos ao mar para salvar navio do naufrágio, pois nestes casos não há intenção de não mais desejar as coisas como suas, de modo que o dono desses bens tem o direito de recuperá-los"[21].

b) *Pela tradição*: que, como visto, é o ato de entregar a coisa transferindo-lhe a posse. A tradição é tanto modo de aquisição quanto de perda da posse. Para o adquirente, a entrega da coisa (tradição) representa modo aquisitivo da posse. Para o transmitente, contudo, o mesmo ato de entrega da coisa configura modalidade de perda da posse. Sobre o assunto, retomamos os apontamentos feitos no item 3.4.1.2.1. deste capítulo.

c) *Pela perda da própria coisa*: que ocorre quando a coisa desaparece, impossibilitando a utilização pelo possuidor. A *perda da coisa* difere do *abandono* porque neste a perda da posse se dá pela vontade do possuidor, que, intencionalmente, se afasta da coisa. No caso da perda, o desaparecimento se dá sem a vontade do possuidor.

O exemplo clássico é o do pássaro que foge da gaiola ou do relógio que cai no mar. Em ambos os casos, o possuidor fica privado da coisa por tê-la perdido sem sua vontade.

---

21. Curso de Direito Civil Brasileiro, V, 4. 2013, 28ª edição, Saraiva, p. 93.

Contudo, a perda da coisa deve ser ponderada para que se verifique se o possuidor, realmente, perdeu a posse. Se, por exemplo, o possuidor perde o relógio em casa, não há que se falar em perda da posse, de forma que o possuidor, achando a coisa, exercerá sobre ela a mesma posse que já exercia. Se, no entanto, o possuidor perde o relógio na rua, a posse estará conservada enquanto o possuidor procurá-lo; somente a perderá definitivamente se desistir de procurar o bem[22].

d) *Pela destruição da coisa*: cujo perecimento pode decorrer de um evento natural, fortuito, de ato do próprio possuidor ou de terceiro. Tem-se a destruição da coisa por evento natural quando, por exemplo, o animal morre em razão da idade avançada. Se, contudo, a morte do animal for proveniente de um raio ou de uma enchente, a destruição decorrerá de um evento fortuito. O perecimento da coisa pode ocorrer, ainda, por ato do próprio possuidor que destrói ou inutiliza a coisa tornando-a imprópria para uso. É o caso, por exemplo, do possuidor que destrói um cartão de crédito. O perecimento pode se dar, também, por ato de terceiros que, violentamente, destroem a propriedade alheia, como ocorre em depredações perpetradas em manifestações populares.

e) *Pela posse de outrem*: ocorre perda da posse quando outrem a adquire, ainda que contra a vontade do antigo possuidor. Competirá a este valer-se da tutela possessória para obter a manutenção ou reintegração da coisa, porque o exercício da posse, em princípio, é exclusivo. Assim, estabelecida uma posse nova, opera-se a extinção da anterior.

f) *Pelo constituto possessório*: como visto no item 3.4.1.2.1., "c", configura o constituto possessório quando o possuidor deixa de possuir a coisa em nome próprio para possuí-la em nome alheio. É o que ocorre, por exemplo, quando o alguém aliena o imóvel, mas, através da cláusula *constituti* expressa, permanece ocupando o imóvel na condição de locatário. Não há ato formal de tradição, mas a cláusula altera a relação possessória, extinguindo, para o alienante, a posse com *animus* de dono, que passará a ser exercida pelo adquirente.

De igual sorte, dispõe o art. 1.224 do CC/02 que "só se considera perdida a posse para quem não presenciou o esbulho, quando, tendo notícia dele, se abstém de retomar a coisa, ou, tentando recuperá-la, é violentamente repelido".

Segundo o texto legal, o possuidor que não presenciou o esbulho só perderá a posse, quando, após obter a notícia dele, abster-se de procurar a tutela possessória, porque, nesse caso, estará configurado o completo desinteresse sobre a coisa.

Nos termos da segunda parte do art. 1.224, o mesmo possuidor perderá a posse, se, tentando recuperar a coisa, for violentamente repelido. O ato violento, capaz de evitar a apreensão do legítimo possuidor, acarreta, para este, a perda da posse,

22. Maria Helena Diniz, Curso de Direito Civil Brasileiro, v. 4. 2013, 28ª edição, Saraiva, p. 94.

embora fique legitimado a valer-se da tutela possessória para recuperá-la, tendo em vista a posse injusta do novo possuidor.

PERDA DA POSSE

PERDE-SE A POSSE	
	– Pelo abandono
	– Pela tradição
	– Pela perda da coisa
	– Pela destruição da coisa
	– Pela posse de outrem
	– Pelo constituto possessório

4. DA PROPRIEDADE

4.1. Conceito. Direitos e faculdades

O Código Civil não traz o conceito de propriedade. O *caput* do art. 1.228 dispõe, apenas, os poderes do proprietário ao estabelecer que "o proprietário tem a faculdade de usar, gozar e dispor da coisa, e o direito de reavê-la do poder de quem quer que injustamente a possua ou detenha".

Com base nos poderes constante do art. 1.228, Carlos Roberto Gonçalves define o direito de propriedade "como o poder jurídico atribuído a uma pessoa de usar, gozar e dispor de um bem, corpóreo ou incorpóreo, em sua plenitude e dentro dos limites estabelecidos na lei, bem como de reivindicá-lo de quem injustamente o detenha"[23].

Semelhantemente, a professora Maria Helena Diniz define a propriedade "como sendo o direito que a pessoa natural ou jurídica tem dentro dos limites normativos, de usar, gozar e dispor de um bem, corpóreo ou incorpóreo, bem como de reivindicá-lo de quem injustamente o detenha"[24].

Argumentando sobre a complexidade do direito de propriedade, Flávio Tartuce e José Fernando Simão esclarecem que "a propriedade é o direito que alguém possui em relação a um bem determinado. Trata-se de um direito fundamental, protegido no art. 5.º, inc. XXII da Constituição Federal, mas que deve sempre atender a uma função social, em prol de toda a coletividade. A propriedade é preenchida a partir dos atributos que constam do Código Civil de 2002 (art. 1.228), sem perder de vista outros direitos, sobretudo aqueles com substrato constitucional"[25].

Como visto, a propriedade está relacionada com os quatro atributos previstos no *caput* do art. 1.228, que estabelece três faculdades (usar, gozar e dispor) e um direito (reivindicar a coisa). A atual codificação, neste ponto, inovou em relação ao

23. Direito Civil 5, 2ª ed., 2011, Saraiva, p. 229/230.
24. Curso de Direito Civil Brasileiro, V, 4. 2013, 28ª edição, Saraiva, p. 134.
25. Direito Civil 4, Direito das Coisas, Editora Método, 2013, 5ª ed., p. 102.

Código Civil de 1916, que elencava os atributos como quatro direitos. Houve, portanto, uma espécie de "abrandamento" do Código de 2002, que, segundo a doutrina contemporânea, está associado ao exercício relativo desses atributos, a ponto de sugerir que o direito de propriedade não é absoluto. É como se o texto legal dissesse que o proprietário "pode" usar, gozar e dispor da coisa, cuja ideia está associada ao exercício de direitos subjetivos.

Prosseguindo, a primeira faculdade estampada no *caput* do art. 1.228 é a de *usar* a coisa (*jus utendi*), que consiste em poder utilizá-la conforme a melhor conveniência do proprietário. A mesma faculdade confere ao proprietário a prerrogativa de não usar a coisa, deixando-a inerte sob seu poder até que escolha o momento adequado para usá-la[26]. É importante destacar que o uso da coisa deve ser feito dentro dos parâmetros legais e deve atender à função social da propriedade, segundo o disposto no art. 1.228, §1º, do CC/02.

A segunda faculdade é a de *gozar* a coisa (*jus fruendi*), que corresponde ao poder que o proprietário tem de perceber os frutos (naturais e civis), bem como de aproveitar economicamente os produtos.

A faculdade de *dispor* (*jus abutendi*) permite que o proprietário possa alienar a coisa, transferindo-a a terceiros, seja a título gratuito ou oneroso ou por ato *inter vivos* ou *mortis causa*. Permite, também, que o proprietário possa gravá-la de ônus real. Não permite, contudo, que o proprietário destrua deliberadamente a coisa, quando esta for útil para a coletividade. Isso porque o art. 5, XXIII, da CF estabelece que a propriedade atenderá sua função social. Nesse caso, a destruição da coisa configurará evidente abuso de direito.

O último atributo, a que o art. 1.228 consagrou expressamente como direito, é o de *reaver* a coisa (*rei vindicatio*), que consiste em retomar e recuperar a coisa de quem injustamente a detenha, como consequência natural do direito de sequela. O direito de reaver a coisa é feito por meio da ação reivindicatória.

Dessa forma, os atributos inerentes à propriedade (**G**ozar, **R**eaver, **U**sar e **D**ispor), para efeitos didáticos, podem ser lembrados pelo acróstico **GRUD**[27].

DA PROPRIEDADE[28]

G ozar ou fruir

R eaver ou buscar

U sar ou utilizar

D ispor ou alienar

26. Carlos Roberto Gonçalves, Direito Civil 5, 2ª ed., 2011, Saraiva, p. 230.
27. Flávio Tartuce e José Fernando Simão, Direito Civil 4, Direito das Coisas, Editora Método, 2013, 5ª ed., p. 108.
28. Esquema adaptado de Flávio Tartuce e José Fernando Simão, Direito Civil 4, Direito das Coisas, Editora Método, 2013, 5ª ed., p. 108.

Pois bem. Terá a *propriedade plena* o proprietário que tiver em seu poder o exercício dos quatro atributos constantes *caput* do art. 1.228 do CC/02. Contudo, em algumas situações, alguns desses atributos podem estar distribuídos em outras pessoas, de forma que o proprietário terá a *propriedade restrita*.

Assim, podemos conceituar propriedade plena e restrita da seguinte maneira:

a) *Propriedade plena*: ocorre quando o proprietário concentra em seu poder os atributos de usar, gozar, dispor e reaver a coisa, consubstanciados no *caput* do art. 1.228 do CC/02. Havendo a propriedade plena, não incide a interferência de qualquer terceiro.

b) *Propriedade restrita*: ocorre quando o proprietário não concentra os quatro atributos em seu poder, porque algum deles é exercido por um terceiro. É o que ocorre, por exemplo, quando o imóvel é gravado com usufruto, no qual a faculdade de gozar é exercida pelo usufrutuário. Fica configurada a propriedade restrita, ainda, quando recai algum ônus sobre a propriedade, como, por exemplo, a hipoteca e a servidão.

4.2. Caracteres da propriedade

Dispõe o art. 1.231 do CC/02:

> **Art. 1.231.** A propriedade presume-se plena e exclusiva, até prova em contrário.

O referido dispositivo permite que se extraia as características da propriedade. Dessa forma, a propriedade pode ser enquadrada como:

a) *Direito absoluto*: já foi visto que o direito de propriedade é o direito real por excelência, de forma que, por ser exercido *erga omnes*, configura um direito absoluto. Também o é porque a propriedade permite ao proprietário desfrutar do bem conforme sua conveniência. Não obstante, o direito de propriedade mantém o caráter absoluto quando se coloca diante de um direito pessoal patrimonial. Contudo, deve ser relativizado quando confrontado com direitos da personalidade ou direitos fundamentais consagrados pela Constituição Federal. Nesse sentido, cabe, novamente, a observação de que o direito de propriedade deve ser exercido em consonância com as suas finalidades econômicas e sociais (art. 1.228, §1º do CC/02).

b) *Direito exclusivo*: isso porque o direito do proprietário sobre determinada coisa exclui, automaticamente, o direito de outro sobre a mesma coisa. Em outras palavras, a mesma coisa não pode pertencer, de maneira exclusiva e simultânea, a duas ou mais pessoas. O caráter exclusivo do direito de propriedade não é afastado nem mesmo quando há o condomínio, haja vista que cada condômino é proprietário exclusivo de sua fração ideal.

c) *Direito perpétuo*: porque a propriedade não se extingue pelo não uso. Dessa forma, o direito de propriedade subsiste ainda que o titular não o exerça, haja vista que o direito só se extingue por uma das formas previstas na lei, como, por exemplo, a desapropriação, a usucapião e a transmissão. Logo, é necessária a ocorrência de um fato novo, que caracterize uma das formas extintivas da propriedade para que o titular perca seu direito.

d) *Direito fundamental*: haja vista que o direito de propriedade está consagrado no art. 5º, XXII e XXIII da Constituição Federal.

4.3. Restrições ao direito de propriedade

Como dito, o direito de propriedade tem sido relativizado em alguns pontos. Nessas situações, deixa de ter um caráter absoluto e ilimitado para encontrar restrições impostas pela ordem jurídica.

A Constituição Federal, por exemplo, dispõe que a propriedade atenda sua função social. Outras limitações são impostas por outras codificações, como o Código Florestal e o Código de Mineração.

Outras limitações podem surgir pela vontade das partes, como ocorre, por exemplo, nas doações com cláusulas de inalienabilidade, impenhorabilidade e incomunicabilidade.

O Código Civil também traz limitações como as decorrentes das relações de vizinhança (arts. 1.277 a 1.313 do CC/02).

De igual sorte, o art. 1.229 do CC/02, ao regular o espaço aéreo e o subsolo, limita o uso da propriedade pelo critério da *utilidade*, ao estabelecer que a extensão da propriedade será até onde for útil ao proprietário.

Veja o citado dispositivo:

> **Art. 1.229.** A propriedade do solo abrange a do espaço aéreo e subsolo correspondentes, em altura e profundidade úteis ao seu exercício, não podendo o proprietário opor-se a atividades que sejam realizadas, por terceiros, a uma altura ou profundidade tais, que não tenha ele interesse legítimo em impedi-las.

Segundo o texto legal, a propriedade do solo abrange a do espaço aéreo e subsolo correspondentes. Não obstante, essa abrangência é limitada até onde tais espaços sejam úteis ao proprietário, o que significa, a toda evidência, uma relativização ao direito de propriedade. O exemplo clássico na doutrina é o bonde aéreo do Pão de Açúcar, localizado na cidade do Rio de Janeiro, sendo que, devido à sua grande altura, o proprietário do solo não teria legítimo interesse em impedir a passagem dos cabos empregados na tração do bonde.

O art. 1.230 do CC/02 também impõe uma restrição à propriedade. Observe o dispositivo:

> **Art. 1.230.** A propriedade do solo não abrange as jazidas, minas e demais recursos minerais, os potenciais de energia hidráulica, os monumentos arqueológicos e outros bens referidos por leis especiais.

Como se observa, os bens excetuados pelo art. 1.230 possuem propriedade distinta do solo, porque são destinados à exploração. As minas, jazidas, etc., pertencem à União por força do art. 176 da CF, bem como do art. 84 do Código de Mineração. O produto da exploração pertence ao cessionário que a explora, cabendo ao proprietário do solo apenas uma participação nos resultados.

4.4. Modos de aquisição da propriedade imobiliária

Segundo a atual codificação, a propriedade imobiliária pode ser adquirida:

a) pela usucapião (arts. 1238 a 1244 do CC/02);

b) pela transcrição do título de transferência no Registro do Imóvel (arts. 1.245 a 1.247 do CC/02);

c) pela acessão (arts. 1.248 a 1.259 do CC/02);

d) pelo direito hereditário (art. 1.784 do CC/02).

Quanto à procedência, a doutrina tradicional classifica os modos de aquisição da propriedade imobiliária em **originária e derivada**.

Será **originária** quando a propriedade for adquirida diretamente pelo titular, sem que seja transmitida por outrem. O titular adquirirá diretamente a coisa, tornando-a sua, ou, também, porque nunca esteve sob o domínio de outro (*res nullius*). Nessa modalidade não há nenhuma relação entre o domínio anterior e o atual. É o que ocorre, por exemplo, com a usucapião e com a acessão natural.

Será **derivada** a aquisição quando for proveniente de uma relação negocial entre o proprietário anterior e o atual. Nessa modalidade, há a transmissão da propriedade do antigo ao novo proprietário, seja por ato *inter vivos* (negócio jurídico) ou *causa mortis* (sucessão hereditária).

Carlos Roberto Gonçalves[29], citando Washington de Barros Monteiro, esclarece sobre a importância prática da distinção entre aquisição originária e derivada.

Basicamente, na aquisição derivada o proprietário tem o ônus de provar que adquiriu a coisa do legítimo proprietário, vinculando-se, também, à cadeia dos antigos donos. Necessita, em outras palavras, de demonstração de legitimidade dos antecessores e receberá o domínio com os mesmos atributos e limitações que recaíam sobre a propriedade do antecessor, porque, evidentemente, ninguém pode transferir mais direitos do que possui.

Isso não ocorre na aquisição originária, uma vez que a propriedade é adquirida diretamente pelo proprietário, não havendo qualquer transmissão por via negocial. Assim, o adquirente adquire a coisa em sua plenitude, sem qualquer limitação ou vício que eventualmente recaía sobre ela.

29. *Direito Civil 5*, 2ª ed., 2011, Saraiva, p. 255.

Sobre o assunto, o E. STJ, nos autos do REsp 941464/SC, T4, Min. Luís Felipe Salomão, DJe 29/06/12, assim decidiu:

> **DIREITO DAS COISAS. RECURSO ESPECIAL. USUCAPIÃO. IMÓVEL OBJETO DE PROMESSA DE COMPRA E VENDA. INSTRUMENTO QUE ATENDE AO REQUISITO DE JUSTO TÍTULO E INDUZ A BOA-FÉ DO ADQUIRENTE. EXECUÇÕES HIPOTECÁRIAS AJUIZADAS PELO CREDOR EM FACE DO ANTIGO PROPRIETÁRIO. INEXISTÊNCIA DE RESISTÊNCIA À POSSE DO AUTOR USUCAPIENTE. HIPOTECA CONSTITUÍDA PELO VENDEDOR EM GARANTIA DO FINANCIAMENTO DA OBRA. NÃO PREVALÊNCIA DIANTE DA AQUISIÇÃO ORIGINÁRIA DA PROPRIEDADE. INCIDÊNCIA, ADEMAIS, DA SÚMULA N. 308.**
>
> 1. O instrumento de promessa de compra e venda insere-se na categoria de justo título apto a ensejar a declaração de usucapião ordinária. Tal entendimento agarra-se no valor que o próprio Tribunal - e, de resto, a legislação civil - está conferindo à promessa de compra e venda. Se a jurisprudência tem conferido ao promitente comprador o direito à adjudicação compulsória do imóvel independentemente de registro (Súmula n. 239) e, quando registrado, o compromisso de compra e venda foi erigido à seleta categoria de direito real pelo Código Civil de 2002 (art. 1.225, inciso VII), nada mais lógico do que considerá-lo também como "justo título" apto a ensejar a aquisição da propriedade por usucapião.
>
> 2. A própria lei presume a boa-fé, em sendo reconhecido o justo título do possuidor, nos termos do que dispõe o art. 1.201, parágrafo único, do Código Civil de 2002: «O possuidor com justo título tem por si a presunção de boa-fé, salvo prova em contrário, ou quando a lei expressamente não admite esta presunção".
>
> 3. Quando a lei se refere a posse "incontestada", há nítida correspondência com as causas interruptivas da prescrição aquisitiva, das quais é exemplo clássico a citação em ação que opõe resistência ao possuidor da coisa, ato processual que possui como efeito imediato a interrupção da prescrição (art. 219, CPC). Por esse raciocínio, é evidente que os efeitos interruptivos da citação não alcançam a posse de quem nem era parte no processo. Assim, parece óbvio que o ajuizamento de execução hipotecária por credores contra o proprietário do imóvel, por não interromper o prazo prescricional da usucapião, não constitui resistência à posse ad usucapionem de quem ora pleiteia a prescrição aquisitiva.
>
> 4. A declaração de usucapião é forma de aquisição originária da propriedade ou de outros direitos reais, modo que se opõe à aquisição derivada, a qual se opera mediante a sucessão da propriedade, seja de forma singular, seja de forma universal. Vale dizer que, na usucapião, a propriedade não é adquirida do anterior proprietário, mas, em boa verdade, contra ele. A propriedade é absolutamente nova e não nasce da antiga. É adquirida a partir da objetiva situação de fato consubstanciada na posse ad usucapionem pelo interregno temporal exigido por lei. Aliás, é até mesmo desimportante que existisse antigo proprietário.

5. Os direitos reais de garantia não subsistem se desaparecer o "direito principal" que lhe dá suporte, como no caso de perecimento da propriedade por qualquer motivo. Com a usucapião, a propriedade anterior, gravada pela hipoteca, extingue-se e dá lugar a uma outra, ab novo, que não decorre da antiga, porquanto não há transferência de direitos, mas aquisição originária. Se a própria propriedade anterior se extingue, dando lugar a uma nova, originária, tudo o que gravava a antiga propriedade - e lhe era acessório - também se extinguirá.

6. Assim, com a declaração de aquisição de domínio por usucapião, deve desaparecer o gravame real hipotecário constituído pelo antigo proprietário, antes ou depois do início da posse ad usucapionem, seja porque a sentença apenas declara a usucapião com efeitos ex tunc, seja porque a usucapião é forma originária de aquisição de propriedade, não decorrente da antiga e não guardando com ela relação de continuidade.

7. Ademais, "a hipoteca firmada entre a construtora e o agente financeiro, anterior ou posterior à celebração da promessa de compra e venda, não tem eficácia perante os adquirentes do imóvel" (Súmula n. 308).

8. Recurso especial conhecido e provido.

Quanto ao objeto, a aquisição da propriedade pode ser a título **singular** ou **universal**.

Será **singular** quando tiver por objeto **coisas individualizadas**. Geralmente se dá nas transmissões *inter vivos*, mas também pode ocorrer na transmissão *causa mortis*, como ocorre no caso dos legados[30].

Será **universal**, por sua vez, quando a aquisição ocorrer sobre **todo um patrimônio**. A transmissão universal **só** ocorre por ato *causa mortis*, quando o herdeiro (novo proprietário) sucede o anterior na totalidade de seus direitos.

▸ MODOS DE AQUISIÇÃO DA PROPRIEDADE IMOBILIÁRIA
A) ORIGINÁRIA: Quando o bem é adquirido diretamente pelo titular, não havendo relação negocial, como ocorre nos casos de usucapião e acessão natural.
B) DERIVADA: Quando o bem é transmitido do antigo para o novo proprietário, através de negócio jurídico, como ocorre na compra e venda.

4.4.1. *Da usucapião*

4.4.1.1. *Conceito e fundamento*

A usucapião é um instituto secular, que já tinha ampla aplicação entre os romanos.

30. Maria Helena Diniz, *Curso de Direito Civil Brasileiro*, v, 4. 2013, 28ª edição, Saraiva, p. 152.

A professora Maria Helena Diniz conceitua a usucapião como sendo "um modo de aquisição da propriedade e de outros direitos reais pela posse prolongada da coisa com a observância dos requisitos legais"[31].

A grafia correta é a usucapião, no feminino. Etimologicamente, a palavra tem origem em *capio* ou *capionis*, que é uma palavra feminina e significa "tomada". É precedida por *usu*, que significa "através do uso". As leis nº 6.969/81 e 10.527/01, que tratam, respectivamente, da usucapião de imóveis rurais e do Estatuto da Cidade utilizam corretamente a palavra no feminino. O mesmo se deu com o Código Civil de 2002.

Também é conhecida como prescrição aquisitiva em oposição à prescrição extintiva, estudada no capítulo 5, uma vez que ambas tem como fundamento **o fator tempo**. Enquanto a prescrição aquisitiva usa o decurso tempo como forma de conferir direitos, a extintiva, como o nome diz, usa o lapso temporal para extinguir direitos. É como se fossem duas faces da mesma moeda.

A similaridade dos institutos é evidente e se revela no art. 1.244 do CC/02, que assim dispõe:

> **Art. 1.244.** Estende-se ao possuidor o disposto quanto ao devedor acerca das causas que obstam, suspendem ou interrompem à prescrição, as quais também se aplicam à usucapião.

Como se verifica, aplicam-se à usucapião as disposições constantes dos arts. 197 a 202, todos do CC/02, não havendo prescrição aquisitiva, por exemplo, entre cônjuges na constância do casamento (art. 197, I do CC/02); entre ascendentes e descendentes durante o poder familiar (art. 197, II do CC/02) e contra os incapazes de que trata o art. 3º do CC/02 (art. 198, I do CC/02).

A primeira vista, a usucapião pode parecer uma usurpação ou agressão ao direito de propriedade, mas não é bem assim.

É importante destacar, inicialmente, que o direito de propriedade não é absoluto e a ordem jurídica confere ao proprietário ferramentas e ações específicas para que este defenda seu domínio. A usucapião vai punir apenas o proprietário desidioso e negligente, cuja omissão configurará uma aparente renúncia tácita. Assim como a prescrição extintiva pune o credor desidioso, a usucapião pune o proprietário negligente que não utilizou as ferramentas legais para a defesa de seu domínio.

Não obstante, aquele que, por um longo período, emprega seu esforço, cuida e ocupa a coisa como sendo sua, também merece proteção legal. Na verdade, a usucapião nada mais é do que a consolidação jurídica de uma situação fática duradoura, que encontra fundamento na utilidade social e na estabilidade das relações sociais.

31. *Curso de Direito Civil Brasileiro*, v, 4. 2013, 28ª edição, Saraiva, p. 178.

A professora Maria Helena Diniz traz uma lição ímpar, que merece ser transcrita:

"Pela usucapião o legislador permite que uma determinada situação de fato, que, sem ser molestada, se alongou por um certo intervalo de tempo previsto em lei, se transforme em uma situação jurídica, atribuindo-se assim juridicidade a situações fáticas que amadureçam com o tempo.

A usucapião tem por *fundamento* a consolidação da propriedade, dando juridicidade a uma situação de fato: a posse unida ao tempo. A posse é o fato objetivo, e o tempo, a força que opera a transformação do fato em direito, o que demonstra a afinidade existente entre os fenômenos jurídicos e físicos"[32].

4.4.1.2. Pressupostos da usucapião

Segundo a doutrina tradicional, os pressupostos da usucapião são: **a) coisa hábil; b) posse; c) decurso do tempo; d) justo título**; e **e) boa-fé.**

Os três primeiros são pressupostos comuns e necessários a todas as modalidades de usucapião. O justo título e a boa-fé são exigidos apenas na usucapião ordinária.

Há entendimento minoritário na doutrina colocando a sentença judicial como pressuposto da usucapião, tendo como fundamento a segunda parte do *caput* do art. 1.238 do CC/02, que assim dispõe:

> **Art. 1.238.** Aquele que, por quinze anos, sem interrupção, nem oposição, possuir como seu um imóvel, adquire-lhe a propriedade, independentemente de título e boa-fé; **podendo requerer ao juiz que assim o declare por sentença,** a qual servirá de título para o registro no Cartório de Registro de Imóveis.

Não obstante, Carlos Roberto Gonçalves esclarece que a sentença judicial não configura pressuposto da usucapião, tendo em vista ter **natureza meramente declaratória.** Em outras palavras, a usucapião se configura no mundo fático com o preenchimento dos pressupostos já indicados. O que a sentença judicial faz é simplesmente declarar a existência desses pressupostos, convalidando a situação fática em jurídica e permitir, inclusive, o registro no cartório de registro de imóveis. Lembra o citado doutrinador que a usucapião, nas ações reivindicatórias, pode ser arguida como matéria de defesa, antes, portanto, da sentença (Súmula 237 do STF)[33].

Examinaremos, a seguir, cada um dos pressupostos da usucapião.

4.4.1.2.1. Coisa hábil

Esse pressuposto recai sobre a coisa a ser usucapida. Entende-se por **coisa hábil** a coisa que pode ser suscetível de aquisição (*res habilis*), estando fora, portanto, os bens que estão fora do comércio e os bens públicos.

---

32. *Curso de Direito Civil Brasileiro*, v, 4. 2013, 28ª edição, Saraiva, p. 180.
33. *Direito Civil 5*, 2ª ed., 2011, Saraiva, p. 275.

Os bens podem estar fora do comércio por uma questão: **a) natural:** cuja aquisição pelo homem é impedida pela própria natureza, como ocorre com o ar atmosférico; **b) legal:** cuja aquisição pelo homem é impedida pela lei, como ocorre com os direitos da personalidade, os bens de uso comum e de incapazes; e **c) voluntária:** cuja aquisição é impedida pela vontade do doador ou do testador, como ocorre com os imóveis gravados com a cláusula de inalienabilidade. Há uma controvérsia na doutrina acerca de os bens considerados inalienáveis pela vontade do homem (ato negocial) serem objeto de usucapião. A posição predominante entende que tais bens **podem** ser usucapidos, tendo em vista o pronunciamento do E. STJ no REsp 207.167-RJ, 44ª T., rel. Min. Sálvio de Figueiredo, e Resp 418.945-SP, 4ª T., rel. Min. Ruy Rosado de Aguiar Júnior.

Como dito, os bens públicos não podem ser objeto de usucapião, havendo, inclusive, expressa previsão constitucional nesse sentido.

Com efeito, o art. 183 da CF disciplina a usucapião especial urbana e faz ressalva expressa no §3º ao estabelecer que "os imóveis públicos não serão adquiridos por usucapião". A mesma disciplina é dada pelo art. 191 da CF, que trata da usucapião rural, que faz a ressalva no parágrafo único ao dispor que " os imóveis públicos não serão adquiridos por usucapião".

De igual sorte, o art. 102 do CC/02 é claro ao estabelecer que "os bens públicos não estão sujeitos a usucapião".

Disciplinando o assunto, há, finalmente, a Súmula nº. 340 do STF, que assim dispõe:

> **Súmula nº. 340 do STF** - Desde a vigência do CC[34], os bens dominicais, como os demais bens públicos, não podem ser adquiridos por usucapião.

Há, ainda, outros obstáculos à prescrição aquisitiva.

Já foi dito que o art. 1.244 manda aplicar à usucapião os conteúdos relativos às causas que obstam, suspendem e interrompem a prescrição (extintiva), que são disciplinados nos arts. 197 a 202, todos do CC/02.

Dessa forma, não pode haver usucapião entre os cônjuges, na constância da sociedade conjugal (art. 197, I do CC/02). Também não podem ser usucapidos os bens daqueles que se acharem servindo nas Forças Armadas, em tempos de guerra (art. 198, III do CC/02).

No caso do art. 197, é de privilegiar e proteger a confiança existente entre as partes, porque, permitir a fluência de prazos prescricionais nessas situações, seria incentivar o litígio e promover a destruição das relações sociais.

No caso do art. 198, o legislador pretendeu proteger certas pessoas que estão em situações especiais, que os impossibilitam que defender seus interesses e bens.

34. A referência é ao Código Civil de 1916.

Os arts. 197 e 198, ambos do CC/02, foram analisados com mais detalhe no capítulo V, que trata da prescrição e decadência.

Por fim, cabe destacar que a usucapião pode recair não só sobre a propriedade, mas também sobre outros direitos reais, como as servidões (art. 1.379 do CC/02), o usufruto, o uso e a habitação.

4.4.1.2.2. Posse

A posse é um pressuposto indispensável da usucapião. Pode-se afirmar que sem a posse não há usucapião.

Com efeito, a usucapião foi um instituto criado para proteger o **possuidor**, ou seja, aquele que possui a coisa como sua e emprega seu esforço nela.

É evidente, no entanto, que não é qualquer tipo de posse que serve como fundamento para a usucapião. A posse injusta (violenta, clandestina ou precária) não pode embasar a prescrição aquisitiva, porque eivada de vício na sua aquisição. A posse injusta foi analisada com mais detalhe nessa obra, quando tratamos da posse.

A posse que permite a prescrição aquisitiva é aquela que preenche os requisitos constante do *caput* art. 1.238 do CC/02, que assim dispõe:

Art. 1.238. Aquele que, por quinze anos, sem interrupção, nem oposição, possuir como seu um imóvel, adquire-lhe a propriedade, independentemente de título e boa-fé; podendo requerer ao juiz que assim o declare por sentença, a qual servirá de título para o registro no Cartório de Registro de Imóveis.

O primeiro requisito é que o possuidor possua a coisa com ânimo de dono. Não basta a simples relação fática de posse sobre coisa, sendo necessário que o usucapiente conserve a coisa como o proprietário o faria, pagando, inclusive, os tributos e demais obrigações que recaiam sobre a coisa. Sendo assim, não configura posse *ad usucapionem* aquela exercida pelo locatário e pelo comodatário, porque detêm a coisa por uma relação contratual, cientes de que o domínio pertence

Também é necessário que a posse seja **mansa e pacífica**, ou, na dicção do art. 1.238, "sem oposição". Isso porque a usucapião, como dito exaustivamente, visa proteger o possuidor ativo e que possui a coisa como sua, em detrimento do proprietário negligente, que não se interessa pela conservação da coisa.

O ilustre Carlos Roberto Gonçalves[35] leciona que a oposição do proprietário só se configura com a adoção de medidas na seara **judicial**, que visem interromper a continuidade da posse do usucapiente. Simples providências na área extrajudicial não configuram verdadeiramente oposição, e, sendo assim, não configuram meios hábeis para interromper a posse contínua do possuidor. Também não configuram oposição meras tratativas e ponderações que visem convencer o possuidor a cessar

35. *Direito Civil 5*, 2ª ed., 2011, Saraiva, p. 281.

a posse contínua. A oposição, verdadeiramente, só se configura com a adoção de medidas judiciais concretas que demonstram a existência de uma vontade em manter a coisa, que se contrapõe ao exercício da posse *ad usucapionem* pelo usucapiente.

Além de mansa e pacífica e exercida com ânimo de dono, é necessário que a posse seja **contínua**. Por contínua entende-se a posse exercida sem intervalos ou interrupções.

Em outras palavras, o usucapiente precisa exercer a posse continuamente durante todo o lapso temporal exigido pela respectiva modalidade de usucapião, sem interrupções. Para manter o caráter contínuo da posse e evitar intervalos, poderá, inclusive, defender sua posse contra terceiros, seja por ato próprio mediante a força (art. 1210, §1º do CC/02) ou pela via judicial, promovendo a ação de reintegração de posse.

Embora o Código Civil não estabeleça prazo para que a posse seja interrompida, Carlos Roberto Gonçalves[36], citando decisão proferida pelo E. TJSP (RF, 123/469), esclarece que poderá o usucapiente manter a continuidade da posse, se recuperá-la do esbulhador, pela força ou via judicial, dentro de ano e dia.

Tal questão é crucial para se verificar se houve interrupção da posse, o que impedirá o reconhecimento da usucapião. Sobre o assunto, a lição de Carlos Roberto Gonçalves[37] é esclarecedora. Observe:

> "Ocorrerá a interrupção natural, assim, quando o possuidor esbulhado deixar um ano sem intentar a ação de esbulho ou quando abdicar da posse. Já a interrupção civil ocorre na hipótese de promover o proprietário a reivindicação antes de findo o prazo prescricional, o que se dará com a citação inicial e mediante protesto contra o prescribente junto à autoridade competente. verificar-se-á ainda quando reconhecer o possuidor o direito do proprietário ou quando sobrevier uma das hipóteses previstas no art. 1.244 do Código Civil.
>
> A interrupção natural não produzirá efeito se, como foi dito, dentro de ano e dia o possuidor tiver recuperado a posse por meio dos interditos. Esse prazo, entretanto, em se tratando de esbulho praticado clandestinamente, será contado a partir da data de seu conhecimento. Por outro lado, em se tratando de interrupção civil, a citação do possuidor para a demanda perde, como igualmente foi afirmado, o seu efeito interruptivo da prescrição aquisitiva desde que a ação reivindicatória seja julgada improcedente.
>
> A interrupção acarreta o reinício da contagem do prazo prescricional, com observância dos demais requisitos, sem aproveitamento do tempo antes decorrido."

36. Direito Civil 5, 2ª ed., 2011, Saraiva, p. 283.
37. Direito Civil 5, 2ª ed., 2011, Saraiva, p. 283/284.

Para fins de comprovação do tempo e do caráter contínuo da posse, poderá o possuidor unir a sua posse com a de seus antecessores. Isso é o que prevê o art. 1.243 do Código Civil, abaixo transcrito:

> **Art. 1.243.** O possuidor pode, para o fim de contar o tempo exigido pelos artigos antecedentes, acrescentar à sua posse a dos seus antecessores (art. 1.207), contanto que todas sejam contínuas, pacíficas e, nos casos do art. 1.242, com justo título e de boa-fé.

O dispositivo faz referência expressa ao art. 1.207 do CC/02, que trata da sucessão na posse e que foi analisado no presente capítulo, quando estudamos a aquisição da posse.

O que o art. 1.243 estabelece, em realidade, é que o possuidor pode demonstrar que detém a posse *ad usucapionem* por si ou por seus antecessores.

A primeira parte do dispositivo trata, como visto, da sucessão na posse, seja ela a título singular ou universal, permitindo que o possuidor some sua posse à de seu antecessor, para efeitos de usucapião.

A segunda parte, contudo, exige que a posse do antecessor esteja de acordo com os requisitos legais exigidos para cada modalidade de usucapião. Tal exigência está de acordo com o **princípio da continuidade do caráter da posse**, que estabelece que a posse é transmitida com a mesma natureza que a caracterizava. Tal princípio foi consagrado pelo art. 1.203 do CC/02, fo que assim dispõe:

> **Art. 1.203.** Salvo prova em contrário, entende-se manter a posse o mesmo caráter com que foi adquirida.

O princípio da continuidade do caráter da posse consagra a máxima de que "ninguém pode transmitir mais direitos do que possui", de forma que a posse do antecessor é transmitida com os mesmos vícios e qualidade que a caracterizavam. Assim, aquele que detém posse de má-fé só pode transferir posse de má-fé; aquele que detém posse injusta só pode transferir posse com essa característica.

Tais questões são de extrema importância, porque a posse viciada do antecessor servirá de obstáculo à aquisição da propriedade pela usucapião. O princípio da continuidade do caráter da posse também foi analisado no presente capítulo, quando estudamos a "Classificação da Posse".

4.4.1.2.3. Decurso do tempo

O fator tempo é requisito indispensável para a configuração da prescrição aquisitiva. Isso porque, como dito, a usucapião não visa proteger qualquer tipo de posse, mas somente aquela posse de dono, exercida por longo período. É, em realidade, a consolidação jurídica de uma situação fática que se prolonga no tempo. Logo, posse e tempo são requisitos indissociáveis para o reconhecimento da usucapião.

O prazo legal exigido depende da espécie de usucapião regida pela lei. Analisaremos as espécies de usucapião e os respectivos prazos mais adiante.

A jurisprudência é pacífica ao admitir que o prazo de usucapião pode ser completado durante o processo. É o que ficou aprovado na V Jornada de Direito Civil, através do Enunciado nº. 497. Veja:

> **Enunciado 497.** O prazo, na ação de usucapião, pode ser completado no curso do processo, ressalvadas as hipóteses de má-fé processual do autor.

4.4.1.2.4. Justo título

Como dito no início do estudo, a coisa hábil, a posse e o decurso do tempo são pressupostos comuns a todas as modalidades de usucapião. O justo título e a boa-fé são pressupostos necessários **apenas para a usucapião ordinária**. Isso é o que dispõe o art. 1.242 do Código Civil, abaixo transcrito:

> **Art. 1.242.** Adquire também a propriedade do imóvel aquele que, contínua e incontestadamente, com justo título e boa-fé, o possuir por dez anos.

Justo título é, na verdade, o documento capaz de transferir a propriedade da coisa ao usucapiente, mas que, por algum motivo, não o fez. Sobre o assunto, a professora Maria Helena Diniz[38] leciona:

> "Deve ser título ou ato translativo *justo*, isto é, formalizado, devidamente registrado, hábil ou idôneo à aquisição da propriedade. P. ex.: escritura de compra e venda, doação, legado, carta de arrematação, adjudicação, formal de partilha etc., com aparência de legítimos e válidos. A lei impõe ao prescribente o encargo de exibir tal título, mesmo que tenha algum vício ou irregularidade, uma vez que o decurso do tempo legal tem o condão de escoimá-la de seus defeitos, desde concorram, como veremos, os demais requisitos para a configuração dessa modalidade de usucapião. Entretanto, tal vício não pode ser de nulidade absoluta."

É importante observar, nesse ponto, que todos os documentos elencados pela insigne Maria Helena Diniz estão aptos, em princípio, a transferir a propriedade ao usucapiente. Não o fazem, contudo, por existir algum vício, que lhe imponha uma nulidade relativa. É o caso, por exemplo, da escritura pública de compra e venda outorgada por quem crê ser dono, mas não o é. A apresentação da escritura (título), somada a exercício da posse prolongada (mansa, pacífica, contínua, sem oposição e com ânimo de dono), tem o condão de suprir a irregularidade e servir de alicerce à usucapião ordinária.

A jurisprudência do E. STJ firmou entendimento no sentido de que o contrato particular de **compromisso de compra e venda enquadra-se no conceito de justo título**, segundo a disciplina jurídica do art. 1.242 do CC/02.

---

38. Curso de Direito Civil Brasileiro, v, 4. 2013, 28ª edição, Saraiva, p. 188.

A teor disso, foi editada a **Súmula nº. 84 do STJ**, que admite a oposição de embargos de terceiro embasados em posse proveniente de contrato de compromisso de compra e venda, ainda que não registrado. Observe:

> **Súmula 84/STJ**. Compromisso de compra e venda. Embargos de terceiro. Admissibilidade. CPC, art. 1.046, § 1º.

É admissível a oposição de embargos de terceiro fundados em alegação de posse advinda do compromisso de compra e venda de imóvel, ainda que desprovido de registro.

Ora, se o compromisso de compra venda é documento hábil para a defesa da posse, possibilitando a oposição de embargos de terceiro, também é documento hábil (justo título) para justificar a aquisição da propriedade por meio da usucapião.

Nesse sentido, veja o que decidiu a referida corte nos autos do Resp 174108/SP, T4, de relatoria do E. Ministro Barros Monteiro e que recebeu a seguinte ementa:

> **REIVINDICATÓRIA. USUCAPIÃO COMO DEFESA. ACOLHIMENTO. POSSE DECORRENTE DE COMPROMISSO DE VENDA E COMPRA. JUSTO TÍTULO. BEM DE FAMÍLIA.**
>
> – A jurisprudência do STJ reconhece como justo título, hábil a demonstrar a posse, o instrumento particular de compromisso de venda e compra.
>
> – O bem de família, sobrevindo mudança ou abandono, é suscetível de usucapião.
>
> – Alegada má-fé dos possuidores, dependente do reexame de matéria fático-probatória. Incidência da Súmula n. 7-STJ.
>
> Recurso especial não conhecido.

É importante destacar, outrossim, que o **Enunciado nº. 86** do Conselho Justiça Federal, aprovado na I Jornada de Direito Civil, consolidou o entendimento de que o **justo título** é qualquer ato jurídico hábil a transferir a propriedade, o que abrange, também, o contrato de compromisso particular de compra e venda.

Veja o que diz o referido enunciado:

> **Enunciado nº. 86.** A expressão "justo título" contida nos arts. 1.242 e 1.260 do Código Civil abrange todo e qualquer ato jurídico hábil, em tese, a transferir a propriedade, independentemente de registro.

Logo, não restam dúvidas de que o contrato particular de compromisso de compra e venda é considerado justo título para configuração da usucapião ordinária.

4.4.1.2.5. Boa-fé

A posse de boa-fé é disciplinada pelo art. 1.201 do CC/02. Veja:

> **Art. 1.201.** É de boa-fé a posse, se o possuidor ignora o vício, ou o obstáculo que impede a aquisição da coisa.

> **Parágrafo único.** O possuidor com justo título tem por si a presunção de boa-fé, salvo prova em contrário, ou quando a lei expressamente não admite esta presunção.

Como se verifica, a posse de boa-fé se verifica quando o possuidor acredita ser o verdadeiro proprietário da coisa, ignorando o erro de fato ou de direito que impede a aquisição da coisa.

Nas oportunas palavras da professora Maria Helena Diniz[39]:

> "A *boa-fé* é a convicção do possuidor de que não está ofendendo um direito alheio, ignorando o vício ou o obstáculo que impedem a aquisição do bem ou direito possuído".

Frequentemente a posse de boa-fé está associada ao justo título, porque este é o fundamento da crença do direito do possuidor. O possuidor crê que é o legítimo proprietário e, nessa condição, ignora que viola direito de outro, porque tem em mãos um documento que considera hábil a lhe transferir o domínio[40].

Tanto é que o parágrafo único do art. 1.201, acima transcrito, dispõe expressamente que o possuidor com justo título tem por si a presunção de boa-fé, o que impõe à parte contrária (retomante) o difícil ônus de provar que o usucapiente exerce a posse de má-fé.

Cabe destacar, por seu turno, que o justo título não é indispensável à caracterização da posse de boa-fé. Esta se configura quando o possuidor ignora o vício e ignora estar violando direito de outrem. A existência do justo título traz a presunção *juris tantum* de boa-fé, mas não configura elemento essencial.

É evidente que a boa-fé do possuidor deve existir desde o começo em que a posse é exercida e permanecer durante todo o prazo exigido pela lei. Se o possuidor, em algum momento, tem ciência do vício ou do obstáculo que impede a aquisição, a boa-fé deixará de existir.

Nesse sentido é o disposto no art. 1.202 do CC/02, que assim estabelece:

> **Art. 1.202.** A posse de boa-fé só perde este caráter no caso e desde o momento em que as circunstâncias façam presumir que o possuidor não ignora que possui indevidamente.

O dispositivo em questão trata da "inversão da posse" e indica que a posse de boa-fé pode ser transmudada em posse de má-fé. Isso acontecerá quando as circunstâncias fizerem presumir que o possuidor não ignora o vício ou a violação ao direito do proprietário. O exemplo clássico é a citação do possuidor em ação reivindicatória, que terá o condão de transformar a posse de boa-fé em posse de má-fé. A demonstração de que o possuidor conhecia o vício da posse, que impedia a aquisição do bem, também pode ser feita por testemunhas.

---

39. *Curso de Direito Civil Brasileiro*, v, 4. 2013, 28ª edição, Saraiva, p. 188.
40. Carlos Roberto Gonçalves, *Direito Civil* 5, 2ª ed., 2011, Saraiva, p. 291.

Nesse sentido, o E. Tribunal de Justiça de São Paulo, nos autos da Apelação nº. 0003985-13.2010.8.26.0006, de relatoria do E. Des. Ricardo Negrão, assim decidiu:

> "POSSE. Reintegração de posse. R. sentença que julgou improcedente a demanda. Alegação de que o apelante sustenta a impossibilidade de aplicação do art. 183 da Constituição Federal para imóveis com mais de 250 m², caso dos autos, pois o imóvel possui área de 478 m², e que a maioria dos apelados não comprovou o período de cinco anos de posse. Cabimento.
>
> Incontroverso nos autos que o recorrente é cotitular do domínio do imóvel, bem como a sua posse restou comprovada diante da posse anterior de seus genitores, transmitida com a abertura da sucessão.
>
> Esbulho caracterizado pela invasão. Usucapião urbano. Impossibilidade de desmembrar o imóvel em vários lotes.
>
> Matrícula do imóvel e notificações de lançamento de IPTU informam tratar-se de um único imóvel, e com aproximados 478 m². Razão cabe ao recorrente quanto ao argumento que se fosse possível desmembrar o bem, a análise teria que ser feita caso a caso. Ação proposta em março de 2010. Usucapião urbano exigiria documentação de posse no imóvel antes de março de 2005, no período entre 5 de dezembro de 2002 (morte do genitor do apelante) até março de 2005. Apenas o Sr. Jadir comprova que estava no imóvel em 2003. Hipótese na qual não há como vislumbrar boa-fé do Sr. Jadir diante da ausência de qualquer contraprestação desde o momento em que permaneceu no imóvel discutido, sem a anuência dos novos proprietários e possuidores indiretos, bem como sem tentar buscar regularizar sua situação. Em relação aos demais recorridos, que com a citação ocorrida nesta demanda, houve inversão da posse (CC, art. 1.202) R. sentença reformada, com inversão do ônus de sucumbência.
>
> Recurso de apelação provido".

▸ **PRESSUPOSTOS DA USUCAPIÃO**
A) COISA HÁBIL: É a coisa que pode ser suscetível de aquisição (*res habilis*).
B) POSSE: Com ânimo de dono, mansa, pacífica e contínua (art. 1.238 CC/02).
c) DECURSO DO TEMPO: Pelo período estabelecido para cada modalidade de usucapião.
D) JUSTO TÍTULO: É o documento capaz de transferir a propriedade da coisa (art. 1.242 CC/02).
E) BOA FÉ: Caracterizada quando o possuidor acredita ser o verdadeiro proprietário da coisa, ignorando o erro que impede a aquisição (art. 1.201 CC/02).
OBS: Os requisitos previstos nas letras "A", "B" e "C" são comuns a todas as modalidades de usucapião. Os requisitos das letras "D" e "E" são necessários apenas para a configuração da usucapião ordinária.

4.4.1.3. Espécies de usucapião

Quatro são as modalidade de usucapião: **a)** extraordinária; **b)** ordinária; **c)** especial urbana; e **d)** especial rural.

Analisaremos cada uma delas a seguir.

4.4.1.3.1. Usucapião extraordinária (art. 1.238 do CC)

A usucapião extraordinária é regida pelo art. 1.238 do CC/02. Veja:

> **Art. 1.238.** Aquele que, por quinze anos, sem interrupção, nem oposição, possuir como seu um imóvel, adquire-lhe a propriedade, independentemente de título e boa-fé; podendo requerer ao juiz que assim o declare por sentença, a qual servirá de título para o registro no Cartório de Registro de Imóveis.
>
> **Parágrafo único.** O prazo estabelecido neste artigo reduzir-se-á a dez anos se o possuidor houver estabelecido no imóvel a sua moradia habitual, ou nele realizado obras ou serviços de caráter produtivo.

Como se verifica, a usucapião extraordinária se configura com a demonstração do exercício da posse com ânimo de dono, de forma mansa, pacífica, ininterrupta e sem oposição pelo período de **15 anos**. Essa modalidade também é chamada de **usucapião extraordinária geral**.

Nos termos do parágrafo único, esse prazo é reduzido para 10 anos se o possuidor houver estabelecido no imóvel a sua moradia habitual, ou nele realizado obras ou serviços de caráter produtivo, a ponto de caracterizar a *posse-trabalho*. Essa modalidade prevista no parágrafo único também é conhecida como **usucapião** extraordinária abreviada.

Note-se que nas duas hipóteses de usucapião extraordinária (geral – *caput* e abreviada – parágrafo único) há uma presunção absoluta (*jure et de jure*) de boa-fé e justo título, que, além de dispensar a comprovação desses requisitos, também impede que a parte contrária demonstre a existência de má-fé ou a inexistência de justo título. Para todos os efeito, basta que o usucapiente comprove, pelo período legal, o exercício da posse com as características necessárias para fundamentar a usucapião.

▸ USUCAPIÃO EXTRAORDINÁRIA (ART. 1.238 CC/02)

A) USUCAPIÃO EXTRAORDINÁRIA GERAL (art. 1.238, *caput*)

- Posse
  - ânimo de dono
  - mansa
  - pacífica
  - ininterrupta
  - sem oposição
- Duração de 15 anos

▸ USUCAPIÃO EXTRAORDINÁRIA (ART. 1.238 CC/02)

B) USUCAPIÃO EXTRAORDINÁRIA ABREVIADA (art. 1.233, par. único)		
	- Posse	- ânimo de dono - mansa - pacífica - ininterrupta - sem oposição - posse trabalho (moradia habitual ou obras/serviços produtivos)
	- Duração de 10 anos	

4.4.1.3.2. Usucapião ordinária (art. 1.242 do CC)

Já vimos que a usucapião ordinária é disciplinada pelo art. do Código Civil, que assim dispõe:

> **Art. 1.242.** Adquire também a propriedade do imóvel aquele que, contínua e incontestadamente, com justo título e boa-fé, o possuir por dez anos.
>
> **Parágrafo único.** Será de cinco anos o prazo previsto neste artigo se o imóvel houver sido adquirido, onerosamente, com base no registro constante do respectivo cartório, cancelada posteriormente, desde que os possuidores nele tiverem estabelecido a sua moradia, ou realizado investimentos de interesse social e econômico.

Como se verifica, a usucapião ordinária se configura com a demonstração do exercício da posse com ânimo de dono, de forma mansa, pacífica, ininterrupta e sem oposição pelo período de **10 anos**. É necessário, igualmente, que o possuidor tenha justo título e exerça posse de boa-fé. Essa modalidade também é chamada de **usucapião ordinária geral**. É importante destacar que a atual codificação unificou os prazos do Código Civil de 1916, que previa o decurso de 10 anos entre presentes e 15 anos entre ausentes.

Nos termos do parágrafo único, esse prazo é reduzido para 5 anos se os possuidores tiverem adquirido o imóvel, onerosamente, com base no registro constante do respectivo cartório, cancelada posteriormente, e nele tiverem estabelecido a sua moradia, ou realizado investimentos de interesse social e econômico, o que configurará a *posse-trabalho*. Essa modalidade prevista no parágrafo único também é conhecida como **usucapião extraordinária social.**

▶ USUCAPIÃO ORDINÁRIA (ART. 1.242 CC)	
REQUISITOS	- Posse: - ânimo de dono; - mansa; - pacífica; - ininterrupta; - sem oposição - justo título - boa-fé - decurso do prazo de 10 anos (*caput*), sendo reduzido para 5 anos em caso de posse trabalho (parágrafo único)

4.4.1.3.3. Usucapião especial

Além da usucapião ordinária e extraordinária, nosso ordenamento também contempla a usucapião especial. Essa modalidade também é chamada de usucapião constitucional, porque sua primeira disciplina jurídica foi trazida pela Constituição Federal, que consagrou:

a) **A usucapião especial rural** (*pro labore*), disciplinada atualmente pelo **art. 191 da CF** e pelo **art. 1.239 do CC/02**.

O *caput* do texto constitucional assim dispõe:

> **Art. 191.** Aquele que, não sendo proprietário de imóvel rural ou urbano, possua como seu, por cinco anos ininterruptos, sem oposição, área de terra, em zona rural, não superior a cinquenta hectares, tornando-a produtiva por seu trabalho ou de sua família, tendo nela sua moradia, adquirir-lhe-á a propriedade.

O art. 1.239 do CC/02 reproduziu integralmente o *caput* do art. 191 da CF.

Essa modalidade é denominada de usucapião especial, porque a posse não é o único requisito. O dispositivo constitucional coloca uma série de exigências, que visam, sobretudo, fixar o homem no campo e proteger aquele que tiver empregado seu esforço e suor na produção da terra, a ponto de torná-lo dono da terra que cultiva. Trata-se de corolário do **princípio da função social da propriedade.**

Dá análise dos dispositivos legais, podem ser identificados os seguintes requisitos para a configuração da usucapião especial rural:

a) Área não superior a 50 hectares localizada na zona rural;

b) Posse de cinco anos ininterruptos, sem oposição e com ânimo de dono;

c) Utilização do imóvel para subsistência ou trabalho. Flávio Tartuce e José Fernando Simão lecionam que a utilização para a subsistência pode ocorrer na agricultura, pecuária ou extrativismo[41];

41. Direito Civil 4, Direito das Coisas, Editora Método, 2013, 5ª ed., p. 166.

d) O usucapiente não pode ser proprietário de outro imóvel, seja urbano ou rural.

Observe que não há qualquer menção a justo título ou boa-fé, o que significa que a existência dos requisitos citados faz nascer a presunção absoluta (*jure et de jure*) de aquisição da propriedade.

Como a finalidade da norma é a fixação do homem no campo, privilegiando o trabalho e a produção, não podem valer-se da usucapião especial rural as pessoas jurídicas. Além do mais, vale a observação de que o art. 191 da CF e o art. 1.239 do CC/02 amparam a pretensão daquele que provar a produção da terra, não só por meio do próprio trabalho, mas também pelo trabalho da **família**. Pessoa jurídica, evidentemente, não tem família, o que reforça o entendimento de que a usucapião especial rural pode ser pleiteada apenas por pessoas físicas[42].

É importante destacar, outrossim, o disposto no **Enunciado nº. 313** do Conselho Justiça Federal, aprovado na IV Jornada de Direito Civil. Veja:

> **Enunciado nº 313** – Quando a posse ocorre sobre área superior aos limites legais, não é possível a aquisição pela via da usucapião especial, ainda que o pedido restrinja a dimensão do que se quer usucapir.

Sobre o enunciado é importante observar que:

1) se refere à aquisição pela via da usucapião especial, o que abrange a usucapião especial rural (art. 1.239 do CC/02) e a usucapião especial urbana (art. 1.240 do CC/02). Logo o enunciado se aplica as duas modalidades de usucapião especial;

2) se o usucapiente exercer a posse sobre área maior, não poderá restringir a área para valer-se da usucapião especial. A usucapião especial, como vimos, tem requisitos próprios e específicos e, em razão disso, a legislação estabelece um prazo menor de aquisição da propriedade pela posse. O Enunciado nº. 313 visa proteger o proprietário, evitando que seja pego de surpresa e garantindo a ele o emprego da ação reivindicatória no prazo maior, estabelecido para a usucapião extraordinária. Se não fosse pelo entendimento consubstanciado no Enunciado nº. 33, o proprietário poderia ser surpreendido com a usucapião de área menor, exercido por 5 (cinco) anos, quando, na verdade, teria o prazo de 15 anos para propor a ação reivindicatória, em razão da área maior possuída pelo usucapiente.

b) **A usucapião especial urbana** (*pró-moradia*), disciplinada pelo **art. 183 da CF**, arts. 9º e 10 do Estatuto da Cidade (Lei nº. 10.257/01) e pelo art. 1.240 do CC/02.

---

42. Carlos Roberto Gonçalves, Direito Civil 5, 2ª ed., 2011, Saraiva, p. 263.

A usucapião especial urbana e a especial rural são duas faces da mesma moeda. A primeira visa consolidar a propriedade do imóvel urbano utilizado como moradia, enquanto a segunda visa consolidar a propriedade do imóvel rural explorado com atividade produtiva.

De igual sorte, a usucapião especial urbana foi introduzida pelo art. 183 da CF, que assim estabelece:

> **Art. 183.** Aquele que possuir como sua área urbana de até duzentos e cinquenta metros quadrados, por cinco anos, ininterruptamente e sem oposição, utilizando-a para sua moradia ou de sua família, adquirir-lhe-á o domínio, desde que não seja proprietário de outro imóvel urbano ou rural.
>
> § 1º O título de domínio e a concessão de uso serão conferidos ao homem ou à mulher, ou a ambos, independentemente do estado civil.
>
> § 2º Esse direito não será reconhecido ao mesmo possuidor mais de uma vez.
>
> § 3º Os imóveis públicos não serão adquiridos por usucapião.

O texto constitucional foi reproduzido literalmente pelo art. 1.240 do CC/02.

Dá análise dos dispositivos legais, podem ser identificados os seguintes requisitos para a configuração da usucapião especial urbana:

a) Área urbana não superior a 250 metros quadrados. Essa medida representa o tamanho máximo fixado como suficiente para a moradia do usucapiente ou de sua família, sendo vedado que uma ou outra ultrapasse o limite estabelecido[43];

b) Posse de cinco anos ininterruptos, sem oposição e com ânimo de dono;

c) Utilização do imóvel como moradia do usucapiente ou de sua família;

d) O usucapiente não pode ser proprietário de outro imóvel, seja rural ou urbano e a usucapião especial urbana não pode ser concedida mais de uma vez (§ 2º);

É necessário esclarecer que essa modalidade visa transmitir a propriedade da moradia do usucapiente. Isso afasta, evidentemente, a pretensão de se usucapir terreno urbano sem construção.

Ademais, o §1º do dispositivo é claro ao dispor que o domínio será conferido ao homem, à mulher ou a ambos, independentemente do estado civil.

Aqui valem as mesmas disposições aplicáveis à usucapião especial rural: **a)** não há exigência de justo título ou boa-fé, havendo presunção absoluta (*jure et de jure*) de aquisição da propriedade; e **b)** aplica-se o **Enunciado nº. 313** do Conselho Justiça Federal,

43. Carlos Roberto Gonçalves, Direito Civil 5, 2ª ed., 2011, Saraiva, p. 265.

aprovado na IV Jornada de Direito Civil, analisado no item anterior; e **c)** de que a pessoa jurídica não pode valer-se da usucapião especial, por não ter moradia e família, cujos conceitos são essenciais à configuração dessa modalidade de usucapião.

De se consignar, outrossim, que a Lei nº. 12.424/11 acrescentou o art. 1.240-A ao Código Civil e criou uma outra espécie de usucapião especial urbana, que a doutrina denominou de "usucapião especial urbana por abandono" ou "usucapião familiar". Veja o citado dispositivo:

> **Art. 1.240-A.** Aquele que exercer, por 2 (dois) anos ininterruptamente e sem oposição, posse direta, com exclusividade, sobre imóvel urbano de até 250m² (duzentos e cinquenta metros quadrados) cuja propriedade divida com ex-cônjuge ou ex-companheiro que abandonou o lar, utilizando-o para sua moradia ou de sua família, adquirir-lhe-á o domínio integral, desde que não seja proprietário de outro imóvel urbano ou rural.
>
> § 1º O direito previsto no caput não será reconhecido ao mesmo possuidor mais de uma vez.

A usucapião familiar rege-se pelas normas e princípios inerentes à usucapião especial urbana. Afinal, há requisitos essencialmente comuns, como, por exemplo, o tamanho do imóvel a ser usucapido, que não poderá ser superior a 250 metros quadrados, a finalidade para moradia do usucapiente ou de sua família e a exigência de não ser proprietário de outro imóvel.

O ponto central da usucapião familiar e que legitima sua utilização é o abandono do consorte, seja ele ex-cônjuge ou ex-companheiro. Inúmeros são os casos de ex-cônjuges ou ex-companheiros que abandonam o lar dos quais são condôminos e não mais retornam.

O cônjuge que permanece no imóvel, muito embora permaneça na posse e utilize o imóvel, encontra verdadeiras dificuldades para desfrutar plenamente do domínio, uma vez que fica impedido, por exemplo, de alienar o imóvel, porque a alienação exigirá o consentimento de todos os proprietários constantes do registro.

Há dificuldades, inclusive, para os herdeiros do cônjuge que permanece no imóvel, porque, em caso de falecimento deste, terão dificuldades de localizar o consorte que abandonou o lar para finalizar o inventário.

Com o intuito de evitar tais situações e de privilegiar aquele que permanece no imóvel e dele cuida, despendendo dinheiro e empregando os atos de conservação necessários, o legislador introduziu a usucapião familiar, reduzindo o prazo da prescrição aquisitiva para apenas **2 (dois) anos.**

Há algumas particularidades que são importantes destacar. É necessário que o ex-cônjuge ou ex-companheiro realmente abandone o lar, o que configuraria, além de violação aos deveres matrimoniais, uma demonstração de que não tem interesse em manter o imóvel no seu patrimônio. A aplicação de medida protetiva em casos de violência doméstica, aplicada para retirar um cônjuge ou companheiro do lar, não pode ser interpretada como abandono de lar, porque, nesse caso, o afastamento se faz em razão do poder de coerção do Estado, não havendo, evidentemente, conduta voluntária do cônjuge ou companheiro.

Qualquer ato que demonstre o contrário, ou seja, de que o ex-cônjuge ou ex-companheiro não teve a intenção de abandonar a propriedade do imóvel, será suficiente para configurar oposição à posse *ad usucapionem*. É o que se dá, por exemplo, com o divórcio ou qualquer disputa sobre o imóvel, que terão o condão de impedir a configuração da usucapião familiar[44].

Finalmente, cabe destacar a importante orientação trazida pelo **Enunciado nº. 500** do Conselho Justiça Federal, aprovado na V Jornada de Direito Civil. Observe:

> **Enunciado nº. 500** - A modalidade de usucapião prevista no art. 1.240-A do Código Civil pressupõe a propriedade comum do casal e compreende todas as formas de família ou entidades familiares, inclusive homoafetivas.

Como se observa, o enunciado traz uma disposição extensiva, ou seja, de que a usucapião familiar é aplicada a todas as formas de família, inclusive as homoafetivas, porquanto equiparadas à união estável, e outra disposição restritiva, ou seja, de que a propriedade do imóvel seja comum ao casal.

Ambas as disposições tem fundamentos sólidos.

É evidente que a aplicação da usucapião familiar deve se estender a todas as formas de família, pois não haveria motivo para que essa modalidade, que, repisa-se, é especial, pudesse ser utilizada apenas por umas em detrimento de outras.

De igual sorte, é necessário que a propriedade do imóvel seja comum ao casal, porque, como vimos, a usucapião é uma forma de aquisição da propriedade, de forma que o consorte que permanece no imóvel utilizará a usucapião familiar justamente para adquirir a parte daquele que abandonou o lar. Se o ex-cônjuge ou ex-companheiro que abandonou o lar não for coproprietário do imóvel, não há razão para a utilização da usucapião familiar.

▸ USUCAPIÃO ESPECIAL	
A) ESPECIAL RURAL (arts. 191 da CF/88 e 1.239 do CC/02)	- Área não superior a 50 hectares na zona rural - Posse de 5 anos ininterruptos, sem oposição e com ânimo de dono. - Utilização do imóvel para subsistência ou trabalho, seja do usucapiente ou da família. - O usucapiente não pode ser proprietário de outro imóvel, seja urbano ou rural.

44. Flávio Tartuce e José Fernando Simão, Direito Civil 4, Direito das Coisas, Editora Método, 2013, 5ª ed., p. 171.

▸ USUCAPIÃO ESPECIAL	
B) ESPECIAL URBANA (arts. 183 da CF/88 e 1.240 do CC/02)	- Área urbana não superior a 250 metros quadrados. - Posse de 5 anos ininterruptos, sem oposição e com ânimo de dono. - Utilização do imóvel como moradia do usucapiente ou da família. - O usucapiente não pode ser proprietário de outro imóvel, seja urbano ou rural.

4.5. Aquisição da propriedade imóvel pela transcrição. Registro de imóveis

Assim como ocorre com a posse, há formas originárias e derivadas de aquisição da propriedade imóvel.

As formas originárias são aquelas em que há um contato direto e pessoal entre o titular e a coisa, sem qualquer intervenção de terceiros. São exemplos as acessões e a usucapião. As formas derivadas são aquelas em que o titular adquire a propriedade por intermédio de outra pessoa, como nos casos de aquisição pelo registro do título ou mediante sucessão hereditária.

Tendo em vista a matéria constante dos editais, a que a presente coleção se destina, a presente obra tratará, apenas, da aquisição da propriedade imóvel pelo registro do título.

Pois bem.

A simples vontade das partes, manifestada pelo compromisso de compra e venda, não tem o condão de transferir a propriedade dos bens imóveis. Segundo o atual Código Civil, a vontade das partes deve ser seguida e completada pelo registro do título no Cartório de Registro de Imóveis.

Isso é o que dispõe o art. 1.245 do CC/02, transcrito a seguir:

> **Art. 1.245.** Transfere-se entre vivos a propriedade mediante o registro do título translativo no Registro de Imóveis.
>
> § 1º. Enquanto não se registrar o título translativo, o alienante continua a ser havido como dono do imóvel.
>
> § 2º. Enquanto não se promover, por meio de ação própria, a decretação de invalidade do registro, e o respectivo cancelamento, o adquirente continua a ser havido como dono do imóvel.

A propriedade de bens imóveis possui enorme relevância para a estrutura econômica e jurídica da sociedade. Dessa forma, o ordenamento jurídico pátrio considera que a propriedade de bens imóveis é um fato que deve ser conhecido por todos, seja de forma real ou presumida, motivo pelo qual exige o registro do título como condição para aquisição da propriedade imóvel. O registro do título tem o objetivo de dar publicidade ao ato, haja vista que a propriedade, enquanto direito real por excelência e oponível *erga omnes*, deve ter sua titularidade conhecida por todos.

A Lei dos Registros Públicos (Lei nº. 6.015/73) disciplina diversos princípios jurídicos que norteiam o registro dos atos, com o objetivo de dar maior segurança e eficácia a eles. São eles:

a) *Princípio da publicidade*: o registro confere publicidade às negociações imobiliárias, de forma que qualquer pessoa, por qualquer motivo, pode requerer a expedição de certidão perante o oficial de registro, que obrigatoriamente deverá fornecê-la. Em regra, devem constar do registro todas as características relacionadas ao imóvel, como, por exemplo, edificações, medidas, confrontações, alterações no nome de ruas, número do cadastro no município, etc. Algumas características relacionadas aos proprietários também devem constar do registro, como, por exemplo, a contração de matrimônio e o respectivo regime de bens, ou, ainda, o falecimento de um dos titulares. Tais informações são relevantes para se saber ao certo quem são os titulares do domínio. Outras características, no entanto, não devem ser lançadas no registro, por estarem relacionadas à preservação da intimidade da pessoa, como, por exemplo, de que o filho do proprietário o sucede por ter sido adotado;

b) *Princípio da legalidade*: que preconiza que o oficial de registro deve verificar a legalidade dos títulos que são apresentados. A verificação da legalidade deve ser feita tanto nos aspectos intrínsecos quanto extrínsecos, ou seja, o oficial deve verificar se o negócio consubstanciado no título é lícito, bem como se a forma com a qual se materializou é a prevista na lei. A doutrina é uníssona, no entanto, em indicar que o oficial de registro não pode suscitar vícios do consentimento que sejam alegáveis somente pelos interessados.

c) *Princípio da territorialidade ou obrigatoriedade*: que disciplina que o registro do título deve ser feito no Cartório de Registro de Imóveis da situação do imóvel, segundo exigência expressa do art. 169 da Lei dos Registros Públicos (Lei nº. 6.015/73). Muito embora a escritura pública possa ser lavrada em qualquer Tabelionato de Notas, o registro da escritura, necessariamente, deve ser feita na circunscrição imobiliária da situação do imóvel, como forma de facilitar a pesquisa. Caso a comarca possua mais de um cartório de registro, a atribuição de cada um será definida pelas leis de organização judiciária;

d) *Princípio da presunção ou da força probante*: o registro traz a presunção de que o direito real indicado pertence à pessoa em cujo nome está registrado. Essa presunção, no entanto, é *juris tantum* (relativa), admitindo prova em contrário. Não obstante, o adquirente em cujo nome está registrado o título será considerado como proprietário do imóvel até que, por meio de ação própria, seja reconhecida a inviabilidade do registro. Isso é o que dispõe o art. 1.245, §2º do CC/02.

Nesse sentido, o E. TJSP, nos autos da Apelação 0011083- 56.2009.8.26.0597, de relatoria do E. Des. Mendes Pereira, assim decidiu:

> NEGÓCIO JURÍDICO – Nulidade – Escritura de compra e venda imobiliária – Caracterização – Direitos sobre o mesmo imóvel anteriormente cedidos pelas demandadas ao falecido autor – Contrato de cessão de direitos que possui eficácia entre as partes que dele participaram – Existente prova de vício e má fé – Sentença de procedência mantida – Recursos desprovidos.

e) *Princípio da continuidade*: que estabelece que só é feito o registro de um título se o alienante nele indicado for o proprietário constante do registro. Esse princípio consta expressamente do art. 195 da Lei dos Registros Públicos (Lei nº. 6.015/73), abaixo transcrito:

> **Art. 195.** Se o imóvel não estiver matriculado ou registrado em nome do outorgante, o oficial exigirá a prévia matrícula e o registro do título anterior, qualquer que seja a sua natureza, para manter a continuidade do registro.

Isso significa que só pode ser registrado o título em que o alienante for o proprietário constante do registro. Assim, por exemplo, se "A" é o proprietário constante do registro e vende o imóvel a "B", que, posteriormente, o revende a "C", será necessário registrar primeiramente a escritura outorgada por "A" a "B", pois, se o registro consta em nome de "A", o próximo registro de transferência deve partir de "A". Não será possível, nesse sentido, registrar diretamente a escritura outorgada por "B" a "C", porque, segundo o registro, o proprietário é "A" e não "B"[45].

Deve haver, dessa forma, uma sequência lógica nos registros no que se refere às pessoas e às características do imóvel.

f) *Princípio da retificação ou anulação*: porque o registro pode ser corrigido para exprimir a verdade, como preconiza o art. 1.247 do CC/02:

> **Art. 1.247.** Se o teor do registro não exprimir a verdade, poderá o interessado reclamar que se retifique ou anule.

Isso significa que o interessado pode pedir que o registro seja retificado ou anulado quando não exprimir a realidade fática ou jurídica. A alteração do registro, contudo, exige a oitiva de todas as partes interessadas, como se dá na retificação de área, que demanda a notificação de todos os confrontantes.

---

45. Carlos Roberto Gonçalves, Direito Civil 5, 2ª ed., 2011, Saraiva, p. 305.

A retificação do registro é regulamentada pelos arts. 213 e 216, ambos da Lei dos Registros Públicos (Lei nº. 6.015/73).

4.6. Perda da propriedade

Já foi visto que o direito de propriedade é perpétuo, o que significa que o seu titular não o perde por não usá-lo. A perda da propriedade ocorre, apenas, pela vontade do titular ou mediante a ocorrência de algumas hipóteses legais.

Nesse sentido, dispõe o art. 1.275 do CC/02 que se perde a propriedade:

a) *Pela alienação*: que é a transferência do direito de propriedade a outra pessoa. Pode ser realizada a título oneroso (compra e venda, permuta etc.) ou gratuito (doação). Pode, ainda, ser voluntária (dação em pagamento) ou compulsória (arrematação). Em se tratando de bem imóvel, a perda da propriedade está condicionada ao registro do título no Cartório de Registro de Imóveis, segundo previsão expressa do art. 1.275, parágrafo único do CC/02;

b) *Pela renúncia*: que constitui o ato unilateral pelo qual o proprietário, expressamente, abre mão de seu direito sobre a coisa. Através da renúncia, o proprietário abdica de seu direito sobre a coisa, deixando de exercer os poderes inerentes ao domínio. Vale frisar que, por ser ato unilateral, independe de aceitação e não pode ser presumida. A renúncia do direito de propriedade é extremamente rara no campo do Direito das Coisas, mas é comum no Direito das Sucessões, quando ocorre, por exemplo, com a renúncia à herança, ocasião em que o sucessor abdica de recebê-la. Cabe ressaltar que, nos termos do art. 108 do CC/02, exige-se a escritura pública para a "renúncia de direitos reais sobre imóveis de valor superior a trinta vezes o maior salário mínimo vigente no País". Assim como ocorre com a alienação, em se tratando de bem imóvel, a perda da propriedade pela renúncia está condicionada ao registro do título no Cartório de Registro de Imóveis, segundo previsão expressa do art. 1.275, parágrafo único do CC/02;

c) *Pelo abandono*: que também configura ato unilateral pelo qual o proprietário abdica de seu direito sobre a coisa. O que diferencia o abandono da renúncia é que esta necessariamente deve ser expressa, enquanto o abandono não. Não obstante, o abandono não se presume, de forma que é indispensável que esteja presente a *intenção* de não mais ter a coisa para si. A doutrina tradicional é uníssona no sentido de que a simples negligência não configura abandono, porque, nesse caso, não está presente a intenção de abandonar. Ficando abandonada a coisa, qualquer pessoa poderá adquiri-lhe a propriedade por meio da ocupação, se móvel, ou da usucapião, se imóvel;

d) *Pelo perecimento da coisa*: ocorre a perda da propriedade quando a coisa fenece, porque, nesse caso, a propriedade perde o seu objeto. É o que ocorre, por exemplo, quando um imóvel é destruído por um incêndio. Desaparecendo o imóvel, desaparece também o direito que seus proprietários exerciam sobre ele. Também haverá perda da propriedade quando uma peste ocasionar a morte de todo o rebanho de animais, ou, ainda, quando o proprietário deixar cair uma joia no mar, ficando impossibilitado de reavê-la;

e) *Pela desapropriação*: que consiste na perda involuntária e compulsória da propriedade, operada em prol da coletividade. A desapropriação é a consagração do princípio da supremacia do interesse social sobre o individual. O atual Código Civil disciplina, no art. 1.228, §3º, a hipótese mais comum de desapropriação, que é a efetivada por necessidade e interesse público. De igual sorte, no art. 1.228, §4º, o Código Civil também disciplina a desapropriação efetivada no interesse privado, através da posse trabalho. Confira os citados dispositivos:

> **Art. 1.228.** O proprietário tem a faculdade de usar, gozar e dispor da coisa, e o direito de reavê-la do poder de quem quer que injustamente a possua ou detenha.
>
> (...)
>
> **§ 3º** – O proprietário pode ser privado da coisa, nos casos de desapropriação, por necessidade ou utilidade pública ou interesse social, bem como no de requisição, em caso de perigo público iminente.
>
> **§ 4º** – O proprietário também pode ser privado da coisa se o imóvel reivindicado consistir em extensa área, na posse ininterrupta e de boa-fé, por mais de cinco anos, de considerável número de pessoas, e estas nela houverem realizado, em conjunto ou separadamente, obras e serviços considerados pelo juiz de interesse social e econômico relevante.

É importante observar que a desapropriação pela posse trabalho, prevista no art. 1.228, §4º, embora tenha caráter privado é efetuada em prol da coletividade. Isso porque o texto legal exige que a posse seja exercida por *considerável número de pessoas*, bem como que as obras e serviços realizados sejam considerados de *interesse social e econômico relevante*.

Qualquer que seja o motivo (§3º ou §4º), o proprietário receberá a justa indenização, conforme preceitua o art. 5º, XXIV, da CF, bem como o art. 1.228, §5º do CC/02.

PERDA DA PROPRIEDADE

PERDE-SE A PROPRIEDADE (art. 1275 CC/02)

- Pela alienação
- Pela renúncia
- Pelo abandono
- Pelo perecimento da coisa
- Pela desapropriação

5. DIREITOS REAIS DE GARANTIA SOBRE COISA ALHEIA

Na sociedade primitiva, o devedor respondia com o próprio corpo pelo pagamento de suas dívidas. Em algumas situações, o credor passava a ter o direito de vendê-lo ou de matá-lo. Em outras, podia adjudicá-lo como escravo juntamente com a mulher e filho.

Com o avanço da sociedade e com o desenvolvimento do direito, aboliu-se a execução contra a pessoa do devedor, ficando estabelecida a *responsabilidade patrimonial*, que, como se sabe, consagra que o devedor responde com seus bens atuais e futuros pelas dívidas contraídas.

Não obstante, muitas vezes as dívidas contraídas superam o patrimônio do devedor, o que pode colocá-lo em situação de insolvência. Essa situação certamente impede a realização de novos negócios, porque deixa os credores sem perspectiva de recebimento.

É nesse contexto que surgem os direitos reais de garantia sobre coisa alheia, ou seja, da necessidade de os credores se acautelarem e obterem maiores garantias para o recebimento de seu crédito. Dessa forma, a garantia real se diferencia da garantia pessoal (fiança e aval), porque os bens oferecidos é que assegurarão o cumprimento da obrigação.

Isso, aliás, é o que dispõe o art. 1.419 do CC/02, abaixo transcrito:

> **Art. 1.419.** Nas dívidas garantidas por penhor, anticrese ou hipoteca, o bem dado em garantia fica sujeito, por vínculo real, ao cumprimento da obrigação.

Isso significa que o devedor, ao oferecer, por exemplo, um bem em penhor, saberá que poderá ficar sem o referido bem, caso deixe de honrar a dívida. Em caso de inadimplemento, o credor executará a garantia promovendo a alienação do bem e ficando com o produto da venda. Se, ainda assim, o produto da venda não for suficiente para o pagamento integral da dívida, ficará o devedor pessoalmente responsável pelo remanescente, conforme previsão expressa do art. 1.430 do CC/02. Se, contudo, o produto da venda for superior ao valor da dívida, a diferença será revertida ao devedor.

Ademais, o referido art. 1.419 nos mostra que o Código Civil admitiu três direitos reais de garantia sobre coisa alheia, sendo eles o penhor, a hipoteca e a anticrese.

DIREITOS REAIS DE GARANTIA SOBRE A COISA ALHEIA

ESPÉCIES
- Penhor
- Hipoteca
- Anticrese

Pois bem.

Para que a garantia real seja válida, a lei estabelece alguns requisitos subjetivos, que, evidentemente, estão relacionados às pessoas, e, também, objetivos, que se referem à coisa.

O art. 1.420, primeira parte, do CC/02 estabelece os requisitos *subjetivos* ao dispor que "só aquele que pode alienar poderá empenhar, hipotecar ou dar em anticrese". Vê-se, por óbvio, que a atual codificação exigiu, além da capacidade geral prevista no art. 104, I, a capacidade especial para *alienar*.

Dessa forma, não podem empenhar, hipotecar ou dar em anticrese aqueles que não gozem da capacidade geral prevista no art. 104, I do CC/02, bem como aqueles que não tem a capacidade especial para alienar como é o caso, por exemplo, do inventariante, do falido, do mandatário que não possui poderes especiais e expressos, bem como o cônjuge que não pode gravar de ônus reais os bens imóveis, sem a anuência do outro cônjuge (art. 1.647, I do CC/02).

Caso a coisa dada em garantia pertença a mais de uma pessoa, ficando configurado o condomínio, não poderá ela ser dada em garantia real, em sua totalidade, sem a anuência dos demais, porque, afinal, ninguém pode transferir mais direitos do que tem. Contudo, cada condômino poderá dar em garantia a parte ideal que tiver (art. 1420, §2º do CC/02).

De igual sorte, o art. 1.420, segunda parte, do CC/02 estabelece os requisitos *objetivos* ao dispor que "só os bens que se podem alienar poderão ser dados em penhor, anticrese ou hipoteca".

Isso significa que os bens inalienáveis, os bens públicos, os bens que estão fora do comércio, o bem de família e os imóveis financiados pelos Institutos e Caixas de Aposentadorias e Pensões não podem ser objeto de garantia real. Quanto à inalienabilidade, esta pode ser:

a) *Convencional*: quando decorre da vontade das partes, no pleno exercício da autonomia privada. É o caso, por exemplo, do genitor que doa certo imóvel ao filho inserindo a cláusula de inalienabilidade. Nesse caso, o donatário (filho) será o proprietário, mas não poderá alienar o bem ou oferecê-lo como garantia real;

b) *Legal*: quando decorre expressamente da lei, como ocorre com a previsão contida no art. 1º do Dec.-Lei nº. 8.618, de 10/01/1946, que consagra a inalienabilidade dos imóveis financiados pelos Institutos e Caixas de Aposentadorias e Pensões, sem expressa anuência da instituição financiadora.

É importante destacar que, nos termos do art. 1.911 do CC/02, a cláusula de inalienabilidade traz consigo as cláusulas de incomunicabilidade e de impenhorabilidade, de forma que um imóvel gravado com a cláusula de inalienabilidade não ingressará no patrimônio comum do casal e não poderá ser penhorado por ato de constrição judicial.

Sendo o bem impenhorável, não poderá ele ser objeto de garantia real, porque, nesse caso, a regra seria facilmente fraudada. De fato, se fosse permitido ao credor promover a execução e penhorar o bem inalienável, efetuando, posteriormente, a praça e alienação a terceiros, haveria uma saída para se fraudar a regra contida no art. 1.420, segunda parte do CC/02.

▸ DIREITOS REAIS DE GARANTIA SOBRE COISA ALHEIA – REQUISITOS	
Subjetivos	Capacidade para alienar (art. 1420, 1ª Parte CC/02)
Objetivos	Os direitos reais de garantia só podem incidir em bens passíveis de alienação (art. 1420, 2ª parte CC/02)

O art. 1.422 do CC/02 confere o direito preferência aos credores hipotecário e pignoratício sobre a coisa dada em garantia. Observe:

> **Art. 1.422.** O credor hipotecário e o pignoratício têm o direito de excutir a coisa hipotecada ou empenhada, e preferir, no pagamento, a outros credores, observada, quanto à hipoteca, a prioridade no registro.
>
> **Parágrafo único.** Excetuam-se da regra estabelecida neste artigo as dívidas que, em virtude de outras leis, devam ser pagas precipuamente a quaisquer outros créditos.

A preferência conferida pelo art. 1.422 garante aos credores hipotecário e pignoratício o direito de receber, integralmente e em primeiro lugar, o produto da venda judicial do bem dado em garantia, afastando os demais credores quirografários, que não possuem garantia real. Estes somente receberão algo se o produto da venda for superior ao crédito dos credores com preferência. Se, contudo, o produto da venda for insuficiente para o pagamento dos credores hipotecário e pignoratício, estes farão *jus* ao crédito remanescente, mas agora na condição de credores quirografários, porque a garantia real não mais subsiste (art. 1.430 do CC/02).

Exemplificando, imagine que o credor hipotecário "A" possui um crédito total de R$ 60.000,00, garantido por um terreno dado em hipoteca. Excutido o bem e efetuada a praça, foi obtido o valor exato de R$ 60.000,00 como produto da alienação judicial. Depositado o preço, esse valor será revertido integralmente ao credor hipotecário "A", que, por força do art. 1.422, tem preferência no recebimento e, por tal razão, afastará todos os demais credores quirografários. No entanto, se a quantia obtida for de R$ 100.000,00, o credor hipotecário "A" receberá integralmente o valor de seu crédito, ficando a diferença de R$ 40.000,00 destinada aos credores quirografários. No mesmo exemplo, se a quantia obtida for de R$ 50.000,00, esse valor será integralmente destinado ao credor hipotecário "A", que continuará com o crédito de R$ 10.000,00, mas agora na condição de credor quirografário, porque a hipoteca não existe mais.

É importante destacar, ainda, que a preferência estabelecida pelo art. 1.422 deve ser analisada entre o credor com garantia real e os credores que não possuem essa garantia (quirografários), de forma que a preferência permite que os credores hipotecário e pignoratício afastem os quirografários para receber primeiro.

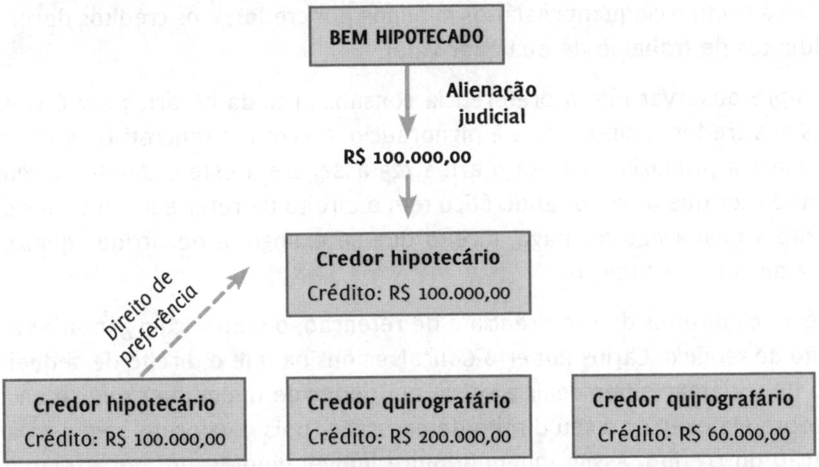

A mesma preferência pode ser analisada entre mais de um credor com garantia real sobre o mesmo bem. Havendo, por exemplo, dois credores hipotecários sobre o mesmo imóvel, ter-se-á a hipoteca de primeiro e de segundo grau. Nesse caso, a preferência será da hipoteca de primeiro grau, diante da anterioridade do registro.

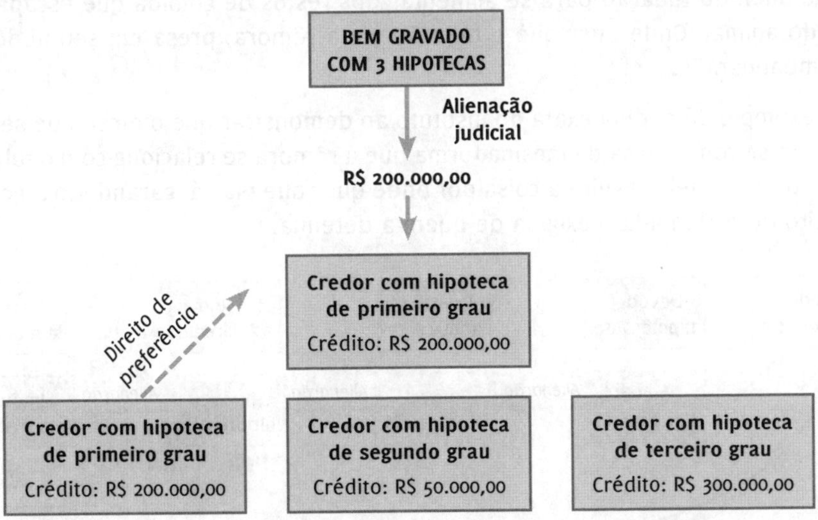

Não obstante tais apontamentos, fato é que o parágrafo único do art. 1.422 traz exceções à regra de preferência, ao estabelecer que se obedeça à legislação específica que determine o pagamento de outros créditos, de forma precípua. É o caso, por exemplo, do art. 83 da Lei de Falência (Lei nº. 11.101/05), que estabelece alguns créditos de natureza *privilegiada* e que receberão preferencialmente aos credores com garantia real, como os créditos derivados da legislação do trabalho, limitados a cento e cinquenta salários mínimos por credor; e os créditos decorrentes de acidentes de trabalho de qualquer valor.

Cumpre observar que a preferência consubstanciada no art. 1.422 é conferida apenas aos credores hipotecário e pignoratício. Ao credor anticrético não foi conferida a mesma primazia, embora o art. 1.423 assegure a este o *direito de retenção*, ao estabelecer que o credor anticrético tem o direito de reter em seu poder o bem, enquanto a dívida não for paga, direito que se extinguirá decorridos quinze anos da data de sua constituição.

Além dos direitos de preferência e de retenção, o credor com garantia real tem o *direito de sequela*. Carlos Roberto Gonçalves ensina que o direito de sequela "é o direito de reclamar e perseguir a coisa, em poder de quem quer que se encontre, para sobre ela exercer o seu direito de excussão, pois o valor do bem está afeto à satisfação do crédito. Assim, quem adquire imóvel hipotecado, por exemplo, está sujeito a vê-lo levado à hasta pública, para pagamento da dívida que está a garantir"[46].

Sobre o assunto, é válido citar o exemplo extremamente feliz trazido por Flávio Tartuce e José Fernando Simão, que esclarecem que "a metáfora da sequela no reino animal se dá com o tubarão e um peixe marinho chamado rêmora. A rêmora adere ao abdômen do tubarão para se alimentar dos restos de comida que escapam da boca do animal. Onde quer que o tubarão vá, a rêmora, presa em seu abdômen, o acompanhará"[47].

O exemplo dá a ideia exata do instituto ao demonstrar que o direito de sequela relaciona-se com a coisa da mesma forma que a rêmora se relaciona com o tubarão. O direito de sequela seguirá a coisa por onde quer que ela vá, garantindo ao credor o direito de reclamá-la e exigi-la de quem a detenha.

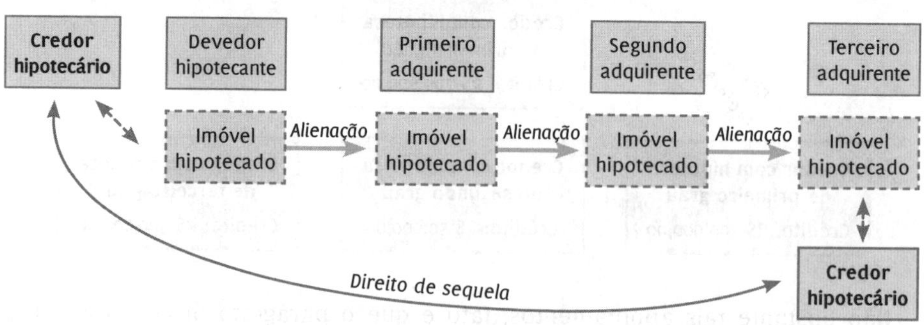

46. Direito Civil 5, 2ª ed., 2011, Saraiva, p. 539.
47. Direito Civil 4, Direito das Coisas, Editora Método, 2013, 5ª ed., p. 425.

Não obstante, o direito de sequela e sua oposição erga omnes não são absolutos, eis que o E. STJ editou a Súmula 308 a seguir transcrita:

> **Súmula 308:**
>
> A hipoteca firmada entre a construtora e o agente financeiro, anterior ou posterior à celebração da promessa de compra e venda, não tem eficácia perante os adquirentes do imóvel.

A referida súmula surgiu em razão dos casos envolvendo a construtora Encol e trata, evidentemente, do financiamento de imóveis.

Para iniciar um empreendimento imobiliário, as construtoras tomam dinheiro emprestado de instituições bancárias, que, por sua vez, exigem garantias para o empréstimo. As construtoras, então, oferecem o terreno (principal) e as unidades autônomas (acessório) como garantia hipotecária, assumindo a posição de devedor hipotecante e o banco a posição de credor hipotecário. Pela relação instaurada, tem o banco o direito de sequela sobre as unidades autônomas que serão negociadas no mercado imobiliário.

A questão passa a ter relevância quando as unidades são vendidas aos consumidores, que pagam o preço integral do imóvel, mas as construtoras não repassam o valor ao banco. Estes, diante da inadimplência, executavam a hipoteca e, em razão do direito de sequela, buscavam a satisfação de seu crédito através das unidades vendidas a terceiros.

Tal situação não mais persiste em razão da Súmula 308 do E. STJ retirar o direito de sequela *erga omnes* da relação estabelecida entre a construtora e o agente financeiro. Nessa relação, o direito de sequela é apenas *inter partes*, sendo lícito ao banco executar a hipoteca nas unidades que pertencem à construtora, mas não mais às que pertencem a terceiros.

Trata-se, a toda evidência, da prevalência do princípio da boa-fé objetiva sobre o direito de sequela inerente à hipoteca, porque o adquirente, além de estar amparado pelo adimplemento contratual, teria grande dificuldade em tomar conhecimento da relação jurídica estabelecida entre a construtora e o agente financeiro. Entender de modo contrário e garantir o direito de sequela, nesse caso, seria inviabilizar o negócio.

Além dos requisitos subjetivos e objetivos, já estudados, a atual codificação exige alguns requisitos formais para que os contratos de garantia real tenham validade perante terceiros. Os requisitos formais estão previstos no art. 1.424 do CC/02, transcrito a seguir:

> **Art. 1.424.** Os contratos de penhor, anticrese ou hipoteca declararão, sob pena de não terem eficácia:
>
> I – o valor do crédito, sua estimação, ou valor máximo;
>
> II – o prazo fixado para pagamento;

> **III** – a taxa dos juros, se houver;
>
> **IV** – o bem dado em garantia com as suas especificações.

Os requisitos formais indicados no art. 1.424 estão condicionados à eficácia do direito real de garantia, que se revela através da *especificação* e da *publicidade*. A especificação exige que se faça a descrição detalhada, no contrato, das condições essenciais do negócio. A publicidade, por sua vez, é essencial para que terceiros tenham conhecimento do direito real de garantia e se completa com o registro do título no Cartório de Registro de Imóveis, nos casos de hipoteca, anticrese e penhor rural, ou no Cartório de Títulos e Documentos, no caso de penhor convencional.

É importante destacar que a falta dos requisitos formais não acarreta a nulidade do negócio, mas tão somente a ineficácia da garantia, porque não produzirá os efeitos característicos de um direito real. O negócio terá plena validade entre as partes contratantes, tendo característica, apenas, de direito pessoal.

O art. 1.425 disciplina especificamente as hipóteses em que ocorre o vencimento antecipado das dívidas com garantia real, seja através do penhor, hipoteca ou anticrese. Veja o citado dispositivo:

> **Art. 1.425.** A dívida considera-se vencida:
>
> **I** – se, deteriorando-se, ou depreciando-se o bem dado em segurança, desfalcar a garantia, e o devedor, intimado, não a reforçar ou substituir;
>
> **II** – se o devedor cair em insolvência ou falir;
>
> **III** – se as prestações não forem pontualmente pagas, toda vez que deste modo se achar estipulado o pagamento. Neste caso, o recebimento posterior da prestação atrasada importa renúncia do credor ao seu direito de execução imediata;
>
> **IV** – se perecer o bem dado em garantia, e não for substituído;
>
> **V** – se se desapropriar o bem dado em garantia, hipótese na qual se depositará a parte do preço que for necessária para o pagamento integral do credor.
>
> **§1º** – Nos casos de perecimento da coisa dada em garantia, esta se sub-rogará na indenização do seguro, ou no ressarcimento do dano, em benefício do credor, a quem assistirá sobre ela preferência até seu completo reembolso.
>
> **§2º** – Nos casos dos incisos IV e V, só se vencerá a hipoteca antes do prazo estipulado, se o perecimento, ou a desapropriação recair sobre o bem dado em garantia, e esta não abranger outras; subsistindo, no caso contrário, a dívida reduzida, com a respectiva garantia sobre os demais bens, não desapropriados ou destruídos.

O inciso I trata do perecimento parcial da coisa dada em garantia, que acaba sofrendo uma depreciação. Isso porque compete ao devedor manter íntegra e perfeita a garantia oferecida. Se o objeto da garantia se deteriorar, o devedor deve apresentar o reforço ou substituí-la. Caso não o faça, após intimado, ocorrerá o vencimento antecipado da dívida.

A hipótese prevista no inciso II se justifica porque tanto a falência quanto a insolvência, por si só, acarretam no vencimento antecipado das dívidas.

O inciso III estabelece que ocorre o vencimento antecipado quando há o inadimplemento de algumas parcelas da dívida. Como a lei não diz qual a quantidade de parcelas insatisfeitas que acarreta o vencimento antecipado, tal questão deve ser esclarecida no contrato. Ademais, dispositivo encontra fundamento no fato de que se as prestações futuras não vencessem antecipadamente, estas ficariam sem a garantia. De fato, tome-se como exemplo uma dívida que será paga em 50 (cinquenta) prestações. O devedor paga pontualmente 12 (doze) e fica inadimplente com o pagamento de 3 (três). Nos termos do art. 1.425, III, o inadimplemento das 3 (três) acarreta o vencimento antecipado das 35 (trinta e cinco) futuras. Se assim não fosse, o credor com garantia real poderia executar a garantia para receber o pagamento apenas das 3 (três) que não foram pagas, deixando as 35 (trinta e cinco) restantes sem a garantia, porque esta já foi executada.

O inciso IV é a mesma hipótese do inciso I. A diferença é que este trata do perecimento parcial, enquanto aquele trata do perecimento total. Cabe ressaltar, contudo, que, havendo pagamento de seguro ou ressarcimento do dano por terceiro, tais valores serão revertidos em benefício do credor com garantia.

Finalmente, dispõe o inciso V que ocorre o vencimento antecipado se o bem dado em garantia for desapropriado. Como a desapropriação acarretará a perda da propriedade, o credor ficará sem a garantia oferecida, porque esta desaparecerá. Contudo, dispõe o texto legal que o valor pago como indenização será revertido em benefício do credor.

O art. 1.428 do CC/02 fulmina de nulidade a *cláusula comissória*, ao estabelecer que:

> **Art. 1.428.** É nula a cláusula que autoriza o credor pignoratício, anticrético ou hipotecário a ficar com o objeto da garantia, se a dívida não for paga no vencimento.
>
> **Parágrafo único.** Após o vencimento, poderá o devedor dar a coisa em pagamento da dívida.

A cláusula comissória, também chamada de pacto comissório, é a cláusula inserida no contrato que permite ao credor permanecer com o bem dado em garantia, caso a dívida não seja paga.

A vedação imposta pelo art. 1.428 tem apelo moral e visa evitar a usura e o enriquecimento ilícito por parte do credor. O insigne Carlos Roberto Gonçalves leciona que "no instante da necessidade, o devedor poderia concordar com cláusula dessa espécie, confiante em sua capacidade de conseguir efetuar o pagamento no vencimento, ou então por não ter outra saída. Se a dívida não for paga e o objeto tiver valor muito superior ao da dívida, o credor experimentará um lucro desmesurado, vedado pela Lei da Usura (Dec. nº. 22.626, de 7-4-1933)"[48].

48. Direito Civil 5, 2ª ed., 2011, Saraiva, p. 548.

Dessa forma, compete ao credor com garantia real o direito de excutir o bem e receber o produto da alienação judicial, o que deverá seguir o quanto preconizado pelo art. 1.430 do CC/02. Não poderá ficar com o bem, diante da vedação expressa do art. 1.428. O parágrafo único, contudo, permite que o devedor dê a coisa em pagamento da dívida. A diferença é que a possibilidade é conferida ao devedor, que pode optar por extinguir a obrigação por meio da dação em pagamento.

É importante destacar, por oportuno, que a existência da cláusula comissória não acarreta a nulidade de todo o contrato (art. 184 do CC/02), mas tão somente da cláusula.

5.1. Do penhor

5.1.1. *Do penhor convencional comum*

É importante esclarecer, inicialmente, que a palavra *penhor* é utilizada para designar tanto o direito real de garantia quanto o contrato de penhor, que é o modo pelo qual a garantia é instituída.

Segundo Silvio de Salvo Venosa, o penhor, enquanto direito real de garantia, pode ser conceituado como "o direito real que submete coisa móvel ou mobilizável, corpórea ou incorpórea, ao pagamento de dívida"[49].

Nesse sentido, o art. 1.431 do CC/02 estabelece:

> **Art. 1.431.** Constitui-se o penhor pela transferência efetiva da posse que, em garantia do débito ao credor ou a quem o represente, faz o devedor, ou alguém por ele, de uma coisa móvel, suscetível de alienação.
>
> **Parágrafo único.** No penhor rural, industrial, mercantil e de veículos, as coisas empenhadas continuam em poder do devedor, que as deve guardar e conservar.

Diante disso, a doutrina indica que o penhor tem as seguintes características:

a) *É direito real*: diante da previsão expressa do art. 1.419 do CC/02. Isso significa que o penhor tem todos os atributos inerentes aos direitos reais, como, por exemplo, a oponibilidade *erga omnes*, garantindo, ainda, ao credor o direito de sequela, de excussão e de preferência;

b) *É direito acessório*: porque visa garantir o pagamento de uma obrigação principal. O penhor se sujeita, portanto, ao princípio de que o acessório segue o principal. Se a obrigação principal for extinta pelo pagamento, extinto estará o penhor. Se o contrato principal for declarado nulo, nulo também será o penhor;

c) *É, em princípio, um contrato real*: que só se aperfeiçoa com a tradição do objeto ao credor, que permanecerá como depositário do bem. A entrega do bem ao credor tem a vantagem de impedir a alienação fraudulenta do

49. Direito Civil, vol. V, Atlas, 4ª Ed., 2004, p. 516.

objeto da garantia e, ainda, de impedir que outros credores sem garantia penhorem o referido bem. No entanto, embora o *caput* do art. 1.431 utilize a expressão *transferência efetiva da posse*, fato é que existem algumas modalidades específicas de penhor em que a posse do bem permanece com o devedor pignoratício. É o caso, por exemplo, do penhor rural, industrial, mercantil e de veículos, conforme previsão expressa do parágrafo único do mesmo dispositivo.

Como visto, o penhor pode recair sobre coisas móveis ou mobilizáveis, que podem ser singulares ou coletivas, corpórea ou incorpórea (crédito), de existência atual ou futura (safra futura), que devem ser devidamente indicadas no contrato, como exige o art. 1.424, IV, do CC/02 já estudado. O penhor instituído sobre uma coisa abrange todas as partes essenciais e os acessórios que não tenham sido expressamente excluídos[50].

O contrato de penhor deve ser elaborado por instrumento público ou particular, observando-se as especificações do art. 1.424. Deverá, ainda, ser levado a registro para que tenha validade perante terceiros. Nesse sentido, o penhor comum deverá ser registrado no Cartório de Títulos e Documentos, como preceitua expressamente o art. 1.432, e o penhor rural no Cartório de Registro de Imóveis, como determina o art. 1.438, ambos do CC/02.

Nos termos do art. 1.433 do CC/02, o credor pignoratício tem *direito*:

a) *À posse da coisa empenhada* (inciso I): a posse indicada no texto legal é a posse direta, haja vista que a tradição é da essência do penhor. O exercício da posse direta pelo credor permite que este use da tutela possessória contra o devedor e terceiros, muito embora não exclua a posse indireta do devedor, que continua preservada. Esse direito só existe no penhor comum, pois nas modalidades especiais de penhor a coisa permanece com o devedor, que conserva a posse direta;

b) *À retenção da coisa, até que seja indenizado pelas despesas devidamente justificadas, que tiver feito, não sendo ocasionadas por culpa sua* (inciso II): o direito à retenção surge como corolário do exercício da posse direta. Se o credor não for indenizado pelas despesas efetuadas, não devolverá o bem empenhado. Por "despesas devidamente justificadas" devem ser entendidas como aquelas necessárias para a conservação e manutenção do bem, desde que os gastos não tenham sido provocados por culpa do credor. A ideia de culpa é a mesma empregada na responsabilidade civil, ou seja, de negligência, imprudência e imperícia. Assim, o credor pignoratício terá o direito de reter a coisa até a restituição integral das despesas pagas para a conservação da coisa, que não tenha dado causa. Se as despesas foram realizadas por culpa do credor, prejudicado estará o direito de retenção;

---

50. Carlos Roberto Gonçalves, Direito Civil 5, 2ª ed., 2011, Saraiva, p. 554.

c) *Ao ressarcimento do prejuízo sofrido por vício da coisa empenhada* (inciso III): o prejuízo a que se refere o texto legal é aquele causado sobre o patrimônio do credor pela coisa empenhada, que se encontra viciada. No penhor, diferentemente da anticrese, o credor pignoratício, salvo estipulação expressa em contrário, não tem a faculdade de usar (*jus utendi*) a coisa empenhada, de forma que não pode se insurgir alegando prejuízos por privação de uso. Flávio Tartuce e José Fernando Simão[51] trazem o exemplo do animal doente dado em penhor pelo devedor. Ao ter contato com os demais animais do rebanho do credor, a doença se espalha ocasionando a morte de todo o rebanho. Nos termos do art. 1.433, III, deverá o devedor indenizar o credor pelos prejuízos causados pelo vício da coisa empenhada.

d) *Promover a execução judicial, ou a venda amigável, se lhe permitir expressamente o contrato, ou lhe autoriza o devedor mediante procuração* (inciso IV): que decorre logicamente do direito de excutir a coisa dada em garantia, bem como da proibição da cláusula comissória imposta pelo art. 1.428 do CC/02. O credor, então, poderá promover a execução judicial, hipótese em que o contrato de penhor servirá como título executivo, requerendo que a penhora recaia sobre o bem empenhado, nos termos da lei processual. É garantido ao credor, também, promover a venda amigável do bem, se o contrato assim permitir ou se tiver poderes especiais, pagando-se em primeiro lugar. Nessa hipótese, o credor deverá prestar contas ao devedor, entregando-lhe eventual saldo. É importante destacar que, no caso da venda amigável, o credor não poderá vender a coisa empenhada a si mesmo, porque, nesse caso, haveria ofensa ao art. 1.428 do CC/02, porque se burlaria a proibição da cláusula comissória;

e) *A apropriar-se dos frutos da coisa empenhada que se encontra em seu poder* (inciso V): a norma legal coloca a percepção dos frutos como um reforço da garantia e uma possibilidade de o credor receber o valor devido como forma de adiantamento. Caso o credor pignoratício se aproprie dos frutos, deverá imputá-los nas despesas de guarda e conservação, nos juros e no capital da obrigação garantida, sucessivamente (art. 1.435, III do CC/02);

f) *A promover a venda antecipada, mediante prévia autorização judicial, sempre que haja receio fundado de que a coisa empenhada se perca ou deteriore, devendo o preço ser depositado* (inciso VI): a venda antecipada pode ser feita apenas quando haja *receio fundado* de perecimento (perda total) ou deterioração (perda parcial) da coisa empenhada. O exemplo clássico na doutrina é quando a garantia é representada por produtos alimentícios, que perecem ou se deterioram rapidamente. Nesse caso, a venda antecipada é desejável tanto pelo credor, que não quer ver a garantia se perder, quanto pelo devedor, que não quer ter um decréscimo patrimonial. Acrescente-se,

51. Direito Civil 4, Direito das Coisas, Editora Método, 2013, 5ª ed., p. 437.

ainda, que a referida venda antecipada não se realiza pelo simples desejo do credor, uma vez que depende de *autorização judicial*, cabendo ao magistrado intimar o *dono da coisa* para que se manifeste. Nos termos do art. 1.433, VI, o dono da coisa empenhada poderá impedir a venda antecipada, substituindo-a, ou oferecendo outra garantia real idônea. Observe que a lei utiliza a expressão *dono da coisa* (e não devedor), haja vista que a garantia pode ser prestada por terceiro.

Conhecendo-se os direitos do credor, fica mais fácil verificar os seus deveres, que decorrem, em certa parte, de uma consequência lógica. Dessa forma, dispõe o art. 1.435 do CC/02 que o credor pignoratício tem os seguintes deveres:

a) *Custodiar a coisa, como depositário, e ressarcir ao dono a perda ou deterioração de que for culpado, podendo ser compensada na dívida, até a concorrente quantia, a importância da responsabilidade* (inciso I): a tradição da coisa empenhada, que transfere a posse direta, impõe ao credor o dever de guardar e conservar a coisa empenhada como se fosse sua. O dever de *custódia* ora indicado impõe, além dos deveres de guarda e conservação, o dever de restituir a coisa empenhada, uma vez paga a dívida. Por tal razão, o credor pignoratício deve indenizar o dono, caso a coisa empenhada pereça ou se deteriore por culpa do credor. Não haverá, portanto, o dever de indenizar, caso o perecimento ou deterioração da coisa ocorra sem que haja culpa do credor, uma vez que há situações em que a coisa poderia se perder mesmo estando na posse direta de qualquer pessoa, inclusive do devedor. O citado dispositivo prevê, ainda, um sistema de compensação, ao estabelecer que eventual indenização devida pelo credor seja compensada com o valor da dívida;

b) *Defender a posse da coisa empenhada e dar ciência, ao dono dela, das circunstâncias que tornarem necessário o exercício de ação possessória* (inciso II): com a entrega, o credor pignoratício passa a ter a posse direta da coisa empenhada, devendo utilizar-se da tutela possessória contra terceiros e até mesmo o dono da coisa, que não poderá reavê-la antes do cumprimento da obrigação principal. Não obstante, a exercício da posse direta pelo credor não exclui a posse indireta exercida pelo dono da coisa, de forma que o credor, por questões de boa-fé, deve cientificar o dono da coisa, caso seja necessário o uso da tutela possessória. Isso se justifica porque o dono da coisa também pode fazer uso da tutela possessória, tendo em vista que é o maior interessado na conservação da coisa, porque o esbulho ou turbação, evidentemente, lhe ocasionará maiores prejuízos na medida em que perderá a coisa empenhada sem que a dívida esteja saldada;

c) *Imputar o valor dos frutos de que se apropriar nas despesas de guarda e conservação, nos juros e no capital da obrigação garantida, sucessivamente* (inciso III): tal questão foi analisada quando estudamos o art. 1.433, V do CC/02. A apropriação dos frutos configura reforço da garantia e possibilita que o credor receba antecipadamente seu crédito. A imputação de que trata o dispositivo é a legal (arts. 354 e 355, ambos do CC/02);

d) *Restituir a coisa empenhada, com os respectivos frutos e acessões, uma vez paga a dívida* (inciso IV): a restituição da coisa é consequência lógica do dever de custódia, mas que só tem origem com o pagamento da dívida. Dessa forma, o credor só pode ser compelido a restituir a coisa empenhada, depois que a dívida estiver integralmente paga. Como os frutos e acessões são acessórios, devem acompanhar a coisa, observando-se o princípio de que o acessório segue o principal;

e) *Entregar o que sobeje do preço, quando a dívida for paga, no caso do inciso IV do art. 1.433* (inciso V): o credor pignoratício tem o direito de promover a execução judicial ou venda amigável, na forma do art. 1.433, IV do CC/02. Quando isso ocorrer, o credor, após receber o pagamento pela a alienação, seja judicial ou amigável, deverá, caso a arrecadação seja superior à dívida garantida, devolver ao devedor eventual saldo remanescente.

Embora o Código Civil não tenha disciplinado os direitos e deveres do devedor pignoratício em dispositivos específicos, como o fez com o credor, fato é que os direitos e deveres do devedor podem ser vislumbrados quando se analisa os direitos e deveres do credor, pois cada direito deste corresponde a um dever do devedor e cada dever daquele corresponde a um direito do devedor[52].

Resumidamente, o devedor pignoratício tem direito a:

a) *Conservar o domínio e a posse indireta do bem empenhado;*

b) *Ser indenizado em caso de perecimento ou deterioração do bem empenhado, ocasionados por culpa do credor;*

c) *Reaver o bem empenhado, uma vez paga a dívida.*

De igual sorte, o devedor pignoratício tem o dever de:

a) *Ressarcir as despesas justificadas, efetuadas pelo credor para conservação da coisa empenhada;*

b) *Indenizar o credor nos prejuízos sofridos por este em razão de vícios da coisa;*

c) *reforçar ou substituir a garantia real, caso o bem oferecido sofra depreciação.*

A extinção do penhor é disciplinada pelo art. 1.436 do CC/02, que estabelece as hipóteses legais em que o penhor será extinto. São elas:

a) *Extinguindo-se a obrigação principal* (inciso I): tendo em vista que o penhor é um contrato acessório que visa garantir uma obrigação principal, terá ele o mesmo destino do contrato principal. Dessa forma, extinguindo-se a obrigação principal, extinto estará o penhor;

52. Carlos Roberto Gonçalves, Direito Civil 5, 2ª ed., 2011, Saraiva, p. 561.

b) *Perecendo a coisa dada em garantia* (inciso II): o perecimento, como dito anteriormente, é a perda total da coisa, que, se ocorrer, colocará fim ao direito real de garantia por falta de objeto. Nos termos do art. 1.425, IV do CC/02, o credor poderá considerar a dívida vencida antecipadamente, caso não ocorra a substituição da garantia oferecida;

c) *Renunciando o credor* (inciso III): a renúncia representa modo de extinção de direitos em geral, de forma que a atual codificação disciplinou, expressamente, que a renúncia do credor coloca fim ao penhor. Sobre a renúncia, o §1º do art. 1.436 estabelece algumas situações em que se presume a renúncia. São elas: a) quando o credor consentir na venda particular do penhor sem reserva do preço; b) quando restituir a sua posse ao devedor; ou c) quando anuir à sua substituição por outra garantia. Essas situações revelam comportamentos do credor que são incompatíveis com o exercício da garantia, razão pela qual a lei presume a renúncia. Não obstante, tal presunção é relativa, vez que admite prova em contrário.

d) *Confundindo-se na mesma pessoa as qualidades de credor e de dono da coisa* (inciso IV): a confusão também é modo de extinção de obrigações, porque a mesma pessoa passa a ser credora e devedora de si mesma (art. 381 do CC/02). Dessa forma, se o credor adquirir, posteriormente a qualidade de dono da coisa, estará extinto o penhor, porque se configurará a confusão. Ainda sobre a confusão, dispõe o §2º do art. 1.436 que, em caso de confusão parcial, o penhor subsistirá por inteiro quanto ao remanescente.

e) *Dando-se a adjudicação judicial, a remissão ou a venda da coisa empenhada, feita pelo credor ou por ele autorizada* (inciso V): como se observa, o dispositivo aborda três hipóteses de extinção, sendo: a) pela adjudicação judicial, que ocorre quando o bem empenhado vai a leilão judicial e o credor pignoratício o adjudica, nos termos do art. 876 do novo CPC; b) pela *remição* e vale frisar que muito embora o texto utilize a palavra *remissão*, que significa *perdão*, a doutrina é uníssona no sentido de que se trata de um erro gráfico, haja vista que a hipótese legal se refere à *remição*, que significa *resgate*[53]; e c) pela venda da coisa empenhada, que colocará fim ao penhor por perda do objeto.

5.2. Da hipoteca

A professora Maria Helena Diniz nos ensina que "a hipoteca é um direito real de garantia de natureza civil, que grava coisa imóvel ou bem que a lei entende por hipotecável, pertencente ao devedor ou a terceiro, sem transmissão de posse ao credor, conferindo a este o direito de promover a sua venda judicial, pagando-se, preferencialmente, se inadimplente o devedor"[54].

53. Flávio Tartuce e José Fernando Simão, Direito Civil 4, Direito das Coisas, Editora Método, 2013, 5ª ed., p. 468.
54. Curso de Direito Civil Brasileiro, v, 4. 2013, 28ª edição, Saraiva, p. 588.

Para Flávio Tartuce e José Fernando Simão, a "hipoteca é a garantia real que recai sobre bens imóveis, ou, por determinação legal, sobre bens móveis, cuja posse permanece com o devedor ou proprietário, ficando tais bens gravados à satisfação do crédito ou à extinção da garantia"[55].

Os bens que podem ser objeto de hipoteca estão discriminados no art. 1.473 do CC/02, abaixo transcrito:

> **Art. 1.473.** Podem ser objeto de hipoteca:
>
> I - os imóveis e os acessórios dos imóveis conjuntamente com eles;
>
> II - o domínio direto;
>
> III - o domínio útil;
>
> IV - as estradas de ferro;
>
> V - os recursos naturais a que se refere o art. 1.230, independentemente do solo onde se acham;
>
> VI - os navios;
>
> VII - as aeronaves;
>
> VIII - o direito de uso especial para fins de moradia;
>
> IX - o direito real de uso;
>
> X - a propriedade superficiária.
>
> §1º. A hipoteca dos navios e das aeronaves reger-se-á pelo disposto em lei especial.
>
> §2º. Os direitos de garantia instituídos nas hipóteses dos incisos IX e X do caput deste artigo ficam limitados à duração da concessão ou direito de superfície, caso tenham sido transferidos por período determinado.

Diante disso, a doutrina dispõe que a hipoteca tem as seguintes características:

a) É um *direito real de garantia*: porque vincula a coisa gravada ao pagamento da dívida. A hipoteca é oponível *erga omnes* e confere ao seu titular o direito de sequela e de excussão judicial para que receba, preferencialmente, com a venda judicial;

b) Possui *natureza civil*: ainda que a dívida tenha natureza comercial ou sejam as partes comerciantes. A natureza civil da hipoteca é consenso na doutrina, ainda mais após a unificação do Direito de Empresa no Código Civil de 2002;

c) O devedor hipotecante *continua na posse do bem hipotecado*: o devedor é mantido na posse direta do bem, geralmente imóvel, exercendo sobre ele todos os poderes, inclusive de perceber os frutos e de valer-se da tutela possessória para defesa da posse. O devedor só será privado da posse por meio da excussão judicial, caso deixe de pagar a obrigação principal;

55. Direito Civil 4, Direito das Coisas, Editora Método, 2013, 5ª ed., p. 468.

d) É contrato *acessório*: a hipoteca, enquanto direito real de garantia, visa justamente garantir o pagamento de uma dívida principal. Dessa forma, submete-se ao princípio de que o acessório segue o principal, de maneira que, extinguindo-se a obrigação principal, extinta estará a hipoteca. De igual sorte, sendo nula a obrigação principal, nula será a hipoteca;

e) É *indivisível*: porque a hipoteca grava o bem em sua totalidade (art. 1.421 do CC/02). Isso significa que o pagamento parcial da dívida não traz qualquer mudança na garantia, que se mantém intacta e subsistirá até o pagamento integral da obrigação garantida. Exemplificando, se o devedor "A" oferece ao credor "B", para garantia de uma dívida total de R$ 80.000,00, dois terrenos de sua propriedade em hipoteca no valor de R$ 40.000,00 cada um, e, posteriormente, vier a pagar o valor de R$ 40.000,00, nem por isso conseguirá desonerar um dos terrenos, pois a hipoteca subsistirá por inteiro até o pagamento integral da dívida. Assim o é, inclusive, havendo mais de um devedor, que deverá pagar a totalidade da dívida para extinguir a hipoteca, pois se pretender pagar apenas a parte que lhe cabe, a hipoteca subsistirá por inteiro em razão da indivisibilidade consagrada no art. 1.421 do CC/02;

f) Quando a hipoteca for convencional, será *negócio solene*: uma vez que o art. 108 do CC/02 dispõe expressamente que a escritura pública é essencial à validade dos negócios jurídicos que visem à constituição de direitos reais sobre imóveis de valor superior a trinta vezes o maior salário mínimo vigente no país.

O Código Civil de 2002 contempla duas modalidades de hipoteca: a) a *convencional*, que é aquela que decorre do acordo das partes em razão da autonomia privada, podendo o devedor ou terceiro oferecer o bem de sua propriedade como garantia por uma obrigação principal; e b) a *legal*, que é aquela que decorre da lei, independentemente da vontade do proprietário, e é constituída com a finalidade de proteger certas pessoas em certas situações (art. 1.489 do CC/02).

▸ HIPOTECA – MODALIDADES	
Convencional	Decorre do acordo das partes contratantes
Legal	Decorre da lei, independentemente da vontade do proprietário, para proteger certos credores (art. 1489 CC/02)

Pois bem.

O art. 1.475 traz importante regramento sobre a hipoteca ao dispor o seguinte:

> **Art. 1.475.** É nula a cláusula que proíbe ao proprietário alienar imóvel hipotecado.
>
> **Parágrafo único.** Pode convencionar-se que vencerá o crédito hipotecário, se o imóvel for alienado.

Como se observa, o *caput* do art. 1.475 fulmina de nulidade a cláusula que proíbe o proprietário de alienar o imóvel hipotecado. O fundamento é de que o proprietário não perde o poder de disposição sobre a coisa e, ainda, pelo fato de que a alienação em nada prejudica o credor, que tem garantido o direito de sequela, cuja principal característica é de permitir que o credor persiga e reivindique a coisa da pessoa que a detiver. Em outras palavras, a alienação do imóvel hipotecado, em princípio, não afetará em nada a relação jurídica estabelecida entre o credor hipotecário e o devedor hipotecante.

Não obstante, é importante consignar que o parágrafo único do art. 1.475 permite que as partes convencionem, expressamente, que o crédito hipotecário se vença antecipadamente, caso o imóvel seja alienado. Havendo essa previsão expressa, o credor estará apto a receber seu crédito no momento em que o imóvel for alienado, cabendo ao adquirente efetuar o pagamento da dívida principal diretamente ao credor hipotecário, como forma de evitar que este reivindique a coisa.

Os arts. 1.476 e 1.477 tratam da pluralidade, dos graus de hipoteca ou sub-hipotecas.

De fato, dispõe o art. 1.476 que:

> **Art. 1.476.** O dono do imóvel hipotecado pode constituir outra hipoteca sobre ele, mediante novo título, em favor do mesmo ou de outro credor.

O texto legal permite que o mesmo imóvel seja gravado com mais de uma hipoteca, ocasião em que se configura a pluralidade de hipotecas ou sub-hipotecas. Assim, o devedor hipotecante poderá oferecer em hipoteca um imóvel já hipotecado, seja para com o mesmo credor ou credor diverso. Assim se permite, porque, como visto, o devedor não perde o poder de disposição sobre a coisa.

Nesse caso, ter-se-á várias hipotecas sobre o mesmo imóvel estabelecendo-se uma espécie de *preferência* entre os credores hipotecários. Essa preferência será verificada segundo a ordem de registro do título no Cartório de Registro de Imóveis e não segundo a data em que a escritura é lavrada. Imagine, por exemplo, que a escritura pública seja lavrada em favor do credor "A" no dia 10/05/2012, sendo que tal escritura é levada ao Cartório de Registro de Imóveis somente no dia 25/07/2012. Uma outra escritura pública é lavrada em favor do credor "B" no dia 10/06/2012, mas é levada ao Cartório de Registro de Imóveis imediatamente no dia 11/06/2012. Nessa situação, a hipoteca conferida em favor do credor "B" será considerada de *primeiro grau*, porque registrada em primeiro lugar. A hipoteca conferida ao credor "A", muito embora tenha sido outorgada em data anterior, será considerada de *segundo grau*, porque a *preferência* é verificada pela data do registro no Cartório de Registro de Imóveis e não segundo a data da escritura pública. Nessa linha de *preferência*, é como se o credor da hipoteca de segundo grau fosse um credor quirografário em relação ao credor da hipoteca de primeiro grau.

Também é importante esclarecer que a constituição de sub-hipotecas não guarda nenhuma relação entre o valor do imóvel e o valor das dívidas, ou seja, não se pode alegar que o imóvel só poderia garantir dívidas até o seu respectivo valor. A constituição da hipoteca é faculdade das partes, que têm autonomia para celebrar o negócio conforme lhes seja conveniente. Dessa forma, o credor pode aceitar a hipoteca de imóvel já hipotecado, ainda que o valor deste seja inferior às dívidas que garante.

Sobre a pluralidade de hipotecas, o art. 1.477 do CC/02 estabelece:

> **Art. 1.477.** Salvo o caso de insolvência do devedor, o credor da segunda hipoteca, embora vencida, não poderá executar o imóvel antes de vencida a primeira.
>
> **Parágrafo único.** Não se considera insolvente o devedor por faltar o pagamento das obrigações garantidas por hipotecas posteriores à primeira.

O *caput* do art. 1.477 é claro ao disciplinar que, salvo em caso de insolvência do devedor, o credor da hipoteca de segundo grau, ainda que vencida, não poderá executar a hipoteca, antes que seja executada a hipoteca de primeiro grau. Como visto, a constituição de sub-hipotecas faz nascer uma *preferência* entre os credores hipotecários, de forma que o credor da primeira hipoteca deve receber primeiro, ainda que a dívida vença depois. Para Flávio Tartuce e José Fernando Simão[56], a única forma de o credor da sub-hipoteca não ficar parado aguardando o vencimento da dívida da primeira hipoteca é pagar esta dívida (art. 1.478, *caput* do CC/02) e se sub-rogar nos direitos do credor da primeira hipoteca, como preceitua o art. 346, II do CC/02.

De igual sorte, estabelece o parágrafo único que o devedor não é considerado insolvente pelo fato de não adimplir as obrigações garantidas por hipotecas posteriores à primeira. A ressalva se justifica porque o *caput* consigna, em sentido contrário, a possibilidade de o credor da segunda hipoteca executá-la, **em caso de insolvência do devedor**. Dessa forma, o parágrafo único esclarece, expressamente, que não se considera insolvente o devedor que falta ao pagamento das hipotecas posteriores à primeira. Logo, o credor sub-hipotecário não poderá valer-se desse argumento (suposta insolvência) para executar sua hipoteca.

Ao adquirir o imóvel hipotecado, o adquirente se sujeita ao exercício do direito de sequela pelo credor hipotecário, que poderá reivindicar o bem para pagamento de seu crédito.

O art. 1.481 do CC/02 garante ao adquirente o direito de remição (resgate) para extinção da hipoteca. Observe:

> **Art. 1.481.** Dentro em trinta dias, contados do registro do título aquisitivo, tem o adquirente do imóvel hipotecado o direito de remi-lo, citando os credores hipotecários e propondo importância não inferior ao preço por que o adquiriu.

56. Direito Civil 4, Direito das Coisas, Editora Método, 2013, 5ª ed., p. 479.

§1º. Se o credor impugnar o preço da aquisição ou a importância oferecida, realizar-se-á licitação, efetuando-se a venda judicial a quem oferecer maio preço, assegurada preferência ao adquirente do imóvel.

§2º. Não impugnado pelo credor, o preço da aquisição ou o preço preposto pelo adquirente, haver-se-á por definitivamente fixado para a remissão do imóvel, que ficará livre de hipoteca, uma vez pago ou depositado o preço.

§3º. Se o adquirente deixar de remir o imóvel, sujeitando-o a execução, ficará obrigado a ressarcir os credores hipotecários da desvalorização que, por sua culpa, o mesmo vier a sofrer, além das despesas judiciais da execução.

§4º. Disporá de ação regressiva contra o vendedor o adquirente que ficar privado do imóvel em consequência de licitação ou penhora, o que pagar a hipoteca, o que, por causa da adjudicação ou licitação, desembolsar com o pagamento da hipoteca importância excedente à da compra e o que suportar custas e despesas judiciais.

O direito de remição, conferido ao adquirente pelo *caput* do art. 1.481, é um direito **potestativo**, que deve ser exercido no prazo **decadencial** de 30 dias, contados do registro do título aquisitivo, cabendo ao adquirente, ainda, o ônus de oferecer o valor não inferior ao preço que pagou. Nesse caso, o direito de remição é conferido ao adquirente que não foi parte no contrato e que pode perder o bem em razão do direito de sequela.

A questão da remição pelo adquirente traz algumas indagações em relação ao valor do preço. Se o valor pago e oferecido é suficiente para o pagamento de todas as dívidas e, consequentemente, para a remição de todas as hipotecas, nenhuma dúvida haverá. Imagine, por exemplo, que um imóvel de R$ 300.000,00 é oferecido para garantir uma dívida de R$ 90.000,00. Pagando o adquirente, por exemplo, o valor de R$ 120.000,00, não poderão os credores se opor à remição porque o valor pago é suficiente para o pagamento integral das dívidas.

Não havendo a impugnação, o valor proposto pelo adquirente será utilizado para a **remição** do imóvel, que ficará livre da hipoteca (art. 1.481, §2º do CC/02). É importante destacar, novamente, que a hipótese tratada no art. 1.481, §2º do CC/02 é de **remição** (resgate) e não de **remissão** (perdão), como descrito equivocadamente no texto legal.

Contudo, se o valor pago e oferecido é insuficiente para o pagamento de todas as dívidas, os credores hipotecários poderão se insurgir contra a remição operada pelo adquirente. Imagine, por exemplo, que um imóvel de R$ 300.000,00 é oferecido para garantir uma dívida de R$ 180.000,00. Pagando o adquirente, por exemplo, o valor de R$ 120.000,00, os credores poderão se opor à remição porque o valor pago é insuficiente para o pagamento integral das dívidas.

Havendo a oposição pelos credores, será realizada a venda judicial a quem oferecer o maior preço, ficando assegurada a preferência ao adquirente do imóvel (art. 1.481, §1º, do CC/02).

O §3º do art. 1.481 trata da responsabilidade do adquirente que se oferece para remir a coisa, mas não o faz. Diante da clareza do dispositivo, são desnecessários maiores esclarecimentos.

Por fim, o §4º do art. 1.481 consagra o direito de regresso de algumas pessoas contra o vendedor, conferindo o legislador o referido direito às seguintes pessoas: a) ao adquirente que ficar privado do imóvel em consequência de licitação ou penhora; b) àquele que pagar a hipoteca; c) aquele que, por causa de adjudicação ou licitação, desembolsar com o pagamento da hipoteca importância excedente à da compra; e d) aquele que suportar as custas e despesas judiciais. É importante consignar, outrossim, que o direito de regresso só existirá se a alienação for onerosa (compra e venda, permuta etc.), pois, se for gratuita (doação), o adquirente nada poderá reclamar, diante da liberalidade presente no negócio[57].

Nos termos do art. 1.485 do CC/02, o prazo máximo para a constituição da hipoteca convencional é de trinta anos, contados da data do contrato. Decorrido o período, haverá a *perempção*, que é a extinção do direito pelo decurso do prazo. Após o prazo máximo de trinta anos, só será possível "reviver" a hipoteca mediante novo título e novo registro. Sobre o assunto, embora a lei silencie, a doutrina é pacífica em admitir a prorrogação ou prorrogações sucessivas da hipoteca, caso seja constituída em período inferior a trinta anos. Nesse caso, contudo, a soma das prorrogações não poderá exceder o prazo máximo fixado pelo art. 1.485.

▸ HIPOTECA	
Hipoteca constituída pelo período de 30 anos	Reativação somente mediante novo título e novo registro
Hipoteca constituída pelo período de 10 anos	Prorrogação da hipoteca por mais 20 anos

O art. 1.488 do CC/02 traz uma exceção ao princípio da indivisibilidade dos direitos reais, consagrado no art. 1.421 do CC/02. Com efeito, o referido dispositivo prevê a possibilidade de se *dividir* a hipoteca em caso de loteamento e de condomínio edilício. Confira o texto legal:

> **Art. 1.488.** Se o imóvel, dado em garantia hipotecária, vier a ser loteado, ou se nele se constituir condomínio edilício, poderá o ônus ser dividido, gravando cada lote ou unidade autônoma, se o requererem ao juiz o credor, o devedor ou os donos, obedecida a proporção entre o valor de cada um deles e o crédito.
>
> §1º. O credor só poderá se opor ao pedido de desmembramento do ônus, provando que o mesmo importa em diminuição de sua garantia.

57. Flávio Tartuce e José Fernando Simão, Direito Civil 4, Direito das Coisas, Editora Método, 2013, 5ª ed., p. 483.

> §2º. Salvo convenção em contrário, todas as despesas judiciais ou extrajudiciais necessárias ao desmembramento do ônus correm por conta de quem o requerer.
>
> §3º. O desmembramento do ônus não exonera o devedor originário da responsabilidade a que se refere o art. 1.430, salvo anuência do credor.

A exceção trazida pelo art. 1.488 é uma inovação da atual codificação, uma vez que não encontra paralelo no Código de 1916. Sua disposição possui utilidade extremamente prática ao permitir que cada condômino ofereça em hipoteca apenas a parte que possui da coisa comum. A finalidade é dar mais dinamismo nas relações negociais ao deixar fora da relação contratual os demais condôminos, que não necessitarão intervir no negócio. Dessa forma, cada lote ou unidade autônoma poderá ser objeto de uma hipoteca.

É válido frisar, por oportuno, que a divisão deverá ser feita mediante processo judicial, uma vez que o *caput* prevê, expressamente, o requerimento dirigido ao juiz, sendo válido consignar, ainda, que o credor só poderá se opor à divisão do ônus se provar que isso diminuirá sua garantia (art. 1.488, §1º).

Ademais, a divisão do ônus, em princípio, não livra o devedor originário de pagar o saldo remanescente, caso o produto da venda judicial, após a execução da garantia, não seja suficiente para saldar integralmente a dívida, (art. 1.488, §3º). Só estará livre o devedor, se assim expressamente convencionar.

Como dito anteriormente, a hipoteca legal, que é a constituída pela lei, independentemente da vontade do proprietário, é disciplinada no art. 1.489 do CC/02, que dispõe os credores e as situações em que a hipoteca legal lhes é conferida. Veja:

> **Art. 1.489.** A lei confere hipoteca:
>
> I – às pessoas de direito público interno (art. 41) sobre os imóveis pertencentes aos encarregados da cobrança, guarda ou administração dos respectivos fundos e rendas;
>
> II – aos filhos, sobre os imóveis do pai ou da mãe que passar a outras núpcias, antes de fazer o inventário do casal anterior;
>
> III – ao ofendido, ou aos seus herdeiros, sobre os imóveis do delinquente, para satisfação do dano causado pelo delito e pagamento das despesas judiciais;
>
> IV – ao coerdeiro, para garantia do seu quinhão ou torna da partilha, sobre o imóvel adjudicado ao herdeiro reponente;
>
> V – ao credor sobre o imóvel arrematado, para garantia do pagamento do restante do preço da arrematação.

Por estarem em situações de iminente prejuízo, o legislador conferiu a hipoteca legal a alguns credores, como forma de tutelar seus interesses e garantir que fossem alcançados.

Nesse sentido, o credor da hipoteca legal, ou seu representante, poderá exigir que o devedor reforce a garantia, caso comprove que os imóveis especializados são insuficientes (art. 1.490 do CC/02).

Pode o proprietário, para livra-se da hipoteca legal constituída, requerer a sua substituição, que será avaliada pelo juiz no interesse das partes. O magistrado deverá analisar se a substituição da garantia trará prejuízos às partes, sobretudo ao credor. A hipoteca pode ser substituída por títulos da dívida pública federal ou estadual, que ficarão caucionados e serão recebidos pelo valor de sua cotação mínima no ano corrente, bem como por outra garantia, como, por exemplo, a fiança (art. 1.491 do CC/02).

É importante frisar que a hipoteca legal também deve ser levada a registro no Cartório de Registro de Imóveis, em respeito aos princípios que regem o direito das coisas, sobretudo o da publicidade.

Nos termos do art. 1.499 do CC/02, extingue-se a hipoteca:

a) *Pela extinção da obrigação principal* (inciso I): a hipoteca, enquanto direito real de garantia, é um contrato acessório, que visa assegurar o cumprimento de obrigação principal. Nesse sentido, a hipoteca terá o mesmo destino da obrigação principal, porque a relação entre elas se dá como consequência do princípio da gravitação jurídica, que consagra que o acessório segue o principal. Dessa forma, extinta a obrigação principal, extinta estará a hipoteca, de igual sorte, a decretação de nulidade da obrigação principal acarretará, necessariamente, a nulidade da hipoteca;

b) *Pelo perecimento da coisa* (inciso II): o perecimento é a perda total da coisa, que acarreta a extinção da garantia por perda do objeto. Imagine, por exemplo, que uma casa foi hipotecada para garantir o pagamento de uma dívida. Ficando ela totalmente destruída em razão de um deslizamento do solo provocado por fortes chuvas, estará extinta a hipoteca porque o objeto pereceu. Contudo, vale a observação que a deterioração da coisa, que é a perda parcial, não importa na extinção da hipoteca que continua válida;

c) *Pela resolução da propriedade* (inciso III): a propriedade resolúvel é aquela que não se mostra em caráter permanente, sendo passível de revogação, independentemente da vontade do proprietário. Com a resolução da propriedade, opera-se a restituição da coisa ao antigo dono ou àquele que for indicado como tal. O sentido de *resolúvel*, para melhor compreensão, é o mesmo de *revogável* e *rescindível*[58]. Imagine, por exemplo, que o donatário receba um imóvel através de doação, que é efetivada com a cláusula de *reversão por premoriência do donatário*. Segundo essa cláusula, o imóvel doado retornará ao patrimônio dos doadores, caso o donatário faleça antes que eles. Em outras palavras, até que os doadores faleçam, o donatário

58. Vocabulário Jurídico Conciso. 1ª ed. Rio de Janeiro: Forense, 2008, p. 597.

tem apenas a propriedade resolúvel do imóvel. Dessa forma, seguindo o exemplo, se o donatário gravar o imóvel doado com hipoteca e falecer antes que os doadores, a hipoteca estará extinta porque o imóvel retornará aos patrimônios destes. Nesse caso, o credor corre o risco por aceitar como garantia um imóvel cuja consolidação da propriedade depende de condição resolutiva, que pode ocorrer;

d) *Pela renúncia do credor* (inciso IV): a renúncia indicada no dispositivo se refere à renúncia da *garantia* e não da obrigação principal. A renúncia, como visto, deve ser expressa e constitui ato unilateral do credor que independe da anuência do devedor ou de terceiro dono da coisa. O efeito prático da renúncia à garantia é de transformar o credor hipotecário em credor quirografário. No entanto, cabe a observação de que a renúncia só é possível na hipoteca convencional, pois a hipoteca legal é irrenunciável, uma vez que a norma é de ordem pública;

e) *Pela remição* (inciso V): que significa o *resgate* feito pelo credor sub-hipotecário, pelo adquirente do imóvel, pelo executado, seu cônjuge, ascendente ou descendente. A remição foi devidamente analisada quando estudamos o art. 1.481 do CC/02;

f) *Pela arrematação ou adjudicação* (inciso VI): que ocorrerão em decorrência de hasta pública realizada em processo judicial. Uma vez arrematado o bem por terceiro, estará extinta a hipoteca porque o produto da alienação judicial será destinado ao pagamento do credor, o que acarretará a extinção da obrigação principal. O mesmo se dará caso o bem seja adjudicado pelo exequente, que o receberá como pagamento da obrigação principal.

Finalmente, o art. 1.500 dispõe que a hipoteca é extinta com a averbação do cancelamento do registro, no Cartório de Registro de Imóveis, mediante a apresentação da respectiva prova. Assim como o registro é essencial para fazer *nascer* a garantia hipotecária, o registro também é essencial para extingui-la, como corolário do princípio da publicidade.

5.3. Da anticrese

Segundo Carlos Roberto Gonçalves, "a anticrese é direito real sobre coisa alheia, em que o credor recebe a posse de coisa frugífera, ficando autorizado a perceber-lhe os frutos e imputá-los no pagamento da dívida"[59].

Etimologicamente, a palavra anticrese é proveniente das palavras gregas *anti* (contra) e *chresis* (uso), significando ao pé da letra o "uso ao contrário", ao permitir que o credor anticrético exerça a posse direta da coisa e dela perceba os frutos, que ficarão vinculados para a extinção da dívida.

59. Direito Civil 5, 2ª ed., 2011, Saraiva, p. 641.

O ilustre Silvio de Salvo Venosa traz importante lição ao esclarecer que "a anticrese é instituição paralela ao penhor e à hipoteca, ficando a meio caminho entre ambos. Enquanto no penhor típico se transfere a posse da coisa ao credor, que dela não pode se utilizar, e na hipoteca o bem continua na posse do devedor, na anticrese o credor assume necessariamente a posse do bem para usufruir seus frutos, a fim de amortizar a dívida ou receber juros. O credor anticrético recebe a posse de coisa imóvel frugífera, ficando os frutos vinculados à extinção da dívida"[60].

Não obstante, a anticrese é instituto que se perdeu no tempo e no desuso, uma vez que configura uma garantia inferior ao penhor e à hipoteca, principalmente por não conferir os direitos de preferência (art. 1.509, §§1º e 2º do CC/02) e de excussão judicial.

A anticrese vem disciplinada no art. 1.506 do CC/02, que dispõe:

> **Art. 1.506.** Pode o devedor ou outrem por ele, com a entrega do imóvel ao credor, ceder-lhe o direito de perceber, em compensação da dívida, os frutos e rendimentos.
>
> **§1º** É permitido estipular que os frutos e rendimentos do imóvel sejam percebidos pelo credor à conta de juros, mas se o seu valor ultrapassar a taxa máxima permitida em lei para as operações financeiras, o remanescente será imputado ao capital.
>
> **§2º** Quando a anticrese recair sobre bem imóvel, este poderá ser hipotecado pelo devedor ao credor anticrético, ou a terceiros, assim como o imóvel hipotecado poderá ser dado em anticrese.

Como se observa, havendo a anticrese, é o credor que ficará encarregado de pagar-se com os frutos produzidos pela coisa, haja vista que ficará responsável pela administração. Essa administração não precisa ser executada pessoalmente, sendo lícito ao credor anticrético nomear um terceiro como administrador, ficando responsável, no entanto, pela má escolha[61].

A anticrese tem natureza negocial, ficando as partes livres para ajustar as condições no instrumento contratual. O prazo máximo, contudo, para a estipulação do instituto não poderá ser superior a quinze anos (art. 1.423 do CC/02).

Embora o *caput* do art. 1.507 diga que "o credor anticrético **pode** administrar os bens dados em anticrese e fruir seus frutos e utilidades", fato é que a palavra **pode** deve ser entendida como **deve**, uma vez que a administração da coisa pelo credor é da essência do instituto.

Ademais, como o credor administrará bens alheios, ficará incumbido de prestar contas ao devedor, apresentando, anualmente, balanço exato e fiel de sua administração (art. 1.507, *caput*, segunda parte, do CC/02), que deve ser instruído com os documentos que possuam valor legal, como, por exemplo, notas fiscais.

---

60. Direito Civil, vol. V, Atlas, 4ª Ed., 2004, p. 545.
61. Flávio Tartuce e José Fernando Simão, Direito Civil 4, Direito das Coisas, Editora Método, 2013, 5ª ed., p. 505.

Essas questões, na prática, podem levar a algumas dificuldades, porque, primeiro, o credor pode não demonstrar a mesma "vontade" que o devedor demonstraria na administração da coisa, e, segundo, porque o credor pode não ser tão fiel nas contas de administração.

Para amenizar a questão, o §1º do art. 1.507 estabelece que "se o devedor anticrético não concordar com o que se contém no balanço, por ser inexato, ou ruinosa a administração, poderá impugná-lo, e, se o quiser, requerer a transformação em arrendamento, fixando o juiz o valor mensal do aluguel, o qual poderá ser corrigido anualmente".

O dispositivo legal contempla duas hipóteses: a) a inexatidão do balanço, o que, em princípio, coloca em dúvida certos requisitos formais; e b) a administração ruinosa, cujo conceito não é trazido pelo texto legal e deve ser analisado no caso concreto, embora a doutrina aponte como desastrosa a administração que pode comprometer a própria existência do bem[62].

Nessas hipóteses, o devedor poderá requerer, em juízo, que a anticrese seja transformada em arrendamento e, também, poderá valer-se da ação de prestação de contas.

Ainda sobre a administração, o art. 1.508 do CC/02 traz regra de suma importância. Observe:

> **Art. 1.508.** O credor anticrético responde pelas deteriorações que, por culpa sua, o imóvel vier a sofrer, e pelos frutos e rendimentos que, por sua negligência, deixa de perceber.

Como o credor anticrético está na posse direta e na consequente administração do bem, o texto legal impõe a ele certas responsabilidades por atos culposos, seja na forma de negligência, imprudência ou imperícia. Dessa maneira, o credor anticrético será responsabilizado pelas deteriorações que o imóvel vier a sofrer, por culpa do credor. Também será responsabilizado pelos frutos que, por negligência, deixar de perceber.

O que chama a atenção, no texto legal, é que a responsabilidade imposta ao credor anticrético dá a exata dimensão que a administração da coisa é mais um dever do que propriamente uma prerrogativa, porque o credor tem o dever de fazer com que a coisa produza frutos para que a garantia atinja a sua finalidade.

É importante destacar, por oportuno, que a anticrese constitui um direito real de garantia, conforme preconiza o art. 1.225, X do CC/02, conferindo ao seu titular o *direito de sequela*, que, como já foi visto, permite que o credor persiga e reivindique a coisa, uma vez que o direito real a ela adere. Dessa forma, o credor anticrético poderá opor seu direito contra o adquirente da coisa, seja em caso de transmissão

62. Flávio Tartuce e José Fernando Simão, Direito Civil 4, Direito das Coisas, Editora Método, 2013, 5ª ed., p. 506.

inter vivos ou *mortis causa*, bem como contra outros credores quirografários e hipotecários, estes posteriores ao registro da anticrese (art. 1.509, *caput* do CC/02).

O último dispositivo sobre a anticrese é o art. 1.510 do CC/02, que estabelece:

> **Art. 1.510.** O adquirente dos bens dados em anticrese poderá remi-los, antes do vencimento da dívida, pagando a sua totalidade à data do pedido de remição e imitir-se-á, se for o caso, na sua posse.

O texto legal trata da aquisição do bem dado em anticrese por terceiro. Em razão do direito de sequela e do quanto disciplinado pelo art. 1.509, *caput*, do CC/02, o adquirente recebe o imóvel gravado com a anticrese, de forma que deve respeitar o exercício do direito real pelo credor anticrético.

Para encerrar a anticrese e imitir-se na posse direta do bem, o adquirente poderá resgatar o bem pagando a totalidade da dívida, cujo valor será apurado na data do pedido de remição. É importante notar que o art. 1.510 permite o pagamento antes do vencimento da dívida, o que dá a exata noção de que a remição é uma prerrogativa colocada à disposição do adquirente para extinguir a anticrese.

Frise-se, por derradeiro, que, havendo a remição, o adquirente, na condição de terceiro interessado na dívida, ficará sub-rogado, em relação ao devedor, nos direitos do credor anticrético, uma vez que se operará a sub-rogação legal, consubstanciada no art. 346, II do CC/02).

6. LEGISLAÇÃO APLICÁVEL AO CAPÍTULO

LIVRO III
DO DIREITO DAS COISAS

TÍTULO I
DA POSSE

CAPÍTULO I
DA POSSE E SUA CLASSIFICAÇÃO

Art. 1.196. Considera-se possuidor todo aquele que tem de fato o exercício, pleno ou não, de algum dos poderes inerentes à propriedade.

Art. 1.197. A posse direta, de pessoa que tem a coisa em seu poder, temporariamente, em virtude de direito pessoal, ou real, não anula a indireta, de quem aquela foi havida, podendo o possuidor direto defender a sua posse contra o indireto.

Art. 1.198. Considera-se detentor aquele que, achando-se em relação de dependência para com outro, conserva a posse em nome deste e em cumprimento de ordens ou instruções suas.

Parágrafo único. Aquele que começou a comportar-se do modo como prescreve este artigo, em relação ao bem e à outra pessoa, presume-se detentor, até que prove o contrário.

Art. 1.199. Se duas ou mais pessoas possuírem coisa indivisa, poderá cada uma exercer sobre ela atos possessórios, contanto que não excluam os dos outros compossuidores.

Art. 1.200. É justa a posse que não for violenta, clandestina ou precária.

Art. 1.201. É de boa-fé a posse, se o possuidor ignora o vício, ou o obstáculo que impede a aquisição da coisa.

Parágrafo único. O possuidor com justo título tem por si a presunção de boa-fé, salvo prova em contrário, ou quando a lei expressamente não admite esta presunção.

Art. 1.202. A posse de boa-fé só perde este caráter no caso e desde o momento em que as circunstâncias façam presumir que o possuidor não ignora que possui indevidamente.

Art. 1.203. Salvo prova em contrário, entende-se manter a posse o mesmo caráter com que foi adquirida.

CAPÍTULO II
DA AQUISIÇÃO DA POSSE

Art. 1.204. Adquire-se a posse desde o momento em que se torna possível o exercício, em nome próprio, de qualquer dos poderes inerentes à propriedade.

Art. 1.205. A posse pode ser adquirida:

I - pela própria pessoa que a pretende ou por seu representante;

II - por terceiro sem mandato, dependendo de ratificação.

Art. 1.206. A posse transmite-se aos herdeiros ou legatários do possuidor com os mesmos caracteres.

Art. 1.207. O sucessor universal continua de direito a posse do seu antecessor; e ao sucessor singular é facultado unir sua posse à do antecessor, para os efeitos legais.

Art. 1.208. Não induzem posse os atos de mera permissão ou tolerância assim como não autorizam a sua aquisição os atos violentos, ou clandestinos, senão depois de cessar a violência ou a clandestinidade.

Art. 1.209. A posse do imóvel faz presumir, até prova contrária, a das coisas móveis que nele estiverem.

CAPÍTULO III
DOS EFEITOS DA POSSE

Art. 1.210. O possuidor tem direito a ser mantido na posse em caso de turbação, restituído no de esbulho, e segurado de violência iminente, se tiver justo receio de ser molestado.

§ 1º O possuidor turbado, ou esbulhado, poderá manter-se ou restituir-se por sua própria força, contanto que o faça logo; os atos de defesa, ou de desforço, não podem ir além do indispensável à manutenção, ou restituição da posse.

§ 2º Não obsta à manutenção ou reintegração na posse a alegação de propriedade, ou de outro direito sobre a coisa.

Art. 1.211. Quando mais de uma pessoa se disser possuidora, manter-se-á provisoriamente a que tiver a coisa, se não estiver manifesto que a obteve de alguma das outras por modo vicioso.

Art. 1.212. O possuidor pode intentar a ação de esbulho, ou a de indenização, contra o terceiro, que recebeu a coisa esbulhada sabendo que o era.

Art. 1.213. O disposto nos artigos antecedentes não se aplica às servidões não aparentes, salvo quando os respectivos títulos provierem do possuidor do prédio serviente, ou daqueles de quem este o houve.

Art. 1.214. O possuidor de boa-fé tem direito, enquanto ela durar, aos frutos percebidos.

Parágrafo único. Os frutos pendentes ao tempo em que cessar a boa-fé devem ser restituídos, depois de deduzidas as despesas da produção e custeio; devem ser também restituídos os frutos colhidos com antecipação.

Art. 1.215. Os frutos naturais e industriais reputam-se colhidos e percebidos, logo que são separados; os civis reputam-se percebidos dia por dia.

Art. 1.216. O possuidor de má-fé responde por todos os frutos colhidos e percebidos, bem como pelos que, por culpa sua, deixou de perceber, desde o momento em que se constituiu de má-fé; tem direito às despesas da produção e custeio.

Art. 1.217. O possuidor de boa-fé não responde pela perda ou deterioração da coisa, a que não der causa.

Art. 1.218. O possuidor de má-fé responde pela perda, ou deterioração da coisa, ainda que acidentais, salvo se provar que de igual modo se teriam dado, estando ela na posse do reivindicante.

Art. 1.219. O possuidor de boa-fé tem direito à indenização das benfeitorias necessárias e úteis, bem como, quanto às voluptuárias, se não lhe forem pagas, a levantá-las, quando o puder sem detrimento da coisa, e poderá exercer o direito de retenção pelo valor das benfeitorias necessárias e úteis.

Art. 1.220. Ao possuidor de má-fé serão ressarcidas somente as benfeitorias necessárias; não lhe assiste o direito de retenção pela importância destas, nem o de levantar as voluptuárias.

Art. 1.221. As benfeitorias compensam-se com os danos, e só obrigam ao ressarcimento se ao tempo da evicção ainda existirem.

Art. 1.222. O reivindicante, obrigado a indenizar as benfeitorias ao possuidor de má-fé, tem o direito de optar entre o seu valor atual e o seu custo; ao possuidor de boa-fé indenizará pelo valor atual.

CAPÍTULO IV
DA PERDA DA POSSE

Art. 1.223. Perde-se a posse quando cessa, embora contra a vontade do possuidor, o poder sobre o bem, ao qual se refere o art. 1.196.

Art. 1.224. Só se considera perdida a posse para quem não presenciou o esbulho, quando, tendo notícia dele, se abstém de retornar a coisa, ou, tentando recuperá-la, é violentamente repelido.

TÍTULO II
DOS DIREITOS REAIS

CAPÍTULO ÚNICO
DISPOSIÇÕES GERAIS

Art. 1.225. São direitos reais:

I – a propriedade;

II – a superfície;

III – as servidões;

IV – o usufruto;

V – o uso;

VI – a habitação;

VII – o direito do promitente comprador do imóvel;

VIII – o penhor;

IX – a hipoteca;

X – a anticrese.

XI – a concessão de uso especial para fins de moradia;

XII – a concessão de direito real de uso; e

XIII – os direitos oriundos da imissão provisória na posse, quando concedida à União, aos Estados, ao Distrito Federal, aos Municípios ou às suas entidades delegadas e respectiva cessão e promessa de cessão.

Art. 1.226. Os direitos reais sobre coisas móveis, quando constituídos, ou transmitidos por atos entre vivos, só se adquirem com a tradição.

Art. 1.227. Os direitos reais sobre imóveis constituídos, ou transmitidos por atos entre vivos, só se adquirem com o registro no Cartório de Registro de Imóveis dos referidos títulos (arts. 1.245 a 1.247), salvo os casos expressos neste Código.

TÍTULO III
DA PROPRIEDADE

CAPÍTULO I
DA PROPRIEDADE EM GERAL

Seção I
Disposições Preliminares

Art. 1.228. O proprietário tem a faculdade de usar, gozar e dispor da coisa, e o direito de reavê-la do poder de quem quer que injustamente a possua ou detenha.

§ 1º O direito de propriedade deve ser exercido em consonância com as suas finalidades econômicas e sociais e de modo que sejam preservados, de conformidade com o estabelecido em lei especial, a flora, a fauna, as belezas naturais, o equilíbrio ecológico e o patrimônio histórico e artístico, bem como evitada a poluição do ar e das águas.

§ 2º São defesos os atos que não trazem ao proprietário qualquer comodidade, ou utilidade, e sejam animados pela intenção de prejudicar outrem.

§ 3º O proprietário pode ser privado da coisa, nos casos de desapropriação, por necessidade ou utilidade pública ou interesse social, bem como no de requisição, em caso de perigo público iminente.

§ 4º O proprietário também pode ser privado da coisa se o imóvel reivindicado consistir em extensa área, na posse ininterrupta e de boa-fé, por mais de cinco anos, de considerável número de pessoas, e estas nela houverem realizado, em conjunto ou separadamente, obras e serviços considerados pelo juiz de interesse social e econômico relevante.

§ 5º No caso do parágrafo antecedente, o juiz fixará a justa indenização devida ao proprietário; pago o preço, valerá a sentença como título para o registro do imóvel em nome dos possuidores.

Art. 1.229. A propriedade do solo abrange a do espaço aéreo e subsolo correspondentes, em altura e profundidade úteis ao seu exercício, não podendo o proprietário opor-se a atividades que sejam realizadas, por terceiros, a uma altura ou profundidade tais, que não tenha ele interesse legítimo em impedi-las.

Art. 1.230. A propriedade do solo não abrange as jazidas, minas e demais recursos minerais, os potenciais de energia hidráulica, os monumentos arqueológicos e outros bens referidos por leis especiais.

Parágrafo único. O proprietário do solo tem o direito de explorar os recursos minerais de emprego imediato na construção civil, desde que não submetidos a transformação industrial, obedecido o disposto em lei especial.

Art. 1.231. A propriedade presume-se plena e exclusiva, até prova em contrário.

Art. 1.232. Os frutos e mais produtos da coisa pertencem, ainda quando separados, ao seu proprietário, salvo se, por preceito jurídico especial, couberem a outrem.

(...)

CAPÍTULO II
DA AQUISIÇÃO DA PROPRIEDADE IMÓVEL

Seção I
Da Usucapião

Art. 1.238. Aquele que, por quinze anos, sem interrupção, nem oposição, possuir como seu um imóvel, adquire-lhe a propriedade, independentemente de título e boa-fé; podendo requerer ao juiz que assim o declare por sentença, a qual servirá de título para o registro no Cartório de Registro de Imóveis.

Parágrafo único. O prazo estabelecido neste artigo reduzir-se-á a dez anos se o possuidor houver estabelecido no imóvel a sua moradia habitual, ou nele realizado obras ou serviços de caráter produtivo.

Art. 1.239. Aquele que, não sendo proprietário de imóvel rural ou urbano, possua como sua, por cinco anos ininterruptos, sem oposição, área de terra em zona rural não superior a cinquenta hectares, tornando-a produtiva por seu trabalho ou de sua família, tendo nela sua moradia, adquirir-lhe-á a propriedade.

Art. 1.240. Aquele que possuir, como sua, área urbana de até duzentos e cinquenta metros quadrados, por cinco anos ininterruptamente e sem oposição, utilizando-a para sua moradia ou de sua família, adquirir-lhe-á o domínio, desde que não seja proprietário de outro imóvel urbano ou rural.

§ 1º O título de domínio e a concessão de uso serão conferidos ao homem ou à mulher, ou a ambos, independentemente do estado civil.

§ 2º O direito previsto no parágrafo antecedente não será reconhecido ao mesmo possuidor mais de uma vez.

Art. 1.240-A. Aquele que exercer, por 2 (dois) anos ininterruptamente e sem oposição, posse direta, com exclusividade, sobre imóvel urbano de até 250m² (duzentos e cinquenta metros quadrados) cuja propriedade divida com ex-cônjuge ou ex-companheiro que abandonou o lar, utilizando-o para sua moradia ou de sua família, adquirir-lhe-á o domínio integral, desde que não seja proprietário de outro imóvel urbano ou rural.

§ 1º O direito previsto no caput não será reconhecido ao mesmo possuidor mais de uma vez.

§ 2º (VETADO). (Incluído pela Lei nº 12.424, de 2011)

Art. 1.241. Poderá o possuidor requerer ao juiz seja declarada adquirida, mediante usucapião, a propriedade imóvel.

Parágrafo único. A declaração obtida na forma deste artigo constituirá título hábil para o registro no Cartório de Registro de Imóveis.

Art. 1.242. Adquire também a propriedade do imóvel aquele que, contínua e incontestadamente, com justo título e boa-fé, o possuir por dez anos.

Parágrafo único. Será de cinco anos o prazo previsto neste artigo se o imóvel houver sido adquirido, onerosamente, com base no registro constante do respectivo cartório, cancelada posteriormente, desde que os possuidores nele tiverem estabelecido a sua moradia, ou realizado investimentos de interesse social e econômico.

Art. 1.243. O possuidor pode, para o fim de contar o tempo exigido pelos artigos antecedentes, acrescentar à sua posse a dos seus antecessores (art. 1.207), contanto que todas sejam contínuas, pacíficas e, nos casos do art. 1.242, com justo título e de boa-fé.

Art. 1.244. Estende-se ao possuidor o disposto quanto ao devedor acerca das causas que obstam, suspendem ou interrompem a prescrição, as quais também se aplicam à usucapião.

Seção II
Da Aquisição pelo Registro do Título

Art. 1.245. Transfere-se entre vivos a propriedade mediante o registro do título translativo no Registro de Imóveis.

§ 1º Enquanto não se registrar o título translativo, o alienante continua a ser havido como dono do imóvel.

§ 2º Enquanto não se promover, por meio de ação própria, a decretação de invalidade do registro, e o respectivo cancelamento, o adquirente continua a ser havido como dono do imóvel.

Art. 1.246. O registro é eficaz desde o momento em que se apresentar o título ao oficial do registro, e este o prenotar no protocolo.

Art. 1.247. Se o teor do registro não exprimir a verdade, poderá o interessado reclamar que se retifique ou anule.

Parágrafo único. Cancelado o registro, poderá o proprietário reivindicar o imóvel, independentemente da boa-fé ou do título do terceiro adquirente.

(...)

CAPÍTULO IV
DA PERDA DA PROPRIEDADE

Art. 1.275. Além das causas consideradas neste Código, perde-se a propriedade:

I – por alienação;

II – pela renúncia;

III – por abandono;

IV – por perecimento da coisa;

V – por desapropriação.

Parágrafo único. Nos casos dos incisos I e II, os efeitos da perda da propriedade imóvel serão subordinados ao registro do título transmissivo ou do ato renunciativo no Registro de Imóveis.

Art. 1.276. O imóvel urbano que o proprietário abandonar, com a intenção de não mais o conservar em seu patrimônio, e que se não encontrar na posse de outrem, poderá ser arrecadado, como bem vago, e passar, três anos depois, à propriedade do Município ou à do Distrito Federal, se se achar nas respectivas circunscrições.

§ 1º O imóvel situado na zona rural, abandonado nas mesmas circunstâncias, poderá ser arrecadado, como bem vago, e passar, três anos depois, à propriedade da União, onde quer que ele se localize.

§ 2º Presumir-se-á de modo absoluto a intenção a que se refere este artigo, quando, cessados os atos de posse, deixar o proprietário de satisfazer os ônus fiscais.

(...)

(...)

TÍTULO X
DO PENHOR, DA HIPOTECA E DA ANTICRESE

CAPÍTULO I
DISPOSIÇÕES GERAIS

Art. 1.419. Nas dívidas garantidas por penhor, anticrese ou hipoteca, o bem dado em garantia fica sujeito, por vínculo real, ao cumprimento da obrigação.

Art. 1.420. Só aquele que pode alienar poderá empenhar, hipotecar ou dar em anticrese; só os bens que se podem alienar poderão ser dados em penhor, anticrese ou hipoteca.

§ 1º A propriedade superveniente torna eficaz, desde o registro, as garantias reais estabelecidas por quem não era dono.

§ 2º A coisa comum a dois ou mais proprietários não pode ser dada em garantia real, na sua totalidade, sem o consentimento de todos; mas cada um pode individualmente dar em garantia real a parte que tiver.

Art. 1.421. O pagamento de uma ou mais prestações da dívida não importa exoneração correspondente da garantia, ainda que esta compreenda vários bens, salvo disposição expressa no título ou na quitação.

Art. 1.422. O credor hipotecário e o pignoratício têm o direito de excutir a coisa hipotecada ou empenhada, e preferir, no pagamento, a outros credores, observada, quanto à hipoteca, a prioridade no registro.

Parágrafo único. Excetuam-se da regra estabelecida neste artigo as dívidas que, em virtude de outras leis, devam ser pagas precipuamente a quaisquer outros créditos.

Art. 1.423. O credor anticrético tem direito a reter em seu poder o bem, enquanto a dívida não for paga; extingue-se esse direito decorridos quinze anos da data de sua constituição.

Art. 1.424. Os contratos de penhor, anticrese ou hipoteca declararão, sob pena de não terem eficácia:

I – o valor do crédito, sua estimação, ou valor máximo;

II – o prazo fixado para pagamento;

III – a taxa dos juros, se houver;

IV – o bem dado em garantia com as suas especificações.

Art. 1.425. A dívida considera-se vencida:

I – se, deteriorando-se, ou depreciando-se o bem dado em segurança, desfalcar a garantia, e o devedor, intimado, não a reforçar ou substituir;

II – se o devedor cair em insolvência ou falir;

III – se as prestações não forem pontualmente pagas, toda vez que deste modo se achar estipulado o pagamento. Neste caso, o recebimento posterior da prestação atrasada importa renúncia do credor ao seu direito de execução imediata;

IV – se perecer o bem dado em garantia, e não for substituído;

V – se se desapropriar o bem dado em garantia, hipótese na qual se depositará a parte do preço que for necessária para o pagamento integral do credor.

§ 1º Nos casos de perecimento da coisa dada em garantia, esta se sub-rogará na indenização do seguro, ou no ressarcimento do dano, em benefício do credor, a quem assistirá sobre ela preferência até seu completo reembolso.

§ 2º Nos casos dos incisos IV e V, só se vencerá a hipoteca antes do prazo estipulado, se o perecimento, ou a desapropriação recair sobre o bem dado em garantia, e esta não abranger outras; subsistindo, no caso contrário, a dívida reduzida, com a respectiva garantia sobre os demais bens, não desapropriados ou destruídos.

Art. 1.426. Nas hipóteses do artigo anterior, de vencimento antecipado da dívida, não se compreendem os juros correspondentes ao tempo ainda não decorrido.

Art. 1.427. Salvo cláusula expressa, o terceiro que presta garantia real por dívida alheia não fica obrigado a substituí-la, ou reforçá-la, quando, sem culpa sua, se perca, deteriore, ou desvalorize.

Art. 1.428. É nula a cláusula que autoriza o credor pignoratício, anticrético ou hipotecário a ficar com o objeto da garantia, se a dívida não for paga no vencimento.

Parágrafo único. Após o vencimento, poderá o devedor dar a coisa em pagamento da dívida.

Art. 1.429. Os sucessores do devedor não podem remir parcialmente o penhor ou a hipoteca na proporção dos seus quinhões; qualquer deles, porém, pode fazê-lo no todo.

Parágrafo único. O herdeiro ou sucessor que fizer a remição fica sub-rogado nos direitos do credor pelas quotas que houver satisfeito.

Art. 1.430. Quando, excutido o penhor, ou executada a hipoteca, o produto não bastar para pagamento da dívida e despesas judiciais, continuará o devedor obrigado pessoalmente pelo restante.

CAPÍTULO II
Do Penhor

Seção I
Da Constituição do Penhor

Art. 1.431. Constitui-se o penhor pela transferência efetiva da posse que, em garantia do débito ao credor ou a quem o represente, faz o devedor, ou alguém por ele, de uma coisa móvel, suscetível de alienação.

Parágrafo único. No penhor rural, industrial, mercantil e de veículos, as coisas empenhadas continuam em poder do devedor, que as deve guardar e conservar.

Art. 1.432. O instrumento do penhor deverá ser levado a registro, por qualquer dos contratantes; o do penhor comum será registrado no Cartório de Títulos e Documentos.

Seção II
Dos Direitos do Credor Pignoratício

Art. 1.433. O credor pignoratício tem direito:

I - à posse da coisa empenhada;

II - à retenção dela, até que o indenizem das despesas devidamente justificadas, que tiver feito, não sendo ocasionadas por culpa sua;

III - ao ressarcimento do prejuízo que houver sofrido por vício da coisa empenhada;

IV - a promover a execução judicial, ou a venda amigável, se lhe permitir expressamente o contrato, ou lhe autorizar o devedor mediante procuração;

V - a apropriar-se dos frutos da coisa empenhada que se encontra em seu poder;

VI - a promover a venda antecipada, mediante prévia autorização judicial, sempre que haja receio fundado de que a coisa empenhada se perca ou deteriore, devendo o preço ser depositado. O dono da coisa empenhada pode impedir a venda antecipada, substituindo-a, ou oferecendo outra garantia real idônea.

Art. 1.434. O credor não pode ser constrangido a devolver a coisa empenhada, ou uma parte dela, antes de ser integralmente pago, podendo o juiz, a requerimento do proprietário, determinar que seja vendida apenas uma das coisas, ou parte da coisa empenhada, suficiente para o pagamento do credor.

Seção III
Das Obrigações do Credor Pignoratício

Art. 1.435. O credor pignoratício é obrigado:

I - à custódia da coisa, como depositário, e a ressarcir ao dono a perda ou deterioração de que for culpado, podendo ser compensada na dívida, até a concorrente quantia, a importância da responsabilidade;

II - à defesa da posse da coisa empenhada e a dar ciência, ao dono dela, das circunstâncias que tornarem necessário o exercício de ação possessória;

III - a imputar o valor dos frutos, de que se apropriar (art. 1.433, inciso V) nas despesas de guarda e conservação, nos juros e no capital da obrigação garantida, sucessivamente;

IV - a restituí-la, com os respectivos frutos e acessões, uma vez paga a dívida;

V - a entregar o que sobeje do preço, quando a dívida for paga, no caso do inciso IV do art. 1.433.

Seção IV
Da Extinção do Penhor

Art. 1.436. Extingue-se o penhor:

I - extinguindo-se a obrigação;

II - perecendo a coisa;

III - renunciando o credor;

IV - confundindo-se na mesma pessoa as qualidades de credor e de dono da coisa;

V - dando-se a adjudicação judicial, a remissão ou a venda da coisa empenhada, feita pelo credor ou por ele autorizada.

§ 1º Presume-se a renúncia do credor quando consentir na venda particular do penhor sem reserva de preço, quando restituir a sua posse ao devedor, ou quando anuir à sua substituição por outra garantia.

§ 2º Operando-se a confusão tão-somente quanto a parte da dívida pignoratícia, subsistirá inteiro o penhor quanto ao resto.

Art. 1.437. Produz efeitos a extinção do penhor depois de averbado o cancelamento do registro, à vista da respectiva prova.

CAPÍTULO III
DA HIPOTECA

Seção I
Disposições Gerais

Art. 1.473. Podem ser objeto de hipoteca:

I – os imóveis e os acessórios dos imóveis conjuntamente com eles;

II – o domínio direto;

III – o domínio útil;

IV – as estradas de ferro;

V – os recursos naturais a que se refere o art. 1.230, independentemente do solo onde se acham;

VI – os navios;

VII – as aeronaves.

VIII – o direito de uso especial para fins de moradia; (Incluído pela Lei nº 11.481, de 2007)

IX – o direito real de uso; (Incluído pela Lei nº 11.481, de 2007)

~~X – a propriedade superficiária; e (Redação dada pela Medida Provisória nº 700, de 2015)~~ Vigência encerrada

X – a propriedade superficiária. (Incluído pela Lei nº 11.481, de 2007)

~~XI – Os direitos oriundos da imissão provisória na posse, quando concedida à união, aos estados, ao distrito federal, aos municípios ou às suas entidades delegadas e respectiva cessão e promessa de ces-são.~~ (Incluído pela Medida Provisória nº 700, de 2015) Vigência encerrada

§ 1º a hipoteca dos navios e das aeronaves reger-se-á pelo disposto em lei especial. (Renumerado do parágrafo único pela Lei nº 11.481, de 2007)

§ 2º Os direitos de garantia instituídos nas hipóteses dos incisos IX e X do **caput** deste artigo ficam limitados à duração da concessão ou direito de superfície, caso tenham sido transferidos por período determinado. (Incluído pela Lei nº 11.481, de 2007)

Art. 1.474. A hipoteca abrange todas as acessões, melhoramentos ou construções do imóvel. Subsistem os ônus reais constituídos e registrados, anteriormente à hipoteca, sobre o mesmo imóvel.

Art. 1.475. É nula a cláusula que proíbe ao proprietário alienar imóvel hipotecado.

Parágrafo único. Pode convencionar-se que vencerá o crédito hipotecário, se o imóvel for alienado.

Art. 1.476. O dono do imóvel hipotecado pode constituir outra hipoteca sobre ele, mediante novo título, em favor do mesmo ou de outro credor.

Art. 1.477. Salvo o caso de insolvência do devedor, o credor da segunda hipoteca, embora vencida, não poderá executar o imóvel antes de vencida a primeira.

Parágrafo único. Não se considera insolvente o devedor por faltar ao pagamento das obrigações garantidas por hipotecas posteriores à primeira.

Art. 1.478. Se o devedor da obrigação garantida pela primeira hipoteca não se oferecer, no vencimento, para pagá-la, o credor da segunda pode promover-lhe a extinção, consignando a importância e citando o primeiro credor para recebê-la e o devedor para pagá-la; se este não pagar, o segundo credor, efetuando o pagamento, se sub-rogará nos direitos da hipoteca anterior, sem prejuízo dos que lhe competirem contra o devedor comum.

Parágrafo único. Se o primeiro credor estiver promovendo a execução da hipoteca, o credor da segunda depositará a importância do débito e as despesas judiciais.

Art. 1.479. O adquirente do imóvel hipotecado, desde que não se tenha obrigado pessoalmente a pagar as dívidas aos credores hipotecários, poderá exonerar-se da hipoteca, abandonando-lhes o imóvel.

Art. 1.480. O adquirente notificará o vendedor e os credores hipotecários, deferindo-lhes, conjuntamente, a posse do imóvel, ou o depositará em juízo.

Parágrafo único. Poderá o adquirente exercer a faculdade de abandonar o imóvel hipotecado, até as vinte e quatro horas subsequentes à citação, com que se inicia o procedimento executivo.

Art. 1.481. Dentro em trinta dias, contados do registro do título aquisitivo, tem o adquirente do imóvel hipotecado o direito de remi-lo, citando os credores hipotecários e propondo importância não inferior ao preço por que o adquiriu.

§ 1º Se o credor impugnar o preço da aquisição ou a importância oferecida, realizar-se-á licitação, efetuando-se a venda judicial a quem oferecer maior preço, assegurada preferência ao adquirente do imóvel.

§ 2º Não impugnado pelo credor, o preço da aquisição ou o preço proposto pelo adquirente, haver-se-á por definitivamente fixado para a remissão do imóvel, que ficará livre de hipoteca, uma vez pago ou depositado o preço.

§ 3º Se o adquirente deixar de remir o imóvel, sujeitando-o a execução, ficará obrigado a ressarcir os credores hipotecários da desvalorização que, por sua culpa, o mesmo vier a sofrer, além das despesas judiciais da execução.

§ 4º Disporá de ação regressiva contra o vendedor o adquirente que ficar privado do imóvel em consequência de licitação ou penhora, o que pagar a hipoteca, o que, por causa de adjudicação ou licitação, desembolsar com o pagamento da hipoteca importância excedente à da compra e o que suportar custas e despesas judiciais.

Art. 1.482. Realizada a praça, o executado poderá, até a assinatura do auto de arrematação ou até que seja publicada a sentença de adjudicação, remir o imóvel hipotecado, oferecendo preço igual ao da avaliação, se não tiver havido licitantes, ou ao do maior lance oferecido. Igual direito caberá ao cônjuge, aos descendentes ou ascendentes do executado. (Vide Lei n º 13.105, de 2015) (Vigência)

Art. 1.483. No caso de falência, ou insolvência, do devedor hipotecário, o direito de remição defere-se à massa, ou aos credores em concurso, não podendo o credor recusar o preço da avaliação do imóvel. (Vide Lei n º 13.105, de 2015) (Vigência)

Parágrafo único. Pode o credor hipotecário, para pagamento de seu crédito, requerer a adjudicação do imóvel avaliado em quantia inferior àquele, desde que dê quitação pela sua totalidade.

Art. 1.484. É lícito aos interessados fazer constar das escrituras o valor entre si ajustado dos imóveis hipotecados, o qual, devidamente atualizado, será a base para as arrematações, adjudicações e remições, dispensada a avaliação.

~~Art. 1.485. Mediante simples averbação, requerida por ambas as partes, poderá prorrogar-se a hipoteca, até perfazer vinte anos, da data do contrato. Desde que perfaça esse prazo, só poderá subsistir o contrato de hipoteca, reconstituindo-se por novo título e novo registro; e, nesse caso, lhe será mantida a precedência, que então lhe competir.~~

Art. 1.485. Mediante simples averbação, requerida por ambas as partes, poderá prorrogar-se a hipoteca, até 30 (trinta) anos da data do contrato. Desde que perfaça esse prazo, só poderá subsistir o contrato de hipoteca reconstituindo-se por novo título e novo registro; e, nesse caso, lhe será mantida a precedência, que então lhe competir. (Redação dada pela Lei nº 10.931, de 2004)

Art. 1.486. Podem o credor e o devedor, no ato constitutivo da hipoteca, autorizar a emissão da correspondente cédula hipotecária, na forma e para os fins previstos em lei especial.

Art. 1.487. A hipoteca pode ser constituída para garantia de dívida futura ou condicionada, desde que determinado o valor máximo do crédito a ser garantido.

§ 1º Nos casos deste artigo, a execução da hipoteca dependerá de prévia e expressa concordância do devedor quanto à verificação da condição, ou ao montante da dívida.

§ 2º Havendo divergência entre o credor e o devedor, caberá àquele fazer prova de seu crédito. Reconhecido este, o devedor responderá, inclusive, por perdas e danos, em razão da superveniente desvalorização do imóvel.

Art. 1.488. Se o imóvel, dado em garantia hipotecária, vier a ser loteado, ou se nele se constituir condomínio edilício, poderá o ônus ser dividido, gravando cada lote ou unidade autônoma, se o requererem ao juiz o credor, o devedor ou os donos, obedecida a proporção entre o valor de cada um deles e o crédito.

§ 1º O credor só poderá se opor ao pedido de desmembramento do ônus, provando que o mesmo importa em diminuição de sua garantia.

§ 2º Salvo convenção em contrário, todas as despesas judiciais ou extrajudiciais necessárias ao desmembramento do ônus correm por conta de quem o requerer.

§ 3º O desmembramento do ônus não exonera o devedor originário da responsabilidade a que se refere o art. 1.430, salvo anuência do credor.

Seção II
Da Hipoteca Legal

Art. 1.489. A lei confere hipoteca:

I – às pessoas de direito público interno (art. 41) sobre os imóveis pertencentes aos encarregados da cobrança, guarda ou administração dos respectivos fundos e rendas;

II – aos filhos, sobre os imóveis do pai ou da mãe que passar a outras núpcias, antes de fazer o inventário do casal anterior;

III – ao ofendido, ou aos seus herdeiros, sobre os imóveis do delinquente, para satisfação do dano causado pelo delito e pagamento das despesas judiciais;

IV – ao coerdeiro, para garantia do seu quinhão ou torna da partilha, sobre o imóvel adjudicado ao herdeiro reponente;

V – ao credor sobre o imóvel arrematado, para garantia do pagamento do restante do preço da arrematação.

Art. 1.490. O credor da hipoteca legal, ou quem o represente, poderá, provando a insuficiência dos imóveis especializados, exigir do devedor que seja reforçado com outros.

Art. 1.491. A hipoteca legal pode ser substituída por caução de títulos da dívida pública federal ou estadual, recebidos pelo valor de sua cotação mínima no ano corrente; ou por outra garantia, a critério do juiz, a requerimento do devedor.

Seção III
Do Registro da Hipoteca

Art. 1.492. As hipotecas serão registradas no cartório do lugar do imóvel, ou no de cada um deles, se o título se referir a mais de um.

Parágrafo único. Compete aos interessados, exibido o título, requerer o registro da hipoteca.

Art. 1.493. Os registros e averbações seguirão a ordem em que forem requeridas, verificando-se ela pela da sua numeração sucessiva no protocolo.

Parágrafo único. O número de ordem determina a prioridade, e esta a preferência entre as hipotecas.

Art. 1.494. Não se registrarão no mesmo dia duas hipotecas, ou uma hipoteca e outro direito real, sobre o mesmo imóvel, em favor de pessoas diversas, salvo se as escrituras, do mesmo dia, indicarem a hora em que foram lavradas.

Art. 1.495. Quando se apresentar ao oficial do registro título de hipoteca que mencione a constituição de anterior, não registrada, sobrestará ele na inscrição da nova, depois de a prenotar, até trinta dias, aguardando que o interessado inscreva a precedente; esgotado o prazo, sem que se requeira a inscrição desta, a hipoteca ulterior será registrada e obterá preferência.

Art. 1.496. Se tiver dúvida sobre a legalidade do registro requerido, o oficial fará, ainda assim, a prenotação do pedido. Se a dúvida, dentro em noventa dias, for julgada improcedente, o registro efetuar-se-á com o mesmo número que teria na data da prenotação; no caso contrário, cancelada esta, receberá o registro o número correspondente à data em que se tornar a requerer.

Art. 1.497. As hipotecas legais, de qualquer natureza, deverão ser registradas e especializadas.

§ 1º O registro e a especialização das hipotecas legais incumbem a quem está obrigado a prestar a garantia, mas os interessados podem promover a inscrição delas, ou solicitar ao Ministério Público que o faça.

§ 2º As pessoas, às quais incumbir o registro e a especialização das hipotecas legais, estão sujeitas a perdas e danos pela omissão.

Art. 1.498. Vale o registro da hipoteca, enquanto a obrigação perdurar; mas a especialização, em completando vinte anos, deve ser renovada.

Seção IV
Da Extinção da Hipoteca

Art. 1.499. A hipoteca extingue-se:

I – pela extinção da obrigação principal;

II – pelo perecimento da coisa;

III – pela resolução da propriedade;

IV – pela renúncia do credor;

V – pela remição;

VI – pela arrematação ou adjudicação.

Art. 1.500. Extingue-se ainda a hipoteca com a averbação, no Registro de Imóveis, do cancelamento do registro, à vista da respectiva prova.

Art. 1.501. Não extinguirá a hipoteca, devidamente registrada, a arrematação ou adjudicação, sem que tenham sido notificados judicialmente os respectivos credores hipotecários, que não forem de qualquer modo partes na execução.

CAPÍTULO IV
DA ANTICRESE

Art. 1.506. Pode o devedor ou outrem por ele, com a entrega do imóvel ao credor, ceder-lhe o direito de perceber, em compensação da dívida, os frutos e rendimentos.

§ 1º É permitido estipular que os frutos e rendimentos do imóvel sejam percebidos pelo credor à conta de juros, mas se o seu valor ultrapassar a taxa máxima permitida em lei para as operações financeiras, o remanescente será imputado ao capital.

§ 2º Quando a anticrese recair sobre bem imóvel, este poderá ser hipotecado pelo devedor ao credor anticrético, ou a terceiros, assim como o imóvel hipotecado poderá ser dado em anticrese.

Art. 1.507. O credor anticrético pode administrar os bens dados em anticrese e fruir seus frutos e utilidades, mas deverá apresentar anualmente balanço, exato e fiel, de sua administração.

§ 1º Se o devedor anticrético não concordar com o que se contém no balanço, por ser inexato, ou ruinosa a administração, poderá impugná-lo, e, se o quiser, requerer a transformação em arrendamento, fixando o juiz o valor mensal do aluguel, o qual poderá ser corrigido anualmente.

§ 2º O credor anticrético pode, salvo pacto em sentido contrário, arrendar os bens dados em anticrese a terceiro, mantendo, até ser pago, direito de retenção do imóvel, embora o aluguel desse arrendamento não seja vinculativo para o devedor.

Art. 1.508. O credor anticrético responde pelas deteriorações que, por culpa sua, o imóvel vier a sofrer, e pelos frutos e rendimentos que, por sua negligência, deixar de perceber.

Art. 1.509. O credor anticrético pode vindicar os seus direitos contra o adquirente dos bens, os credores quirografários e os hipotecários posteriores ao registro da anticrese.

§ 1º Se executar os bens por falta de pagamento da dívida, ou permitir que outro credor o execute, sem opor o seu direito de retenção ao exequente, não terá preferência sobre o preço.

§ 2º O credor anticrético não terá preferência sobre a indenização do seguro, quando o prédio seja destruído, nem, se forem desapropriados os bens, com relação à desapropriação.

Art. 1.510. O adquirente dos bens dados em anticrese poderá remi-los, antes do vencimento da dívida, pagando a sua totalidade à data do pedido de remição e imitir-se-á, se for o caso, na sua posse.

QUESTÕES

CAPÍTULO XI

01. (Analista Judiciário – Área Judiciária – TRE de Ceará / 2012 / FCC) Com relação a Posse, considere:

I. As benfeitorias não se compensam com os danos, e só obrigam ao ressarcimento se, ao tempo da evicção, ainda existirem.

II. O possuidor pode intentar a ação de esbulho, ou a de indenização, contra o terceiro, que recebeu a coisa esbulhada sabendo que o era.

III. Ao possuidor de má-fé serão ressarcidos somente as benfeitorias necessárias.

IV. O possuidor de boa-fé tem direito, enquanto ela durar, aos frutos percebidos.

De acordo com o Código Civil brasileiro, está correto o que se afirma APENAS em

a) II e IV.
b) I, II e III.
c) I e III.
d) III e IV.
e) II, III e IV.

COMENTÁRIOS

Alternativa correta: "e".

Item I – incorreto: Conforme prescreve o art. 1.221 do CC/02, as benfeitorias compensam-se com os danos, e só obrigam ao ressarcimento se ao tempo da evicção ainda existirem. Assim, a lei permite a compensação, caso haja diferenças a pagar entre proprietário e possuidor. Ademais, somente terá direito à indenização se a benfeitoria existir no momento da evicção.

Item II – correto: O possuidor, que sofreu esbulho, poderá intentar ação de reintegração de posse cumulada ou não com a de indenização de perdas e danos não só contra o esbulhador, mas também contra terceiro, que recebeu o bem esbulhado, sabendo que o era, por ser receptador de coisa esbulhada, devido a sua má-fé ao adquiri-la do esbulhador, conforme prescreve o art. 1.212 do CC/02.

Item III – correto: O possuidor de má-fé só poderá ser ressarcido pelas benfeitorias necessárias que fizer em bem de outrem, porque tais benfeitorias visam à conservação do bem. Isso porque se o proprietário estivesse na posse da coisa, também seria forçado a realizá-las, conforme previsto no art. 1.220 do CC/02. Quanto às benfeitorias úteis e voluptuárias, não terá direito à indenização.

Item IV – correto: O possuidor de boa-fé, enquanto durar a boa-fé, terá direito aos frutos percebidos/colhidos, tendo em vista que exerce o poder sobre o bem. Contudo, terá estas vantagens se estiver de boa-fé no momento da percepção, não tendo, ainda, o dever de devolver os frutos colhidos durante este período que gozou do bem, conforme preceitua o art. 1.214 do CC/02.

02. (Analista Judiciário – Área Judiciária – TRE do Pernambuco / 2011 / FCC) De acordo com o Código Civil brasileiro, o imóvel urbano que o proprietário abandonar, com a intenção de não mais o conservar em seu patrimônio, e que não se encontrar na posse de outrem,

a) não poderá ser arrecadado como bem vago, uma vez que não existe a figura do abandono de bem imóvel no Código Civil brasileiro.
b) poderá ser arrecadado como bem vago e passar, três anos depois, à propriedade do Município ou à do Distrito Federal, se se achar nas respectivas circunscrições.
c) poderá ser arrecadado como bem vago e passar, dois anos depois, à propriedade do Município ou à do Distrito Federal, se se achar nas respectivas circunscrições.

QUESTÕES DE CONCURSOS

d) poderá ser arrecadado como bem vago e passar, cinco anos depois, à propriedade da União.
e) poderá ser arrecadado como bem vago e passar, dez anos depois, à propriedade do Estado ou à do Distrito Federal, se se achar nas respectivas circunscrições.

COMENTÁRIOS

Alternativa "b" – correta: Trata-se de um ato unilateral na qual o proprietário de um imóvel dele se desfaz voluntariamente. Ou seja, deve ter a intenção de não mais querer o bem. Assim, cessados os atos de posse, o proprietário deixa de cumprir as obrigações de ordem fiscal, o que demonstra seu desinteresse. Ocorrendo a intenção de abandono do imóvel pelo seu proprietário ele será arrecadado como bem vago, conforme prescreve o art. 1.276 do CC/02.

03. (Analista Judiciário - Área Judiciária - TRE do Rio Grande do Sul / 2010 / FCC) O imóvel urbano que o proprietário abandonar, com a intenção de não mais o conservar em seu patrimônio, e que se não encontrar na posse de outrem, poderá ser arrecadado, como bem vago, e passar:

a) três anos depois, à propriedade do Município ou à do Distrito Federal, se se achar nas respectivas circunscrições.
b) dez anos depois, à propriedade da União.
c) cinco anos depois, à propriedade do respectivo Estado ou à do Distrito Federal, se se achar nas respectivas circunscrições.
d) cinco anos depois, à propriedade da União.
e) dez anos depois, à propriedade do Município ou à do Distrito Federal, se se achar nas respectivas circunscrições.

COMENTÁRIOS

Alternativa "a" – correta: Conforme prevê o art. 1.276 do CC/02, após 3 (três) anos da declaração de vacância, o imóvel passará a ser do Município ou Distrito Federa, se situado na zona urbana e à União, se situada na área rural, conforme prescreve o art. 1.276 do CC/02.

04. (Analista Judiciário - Execução de Mandados - TRF 4ª região / 2010 / FCC) Considere as seguintes assertivas a respeito da posse:

I. A posse pode ser adquirida por terceiro sem mandato, dependendo de ratificação.
II. A posse não se transmite aos herdeiros ou legatários do possuidor, em razão do caráter personalíssimo que a diferencia da propriedade.
III. Não obsta à manutenção ou reintegração na posse a alegação de propriedade, ou de outro direito sobre a coisa.
IV. Em regra, o possuidor de má-fé responde pela perda, ou deterioração da coisa, ainda que acidentais.

Está correto o que consta APENAS em

a) I, II e III.
b) I, III e IV.
c) II, III e IV.
d) I e IV.
e) I e III.

COMENTÁRIOS

Alternativa correta: "b".

Item I – correto: Conforme prescreve o inciso II do art. 1.205 do CC/02, a posse pode ser adquirida por terceiro sem mandato, dependendo de ratificação. Assim, com a ratificação do interessado, a posse que foi adquirida pelo terceiro será tida como válida, desde o momento do ato aquisitivo.

Item II – incorreto: Conforme prevê o art. 1.206 do CC/02, a posse **é** transmitida aos herdeiros ou legatários do possuidor, que darão continuidade à posse do *de cujus*, com os mesmos caracteres (vícios e qualidades).

Item III – correto: Trata-se da transcrição literal do § 2º do art. 1.210 do CC/02 que dispõe que "não obsta à manutenção ou reintegração de posse a alegação de propriedade, ou de outro direito sobre a coisa". Assim, o possuidor poderá ingressar com ação de manutenção na posse, em caso de turbação ou de ação de reintegração de posse em caso de esbulho, ainda que a outra parte alegue possuir o domínio sobre a coisa.

QUESTÕES DE CONCURSOS

Item IV – correto: O possuidor de má-fé responde pela perda, ou deterioração da coisa, ainda que acidentais, devido à ilicitude de sua conduta de se apossar de coisa alheia. Tendo em vista, pela aplicação do princípio da má-fé não pode aproveitar a ninguém, devendo, com isso, ser responsabilizado pelos prejuízos que causar ao reivindicante, conforme prescrito no art. 1.218 do CC/02.

05. (Analista Judiciário – Execução de Mandados – TRF 1ª região / 2006 / FCC) Segundo o Código Civil brasileiro, a posse direta de pessoa que tem a coisa em seu poder, temporariamente, em virtude de direito pessoal, ou real,

a) anula a indireta, de quem aquela foi havida, podendo o possuidor direto defender a sua posse contra o indireto.
b) não anula a indireta, de quem aquela foi havida, podendo o possuidor direto defender a sua posse contra o indireto.
c) anula a indireta, de quem aquela foi havida, mas não pode o possuidor direto defender a sua posse contra o indireto.
d) não anula a indireta, de quem aquela foi havida, mas não pode o possuidor direto defender a sua posse contra o indireto.
e) anula a indireta, de quem aquela foi havida, bem como de terceiros ocupantes ou detentores, não havendo meio de defesa da posse em razão de sua anulação.

COMENTÁRIOS

Alternativa "b" – correta: Conforme prevê o art. 1.197 do CC/02, a posse direta é a do possuidor direto que a recebe em decorrência de direito real ou de contrato. Já a posse indireta é a do possuidor indireto que cede o uso do bem a outrem. Essa diferenciação surge do desmembramento da posse plena. Assim, o proprietário, por exemplo, pode usar e fruir da coisa, exercendo a posse de forma pessoal e direta. Pode, para atender seus interesses econômicos, ceder o uso e fruição a outrem, ocasião em que transferirá a posse direta e conservará a posse indireta. Dessa forma, o usufrutuário, o comodatário, o locatário e o depositário exercem a posse direta sobre a coisa, enquanto o nu-proprietário, o comodante, o locador e o depositante conservam a posse indireta. Ambas as posses (direta e indireta) coexistem, de forma que tanto o possuidor direto quanto o indireto podem valer-se da tutela possessória. Contudo, como o possuidor direto está **diretamente** ligado à coisa, exercendo sobre ela um poder físico imediato, pode defender a posse direta inclusive contra o possuidor indireto.

06. (Analista Judiciário – Área Judiciária TRE do Amapá / 2011 / FCC) Terceiro sem mandato

a) pode adquirir a posse, dependendo esta aquisição de ratificação do mandante.
b) não pode adquirir a posse, por expressa disposição legal existente no código civil brasileiro.
c) pode adquirir a posse, independentemente de ratificação do mandante.
d) pode adquirir a posse, independentemente de ratificação do mandante, desde que tenha figurado na qualidade de mandatário em, no mínimo, cinco negócios anteriores.
e) pode adquirir a posse, independentemente de ratificação do mandante, se esta se der pelo prazo máximo de três meses.

COMENTÁRIOS

Alternativa "a" – correta: O terceiro sem mandato pode adquirir a posse, dependendo esta aquisição de ratificação do mandante. Assim, com a ratificação do interessado, a posse, que foi adquirida pelo terceiro, será tida como válida, desde o momento do ato aquisitivo, conforme prescreve o inciso II do art. 1.205 do CC/02.

07. (Analista Judiciário – Área Judiciária TRE do Rio Grande do Sul / 2010 / FCC) Com relação à posse é certo que:

a) a posse do imóvel não faz presumir, até prova contrária, a das coisas móveis que nele estiverem, tendo em vista que são posses distintas, com efeitos distintos.

b) a posse direta, de pessoa que tem a coisa em seu poder, temporariamente, em virtude de direito pessoal anula a indireta, de quem aquela foi havida.
c) se duas ou mais pessoas possuírem coisa indivisa, não poderá cada uma exercer sobre ela atos possessórios, devendo estes serem praticados sempre em conjunto.
d) o sucessor universal continua de direito a posse do seu antecessor; mas ao sucessor singular é vedado unir sua posse à do antecessor, para os efeitos legais.
e) considera-se possuidor todo aquele que tem de fato o exercício, pleno ou não, de algum dos poderes inerentes à propriedade.

COMENTÁRIOS

Alternativa "e" – correta: Trata-se da transcrição literal do art. 1.196 do CC/02. A professora Maria Helena Diniz leciona que "caracteriza-se a posse como a exteriorização da conduta de quem procede como normalmente age o dono. O possuidor é, portanto, o que tem o pleno exercício de fato dos poderes constitutivos de propriedade ou somente alguns deles, como no caso dos direitos reais sobre a coisa alheia como o usufruto, a servidão etc." (Curso de Direito Civil Brasileiro, v. 4, 28ª Ed., 2013, Saraiva, p. 54.). Essa disposição é importante porque o direito confere proteção jurídica somente àquele que exerce a posse com intenção de dono. Se isso não ocorrer, tem-se a mera detenção, que não encontra amparo na tutela possessória.

08. (Analista Judiciário – Execução de Mandados – TRF 2ª região / 2007 / FCC) A respeito da posse e da propriedade, é correto afirmar:

a) só se considera possuidor aquele que tem de fato o exercício pleno de todos os poderes inerentes à propriedade.
b) são defesos os atos que não trazem ao proprietário qualquer comodidade, ou utilidade, e sejam animados pela intenção de prejudicar outrem.
c) a posse direta de quem tem a coisa temporariamente, em virtude de direito pessoal ou real, anula a indireta, de quem aquela foi havida.
d) a propriedade do solo abrange as jazidas, minas e demais recursos minerais existentes no subsolo.
e) em razão das finalidades econômicas e sociais da propriedade, esta não se presume nem plena, nem exclusiva.

COMENTÁRIOS

Alternativa "b" – correta: Trata-se da transcrição literal do §2º do art. 1.228 do CC/02, que estabelece restrições ao direito de propriedade, que tem sido relativizado em alguns pontos. Nessas situações, o direito de propriedade deixa de ter um caráter absoluto e ilimitado para encontrar restrições impostas pela ordem jurídica. A Constituição Federal, por exemplo, dispõe que a propriedade deve atender sua função social. Outras limitações são impostas por outras codificações, como o Código Florestal e o Código de Mineração. Outras limitações podem surgir pela vontade das partes, como ocorre, por exemplo, nas doações com cláusulas de inalienabilidade, impenhorabilidade e incomunicabilidade. O Código Civil também traz limitações como as decorrentes das relações de vizinhança (arts. 1.277 a 1.313 do CC/02).

09. (Analista Judiciário – Execução de Mandados – TRF 3ª região / 2007 / FCC) O caseiro de uma chácara que, achando-se em relação de dependência para com o proprietário, conserva a posse em nome deste e em cumprimento de ordens e instruções suas, considera-se

a) possuidor indireto.
b) detentor.
c) possuidor direto.
d) possuidor de boa-fé.
e) possuidor de má-fé.

COMENTÁRIOS

Alternativa "b" – correta: Considera-se detentor aquele que, achando-se em relação de dependência para com outro, conserva a posse em nome deste e em cumprimento de ordens ou instruções suas, conforme prevê o

▶ QUESTÕES DE CONCURSOS

art. 1.198 do CC/02. O detentor ou "fâmulo da posse" é aquele que detém a custódia física da coisa, mas exerce a posse em nome de outra pessoa, que é o verdadeiro possuidor. Como o detentor não exerce a posse em seu próprio nome, não pode invocar a tutela possessória em seu proveito. São os casos, por exemplo, dos empregados, caseiros, bibliotecários, administradores etc.

10. (Analista Judiciário - Execução de Mandados - TRF 4ª região / 2006 / FCC) Considere as seguintes assertivas a respeito da posse e da propriedade:

I. Considera-se possuidor todo aquele que tem de fato o exercício, pleno ou não, de algum dos poderes inerentes à propriedade.

II. Os frutos e mais produtos da coisa pertencem, ainda quando separados, ao seu proprietário, salvo se, por preceito jurídico especial, couberem a outrem.

III. O possuidor com justo título, em regra, não tem por si a presunção de boa-fé, por expressa determinação legal, devendo provar a boa-fé inerente à sua posse.

IV. O proprietário do solo não tem, em nenhuma hipótese, o direito de explorar os recursos minerais de emprego imediato na construção civil.

De acordo com o código Civil brasileiro, está correto o que consta APENAS em

a) I e II.
b) I e III.
c) I, III e IV.
d) II e III.
e) II e IV.

COMENTÁRIOS

Alternativa correta: "a".

Item I – correto: Trata-se da transcrição literal do art. 1.196 do CC/02. A professora Maria Helena Diniz leciona que "caracteriza-se a posse como a exteriorização da conduta de quem procede como normalmente age o dono. O possuidor é, portanto, o que tem o pleno exercício de fato dos poderes constitutivos de propriedade ou somente alguns deles, como no caso dos direitos reais sobre a coisa alheia como o usufruto, a servidão etc." (Curso de Direito Civil Brasileiro, v. 4, 28ª Ed., 2013, Saraiva, p. 54.). Essa disposição é importante porque o direito confere proteção jurídica somente àquele que exerce a posse com intenção de dono. Se isso não ocorrer, tem-se a mera detenção, que não encontra amparo na tutela possessória.

Item II – correto: Trata-se da transcrição literal do art. 1.232 do CC/02. O princípio da acessoriedade consagra que tudo aquilo que estiver incorporado à coisa constitui sua

parte integrante, de forma que pertence ao proprietário da coisa principal. Assim os frutos, ainda, que separados, pertencem ao proprietário, salvo se, por preceito jurídico especial, couberem a outro, como ocorre, por exemplo, no usufruto em que os frutos pertencem ao usufrutuário e não ao nu-proprietário.

Item III – incorreto: Dispõe o parágrafo único do art. 1.201 que "o possuidor com justo título tem por si a presunção de boa-fé, salvo prova em contrário, ou quando a lei expressamente não admite esta presunção". Segundo o texto legal a existência de justo título faz presumir que o possuidor exerce sobre a coisa a posse de boa-fé. Para Carlos Roberto Gonçalves, *justo título* "é o que seria hábil para transmitir o domínio e a posse se não contivesse nenhum vício impeditivo dessa transmissão" (Direito Civil 5, Saraiva, 2ª ed., 2011, p. 97.). Os exemplos clássicos de justo título são a escritura pública e o compromisso de compra e venda, esteja ele registrado ou não na matrícula do imóvel.

Item IVI – incorreto: Dispõe o art. 1.230, parágrafo único que "o proprietário do solo **tem** o direito de explorar os recursos minerais de emprego imediato na construção civil, desde que não submetidos a transformação industrial, obedecido o disposto em lei especial".

11. (Analista Judiciário - Área Judiciária - TRF 4ª região / 2006 / FCC) Analise:

I. O subsolo correspondente em profundidade útil ao seu exercício.

II. As jazidas, minas e demais recursos minerais.

III. Os potenciais de energia hidráulica.

IV. O espaço aéreo correspondente em altura útil ao seu exercício.

De acordo com Código Civil brasileiro, a propriedade do solo abrange os itens indicados APENAS em

a) I, II, e IV.
b) I e III.
c) I, III e IV.
d) I e IV.
e) III e IV.

COMENTÁRIOS

Alternativa correta: "d".

Item I e item IV – corretos: A previsão legal está no 1.229 do CC/02, que estabelece "a propriedade do solo abrange a do espaço aéreo e subsolo correspondentes, em altura e profundidade úteis ao seu exercício, não podendo o proprietário opor-se a atividades que sejam realizadas, por terceiros, a uma altura ou profundidade tais, que não tenha ele interesse legítimo em impedi-las". Segundo o texto legal, a propriedade do solo abrange a do espaço aéreo e subsolo correspondentes. Não obstante, essa abrangência é limitada até onde tais espaços sejam úteis ao proprietário, o que significa, a toda evidência, uma relativização ao direito de propriedade. O exemplo clássico na doutrina é o bonde aéreo do Pão de Açúcar, localizado na cidade do Rio de Janeiro, sendo que, devido à sua grande altura, o proprietário do solo não teria legítimo interesse em impedir a passagem dos cabos empregados na tração do bonde.

Item II e item III– incorretos: A previsão legal está no art. 1.230 do CC/02, que dispõe "a propriedade do solo não abrange as jazidas, minas e demais recursos minerais, os potenciais de energia hidráulica, os monumentos arqueológicos e outros bens referidos por leis especiais". Como se observa, os bens excetuados pelo art. 1.230 possuem propriedade distinta do solo, porque são destinados à exploração. As minas, jazidas, etc., pertencem à União por força do art. 176 da CF, bem como do art. 84 do Código de Mineração. O produto da exploração pertence ao cessionário que a explora, cabendo ao proprietário do solo apenas uma participação nos resultados.

12. (Cespe - Analista Judiciário - Área Judiciária - TRE-MS/2013) A respeito dos direitos reais, assinale a opção correta.

a) Aquele que, trabalhando em matéria-prima totalmente alheia, obtiver espécie nova a perderá para o dono do material utilizado, ainda que haja boa-fé.
b) De acordo com a jurisprudência do Superior Tribunal de Justiça, a hipoteca firmada entre a construtora e o agente financeiro, anterior ou posteriormente à celebração da promessa de compra e venda, não tem eficácia perante os adquirentes do imóvel.
c) O exercício do usufruto não pode ser transferido a título oneroso.
d) É possível a estipulação de cláusula que proíba o proprietário de alienar o imóvel hipotecado.
e) Os encargos e tributos que incidirem sobre imóvel que esteja sob o regime de exercício do direito de superfície permanecerão a cargo do proprietário e não do superficiário.

COMENTÁRIOS

Alternativa "a" – incorreta: O artigo 1.270 do C.C./02 traz que se toda a matéria for alheia e não puder reduzir à forma precedente, será do especificador de boa-fé a espécie nova. Só será do dono do material se o especificador estiver de má-fé e desde que não possa ser reduzida à forma anterior.

Alternativa "b" – correta: Conforme estabelece a Súmula nº 308 do STJ a hipoteca firmada entre a construtora e o agente financeiro, anterior ou posterior à celebração da promessa de compra e venda, não tem eficácia perante os adquirentes do imóvel. Como é cediço, a hipoteca é um direito real de garantia sobre coisa alheia, que recai principalmente sobre bens imóveis. A referida súmula visa justamente proteger o adquirente do imóvel, diante da boa-fé objetiva, pois adquiriu o imóvel e pagou pontualmente as parcelas. Assim, a boa-fé objetiva vence a hipoteca que recai sobre o imóvel. Ademais, referida súmula tem o escopo de preservar os efeitos de compra e venda do imóvel a favor do adquirente, atrelado também a proteção do direito de moradia assegurado constitucionalmente.

Alternativa "c" – incorreta: Conforme o artigo 1.393 do C.C./02 o exercício do usufruto pode ser transferido a título oneroso por meio de cessão. A alienação é legalmente proibida, porém a lei permite, excepcionalmente, que seja cedido o seu exercício a título gratuito (comodato) ou oneroso (locação), contudo, para valer perante terceiros, deve estar documentalmente registrada.

Alternativa "d" – incorreta: O artigo 1.475 do C.C./02 prevê que é nula a cláusula que proíbe ao proprietário alienar imóvel hipotecado. O devedor pode alienar o bem hipotecado, pois não perde o *jus disponendi*. Assim, o bem é transferido com o ônus da garantia.

Alternativa "e" – incorreta. Se onerosa ou gratuita a concessão da superfície, o superficiário é que será o responsável pelo pagamento de todos os encargos e tributos que incidem sobre o imóvel e não o proprietário, conforme disciplina o artigo 1.371 do C.C./02.

BIBLIOGRAFIA

ALVES, José Carlos Moreira. *A parte geral do projeto do código civil brasileiro*, São Paulo, Saraiva, 1986.

ANDRIGHI, Nancy. *Comentários ao novo código civil*, vol. IX, Forense, 2008.

AZEVEDO, Álvaro Villaça. *Comentários ao Novo Código Civil*. Vol. VII, 2ª ed., Forense, 2011.

CAVALIERI FILHO, Sérgio. *Programa de responsabilidade civil*, 10ª ed., Atlas, 2012.

DINIZ, Maria Helena. *Curso de Direito Civil Brasileiro*. Vol. 1, 30ª edição. Saraiva, 2013.

______. *Curso de Direito Civil Brasileiro*. Vol. 2, 28ª ed. Saraiva, 2013.

______. *Curso de Direito Civil Brasileiro*. Vol. 3, 29ª ed. Saraiva, 2013.

______. *Curso de Direito Civil Brasileiro*. Vol. 4, 28ª ed. Saraiva, 2013.

______. *Curso de Direito Civil Brasileiro*. Vol. 7, 27ª ed. Saraiva, 2013.

______. *Tratado Teórico e Prático dos Contratos*. Vol. 4, 5ª edição. rev., ampl. e atual. de acordo com o Novo Código Civil (Lei nº 10.406, de 10-01-2002), São Paulo: Saraiva, 2003.

______. *Tratado Teórico e Prático dos Contratos*. Vol. 3, 5ª edição. rev., ampl. e atual. de acordo com o Novo Código Civil (Lei nº 10.406, de 10-01-2002), São Paulo: Saraiva, 2003.

______. *Tratado Teórico e Prático dos Contratos*. Vol. 1, 5ª ed., rev., ampl. e atual. de acordo com o Novo Código Civil (Lei nº 10.406, de 10-01-2002), São Paulo: Saraiva, 2003.

______. *Código Civil Anotado*. 10ª edição. rev., ampl. e atual. de acordo com o Novo Código Civil (Lei nº 10.406, de 10-01-2002), São Paulo: Saraiva, 2004.

DIREITO, Carlos Alberto Menezes. CAVALIERI FILHO, Sérgio. *Comentários ao Novo Código Civil*. Vol. XIII, 3ª ed. Editora Forense, 2011.

FARIAS, Cristiano Chaves de; CUNHA, Rogério Sanches e PINTO, Ronaldo Batista. *Estatuto da Pessoa com Deficiência Comentado*. 2ª ed. Editora Juspodivm, 2016.

FARIAS, Cristiano Chaves de. ROSENVALD. Nelson. *Curso de Direito Civil*, vol. 1, 11ª ed., Editora Juspodivm, 2013.

______. *Curso de Direito Civil*, vol. 2, 7ª ediçedão, Editora Juspodivm, 2013.

______. *Curso de Direito Civil*, vol. 4, 3ª ed, Editora Juspodivm, 2013.

GONÇALVES. Carlos Roberto. *Direito Civil*, vol. I, 3ª ed., Editora Saraiva, 2011.

______. *Direito Civil*, vol. II, 3ª ed., Editora Saraiva, 2011.

______. *Direito Civil*, vol. IV, Editora Saraiva, 2011.

______. *Direito Civil*, vol. V, 2ª ed., Editora Saraiva, 2011.

______. *Comentários ao novo código civil*, Vol. III, Tomo II. 4ª ed. Forense, 2008.

MACHADO, Antônio Cláudio da Costa. *Código de processo civil interpretado: artigo por artigo, parágrafo por parágrafo*, 3ª edição, Manole, 2011.

MONTEIRO FILHO, Raphael de Barros. *Comentários ao Novo Código Civil*, vol. I, 2ª ed., Forense, 2012.

OLIVEIRA, Eduardo Andrade Ribeiro de. *Comentários ao Novo Código Civil*, vol. II, Editora Forense, 2008.

SILVA, De Plácido e. *Vocabulário Jurídico Conciso*. 1ª ed. Rio de Janeiro: Forense, 2008

SANTOS, Ernane Fidélis dos. Comentários ao Novo Código Civil, vol. XV, Editora Forense, 1ª Ed., 2007.

TARTUCE, Flávio. *Direito Civil 1*, 9ª ed., Editora Método, 2013.

______. *Direito Civil 2*, 8ª edição, Editora Método, 2013

______. *Direito Civil 3*, 8ª edição, Editora Método, 2013.

______. *Manual de Direito Civil*. Volume único. 6ª ed., rev., atual., e ampl. Rio de Janeiro: Forense, São Paulo: Editora Método, 2016.

TARTUCE, Flávio; e SIMÃO, José Fernando. *Direito Civil 4, Direito das Coisas*, 5ª ed. Editora Método, 2013.

Theodoro JÚNIOR, Humberto. *Comentários ao novo código civil*, Vol. III, Tomo I. 4ª edição. Ed. Forense, 2008.

VENOSA, Silvio de Salvo. *Direito Civil*, vol. I, 4ª ed., Ed. Atlas, 2004.

______. *Direito Civil*, vol. II, 4ª ed., Ed. Atlas, 2004.

______. *Direito Civil*, vol. III, 4ª ed., Ed. Atlas, 2004.

______. *Direito Civil*, vol. V, 4ª ed., Ed. Atlas, 2004.

VILLAR, Alice Saldanha. *Direito Sumular* STJ, Editora JHMizuno, 2015.

Anotações

EDITORA
JusPODIVM
www.editorajuspodivm.com.br

Impressão e acabamento:
Geográfica
editora